安徽省志

Chorography of Anhui Province

人口志

Population

（1986—2005）

人民生活志

Life of the Public

（1986—2005）

（上）

安徽省地方志编纂委员会办公室

Compilatory Commission of Anhui Chorography

方志出版社

Publishing House of Local Records

图书在版编目（CIP）数据

安徽省志. 人口志：1986—2005・人民生活志：1986—2005 / 安徽省地方志编纂委员会办公室编.—北京：方志出版社，2020.5
ISBN 978-7-5144-2419-5

Ⅰ.①安… Ⅱ.①安… Ⅲ.①安徽—地方志②人口—工作概况—安徽—1986—2005③社会生活—概况—安徽—1986-2005 Ⅳ.①K295.4

中国版本图书馆CTP数据核字（2017）第128549号

安徽省志・人口志（1986—2005）
・人民生活志（1986—2005）

编　　者：安徽省地方志编纂委员会办公室编
责任编辑：李　静

出 版 者：方志出版社
地址　北京市朝阳区潘家园东里9号（国家方志馆4层）
邮编　100021
网址　http://www.fzph.org
发　　行：方志出版社发行中心
电话（010）67110500
经　　销：各地新华书店
印　　刷：安徽联众印刷有限公司

开　　本：889 × 1194　　1/16
印　　张：50.75印张
字　　数：805千字
版　　次：2020年5月第1版　　2020年5月第1次印刷
印　　数：0001-1500册

ISBN 978-7-5144-2419-5　　定价：380.00元

安徽省地方志编纂委员会

主　任：信长星

第一副主任：王翠凤

副主任：钟俊杰　史涤云　左　俊　江刘伍　樊　勇　李　兵　吴晓源　程中才

委　员：沈小平　程小俊　李国庆　杜道宏　钱桂仑　郭德成　吴　静　程潜龙　胡再生　罗　平　牛弩韬　王俊贵　于　勇　姜　明　罗建国　程光林　潘海滨　徐恒秋　刘少为　章　义　陈卫东　王广满　张　箭　袁　华　陶仪声　李　中　韩永生　陈　烨　李　军　吴劲松　李孝全　曾凡银　徐发成　单　强　王希锦　罗有军　俞　林

《安徽省志》总编室

主　　任：程中才

副 主 任：郭德成　吴　静

成　　员：（按姓氏笔画为序）

王富宏　计媛媛　史五一　朱海滨　孙　平　苏爱梅

杜中文　李宇涵　杨永成　吴良琴　余祖本　张　军

张新山　周小平　胡　利　章慧丽

《安徽省志·人口志》审稿组

初　　审：吴良琴　余祖本　周小平　陈永兵

复　　审：郭德成　吴　静　高俊文

核　　审：程中才　于德志

审查验收

安徽省人民政府

《安徽省志·人口志》编纂委员会

主　　任： 孙爱民

副 主 任： 刘春霞　李天太　殷光亚　高俊文　许　合　朱　庆
张　青　赵　东　廖为真　李叶西　范有华

成　　员： 胡友来　董亚杰　孔维鹏　田素娥　熊弘炜　张庆安
李世峰　傅克勤　罗积民　殷春芳　李蔚如　崔礼军

《安徽省志·人口志》编辑室

主　　编： 高俊文

副 主 编： 廖为真　孔维鹏　王俊宝　崔礼军

执行主编： 叶炳林　陈永兵

编　　辑： 方　魏　胡　锋　刘　莉

责任校对： 刘　帅

安徽省人口和计划生育委员会办公楼

安徽省计划生育学校

安徽省计划生育科学技术研究所医院

蒙城县人口和计划生育委员会服务站

1988年，歙县许村镇村民许武经在82岁双目失明的老母亲支持下先后动员两个儿媳做了节育手术

1990年6月，全省首届农民计划生育知识大奖赛在合肥举行

1990年，中国计划生育协会成立10周年、安徽省计划生育协会成立5周年纪念大会在合肥召开

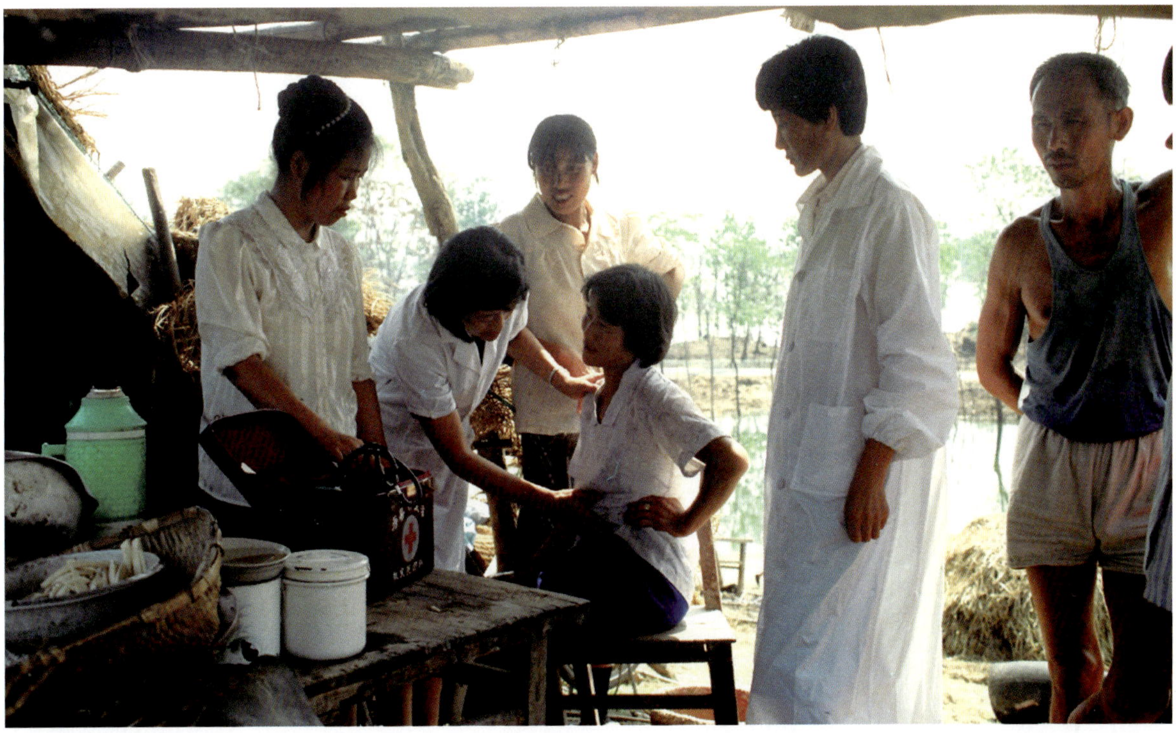

1991年7月，寿县计划生育服务站在水灾灾民集中安置点设立流动服务点

1992年，金寨县离退休老干部慰问帮扶两女户

1996年，幸福工程全国组委会主任王光美扶持的潜山县彭河幸福茶场

1998年，安徽省计划生育科学研究所在街头开展科普咨询活动

1998年，全省计划生育目标责任制考核组在淮南市田家庵区开展首次城市流动人口调查

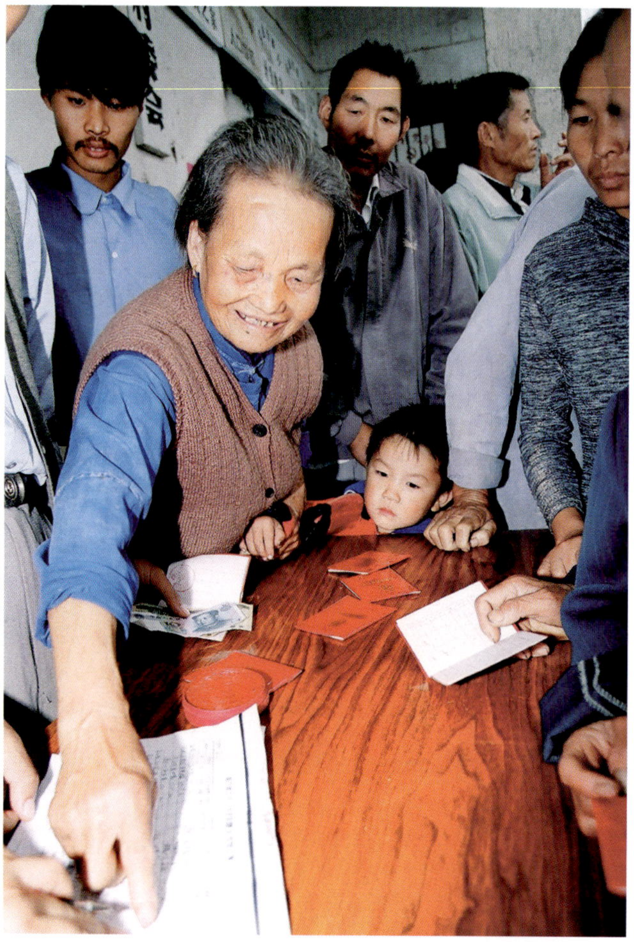

2001年10月，含山县陶厂镇兑现发放当年独生子女父母保健费

2003年，在婚育新风进万家活动中，巢湖市居巢区黄麓乡举行“好婆婆座谈会”

2003年，含山县仙踪镇六蕻村计划生育专职干部张爱云为全村的留守儿童辅导功课、讲故事

2003年3月，全省关爱女孩工程在巢湖市全面启动，营造生女孩光荣的社会氛围

2004年9月，安徽省“计划生育家庭奖励扶助”资金首发式在南陵县举行

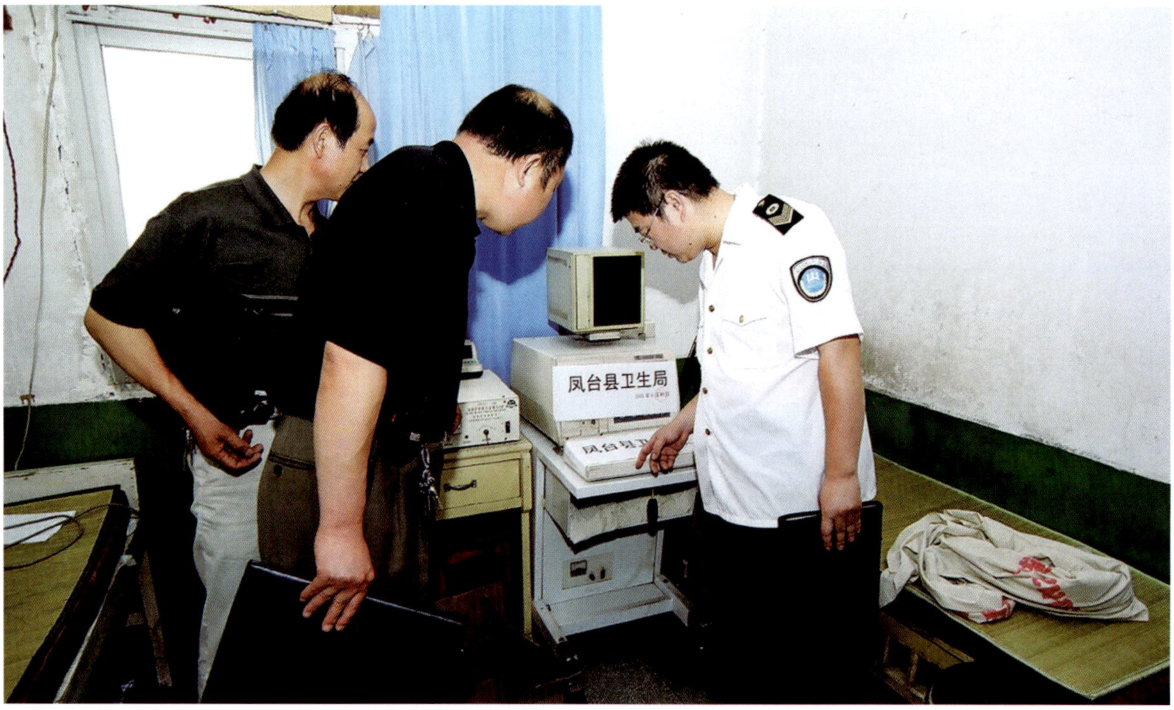

2005年6月，凤台县卫生执法部门在打击“两非”行动中查封非法B超

总 凡 例

一、编纂《安徽省志（1986—2005）》，坚持以马克思列宁主义、毛泽东思想、邓小平理论、“三个代表”重要思想、科学发展观、习近平新时代中国特色社会主义思想为指导，坚持辩证唯物主义和历史唯物主义的立场、观点和方法，全面、客观、系统地记述 1986—2005 年间安徽省自然、政治、经济、文化、社会等方面的情况。

二、本志贯彻国务院《地方志工作条例》《安徽省地方志工作条例》，依法修志。

三、本志遵循中国地方志指导小组《地方志书质量规定》，坚持存真求实、客观公正、全面系统，寓观点于记述之中。

四、本志各分志名称为《安徽省志 · ×× 志（1986—2005）》。

五、本志记述的地域范围为 2005 年的安徽省行政区域；时间上限为 1986 年，下限为 2005 年，少数分志的时限根据情况作适当上溯或下延，特色分志不设时限。

六、本志采用述、记、志、传、图、表、录等体裁，以志为主。各分志一般为章节体，个别分志根据实际需要采用条目体。

七、入志人物坚持生不立传的原则。除人物志外，各分志坚持以事系人、人随事出的原则。

八、本志采用规范的现代语体文记述。表述力求严谨、朴实、简洁、流畅。语言文字、标点符号、计量单位等按国家规定执行。

九、本志资料由各承编单位搜集整理，文中不注明出处。

十、本志采用省统计部门公布的法定数据，没有列入统计范围的，采用业务主管部门的统计数据。

十一、本志所涉组织、机构、法律法规、文件、会议等专有名称，第一次使用时用全称，简称括注于全称之后。各类译名以新华通讯社译文为准。

十二、本志所用地图均以安徽省测绘部门和有关部门绘制或审定的为准。

十三、本志设总凡例，各分志设凡例。

凡　　例

一、本志是首轮《安徽省志·人口志》的续修，时间上限为1986年，下限为2005年，为保持内容的完整性，部分记事略有上溯或下延。

二、本志卷首设图片、凡例、概述，书末附重要文献辑存和编纂始末。

三、本志采用述、志、 记、图、表、录等体裁，以志为主。图表附于相关文字之后，按篇章排序，如表1–5–8表示第一篇第五章第八个表。

四、机构、部门、社会团体等名称，原则上在第一次出现时用全称，名称过长且多次重复出现者，其后一般用简称，如:安徽省计划生育委员会(简称“省计生委”)、安徽省计划生育协会(简称“省计生协”)。

五、资料来源于档案、文件、专著和各级计划生育单位。

目　　录

Main Contents

概　　述

人口是经济社会活动的主体。人口数量、人口素质、人口结构和人口分布，始终是制约安徽省全面协调可持续发展的重大问题，是影响全省经济社会发展的关键因素。处于重要战略机遇期的安徽省人口问题显示出许多有利条件，但也面临不少新的挑战。

人口增长得到有效控制。20世纪80年代中期，安徽省进入新中国成立后的第三次生育高峰期。从1988年至1993年，连续6年出生人口数均在100万以上。1990年第四次全国人口普查（简称“四普”）结果显示，1989年7月1日至1990年6月30日的一年内，安徽省人口出生率、自然增长率分别达25.04‰、19.25‰，高出全国平均水平4.06和4.55个千分点，居全国倒数第二位。1990年全省出生人口达136.3万，净增人口101.5万。人口基数大、增长速度快、农村人口比重大、劳动者整体素质不高等因素严重制约着全省经济社会发展。面对严峻的人口形势，省委、省政府一手抓经济发展，大力实施兴皖、富民、强省战略；一手抓人口控制，大力推行计划生育工作。经过全省上下共同努力，人口过快增长的势头得到有效控制。20世纪90年代中期以后，全省总和生育率一直保持在更替水平以下，实现了人口再生产类型由“高出生、低死亡、高增长”向“低出生、低死亡、低增长”的历史性转变。到2005年末，全省年人口出生率、自然增长率分别为12.43‰和6.20‰，户籍总人口为6516万，人口出生率比规划目标减少2.57个千分点，人口总量比计划少84万。1996年人均GDP提前比1980年翻两番，2004年又比1996年翻一番，2005年迈上人均1000美元大关。

人口素质全面提升。“七五”（1986—1990年）以来，安徽省教育事业有了突飞猛进的发展。一是义务教育均衡发展。到2005年，全省105个县（市、区）全面实现“两基”（基本普及九年义务教育和基本扫除青壮年文盲）目标，全省小学儿童入学率达到99.54%，初级中学在校生数由1986年的195.64万人增加到2005年的343.96万人，增长75.8%，初中阶段适龄人口入学率达97.78%。二是高中阶段教育发展迅速。高级中学由1986年的631所增加到2005年760所，增长20.4%，在校生数由25.2万人增加到116.9万人，增长4.63倍。中等专业学校在校生数由1986年的6.44万人增加到2005年的18.55万人，增长2.88倍。三是高等教育实现大跨越。全省高等院校由1986年的39所增加到2005年的81所，增长1.08倍，在校生数由6.05万人增加到58.91万人，增长 8.74 倍，每万人口在校大学生由 1986 年的 1.16 人增加到 2005 年的 90.42 人，增长 76.95 倍。在读研究生人数由 1985 年的 1604 人增加到 2005 年的 21505 人，增长 12.41 倍。

全民身体健康素质大幅提升。全省孕产妇住院分娩率由 1990 年的 56% 上升到 2005 年的 86.2%，新法接生率由 1986 年的 58.35% 上升到 2005 年的 96.14%，孕产妇死亡率由 1990 年 99.98/10 万下降到 2005 年的 41.2/10 万，婴儿死亡率由 1990 年的 47.8‰下降到 2005 年的 21.77‰，5 岁以下儿童死亡率由 67.6‰下降到 24.4‰。全省妇女病检出率由 1987 年的 40.43% 下降到 2005 年的 29.16%，儿童“四苗”（卡介苗疫苗、麻疹疫苗、脊髓灰质炎疫苗、百白破疫苗）接种率达到 97% 以上，法定传染病发病率继续得到有效控制，人均预期寿命由新中国成立前的 35 岁左右提高到 74 岁。

人口城镇化进程进一步加快。1986 年前，安徽省城市数量少，规模小，工业化水平低，非农业人口比重低，严重制约经济社会快速发展。1986 年，全省仅有 8 个地级市，8 个县级市，非农人口仅 757 万，占总人口的 14.5%。1987 年后，先后设立地级黄山市，县级宣州市、贵池市、界首市、天长市、明光市、宁国市和桐城市，撤销滁县地区、阜阳地区，建立地级滁州市、阜阳市。1996 年，全省城镇人口比重首次突破 20%。1999 年，省委、省政府决定加快小城镇建设，制定一系列推动城镇化进程的政策措施，当年全省城镇人口比重比上年提升 3.67 个百分点，达到 26%。以后每年以 1 个以上百分点递增，到 2005 年末，全省人口城镇化率达到 35.5%。

人口产业结构发生深刻变化。1985 年，全省在业人口 2420.6 万，其中第一产业 1748.1 万，第二产业 366.5 万，第三产业 306.0 万，三次产业比重分别为 72.2 ∶ 15.2 ∶ 12.6。深化改革、扩大开放战略的持续推进，带动工业和服务业大发展和产业结构的优化升级，越来越多的农村剩余劳动力陆续向第二、三产业转移。到 2005 年，全省 3669.7 万在业人口中，第一产业为 1783.3 万，第二产业为 783.9 万，第三产业为 1102.4 万，三次产业之比为 48.6 ∶ 21.4 ∶ 30.0。

计划生育功不可没。20 世纪 80 年代以来，安徽省坚决贯彻中央和国务院关于计划生育工作既要抓紧又要抓好的一系列指示，推行计划生育基本国策。认真落实以宣传教育为主、避孕为主、经常性工作为主的“三为主”方针，广泛深入地开展全民性人口与计划生育基础知识教育、婚育新风进万家活动和关爱女孩行动，促进人们生育观念的转变。大力推行生了一个孩子的已婚育龄妇女放置节育环、生了两个和两个以上孩子的已婚育龄妇女实行绝育等长效节育措施，从技术上保证计划生育政策的落实。充分发挥广大共产党员、共青团员和各级干部在计划生育中的带头模范作用，坚决查处违法违纪行为。全面推行各级政府和领导干部人口与计划生育目标管理责任制，严格考核，兑现奖惩，坚决实行计划生育“一票否决”，从组织上保证人口计划生育目标的实现。20世纪90年代中期，全省总和生育率控制在更替水平以下后，适时调整计划生育工作思路和方法，即由以前孤立地就计划生育抓计划生育向与经济社会发展紧密结合，采取综合措施解决人口问题，由以往靠社会制约、行政推动为主向建立利益导向与社会制约相结合转变，大力推进“三结合”，即把人口和计划生育工作同发展经济相结合，同帮助群众勤劳致富奔小康相结合，同建设幸福文明家庭相结合，从而保证全省计划生育工作沿着健康轨道持续稳定地发展。2000年3月，中共中央、国务院作出《关于加强人口与计划生育工作稳定低生育水平的决定》。2001年12月，《中华人民共和国人口与计划生育法》的颁布，为新时期人口和计划工作指明方向，提供了政策和法律保障。全省上下深入推进计划生育依法行政、便民维权、优质服务，启动农村部分计划生育家庭奖励扶助制度试点，综合治理出生人口性别比，取得明显成效。2005年，全省人口出生率为12.43‰，自然增长率为6.2‰，分别比“四普”时下降12.61和13.05个千分点。实行计划生育以来，全省共少生2500万人，为安徽经济社会快速健康发展创造了良好人口环境。

流动人口大量涌现。安徽省是农业大省，改革开放以来，随着社会主义市场经济体制的确立和城乡户籍制度的改革，农村剩余劳动力大量涌入城市，流入经济发达地区。截至1989年7月，全省流动人口378.5万，1996年为501万。2000年第五次全国人口普查（简称“五普”）结果显示，全省离开户籍地半年以上人口为701.1万，2004年达1018万。全省流出人口流向也较集中，大多集中在长江三角洲、珠江三角洲和京、津地区。其中，到江苏省的占25.5%，到上海市的占24.1%，到浙江省的占23.5%，到广东省的占7.7%，到北京市的占6.4%，流向以上5省市占省全部流出人口的87%。流动人口规模的扩大，加快了农村富余劳动力的转移，促进了劳务经济的发展，不仅为农民增收创造了条件，而且也带回了大量的现代信息技术，促进了流动人口思想观念和生活方式的转变，对缩小城乡差距，推动经济社会发展具有重要作用。与此同时，大量农村富余劳动力无序流向经济发达地区，涌入城市，也给流入地就业、社会治安、社会保障、义务教育、计划生育等公共管理和服务提出了新的要求。正确认识流动人口的地位和作用，加强流动人口服务与管理，引导人口有序流动，扬长避短，对于维护流动人口的合法权益，维护社会稳定，统筹城乡发展，全面建设小康社会，具有重要意义。

出生人口性别比持续升高。20世纪80年代以后，安徽省出生人口性别比呈持续攀升态势。1990年“四普”时，5～9岁组性别比为110.88（女性为100，下同），0～4岁组为109.33，均高于正常值(102～107)。2000年“五普”时，全省出生人口性别比高达129.43，是全国出生人口性别比最高的省份之一。2005年统计结果显示，0～4岁组达136.57。出生人口性别比具有明显的区域特征，从2000年人口普查结果看，长江以南6市最低，为112.16，其次是江淮之间5市为128.54，最高是皖北6市为139.20。导致出生人口性别比升高的客观原因主要是“传宗接代”“养儿防老”“家庭劳动力需求”和社会性别歧视等，现行计划生育政策也是影响一部分人宁可选择生育一个男孩的因素。现代科学技术的发展，超声技术的广泛应用，使得人为选择性别生育的偏好得以实现。长期居高不下的出生人口性别比，引起省委、省政府和各级领导、人口计生部门的高度重视。进入新世纪以来，各级党委和政府一手抓低生育水平稳定，一手抓出生人口性别比综合治理。2000年，省人大常委会通过地方立法，颁布《安徽省禁止非医学需要鉴定胎儿性别和选择性终止妊娠的规定》。全省上下坚持宣传教育，转变人们生育观念，启动“关爱女孩工程”，努力营造有利于女孩成长和女性参与社会经济活动的氛围，强化高层倡导、部门联动、责任追究、依法治理，形成严厉打击非医学需要鉴定胎儿性别和选择性别终止妊娠的违法犯罪行为，使得出生人口性别比升高的势头得到有效遏制。

人口老龄化进程加快。新中国成立后，特别是改革开放以后，全省人民生活水平显著提高，医疗保健事业快速发展，计划生育工作持续推进，人口死亡率、出生率均大幅下降，以致老年人口不断增加，且呈一路飙升之势。1990年人口普查时，全省65岁以上人口占总人口比重为5.41%，1995年为6.73%，1998年越过7%国际老年型人口标准线，2000年达到7.59%，表明安徽省成为人口年龄结构由成年型转变成老年人口省份，2005年更是达到10.09%。据统计，1990—2000年的10年间，全省总人口年增速仅为0.5%，而同期老年人口年均增速分别为3.5%（60 ~ 64岁）和3.84%（65岁及以上），随着时间推移，老年人口增速将进一步加快。预计到2020年，全省老年人口占总人口比重将上升至20%以上，即每5个安徽人中就有一个是65岁以上的老人。人口老龄化最直接的反映是人口抚养比的变化，最直接的后果是老年抚养比加重。面对快速增长的老龄化进程，各级党委、政府和社会有关部门必须加快建立和完善老年经济供养、医疗保障和社会服务体系。健全城镇基本养老保险制度，加快推进城镇医疗保险制度改革，逐步扩大社会保障的覆盖面。积极稳妥地推进农村新型合作医疗制度、大病医疗救助制度建设，逐步探索建立农村社会保障体系。大力办好各类社会福利养老机构，积极培植老龄产业。改进和强化社区老龄服务功能，提倡社会养老、居家养老、社区养老相结合，满足老龄人群的特殊需要。充分挖掘利用银色人力资源，发挥老年人才优势，实现老龄效益化，倡导和谐代际关系，让老年人共享经济社会发展成果，实现健康老龄化。

第一篇　人　口

第一章　人口规模

第一节　总人口规模

1985年末，安徽省总人口为5165万，占全国总人口的5%。2005年末，全省总人口为6515万，20年间净增1351万，年均递增1.17%。人口总量在全国各省、区、直辖市处于第8位。1986年以后，全省人口总量逐年增长，从1987年起，安徽省进入新中国建立后的第三次人口出生高峰期，1987年度全省出生人口99.4万。1988年到1993年6年间，年出生人口均突破100万，1994年到1999年，年出生人口均在90万至100万之间，其中1990年达到出生人口峰值136.3万，人口出生率达到24.47‰。面对第三次人口出生高峰期和农村生育政策的适当放宽，全省各级党委、政府纷纷加大计划生育工作力度，加强基层基础工作，建立健全计划生育目标管理责任制，按年度进行抽样调查考评，兑现奖惩和落实“一票否决”等，人口过快增长的势头得到有效遏制。到2000年，人口出生率降至13.4‰，出生人数降到83.9万。从2001年到2005年的5年间，年人口出生率均在13‰以下，出生人数在80万以下，总人口数量增长率降至1%以下。

1986—2005年安徽省总人口数及增长率统计表

表1-1-1　　　　单位：万人

年份	人口数	比上一年增长（%）	年份	人口数	比上一年增长（%）
1986	5217		1996	6054	0.90
1987	5287	1.34	1997	6109	0.91
1988	5377	1.70	1998	6152	0.70
1989	5469	1.71	1999	6205	0.86
1990	5661	3.51	2000	6278	1.18
1991	5744	1.47	2001	6325	0.75
1992	5817	1.27	2002	6369	0.70
1993	5870	0.91	2003	6410	0.64
1994	5938	1.16	2004	6461	0.80
1995	6000	1.04	2005	6516	0.85

资料来源：安徽统计年鉴

第二节 地市人口规模

1986年后，部分地市因区划调整，人口规模变动较大。1987年，经国务院批准，撤销徽州地区，设置地级黄山市，原隶属于徽州地区的绩溪县、旌德县划归宣城地区管辖，原隶属徽州地区的石台县划归安庆地区管辖。1988年8月，经国务院批准，撤销安庆地区和原安庆市，实行地、市合并，原隶属安庆地区的桐城、怀宁、枞阳、潜山、太湖、宿松、望江、岳西8县划归安庆市管辖；设置地级池州地区，将原隶属安庆地区的石台县、东至县、贵池市和原隶属于芜湖市的青阳县划归池州地区管辖。

1986—1990年安徽省各地市人口规模统计表

表1-1-2　　单位：万人

年份 地区	1986年	1987年	1988年	1989年	1990年
安徽省	5217.21	5286.62	5404.09	5468.24	5660.71
合肥市	353.02	357.40	364.79	371.39	380.88
芜湖市	218.80	220.90	224.36	200.09	202.10
蚌埠市	263.16	267.53	272.29	279.18	296.21
淮南市	163.48	166.67	170.55	174.75	179.32
马鞍山市	97.10	98.64	100.62	102.97	104.93
淮北市	139.24	145.47	148.94	151.99	161.42
铜陵市	56.35	57.27	58.40	59.61	60.58
安庆地区	637.00	644.20	549.35	557.61	567.04
黄山市	178.90	179.15	137.71	139.63	141.42
阜阳地区	1110.15	1126.18	1147.25	1168.02	1242.07
宿县地区	446.34	454.84	463.57	473.30	499.01
滁县地区	350.63	355.26	360.40	367.09	378.23
六安地区	576.33	583.28	592.49	601.59	613.54
宣城地区	223.37	225.14	260.37	261.72	264.39
巢湖地区	403.36	404.69	409.70	413.99	422.37
池州地区	–	–	143.32	145.31	147.21

资料来源：安徽统计年鉴

1991—1995年安徽省各地市人口规模统计表

表1-1-3 单位：万人

年份 / 地区	1991年	1992年	1993年	1994年	1995年
安徽省	5743.99	5817.48	5870.01	5938.00	5763.15
合肥市	386.10	392.16	397.08	403.00	411.11
芜湖市	204.17	206.12	207.66	209.00	211.27
蚌埠市	302.37	306.05	309.46	312.00	79.07
淮南市	183.24	186.49	188.43	191.00	193.26
马鞍山市	106.89	109.97	111.33	113.00	114.19
淮北市	164.11	168.18	171.42	177.00	179.43
铜陵市	61.37	63.55	64.05	65.00	66.35
安庆地区	573.37	578.12	582.16	585.00	588.74
黄山市	142.79	143.99	144.77	146.00	145.91
阜阳市	1266.31	1285.26	1297.59	1317.00	1332.07
宿县地区	507.40	518.10	525.60	533.00	540.04
滁县地区	383.55	388.14	392.17	398.00	403.22
六安地区	622.19	626.65	629.71	635.00	640.24
宣城地区	266.53	268.42	269.29	271.00	271.92
巢湖地区	425.35	427.31	429.57	432.00	435.18
池州地区	148.25	148.99	149.72	151.00	151.15

资料来源：安徽统计年鉴

1996—2000年安徽省各市人口规模统计表

表1-1-4 单位：万人

年份 / 地区	1996年	1997年	1998年	1999年	2000年
安徽省	6053.98	6109.22	6184.00	6205.52	6278.35
合肥市	416.47	422.31	427.48	429.95	438.18
芜湖市	212.59	213.95	216.57	216.40	218.47
蚌埠市	319.63	323.27	327.22	330.04	337.22
淮南市	195.23	198.63	201.06	202.82	206.11
马鞍山市	115.24	116.12	117.54	118.14	119.01
淮北市	181.43	184.59	186.85	189.87	196.28

续表 1-1-4

地区＼年份	1996年	1997年	1998年	1999年	2000年
铜陵市	66.57	67.05	67.87	68.50	69.00
安庆市	591.53	594.46	601.74	598.03	601.32
黄山市	146.35	146.44	148.23	146.49	146.68
阜阳市	1345.79	1359.98	1245.02	1386.95	878.61
宿州市	548.38	555.64	562.44	570.78	577.64
滁州市	407.61	412.11	417.16	419.03	424.93
六安市	644.62	648.27	656.20	655.65	662.11
宣城市	272.66	273.26	276.60	274.23	274.67
巢湖市	438.10	440.70	446.10	445.53	448.86
池州市	151.79	152.42	154.29	153.10	153.70
亳州市	–	–	131.61	–	525.55

资料来源：安徽统计年鉴

2000年5月，经国务院批准，设置地级亳州市，撤销县级亳州市，设置县级谯城区，将原隶属于阜阳市的涡阳县、蒙城县、利辛县及由阜阳市代管的县级亳州市划归亳州市管辖。

2001—2005年安徽省各市人口规模统计表

表 1-1-5　　单位：万人

地区＼年份	2001年	2002年	2003年	2004年	2005年
安徽省	6325.23	6368.95	6410.25	6460.77	6515.51
合肥市	442.16	448.08	456.60	444.68	455.70
芜湖市	220.26	221.74	223.82	224.56	226.88
蚌埠市	340.35	343.22	344.93	346.97	349.33
淮南市	208.10	210.15	211.84	233.58	235.78
马鞍山市	120.05	122.12	124.09	124.39	125.64
淮北市	198.78	201.22	203.94	209.39	210.52
铜陵市	69.70	70.32	70.91	71.63	72.22
安庆市	602.94	604.11	605.24	604.22	605.52
黄山市	146.80	146.89	146.91	146.35	146.94

续表 1-1-5

年份 地区	2001 年	2002 年	2003 年	2004 年	2005 年
滁州市	428.28	430.57	432.94	433.52	435.62
阜阳市	889.01	897.47	904.14	918.67	932.76
宿州市	582.95	587.66	593.08	599.62	604.52
巢湖市	451.37	452.55	453.32	453.96	453.06
六安市	664.88	667.75	669.50	675.14	681.00
亳州市	530.02	534.84	539.23	545.67	550.14
池州市	154.44	154.77	154.91	155.40	156.31
宣城市	275.12	275.47	274.83	273.02	273.56

资料来源：安徽统计年鉴

第二章　人口分布和人口密度

第一节　政区人口分布和人口密度

社会历史变迁、自然环境差异、社会经济发展的不平衡等因素使安徽省各市人口总量、人口密度相差悬殊。

1986 年安徽省各地市人口分布和人口密度统计表

表 1-2-1

地区	人口		土地		人口密度（人 / 平方公里）
	数量（人）	比重（%）	面积（平方公里）	比重（%）	
安徽省	52172139	100	139432	100	374.18
合肥市	3530159	6.77	7266	5.21	485.85
芜湖市	2188022	4.19	3317	45.65	659.64
蚌埠市	2631579	5.04	5917	178.38	444.75
淮南市	1634766	3.13	2121	35.85	770.75
马鞍山市	971014	1.86	1686	79.49	575.93
淮北市	1392423	2.67	2725	161.63	510.98
铜陵市	563485	1.08	1113	40.84	506.28
安庆市	6369975	12.21	23670	2126.68	269.12
黄山市	1788993	3.43	11838	50.01	151.12
滁县地区	3506295	6.72	13987	118.15	250.68
阜阳地区	11101461	21.28	18297	130.81	606.74
宿县地区	4463353	8.56	9787	53.49	456.05
巢湖地区	4033584	7.73	9423	96.28	428.06
六安地区	5763307	11.05	17976	190.77	320.61
宣城地区	2233723	4.28	10309	57.35	216.68

资料来源：中国城市统计年鉴（1986年）、安徽统计年鉴（1987年）

1990年安徽省各地市人口分布和人口密度统计表

表 1–2–2

地区	人口		土地		人口密度（人/平方公里）
	数量（人）	比重（%）	面积（平方公里）	比重（%）	
安徽省	56607078	100	139083	100	403
合肥市	3808795	6.73	7266	5.22	532
芜湖市	2020967	3.57	3317	2.38	606
蚌埠市	2962068	5.23	5832	4.19	509
淮南市	1793161	3.17	2121	1.52	865
马鞍山市	1049259	1.85	1684	1.21	632
淮北市	1614229	2.85	2725	1.96	593
铜陵市	605804	1.07	1113	0.80	553
安庆市	5670357	10.02	15368	11.05	363
黄山市	1414226	2.50	9807	7.05	143
滁县地区	3782308	6.68	13328	9.58	285
阜阳地区	12420732	21.94	18272	13.14	675
宿县地区	4990053	8.82	10123	7.28	490
巢湖地区	4223669	7.46	9282	6.67	440
六安地区	6135437	10.84	18233	13.11	335
宣城地区	2643900	4.67	12340	8.87	213
池州地区	1472113	2.60	8272	5.95	177

资料来源：中国城市统计年鉴（1990年）

1995年安徽省各地市人口分布和人口密度统计表

表 1–2–3

地区	人口		土地		人口密度（人/平方公里）
	数量（人）	比重（%）	面积（平方公里）	比重（%）	
安徽省	59995663	100	139432	100	430.29
合肥市	4111148	6.85	7266	5.21	565.81
芜湖市	2112707	3.52	3317	45.65	636.93
蚌埠市	3154871	5.26	5917	178.38	533.19
淮南市	1932606	3.22	2121	35.85	911.18
马鞍山市	1141915	1.90	1686	79.49	677.29

续表 1-2-3

地区	人口		土地		人口密度（人/平方公里）
	数量（人）	比重（%）	面积（平方公里）	比重（%）	
淮北市	1794325	2.99	2725	161.63	658.47
铜陵市	663480	1.11	1113	40.84	596.12
安庆市	5887420	9.81	15398	1383.47	382.35
黄山市	1459054	2.43	9807	63.69	148.78
滁县地区	4032153	6.72	13987	142.62	288.28
阜阳地区	13320655	22.20	18297	130.81	728.02
宿县地区	5400435	9.00	9787	53.49	551.80
巢湖地区	4351768	7.25	9423	96.28	461.82
六安地区	6402413	10.67	17976	190.77	356.16
宣城地区	2719237	4.53	12340	68.65	220.36
池州地区	1511476	2.52	8272	67.03	182.72

资料来源：中国城市统计年鉴（1995年）

2000 年安徽省各市人口分布和人口密度统计表

表 1-2-4

地区	人口		土地		人口密度（人/平方公里）
	数量（万人）	比重（%）	面积（平方公里）	比重（%）	
安徽省	6278.3	100	139432	100	450.28
合肥市	438.2	6.98	7266	5.21	603.08
淮北市	196.3	3.13	2725	1.95	720.37
亳州市	525.5	8.37	8522	6.11	616.64
宿州市	577.6	9.20	9787	7.02	590.17
蚌埠市	337.2	5.37	5917	4.24	569.88
阜阳市	878.6	13.99	9775	7.01	898.82
淮南市	206.1	3.28	2121	1.52	971.71
滁州市	424.9	6.77	13987	10.03	303.78
六安市	662.1	10.55	17976	12.89	368.32
马鞍山市	119	1.90	1686	1.21	705.81
巢湖市	448.9	7.15	9423	6.76	476.39
芜湖市	218.5	3.48	3317	2.38	658.73

续表 1-2-4

地区	人口		土地		人口密度（人 / 平方公里）
	数量（万人）	比重（%）	面积（平方公里）	比重（%）	
宣城市	274.7	4.38	12340	8.85	222.61
铜陵市	69	1.10	1113	0.80	619.95
池州市	153.7	2.45	8272	5.93	185.81
安庆市	601.3	2.45	15398	11.04	390.51
黄山市	146.7	2.34	9807	7.03	149.59

资料来源：中国城市统计年鉴（2000年）

2005 年安徽省各市人口分布和人口密度统计表

表 1-2-5

地区	人口		土地		人口密度（人 / 平方公里）
	数量（万人）	比重（%）	面积（平方公里）	比重（%）	
安徽省	6515.5	100.00	139427	100.00	467.3
合肥市	455.7	6.99	7029	5.04	648.3
芜湖市	226.9	3.48	3317	2.38	684.0
蚌埠市	349.3	5.36	5952	4.27	586.9
淮南市	235.8	3.62	2585	1.85	912.1
马鞍山市	125.6	1.93	1686	1.21	745.2
淮北市	210.5	3.23	2741	1.97	768.1
铜陵市	72.2	1.11	1113	0.80	648.9
安庆市	605.5	9.29	15398	11.04	393.2
黄山市	146.9	2.26	9807	7.03	149.8
滁州市	435.6	6.69	13523	9.70	322.1
阜阳市	932.8	14.32	9775	7.01	954.2
宿州市	604.5	9.28	9786	7.02	617.7
巢湖市	453.1	6.95	9394	6.74	482.3
六安市	681.0	10.45	17976	12.89	378.8
亳州市	550.1	8.44	8374	6.01	657.0
池州市	156.3	2.40	8272	5.93	189.0
宣城市	273.6	4.20	12323	8.84	222.0

资料来源：中国城市统计年鉴（2005年）

从表1-2-5看出，阜阳市人口总量位居全省第1位，达933万人，人口在600万～700万之间的有3个市，分别是六安市、宿州市、安庆市，400万～600万之间的有4个市，分别是亳州市、合肥市、巢湖市、滁州市，300万～400万之间的有1个市，即蚌埠市，200万～300万之间的有4个市，分别是宣城市、芜湖市、淮南市、淮北市，100万～200万之间的有3个市，分别是池州市、黄山市、马鞍山市，人口在100万以下的只有1个市，即铜陵市。

全省17个市中，人口密度最高的是阜阳市、淮南市，每平方公里超过900人；人口密度最低的是黄山市，每平方公里只有150人，前者是后者的6倍多。

人口最多的县是临泉县，超过200万，人口最少的县是黟县，仅有9.6万，全省总人口突破百万的县（市，不含市辖区）有16个。人口密度最大的为界首市和临泉县，每平方公里超过1000人，石台县和祁门县人口密度最低，每平方公里不足100人。

2005年各县（市，不含市辖区）户籍人口、国土面积和人口密度分布一览表

表1-2-6

县名	总人口（人）	国土面积（平方公里）	人口密度（人/平方公里）
长丰县	769898	1922.2	400.5
肥东县	1063516	2215.5	480.0
肥西县	970432	2053.2	472.6
芜湖县	534741	730	732.5
繁昌县	461476	604	764.0
南陵县	544689	1264	430.9
怀远县	1277211	2396	533.1
五河县	711308	1595	446.0
固镇县	600080	1360	441.2
凤台县	721620	894	807.2
当涂县	646541	1346	480.3
濉溪县	1182485	1987.5	595.0
铜陵县	294657	763	386.2
怀宁县	681326	1276	534.0
枞阳县	962147	1808	532.2
潜山县	572117	1686	339.3
太湖县	558345	2031	274.9
宿松县	802810	2394	335.3
望江县	604672	1357	445.6

续表 1-2-6

县名	总人口（人）	国土面积（平方公里）	人口密度（人 / 平方公里）
岳西县	398575	2398	166.2
桐城市	744788	1572	473.8
歙县	493286	2236	220.6
休宁县	272654	2125	128.3
黟县	95641	847	112.9
祁门县	187080	2257	82.9
来安县	489569	1499.4	326.5
全椒县	450612	1568.3	287.3
定远县	919215	2998.2	306.6
凤阳县	729474	1943.8	375.3
天长市	618103	1751.4	352.9
明光市	635719	2357.8	269.6
临泉县	2003801	1818	1102.2
太和县	1581013	1820	868.7
阜南县	1541112	1768	871.7
颍上县	1579902	1859	849.9
界首市	749422	666	1125.3
砀山县	929131	1193	778.8
萧县	1332153	1885	706.7
灵璧县	1164427	2054	566.9
泗县	872452	1787	488.2
庐江县	1182148	2347	503.7
无为县	1395025	2433	573.4
含山县	442432	1045	423.4
和县	649738	1538	422.5
寿县	1320012	2986	442.1
霍邱县	1695076	3493	485.3
舒城县	991259	2100	472.0
金寨县	645950	3814	169.4
霍山县	365727	2043	179.0
涡阳县	1409126	2107	668.8
蒙城县	1229411	2091	588.0

续表 1-2-6

县名	总人口(人)	国土面积(平方公里)	人口密度（人/平方公里）
利辛县	1429165	1950	732.9
东至县	533802	3256	163.9
石台县	109479	1403	78.0
青阳县	281525	1181	238.4
郎溪县	334131	1105	302.4
广德县	503208	2165	232.4
泾县	354090	2054	172.4
绩溪县	176575	1116	158.2
旌德县	150192	905	166.0
宁国市	377304	2487	151.7

第二节　城镇人口分布

1990年“四普”结果显示，安徽省城镇人口为1002.4万，占总人口的17.8%。其中，城镇人口最多的是合肥市（126.8万），其次是淮南市（128.2万）。城镇人口比重最高的是淮南市（69.9%），其次是铜陵市（50.6%）。

1990年安徽省各地市城镇人口分布情况统计表

表 1-2-7　　单位：人、%

地区	人口数	城市人口	乡镇人口	城镇人口	比重
安徽省	56181005	6921432	3102612	10024044	17.84
合肥市	3864243	1110778	157227	1268005	32.81
芜湖市	2011428	563815	137776	701591	34.88
蚌埠市	2967623	704256	133564	837820	28.23
淮南市	1834619	1239952	42283	1282235	69.89
马鞍山市	1064589	445354	63024	508378	47.75
淮北市	1615088	568904	62021	630925	39.06
铜陵市	615207	282416	29088	311504	50.63
安庆市	5572023	493238	220888	714126	12.82
黄山市	1406707	379569	106994	486563	34.59
阜阳地区	12258108	432768	454974	887742	7.24
宿县地区	4962961	171526	387336	558862	11.26

续表 1-2-7

地区	人口数	城市人口	乡镇人口	城镇人口	比重
滁县地区	3802597	124069	330162	454231	11.95
六安地区	6030496	156965	398193	555158	9.21
宣城地区	2630959	125977	175577	301554	11.46
巢湖地区	4079929	121845	284077	405922	9.95
池州地区	1464428	0	119428	119428	8.16

资料来源："四普"数据

2000年"五普"数据显示，安徽省常住人口5900万，其中，城镇人口1640.8万、乡村人口4259.2万，分别占27.81%、72.19%，城镇人口最多的是合肥市（196.4万），其次是阜阳市（175.8万）。而城镇人口比重最高的是铜陵市（57.43%），其次是淮南市（56.5%）。

城镇人口比重低于20%的有3个市，分别是宿州市、六安市和亳州市；城镇人口比重高于30%的有7个市；有3个市城镇人口比重超过50%，分别是铜陵市、淮南市和马鞍山市。

2000年安徽省各市城镇人口分布情况统计表

表1-2-8　　单位：万人、%

地区	常住总人口	城镇人口	城镇人口比重
安徽省	5900.0	1640.8	27.81
合肥市	446.7	196.4	43.96
芜湖市	211.5	90.5	42.78
蚌埠市	328.8	101.0	30.72
淮南市	204.1	115.5	56.60
马鞍山市	119.7	60.3	50.34
淮北市	187.8	77.7	41.35
铜陵市	68.5	39.3	57.43
安庆市	518.0	115.7	22.34
黄山市	137.0	38.9	28.42
滁州市	400.1	99.7	24.92
阜阳市	800.4	175.8	21.96
宿州市	551.6	84.8	15.38
巢湖市	417.3	85.1	20.39

续表 1-2-8

地区	常住总人口	城镇人口	城镇人口比重
六安市	595.5	110.3	18.53
亳州市	507.9	95.7	18.83
池州市	138.9	32.4	23.32
宣城市	266.0	57.5	21.63

说明：全省城镇人口和城镇化水平是人口普查的公报数，与各市汇总的合计数略有差异

第三节　区域人口分布和人口密度

安徽省地形差异十分明显，境内淮河、长江横贯东西，将全省划分为皖北、江淮、皖南三大自然区域。皖北地区包括淮北、亳州、宿州、蚌埠、阜阳和淮南 6 个省辖市，共辖 34 个县（市、区），国土面积 3.92 万平方公里，占全省 28.1%。江淮地区包括合肥、巢湖、六安、滁州和安庆 5 个省辖市，共辖 38 个县（市、区），国土面积 6.33 万平方公里，占全省 45.4%；其中皖西地区包括六安、安庆两个省辖市，共辖 18 个县（市、区），国土面积 3.65 万平方公里，占全省 26.2%。皖南地区包括马鞍山、芜湖、铜陵、宣城、池州和黄山 6 个省辖市，共辖 33 个县（市、区），国土面积 3.65 万平方公里，占全省 26.2%；其中，马鞍山、芜湖、铜陵三市为长江沿岸圩区平原地带，共辖 15 个县（市、区），国土面积 0.61 万平方公里，占全省 4.4%；宣城、池州和黄山三市（简称皖南山区，下同），共辖 18 个县（市、区），国土面积 3.04 万平方公里，占全省 21.7%。

2005 年，皖北地区人口 2883 万，占全省 44.2%，人口密度为每平方公里 735 人；江淮地区人口 2630.9 万，占全省 40.4%，人口密度为每平方公里 415.5 人；皖南山区人口 1001.5 万，占全省 15.4%，人口密度为每平方公里 274.2 人。三大区域人口分布表明，人口密度最高的是皖北地区，每平方公里承载的人口比全省平均密度多 268 人；最低的是皖南地区，每平方公里承载的人口比全省平均密度少 193 人。由于皖西地区和皖南山区多山，因此这两个区域人口密度相对稀疏，人口密度只是平原地区——皖北地区的二分之一和近四分之一。

从各区域人口占全省比重变化来看，皖北地区人口年递增速度均快于全省及其他区域，因此该区域人口总量占全省的比重呈递增态势，1982 年、1990 年、2000 年和 2005 年该区域人口占全省的比重分别为 40.3%、42.1%、43.7% 和 44.2%；与此同时，江淮和皖南地区人口年递增速度慢于全省及皖北地区，因此这两个区域人口总量占全省比重呈递减态势，江淮地区人口占全省的比重分别为 42.7%、41.6%、40.3% 和 40.4%，皖南山区分别为 17.1%、16.4%、16% 和 15.7%。其中，皖南山区人口占全省的比重递减速度最快。

1982—2005 年安徽省区域人口占全省比重统计表

表 1-2-9　　　　单位：%

地区	1982 年	1990 年	2000 年	2005 年
皖北地区	40.3	42.1	43.7	44.2
江淮地区	42.7	41.6	40.3	40.4
皖南地区	17.1	16.4	16.0	15.4

第三章　人口变动

第一节　人口自然变动

出生人口　受20世纪60年代初期出现的长达10余年的生育高峰的周期性影响，加上农村生育政策的放宽（即“开小口子”），安徽省从20世纪80年代中期起进入新中国建立后的第三次人口出生高峰期。人口出生率从1985年的15.61‰上升到1990年的24.47‰，1988年到1991年连续4年人口出生率突破20‰。“四普”结果表明，1989年7月1日至1990年6月30日的一年间，全省人口出生率高达25.04‰。以后逐年下降，1992年降到20‰以下，2000年降至13.4‰，2001年至2005年一直稳定在13‰以下。从1988年到1993年的6年间，年出生人口均突破100万。1994年至1999年，年出生人口均在90万至100万之间，1990年出生人数达到136.3万的峰值后逐年缓慢下降。

1986—2005年安徽省人口出生情况统计表

表1-3-1　　单位：万人、‰

年份	人口数	出生数	出生率	年份	人口数	出生数	出生率
1986	5217	93.38	17.90	1996	6054	96.86	16.00
1987	5287	99.92	18.90	1997	6109	96.52	15.80
1988	5377	111.84	20.80	1998	6152	96.83	15.74
1989	5469	129.07	23.60	1999	6205	93.70	15.10
1990	5661	138.52	24.47	2000	6278	84.13	13.40
1991	5744	121.72	21.19	2001	6325	78.81	12.46
1992	5817	109.13	18.76	2002	6369	71.33	11.20
1993	5870	100.85	17.18	2003	6410	71.47	11.15
1994	5938	99.16	16.70	2004	6461	75.08	11.62
1995	6000	96.42	16.07	2005	6516	80.80	12.40

资料来源：安徽统计年鉴，表内总人口数为户籍人口数

安徽省各地市“四普”人口出生情况统计表

表 1-3-2　　单位：人、‰

地区	出生数	户籍总人口	出生率
安徽省	1407815	56607078	24.87
合肥市	87976	3808795	23.10
芜湖市	41603	2020967	20.59
蚌埠市	80737	2962068	27.26
淮南市	44700	1793161	24.93
马鞍山市	22632	1049259	21.57
淮北市	39574	1614229	24.52
铜陵市	12152	605804	20.06
安庆市	151144	5670357	26.66
黄山市	30435	1414226	21.52
阜阳地区	319908	12420732	25.76
宿县地区	139147	4990053	27.88
滁县地区	99131	3782308	26.21
六安地区	150930	6135437	24.60
宣城地区	54840	2643900	20.74
巢湖地区	99351	4223669	23.52
池州地区	33555	1472113	22.79

资料来源：安徽省人口普查资料（1990年），“四普”采集时间为一年半时间即1989年1月1日—1990年6月30日，本表人口出生数为一年期即1989年7月1日—1990年6月30日，总人口数为户籍人口

安徽省各地市“五普”人口出生情况统计表

表 1-3-3　　单位：人、‰

地区	出生数	户籍总人口	出生率
安徽省	815352	62783538	12.99
合肥市	56460	4381754	12.89
芜湖市	21228	2184734	9.72
蚌埠市	71636	3372207	21.24
淮南市	25412	2061114	12.33
马鞍山市	13854	1190146	11.64
淮北市	38178	1962824	19.45
铜陵市	7817	689981	11.33

续表 1-3-3

地区	出生数	户籍总人口	出生率
安庆市	66068	6013187	10.99
黄山市	12823	1466791	8.74
阜阳市	133313	8786080	15.17
宿州市	79872	5776432	13.83
滁州市	49926	4249314	11.75
六安市	79435	6621118	12.00
宣城市	24658	2746688	8.98
巢湖市	46305	4488641	10.32
池州市	16210	1537042	10.55

资料来源：安徽省“五普”资料，出生人口期内时间为1999年11月1日—2000年10月31日

死亡人口　1986—2005年的20年间，安徽省人口死亡率一直稳定在5‰至7‰之间，死亡率最高年份的1994年为6.86‰，最低的2002年为5.17‰。死亡人数最多的1994年为40.7万人，最少的1988年为29.9万人。

1986—2005年安徽省人口死亡情况统计表

表1-3-4　　单位：万人、‰

年份	总人口	死亡数	死亡率
1986	5217	34.43	6.60
1987	5287	31.19	5.90
1988	5377	30.11	5.60
1989	5469	32.27	5.90
1990	5661	35.38	6.25
1991	5744	34.81	6.06
1992	5817	35.72	6.14
1993	5870	38.21	6.51
1994	5938	40.73	6.86
1995	6000	38.46	6.41
1996	6054	39.35	6.50
1997	6109	39.71	6.50
1998	6152	40.23	6.54
1999	6205	40.33	6.50

续表 1-3-4

年份	总人口	死亡数	死亡率
2000	6278	36.16	5.76
2001	6325	37.00	5.85
2002	6369	32.93	5.17
2003	6410	33.33	5.20
2004	6461	35.54	5.50
2005	6516	40.40	6.20

资料来源：安徽统计年鉴

安徽省各地市“四普”人口死亡情况统计表

表 1-3-5　单位：人、‰

地区	户籍总人口	死亡人口	死亡率
安徽省	56607078	321920	5.69
合肥市	3808795	19051	5.00
芜湖市	2020967	12513	6.19
蚌埠市	2962068	14443	4.88
淮南市	1793161	9423	5.25
马鞍山市	1049259	5397	5.14
淮北市	1614229	6642	4.11
铜陵市	605804	3466	5.72
安庆市	5670357	41987	7.40
黄山市	1414226	9787	6.92
阜阳地区	12420732	65045	5.24
宿县地区	4990053	23329	4.68
滁县地区	3782308	18431	4.87
六安地区	6135437	38304	6.24
宣城地区	2643900	16563	6.26
巢湖地区	4223669	26340	6.24
池州地区	1472113	11199	7.61

资料来源：安徽省人口普查资料（1990年），出生人口期内时间为1989年7月1日—1990年6月30日

安徽省各市“五普”人口死亡情况统计表

表1-3-6 单位：人、‰

地区	户籍总人口	死亡人口	死亡率
安徽省	62783538	340562	5.42
合肥市	4381754	19255	4.39
芜湖市	2184734	13002	5.95
蚌埠市	3372207	17318	5.14
淮南市	2061114	11317	5.49
马鞍山市	1190146	6235	5.24
淮北市	1962824	8086	4.12
铜陵市	689981	3725	5.40
安庆市	6013187	37068	6.16
黄山市	1466791	9657	6.58
阜阳市	8786080	45004	5.12
宿州市	5776432	29430	5.09
滁州市	4249314	20314	4.78
六安市	6621118	37639	5.68
宣城市	2746688	16837	6.13
巢湖市	4488641	27361	6.10
池州市	1537042	10193	6.63
亳州市	5255485	28121	5.35

资料来源：安徽省人口普查资料（2000年），出生人口期内时间为1999年11月1日—2000年10月31日

人口自然增长 1986—2005年的20年间，安徽省人口死亡率一直没有明显波动，因此，全省人口自然增长随人口出生率波动而波动。人口出生率最高的1990年则是人口自然增长最多年份，当年自然增长率达18.22‰，自然增长人数为101.5万。2001年以后，人口自然增长率一直在7‰以下波动，自然增长人数则在40万左右，最低年份为2005年，自然增长人数为38万。

1986—2005年安徽省人口自然增长情况统计表

表1-3-7 单位：万人、‰

年份	出生		死亡		自然增长	
	人数	出生率	人数	死亡率	人数	自然增长率
1986	92.80	17.90	34.10	6.60	58.70	11.30
1987	99.40	18.90	31.00	5.90	68.40	13.00

续表 1-3-7

年份	出生		死亡		自然增长	
	人数	出生率	人数	死亡率	人数	自然增长率
1988	111.00	20.80	29.90	5.60	81.00	15.20
1989	128.00	23.60	32.00	5.90	96.00	17.70
1990	136.30	24.47	34.80	6.25	101.50	18.22
1991	121.20	21.19	34.70	6.06	86.50	15.13
1992	108.80	18.76	35.60	6.14	73.20	12.62
1993	100.80	17.18	38.20	6.51	62.60	10.67
1994	99.00	16.70	40.70	6.86	58.30	9.84
1995	96.20	16.07	38.40	6.41	57.80	9.66
1996	96.70	16.00	39.30	6.50	57.40	9.50
1997	96.40	15.80	39.60	6.50	56.70	9.30
1998	96.90	15.74	40.30	6.54	56.60	9.20
1999	94.00	15.10	40.00	6.50	54.00	8.60
2000	83.90	13.40	36.10	5.76	47.80	7.64
2001	78.00	12.46	36.90	5.85	41.70	6.61
2002	71.10	11.20	32.80	5.17	38.30	6.03
2003	73.50	11.15	33.20	5.20	40.30	5.95
2004	74.70	11.62	35.40	5.50	39.40	6.12
2005	75.90	12.40	37.90	6.20	38.00	6.20

说明：1986年至1989年为公安年报调整数据，1990年至2005年为人口普查及人口抽样调查公布数据

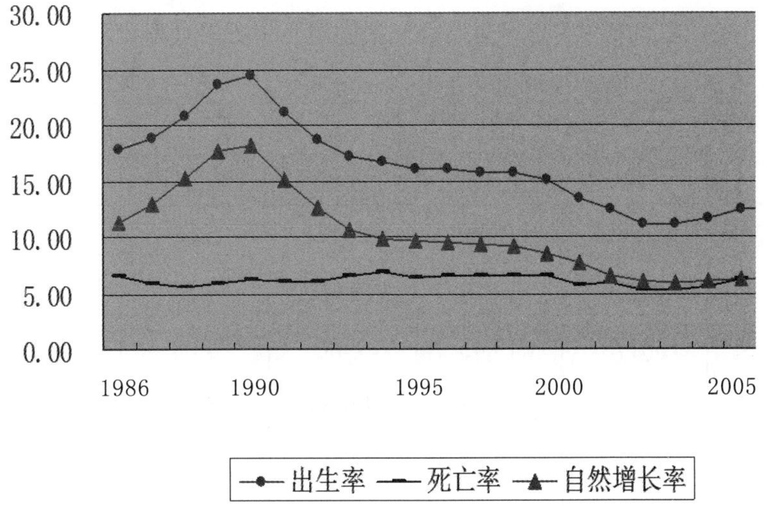

图 1-3-1　1986—2005 年安徽省人口自然增长示意图

安徽省各市“四普”人口自然增长情况统计表

表 1-3-8　　单位：人、‰

地区	户籍人口	出生		死亡		自然增长	
		人数	出生率	人数	死亡率	人数	增长率
安徽省	56607078	1407815	25.04	321920	5.79	1085895	19.25
合肥市	3808795	87976	22.75	19051	4.97	68925	17.78
芜湖市	2020967	41603	20.60	12513	6.27	29090	14.33
蚌埠市	2962068	80737	27.09	14443	4.91	66294	22.18
淮南市	1793161	44700	24.37	9423	5.20	35277	19.18
马鞍山市	1049259	22632	21.18	5397	5.17	17235	16.00
淮北市	1614229	39574	24.66	6642	4.15	32932	20.15
铜陵市	605804	12152	19.74	3466	5.68	8686	14.06
安庆市	5670357	151144	27.18	41987	7.65	109157	19.53
黄山市	1414226	30435	21.72	9787	7.02	20648	14.71
阜阳地区	12420732	319908	26.04	65045	5.37	254863	20.67
宿县地区	4990053	139147	28.15	23329	4.79	115818	23.36
滁县地区	3782308	99131	26.24	18431	4.90	80700	21.34
六安地区	6135437	150930	24.89	38304	6.43	112626	18.46
宣城地区	2643900	54840	20.63	16563	6.30	38277	14.33
巢湖地区	4223669	99351	24.48	26340	6.52	73011	17.96
池州地区	1472113	33555	22.75	11199	7.66	22356	15.09

资料来源：安徽省全国第四次人口普查资料（1990年），出生人口期内时间为1989年7月1日—1990年6月30日

安徽省各市“五普”人口自然增长情况统计表

表 1-3-9　　单位：人、‰

地区	户籍人口	出生		死亡		自然增长	
		人数	出生率	人数	死亡率	人数	增长率
安徽省	62783538	815352	12.99	345171	5.50	470181	7.49
合肥市	4381754	56460	12.89	19842	4.53	36618	8.36
淮北市	1962824	38178	19.45	9966	5.08	28212	14.37
亳州市	5255485	72157	13.73	27864	5.30	44293	8.43
宿州市	5776432	79872	13.83	28777	4.98	51095	8.85
蚌埠市	3372207	71636	21.24	17794	5.28	53842	15.97
阜阳市	8786080	133313	15.17	45754	5.21	87559	9.97

续表 1-3-9

地区	户籍人口	出生		死亡		自然增长	
		人数	出生率	人数	死亡率	人数	增长率
淮南市	2061114	25412	12.33	11178	5.42	14234	6.91
滁州市	4249314	49926	11.75	20437	4.81	29489	6.94
六安市	6621118	79435	12.00	39095	5.90	40340	6.09
马鞍山市	1190146	13854	11.64	7275	6.11	6579	5.53
巢湖市	4488641	46305	10.32	25457	5.67	20848	4.64
芜湖市	2184734	21228	9.72	14012	6.41	7216	3.30
宣城市	2746688	24658	8.98	16139	5.88	8519	3.10
铜陵市	2746688	7817	2.85	3924	1.43	3893	1.42
池州市	1537042	16210	10.55	10482	6.82	5728	3.73
安庆市	6013187	66068	10.99	36876	6.13	29192	4.85
黄山市	1466791	12823	8.74	10299	7.02	2524	1.72

资料来源：安徽省全国第五次人口普查资料（2000年），出生人口期内时间为1999年11月1日—2000年10月31日

第二节　人口机械变动

人口迁移　1986—2005 年，安徽省户籍人口迁移总体平稳。20 世纪 80 年代由于国家允许部分在“文化大革命”期间上山下乡的知识青年返回原来所在城市从业、生活，以致部分地区人口迁移数量激增。原徽州地区（今黄山市）从 1986 年至 1988 年的 3 年间净迁移率均出现负增长，1987 年迁入该地区 24905 人，迁入率为 13.9‰，而迁出达 42896 人，迁出率为 23.94‰，净迁移率为 10.04‰，当年仅返回上海的下放知青就达 2 万余人。1992 年因“农转非”（农业户口转为非农业户口）政策放宽，人口迁移总量达到 18.64 万，是新中国成立以来全省人口迁移总量最多的年份。铜陵市、马鞍山市、合肥市当年人口迁入率分别高达 67‰、54.14‰、24.6‰，迁入人口分别为 4.26 万、5.95 万和 9.65 万。20 世纪 90 年代后期及进入 21 世纪以后，户籍人口迁移呈振荡上行态势。

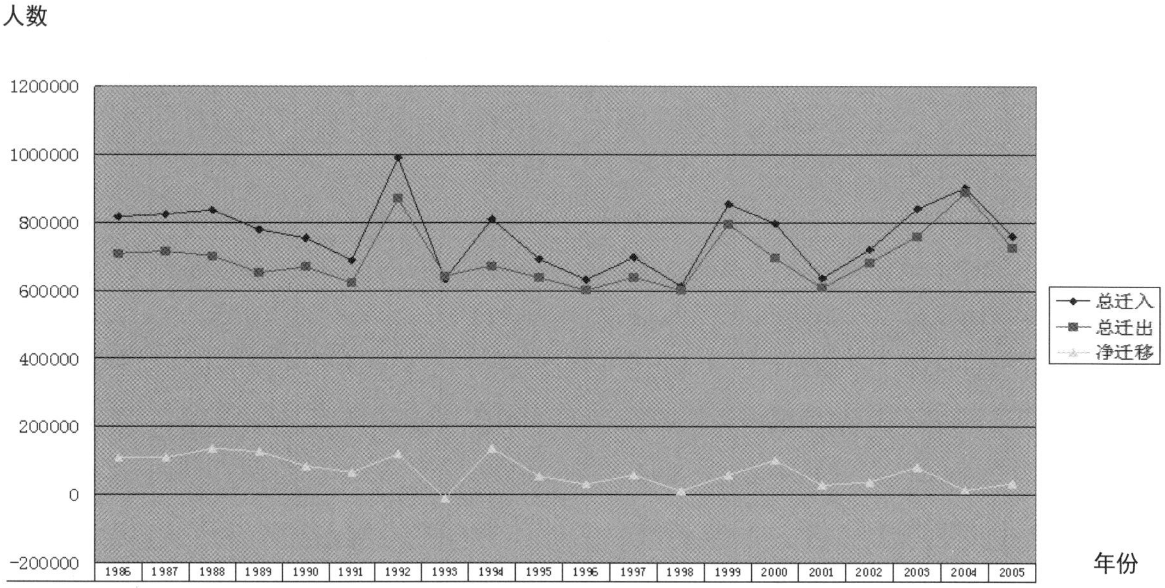

图 1-3-2　1986—2005 年安徽省人口迁移量示意图

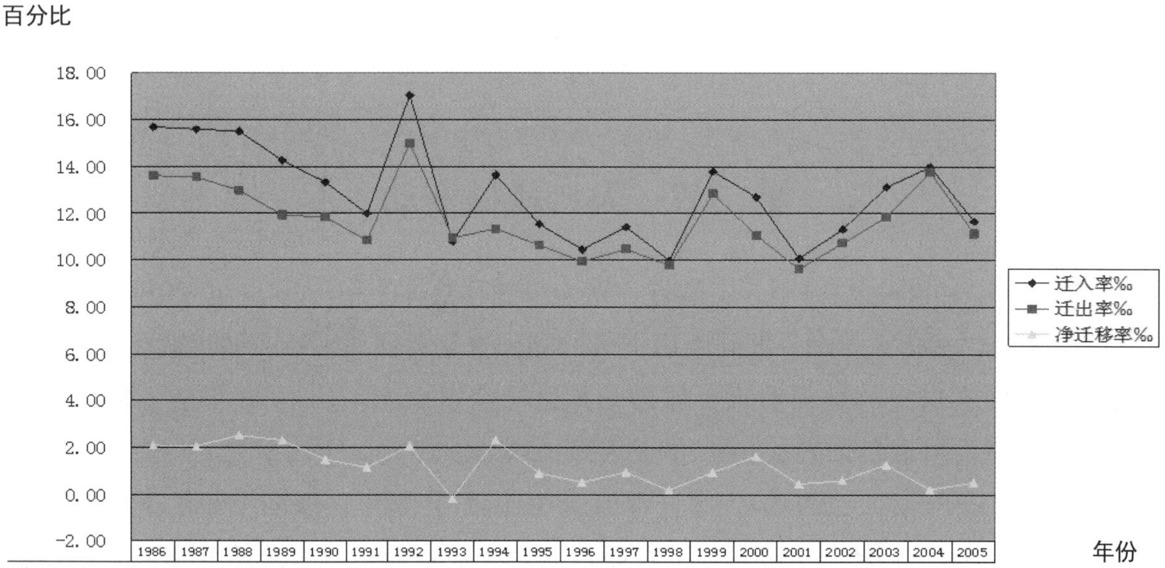

图 1-3-3　1986—2005 年安徽省人口迁移比重示意图

1986—1990 年安徽省各地市人口迁移情况统计表

表 1-3-10　　单位：人、‰

地区	迁入		迁出		净迁移	
	人数	迁入率	人数	迁出率	人数	净迁移率
安徽省	4014440	14.85	3449544	12.76	564896	2.09
合肥市	338829	18.54	242582	13.27	96247	5.27
芜湖市	151416	14.20	138480	12.99	12936	1.21
蚌埠市	253363	18.38	175183	12.71	78180	5.67

续表 1-3-10

地区	迁入		迁出		净迁移	
	人数	迁入率	人数	迁出率	人数	净迁移率
淮南市	163604	19.14	103696	12.13	59908	7.01
马鞍山市	111498	22.11	74840	14.84	36658	7.27
淮北市	208642	27.93	125445	16.79	83197	11.14
铜陵市	76945	26.39	50596	17.35	26349	9.04
安庆市	415364	14.06	372443	12.60	42921	1.46
徽州地区	109986	14.16	132035	17.00	–22049	–2.84
阜阳地区	650222	11.22	612227	10.57	37995	0.65
宿县地区	345378	14.78	276288	11.82	69090	2.96
滁县地区	362266	20.00	294755	16.27	67511	3.73
六安地区	341858	11.52	312824	10.54	29034	0.98
宣城地区	179205	14.51	216142	17.50	–36937	–2.99
巢湖地区	241366	11.75	259037	12.61	–17671	–0.86
池州地区	64498	14.80	62971	14.45	1527	0.35

资料来源：安徽公安年报数据，1988年设立池州地区，人口迁移情况为1988年至1990年

1991—1995 年安徽省各地市人口迁移情况统计表

表 1-3-11　　单位：人、‰

地区	迁入		迁出		净迁移	
	人数	迁入率	人数	迁出率	人数	净迁移率
安徽省	3814718	13.09	3430305	11.78	384513	1.31
合肥市	373477	18.77	268420	13.49	105057	5.28
芜湖市	156849	15.11	144995	13.97	11854	1.14
蚌埠市	196416	15.01	165241	12.62	31175	2.39
淮南市	142004	15.07	102195	10.84	39809	4.23
马鞍山市	143323	25.81	91866	17.08	51457	8.73
淮北市	170437	19.82	96551	11.23	73886	8.59
铜陵市	95780	29.90	63528	19.83	32252	10.07
安庆市	316202	10.88	352953	12.14	–36751	–1.26
黄山市	95352	13.18	99519	13.76	–4167	–0.58
阜阳地区	647831	9.97	587536	9.04	60295	0.93
宿县地区	318990	12.16	261090	9.95	57900	2.21
滁县地区	336064	17.10	301207	15.33	34857	1.77

续表 1-3-11

地区	迁入		迁出		净迁移	
	人数	迁入率	人数	迁出率	人数	净迁移率
六安地区	265006	8.40	286673	9.09	-21667	-0.69
宣城地区	177016	13.14	185451	13.77	-8435	-0.64
巢湖地区	263537	12.26	296767	13.81	-33230	-1.55
池州地区	116434	15.54	126313	16.86	-9779	-1.32

资料来源：安徽公安年报数据

1996—2000 年安徽省各市人口迁移情况统计表

表 1-3-12　　单位：人、‰

地区	迁入		迁出		净迁移	
	人数	迁入率	人数	迁出率	人数	净迁移率
安徽省	2984040	12.11	2733096	11.09	250944	1.02
合肥市	302602	17.73	235371	13.79	67231	3.94
芜湖市	140426	16.30	118454	13.75	21972	2.55
蚌埠市	228516	17.44	191495	14.62	37021	2.82
淮南市	187104	23.31	153816	19.16	33288	4.15
马鞍山市	72220	15.41	64945	13.86	7275	1.55
淮北市	86019	11.44	64416	8.56	21603	2.88
铜陵市	52985	19.54	46965	17.32	6020	2.22
安庆市	140764	5.90	178011	7.46	-37247	-1.56
黄山市	63304	10.80	65913	11.25	-2609	-0.45
阜阳市	401632	8.08	387089	7.79	14543	0.29
宿州市	202958	9.01	159957	7.10	43001	1.91
滁州市	242965	14.60	203238	12.22	39727	2.38
六安市	248335	9.51	227576	8.72	20759	0.79
宣城市	204083	18.64	222464	20.32	-18381	-1.68
巢湖市	197208	11.12	197557	11.14	-349	-0.02
池州市	124816	20.43	127380	20.85	-2564	-0.42
亳州市	88103	16.76	88449	16.83	-346	-0.07

资料来源：安徽公安年报数据，1999年、2000年先后撤销六安、宣城、池州地区，设立六安、巢湖、宣城、池州市，亳州市2000年升格为地级市，表中迁移人口均为2000年当年数

2001—2005 年安徽省各市人口迁移情况统计表

表 1-3-13　　单位：人、‰

地区	迁入		迁出		净迁移	
	人数	迁入率	人数	迁出率	人数	净迁移率
安徽省	3863861	12.04	3666221	11.43	197640	0.61
合肥市	607284	27.02	382397	17.02	224887	10.00
芜湖市	396272	35.47	306098	27.40	90174	8.07
蚌埠市	266847	15.47	251376	14.57	15471	0.90
淮南市	276109	25.11	266301	24.22	9808	0.89
马鞍山市	128433	20.84	87680	14.23	40753	6.61
淮北市	99389	9.71	87330	8.53	12059	1.18
铜陵市	68820	19.40	53910	15.20	14910	4.20
安庆市	163018	5.39	253469	8.39	-90451	-3.00
黄山市	58694	8.00	70135	9.56	-11441	-1.56
滁州市	296230	13.71	312472	14.46	-16242	-0.75
阜阳市	344636	7.59	355638	7.83	-11002	-0.24
宿州市	212231	7.15	199137	6.71	13094	0.44
巢湖市	228397	10.09	308241	13.61	-79844	-3.52
六安市	261732	7.79	272465	8.11	-10733	-0.32
亳州市	236796	8.77	195517	7.24	41279	1.53
池州市	90585	11.68	92597	11.94	-2012	-0.26
宣城市	128388	9.36	171458	12.50	-43070	-3.14

人口城镇化　1995 年前，安徽省城镇化进程缓慢。1986—1995 年的 10 年时间，城镇人口占总人口比重一直稳定在 20% 以下。1987 年后，先后撤销县级屯溪市和黄山市设置地级黄山市，撤销宣城县，设置县级宣州市，撤销安庆地区并入安庆市，撤销贵池县设立县级贵池市，撤销界首县恢复县级界首市，撤销阜阳县并入县级阜阳市，撤销六安县并入县级六安市，撤销宿县并入县级宿州市，撤销滁县地区和县级滁州市设置地级滁州市，将天长、明光、宁国和桐城 4 个县改设县级市，撤销阜阳地区和县级阜阳市设置地级阜阳市。1996 年全省城镇人口比重首次突破 20%，达 21.71%，1998 年底达到 22.3%。

1999 年，安徽省委、省政府决定加快小城镇发展，把推动城镇化进程作为拉动社会经济增长的发展战略之一，制定一系列有关人口迁移、土地利用、社会保障、投融资、领导体制等方面的政策措施。此后，省政府办公厅下发调整部分中心建制镇的通知，明确全省中心建制镇数量为 200 个，放宽城镇户籍政策。省公安厅规定凡在改革实施范围内有合法固定住所、稳定职业或生活来源的人员及其共同居住生活的直系亲属，可根据本人意愿登记城镇常住户口。1999 年，全省城镇人口比重比上年提升 3.67 个百分点，达到 26%，以后每年以 1 个以上百分点递增，到 2005 年末，人口城镇化率达到 35.5%。

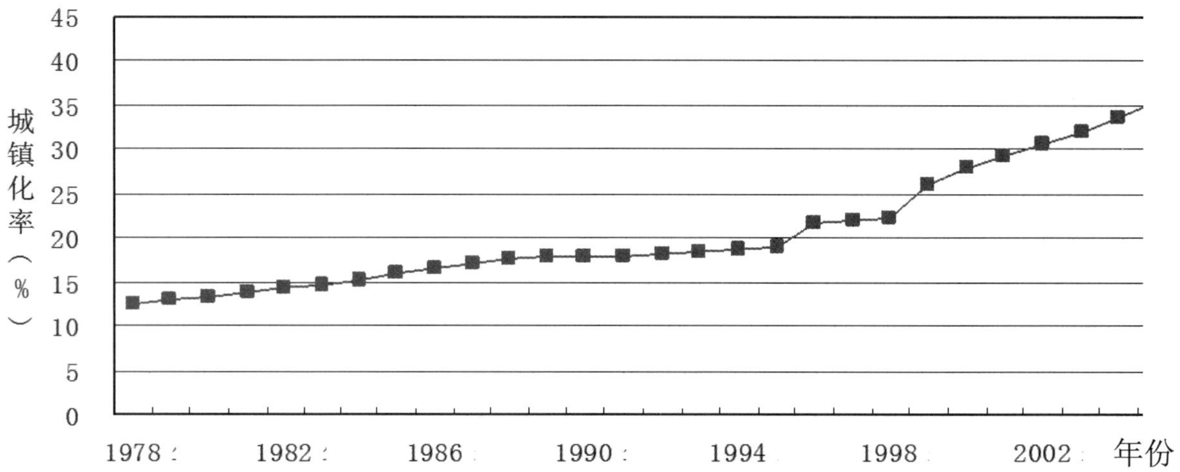

图 1-3-4　若干年份安徽省城镇化人口进展示意图

1986 年安徽省各地市农业、非农业、城乡人口情况统计表

表 1-3-14　　单位：人

地区	农业人口	非农业人口	城镇人口	乡村人口
安徽省	44605911	7566228	15266744	36905395
合肥市	2649268	880891	1297771	2232388
芜湖市	1589329	598693	871592	1316430
蚌埠市	2064865	566714	842122	1789457
淮南市	956444	678322	1145531	489235
马鞍山市	631351	339663	563973	407041
淮北市	1063830	328593	611973	780450
铜陵市	329093	234392	289391	274094
安庆市	211534	229782	441316	–
阜阳地区	10306013	795448	2124766	8976695
宿县地区	4107894	355459	1450942	3012411
滁县地区	3022473	483822	1022795	2483500

续表 1-3-14

地区	农业人口	非农业人口	城镇人口	乡村人口
六安地区	5113697	649610	1837932	3925375
宣城地区	1926705	307018	477449	1756274
巢湖地区	3630231	403353	1282898	2750686
徽州地区	1520543	268450	487990	1301003
安庆地区	5482641	446018	518303	5410356

资料来源：安徽统计年鉴（1987年）

1990 年安徽省各地市农业、非农业、城乡人口情况统计表

表 1-3-15　　单位：万人

地区	农业人口	非农业人口	城镇人口	乡村人口
安徽省	4818	843	1967	3694
合肥市	282	99	151	230
芜湖市	142	60	86	116
蚌埠市	232	64	95	201
淮南市	103	76	126	53
马鞍山市	67	38	65	40
淮北市	117	44	74	87
铜陵市	34	27	37	24
安庆市	505	62	98	469
黄山市	121	21	50	92
阜阳地区	1151	91	318	924
宿县地区	454	45	194	305
滁县地区	322	56	124	254
六安地区	545	69	201	413
宣城地区	229	35	121	143
巢湖地区	381	42	153	270
池州地区	133	14	74	73

资料来源：安徽统计年鉴（1991年）

2000年安徽省各市农业、非农业、城乡人口情况统计表

表1-3-16 单位：人

地区	农业人口	非农业人口	城镇人口	乡村人口
安徽省	48010913	10742585	8434698	43233559
合肥市	3031831	1409572	1462828	2503376
芜湖市	1412464	691724	625618	1210549
蚌埠市	2499989	774514	696811	2278202
淮南市	1151081	873488	994188	885586
马鞍山市	693462	498812	500982	594388
淮北市	1230980	634312	513490	1101581
铜陵市	338347	343535	324621	291470
安庆市	4345663	817472	539506	4022987
黄山市	1083207	281001	152163	980915
滁州市	3295149	682249	475843	3004247
阜阳市	7231043	754703	770886	6246002
宿州市	4912571	581182	295841	4668107
巢湖市	3563147	576950	248278	3322526
六安市	5162007	779205	249800	4851353
亳州市	4649441	417037	209938	4122357
池州市	1170757	214440	143807	1065507
宣城市	2239774	412389	230098	2084406

资料来源：安徽省人口普查资料（2000年）

人口流动 1989年，安徽省计划生育委员会（简称“省计生委”）首次在全省开展流动人口基本情况摸底登记，截至1989年7月底，全省流动人口37.85万。1994年省统计局抽样调查显示，全省流出人口320万。1996年据省劳动厅统计，全省流出人口501万，其中，421.95万流向外省、市；省内跨地、市流动就业43.84万；本地市内流动就业35.24万。外省、市到安徽省就业6.68万。流出半年以上人口最多的是安庆市（112.1万），其次是阜阳市（97.5万）；流出半年以上人口最少的是铜陵市（7.8万），其次是马鞍山市（15万）。流出半年以上人口占户籍人口比重最高的是安庆市（18.6%），其次是芜湖市（13.9%）；流出半年以上人口占户籍人口比重最低的是亳州市（4.5%），其次是宿州市（8.1%）。

2000年第五次人口普查结果显示，安徽省离开户口登记地半年以上的人口为701.1万，占全省户籍人口总数的11.22%。其中，外出本乡镇街道的人口为627.9万，人

户分离及“空挂户口”的人口有73.2万。流动人口15～34岁年龄段人口占到总数的68.75%，其中20～34岁流动人口占全部流动人口的54%。

2000年安徽省各市流出人口情况统计表

表1-3-17　　单位：人

地区	外出半年以上人口			其中：流向省外人口		
	小计	男	女	小计	男	女
安徽省	7011220	3947402	3063818	3965266	2360884	1604382
合肥市	524572	291786	232786	128631	78333	50298
芜湖市	302288	157999	144289	109596	60280	49316
蚌埠市	302599	154371	148228	94846	54555	40291
淮南市	221371	117806	103565	39355	22444	16911
马鞍山市	149514	81523	67991	40241	23131	17110
淮北市	160690	89432	71258	41588	22458	19130
铜陵市	78176	41320	36856	23386	12461	10925
安庆市	1120966	673825	447141	794510	496312	298198
黄山市	194390	103645	90745	95835	55573	40262
滁州市	434635	239560	195075	208673	120889	87784
阜阳市	974679	555112	419567	772294	450484	321810
宿州市	468149	250092	218057	213677	120183	93494
巢湖市	536229	304217	232012	360712	210177	150535
六安市	835734	493044	342690	621739	390050	231689
亳州市	231275	133735	97540	168440	100276	68164
池州市	211464	121668	89796	136635	81252	55383
宣城市	264489	138267	126222	115108	62026	53082

资料来源：安徽省人口普查资料（2000年）

2001—2005 年安徽省各市流出人口情况统计表

表 1-3-18　　单位：人

地区	2001 年	2002 年	2003 年	2004 年	2005 年
安徽省	5319068	7726671	9085397	11076725	11434406
合肥市	328475	432868	549108	605100	610670
芜湖市	244747	360749	416532	438351	414399
蚌埠市	99737	237651	279312	388743	399873
淮南市	65233	188113	216671	284668	281401
马鞍山市	40212	59137	79143	94681	86552
淮北市	23651	86360	146856	223168	240706
铜陵市	29729	63296	73145	85832	91069
安庆市	775159	831569	977516	1230414	1296295
黄山市	97384	167591	227572	248790	253181
亳州市	277137	537053	647175	935514	967960
阜阳市	1012788	1340460	1424786	1830918	1907201
宿州市	187208	448830	578447	606391	619763
滁州市	165014	365608	392221	586423	600607
宣城市	252127	376133	432975	469976	498710
六安市	900183	1215626	1389005	1618262	1724455
巢湖市	652811	780997	958814	1053886	1034766
池州市	167473	234630	296119	375608	406798

资料来源：安徽省人口普查资料（2000年）

据安徽省计生委调查，2001 年，全省流出人口流入量在 10 万以上的省（市）有：上海市 99.19 万、江苏省 77.51 万、浙江省 76.44 万、广东省 46.70 万、北京市 36.99 万、福建省 16.0 万、天津市 13.34 万、山东省 11.67 万。2002 年，全省成年流动人口 768.7 万，其中流出人口 713.2 万，占总量的 92.8%。2003 年，全省流动人口总量为 967.98 万，其中流出人口 908.54 万，占全省总人口的 14.17%。2005 年，全省流动人口为 1224.79 万，占户籍人口的 18.80%，其中流出人口 1143.44 万，占流动人口的 93.36%，且 96% 左右集中在长江三角洲、珠江三角洲及京津地区。

2000—2005年安徽省各市流入人口情况统计表

表1-3-19　　单位：人

地区	2000年	2001年	2002年	2003年	2004年	2005年
安徽省	422793	109778	556607	595419	746645	813556
合肥市	107693	27774	137482	171090	216138	270363
芜湖市	17091	7123	40146	46561	57982	65726
蚌埠市	37036	5687	30673	26593	28272	30916
淮南市	22933	6033	37758	40705	44019	45365
马鞍山市	16314	3770	18410	23475	46232	54203
淮北市	20564	3283	17841	21315	21728	19939
铜陵市	15352	3082	21345	22320	31749	33364
安庆市	27196	9103	36276	21298	24218	28686
黄山市	11727	3833	19276	36816	45757	43425
亳州市	24679	4025	26991	25195	35933	47970
阜阳市	24719	4992	26197	22935	45301	24829
宿州市	13319	3890	21524	19659	18602	17778
滁州市	32297	7289	29306	27249	37533	33495
宣城市	20690	7327	32346	34273	36706	38563
六安市	14375	5796	31822	27589	23410	25630
巢湖市	11403	4523	22295	21681	25190	24980
池州市	5405	2248	6916	6665	7875	8324

第四章　人口结构

第一节　年龄结构

不同年龄组人口结构　1990年，安徽省少儿人口（0 ~ 14岁）1594.96万，占总人口28.39%，15 ~ 64岁劳动年龄人口3807.97万，占总人口67.78%，65岁以上老年人口303.68万，占总人口5.41%。1991年以后，少儿人口占总人口比重持续下降，老年人口（65岁及以上）占总人口比重缓慢上升，而劳动年龄人口（15 ~ 64岁）占总人口比重则逐渐提高。

1990年安徽省人口年龄结构统计表

表1-4-1　　单位：人、%

年龄别	人口数	占人口数的比重
0 ~ 4岁	5903518	10.51
5 ~ 9岁	4814551	8.57
10 ~ 14岁	5231486	9.31
15 ~ 19岁	6492506	11.56
20 ~ 24岁	7033620	12.52
25 ~ 29岁	5054803	9.00
30 ~ 34岁	2836704	5.05
35 ~ 39岁	4012721	7.14
40 ~ 44岁	3099117	5.52
45 ~ 49岁	2599572	4.63
50 ~ 54岁	2214240	3.94
55 ~ 59岁	2073116	3.69
60 ~ 64岁	1778235	3.17
65 ~ 69岁	1393835	2.48
70 ~ 74岁	885109	1.58
75 ~ 79岁	449611	0.80
80 ~ 84岁	206921	0.37
85 ~ 89岁	84089	0.15
90 ~ 94岁	14641	0.03
95 ~ 99岁	2267	0
100岁以上	343	0

资料来源：安徽省人口普查资料（1990年）

1990年安徽省各地市分年龄组人口结构统计表

表1-4-2　　　　单位：人、%

地区	总人口（人）	年龄别人口（人）			占总人口比重（%）		
		0～14岁	15～64岁	65岁及以上	0～14岁	15～64岁	65岁及以上
安徽省	56181005	15949555	37194634	3036816	28.39	66.20	5.41
合肥市	3864243	1031092	2640070	193081	26.68	68.32	5.00
芜湖市	2011428	467366	1435949	108113	23.24	71.39	5.37
蚌埠市	2967623	885346	1909193	173084	29.83	64.33	5.83
淮南市	1834619	521455	1218386	94778	28.42	66.41	5.17
马鞍山市	1064589	243691	766003	54895	22.89	71.95	5.16
淮北市	1615088	473465	1059326	82297	29.32	65.59	5.10
铜陵市	615207	139965	448125	27117	22.75	72.84	4.41
安庆市	5572023	1545698	3750109	276216	27.74	67.30	4.96
黄山市	1406707	338509	983307	84891	24.06	69.90	6.03
阜阳地区	12258108	3973501	7595660	688947	32.42	61.96	5.62
宿县地区	4962961	1557011	3096559	309391	31.37	62.39	6.23
滁县地区	3802597	1014873	2583941	203783	26.69	67.95	5.36
六安地区	6030496	1676985	4046489	307022	27.81	67.10	5.09
宣城地区	2630959	637880	1849064	144015	24.25	70.28	5.47
巢湖地区	4079929	1063462	2806788	209679	26.07	68.80	5.14
池州地区	1464428	379256	1005665	79507	25.90	68.67	5.43

资料来源：安徽省人口普查资料（1990年）

1995 年安徽省各地市分年龄组人口结构统计表

表 1-4-3　　单位：%

地区	0 ～ 14 岁	15 ～ 64 岁	65 岁及以上
安徽省	27.33	65.94	6.73
合肥市	25.95	67.49	6.57
芜湖市	22.50	70.84	6.67
蚌埠市	28.75	64.05	7.20
淮南市	25.66	68.27	6.07
马鞍山市	22.47	70.82	6.70
淮北市	27.91	66.42	5.67
铜陵市	21.11	73.09	5.81
安庆市	27.97	65.53	6.51
黄山市	23.79	68.65	7.56
滁州市	25.84	67.26	6.90
阜阳地区	29.82	63.42	6.76
宿县地区	30.36	62.44	7.20
六安地区	26.94	66.81	6.25
宣城地区	22.60	70.20	7.19
巢湖地区	27.05	66.04	6.91
池州地区	25.17	68.02	6.81

资料来源：1%人口抽样调查数据及其计算结果（1995年）

2000年安徽省人口年龄结构统计表

表1-4-4 单位：人、%

年龄别	人口数	占总人口数比重
总计	58999948	100
0 ~ 4岁	3278183	5.56
5 ~ 9岁	5216742	8.84
10 ~ 14岁	6545272	11.09
15 ~ 19岁	4376262	7.42
20 ~ 24岁	4085235	6.92
25 ~ 29岁	5454962	9.25
30 ~ 34岁	6486849	10.99
35 ~ 39岁	5246592	8.89
40 ~ 44岁	2580787	4.37
45 ~ 49岁	3798072	6.44
50 ~ 54岁	3033561	5.14
55 ~ 59岁	2398041	4.06
60 ~ 64岁	2019418	3.42
65 ~ 69岁	1723933	2.92
70 ~ 74岁	1331982	2.26
75 ~ 79岁	850963	1.44
80 ~ 84岁	404889	0.69
85岁及以上	168205	0.28

资料来源：安徽省人口普查资料（2000年）

2000年安徽省各市人口年龄结构统计表

表1-4-5 单位：人、%

地区	总人口（人）	年龄别人口（人）			占总人口比重（%）		
		0～14岁	15～64岁	65岁及以上	0～14岁	15～64岁	65岁及以上
安徽省	58999948	15040197	39479779	4479972	25.49	66.91	7.59
合肥市	4467384	1002325	3147060	317999	22.44	70.45	7.12
芜湖市	2115421	446988	1507703	160730	21.13	71.27	7.60
蚌埠市	3288329	860489	2168289	259551	26.17	65.94	7.89
淮南市	2040649	491660	1400374	148615	24.09	68.62	7.28
马鞍山市	1196916	260888	845879	90149	21.80	70.67	7.53
淮北市	1878164	483278	1263883	131003	25.73	67.29	6.98
铜陵市	684716	139067	499037	46612	20.31	72.88	6.81
安庆市	5180000	1421799	3368195	390006	27.45	65.02	7.53
黄山市	1370377	298754	951387	120236	21.80	69.43	8.77
滁州市	4001488	1051054	2635679	314755	26.27	65.87	7.87
阜阳市	8003963	2243770	5162308	597885	28.03	64.50	7.47
宿州市	5516423	1560131	3510049	446243	28.28	63.63	8.09
巢湖市	4173449	1031696	2823636	318117	24.72	67.66	7.62
六安市	5954653	1499751	4020207	434695	25.19	67.51	7.30
亳州市	5078908	1369395	3324927	384586	26.96	65.47	7.57
池州市	1389469	330048	950389	109032	23.75	68.40	7.85
宣城市	2659639	549104	1900777	209758	20.65	71.47	7.89

资料来源：安徽省人口普查资料（1990年）

2005 年安徽省各市人口分年龄组结构统计表

表 1-4-6

地区	总人口（万人）	年龄别人口（万人）			占总人口比重（%）		
		0 ~ 14 岁	15 ~ 64 岁	65 岁及以上	0 ~ 14 岁	15 ~ 64 岁	65 岁及以上
安徽省	6120	1412	4090	618	23.07	66.84	10.09
合肥市	463	94	326	43	20.21	70.45	9.34
芜湖市	223	43	159	21	19.73	71.06	9.21
蚌埠市	323	75	214	34	23.12	66.28	10.60
淮南市	228	44	162	22	19.51	70.98	9.51
马鞍山市	126	23	91	13	18.19	71.85	9.96
淮北市	204	47	139	17	23.26	68.33	8.41
铜陵市	71	12	53	6	16.34	74.58	9.08
安庆市	567	136	371	60	23.99	65.50	10.51
黄山市	140	26	98	16	18.73	70.18	11.09
滁州市	411	93	277	41	22.55	67.47	9.99
阜阳市	847	235	527	85	27.69	62.24	10.07
宿州市	574	139	378	57	24.19	65.88	9.93
巢湖市	415	96	272	47	23.06	65.51	11.43
六安市	614	138	414	62	22.53	67.43	10.05
亳州市	514	127	338	49	24.73	65.76	9.51
池州市	144	31	97	16	21.73	67.08	11.19
宣城市	258	48	179	30	18.73	69.54	11.73

资料来源：安徽统计年鉴（2006年）

老龄人口结构 人口老龄化是老年人口比重不断增加的过程，它是由人口死亡率降低、人均预期寿命延长、人口出生率持续下降以及人口迁移等因素变动过程的结果。人口老龄化是人类文明进步的标志，也是社会经济长期发展的必然结果。按照国际划分人口年龄类型的标准，0 ~ 14 岁少年儿童比重在 30% 以下，65 岁及以上老年人口比重在 7% 以上时称为人口老年型结构。

进入 20 世纪 90 年代，随着计划生育政策的持续推行，安徽省妇女生育水平迅速下降，总和生育率由 1989 年的 2.51 下降至 1992 年的更替水平以下，此后一直稳定在 1.7 左右，儿童少年组人口减少，其比重大幅度下降，相应的儿童人口系数下降、老少比上升。随着人民生活水平和生活质量的提高，医疗卫生保健事业继续改善，人口预期寿命不断提高，使得老年人口的数量不断加大。由 20 世纪 80 年代的平均不到 70 岁，提高到 2000 年的 70.62 岁，2004 年提高到 73 岁。以上两个因素直接导致全省人口老龄化进程进一步加快。

1990—2005 年安徽省人口系数变化情况统计表

表 1-4-7　　单位：%

年份	少年儿童系数	老年系数	老少比	少年儿童抚养系数	老年抚养系数	总抚养系数	年龄中位数（岁）
1990	28.39	5.41	19.04	42.89	8.16	51.05	24.02
1991	28.23	5.94	21.05	42.88	9.03	51.91	24.82
1992	27.96	6.09	21.78	42.4	9.24	51.64	25.16
1993	26.56	6.32	23.8	39.57	9.42	48.99	25.28
1994	26.6	6.4	24.06	39.7	9.55	49.25	25.39
1995	27.33	6.73	24.61	41.45	10.2	51.65	26.38
1996	26.63	6.5	24.41	39.82	9.72	49.54	27.95
1997	26.04	6.71	25.77	38.72	9.98	48.7	28.35
1998	24.95	7.02	28.14	36.67	10.32	46.99	29.52
1999	24.6	7.38	30	36.17	10.85	47.03	30.63
2000	25.49	7.59	29.79	38.1	11.35	49.44	30.38
2001	24.87	8.1	32.57	37.1	12.09	49.19	31.08
2002	24.36	8.5	34.89	36.28	12.65	48.93	32.22
2003	23.43	9.19	39.22	34.77	13.63	48.4	33.46
2004	22.82	9.3	40.75	33.63	13.69	47.32	34.16
2005	23.07	10.08	43.69	34.51	15.08	49.59	34.32

资料来源：1990年、2000年普查数据，其余年份为安徽省统计局人口变动抽样调查数

随着人口再生产类型的转变，人口年龄结构不断趋向老化。1982年第三次人口普查（简称“三普”）时，安徽省的几个主要人口系数朝着成年型社会演化，少年人口系数为36.1%，65岁老年人口系数为4.1%，年龄中位数为20.2岁。到1990年“四普”时，全省人口进一步向老龄化方向发展，年龄中位数为24.02岁，少年儿童降到28.4%，老年人口比例为5.4%，属于典型的成年人口型。

全省从1990年到2000年10年间，65岁及以上老年人口总数从303.7万增长到448.0万，增长47.5%，平均每年增长3.84%。由于老年人口总数增加快，占总人口比重不断上升，导致人口年龄结构不断老化。老年人口发展速度远远超过少年人口发展速度，预示全省社会和家庭的抚养重心逐步由少年儿童转向老年人口。

全省于1998年65岁及以上老年人口比重已达到7.02%，年龄中位数达到29.5岁，表明全省从此时开始步入老龄化地区行列，老龄化进程约比全国早两年时间。

从各地市的情况看，1990年，全省65岁以上老龄人口占总人口比重达到5.37%。到1995年，蚌埠市、黄山市、宿县地区、宣城地区65岁以上人口占总人口比重首次超过7%，率先进入老龄社会。2000年全国“五普”时，安徽省65岁以上老龄人口达448万，占总人口比重达7.59%，标志着全省全面进入老龄社会。黄山市是全省人口老龄化程度最高的市，65岁以上人口比重达8.77%；蚌埠市中市区是全省人口老龄化程度最高的区，65岁以上人口比重达10.66%。歙县是全省人口老龄化程度最高的县，65岁以上人口比重达9.35%。

1990年安徽省65岁以上不同年龄段人口结构统计表

表1-4-8　　单位：人、%

年龄别	人口数			占总人口数的百分比		
	小计	男	女	小计	男	女
合计	3036816	1277831	1758985	5.41	2.28	3.13
65～69岁	1393835	657623	736212	2.48	1.17	1.31
70～74岁	885109	368732	516377	1.58	0.66	0.92
75～79岁	449611	164460	285151	0.80	0.29	0.51
80～84岁	206921	61702	145219	0.37	0.11	0.26
85～89岁	84089	21727	62362	0.15	0.04	0.11
90～94岁	14641	3087	11554	0.03	0.01	0.02
95～99岁	2267	440	1827	–	–	–
100岁及以上	343	60	283	–	–	–

资料来源：安徽省人口普查资料（1990年）

1995 年安徽省各地市不同年龄结构人口比重统计表

表 1-4-9　　单位：%

地区	0 ~ 14 岁	15 ~ 64 岁	15 ~ 49 岁	60 岁及以上	65 岁及以上
安徽省	27.33	65.94	26.85	10.22	6.73
合肥市	25.95	67.49	27.11	10.33	6.57
芜湖市	22.5	70.84	28.33	10.42	6.67
蚌埠市	28.75	64.05	26.09	10.55	7.2
淮南市	25.66	68.27	27.53	9.77	6.07
马鞍山市	22.47	70.82	28.73	10.19	6.7
淮北市	27.91	66.42	27.49	9.22	5.67
铜陵市	21.11	73.09	29.18	9.9	5.81
安庆市	27.97	65.53	27.38	10.17	6.51
黄山市	23.79	68.65	27.45	11.57	7.56
滁州市	25.84	67.26	27.16	10.42	6.9
阜阳市	29.82	63.42	26.08	9.9	6.76
宿县地区	30.36	62.44	25.56	10.63	7.2
六安地区	26.94	66.81	26.97	9.58	6.25
宣城地区	22.60	70.2	27.72	10.94	7.19
巢湖地区	27.05	66.04	26.93	10.73	6.91
池州地区	25.17	68.02	27.73	10.46	6.81

资料来源：1%人口抽样调查数据（1995年）

2000 年安徽省 65 岁以上不同年龄段人口结构统计表

表 1-4-10　单位：人、%

年龄别	人口数			占总人口数的百分比		
	小计	男	女	小计	男	女
合计	440863	206058	234805	7.79	3.64	4.15
65 ~ 69 岁	170115	87690	82425	3.01	1.55	1.46
70 ~ 74 岁	131353	63698	67655	2.32	1.13	1.20
75 ~ 79 岁	83692	35903	47789	1.48	0.63	0.84
80 ~ 84 岁	39713	14189	25524	0.70	0.25	0.45
85 ~ 89 岁	12690	3761	8929	0.22	0.07	0.16
90 ~ 94 岁	2561	613	1948	0.05	0.01	0.03
95 ~ 99 岁	650	186	464	0.01	–	0.01
100 岁及以上	89	18	71	–	–	–

资料来源：安徽省人口普查资料（2000年）

2000 年安徽省各市不同年龄段人口数量统计表

表 1-4-11　单位：人

地区	人口数			
	合计	0 ~ 14 岁	15 ~ 64 岁	65 岁以上
安徽省	58999948	15040197	39479779	4479972
合肥市	4467384	1002325	3147060	317999
芜湖市	2115421	446988	1507703	160730
蚌埠市	3288329	860489	2168289	259551
淮南市	2040649	491660	1400374	148615
马鞍山市	1196916	260888	845879	90149
淮北市	1878164	483278	1263883	131003
铜陵市	684716	139067	4499037	46612
安庆市	5180000	1421799	3368195	390006
黄山市	1370377	298754	951387	120236
滁州市	4001488	1051054	2635679	314755
阜阳市	8003963	2243770	5162308	597885
宿州市	5516423	1560131	3510049	446243
巢湖市	4173449	1031696	2823636	318117
六安市	5954653	1499751	4020207	434695

续表 1-4-11

地区	人口数			
	合计	0 ~ 14 岁	15 ~ 64 岁	65 岁以上
亳州市	5078908	1369395	3324927	384586
池州市	1389469	330048	950389	109032
宣城市	2659639	549104	1900777	209758

资料来源：安徽省人口普查资料（2000年）

2005 年安徽省各市不同年龄段人口结构统计表

表 1-4-12　　单位：万人、%

地区	总人口数	0 ~ 14 岁比重	15 ~ 64 岁比重	15 ~ 59 岁比重	60 岁以上比重	65 岁以上比重
安徽省	6120	23.07	66.84	62.35	14.57	10.09
合肥市	463	20.21	70.45	65.9	13.89	9.34
淮北市	204	23.26	68.33	64.64	12.1	8.41
亳州市	514	24.73	65.76	62.07	13.19	9.51
宿州市	574	24.19	65.88	61.96	13.85	9.93
蚌埠市	323	23.12	66.28	61.83	15.04	10.6
阜阳市	847	27.69	62.24	57.99	14.32	10.07
淮南市	228	19.51	70.98	67.2	13.29	9.51
滁州市	411	22.55	67.47	63.17	14.28	9.99
六安市	614	22.53	67.43	62.23	15.24	10.05
马鞍山市	126	18.19	71.85	67.07	14.74	9.96
巢湖市	415	23.06	65.51	60.13	16.81	11.43
芜湖市	223	19.73	71.06	66.28	13.99	9.21
宣城市	258	18.73	69.54	64.5	16.77	11.73
铜陵市	71	16.34	74.58	70.21	13.45	9.08
池州市	144	21.73	67.08	62.1	16.17	11.19
安庆市	567	23.99	65.5	60.37	15.64	10.51
黄山市	140	18.73	70.18	66.58	14.69	11.09

资料来源：安徽省人口抽样调查推算数（2005年）

育龄妇女结构　1986—2005年，安徽省育龄妇女人数呈缓慢增长态势。1986年育龄妇女人数为1334.72万，2005年增长到2082.01万，育龄妇女人数占总人口比重由1986年的25.58%增长到2005年的31.95%，其中1986年已婚育龄妇女人数为410.63万，2005年达到1242.96万，已婚育龄妇女人数占总人口比重由1986年的7.87%增长到2005年的19.08%。

1986—2005年安徽省育龄妇女结构统计表

表1-4-13　单位：人、%

年份	总人口	育龄妇女		已婚育龄妇女	
		人数	比重	人数	比重
1986	52172139	13347242	25.58	4106330	7.87
1987	52866217	13935979	26.36	4638521	8.77
1988	54040865	14437143	26.72	5202189	9.63
1989	54682444	14894704	27.24	5804660	10.62
1990	56607078	15256978	26.95	6407721	11.32
1991	57439876	15596073	27.15	6909512	12.03
1992	58174827	15901896	27.33	7394248	12.71
1993	58700093	16248988	27.68	7870530	13.41
1994	59380000	16596580	27.95	8416865	14.17
1995	57631491	16928303	29.37	8922536	15.48
1996	60539835	17225935	28.45	9379999	15.49
1997	61092170	17555063	28.74	9805692	16.05
1998	61840001	17827983	28.83	10195260	16.49
1999	62055155	18120367	29.20	10583729	17.06
2000	62783538	18449372	29.39	10952008	17.44
2001	63252262	18837767	29.78	11281181	17.84
2002	63689508	19279634	30.27	11600341	18.21
2003	64102450	19746037	30.80	11892129	18.55
2004	64607681	20246069	31.34	12167449	18.83
2005	65155056	20820142	31.95	12429577	19.08

说明：总人口数来源于公安户籍人口总数，育龄妇女和已婚育龄妇女人数来源于安徽省全员人口信息系统数据库

第二节　性别结构

总人口性别结构　1986—2005 年的 20 年间，安徽省总人口性别比始终在 107 至 109 之间波动。

1986—2005 年安徽省总人口性别比统计表

表 1-4-14　　单位：万人，女性 =100

年份	合计	男	女	性别比
1986	5217	2714	2503	108.43
1987	5287	2750	2537	108.40
1988	5377	2795	2582	108.25
1989	5469	2842	2627	108.18
1990	5661	2934	2727	107.59
1991	5744	2977	2767	107.59
1992	5817	3015	2802	107.60
1993	5870	3044	2826	107.71
1994	5938	3081	2857	107.84
1995	6000	3116	2884	108.04
1996	6054	3144	2910	108.04
1997	6109	3171	2938	107.93
1998	6152	3191	2961	107.77
1999	6205	3219	2986	107.80
2000	6278	3258	3020	107.88
2001	6325	3283	3042	107.92
2002	6369	3307	3062	108.00
2003	6410	3333	3077	108.32
2004	6461	3359	3102	108.28
2005	6516	3388	3127	108.35

资料来源：安徽统计年鉴

1990年第四次人口普查结果显示，总人口性别比在110以上的有六安地区、宣城地区、合肥市和淮南市。除部分城市所辖区，因受产业、行业结构影响，总人口性别比较高外，总性别比最高的石台县达112.77，其次是黄山区（原太平县）和地处大别山的金寨县，均为112.66。

1990年安徽省各地、市、县总人口性别比统计表

表1-4-15　　单位：人，女性=100

地区	合计	男	女	性别比
安徽省	56181005	29026412	27154593	106.89
合肥市	3864243	2028174	1836069	110.46
东市区	199067	104624	94443	110.78
中市区	206499	110835	95664	115.86
西市区	272222	150679	121543	123.97
郊　区	432990	231287	201703	114.67
长丰县	858670	443616	415054	106.88
肥东县	997669	518403	479266	108.17
肥西县	897126	468730	428396	109.42
芜湖市	2011428	1047669	963759	108.71
镜湖区	152914	77493	75421	102.75
新芜区	197955	104489	93516	111.68
马塘区	75546	38752	36794	105.32
鸠江区	137400	72397	65003	111.37
芜湖县	517999	269426	248573	108.39
繁昌县	429533	223290	206243	108.27
南陵县	500081	261872	238209	109.93
蚌埠市	2967623	1530417	1437206	106.49
东市区	194199	102633	91566	112.09
中市区	76279	39158	37121	105.49
西市区	183779	93839	89940	104.34
郊　区	249999	128866	121133	106.38
怀远县	1103540	573492	530048	108.2
五河县	596696	305603	291093	104.98
固镇县	563131	286826	276305	103.81
淮南市	1834619	962830	871789	110.44
大通区	122442	63011	59431	106.02

续表 1-4-15

地区	合计	男	女	性别比
田家庵区	316350	165356	150994	109.51
谢家集区	258474	133759	124715	107.25
八公山区	164000	85615	78385	109.22
潘集区	378686	200715	177971	112.78
凤台县	594667	314374	280293	112.16
马鞍山市	1064589	555346	509243	109.05
金家庄区	84525	46593	37932	122.83
花山区	112285	58677	53608	109.46
雨山区	101704	53667	48037	111.72
向山区	146840	75462	71378	105.72
当涂县	619235	320947	298288	107.60
淮北市	1615088	830642	784446	105.89
杜集区	265570	139641	125929	110.89
相山区	193355	103115	90240	114.27
烈山区	109979	62434	47545	131.32
濉溪县	1046184	525452	520732	100.91
铜陵市	615207	321062	294145	109.15
铜官山区	190381	102772	87609	117.31
狮子山区	45978	24656	21322	115.64
郊 区	46057	23133	22924	100.91
铜陵县	332791	170501	162290	105.06
安庆市	5572023	2859536	2712487	105.42
迎江区	129331	66971	62360	107.39
大观区	144097	73934	70163	105.37
郊 区	219810	111714	108096	103.35
桐城县	735268	375497	359771	104.37
怀宁县	728645	370778	357867	103.61
枞阳县	890687	452654	438033	103.34
潜山县	534302	275971	258331	106.83
太湖县	528586	273585	255001	107.29
宿松县	729274	377579	351695	107.36
望江县	543666	276493	267173	103.49
岳西县	388357	204360	183997	111.07

续表 1-4-15

地区	合计	男	女	性别比
黄山市	1406707	724832	681875	106.3
屯溪区	128472	66444	62028	107.12
黄山区	158289	83855	74434	112.66
徽州区	92808	47538	45270	105.01
歙　县	487818	249366	238452	104.58
休宁县	265360	136263	129097	105.55
黟　县	93912	48406	45506	106.37
祁门县	180048	92960	87088	106.74
阜阳地区	12258108	6270258	5987850	104.72
阜阳市	232349	119125	113224	105.21
亳州市	1222018	618957	603061	102.64
界首市	642474	323727	318747	101.56
阜阳县	1296952	663045	633907	104.60
临泉县	1597211	809909	787302	102.87
太和县	1319192	667658	651534	102.47
涡阳县	1188643	610322	578321	105.53
蒙城县	1015637	522608	493029	106.00
阜南县	1267447	646048	621399	103.97
颍上县	1277667	668257	609410	109.66
利辛县	1198518	620602	577916	107.39
宿县地区	4962961	2511172	2451789	102.42
宿州市	257705	130522	127183	102.63
砀山县	765866	383686	382180	100.39
萧　县	1093610	551946	541664	101.90
宿　县	1160807	587136	573671	102.35
灵璧县	956229	485778	470451	103.26
泗　县	728744	372104	356640	104.34
滁县地区	3802597	1956392	1846205	105.97
滁州市	416926	213884	203042	105.34
天长县	558917	285053	273864	104.09
来安县	444942	227893	217049	105.00
全椒县	405339	209049	196290	106.50
定远县	780680	405397	375283	108.02

续表 1-4-15

地区	合计	男	女	性别比
凤阳县	629820	324369	305451	106.19
嘉山县	565973	290747	275226	105.64
六安地区	6030496	3174076	2856420	111.12
六安市	198179	102156	96023	106.39
六安县	1366775	722969	643806	112.30
寿 县	1148678	606887	541791	112.01
霍邱县	1469838	773228	696610	111.00
舒城县	889789	465310	424479	109.62
金寨县	597190	316374	280816	112.66
霍山县	360047	187152	172895	108.25
宣城地区	2630959	1383969	1246990	110.98
宣州市	778419	409836	368583	111.19
郎溪县	326612	172708	153904	112.22
广德县	480525	252701	227824	110.92
宁国县	366693	192550	174143	110.57
泾 县	354394	187705	166689	112.61
旌德县	148131	77719	70412	110.38
绩溪县	176185	90750	85435	106.22
巢湖地区	4079929	2112585	1967344	107.38
巢湖市	759557	389006	370551	104.98
庐江县	1115127	587736	527391	111.44
无为县	1234032	637585	596447	106.90
含山县	398391	204681	193710	105.66
和 县	572822	293577	279245	105.13
池州地区	1464428	757452	706976	107.14
贵池市	571068	293805	277263	105.97
东至县	513754	264769	248985	106.34
石台县	107915	57196	50719	112.77
青阳县	271691	141682	130009	108.98

资料来源：安徽省人口普查资料（1990年）

2000 年第五次人口普查结果显示，安徽省 17 个市中总性别比高于正常值的有 9 个市，106 个县（含县级市、区，下同），除部分地市所辖区因产业、行业结构因素总性别比较高外，有34个县总性别比高于正常值。最高的是地处沿淮的凤台县，达113.44，其次是皖北的利辛县和皖南的泾县，均为112.21。

2000年安徽省各市、县总人口性别比统计表

表1-4-16　　单位：人，女性=100

地区	合计	男	女	性别比
安徽省	58999948	30437820	28562128	106.57
合肥市	4467384	2345534	2121850	110.54
东市区	249125	127260	121865	104.43
中市区	243430	124573	118857	104.81
西市区	387009	208577	178432	116.89
郊区	779511	419339	360172	116.43
长丰县	894204	465022	429182	108.35
肥东县	1006886	524429	482457	108.7
肥西县	907219	476334	430885	110.55
芜湖市	2115421	1096089	1019332	107.53
镜湖区	180382	90175	90207	99.96
马塘区	120028	61300	58728	104.38
新芜区	232347	120176	112171	107.14
鸠江区	164440	87909	76531	114.87
芜湖县	497564	260016	237548	109.46
繁昌县	430530	223357	207173	107.81
南陵县	490130	253156	236974	106.83
蚌埠市	3288329	1705466	1582863	107.75
东市区	242240	125137	117103	106.86
中市区	118178	58910	59268	99.4
西市区	226322	113712	112610	100.98
郊区	222659	115685	106974	108.14
怀远县	1234561	649422	585139	110.99
五河县	648856	335592	313264	107.13
固镇县	595513	307008	288505	106.41
淮南市	2040649	1064641	976008	109.08
大通区	129039	66416	62623	106.06
田家庵区	404713	208538	196175	106.3
谢家集区	256873	131055	125818	104.16

续表 1-4-16

地区	合计	男	女	性别比
八公山区	166452	85469	80983	105.54
潘集区	400151	209727	190424	110.14
凤台县	567659	301700	265959	113.44
毛集区	115762	61736	54026	114.27
马鞍山市	1196916	617633	579283	106.62
金家庄区	86261	45063	41198	109.38
花山区	179542	92567	86975	106.43
雨山区	132943	68312	64631	105.7
向山区	168830	87052	81778	106.45
当涂县	629340	324639	304701	106.54
淮北市	1878164	968448	909716	106.46
杜集区	293910	152171	141739	107.36
相山区	299663	152875	146788	104.15
烈山区	147622	77398	70224	110.22
濉溪县	1136969	586004	550965	106.36
铜陵市	684716	354550	330166	107.39
铜官山区	24887	127268	119619	106.39
狮子山区	51280	26867	24413	110.05
郊区	64310	33995	30315	112.14
铜陵县	322239	166420	155819	106.8
安庆市	5180000	2594671	2585329	100.36
迎江区	150221	74574	75647	98.58
大观区	167860	84790	83070	102.07
郊区	264670	134520	130150	103.36
怀宁县	673677	336292	337385	99.68
枞阳县	757951	373410	384541	97.11
潜山县	515261	260308	254953	102.1
太湖县	498882	254184	244698	103.88
宿松县	649975	336065	313910	107.06
望江县	479099	233037	246062	94.71
岳西县	361632	186393	175239	106.37
桐城市	660772	321098	339674	94.53
黄山市	1370377	698531	671846	103.97

续表 1-4-16

地区	合计	男	女	性别比
屯溪区	155233	77206	78027	98.95
黄山区	159845	83820	76025	110.25
徽州区	91122	46978	44144	106.42
歙县	454593	230647	223946	102.99
休宁县	242260	123149	119111	103.39
黟县	93919	48072	45847	104.85
祁门县	173405	88659	84746	104.62
阜阳市	8003963	4124437	3879526	106.31
颍州区	582400	294749	287651	102.47
颍东区	547576	283322	264254	107.22
颍泉区	589081	300489	288592	104.12
临泉区	1690872	865299	825573	104.81
太和县	1371482	708352	663130	106.82
阜南县	1272431	658889	613542	107.39
颍上县	1309243	685953	623290	110.05
界首县	640878	327384	313494	104.43
宿州市	5516423	2818699	2697724	104.48
埇桥区	1601181	819067	782114	104.72
砀山县	862356	438757	423599	103.58
萧县	1196377	613516	582861	105.26
灵璧县	1051325	538524	512801	105.02
泗县	805184	408835	396349	103.15
滁州市	4001488	2053464	1948024	105.41
琅琊区	246424	124512	121912	102.13
南谯区	247311	126605	120706	104.89
来安县	449188	228047	221141	103.12
全椒县	413220	211515	201705	104.86
定远县	801966	418365	383601	109.06
凤阳县	683049	356744	326305	109.33
天长市	590745	297550	293195	101.49
明光市	569585	290126	279459	103.82
六安市	5954653	3092791	2861862	108.07
金安区	745254	383576	361678	106.05

续表 1-4-16

地区	合计	男	女	性别比
裕安区	813783	424326	389457	108.95
寿县	1112569	579646	532923	108.77
霍邱县	1313915	685718	628197	109.16
叶集区	147151	77370	69781	110.88
舒城县	906984	465691	441293	105.53
金寨县	582067	305306	276761	110.31
霍山县	332930	171158	161772	105.8
宣城市	2659639	1390818	1268821	109.61
宣州区	822707	428470	394237	108.68
郎溪县	316592	165884	150708	110.07
广溪县	485757	254626	231131	110.17
泾县	333586	176388	157198	112.21
绩溪县	177091	91409	85682	106.68
旌德县	142064	74126	67938	109.11
宁国市	381842	199915	181927	109.89
巢湖市	4173449	2158799	2014650	107.16
居巢区	778864	396961	381903	103.94
庐江县	1145874	600162	545712	109.98
无为县	1252081	647888	604193	107.23
含山县	405070	207612	197458	105.14
和县	591560	306176	285384	107.29
池州市	1389469	705077	684392	103.02
贵池区	555489	280395	275094	101.93
东至县	475194	239137	236057	101.3
石台县	105506	54924	50582	108.58
青阳县	236655	121875	114780	106.18
九华山区	16625	8746	7879	111
亳州市	5078908	2648172	2430736	108.95
谯城区	1351939	697126	654813	106.46
涡阳县	1293192	671530	621662	108.02
蒙城县	1106749	577814	528935	109.24
利辛县	1327028	701702	625326	112.21

资料来源：安徽省人口普查资料（2000年）

2005 年公安部门户籍年报显示，有 12 个地级市、52 个县（市、区）总性别比高于正常值，最高的县是金寨县（114.05），其次是肥东县（113.07）。

2005 年安徽省各市、县总人口性别比统计表

表 1–4–17　　单位：人，女性 =100

地区	人口数			
	合计	男	女	性别比
安徽省	65155056	33881649	31273407	108.34
合肥市	4556978	2397485	2159493	111.02
市辖区	1753132	921577	831555	110.83
瑶海区	419804	216111	203693	106.1
庐阳区	414683	212812	201871	105.42
蜀山区	408922	218037	190885	114.22
包河区	509723	274617	235106	116.81
长丰县	769898	400636	369262	108.5
肥东县	1063516	564381	499135	113.07
肥西县	970423	510891	459541	111.17
淮北市	2105230	1078375	1026855	105.02
市辖区	922745	473558	449187	105.43
杜集区	330170	169425	160745	105.4
相山区	342530	173604	168926	102.77
烈山区	250045	130529	119516	109.21
濉溪县	1182485	604817	577668	104.7
亳州市	5501373	2880015	2621358	109.87
谯城区	1433671	746063	687608	108.5
涡阳县	1409126	726767	682359	106.51
蒙城县	1229411	650182	579229	112.25
利辛县	1429165	757003	672162	112.62
宿州市	6045168	3099998	2945170	105.26
埇桥区	1747005	895786	851219	105.24
砀山县	929131	474362	454769	104.31
萧县	1332153	681632	650521	104.78
灵璧县	1164427	602138	562289	107.09

续表 1-4-17

地区	人口数			
	合计	男	女	性别比
泗县	872452	446080	426372	104.62
蚌埠市	3493330	1810654	1682676	107.61
市辖区	904731	462086	442645	104.39
东市区	240161	123565	116596	105.98
中市区	265615	134913	130702	103.22
西市区	233267	118758	114509	103.71
郊区	165688	84850	80838	104.96
怀远县	1277211	670649	606562	110.57
五河县	711308	368571	342737	107.54
固镇县	600080	309348	290732	106.4
阜阳市	9327629	4853803	4473826	108.49
市辖区	1872379	967676	904703	106.96
颍州区	623983	317940	306043	103.89
颍东区	603223	315485	287738	109.64
颍泉区	645173	334251	310922	107.5
临泉县	2003801	1032225	971576	106.24
太和县	1581013	829239	751774	110.3
阜南县	1541112	805177	735935	109.41
颍上县	1579902	831971	747931	111.24
界首市	749422	387515	361907	107.08
淮南市	2357750	1234597	1123153	109.92
市辖区	1636130	852962	783168	108.91
大通区	179836	92182	87654	105.17
田家庵区	522737	275224	247513	111.2
谢家集区	331803	170473	161330	105.67
八公山区	168329	87056	81273	107.12
潘集区	433425	228027	205398	111.02
凤台县	721620	381635	339985	112.25
滁州市	4356225	2251780	2104445	107
市辖区	513533	261861	251672	104.05
琅琊区	245247	123834	121413	101.99

续表 1-4-17

地区	人口数			
	合计	男	女	性别比
南谯区	268286	138027	130259	105.96
来安县	489569	250423	239146	104.72
全椒县	450612	234361	216251	108.37
定远县	919215	486134	433081	112.25
凤阳县	729474	379422	350052	108.39
天长市	618103	313759	304344	103.09
明光市	635719	325820	309899	105.44
六安市	6810005	3589319	3220686	111.45
市辖区	1791981	941631	850350	110.73
金安区	843865	442396	401469	110.19
裕安区	948116	499235	448881	111.22
寿县	1320012	698629	621383	112.43
霍邱县	1695076	896030	799046	112.14
舒城县	991259	517436	473823	109.2
金寨县	645950	344180	301770	114.05
霍山县	365727	191413	174314	109.81
马鞍山市	1256449	649672	606777	107.07
市辖区	609908	313267	296641	105.6
金家庄区	107646	553929	52317	105.76
花山区	242998	123158	119840	102.77
雨山区	259264	134780	124484	108.27
当涂	646541	336405	310136	108.47
巢湖市	4530642	2368548	2162094	109.55
居巢区	861299	444173	417126	106.48
庐江县	1182148	623847	558301	111.74
无为县	1395025	729267	665758	109.54
含山县	442432	230265	212167	108.53
和县	649738	340996	308742	110.45
芜湖市	2268778	1174796	1093982	107.39
市辖区	727872	373715	354157	105.52
镜湖区	176463	88754	87709	101.19
马塘区	130931	66289	64642	102.55

续表 1-4-17

地区	人口数			
	合计	男	女	性别比
新芜区	254856	129817	125039	103.82
鸠江区	165622	88855	76767	115.75
芜湖县	5347	278779	255962	108.91
繁昌县	461476	239733	221743	108.11
南陵县	544689	282569	262120	107.8
宣城市	2735630	1429190	1306440	109.4
宣州区	840130	437760	402370	108.8
郎溪县	334131	174421	159710	109.21
广德县	503208	265492	237716	111.68
泾县	354090	185718	168372	110.3
旌德县	176575	91091	85484	106.56
绩溪县	150192	78072	72120	108.25
宁国市	377304	196636	180668	108.84
铜陵市	722222	372708	349514	106.64
市辖区	427565	220206	207359	106.2
铜官山区	270259	139587	130672	106.82
狮子山区	85808	44534	41274	107.9
郊区	71498	36085	35413	101.9
铜陵县	294657	152502	142155	107.28
池州市	1563133	805258	757875	106.25
贵池区	638327	328167	310160	105.81
东至县	533802	274271	259531	105.68
石台县	109479	56925	52554	108.32
青阳县	281525	145895	135630	107.57
安庆市	6055158	3131089	2924069	107.08
市辖区	730378	368563	361815	101.87
迎江区	244170	122301	121869	100.35
大观区	295573	149904	145669	102.91
郊区	190635	96358	94277	102.21
怀宁县	681326	351405	329921	106.51
枞阳县	962147	497898	464249	107.25
潜山县	572117	296171	275946	107.33

续表 1-4-17

地区	人口数			
	合计	男	女	性别比
太湖县	558345	290660	267685	108.58
宿松县	802810	425407	377403	112.72
望江县	604672	310068	294604	105.25
岳西县	398575	209250	189325	110.52
桐城市	744788	381667	363121	105.11
黄山市	1469356	754362	714994	105.51
市辖区	420695	214677	206018	104.2
屯溪区	160563	79981	80582	99.25
黄山区	161044	83321	77723	107.2
徽州区	99088	51375	47713	107.68
歙县	493286	255030	238256	107.04
休宁县	272654	139674	132980	105.03
黟县	95641	49011	46630	105.11
祁门县	187080	95970	91110	105.33

资料来源：安徽公安户籍年报统计数

政区人口性别比　1986 年，8 个省辖市中淮南市人口性别比最高，为 114.72，其次是合肥市、马鞍山市、铜陵市，分别为 113.02、111.14、110。除合肥市外，其余 3 市均为掘进、冶炼为主的重工业城市，男性从业人数明显多于女性，以致性别失衡。合肥市作为省会所在地，从政和科教人员相对较多，这部分人员中男性也明显多于女性，所以性别比也较高。以农村人口为主的六安地区、宣城地区、巢湖地区性别比都高出 110 以上，是受非正常因素的影响。

1986 年安徽省各地市人口性别比统计表

表 1-4-18　　单位：人，女性 =100

地区	总人口	男性人口	女性人口	性别比
安徽省	52172139	27139865	25032274	108.42
合肥市	3530159	1872986	1657173	113.02
芜湖市	2188022	1143393	1044629	109.45
蚌埠市	2631579	1375795	1255784	109.56
淮南市	1634766	873406	761360	114.72
马鞍山市	971014	511127	459887	111.14
淮北市	1392423	728000	664423	109.57

续表 1-4-18

地区	总人口	男性人口	女性人口	性别比
铜陵市	563485	295161	268324	110.00
安庆市	441316	226599	214717	105.53
阜阳地区	11101461	5692267	5409194	105.23
宿县地区	4463353	2284471	2178882	104.85
滁县地区	3506295	1818433	1687862	107.74
六安地区	5763307	3051994	2711313	112.57
宣城地区	2233723	1175835	1057888	111.15
巢湖地区	4033584	2113076	1920508	110.03
徽州地区	1788993	921201	867792	106.15
安庆地区	5928659	3056121	2872538	106.39

资料来源：安徽统计年鉴（1987年）

2000 年安徽省各市人口性别比统计表

表 1-4-19　　单位：人，女性 =100

地区	总人口	男性人口	女性人口	性别比
安徽省	58999948	30437820	28562128	106.57
合肥市	4467384	2345534	2121850	110.54
芜湖市	2115421	1096089	1019332	107.53
蚌埠市	3288329	1705466	1582863	107.75
淮南市	2040649	1064641	976008	109.08
马鞍山市	1196916	617633	579283	106.62
淮北市	1878164	968448	909716	106.46
铜陵市	684716	354550	330166	107.39
安庆市	5180000	2594671	2585329	100.36
黄山市	1370377	698531	671846	103.97
滁州市	4001488	2053464	1948024	105.41
阜阳市	8003963	4124437	3879526	106.31
宿州市	5516423	2818699	2697724	104.48
巢湖市	4173449	2158799	2014650	107.16
六安市	5954653	3092791	2861862	108.07
亳州市	5078908	2648172	2430736	108.95
池州市	1389469	705077	684392	103.02
宣城市	2659639	1390818	1268621	109.61

资料来源：安徽省人口普查资料(2000年)

2005 年安徽省各市人口性别比统计表

表 1-4-20　　单位：人，女性 =100

地区	总人口	男性人口	女性人口	性别比
安徽省	65155056	33881649	31273407	108.34
合肥市	4556978	2397485	2159493	111.02
芜湖市	2268778	1174796	1093982	107.39
蚌埠市	3493330	1810654	1682676	107.61
淮南市	2357750	1234597	1123155	109.92
马鞍山市	1256449	649672	606777	107.07
淮北市	2105230	1078375	1026855	105.02
铜陵市	722222	372708	349514	106.64
安庆市	6055158	3131089	2924069	107.08
黄山市	1469356	754362	714994	105.51
滁州市	4356225	2251780	2104445	107
阜阳市	9327629	4853803	4473826	108.49
宿州市	6045168	3099998	2945170	105.26
巢湖市	4530642	2368548	2162094	109.55
六安市	6810005	3589319	3220686	111.45
亳州市	5501373	2880015	2621358	109.87
池州市	1563133	805258	757875	106.25
宣城市	2735630	1429190	1306440	109.4

资料来源：安徽统计年鉴（2006年）

分年龄组人口性别比　人口性别比在不同年龄组有较大差异。1986 年至 2005 年，低龄组人口性别比逐年偏高，0 ~ 4 岁组由 1990 年的 109.51 上升为 2000 年的 129.77，2005 年达到 136.57。随着年龄增大，性别比有所下降，到了高龄组，随着女性寿命高于男性，年龄越高，女多男少的趋势越来越明显，80 岁以上男性人数仅为女性的一半左右。

本节只摘录代表年份，说明年龄组性别比有明显差异。

1990 年人口普查资料显示，从 0 ~ 4 岁组到 10 ~ 14 岁组，性别比梯次上升，从 15 岁组开始下降，40 岁组开始上升，女性人口减少，中年人口中女性死亡率高于男性，60 岁组开始上升，说明高龄人口中男性死亡率高于女性。

2000年人口普查资料显示，0 ~ 4岁组性别比攀升到129.77，受1990年出生人口惯性影响，15 ~ 19岁组性别比上升到110.79，男女人数趋于一致的性别比年龄由1990年的60 ~ 65岁组108.6，提高到2000年的116.65。

1990年安徽省各年龄组人口性别比统计表

表1-4-21　　单位：人，女性=100

年龄别	合计	男	女	性别比
0 ~ 4岁	5903518	3085809	2817709	109.51
5 ~ 9岁	4814551	2531907	2282644	110.92
10 ~ 14岁	5231486	2727763	2503723	108.95
15 ~ 19岁	6492506	3355937	3136560	106.9
20 ~ 24岁	7033620	3553286	3480334	102.1
25 ~ 29岁	5054803	2578755	2476048	104.15
30 ~ 34岁	2836704	1504135	1332569	112.87
35 ~ 39岁	4012721	2079005	1933716	107.51
40 ~ 44岁	3099117	1658344	1440773	115.1
45 ~ 49岁	2599572	1411808	1187764	118.86
50 ~ 54岁	2214240	1219082	995158	122.5
55 ~ 59岁	2073116	1116957	956159	116.82
60 ~ 64岁	1778235	925793	852442	108.6
65 ~ 69岁	1393835	657623	736212	89.33
70 ~ 74岁	885109	368732	516377	71.41
75 ~ 79岁	449611	164460	285151	57.67
80 ~ 84岁	206921	61702	145219	42.49
85 ~ 89岁	84089	21727	62362	34.84
90 ~ 94岁	14641	3087	11554	26.72
95 ~ 99岁	2267	440	1827	24.08
100岁以上	343	60	283	21.2

资料来源：安徽省人口普查资料（1990年）

2000 年安徽省各年龄组人口性别比统计表

表 1-4-22　　　　单位：人，女性 =100

年龄别	合计	男	女	性别比
0 ~ 4 岁	3278183	1851475	1426708	129.77
5 ~ 9 岁	5216742	2841959	2374783	119.67
10 ~ 14 岁	6545272	3427107	3118165	109.91
15 ~ 19 岁	4376262	2300178	2076084	110.79
20 ~ 24 岁	4085235	2062715	2022520	101.99
25 ~ 29 岁	5454962	2726415	2728547	99.92
30 ~ 34 岁	6486849	3228594	3258255	99.09
35 ~ 39 岁	5246592	2641751	2604841	101.42
40 ~ 44 岁	2580787	1346733	1234054	109.13
45 ~ 49 岁	3798072	1953481	1844591	105.9
50 ~ 54 岁	3033561	1594372	1439189	110.78
55 ~ 59 岁	2398041	12821585	1116456	114.79
60 ~ 64 岁	2019418	1087299	932119	116.65
65 ~ 69 岁	1723933	890269	833664	106.79
70 ~ 74 岁	1331982	644102	687880	93.64
75 ~ 79 岁	850963	365541	485422	75.3
80 ~ 84 岁	404889	144444	260445	55.46
85 岁及以上	168205	49800	118405	42.06

资料来源：安徽省人口普查资料（2000年）

2005 年安徽省各年龄组人口性别比统计表

表 1-4-23　　　　单位：女性 =100

年龄别	性别比
0 ~ 4 岁	136.57
5 ~ 9 岁	124.43
10 ~ 14 岁	115.34
15 ~ 19 岁	107.34
20 ~ 24 岁	83.8
25 ~ 29 岁	84.27
30 ~ 34 岁	87.91

续表 1-4-23

年龄别	性别比
35 ~ 39 岁	88.12
40 ~ 44 岁	93.32
45 ~ 49 岁	101.68
50 ~ 54 岁	98.95
55 ~ 59 岁	107.08
60 ~ 64 岁	114.35
65 岁及以上	91.47

资料来源：安徽统计年鉴（2006年）

出生人口性别比 在人口统计学上，出生人口性别比正常值在 105 ~ 107 之间。进入 20 世纪 80 年代，安徽省出生人口性别比持续偏高，1987 年为 113.17，1990 年为 111.57，1995 年为 118.15，2000 年第五次人口普查时达 129.43，是全国出生人口性别比最高的地区之一。

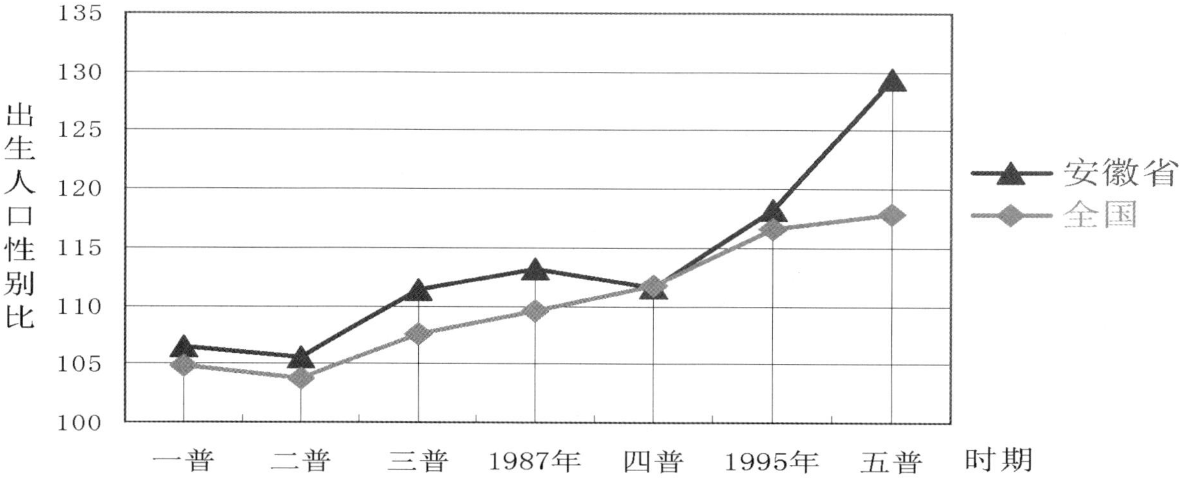

图 1-4-1 不同时期 0 ~ 4 岁组人口性别比

从历年出生人口性别比数据看出，1990 年以前总出生人口性别比处于正常值范围，自 1991 年以后出生人口性别比逐年呈攀升趋势，1995 年达到 121.31。其中，二孩出生性别比和多孩出生性别比是影响出生人口性别比过高的重要因素。从省统计局调查（包括“五普”数据的回推）和安徽省全员人口信息管理系统数据库分析表明，安徽省 1995 年后出生人口性别比一直处在 125 以上。出生人口性别比过高一直是困扰全省人口计生工作的一个严重问题，而控制出生人口性别比升高问题是全省一项艰巨而又长期性的工作，经过多年的综合治理取得了一定的成效，全省出生人口性别比持续升高势头有所遏制。

1986—2005 年安徽省出生人口性别比统计表

表 1-4-24　　单位：女性 =100

年份	总出生性别比	一孩出生性别比	二孩出生性别比	多孩出生性别比
1986	107.42	103.59	110.98	114.03
1987	107.00	102.76	110.81	114.27
1988	105.97	100.50	111.15	113.73
1989	105.97	98.90	112.50	116.17
1990	107.83	98.53	116.65	119.83
1991	110.52	98.21	123.55	126.88
1992	113.09	99.17	130.64	132.37
1993	117.20	104.02	135.98	138.44
1994	118.45	104.21	139.39	144.54
1995	121.31	105.15	149.94	164.28
1996	126.91	107.28	165.91	195.82
1997	126.18	106.50	171.00	208.00
1998	126.14	106.62	172.61	223.22
1999	126.85	106.55	178.33	225.42
2000	126.24	106.10	179.02	219.31
2001	125.58	105.51	177.70	213.71
2002	127.43	105.96	179.64	215.49
2003	126.81	105.04	175.47	206.12
2004	129.38	105.43	175.03	220.03
2005	126.24	106.10	179.02	219.31

资料来源：安徽省全员人口信息管理系统，数据更新截至2012年11月30日

1995—2005 年安徽省不同数据来源出生人口性别比比较统计表

表 1-4-25　　单位：女性 =100

年　份	1995	1996	1997	1998	1999	2000	2001	2002	2003	2004	2005
计生调查	111.5	116.0	112.0	120.1	123.7	123.4	126.7	126.7	124.4	125.6	128.7
统计调查	125.1	127.3	129.5	132.0	131.7	129.4	123.1	130.0	118.5	124.5	132.2

资料来源：计生调查为安徽省年终抽样调查数据，统计调查为安徽省统计局抽样调查数据

安徽省出生人口性别比地域差异显著。从地域上看，全省出生婴儿性别比呈“北高南低”的状况，长江以南地区较为正常，由南向北逐渐上升，周边地区和北方地区出生性别比的攀升是带动全省出生性别比攀升的重要因素。

安徽省区域划分

表 1-4-26

<table>
<tr><td colspan="2">区域划分</td><td>地　市</td></tr>
<tr><td colspan="2">皖北地区</td><td>淮北市、亳州市、宿州市、蚌埠市、阜阳市、淮南市</td></tr>
<tr><td>江淮地区</td><td rowspan="4"></td><td>合肥市、巢湖市、滁州市</td></tr>
<tr><td></td><td>皖西地区</td><td>六安市、安庆市</td></tr>
<tr><td rowspan="2">皖南地区</td><td>马芜铜</td><td>马鞍山市、芜湖市、铜陵市</td></tr>
<tr><td>皖南山区</td><td>宣城市、池州市、黄山市</td></tr>
</table>

摘录 1995 年至 2004 年的安徽省计生统计报表看出，三个区域的出生人口性别比差距明显。以 2004 年为例，皖南地区为 109.75，江淮地区为 126.17，皖北地区则高达 137.68，从 1995 年以来，三个区域的出生人口性别比逐年拉大。可以看出，皖南地区的出生人口性别比一直保持平缓，在 110 左右波动，接近于正常值；江淮地区的出生人口性别比在逐年缓慢上升；皖北地区的出生人口性别比上升幅度较大，2004 年较 1995 年上升了近 12 个点。（注：自 2000 年起，涡阳县、蒙城县、利辛县划归亳州市，为便于比较，2000 年以前的数据将阜阳市辖该三县数据计入亳州市。）

从安徽省人口计划生育的分县数据上看，出生人口性别比极高的市、县主要分布在安徽省的北部以及周边地区。

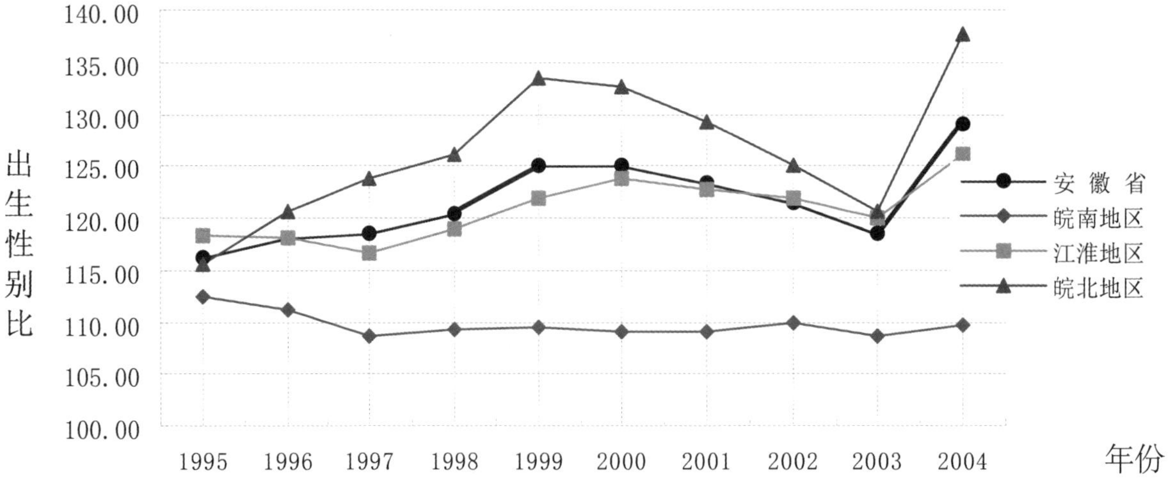

图 1-4-2　1995—2004 年计生报表区域出生婴儿性别比分析

1995—2004年安徽省统计年度区域总出生婴儿性别比分析（计生统计报表）

表1-4-27　　单位：女性=100

区域	年份/地市	2004	2003	2002	2001	2000	1999	1998	1997	1996	1995
	安徽省	129.13	118.58	121.39	123.29	125.12	124.96	120.51	118.48	118.02	116.14
皖南地区	小计	109.75	108.66	109.95	109.11	109.07	109.55	109.27	108.69	111.21	112.38
	宣城市	106.20	107.21	109.04	105.24	108.61	109.46	108.18	106.43	108.26	106.06
	芜湖市	109.78	112.21	109.76	109.99	110.73	112.04	108.32	111.89	115.55	119.65
	池州市	110.63	108.03	108.45	111.26	108.08	111.02	111.44	104.54	109.26	108.30
	黄山市	110.96	103.51	107.57	107.99	105.70	105.62	109.44	107.57	106.80	116.63
	马鞍山	112.16	115.84	119.37	113.97	114.71	110.45	111.46	117.23	121.16	120.75
	铜陵市	113.97	104.45	109.22	110.92	106.31	105.71	107.17	107.18	242.43	102.75
江淮地区	小计	126.17	119.96	121.86	122.66	123.79	121.85	118.98	116.62	118.05	118.34
	合肥市	122.78	116.73	119.44	125.13	127.75	127.43	121.63	116.14	115.94	120.61
	巢湖市	115.42	111.05	112.78	113.06	121.10	121.22	118.15	121.60	125.14	123.47
	安庆市	122.06	121.92	127.46	125.25	122.11	119.88	119.89	118.35	118.72	119.78
	滁州市	128.80	118.07	115.02	121.44	121.85	117.74	117.55	111.82	116.47	116.46
	六安市	137.44	127.87	129.20	126.14	125.92	123.32	118.07	115.29	115.28	113.86
皖北地区	小计	137.68	120.60	124.97	129.21	132.55	133.46	126.01	123.75	120.63	115.58
	蚌埠市	125.91	116.55	119.31	121.34	125.74	126.43	122.70	119.96	120.99	115.72
	淮南市	132.46	106.63	115.53	117.77	120.30	119.35	117.27	115.32	115.40	111.83
	阜阳市	134.63	118.93	125.83	127.50	135.31	136.68	125.60	125.34	120.07	115.83
	淮北市	138.04	114.94	118.45	122.99	126.09	137.79	129.96	126.04	123.27	117.90
	宿州市	139.02	128.36	127.82	126.21	125.89	128.80	126.80	121.10	120.66	115.02
	亳州市	149.12	125.56	129.71	147.50	147.97	142.27	130.00	129.13	122.26	116.23

资料来源：安徽省历年人口计划生育统计报表资料

以2004年为例，全省17个市中，总性别比高于120的有10个市，其中6个市高于130，最高为亳州市（149.12），均为安徽省的西北部地区，其中5个属于淮北地区，1个属于江淮地区，均与河南省接壤。从分县的情况看，有14个县（市、区）总性别比高于140，有6个县（市、区）总性别比高于150，分别是宿松县（170.27）、凤台县（168.02）、蒙城县（157.26）、定远县（155.88）、萧县（152.29）、濉溪县（150.12），都属皖西、皖北地区。2004年全省仅有9个县和1个市区完全在正常范围之下（即小于107）。

第三节 劳动力人口结构

在业人口产业结构 劳动力资源按利用情况可分为在业人口和不在业人口，在业人口是在达到劳动年龄，从事社会劳动并取得劳动报酬或经营收入的人口。20年间，在业人口呈持续增加的态势，在业人口增长了51%。以三次产业结构来看，从事第一产业人数始终在1800万左右波动，比重由72.2%下降到48.6%，下降了23.6个百分点，第二产业人数由366.5万增加到783.9万，比重由15.2%增加到21.4%，第三产业人数由306万增加到1102.4万，比重由12.6%增加到30%。

从分市的情况看，各市略有差异。以2005年为例，从事第一产业人数超过150万的市有阜阳市（269.1万）、六安市（232.8万）、宿州市（204.5万）、安庆市（196.2万）、亳州市（174.4万），低于50万的有5个地市，最少的为铜陵市为11万。从事第一产业人数占劳动力比重超过50%的有9个市，第二产业占劳动力比重超过30%的有马鞍山市（39.9%）、淮南市（35.3%）、铜陵市（34.5%），第三产业占劳动力比重超过30%的有6个市，较高的有芜湖市（41.6%）、铜陵市（39.9%）和合肥市（36.7%）。

若干年份安徽省在业人口产业构成统计表

表1-4-28 单位：万人、%

年份	在业人口	各产业人员数			构成		
		第一产业	第二产业	第三产业	第一产业	第二产业	第三产业
1985	2420.6	1748.1	366.5	306.0	72.2	15.2	12.6
1990	2807.6	1943.7	442.0	421.9	69.2	15.8	15.0
1995	3206.9	1945.3	574.6	687.0	60.7	17.9	21.4
1998	3379.3	2007.8	559.0	812.5	59.4	16.5	24.1
1999	3398.6	2008.5	564.1	826.0	59.1	16.6	24.3

续表 1-4-28

年份	在业人口	各产业人员数			构成		
		第一产业	第二产业	第三产业	第一产业	第二产业	第三产业
2000	3450.7	2018.9	584.8	847.0	58.5	16.9	24.6
2001	3463.0	1992.0	598.1	872.9	57.5	17.3	25.2
2002	3500.5	1948.0	632.3	920.2	55.6	18.1	26.3
2003	3544.9	1878.3	692.6	974.0	53.0	19.5	27.5
2004	3605.2	1833.1	734.1	1038.0	50.8	20.4	28.8
2005	3669.7	1783.3	783.9	1102.4	48.6	21.4	30.0

资料来源：安徽统计年鉴

1986 年安徽省在业人口行业构成统计表

表 1-4-29　　　　单位：人、%

部门分类	合计		全民所有制单位职工		各种合营单位职工		城镇集体所有制单位职工		城镇个体劳动者		乡村劳动者	
	人数总计	比重	人数	比重	人数	比重	人数	比重	人数	比重	人数	比重
安徽省	24958618	100	2981649	100	4568	100	1388775	100	402582	100	20181044	100
农、林、牧、渔、水利业	17829087	71.4	191696	6.4	–	–	17381	1.3	112		17619898	87.3
工业	2841450	11.4	1242772	41.7	4404	96.4	645678	46.5	46436	11.5	902160	4.5
地质普查和勘探业	27090	0.1	26996	0.9	–	–	94		–	–	–	–
建筑业	899948	3.6	251211	8.4	–	–	145441	10.5	3350	0.8	499946	2.5
交通运输、邮电通讯业	531506	2.1	166195	5.6	–	–	135224	9.7	23365	5.8	206722	1
商业、公共饮食业、物资供销和仓储业	1146821	4.6	284313	9.5	164	3.6	332385	23.9	287628	71.4	242331	1.2
房地产管理、公用事业居民服务业和咨询服务业	164841	0.7	57434	1.9	–	–	33382	2.4	40909	10.2	33116	0.2
卫生、体育和社会福利事业	188927	0.8	83681	2.8	–	–	43588	3.1	694	0.2	60964	0.3
教育、文化艺术和广播电视事业	560084	2.2	368638	12.4	–	–	10604	0.8	88		180754	0.9
科学研究和综合技术服务事业	35249	0.1	27081	0.9	–	–	171		–	–	7997	
金融、保险业	52407	0.2	31262	1	–	–	16407	1.2	–	–	4738	
国家机关、政党机关和社会团体	287567	1.2	250370	8.4	–	–	8420	0.6	–	–	28777	0.1
其他行业	393641	1.6	–	–	–	–	–	–	–	–	393641	2

资料来源：安徽统计年鉴（1987年），乡村劳动者总计中扣除已包括在全民单位计划外用工中的180847人，故小于农业年报数

1986年安徽省各地市在业人口情况统计表

表1-4-30　　单位：人

地区	合计	乡村劳动者	全民所有制职工数	集体所有制职工数	合营单位职工数
安徽省	24797847	20422855	2981649	1388775	4568
阜阳地区	5196344	4822723	222665	150357	599
宿县地区	2009812	1815623	136949	57240	–
滁县地区	1660897	1410347	153812	96738	–
六安地区	2515653	2236697	168289	110667	–
宣城地区	1024280	870377	102432	51471	–
巢湖地区	1882847	1656171	137180	88646	850
徽州地区	905595	746831	112938	45293	533
安庆地区	2630866	2371581	181571	77714	–
合肥市	1833234	1276821	415255	139684	1474
淮南市	828429	437152	272907	118370	–
蚌埠市	1295874	961794	218683	115397	–
淮北市	749298	472151	223272	53875	–
马鞍山市	564103	328001	169628	65598	876
芜湖市	1121562	776732	216236	128442	152
铜陵市	298676	141981	110326	46369	–
安庆市	238650	97873	97937	42756	84
其他	41727	–	41569	158	–

资料来源：安徽统计年鉴（1987年）

1990年安徽省各地市在业人口行业分布统计表

表1-4-31　　　　单位：人

地区	总计	一、农、林、牧、渔、水利业	二、工业	三、地质普查和勘探业	四、建筑业	五、交通运输、邮电通讯业	六、商业、公共饮食业、物资供销和仓储业	七、房地产管理、公共事业、居民服务和咨询服务业	八、卫生、体育和社会福利事业	九、教育、文化艺术和广播电视事业	十、科学研究和综合技术服务事业	十一、金融、保险业	十二、国家机关、政党机关和社会团体	十三、其他行业
安徽省	33465671	27128301	2745103	25014	453746	481266	1055047	220963	199692	614307	30836	76786	433050	1560
合肥市	2321986	1523900	334585	2783	103543	47193	116801	35030	21078	66414	14832	7713	48113	1
芜湖市	1210449	732975	254098	3015	30450	45592	64354	16984	10434	27373	911	3947	20305	11
蚌埠市	1687504	1273348	181865	2194	21412	42051	70853	15311	12884	35072	3072	4547	24893	2
淮南市	1004074	535390	271748	2275	47857	26510	45858	9270	14600	27279	761	3112	19372	42
马鞍山市	665241	345507	166550	1865	50147	21636	31639	10325	5883	14460	3472	2042	11713	2
淮北市	912145	636653	151397	1491	22327	13023	21686	4147	7536	21241	461	1963	30220	—
铜陵市	367332	170923	114853	2568	18199	13233	17820	5739	3997	9304	796	1608	8292	—
安庆市	3297786	2762565	233339	1244	18080	41059	99430	20214	17838	59500	1286	7419	35673	139
黄山市	906608	719342	71136	600	8926	14245	30834	12075	6477	19731	888	3799	18504	51
阜阳地区	7230501	6652984	144052	83	22152	48643	137446	19649	30335	105533	1023	11146	57018	437
宿县地区	2882035	2586010	97071	1977	7313	20383	60082	8343	12441	48603	593	5951	32981	287
滁县地区	2348564	1932362	165434	1409	18375	33313	92944	14061	12486	41074	895	5305	30654	252
六安地区	3665143	3177483	182545	972	25871	38555	107831	19670	18018	53518	736	6301	33428	215
宣城地区	1588270	1279914	145384	355	12083	22442	52039	10025	8350	28103	431	4174	24945	25
巢湖地区	2497039	2107708	147031	1683	30574	36929	77239	13346	12042	40002	415	5427	24635	8
池州地区	880994	691237	84015	500	16437	16459	28191	6774	5293	17100	264	2332	12304	88

资料来源：安徽省人口普查资料（1990年）

1990年安徽省各地市在业人口职业分布统计表

表1-4-32　　单位：人

地区	总计	一、各类专业、技术人员	二、国家机关党群组织、企事业单位负责人	三、办事人员和有关人员	四、商业工作人员	五、服务性工作人员	六、农、林、牧、渔劳动者	七、生产工人、运输工人和有关人员	八、不便分类的其他劳动者
安徽省	33465671	1257278	426475	376261	798581	574631	26588652	3433012	10781
合肥市	2321986	149289	53981	47588	84881	72649	1513006	399795	797
芜湖市	1210449	72159	33528	23574	49084	40144	713413	277807	740
蚌埠市	1687504	79840	25653	28594	51279	36308	1267663	196709	1458
淮南市	1004074	65278	23570	26651	33125	45471	532187	277643	149
马鞍山市	665241	45649	15063	14406	27003	25425	343352	194342	1
淮北市	912145	44633	15595	13466	17366	26600	634960	159050	475
铜陵市	367332	28859	12604	10432	14553	17915	161198	120594	1177
安庆市	3297786	115575	43325	36950	82802	69218	2498849	449924	1143
黄山市	906608	42155	12593	13884	23531	19823	693261	100857	504
阜阳地区	7230501	174236	57133	37237	99382	38064	6630918	191407	2124
宿县地区	2882035	83283	22424	20597	43035	21717	2580659	109596	724
滁县地区	2348564	81663	26898	22928	69033	34930	1921784	191316	12
六安地区	3665143	102743	28756	27149	78990	42837	3167289	216855	524
宣城地区	1588270	59737	18338	22242	45409	31006	1212268	198791	479
巢湖地区	2497039	78035	26987	21574	59713	36098	2030241	244029	362
池州地区	880994	34144	10027	8989	19395	16426	687604	104297	112

资料来源：安徽省人口普查资料（1990年）

1995 年安徽省各地市在业人口职业构成统计表

表 1–4–33　　　　单位：%

地区	一、各类专业、技术人员	二、国家机关党群组织、企事业单位负责人	三、办事人员和有关人员	四、商业工作人员	五、服务性工作人员	六、农、林、牧、渔劳动者	七、生产工人、运输工人和有关人员	八、不便分类的其他劳动者
安徽省	3.77	1.4	1.48	3.01	1.69	78.43	10.22	–
合肥市	6.54	2.44	3.02	4.25	2.71	65.21	15.83	–
芜湖市	4.94	2.04	2.74	5.06	3.04	60.79	21.4	–
蚌埠市	5.85	1.58	1.8	3.27	1.73	77	8.77	–
淮南市	7.33	2.77	3.1	4.83	4.84	54.36	22.77	–
马鞍山市	7.09	2.62	2.89	5.56	3.38	51.01	27.45	–
淮北市	4.52	1.78	2.18	2.1	3.33	69.33	16.77	–
铜陵市	9.37	4.93	4.6	4.82	3.84	43.55	28.09	–
安庆市	4.29	1.82	1.49	4.48	1.94	71.93	14.04	–
黄山市	5.98	2.17	2.5	3.73	2.13	70.89	12.6	–
阜阳地区	2.94	1.3	1.71	3.83	1.62	80.03	8.57	–
宿县地区	2.29	0.6	0.81	1.37	0.67	91.33	2.93	–
滁县地区	2.69	0.85	0.91	2.06	0.79	88.71	3.99	–
六安地区	2.61	0.91	0.87	2.36	1.08	84.44	7.73	–
宣城地区	3.14	1.16	0.86	3.88	2.28	74.02	14.66	–
巢湖地区	2.8	1.58	0.77	3.4	1.65	78.67	11.12	–
池州地区	4.22	1.8	1.72	2.79	1.48	74.32	13.68	–

资料来源：安徽统计年鉴（1996年）

1995年安徽省各地市在业人口产业构成统计表

表1-4-34　　单位：%

地区	第一产业	第二产业	第三产业
安徽省	78.63	10.50	10.87
合肥市	65.24	17.46	17.31
芜湖市	60.91	22.53	16.56
蚌埠市	77.12	9.63	13.25
淮南市	54.42	23.68	21.90
马鞍山市	51.27	28.76	19.96
淮北市	69.46	21.18	9.36
铜陵市	43.72	32.08	24.20
安庆市	72.70	13.25	14.05
黄山市	71.17	12.16	16.67
滁州市	80.17	8.71	11.11
阜阳地区	91.46	2.90	5.64
宿县地区	88.89	4.13	6.97
六安地区	84.63	7.81	7.55
宣城地区	74.33	13.44	12.22
巢湖地区	78.81	10.76	10.43
池州地区	74.44	13.61	11.95

资料来源：安徽统计年鉴（1996年）

2000年安徽省各市在业人口行业分布统计表

表 1-4-35　　单位：人

地区	一、农、林、牧、渔业	二、采掘业	三、制造业	四、电力、燃气及水的生产和供应业	五、建筑业	六、地质勘查业、水利管理业	七、交通运输、仓储及邮电通信业	八、批发和零售贸易、餐饮业	九、金融、保险业	十、房地产业	十一、社会服务业	十二、卫生、体育和社会福利业	十三、教育、文化艺术及广播电影电视业	十四、科学研究和综合技术服务业	十五、国家机关、党政机关和社会团体	十六、其他行业
安徽省	2713178	33370	222857	15335	80777	4923	65103	171337	13976	4870	50922	30082	69163	4930	61536	5823
合肥市	419544	231	27459	1310	11864	477	7724	23508	1686	918	8292	3268	8370	1505	6521	752
芜湖市	57053	1207	16969	980	6064	249	5096	10019	869	370	3568	1483	3004	204	2762	223
蚌埠市	136138	129	12033	758	2245	490	4166	9489	836	290	2787	1919	3747	400	2880	264
淮南市	54725	9274	9253	1670	3067	296	2997	6637	717	375	2298	1717	2795	197	2234	378
马鞍山市	26657	1441	11669	982	4734	202	3010	5930	512	276	1936	961	1743	507	1811	609
淮北市	66093	7936	6862	855	1496	198	1803	3400	455	144	1230	1246	2347	183	2749	208
铜陵市	13782	2932	6989	556	2113	233	1624	3700	417	227	1216	681	1114	167	1275	207
安庆市	182185	878	24925	1558	11931	320	6106	15547	1218	359	4611	2836	6775	284	5408	696
黄山市	58064	320	6716	436	3017	163	2052	4692	650	190	2301	885	1870	167	2043	168
滁州市	174212	1096	17449	780	3219	439	4162	13502	949	262	3376	2048	4636	208	4173	384
阜阳市	395470	786	12995	908	4636	284	4653	14514	1131	240	3246	2870	7202	198	6818	331
宿州市	278652	3072	8393	726	2458	304	2945	9340	840	209	2086	2051	5768	181	4069	459
巢湖市	168220	942	15389	839	5961	289	4316	11775	834	252	2828	1797	4185	136	4007	259
六安市	262955	557	15591	1234	6820	452	5093	14343	966	233	3182	2512	6077	143	5800	255
亳州市	270544	173	6917	539	2286	195	2617	10339	636	177	2028	1590	4712	191	3850	255
池州市	50437	773	6338	460	3142	191	1988	4443	525	160	1400	801	1761	129	1878	163
宣城市	98447	1623	16910	744	5724	141	4751	10159	735	188	4537	1417	3057	130	3258	212

资料来源：安徽省人口普查资料（2000年）

2000年安徽省各市在业人口职业分布统计表

表 1-4-36　　单位：人

地区	一、国家机关、党群组织企业、事业单位负责人	二、专业技术人员	三、办事人员和有关人员	四、商业、服务业人员	五、农、林、牧、渔、水利生产人员	六、生产、运输设备操作人员及有关人员	七、不便分类的其他从业人员
安徽省	39629	139822	70861	225495	2433923	339904	3382
合肥市	6000	17454	10210	30223	139836	38959	211
芜湖市	2364	7010	3718	13749	57338	24920	121
蚌埠市	1872	8307	4291	12509	135972	14591	129
淮南市	1858	6943	4145	9684	54634	20325	141
马鞍山市	1176	4839	3392	8089	26745	17812	117
淮北市	1177	5045	2990	5537	66669	14685	202
铜陵市	904	3268	2721	5096	13791	10504	139
安庆市	3928	12998	5769	21372	182363	37996	401
黄山市	1184	3978	2119	6607	58388	10494	154
滁州市	2933	9312	4482	16796	173751	22426	385
阜阳市	3337	12953	5609	18513	395239	19661	250
宿州市	2004	10162	4288	11791	278383	13958	157
巢湖市	2641	8461	3671	15904	167808	22493	241
六安市	3210	11272	4763	17847	263369	24729	213
亳州市	1974	8015	3146	12483	269976	10411	234
池州市	1130	3576	1891	5781	50399	10887	115
宣城市	1937	6229	3656	13514	99262	25053	172

资料来源：安徽省人口普查资料（2000年）

2005 年安徽省各市在业人口产业分布统计表

表 1–4–37　　　　单位：万人，%

地区	从业人员				构成		
		第一产业	第二产业	第三产业	第一产业	第二产业	第三产业
安徽省	3669.7	1783.3	783.9	1102.4	48.6	21.4	30.0
合肥市	256.3	93.5	68.7	94.1	36.5	26.8	36.7
淮北市	102.2	44.8	26.4	31.0	43.8	25.9	30.3
亳州市	312.9	174.4	34.2	104.3	55.7	10.9	33.3
宿州市	325.8	204.5	46.2	75.1	62.8	14.2	23.1
蚌埠市	186.5	100.5	32.4	53.6	53.9	17.4	28.7
阜阳市	472.9	269.1	113.6	90.2	56.9	24.0	19.1
淮南市	132.4	41.8	46.8	43.8	31.6	35.3	33.1
滁州市	235.5	131.6	50.8	53.1	55.9	21.6	22.5
六安市	381.1	232.8	66.1	82.2	61.1	17.3	21.6
马鞍山市	60.4	18.3	24.1	18.0	30.3	39.9	29.8
巢湖市	286.5	132.8	85.3	68.5	46.3	29.8	23.9
芜湖市	130.2	39.9	36.1	54.2	30.6	27.8	41.6
宣城市	182.0	100.1	36.3	45.5	55.0	20.0	25.0
铜陵市	42.1	11.0	14.5	16.5	26.2	34.5	39.3
池州市	99.3	58.8	18.0	22.5	59.2	18.2	22.6
安庆市	403.9	196.2	92.5	115.2	48.6	22.9	28.5
黄山市	90.0	52.2	17.4	20.4	58.0	19.3	22.7
其他	1.7		1.4	0.3		80.2	19.8

资料来源：安徽统计年鉴（2006年）

2005年安徽省各市在业人口行业分布统计表

表1-4-38

单位：万人

地区	合计	一、农林牧渔业	二、采矿业	三、制造业	四、电力、燃气及水的生产和供应业	五、建筑业	六、交通运输局、仓储和邮政业	七、信息传输、计算机服务和软件业	八、批发和零售业	九、住宿和餐饮业
安徽省	3669.70	1783.34	59.93	393.84	10.55	319.61	133.76	16.00	304.09	108.93
合肥市	256.30	93.50	2.10	47.70	1.00	17.90	9.70	3.10	36.90	8.80
淮北市	102.21	44.75	10.36	8.27	2.27	5.51	2.22	0.20	7.81	2.96
亳州市	312.94	174.38	0.34	27.16	0.38	6.32	17.18	0.66	55.91	7.12
宿州市	325.80	204.50	4.80	21.60	0.60	19.20	7.20	0.90	28.80	6.10
蚌埠市	186.50	100.50		21.10	0.50	10.80	6.10	0.60	14.40	5.20
阜阳市	472.88	269.08	0.53	62.86	0.85	49.37	15.70	1.35	34.25	11.35
淮南市	132.40	41.80	14.80	18.20	1.20	12.60	6.50	0.30	13.90	3.10
滁州市	235.50	131.60	2.10	33.60	0.60	14.50	6.80	1.10	22.50	6.60
六安市	381.09	232.80	0.58	47.85	0.75	16.92	5.58	0.36	22.62	11.39
马鞍山市	60.41	18.32	2.61	14.05	0.43	6.99	3.28	0.40	6.29	1.63
巢湖市	286.53	132.79	2.56	46.31	0.21	36.18	14.49	0.33	22.38	10.63
芜湖市	130.20	39.90	0.10	23.64	0.59	11.82	6.18	0.79	18.27	6.27
宣城市	181.96	100.12	1.33	21.98	1.03	12.00	8.72	0.74	11.79	5.43
铜陵市	42.08	11.04	1.86	9.54	0.41	2.71	2.65	0.18	6.10	2.77
池州市	99.27	58.79	0.91	9.40	0.24	7.46	2.76	0.14	6.97	2.98
安庆市	403.90	196.20	0.40	60.90	0.70	30.50	10.30	0.50	36.90	22.60
黄山市	90.00	52.20	0.10	11.30	0.30	5.70	3.10	0.30	6.40	3.20
其他	1.72					1.38				

续表 1-4-38

地区	十、金融业	十一、房地产业	十二、租赁和商务服务业	十三、科学研究、技术服务和抵制勘查业	十四、水利、环境和公共设施管理业	十五、居民服务和其他服务业	十六、教育	十七、卫生、社会保障和社会福利业	十八、文化、体育和娱乐业	十九、公共管理和社会组织
安徽省	11.92	16.75	16.29	6.40	13.46	319.56	63.78	21.93	18.61	50.97
合肥市	1.30	3.10	6.20	1.90	0.80	8.90	5.50	2.00	1.20	4.70
淮北市	0.73	1.28	1.91	0.50	1.16	2.56	2.21	2.68	2.99	1.79
亳州市	0.62	3.01	0.07	0.08	0.27	9.00	4.29	0.99	1.12	4.01
宿州市	0.80	0.30	2.00	0.40	0.30	14.40	6.00	2.10	1.30	4.50
蚌埠市	0.90	0.30	2.40	0.60	0.50	12.50	4.00	2.50	0.70	2.90
阜阳市	1.15	0.44	0.58	0.23	0.42	11.67	6.93	1.69	0.21	4.24
淮南市	1.00	0.60	0.50	0.20	0.40	11.60	2.50	1.10	0.20	1.90
滁州市	0.70	0.20	0.30	0.20	0.60	5.60	4.00	1.10	0.30	3.10
六安市	0.65	2.00	5.18	1.00	0.61	19.27	5.55	1.75	2.80	3.43
马鞍山市	0.50	0.18	0.44	0.30	0.24	1.39	1.32	0.44	0.28	1.33
巢湖市	0.39	0.44	0.56	0.29	0.38	8.35	3.88	2.80	1.17	2.38
芜湖市	0.76	0.33	1.13	0.29	0.25	14.53	2.21	0.99	0.28	1.88
宣城市	0.57	1.04	1.11	0.27	1.05	5.12	3.20	1.22	1.89	3.35
铜陵市	0.29	0.26	0.43	0.13	0.12	1.31	0.74	0.35	0.13	1.07
池州市	0.36	0.19	0.33	0.07	0.16	4.88	1.19	0.69	0.43	1.31
安庆市	1.10	0.20	0.20	0.30	0.40	29.80	5.90	1.60	1.00	4.40
黄山市	0.40	0.20	0.30	0.10	0.20	2.10	1.50	0.60	0.20	1.80
其他										0.34

资料来源：安徽统计年鉴（2006年）

在业人口年龄结构　以1990年和2000年普查数据为例，安徽省1990年在业人口最多的为20 ~ 24岁年龄组，占15岁及以上人口比重为16.47%，就业人口在15 ~ 29岁这个年龄段比重超过10%，2000年在业人口最多为30 ~ 34岁年龄组，占15岁及以上人口比重为13.69%，就业人口在25 ~ 39岁年龄段比重超过10%。30岁以前的就业人口，从1990年的40.25%下降到2000年的22.45%。

1990年安徽省在业人口年龄结构统计表

表1-4-39　　单位：人、%

年龄别	15岁及以上人口	在业人口	占15岁及以上人口比重
总计	40231450	33465671	83.18
15 ~ 19	6492506	4689872	11.66
20 ~ 24	7033620	6624110	16.47
25 ~ 29	5054803	4876708	12.12
30 ~ 34	2836704	2749788	6.83
35 ~ 39	4012721	3898987	9.69
40 ~ 44	3099117	2974798	7.39
45 ~ 49	2599572	2413901	6
50 ~ 54	2214240	1877651	4.67
55 ~ –59	2073116	1556984	3.87
60 ~ 64	1778235	1024869	2.54
65岁及以上	3036816	779003	1.94

资料来源：安徽省人口普查资料（1990年）

2000年安徽省在业人口年龄结构统计表

表1-4-40　　单位：人、%

年龄别	15岁及以上人口	在业人口	占15岁及以上人口比重
总计	4175322	3242396	77.66
15 ~ 19	394540	177521	4.25
20 ~ 24	357014	303151	7.26
25 ~ 29	500621	456962	10.94
30 ~ 34	615570	571413	13.69
35 ~ 39	506489	471020	11.28
40 ~ 44	252514	231479	5.54
45 ~ 49	373420	338363	8.10
50 ~ 54	299226	254254	6.09
55 ~ 59	237062	179017	4.29
60 ~ 64	198003	119393	2.86
65岁及以上	440863	139823	3.35

资料来源：安徽省人口普查资料（2000年）

从职业人口年龄结构看，国家机关党群组织、企事业单位负责人比重最高的年龄组由1990年的45 ~ 49岁组，提前到2000年的35 ~ 39岁组，说明领导干部逐步年轻化的趋势。商业工作人员、服务人员、农林牧渔、生产运输等体力劳动多分布在20 ~ 24岁年龄组。专业技术人员年龄组在25 ~ 35岁组比重最高。这和该阶段生产力水平和劳动力素质有关，一些物质生产领域不需要过多的专业训练和深造就能就业，而从事脑力劳动的，需要较高层次的劳动力，必须进行专业训练和深造才能就业。

1990年安徽省分职业人口年龄结构统计表

表1-4-41　　　　单位：人、%

年龄别	各类专业、技术人员		国家机关党群组织、企事业单位负责人		办事人员和有关人员		商业工作人员	
	数	比重	数	比重	数	比重	数	比重
总计	1257278	100.00	426475	100.00	376261	100.00	798581	100.00
15 ~ 19	26871	2.14	290	0.07	13646	3.63	49958	6.26
20 ~ 24	199000	15.83	6192	1.45	52215	13.88	142662	17.86
25 ~ 29	275377	21.90	26539	6.22	70522	18.74	165334	20.70
30 ~ 34	173636	13.81	37200	8.72	53008	14.09	107368	13.44
35 ~ 39	175840	13.99	66730	15.65	56517	15.02	104641	13.10
40 ~ 44	127105	10.11	72784	17.07	40990	10.89	67346	8.43
45 ~ 49	125639	9.99	79604	18.67	34994	9.30	50720	6.35
50 ~ 54	88502	7.04	68795	16.13	26746	7.11	35343	4.43
55 ~ 59	43963	3.50	53753	12.60	20576	5.47	29277	3.67
60 ~ 64	14474	1.15	12314	2.89	5344	1.42	22280	2.79
65岁及以上	6871	0.55	2274	0.53	1703	0.45	23652	2.96

续表 1-4-41

年龄别	服务性工作人员		农、林、牧、渔劳动者		生产工人、运输工人和有关人员		不便分类的其他劳动者	
	数	比重	数	比重	数	比重	数	比重
总计	574631	100.00	26588652	100.00	3433012	100.00	10781	100.00
15 ~ 19	54078	9.41	4140396	15.57	402554	11.73	2079	19.28
20 ~ 24	103149	17.95	5222145	19.64	894655	26.06	4092	37.96
25 ~ 29	84032	14.62	3569957	13.43	683031	19.90	1916	17.77
30 ~ 34	60235	10.48	1926692	7.25	390789	11.38	860	7.98
35 ~ 39	72500	12.62	2998502	11.28	423536	12.34	721	6.69
40 ~ 44	56969	9.91	2340384	8.80	268792	7.83	428	3.97
45 ~ 49	48281	8.40	1896203	7.13	178177	5.19	283	2.62
50 ~ 54	34056	5.93	1520129	5.72	103883	3.03	197	1.83
55 ~ 59	26593	4.63	1328705	5.00	53962	1.57	155	1.44
60 ~ 64	18116	3.15	930316	3.50	20994	0.61	31	0.29
65 岁及以上	16622	2.89	715223	2.69	12639	0.37	19	0.18

资料来源：安徽省人口普查资料（1990年）

2000年安徽省分年龄段职业人口年龄结构统计表

表1-4-42　　　　单位：人、%

年龄别	国家机关、党群组织、企业、事业单位负责人		专业技术人员		办事人员和有类人员		商业、服务人员	
	数	比重	数	比重	数	比重	数	比重
总计	38099	100.00	138292	100.00	69331	100.00	224055	100.00
15～19岁	73	0.19	2674	1.93	1245	1.80	11598	5.18
20～24岁	745	1.96	16334	11.81	6948	10.02	24881	11.10
25～29岁	2441	6.41	24178	17.48	10741	15.49	36684	16.37
30～34岁	5156	13.53	25324	18.31	11820	17.05	45025	20.10
35～39岁	8415	22.09	23641	17.09	12615	18.20	39685	17.71
40～44岁	5460	14.33	13468	9.74	7754	11.18	19754	8.82
45～49岁	6989	18.34	14107	10.20	8012	11.56	20111	8.98
50～54岁	5006	13.14	9127	6.60	4989	7.20	11093	4.95
55～59岁	2996	7.86	6672	4.82	3313	4.78	6956	3.10
60～64岁	623	1.64	1979	1.43	1101	1.59	4124	1.84
65岁及以上	195	0.51	788	0.57	793	1.14	4144	1.85

续表 1-4-42

年龄别	农、林、牧、渔、水利业生产人员		生产、运输设备操作人员及有关人员		不便分类的其他劳动者	
	数	比重	数	比重	数	比重
总计	2432393	100.00	338374	100.00	1852	100.00
15 ~ 19 岁	139046	5.72	22753	6.72	132	7.13
20 ~ 24 岁	210345	8.65	43714	12.92	184	9.94
25 ~ 29 岁	319482	13.13	63168	18.67	268	14.47
30 ~ 34 岁	409560	16.84	74180	21.92	348	18.79
35 ~ 39 岁	328381	13.50	57996	17.14	287	15.50
40 ~ 44 岁	157820	6.49	27068	8.00	155	8.37
45 ~ 49 岁	262203	10.78	26769	7.91	172	9.29
50 ~ 54 岁	210907	8.67	13025	3.85	107	5.78
55 ~ 59 岁	153245	6.30	5757	1.70	78	4.21
60 ~ 64 岁	109075	4.48	2426	0.72	65	3.51
65 岁及以上	132329	5.44	1518	0.45	56	3.02

资料来源：安徽省人口普查资料（2000年长表数据）

在业人口文化结构　安徽省劳动力素质文化程度较低，经过 20 年发展，劳动力素质有所提高，高层次文化程度劳动力比重逐年增加。1990 年小学和文盲半文盲劳动力占就业人口比重的 65.53%，2000 年小学和初中文化的劳动力占就业人口比重的 74.99%，文盲半文盲比重由 1990 年的 30.83% 下降到 2000 年的 13.63%。大专以上的劳动力比重由 1990 年 1.18% 上升到 2000 年的 3.04%。

从各行业看，从事农林牧渔劳动者文盲半文盲比重最高，生产运输和商业性工作者初中文化程度比重最高，从事脑力劳动工作者大中专文化程度的比重最高。

1990年安徽省在业人口文化结构统计表

表1-4-43　　单位：人、%

文化程度	在业人数	占在业人口的比重
文盲、半文盲	10318923	30.83
小　学	11612903	34.70
初　中	8954691	26.76
高　中	1723880	5.15
中　专	461057	1.38
大学专科	257938	0.77
大学本科	136279	0.41
合　计	33465671	100.00

资料来源：安徽省人口普查资料（1990年）

2000年安徽省在业人口文化结构统计表

表1-4-44　　单位：人、%

文化程度	在业人数	占业人口的比重
未上过学	320718	9.89
扫盲班	121221	3.74
小学	1122403	34.62
初中	1309112	40.37
高中	175430	5.41
中专	94642	2.92
大学专科	71767	2.21
大学本科	26086	0.80
研究生	1017	0.03
合计	3242396	100.00

资料来源：安徽省人口普查资料（2000年）

1990年安徽省分职业人口文化结构统计表

表 1–4–45 单位：人、%

职业	大学本科		大学专科		中专		高中		初中		小学		文盲、半文盲	
	人数	比重	人数	比重	人数	比重	人数	比重	人数	比重	人数	比重	人数	比重
各类专业、技术人员	94954	7.55	150261	11.95	277554	22.08	330145	26.26	354731	28.21	47083	3.74	2550	0.20
国家机关党群组织、企事业单位负责人	25876	6.07	46189	10.83	65874	15.45	81458	19.10	148870	34.91	52682	12.35	5526	1.30
办事人员和有关人员	10308	2.74	36034	9.58	52035	13.83	101476	26.97	138300	36.76	33418	8.88	4690	1.25
商业工作人员	1142	0.14	5563	0.70	12185	1.53	130400	16.33	390362	48.88	181312	22.70	77617	9.72
服务性工作人员	212	0.04	1335	0.23	3926	0.68	54016	9.40	226713	39.45	190459	33.14	97970	17.05
农林牧渔劳动者	247	0.00	1555	0.01	9592	0.04	574327	2.16	6007336	22.59	10138826	38.13	9856769	37.07
生产工人、运输工人和有关人员	3292	0.10	16415	0.48	39208	1.14	449641	13.10	1683590	49.04	967640	28.19	273226	7.96
不便分类的其他劳动者	248	2.30	586	5.44	683	6.34	2417	22.42	4789	44.42	1483	13.76	575	5.33

资料来源：安徽省人口普查资料（1990年）

2000 年安徽省分职业人口文化结构统计表

表 1-4-46

单位：人、%

职业	大学本科		大学专科		中专		高中		初中		小学		未上过学、扫盲班		研究生	
	人数	比重	人数	比重	人数	比重	人数	比重	人数	比重	人数	比重	人数	比重	人数	比重
国家机关、党群组织、企事业单位负责人	3646	9.57	8209	21.55	5688	14.93	6998	18.37	10742	28.19	2460	6.46	201	0.53	155	0.41
专业技术人员	14279	10.33	34471	24.93	45062	32.58	19809	14.32	21283	15.39	2479	1.79	311	0.22	598	0.43
办事人员和有关人员	6134	8.85	16753	24.16	11893	17.15	14016	20.22	16029	23.12	3428	4.94	900	1.30	178	0.26
商业、服务业人员	885	0.39	5394	2.41	11219	5.01	32735	14.61	115510	51.55	45625	20.36	12671	5.66	16	0.01
农林牧渔劳动者	122	0.01	1071	0.04	7219	0.30	57780	2.38	950793	39.09	997725	41.02	4E+05	17.17	44	0.00
生产、运输设备操作人员及有关人员	1011	0.30	5822	1.72	13475	3.98	43887	12.97	193893	57.30	70233	20.76	10028	2.96	25	0.01
不便分类的其他劳动者	9	0.49	47	2.54	86	4.64	205	11.07	862	46.54	453	24.46	189	10.21	1	0.05

资料来源：安徽省人口普查资料（2000年长表数据）

在业人口性别结构　2000 年安徽省各行业人口的性别结构中，建筑业男性比例最高（91.10%），其次为交通运输业（82.75%）和采掘业（80.43%），在 70% 以上的行业有国家机关、党政机关和社会团体（74.49%），地质勘探等（74.21%），电力等为 72.03%。女性比例较高的行业是批发零售餐饮等行业（49.95%），在 40% 以上的行业有卫生体育社会福利行业（48.66%）、金融保险业（46.56%）、社会服务业（41.97%）、制造业（41.22%）。其中，2000 年国家机关、党群机关女性比例为 25.21%，较 1990 年上升了 3 个百分点。

1990 年安徽省分行业人口性别结构统计表

表 1–4–47　　单位：人、%

行业	在业人口		性别构成（%）	
	男	女	男	女
农、林、牧、渔、水利业	14053095	13075206	51.80	48.20
工业	1642550	1102553	59.84	40.16
地质普查和勘探业	19634	5380	78.49	21.51
建筑业	388878	64868	85.70	14.30
交通运输、邮电通讯业	387097	94169	80.43	19.57
商业、公共饮食业、物资供销和仓储业	548121	506926	51.95	48.05
房子产管理、共用事业、居民服务和咨询服务业	127724	93239	57.80	42.20
卫生、体育和社会福利事业	105017	94675	52.59	47.41
教育、文化艺术和广播电视事业	410565	203742	66.83	33.17
科学研究和综合技术服务事业	19890	10946	64.50	35.50
金融、保险业	47149	29637	61.40	38.60
国家机关、政党机关和社会团体	336812	96238	77.78	22.22
其他行业	1280	280	82.05	17.95

资料来源：安徽省人口普查资料（1990年）

1990年安徽省分职业人口性别结构统计表

表1-4-48 单位：人、%

职业	在业人口		性别构成	
	男	女	男	女
总　计	18087812	15377859	54.05	45.95
各类专业、技术人员	762652	494626	60.66	39.34
国家机关、党群组织、企事业单位负责人	388389	38086	91.07	8.93
办事人员和有关人员	292913	83348	77.85	22.15
商业工作人员	399045	399536	49.97	50.03
服务性工作人员	290484	284147	50.55	49.45
农、林、牧、渔劳动者	13565609	13023043	51.02	48.98
生产工人、运输工人和有关人员	2381752	1051260	69.38	30.62
不便分类的其他劳动者	6968	3813	64.63	35.37

资料来源：安徽省人口普查资料(1990年)

2000年安徽省分行业人口性别结构统计表

表1-4-49 单位：人、%

行业	在业人口		性别构成	
	男	女	男	女
农、林、牧、渔业	1220528	1211484	50.19	49.81
采掘业	25608	6232	80.43	19.57
制造业	130101	91226	58.78	41.22
电力、燃气及水的生产和供应业	9944	3861	72.03	27.97
建筑业	71870	7017	91.10	8.90
地质勘查业、水利管理业	2518	875	74.21	25.79
交通运输、仓储及邮电通信业	52606	10967	82.75	17.25
批发和零售贸易、餐饮业	84991	84816	50.05	49.95
金融、保险业	6651	5795	53.44	46.56
房地产业	2185	1155	65.42	34.58
社会服务业	27850	20142	58.03	41.97
卫生、体育和社会福利事业	14658	13894	51.34	48.66
教育、文化艺术和广播电影电视业	41214	26419	60.94	39.06
科学研究和综合技术服务业	2282	1118	67.12	32.88
国家机关、党政机关和社会团体	44878	15128	74.79	25.21
其他行业	2884	1499	65.80	34.20

资料来源：安徽省人口普查资料(2000年)

2000 年安徽省分职业人口性别结构统计表

表 1-4-50 单位：人、%

职业	在业人口		性别构成	
	男	女	男	女
总 计	1740768	1501628	53.69	46.31
国家机关、党群组织、企事业单位负责人	32945	5154	1.02	0.16
专业、技术人员	76032	62260	2.34	1.92
办事人员和有关人员	50870	18461	1.57	0.57
商业工作人员、服务性工作人员	111682	112373	3.44	3.47
农、林、牧、渔劳动者	1220787	1211606	37.65	37.37
生产工人、运输工人和有关人员	247245	91129	7.63	2.81
不便分类的其他劳动者	1207	645	0.04	0.02

资料来源：安徽省人口普查资料(2000年)

不在业人口结构 不在业人口是指在劳动年龄内，有劳动能力而尚未就业的待业人口、在校学生、家务劳动、待升学、待国家统一分配、提前退休退职以及完全丧失劳动能力的其他人口。

从安徽省主要年份城镇失业人口登记表中，看出城镇失业率呈缓慢上升趋势，2004 年为 4.2%，较 1990 年的 2.8% 上升了 1.4 个百分点。

若干年份安徽省城镇登记失业人数及失业率统计表

表 1-4-51 单位：万人、%

年份	本年新登记失业人数	登记失业人员中新增就业人数	年末实有登记失业		城镇登记失业率
			人数	女性	
1990	28.71	12.01	15.25		2.8
1995	29.86	14.48	14.31	6.96	3.1
2000	31.59	12.26	16.52	9.12	3.3
2001	22.83	18.94	19.91	10.57	3.7
2002	23.84	20.3	22.21	12.15	4
2003	33.19	29.66	25.14	13.51	4.1
2004	35.59	32.65	26.08	13.29	4.2

资料来源：安徽统计年鉴（2005年）

从不在业人口分类别和性别构成看，无论是1990年还是2000年，不在业人数中比重最高的类型是料理家务，1990年为40.91%，其中女性占90.38%，2000年为31.53%，其中女性占90.69%。从不在业人口年龄性别构成看，15 ~ 19岁和65岁以上不在业人数最多，说明大部分处于求学或退休状态。

1990年安徽省不在业人口分类型、性别构成统计表

表1-4-52　　单位：人、%

不在业人口类别	不在业人口数				性别构成	
	数	比重	男	女	男	女
总计	6765779	100.00	2593121	4172658	38.33	61.67
在校学生	1667821	24.65	1092148	575673	65.48	34.52
料理家务	2767965	40.91	266385	2501580	9.62	90.38
待升学	130126	1.92	82012	48114	63.03	36.97
市镇待业	182610	2.70	88374	94236	48.39	51.61
离休退休退职	663662	9.81	440760	222902	66.41	33.59
丧失劳动能力	1187517	17.55	498820	688697	42.01	57.99
其他	166078	2.45	124622	41456	75.04	24.96

资料来源：安徽省人口普查资料（1990年）

2000年安徽省不在业人口分类型、性别构成统计表

表1-4-53　　单位：人、%

未工作类型	未工作人口				性别构成	
	数	比重	男	女	男	女
总 计	932926	100.00	360325	572601	38.62	61.38
在校学生	200796	21.52	115511	85285	57.53	42.47
料理家务	294117	31.53	27386	266731	9.31	90.69
离退休	126573	13.57	75057	51516	59.3	40.7
丧失工作能力	185895	19.93	78530	107365	42.24	57.76
从未工作正在找工作	48710	5.22	24874	23836	51.07	48.93
失去工作正在找工作	38060	4.08	18374	19686	48.28	51.72
其他	38775	4.16	20593	18182	53.11	46.89

资料来源：安徽省人口普查资料（2000年）

1990 年安徽省不在业人口年龄性别结构统计表

表 1-4-54　　单位：人、%

年龄别	不在业人口		男		女		性别构成	
	人数	比重	人数	比重	人数	比重	男	女
合计	6765779	100.00	2593121	100.00	4172658	100.00	38.33	61.67
15–19	1802634	26.64	1119772	43.18	682862	16.37	62.12	37.88
20–24	409510	6.05	203328	7.84	206182	4.94	49.65	50.35
25–29	178095	2.63	39980	1.54	138115	3.31	22.45	77.55
30–34	86916	1.28	18042	0.70	68874	1.65	20.76	79.24
35–39	113734	1.68	19418	0.75	94316	2.26	17.07	82.93
40–44	124319	1.84	18323	0.71	105996	2.54	14.74	85.26
45–59	185671	2.74	24479	0.94	161192	3.86	13.18	86.82
50–54	336589	4.97	55691	2.15	280898	6.73	16.55	83.45
55–59	516132	7.63	123381	4.76	392751	9.41	23.90	76.10
60–64	754366	11.15	245223	9.46	509143	12.20	32.51	67.49
65 岁及以上	2257813	33.37	725484	27.98	1532329	36.72	32.13	67.87

资料来源：安徽省人口普查资料（1990年）

2000 年安徽省不在业人口年龄性别结构统计表

表 1-4-55　　单位：人、%

年龄别	不在业人口		男		女		性别构成	
	人数	比重	人数	比重	人数	比重	男	女
合计	932926	100.00	360325	100.00	572601	100.00	38.62	61.38
15–19	217019	23.26	120776	33.52	96243	16.81	12.95	10.32
20–24	53863	5.77	23919	6.64	29944	5.23	2.56	3.21
25–29	43659	4.68	9002	2.50	34657	6.05	0.96	3.71
30–34	44157	4.73	9047	2.51	35110	6.13	0.97	3.76
35–39	35469	3.80	7998	2.22	27471	4.80	0.86	2.94
40–44	21035	2.25	4940	1.37	16095	2.81	0.53	1.73
45–59	35057	3.76	7126	1.98	27931	4.88	0.76	2.99
50–54	44972	4.82	10746	2.98	34226	5.98	1.15	3.67
55–59	58045	6.22	16988	4.71	41057	7.17	1.82	4.40
60–64	78610	8.43	30890	8.57	47720	8.33	3.31	5.12
65 岁及以上	301040	32.27	118893	33.00	182147	31.81	12.74	19.52

资料来源：安徽省人口普查资料（2000年）

从不在业人口文化结构看，1990 年文盲半文盲占不在业人口比重达 51.72%，2000 年文盲半文盲占不在业人口比重达 33.39%，说明文化素质较低者就业率较低。1990 年中小学文化水平的占不在业人口比重为 14.97%，初中文化水平占不在业人口比重为 22.36%，高中文化水平占不在业人口比重为 7.47%；2000 年中小学文化水平占不在业人口比重为 18.06%，初中文化水平占不在业人口比重为 28.99%，较 1990 年提高了 6.63 个百分点，高中文化水平占不在业人口比重为 10.71%，较 1990 年提高了 3.24 个百分点。说明随着社会经济发展，对从业者文化水平要求显著提高。

1990 年安徽省不在业人口文化结构统计表

表 1-4-56　　单位：人、%

文化程度	不在业人数	占不在业人口比重
文盲、半文盲	3499379	51.72
小学	1013151	14.97
初中	1513038	22.36
高中	505648	7.47
中专	132902	1.96
大学专科	52621	0.78
大学本科	49040	0.72
合计	6765779	100.00

资料来源：安徽省人口普查资料（1990年）

2000 年安徽省不在业人口文化结构统计表

表 1-4-57　　单位：人、%

文化程度	不在业人数	占不在业人口的比重
未上过学、扫盲班	311463	33.39
小学	168497	18.06
初中	270446	28.99
高中	99909	10.71
中专	46399	4.97
大学专科	19546	2.10
大学本科	16051	1.72
研究生	615	0.07
合计	932926	100.00

资料来源：安徽省人口普查资料（2000年）

第四节　家庭结构

家庭户规模　1986年，安徽省家庭规模为户均4.22人，此后呈逐年下降趋势，1990年为户均4.14人，1995年为户均3.8人，2000年为户均3.62人，2005年下降到户均3.52人。城市家庭户规模小于农村家庭户规模。以1986年为例，全省城市家庭户均3.76人，农村家庭户均4.34人，城市家庭比农村家庭户均减少0.58人。1990年、2000年两次人口普查结果显示，城市家庭规模由1990年户均3.88人降至2000年3.19人，户均减少0.69人，农村家庭由1990年的户均4.3人降至2000年户均3.64人，户均减少0.66人。

1986年安徽省各地市家庭户规模统计表

表1-4-58　单位：户、人

地区	总户数	总人口	户均人数
安徽省	12364967	52172139	4.22
合肥市	884370	3530159	3.99
芜湖市	567051	2188022	3.86
蚌埠市	582343	2631579	4.52
淮南市	395810	1634766	4.13
马鞍山市	243190	971014	3.99
淮北市	319865	1392423	4.35
铜陵市	132662	563485	4.25
安庆市	114375	441316	3.86
阜阳地区	2586611	11101461	4.29
宿县地区	1007420	4463353	4.43
滁县地区	809781	3506295	4.33
六安地区	1483640	5763307	3.88
宣城地区	540218	2233723	4.13
巢湖地区	969983	4033584	4.16
徽州地区	438790	1788993	4.08
安庆地区	1288858	5928659	4.60

资料来源：安徽统计年鉴（1987年）

1986 年安徽省各地市农村家庭户规模统计表

表 1-4-59　　单位：户、人

地区	乡村户数	乡村人数	户均人口数
安徽省	10380897	45066433	4.34
阜阳地区	2359503	10310206	4.37
宿县地区	918651	4034230	4.39
滁县地区	651185	3036782	4.66
六安地区	1333584	5343237	4.01
宣城地区	465952	1991609	4.27
巢湖地区	873993	3705120	4.24
徽州地区	371022	1535775	4.14
安庆地区	1196714	5529207	4.62
合肥市	651769	2712965	4.16
淮南市	216852	952900	4.39
蚌埠市	430945	2049064	4.75
淮北市	237568	1077241	4.53
马鞍山市	151614	630041	4.16
芜湖市	400814	1630913	4.07
铜陵市	74611	326493	4.38
安庆市	46120	200650	4.35

资料来源：安徽统计年鉴（1987年）

1986 年安徽省部分市县居民家庭户规模统计表

表 1-4-60　　单位：人

地区	户均人口数
安徽省	3.76
合肥市	3.70
淮南市	3.92
安庆市	3.57
芜湖市	3.64
蚌埠市	3.83
淮北市	3.75
阜阳市	4.08
亳州市	3.86
歙县	3.31
桐城县	3.93
宣城县	3.71

资料来源：安徽统计年鉴（1987年），调查户数1000

1990 年安徽省各地市家庭户规模统计表

表 1-4-61　　单位：户、人

地区	家庭户	人口数	户均人口
安徽省	13320101	55168803	4.14
合肥市	909749	3718690	4.09
芜湖市	526374	1969976	3.74
蚌埠市	667390	2927083	4.39
淮南市	436948	1782750	4.08
马鞍山市	272289	1034831	3.80
淮北市	362197	1562574	4.31
铜陵市	152082	578151	3.80
安庆市	1306763	5421036	4.15
黄山市	361453	1350173	3.74
阜阳地区	2845636	12181286	4.28
宿县地区	1123975	4911158	4.37
滁县地区	879330	3759727	4.28
六安地区	1498492	5966864	3.98
宣城地区	652422	2572628	3.94
巢湖地区	981743	4004719	4.08
池州地区	343258	1427157	4.16

资料来源：安徽省人口普查资料（1990年）

1995 年安徽省各地市家庭户规模统计表

表 1-4-62　　单位：户、人

地区	户数	人口数	户均人数
安徽省	15509499	59995663	3.87
合肥市	1073237	4111148	3.83
芜湖市	646922	2112707	3.27
蚌埠市	790699	3154871	3.99
淮南市	502200	1932606	3.85
马鞍山市	327093	1141915	3.49
淮北市	471546	1794325	3.81
铜陵市	190264	663480	3.49
安庆市	1446741	5887420	4.07
黄山市	421214	1459054	3.46
滁州市	1049612	4032153	3.84
阜阳地区	3276114	13320655	4.07

续表 1-4-62

地区	户数	人口数	户均人数
宿县地区	1319751	5400435	4.09
六安地区	1695699	6402413	3.78
宣城地区	772593	2719237	3.52
巢湖地区	1131969	4351768	3.84
池州地区	393845	1511476	3.84

资料来源：安徽统计年鉴（1996年）

1995 年安徽省部分市县居民家庭户人口规模统计表

表 1-4-63　　单位：人

地区	户均人口数
合肥市	2.95
淮南市	3.36
安庆市	3.24
芜湖市	2.99
铜陵市	3.28
阜阳市	3.34
亳州市	3.18
蚌埠市	3.20
淮北市	3.29
马鞍山市	3.19
歙县	3.14
桐城县	3.14
宣州市	3.04

资料来源：安徽统计年鉴（1996年）

2000 年安徽省各市家庭户规模统计表

表 1-4-64　　单位：户、人

地区	家庭户	人口数	户均人口
安徽省	16313885	58999948	3.62
合肥市	1234075	4467384	3.62
芜湖市	631945	2115421	3.35
蚌埠市	857725	3288329	3.83
淮南市	554490	2040649	3.68

续表 1-4-64

地区	家庭户	人口数	户均人口
马鞍山市	360503	1196916	3.32
淮北市	503697	1878164	3.73
铜陵市	210717	684716	3.25
安庆市	1484647	5180000	3.49
黄山市	429808	1370377	3.19
滁州市	1106321	4001488	3.62
阜阳市	2146768	8003963	3.73
宿州市	1458256	5516423	3.78
巢湖市	1150864	4173449	3.63
六安市	1660462	5954653	3.59
亳州市	1330745	5078908	3.82
池州市	407852	1389469	3.41
宣城市	785010	2659639	3.39

资料来源：安徽省人口普查资料（2000年）

2005 年安徽省各市家庭户规模统计表

表 1-4-65　　单位：户、人

地区	总户数	总人口	户均人数
安徽省	18494433	65155056	3.52
合肥市	1372363	4556978	3.32
淮北市	608215	2105230	3.46
亳州市	1439190	5501373	3.82
宿州市	1536700	6045168	3.93
蚌埠市	937351	3493330	3.73
阜阳市	2476704	9327629	3.77
淮南市	686389	2357750	3.44
滁州市	1282773	4356225	3.40
六安市	1972358	6810005	3.45
马鞍山市	378291	1256449	3.32
巢湖市	1344389	4530642	3.37
芜湖市	737679	2268778	3.08

续表 1-4-65

地区	总户数	总人口	户均人数
宣城市	852170	2735630	3.21
铜陵市	230388	722222	3.13
池州市	490835	1563133	3.18
安庆市	1663657	6055158	3.64
黄山市	484981	1469356	3.03

资料来源：安徽统计年鉴（2006年）

家庭户类型 1990 年人口普查结果显示，全省家庭户 1332.01 万户，其中一对夫妇户 79.45 万户，占总户数 5.96%，比 1982 年人口普查时多 2.08 个百分点。二代户的核心家庭 886.03 万户，占总户数 66.52%，一人户、一对夫妇户、以核心家庭为主的二代户小家庭户共有 1034.66 万，占总数 77.76%，三代以上的直系家庭和复合家庭正在逐步萎缩。

1990年安徽省各地市家庭户类型统计表

表1-4-66 单位：户

地区	合计	一人户	二人户	三人户	四人户	五人户	六人户	七人户	八人户	九人户	十人及以上户
安徽省	13320101	834619	1322075	2571240	3357017	2745367	1379127	652327	275082	109207	74040
合肥市	909749	62815	95905	201295	204074	176200	88727	44329	20309	9086	7009
芜湖市	526374	37782	61070	144108	135089	88443	36814	14813	5466	1811	978
蚌埠市	667390	36040	58365	123953	155725	139609	72958	40211	20894	10123	9512
淮南市	436948	25904	43549	106280	100943	81943	41462	20292	9380	3830	3365
马鞍山市	272289	17185	29123	76440	70484	46505	19882	8046	2905	1054	665
淮北市	362197	17020	32287	71307	88474	78794	36141	19719	9566	4691	4198
铜陵市	152082	8770	17579	42365	39044	25670	11592	4669	1626	489	278
安庆市	1306763	73076	124363	251539	353030	266061	135479	62345	25460	9321	6089
黄山市	361453	30955	45024	76622	111462	57155	24257	9748	3816	1454	960
阜阳地区	2845636	168405	279325	469628	659343	644766	349952	168324	68096	24697	13100
宿县地区	1123975	58288	109328	179042	258653	259980	136908	69664	30587	12741	8784
滁县地区	879330	50767	74453	161165	234404	259980	136908	69664	30587	12741	8784
六安地区	1498492	118173	154245	291345	395225	305061	138687	59871	22739	8231	4915
宣城地区	652422	45897	66768	128847	195511	123450	56158	22852	8481	2909	1549
巢湖地区	981743	65242	100116	183093	258505	203340	101472	43995	16866	5869	3245
池州地区	343258	18300	30575	64211	97051	72206	35659	15701	6032	2274	1249

资料来源：安徽省人口普查资料（1990年）

2000 年，安徽省共有家庭户 1631.39 万，其中一人户 115.21 万，二人户 259.58 万，三人户 466.46 万，四人户 419.78 万，五人户 239.98 万，六人户 84.68 万，七人户 29.46 万，八人户 9.94 万，九人户 3.68 万，十人及以上户 2.64 万。其中三人户的比重最高，占 28.59%，四人户的比重位居其次，占 25.73%，二人户的比重居第三位，占 15.91%。从三人户往后，家庭规模越大，其比重越小。2000 年与 1990 年相比，全省不同规模的家庭户比重，三人户增长 9.29 个百分点，二人户增长 5.98 个百分点，五人户下降 5.9 个百分点，六人户下降 5.16 个百分点。2005 年，全省共有家庭户 1849.44 万户，其中 3 人以下小家庭户占总户数 67.07%，5 人及其以上的大家庭户仅占 12.48%，传统型规模越来越少。

2000 年安徽省各市家庭户类型统计表

表 1-4-67　　单位：户

地区	合计	一代户	二代户	三代户	四代户	五代户及以上户
安徽省	16313885	3162256	10046495	2976536	128458	140
合肥市	1234075	285406	742438	198812	7416	3
芜湖市	631945	148551	373365	106679	3348	2
蚌埠市	857725	140398	540055	169119	8148	5
淮南市	554490	97305	354741	98676	3760	8
马鞍山市	360503	86203	209967	62081	2249	3
淮北市	503697	94488	333665	71980	3559	5
铜陵市	210717	50544	131218	28439	516	0
安庆市	1484647	305194	830652	335989	12796	16
黄山市	429808	114581	241867	70614	2743	3
滁州市	1106321	207131	663086	223919	12167	18
阜阳市	2146768	390985	1407222	332729	15816	16
宿州市	1458256	254394	955573	235241	13022	26
巢湖市	1150864	223777	670003	247725	9353	6
六安市	1660462	302481	995191	348601	14183	6
亳州市	1330745	212528	889767	217506	10927	17
池州市	407852	83416	238194	83275	2965	2
宣城市	785010	164874	469491	145151	5490	4

资料来源：安徽省人口普查资料（2000年）

2005 年安徽省各市家庭户类型构成统计表

表 1-4-68　　单位：%

地区	一人户	二人户	三人户	四人户	五人户	六人及以上户
安徽省	11.75	25.71	29.61	20.09	8.84	4.00
合肥市	11.88	24.96	33.20	19.04	7.54	3.39
淮北市	12.87	27.05	35.77	15.79	6.32	2.20
亳州市	10.46	24.69	30.08	20.91	9.37	4.49
宿州市	11.31	21.61	29.96	20.41	11.36	5.35
蚌埠市	10.21	24.63	35.63	16.66	8.74	4.13
阜阳市	6.32	19.93	32.54	24.51	11.52	5.17
淮南市	9.90	26.00	44.30	12.91	5.67	1.22
滁州市	12.67	28.45	30.13	18.09	7.68	2.98
六安市	15.26	30.42	31.10	14.55	6.34	2.33
马鞍山市	9.03	23.69	31.02	20.52	10.50	5.24
巢湖市	12.99	25.93	24.83	21.77	9.25	5.24
芜湖市	10.03	22.78	27.48	24.27	10.76	4.68
宣城市	13.11	28.06	29.35	18.30	8.00	3.20
铜陵市	12.28	24.98	29.24	20.81	8.78	3.91
池州市	10.46	24.91	26.31	23.90	10.11	4.32
安庆市	14.24	30.83	31.11	15.51	6.18	2.13
黄山市	14.22	30.71	31.39	15.08	6.58	2.03

资料来源：安徽统计年鉴（2006年）

第五节　民族结构

少数民族人口结构　1990 年人口普查时，安徽省共有 52 个少数民族人口聚居，总人口为 32.44 万，占全省总人口 0.58%。人口最多的民族是回族，人口为 30.21 万，占少数民族人口数 93.12%。其次是满族，人口为 5514 人，占少数民族人口数 1.8%。总人口在 1000 人以上的民族还有壮族、苗族、彝族、土家族、畲族、布依族。人口不足 100 人的民族有 30 个。另外，还有 114 人的民族身份未被识别，有 11 人由外国籍加入中国籍不便确认其民族身份。

1990 年安徽省少数民族人口结构统计表

表 1-4-69　　单位：人、%

民族	人数	比重	民族	人数	比重
安徽省	324352	100.00			
蒙古族	759	0.23	达斡尔族	26	0.01
回族	302052	93.12	仫佬族	49	0.02
藏族	558	0.17	羌族	39	0.01
维吾尔族	130	0.04	布朗族	32	–
苗族	2141	0.66	撒拉族	8	–
彝族	1920	0.59	毛南族	22	0.01
壮族	2684	0.83	仡佬族	126	0.04
布依族	1157	0.36	锡伯族	64	0.02
朝鲜族	667	0.21	阿昌族	1	–
满族	5514	1.70	普米族	27	0.01
侗族	520	0.16	怒族	7	–
瑶族	169	0.05	乌孜别克族	1	–
白族	559	0.17	俄罗斯族	10	–
土家族	1527	0.47	鄂温克族	2	–
哈尼族	567	0.17	德昂族	4	–
哈萨克族	16	–	保安族	1	–
傣族	354	0.11	京族	24	0.01
黎族	120	0.04	塔塔尔族	1	–
傈僳族	53	0.02	独龙族	23	0.01
佤族	145	0.04	鄂伦春族	3	–
畲族	1520	0.47	赫哲族	9	–
高山族	92	0.03	门巴族	1	–
拉祜族	140	0.04	珞巴族	7	–
水族	191	0.06	柯尔克孜族	2	–
东乡族	14	–	土族	93	0.03
纳西族	71	0.02	景颇族	5	–
外国人加入中国籍（人籍）	11	–	其他未识别的民族	114	0.04

资料来源：安徽省人口普查资料（1990年）

2000 年人口普查时，安徽省共有 55 个民族人口聚居，总人口 39.78 万，其中回族 33.75 万，占少数民族人口 84.84%，比重比 1990 年人口普查时下降 8.28 个百分点。蒙古族人口跃居全省少数民族第二，为 1.44 万，占少数民族人口 3.6%，比 1990 年人口普查时增加 1.36 万。其他人口超过 1000 人以上的民族依次是满族（8688 人）、苗族（6995

人）、彝族（5607人）、壮族（4331人）、布依族（3103人）、朝鲜族（2660人）、藏族（2263人）、土家族（2196人）、侗族（1917人）、维吾尔族（1733人）、畲族（1563人）。以上民族中除回族、满族、畲族人口增长主要是自然增长外，其他民族人口增长多为婚嫁、务工经商等机械增长。

2000年安徽省少数民族人口结构统计表

表1-4-70　　单位：人、%

民族	人数	比重%	民族	人数	比重
安徽省	397836	100.00	达尔族	93	0.02
蒙古族	14354	3.61	仫佬族	47	0.01
回族	337521	84.84	羌族	87	0.02
藏族	2263	0.57	布朗族	33	0.01
维吾尔族	1733	0.44	撒拉族	26	0.01
苗族	6995	1.76	毛南族	26	0.01
彝族	5607	1.41	仡佬族	199	0.05
壮族	4331	1.09	锡伯族	93	0.02
布依族	3103	0.78	阿昌族	5	–
朝鲜族	2660	0.67	普米族	36	0.01
满族	8688	2.18	塔吉克族	98	0.02
侗族	1917	0.48	怒族	13	–
瑶族	406	0.10	乌孜别克族	4	–
白族	761	0.19	俄罗斯族	22	0.01
土家族	2196	0.55	鄂温克族	17	–
哈尼族	679	0.17	德昂族	1	–
哈萨克族	24	0.01	保安族	1	–
傣族	373	0.09	裕固族	2	–
黎族	225	0.06	京族	28	0.01
傈僳族	102	0.03	塔塔尔族	10	–
佤族	305	0.08	独龙族	99	0.02
畲族	1563	0.39	鄂伦春族	13	–
高山族	80	0.02	赫哲族	8	–
拉祜族	219	0.06	门巴族	4	–
水族	307	0.08	珞巴族	8	–
东乡族	9	–	基诺族	3	–
纳西族	71	0.02	其他未识别的民族	118	0.03
景颇族	20	0.01	外国人加入中国籍	6	–
土族	223	0.06			
柯尔柯孜族	1	–			

资料来源：安徽省人口普查资料（2000年）

少数民族人口性别结构 安徽省少数民族总人口性别比偏低，主要因为部分少数民族女性嫁安徽省较多所致。除回族人口较多外，其他各民族人口总量偏少，不具有评价人口性别的基础。

安徽省少数民族人口性别比除回族人口较多外，其他各民族人口偏少，不具备评价人口性别比的基础，总性别比偏低，与少数民族婚嫁或来安徽省从业的女性人口有关。

1990年安徽省少数民族人口性别结构统计表

表1-4-71 单位：人，女性=100

民族	男	女	性别比
安徽省	160185	164167	97.57
蒙古族	318	441	72.11
回族	152037	150015	101.35
藏族	203	355	57.18
维吾尔族	56	74	75.68
苗族	641	1500	42.73
彝族	241	1679	14.35
壮族	825	1859	44.38
布依族	420	737	56.99
朝鲜族	301	366	82.24
满族	2841	2673	106.29
侗族	199	321	61.99
瑶族	54	115	46.96
白族	68	491	13.85
土家族	736	791	93.05
哈尼族	36	531	6.78
哈萨克族	11	5	220.00
傣族	45	309	14.56
黎族	17	103	16.50
傈僳族	4	49	8.16
佤族	9	136	6.62
畲族	823	697	118.08
高山族	44	48	91.67
拉祜族	9	131	6.87
水族	41	150	27.33
东乡族	3	11	27.27

续表 1–4–71

民族	男	女	性别比
纳西族	11	60	18.33
景颇族	1	4	25.00
土族	16	77	20.78
达斡尔族	7	19	36.84
仫佬族	19	30	63.33
羌族	12	27	44.44
布朗族	2	30	6.67
撒拉族	1	7	14.29
毛南族	5	17	29.41
仡佬族	66	60	110.00
锡伯族	23	41	56.10
阿昌族	–	1	–
普米族	1	26	3.85
塔吉克族	–	–	–
怒族	–	7	–
乌孜别克族	1	–	–
俄罗斯族	4	6	66.67
鄂温克族	1	1	100.00
德昂族	–	4	–
保安族	–	1	–
裕固族	–	–	–
京族	4	20	20.00
塔塔尔族	–	1	–
独龙族	1	22	4.55
鄂伦春族	1	2	50.00
赫哲族	2	7	28.57
门巴族	–	1	–
珞巴族	–	7	–
基诺族	–	–	–
柯尔克孜族	–	2	–
其他未识别的民族	25	89	28.09
外国人加入中国籍（人籍）	–	11	–

资料来源：安徽省人口普查资料（1990年）

2000 年安徽省少数民族人口性别结构统计表

表 1-4-72　　单位：人，女性 =100

民族	男	女	性别比
安徽省	189908	207928	91.33
蒙古族	3730	10624	35.11
回族	169697	167824	101.12
藏族	935	1328	70.41
维吾尔族	912	821	111.08
苗族	1758	5237	33.57
彝族	1683	3924	42.89
壮族	1599	2732	58.53
布依族	970	2133	45.48
朝鲜族	1292	1368	94.44
满族	4204	4484	93.76
侗族	423	1494	28.31
瑶族	108	298	36.24
白族	117	644	18.17
土家族	766	1430	53.57
哈尼族	55	624	8.81
哈萨克族	7	17	41.18
傣族	43	330	13.03
黎族	57	168	33.93
傈僳族	15	87	17.24
佤族	86	219	39.27
畲族	848	715	118.60
高山族	38	42	90.48
拉祜族	29	190	15.26
水族	47	260	18.08
东乡族	3	6	50.00
纳西族	14	57	24.56
景颇族	2	18	11.11
柯尔克孜族	1	–	–
土族	59	164	35.98
达尔族	42	51	82.35
仫佬族	14	33	42.42

续表 1–4–72

民族	男	女	性别比
羌族	37	50	74.00
布朗族	7	26	26.92
撒拉族	15	11	136.36
毛南族	9	17	52.94
仡佬族	73	126	57.94
锡伯族	52	41	126.83
阿昌族	1	4	25.00
普米族	8	28	28.57
塔吉克族	46	52	88.46
怒族	1	12	8.33
乌孜别克族	2	2	100.00
俄罗斯族	11	11	100.00
鄂温克族	4	13	30.77
德昂族	–	1	–
保安族	–	1	–
裕固族	1	1	100.00
京族	15	13	115.38
塔塔尔族	6	4	150.00
独龙族	41	58	70.69
鄂伦春族	7	6	116.67
赫哲族	2	6	33.33
门巴族	–	4	–
珞巴族	3	5	60.00
基诺族	1	2	50.00
其他未识别的民族	12	106	11.32
外国人加入中国籍	–	6	–

资料来源：安徽省人口普查资料（2000年）

少数民族年龄结构　1990 年人口普查结果显示，安徽省少数民族人口中 0 ~ 14 岁人口比重为 30.1%、15 ~ 16 岁人口比重为 64.79%，65 岁以上人口比重为 5.12%，属成年型人口构成，说明劳动力资源充裕，老少抚养比较低，有利于少数民族较集中区域的经济社会发展。

1990 年安徽省少数民族人口年龄结构统计表

表 1-4-73　　单位：人、%

民族	总人口	年龄别人口					
		0 ~ 14 岁		15 ~ 64 岁		65 岁及以上	
		人数	比重	人数	比重	人数	比重
安徽省	324352	97617	30.1	210134	64.79	16601	5.12
蒙古族	759	200	26.35	544	71.67	15	1.98
回族	302052	92953	30.77	192907	63.87	16192	5.36
藏族	558	134	24.01	419	75.09	5	0.9
维吾尔族	130	21	16.15	107	82.31	2	1.54
苗族	2141	379	17.7	1736	81.08	26	1.21
彝族	1920	301	15.68	1606	83.65	13	0.68
壮族	2684	549	20.45	2070	77.12	65	2.42
布依族	1157	227	19.62	928	80.21	2	0.17
朝鲜族	667	105	15.74	547	82.01	15	2.25
满族	5514	1437	26.06	3855	69.91	222	4.03
侗族	520	77	14.81	433	83.27	10	1.92
瑶族	169	48	28.4	117	69.23	4	2.37
白族	559	50	8.94	508	90.88	1	0.18
土家族	1527	292	19.12	1228	80.42	7	0.46
哈尼族	567	47	8.29	517	91.18	3	0.53
哈萨克族	16	–	–	–	–	–	–
傣族	354	77	21.75	274	77.4	3	0.85
黎族	120	21	17.5	97	80.83	2	1.67
傈僳族	53	7	13.21	45	84.91	1	1.89
佤族	145	15	10.34	130	89.66	–	–
畲族	1520	461	30.33	1059	69.67		0
高山族	92	20	21.74	68	73.91	4	4.35
拉祜族	140	16	11.43	124	88.57	–	–
水族	191	29	15.18	161	84.29	1	0.52
东乡族	14	2	14.29	12	85.71	–	–

续表 1-4-73

民族	总人口	年龄别人口					
		0 ~ 14 岁		15 ~ 64 岁		65 岁及以上	
		人数	比重	人数	比重	人数	比重
纳西族	71	14	19.72	56	78.87	1	1.41
景颇族	5	1	20	4	80	–	–
柯尔克孜族	2	–	–	2	100	–	–
土族	93	12	12.9	80	86.02	1	1.08
达斡尔族	26	4	15.38	22	84.62	–	–
仫佬族	49	19	38.78	30	61.22	–	–
羌族	39	10	25.64	28	71.79	1	2.56
布朗族	32	7	21.88	25	78.13	–	–
撒拉族	8	–	–	8	100	–	–
毛南族	22	1	4.55	21	95.45	–	–
仡佬族	126	39	30.95	87	69.05	–	–
锡伯族	64	14	21.88	49	76.56	1	1.56
阿昌族	1	–	–	1	100	–	–
普米族	27	2	7.41	25	92.59	–	–
塔吉克族	–	–	–	–	–	–	–
怒族	7	–	–	7	100	–	–
乌孜别克族	1	–	–	7	700	–	–
俄罗斯族	10	–	–	10	100	–	–
鄂温克族	2	–	–	2	100	–	–
德昂族	4	–	–	4	100	–	–
保安族	1	–	–	1	100	–	–
裕固族	–	–	–	–	–	–	–
京族	24	–	–	23	95.83	1	4.17
塔塔尔族	1	–	–	1	100	–	–
独龙族	23	–	–	23	100	–	–
鄂伦春族	3	1	33.33	3	100	–	–
赫哲族	9	1	11.11	8	88.89	–	–
门巴族	1	–	–	1	100	–	–
珞巴族	7	1	14.29	6	85.71	–	–

续表 1-4-73

民族	总人口	年龄别人口					
		0 ~ 14 岁		15 ~ 64 岁		65 岁及以上	
		人数	比重	人数	比重	人数	比重
基诺族	–	–	–	–	–	–	–
其他未识别的民族	114	23	20.18	91	79.82	–	–
外国人加入中国籍（人籍）	11		0	8	72.73	3	27.27

2000 年人口普查时，安徽省少数民族人口中 0 ~ 14 岁人口比重为 25.63%，比 1990 年人口普查时下降 4.47 个百分点，65 岁以上人口比重为 6.91%，比 1990 年人口普查时上升 1.7 个百分点，说明少数民族人口构成类型正在由成年型向老年型过渡。

2000 年安徽省少数民族人口年龄结构统计表

表 1-4-74　　单位：人、%

民族	总人口	年龄别人口					
		0 ~ 14 岁		15 ~ 64 岁		65 岁及以上	
		人数	比重	人数	比重	人数	比重
安徽省	397836	101948	25.63	268380	67.46	27508	6.91
蒙古族	14354	1617	11.27	11187	77.94	1550	10.80
回族	337521	92859	27.51	221374	65.59	23288	6.90
藏族	2263	304	13.43	1706	75.39	253	11.18
维吾尔族	1733	218	12.58	1335	77.03	180	10.39
苗族	6995	1011	14.45	5740	82.06	244	3.49
彝族	5607	687	12.25	4564	81.40	356	6.35
壮族	4331	717	16.56	3427	79.13	187	4.32
布依族	3103	476	15.34	2488	80.18	139	4.48
朝鲜族	2660	419	15.75	1951	73.35	290	10.90
满族	8688	1925	22.16	6042	69.54	721	8.30
侗族	1917	248	12.94	1625	84.77	44	2.30
瑶族	406	66	16.26	330	81.28	10	2.46
白族	761	108	14.19	640	84.10	13	1.71
土家族	2196	383	17.44	1774	80.78	39	1.78
哈尼族	679	55	8.10	617	90.87	7	1.03
哈萨克族	24	2	8.33	19	79.17	3	12.50

续表 1-4-74

民族	总人口	年龄别人口					
		0 ~ 14 岁		15 ~ 64 岁		65 岁及以上	
		人数	比重	人数	比重	人数	比重
傣族	373	54	14.48	317	84.99	2	0.54
黎族	225	48	21.33	172	76.44	5	2.22
傈僳族	102	14	13.73	87	85.29	1	0.98
佤族	305	32	10.49	250	81.97	23	7.54
畲族	1563	387	24.76	1095	70.06	81	5.18
高山族	80	20	25.00	54	67.50	6	7.50
拉祜族	219	21	9.59	195	89.04	3	1.37
水族	307	40	13.03	266	86.64	1	0.33
东乡族	9	2	22.22	7	77.78	–	–
纳西族	71	12	16.90	53	74.65	6	8.45
景颇族	20	6	30.00	14	70.00	–	–
柯尔克孜族	1	–	–	1	100.00	–	–
土族	223	39	17.49	–	–	–	–
达尔族	93	15	16.13	70	75.27	8	8.60
仫佬族	47	11	23.40	36	76.60	–	–
羌族	87	12	13.79	72	82.76	3	3.45
布朗族	33	3	9.09	29	87.88	1	3.03
撒拉族	26	4	15.38	22	84.62	–	–
毛南族	26	2	7.69	23	88.46	1	3.85
仡佬族	199	44	22.11	153	76.88	2	1.01
锡伯族	93	20	21.51	67	72.04	6	6.45
阿昌族	5	–	–	5	100.00	–	–
普米族	36	10	27.78	26	72.22	–	–
塔吉克族	98	16	16.33	66	67.35	16	16.33
怒族	13	2	15.38	11	84.62	–	–
乌孜别克族	4	–	–	4	100.00	–	–
俄罗斯族	22	4	18.18	18	81.82	–	–
鄂温克族	17	2	11.76	14	82.35	1	5.88
德昂族	1	–	–	1	100.00	–	–
保安族	1	–	–	1	100.00	–	–
裕固族	2	–	–	2	100.00	–	–

续表 1-4-74

民族	总人口	年龄别人口					
		0 ~ 14 岁		15 ~ 64 岁		65 岁及以上	
		人数	比重	人数	比重	人数	比重
京族	28	1	3.57	26	92.86	1	3.57
塔塔尔族	10	1	10.00	9	90.00	–	–
独龙族	99	11	11.11	78	78.79	10	10.10
鄂伦春族	13	4	30.77	9	69.23	–	–
郝哲族	8	–	–	7	87.50	1	12.50
门巴族	4	–	–	4	100.00	–	–
珞巴族	8	2	25.00	6	75.00	–	–
基诺族	3	–	–	2	66.67	1	33.33
其他未识别的民族	118	14	11.86	101	85.59	3	2.54
外国人加入中国籍（人籍）	6	–	–	4	66.67	2	33.33

资料来源：安徽省人口普查资料（2000年）

少数民族人口行业职业结构 1990 年人口普查时，安徽省少数民族在业人口 17.34 万。其中，农、林、牧、渔、水利业 9.35 万，占少数民族在业人口 53.89%；工业 3.34 万，占少数民族在业人口 19.24%；地质普查时和勘探业 237 人，占少数民族在业人口 0.14%；建筑业 4787 人，占少数民族在业人口 2.76%；交通运输、邮电通讯业 5198 人，占少数民族在业人口 3%；商业、公共饮食业、物资供销和仓储业 2.09 万，占少数民族在业人口 12.04%；房地产管理、公用事业、居民服务和咨询服务业 2989 人，占少数民族在业人口 1.61%；卫生、体育和社会福利事业 2331 人，占少数民族在业人口 13.44%；教育、文化艺术和广播电视事业 4806 人，占少数在业人口 0.22%；金融保障业 824 人，占少数民族在业人口 0.48%；国家机关、政党机关和社会团体 4329 人，占少数民族在业人口 2.5%；其他行业 39 人，占少数民族在业人口 0.02%。

各类专业、技术人员 1.26 万，占 7.28%；国家机关、党群组织、企事业单位负责人 4119 人，占 2.37%；办事人员和有关人员 4864 人，占 2.8%；商业工作人员 1.57 万，占 9.03%；服务性工作人员 7807 人，占 4.5%；农、林、牧、渔业劳动者 9.25 万，占 53.32%；生产工人、运输工人和有关人员 3.57 万，占 20.59%；不便分类的其他劳动者 202 人，占 0.01%。

2000 年人口普查时，安徽省少数民族在业人口[①] 20.06 万。其中，从事农、林、牧、

①此人数是根据“五普”汇总资料说明推算。

渔业11.29万，占少数民族在业人口56.28%；从事采掘业2263人，占1.13%；制造业2.21万，占11.15%；电力、煤气及水的生产和供应1499人，占0.75%；建筑业3724人，占1.86%；地质勘探业、水利管理业425人，占0.21%；交通运输、仓储业及邮电通信业6561人，占3.27%；批发和零售贸易、餐饮业2751人，占13.53%；金融、保险业1669人，占0.83%；房地产业471人，占0.23%；社会服务业5129人，占2.56人；卫生、体育和社会福利2989人，占1.49%；教育、文化艺术及广播电影电视业5506人，占2.74%；科学研究和综合技术服务业481人，占0.24%；国家机关、政党机关和社会团体6788人，占3.38%；其他行业688人，占0.34%。

国家机关、党群组织、企业、事业单位负责人4006人，占2%；专业技术人员1.38万，占6.9%；办事人员和有关人员8475人，占4.22%；商业服务业人员3.3万，占16.46%；农、林、牧、渔、水利业生产人员11.29万，占56.3%；生产、运输设备操作人员及有关人员2.8万，占14.07%；不便分类的其他劳动者104人，占0.05%。

第五章　人口素质

第一节　身体健康素质

营养情况　1992年8月，省卫生防疫站对淮南市、亳州市、定远县、无为县、灵璧县、利辛县、歙县、宿松县的居民营养情况进行调查，共调查973户，4116人（城市904人，农村3212人）。内容包括膳食调查、体格测量和血红蛋白测定三部分。其能量及主要营养素摄入水平能满足国家推荐摄入量标准（RDA），钙、维生素A和维生素B2摄入明显不足，分别只占RDA的76.8%、54.3%和64.6%。

1992年安徽省居民食物消费量统计表

表1-5-1　单位：克/每标准人日

类别	谷类、薯类	动物类	豆类、坚果	蔬菜、水果	纯热能	食盐
城乡合计	749.3	67.4	15.6	314.4	30.8	17.4
城市	653.4	113.0	17.1	201.5	33.6	14.6
农村	781.8	52.4	15.1	339.6	29.8	18.3

1992年安徽省居民能量及三大营养素摄入量统计表

表1-5-2　单位：每标准人日

类别	能量（kcal）	蛋白质（g）	脂肪（g）	碳水化合物（g）
城乡合计	2719.5	77.6	48.5	490.6
城市	2459.1	78.4	54.3	412.0
农村	2805.6	77.4	46.7	516.6

学龄前儿童（0 ~ 6岁）贫血患病率为24.8%，城市6.5%，农村29.9%；妇女贫血患病率为37.0%，城市27.5%，农村40.0%。

2002年9月，省疾病预防控制中心对合肥市瑶海区（中小城市）、休宁县（二类农村）、寿县（二类农村）和太湖县（三类农村）采用多阶段分层整群随机抽样，共调查9640人。与第三次全国营养调查相比，15岁及以上居民高血压患病率为24.6%，糖尿病患病率为3.06%；5岁及以下儿童贫血患病率为16.8%（城市12.6%，农村19.1%），20岁及以上妇女贫血患病率为42.4%（城市30.3%，农村46.8%）。说明城乡居民的膳食、营养状况明显改善，肉、禽、蛋等动物性食物消费量明显增加，营养不良和营养缺乏患病率有所下降；但城市居民膳食结构不尽合理，畜肉类及油脂消费过多，谷类食物消费偏低。

学生体质健康状况　1985—2005年，安徽省儿童青少年各年龄组男女生身高、体重、胸围三项指标随年龄增长而增长，并随年龄增长表现出生长发育突增高峰；男女生身高、体重、胸围三项指标出现交叉现象。

2005年安徽省城乡汉族男女学生身高、体重、胸围增长曲线交叉年龄表

表1-5-3

类别	身高		体重		胸围	
	第1次	第2次	第1次	第2次	第1次	第2次
城市	11岁	13岁	12岁	13岁	11岁	13岁
农村	11岁	13岁	11岁	14岁	11岁	15岁

城市男生身高增幅为0.41 ~ 5.73厘米，平均年增长4.01厘米；城市女生增幅为0.25 ~ 5.11厘米，平均年增长2.90厘米；乡村男生身高增幅为1.88 ~ 6.66厘米，平均年增长5.00厘米；乡村女生身高增幅为0.71 ~ 10.34厘米，平均年增长4.00厘米。

安徽省7～18岁城市学生身高发育水平比较统计表

表1-5-4　单位：厘米

年龄（岁）	男生					女生				
	1985	1995	2005	增减值		1985	1995	2005	增减值	
				前10年	后10年				前10年	后10年
7	121.15	123.18	125.8	2.03	2.62	119.78	122.07	124.6	2.29	2.53
8	126.32	128.17	130.5	1.85	2.33	125.48	128.27	130.2	2.79	1.93
9	131.14	132.97	135.5	1.83	2.53	131.08	133.46	134.6	2.38	1.14
10	135.27	138.05	141.0	2.78	2.95	135.80	138.95	140.6	3.15	1.65
11	140.27	143.68	145.2	3.41	1.52	141.69	144.87	146.8	3.18	1.93
12	144.95	147.00	149.5	2.05	2.50	147.38	148.81	151.1	1.43	2.29
13	153.66	156.95	158.9	3.29	1.95	153.24	154.38	155.4	1.14	1.02
14	159.67	163.12	164.7	3.45	1.58	155.96	156.35	157.6	0.39	1.25
15	164.58	166.71	168.9	2.13	2.19	156.67	157.65	158.9	0.98	1.25
16	167.75	168.46	170.4	0.71	1.94	157.63	158.38	158.3	0.75	–0.08
17	168.61	169.21	170.7	0.60	1.49	157.58	158.17	158.7	0.59	0.53
18	169.29	169.09	169.7	–0.20	0.61	158.35	157.70	158.6	–0.65	0.90
7 ~ 18				1.99	2.02				1.54	1.36

说明：表中前10年增减值为1995年减1985年所得，后10年增减值为2005年减1995年所得

安徽省7～18岁乡村学生身高发育水平比较统计表

表1-5-5 单位：厘米

年龄（岁）	男生					女生				
	1985	1995	2005	增减值		1985	1995	2005	增减值	
				前10年	后10年				前10年	后10年
7	117.72	119.81	122.1	2.09	2.29	116.64	118.80	121.3	2.16	2.5
8	121.92	124.96	127.1	3.04	2.14	121.24	123.80	126.3	2.56	2.5
9	126.41	129.51	132.3	3.1	2.79	126.56	128.90	131.9	2.34	3
10	130.68	134.34	136.7	3.66	2.36	130.53	134.20	136.8	3.67	2.6
11	134.75	138.82	140.5	4.07	1.68	135.88	140.60	142.3	4.72	1.7
12	139.55	143.14	146.2	3.59	3.06	142.39	146.00	147.3	3.61	1.3
13	147.61	150.82	154.1	3.21	3.28	149.87	151.10	152.5	1.23	1.4
14	153.91	156.50	160.5	2.59	4	152.33	153.50	155.2	1.17	1.7
15	159.77	161.92	164.9	2.15	2.98	154.06	155.26	156.0	1.2	0.74
16	164.12	165.42	166.9	1.3	1.48	155.03	155.48	156.4	0.45	0.92
17	164.90	167.12	168.1	2.22	0.98	155.35	156.86	157.3	1.51	0.44
18	166.52	167.97	168.4	1.45	0.43	155.99	157.08	156.7	1.09	-0.38
7～18				2.71	2.29				2.14	1.54

说明：表中前10年增减值为1995年减1985年所得，后10年增减值为2005年减1995年所得

城市男生体重增幅为2.37～8.14公斤，平均年增长5.55公斤；城市女生增幅为0.44～5.41公斤，平均年增长3.66公斤；乡村男生体重增幅为-0.06～4.81公斤，平均年增长2.60公斤；乡村女生体重增幅为-0.25～4.29公斤，平均年增长1.94公斤。

安徽省7～18岁城市学生体重发育水平比较统计表

表1-5-6 单位：公斤

年龄（岁）	男生					女生				
	1985	1995	2005	增减值		1985	1995	2005	增减值	
				前10年	后10年				前10年	后10年
7	21.37	22.58	24.8	1.21	2.22	20.05	21.73	23.8	1.68	2.07
8	23.29	24.67	28.3	1.38	3.63	22.52	24.68	26.9	2.16	2.22
9	25.52	27.58	30.8	2.06	3.22	25.03	26.70	28.7	1.67	2.00
10	27.76	30.28	35.9	2.52	5.62	27.44	30.12	32.8	2.68	2.68
11	30.32	33.16	36.3	2.84	3.14	30.96	33.33	36.1	2.37	2.77
12	33.61	36.04	39.3	2.43	3.26	35.29	36.36	40.7	1.07	4.34
13	39.66	43.19	47.7	3.53	4.51	40.56	41.70	44.1	1.14	2.40

续表 1-5-6

年龄（岁）	男生					女生				
	1985	1995	2005	增减值		1985	1995	2005	增减值	
				前 10 年	后 10 年				前 10 年	后 10 年
14	44.84	48.44	51.8	3.60	3.36	43.95	44.70	47.4	0.75	2.70
15	49.36	52.42	55.6	3.06	3.18	45.94	47.29	50.3	1.35	3.01
16	53.44	54.28	57.2	0.84	2.92	47.82	48.49	49.9	0.67	1.41
17	54.36	55.80	60.1	1.44	4.30	48.52	49.78	50.9	1.26	1.12
18	55.73	57.20	58.1	1.47	0.90	49.36	49.57	49.8	0.21	0.23
7 ~ 18				2.20	3.36				1.42	2.25

说明：表中前10年增减值为1995年减1985年所得，后10年增减值为2005年减1995年所得

安徽省 7 ～ 18 岁乡村学生体重发育水平比较统计表

表 1-5-7　　单位：公斤

年龄（岁）	男生					女生				
	1985	1995	2005	增减值		1985	1995	2005	增减值	
				前 10 年	后 10 年				前 10 年	后 10 年
7	20.29	21.30	21.9	1.01	0.6	19.53	20.45	21.4	0.92	0.95
8	22.07	23.01	25.0	0.94	1.99	21.37	22.29	24.0	0.92	1.71
9	24.10	25.21	27.5	1.11	2.29	23.33	24.56	26.5	1.23	1.94
10	26.22	27.82	29.6	1.60	1.78	25.62	27.41	29.4	1.79	1.99
11	28.37	30.58	32.3	2.21	1.72	28.31	31.3	32.6	2.99	1.30
12	31.50	32.80	34.9	1.30	2.10	33.03	35.37	36.4	2.34	1.03
13	36.79	38.90	41.6	2.11	2.70	39.91	40.43	42.3	0.52	1.87
14	42.49	43.20	46.3	0.71	3.10	43.30	43.63	45.1	0.33	1.47
15	47.72	48.85	50.2	1.13	1.35	46.71	47.06	47.1	0.35	0.04
16	52.76	52.71	53.1	−0.05	0.39	48.98	48.2	49.0	−0.78	0.80
17	54.66	54.89	54.6	0.23	−0.29	50.15	50.83	49.9	0.68	−0.93
18	56.46	56.84	57.5	0.38	0.66	50.76	51.51	50.6	0.75	−0.91
7 ~ 18				1.06	1.53				1.00	0.94

说明：表中前10年增减值为1995年减1985年所得，后10年增减值为2005年减1995年所得

城市男生胸围增幅为 −1.91 ~ 3.60 厘米，平均年增长 1.53 厘米；城市女生胸围增幅为 −0.68 ~ 2.81 厘米，平均年增长 1.51 厘米；乡村男生胸围增幅为 −2.62 ~ 1.33 厘米，平均年增长 0.23 厘米；乡村女生胸围增幅为 0.71 ~ 10.34 厘米，平均年增长 4.09 厘米。

安徽省 7～18 岁城市学生胸围发育水平比较统计表

表 1-5-8　　单位：厘米

年龄（岁）	男生					女生				
	1985	1995	2005	增减值		1985	1995	2005	增减值	
				前 10 年	后 10 年				前 10 年	后 10 年
7	58.61	58.62	59.9	0.01	1.28	56.32	56.77	58.1	0.45	1.33
8	60.15	59.89	62.9	−0.26	3.01	58.38	59.17	60.6	0.79	1.43
9	61.87	62.5	64.6	0.63	2.1	60.6	60.99	62.2	0.39	1.21
10	63.73	64.44	66.7	0.71	2.26	62.49	63.72	65.3	1.23	1.58
11	65.85	66.21	67.8	0.36	1.59	65.6	66.19	68.0	0.59	1.81
12	68.17	68.67	69.7	0.5	1.03	68.99	69.21	71.5	0.22	2.29
13	72.1	74.19	75.7	2.09	1.51	72.87	73.06	74.2	0.19	1.14
14	75.99	77.67	78.3	1.68	0.63	75.19	75.89	76.8	0.7	0.91
15	79.8	80.69	80.6	0.89	−0.09	76.85	77.68	78.4	0.83	0.72
16	82.82	82.58	82.6	−0.24	0.02	78.27	78.73	78.8	0.46	0.07
17	84.09	84.73	84.7	0.64	−0.03	78.79	79.51	79.2	0.72	−0.31
18	85.51	86.16	83.6	0.65	−2.56	79.08	79.24	78.4	0.16	−0.84
7 ~ 18				0.64	0.90				0.56	0.95

说明：表中前10年增减值为1995年减1985年所得，后10年增减值为2005年减1995年所得

安徽省 7～18 岁乡村学生胸围发育水平比较统计表

表 1-5-9　　单位：厘米

年龄（岁）	男生					女生				
	1985 年	1995 年	2005 年	增减值		1985 年	1995 年	2005 年	增减值	
				前 10 年	后 10 年				前 10 年	后 10 年
7	57.89	57.88	57.6	−0.01	−0.28	56.29	56.20	56.5	−0.09	0.3
8	59.72	59.52	60.6	−0.2	1.08	57.89	57.50	58.7	−0.39	1.2
9	61.27	61.26	62.6	−0.01	1.34	59.72	59.67	60.7	−0.05	1.03
10	63.27	63.36	63.7	0.09	0.34	61.74	61.69	63.1	−0.05	1.41
11	64.82	65.01	66.0	0.19	0.99	64.2	64.92	66.3	0.72	1.38
12	67.08	67.3	67.5	0.22	0.2	67.45	68.39	68.7	0.94	0.31
13	71.14	71.4	72.1	0.26	0.7	72.98	72.09	73.3	−0.89	1.21
14	74.92	74.82	74.8	−0.1	−0.02	75.71	74.85	75.5	−0.86	0.65
15	78.41	79.07	77.9	0.66	−1.17	78.35	77.69	77.0	−0.66	−0.69
16	82.52	82.04	79.9	−0.48	−2.14	80.01	78.59	78.6	−1.42	0.01

续表 1–5–9

年龄（岁）	男生					女生				
	1985 年	1995 年	2005 年	增减值		1985 年	1995 年	2005 年	增减值	
				前 10 年	后 10 年				前 10 年	后 10 年
17	84.14	83.21	81.7	–0.93	–1.51	81.06	79.03	79.6	–2.03	0.57
18	85.69	84.91	83.7	–0.78	–1.21	81.76	80.52	80.6	–1.24	0.08
7 ~ 18				–0.09	–0.14				–0.5.	0.62

说明：表中前10年增减值为1995年减1985年所得，后10年增减值为2005年减1995年所得

1985 年、1991 年、2000 年和 2005 年脉搏变化呈现出随年龄增大而下降的趋势，18 岁后趋于稳定；血压（收缩压、舒张压）、肺活量随年龄增大而增大，血压 18 岁后增幅减小，肺活量 18 岁后趋于稳定。

学生常见病状况　对 1985 年、1995 年、2000 年、2005 年 4 个不同时期 7 ~ 22 岁学生视力低下、龋齿、贫血三种常见疾病的患病率进行比较，贫血患病率从 1985 年的 55.5% 下降到 2005 年的 5.3%；龋患率从 1983 年 32.1% 上升到 42.6%，2000 年以后下降，达 18.8%；近视率从 1985 年的 23.0% 上升到 2005 年的 55.2%，高中生和大学生竟高达 70% ~ 80% 以上。

安徽省城乡男女学生近视检出情况统计表

表 1–5–10　　单位：%

区域	年份	男				女			
		小学	中学	大学	合计	小学	中学	大学	合计
城市	1985	17.58	49.84	82.86	46.4	22.62	57.09	77.48	45.7
	1995	24.9	57.8	70.3	46.6	31.0	70.7	76.0	55.4
	2000	25.0	65.7	86.9	53.6	31.5	81.1	83.7	61.5
	2005	22.3	69.3	84.8	52.9	33.8	81.7	82.0	62.1
乡村	1985	5.5	23.0	61.2	32.8	6.8	31.9	63.2	23.0
	1995	11.8	44.9	73.0	36.5	18.0	51.7	75.0	42.1
	2000	15.3	60.6	83.1	47.1	20.6	68.7	82.9	51.5
	2005	17.3	51.3	85.5	43.4	22.0	65.8	86.0	51.5

1985—2005 年安徽省城乡男女学生视力低下程度检出率统计表

表 1-5-11　　单位：%

区域	年份	男生			女生		
		轻	中	重	轻	中	重
城市	1985	5.2	10.4	30.9	5.6	9.3	30.7
	1995	10.80	32.04	57.16	9.54	30.41	60.05
	2000	–	–	–	–	–	–
	2005	3.87	0.00	22.00	4.97	0.00	27.82
乡村	1985	3.5	6.9	22.4	4.5	5.1	13.4
	1995	12.15	29.56	58.29	15.00	31.02	53.98
	2000	–	–	–	–	–	–
	2005	3.87	48.67	19.42	3.95	4.38	2.53

1985—2005 年安徽省城乡男女学生混合龋患情况统计表

表 1-5-12　　单位：人、%

区域	年份	检查人数	患龋人数	龋均	龋患率
城市	1985	3000	1135	0.85	37.8
	1995	1500	700	1.16	46.67
	2000	1480	658	1.09	44.5
	2005	1500	361	0.73	24.1
乡村	1985	3000	792	0.55	26.4
	1995	1500	541	0.80	36.1
	2000	1474	601	1.06	40.8
	2005	1500	203	0.63	13.5

1985—2005年安徽省城乡男女学生贫血检出率比较统计表

表1-5-13　　单位：人、%

区域	年份	男			女			合计贫血率
		检查人数	贫血人数	贫血率	检查人数	贫血人数	贫血率	
城市	1985	790	471	59.6	655	454	69.3	64.0
	1995	750	247	32.93	750	258	34.40	33.7
	2000	849	187	22.0	849	234	27.6	24.8
	2005	750	21	2.8	750	28	3.7	3.3
农村	1985	1603	713	44.5	653	416	63.7	50.0
	1995	750	273	36.40	749	271	36.18	36.3
	2000	842	235	27.9	852	314	36.9	32.4
	2005	750	43	5.7	750	66	8.8	7.3

1985—2005年安徽省城乡男女学生营养状况比较统计表

表1-5-14　　单位：%

年份	性别	营养正常	营养不良			超重	肥胖
			轻度	中度	重度		
1985	男	72.20	23.50	2.21	0.04	2.21	0.29
	女	65.03	26.54	4.77	0.16	3.15	0.35
1991	男	69.62	28.60	3.52	0.04	3.52	1.97
	女	56.74	31.74	6.22	0.22	3.49	1.43
2000	男	–	–	–	–	–	–
	女	–	–	–	–	–	–
2005	男	60.16	24.10	3.16	0.07	7.48	5.03
	女	56.43	30.10	4.97	0.25	5.55	2.70

婚前医学检查　1987年，安徽省有56个县以上医疗机构开展婚姻保健，婚前医学检查率为57.15%。1992年，全省77个县级以上保健机构开展婚前医学检查，省辖9市婚前医学检查率达80%，其中安庆市达99%；金寨、六安、郎溪等县婚前医学检查

率达 85%。2002 年，全省婚前医学检查率达到 57.42%。

2003 年 10 月 1 日实施的《婚姻登记条例》取消婚前医学检查的强制性规定，当年全省婚前医学检查率下降到 49.11%，2004 年下降到 4.59%，2005 年为 4.46%。

1989—2005 年安徽省婚前医学检查情况统计表

表 1-5-15　　单位：人、%

年份	应检人数	实检人数	检出疾病人数	婚前医学检查率	疾病检出率
1989	–	121236	10672	–	8.80
1990	–	97932	10653	–	10.88
1991	–	84727	11327	–	13.37
1992	237533	100248	11205	42.20	11.18
1993	448828	101720	9988	22.66	9.82
1994	285329	93763	7958	32.86	8.49
1995	338873	103333	9406	30.49	9.10
1996	402778	136033	5493	33.77	4.04
1997	509462	105414	3863	20.69	3.66
1998	666494	121680	6398	18.26	5.26
1999	768038	152453	7269	19.85	4.77
2000	773642	164920	8140	21.32	4.94
2001	735662	242208	12550	32.92	5.18
2002	769587	441896	19725	57.42	4.46
2003	763004	374701	14828	49.11	3.96
2004	818384	37568	432	4.59	1.15
2005	774752	34535	270	4.46	0.78

说明：1. 统计范围：开展婚前保健单位
2. 统计内容和标准：卫生部下发的《婚姻保健工作常规》中对查出疾病的分类指导标准

婴幼儿死亡率　新生儿死亡率在 1998 年前始终在 10‰ ~ 16‰之间波动，1998 年达到 15.74‰，以后逐年下降，2005 年下降到 8.96‰。婴儿死亡率自 1997 年后逐年下降，1997 年为 22.98‰，2000 年下降到 20‰以下，为 18.87‰，2005 年下降到 11.67‰。5 岁以下儿童死亡率自 1992 年以来呈逐年下降趋势，1995 年为 31.12‰，2000 年为 24.10‰，2005 年为 14‰。

1990—2005 年安徽省儿童死亡情况统计表

表 1-5-16

年份	新生儿死亡率（‰）	婴儿死亡率（‰）	校正婴儿死亡率（‰）	5 岁以下儿童死亡率（‰）	校正 5 岁以下儿童死亡率（‰）
1990	–	15.80	49.83	–	–
1991	–	16.70	41.22	–	–
1992	12.09	21.98	46.72	31.12	57.41
1993	12.40	20.47	41.34	30.18	56.05
1994	11.38	19.89	37.82	28.00	50.80
1995	10.85	19.78	34.93	27.22	47.26
1996	12.71	20.79	35.41	28.29	48.55
1997	15.15	22.98	37.75	29.21	49.27
1998	15.74	21.51	34.45	27.85	46.55
1999	14.90	20.09	31.47	25.74	42.68
2000	14.14	18.87	28.98	24.10	34.74
2001	12.74	17.25	26.02	20.75	33.94
2002	11.81	15.57	26.88	19.06	33.58
2003	11.86	15.29	28.55	18.39	31.85
2004	9.60	12.63	23.56	15.18	26.29
2005	8.96	11.67	21.77	14.00	24.23

资料来源：安徽省卫生厅资料

孕产妇死亡率　1990—2000 年间，孕产妇死亡率有波动，1990 年孕产妇死亡率为 40.18/10 万，最高为 1992 年的 60.70/10 万，1997 年以后，孕产妇死亡率逐年降低，2000 年为 36.29/10 万，2005 年下降为 26.31/10 万。

1990—2005 年安徽省孕产妇死亡调查情况统计表

表 1-5-17

年份	孕产妇死亡率（1/10 万）	校正孕产妇死亡率（1/10 万）
1990	40.18	90.51
1991	39.50	94.80
1992	60.70	78.86

续表 1-5-17

年份	孕产妇死亡率（1/10 万）	校正孕产妇死亡率（1/10 万）
1993	47.71	74.18
1994	37.23	74.27
1995	45.08	64.27
1996	48.12	68.35
1997	51.72	68.96
1998	47.19	62.92
1999	38.35	51.08
2000	36.29	48.39
2001	33.25	45.15
2002	31.92	44.26
2003	37.33	51.34
2004	29.38	39.91
2005	26.31	41.22

资料来源：安徽省卫生厅资料

孕产妇保健　1986 年，全省新法接生率 58.35%，科学接生率 57.03%，新生儿破伤风发生率 0.21%，孕产妇死亡率 36.7/10 万。1988 年，新法接生率大于 95% 的县（市）有 51 个，小于 95% 大于 80% 的县（市）有 13 个，小于 80% 大于 60% 的县（市）8 个。

1992—2005 年安徽省孕产妇保健情况统计表

表 1-5-18　　单位：%

年份	产检率	早检率	产后访视率	住院分娩率	非住院分娩新法接生率
1992	27.93	15.43	29.50	52.64	66.15
1993	36.72	20.81	36.48	60.17	80.82
1994	47.69	27.88	48.84	63.56	86.01
1995	61.56	45.57	63.26	67.94	89.97
1996	80.69	61.28	74.62	63.40	91.08
1997	85.05	69.83	78.76	65.27	–

续表 1-5-18

年份	产检率	早检率	产后访视率	住院分娩率	非住院分娩新法接生率
1998	84.33	74.66	80.85	71.81	95.22
1999	85.93	75.56	80.26	69.67	95.80
2000	85.49	77.16	81.49	73.91	96.07
2001	87.73	78.32	83.25	79.19	97.83
2002	85.69	76.59	79.78	83.63	97.98
2003	85.88	76.47	81.79	84.55	98.32
2004	76.97	64.97	71.65	84.34	97.80
2005	74.91	62.89	68.82	86.20	96.14

说明：统计范围是各个年度全面开展“孕管”的市县和部分开展“孕管”试点的乡村

妇女疾病防治 20世纪80年代，安徽省在农村开展以防癌为主的妇女病查治工作。1987年，妇女病检出率40.43%，1989年检出率降至36.73%。2003年，全省妇女病检出率为30.77%，其中城市为31.99%，农村为30.30%，最高蚌埠市为56.49%，最低亳州市24.14%。2005年，妇女病检出率29.16%，其中城市29.93%，农村28.81%。

1987—2005年安徽省妇女病查治情况统计表（上）

表 1-5-19

年份	应查人数	实查人数	查出妇科病人数	滴虫性阴道炎		宫颈糜烂		淋病	
				例数	治疗数	例数	治疗数	例数	治疗数
1987	–	540937	218700	–	–	–	–	–	–
1989	–	718280	263851	–	–	–	–	–	–
1990	–	888820	256722	–	–	–	–	–	–
1991	–	946430	326211	–	–	–	–	–	–
1992	–	1107776	337798	–	–	–	–	–	–
1993	–	1062550	295802	–	–	–	–	–	–

续表 1-5-19

年份	应查人数	实查人数	查出妇科病人数	滴虫性阴道炎		宫颈糜烂		淋病	
				例数	治疗数	例数	治疗数	例数	治疗数
1994	–	1178553	329992	–	–	–	–	–	–
1995	–	1345638	424048	–	–	–	–	–	–
1996	3522257	1092719	314212	88984	86579	164417	130523	231	223
1997	3528093	1134792	302022	92854	87815	151759	124563	354	322
1998	4871644	1354794	389750	139216	132161	210034	184589	832	722
1999	5655756	1747621	463703	153813	150561	238573	201728	389	386
2000	6820272	2713520	762360	239054	226097	395217	346521	552	518
2001	6425004	3048561	888508	338421	321928	458956	400638	592	554
2002	6576126	3139482	845682	325621	305992	460446	412812	810	793
2003	6515016	3107723	956358	282637	262546	415102	370287	1658	1591
2004	6681171	2832449	764698	244412	226009	310412	277925	695	661
2005	6769524	2564814	747953	229439	202954	313739	247288	596	580

1987—2005 年安徽省妇女病查治情况统计表（下）

表 1-5-20

年份	尖锐湿疣	宫颈癌	乳腺癌	尿瘘	子宫脱垂	
	治疗数	治疗数	治疗数	治疗数	例数	治疗数
1987	–	–	–	–	–	–
1989	–	129	–	30	2516	1700
1990	–	85	–	65	1749	895
1991	–	86	–	90	1025	699
1992	–	–	–	71	1133	657
1993	–	–	–	259	1102	723

续表 1-5-20

年份	尖锐湿疣	宫颈癌	乳腺癌	尿瘘	子宫脱垂	
	治疗数	治疗数	治疗数	治疗数	例数	治疗数
1994	–	–	–	82	972	611
1995	–	–	–	38	607	541
1996	194	86	71	85	1113	707
1997	245	65	52	30	722	362
1998	395	92	70	27	534	343
1999	759	119	109	48	578	422
2000	744	160	122	42	360	236
2001	720	154	125	48	732	610
2002	588	121	137	34	680	524
2003	913	176	161	–	–	–
2004	818	114	126	–	–	–
2005	554	201	103	–	–	–

资料来源：安徽省年报资料

1987—2005 年安徽省妇女病查治率统计表（上）

表 1-5-21

年份	普查率（%）	检出率（%）	滴虫性阴道炎		宫颈糜烂		淋病		尖锐湿疣	
			检出率（%）	治疗率（%）	检出率（%）	治疗率（%）	检出率（1/万）	治疗率（%）	检出率（1/万）	治疗率（%）
1987	–	40.43	–	–	–	–	–	–	–	–
1989	–	36.73	–	–	–	–	–	–	–	–
1990	–	28.88	–	–	–	–	–	–	–	–
1991	–	34.47	–	–	–	–	–	–	–	–
1992	–	30.49	–	–	–	–	–	–	–	–
1993	–	27.84	–	–	–	–	–	–	–	–

续表 1-5-21

年份	普查率（%）	检出率（%）	滴虫性阴道炎		宫颈糜烂		淋病		尖锐湿疣	
			检出率（%）	治疗率（%）	检出率（%）	治疗率（%）	检出率（1/万）	治疗率（%）	检出率（1/万）	治疗率（%）
1994	–	28.00	–	–	–	–	–	–	–	–
1995	–	31.51	–	–	–	–	–	–	–	–
1996	31.02	28.76	8.14	97.30	15.05	79.39	2.11	96.54	1.84	96.52
1997	32.16	26.61	8.18	94.57	13.37	82.08	3.12	90.96	2.20	98.00
1998	27.81	28.77	10.28	94.93	15.50	87.89	6.14	86.78	3.13	93.16
1999	30.90	26.53	8.80	97.89	13.65	84.56	2.23	99.23	4.41	98.44
2000	39.79	28.09	8.81	94.58	14.56	87.68	2.03	93.84	2.89	94.78
2001	47.45	29.15	11.10	95.13	15.05	87.29	1.94	93.58	2.45	96.26
2002	47.74	26.94	10.37	93.97	14.67	89.65	2.58	97.90	2.00	93.63
2003	47.70	30.77	9.09	92.89	13.36	89.20	5.34	95.96	3.03	96.92
2004	42.39	27.00	8.63	92.47	10.96	89.53	2.45	95.11	2.97	97.27
2005	37.89	29.16	8.95	88.46	12.23	78.82	2.32	97.32	2.97	72.80

资料来源：安徽省年报资料

1987—2005 年安徽省妇女病查治率统计表（下）

表 1-5-22

年份	宫颈癌		乳腺癌		尿瘘		子宫脱垂	
	检出率（1/10万）	治疗率（%）	检出率（1/10万）	治疗率（%）	检出率（1/万）	治疗率（%）	检出率（1/万）	治疗率（%）
1987	17.38	–	–	–	–	–	–	–
1989	18.52	96.99	–	–	1.06	39.47	35.03	67.57
1990	13.28	72.03	–	–	1.19	61.32	19.68	51.17
1991	12.47	72.88	–	–	1.42	67.16	10.83	68.20
1992	12.46	–	–	–	1.09	58.68	10.23	57.99

续表 1-5-22

年份	宫颈癌		乳腺癌		尿瘘		子宫脱垂	
	检出率（1/10万）	治疗率（%）	检出率（1/10万）	治疗率（%）	检出率（1/万）	治疗率（%）	检出率（1/万）	治疗率（%）
1993	16.75	–	–	–	2.89	84.36	10.37	65.61
1994	10.27	–	–	–	0.92	75.93	8.25	62.86
1995	7.65	–	–	–	0.35	80.85	4.51	89.13
1996	8.97	87.76	6.59	98.61	0.86	90.43	10.19	63.52
1997	6.43	89.04	5.29	86.67	0.33	81.08	6.36	50.14
1998	7.46	91.09	5.39	95.89	0.24	84.38	3.94	64.23
1999	7.78	87.50	6.52	95.61	0.32	85.71	3.31	73.01
2000	7.04	83.77	4.68	96.06	0.22	68.85	1.33	65.56
2001	5.48	92.22	4.23	96.90	0.18	85.71	2.40	83.33
2002	5.35	72.02	4.97	87.82	0.12	87.18	2.17	77.06
2003	5.99	94.62	5.28	98.17	–	–	–	–
2004	4.73	85.07	4.52	98.44	–	–	–	–
2005	9.40	83.40	4.56	88.03	–	–	–	–

资料来源：安徽省年报资料

1987 年，安徽省接受检查的 54.09 万名妇女中发现宫颈癌 94 例，宫颈癌检出率 17.38/10 万，治疗 79 例，治疗率 84.04%。全省宫颈癌检出率，1989 年为 18.52/10 万，2004 年为 4.73/10 万，2005 年为 9.40/10 万。乳腺癌检出率由 1996 年的 6.59/10 万降至 2005 年的 4.56/10 万。10 年间乳腺癌治疗率无明显的变化趋势，除 1997、2002、2005 年之外，每年的治疗率均在 95% 以上。全省妇女子宫脱垂检出率 1989 年为 35.05/1 万，1995 年降至 4.51/1 万，1996 年为 10.19/1 万， 2002 年降至 2.17/1 万。1989—2003 年，子宫脱垂治疗率在 50% 至 90% 之间。

1989—2003 年，全省尿瘘检出率呈现总体下降趋势，部分年度有明显波动。1989 年年报显示：全省尿瘘检出率为 1.06/ 万，2002 年降至 0.12/ 万。其间，2003 年尿瘘检出率达到 2.89/ 万，随后两年又大幅度下降。1989—1993 年，尿瘘治疗率增加显著，从 1989 年的 39.47% 提高到 1993 年的 84.36%。

传染病防治 法定传染病的发病率由 1986 年的 818.45/10 万下降到 2005 年的 239.28/10 万，以县（市）为单位达到基本消灭麻风病的标准，疟疾发病数下降，恶性疟基本消灭，2003 年、2005 年，相继新发传染性非典型肺炎和人感染高致病性禽流感，得到有效的控制。

1986—2005 年安徽省甲乙类传染病报告发病率统计表

表 1-5-23

病种	1986	1987	1988	1989	1990	1991	1992	1993	1994	1995	1996	1997	1998	1999	2000	2001	2002	2003	2004	2005
合计	818.45	519.09	365.09	397.23	365.62	470.70	307.14	225.67	272.05	224.90	182.36	178.12	186.21	178.38	172.30	155.86	158.41	155.49	180.17	239.28
霍乱	0.80	0.07	0.02	0.02	0.00	0.00	0.00	0.02	0.26	0.21	0.25	0.01	1.37	0.14	0.01	0.01	–	0.00	0.00	0.01
肝炎	118.95	126.06	81.23	147.20	151.05	181.58	181.03	130.64	111.23	112.68	86.19	75.93	76.80	80.33	72.30	64.05	63.79	55.34	61.90	55.21
痢疾	406.63	242.35	183.71	139.99	124.52	208.42	75.44	59.87	124.70	79.10	69.87	52.86	49.92	38.80	35.07	32.38	30.04	29.90	29.20	25.30
伤寒+副伤寒	2.64	2.27	5.03	4.96	3.31	3.88	2.32	2.49	2.91	2.55	3.17	1.96	1.30	1.28	0.99	0.80	0.81	0.47	0.58	0.98
艾滋病	0.00	0.00	0.00	0.00	0.00	0.00	0.00	0.00	0.002	0.00	0.00	0.003	0.00	0.00	0.00	0.00	0.00	0.00	0.00	0.41
脊灰	0.05	0.09	0.05	1.24	0.51	0.12	0.04	0.03	0.02	0.015	0.00	0.00	0.00	0.00	0.00	0.00	0.00	0.00	0.00	0.00
淋病					2.26	3.02	2.99	5.20	7.24	8.04	8.53	9.52	15.48	20.18	19.39	12.69	10.98	9.91	11.80	8.42
梅毒					0.01	0.02	0.01	0.03	0.17	0.36	0.52	0.88	1.51	2.68	3.80	4.05	3.55	2.82	4.75	5.30
麻疹	26.42	17.40	22.12	8.90	7.43	14.78	14.26	6.35	7.44	7.35	4.91	5.87	3.77	1.36	2.33	2.41	2.13	2.61	2.74	10.45
百日咳	14.56	11.50	5.76	6.83	5.32	2.10	2.61	1.89	0.96	0.59	0.61	0.79	0.58	0.36	0.22	0.38	8.39	0.17	0.19	0.27
白喉	0.0116	0.00	0.00	0.00	0.0090	0.00	0.0222	0.0542	0.0251	0.00	0.00	0.00	0.00	0.00	0.00	0.00	0.00	0.00	0.00	0.00
流脑	13.57	6.03	3.22	1.59	1.01	0.82	0.60	0.52	0.89	0.68	0.41	0.19	0.17	0.11	0.10	0.11	0.06	0.11	0.34	0.40
猩红热	0.40	0.27	0.33	0.36	0.39	0.51	0.32	0.26	0.35	0.76	0.34	0.42	0.28	0.29	0.26	0.21	0.19	0.18	0.41	0.42
出血热	8.39	4.78	3.46	6.34	8.78	14.67	9.07	6.92	5.42	3.44	2.07	2.31	1.87	1.37	0.70	0.47	0.40	0.29	0.36	0.28
狂犬病	0.6170	0.7216	0.3732	0.3926	0.1402	0.0614	0.0259	0.0171	0.0051	0.0067	0.0017	0.0049		0.0100	0.0080	0.0063	0.0837	0.3214	0.2825	0.14
钩体病	0.29	0.77	0.35	1.26	2.01	1.62	0.82	0.72	0.44	0.27	0.67	0.41	0.37	0.40	0.14	0.10	0.14	0.08	0.04	0.03
布病	0.00	0.00	0.00	0.00	0.00	0.00	0.00	0.00	0.00	0.00	0.0017	0.00	0.00	0.0016	0.0016	0.00	0.00	0.00	0.0016	0.00
炭疽	0.00	0.00	0.00	0.03	0.02	0.00	0.00	0.00	0.01	0.00	0.00	0.00	0.00	0.00	0.00	0.0016	0.00	0.00	0.00	0.00
斑疹伤寒	0.00	0.00	0.00	0.00	0.00	0.00	0.00	0.00	0.01	0.01	0.003	0.00	0.00	0.00	0.00	0.00	0.00	0.00	0.00	调整为丙类
乙脑	3.92	8.74	5.58	4.37	6.85	3.65	5.35	3.31	3.33	3.36	1.29	1.05	0.96	0.58	1.66	0.71	0.52	0.45	0.28	0.42
黑热病	0.00	0.00	0.00	0.0019	0.00	0.00	0.0017	0.0034	0.00	0.00	0.00	0.00	0.00	0.00	0.00	0.00	0.00	0.00	0.00	调整为丙类
疟疾	221.21	98.03	53.87	73.75	52.00	35.44	12.24	7.38	6.62	5.43	3.53	2.78	1.94	1.32	2.17	4.24	9.46	12.43	13.83	24.19
新生儿破伤风											0.0199	4.94	0.05	0.04	3.56	0.0358	2.74	0.0281	0.0364	0.0339
肺结核												23.07	29.84	29.13	33.10	33.20	35.84	40.36	53.41	91.76
非典型肺炎																		0.0125	0.00	0.00
血吸虫病																				0.31
人禽流感																				0.0031

说明：各病种发病率数据一般取小数点后两位，发病率特别低病种取4位数

第二节　科学文化素质

1986 年，安徽省有高等院校 39 所，招生 1.77 万人，在校生 60.5 万人，毕业生 1.36 万人。有中等专业学校 141 所，招生 2.36 万人，在校生 6.44 万人，毕业生 1.75 万人。有普通高中 631 所，招生 9.33 万人，在校生 25.2 万人，毕业生 6.62 万人。有初中 3712 所，招生 64.03 万人，在校生 195.64 万人，毕业生 51.11 万人。小学 3.62 万所，招生 121.73 万人，在校生 719.05 万人，毕业生 104.06 万人。幼儿园 2297 所，在校生 37.53 万人。

1986 年安徽省中等专业学校情况统计表

表 1-5-24　单位：人

类别	学校数（所）	毕业生数	招生数	在校学生数	教职工数	
					合计	其中：专任教师
安徽省	141	17488	23553	64394	14377	6901
中等技术学校	82	8555	15357	38527	9645	4441
工科	27	2914	5754	14710	3523	1412
农科	12	958	1849	4868	1248	551
林科	2	158	204	1038	226	99
医药	18	1328	2247	6631	1991	1003
财经	14	2063	4025	8444	1558	833
政法	3	667	778	1589	377	141
体育	2	109	83	346	156	84
艺术	3	235	243	526	447	258
其他	1	123	174	375	119	60
中等师范学校	59	8933	8196	25867	4732	2460
其中：幼儿师范	2	161	242	784	209	107

资料来源：安徽统计年鉴（1987年）

1986 年安徽省普通中学和其他学校情况统计表

表 1-5-25　　单位：人

类别	学校数（所）	毕业生数	招生数	在校学生数	教职工数	
					合计	其中：专任教师
普通中学	4343	577314	733645	2208458	144407	107013
初中	3712	511112	640346	1956427	–	90251
高中	631	66202	93299	252031	–	16762
农职业中学	450	25609	50526	125599	10013	6859
技工学校	102	6798	12874	27830	5915	2711
小学	36156	1040582	1217308	7190480	289999	263387
盲聋哑学校	10	142	264	1357	300	204
此外：幼儿园	2297	166832	210230	375257	17665	15038

资料来源：安徽统计年鉴（1987年）

各级成人教育在校学生数统计表

表 1-5-26　　单位：人

类别	1986 年	1985 年	1986 年比 1985 年增减数
安徽省	953834	952735	–1099
成人高等教育	62397	60339	2058
广播电视大学	18954	16786	2168
职工大学、农民大学	7857	7099	758
管理干部学院	1930	1966	–36
教育学院、中等教师进修学院	15954	16183	–229
高校办函授大学、夜大学	17702	18305	–603
成人中等教育	80786	77407	3379
中等技术学校	18703	12262	6441
中学	34138	37995	3857
小学教师进修学校	27945	27150	795
成人初等教育	810651	814989	–4338
小学班	109765	69546	40219
扫盲班	700886	745443	–44557

资料来源：安徽统计年鉴（1987年）

1990 年人口普查结果显示，安徽省 6 岁以上人口中，具有大学本科文化程度的有 18.53 万、大学专科文化程度 31.06 万，具有中等专业文化程度 59.46 万、高中文化程度 223.52 万、初中文化程度 1121.91 万、小学文化程度 1949.54 万、文盲半文盲 152.61 万。

1990 年安徽省各级各类学校情况统计表

表 1-5-27　　单位：人

类别	校数（所）	毕业生数	招生数	在校学生数
总计	40292	1764650	1883197	8867364
高等学校	38	21459	19836	62448
中等技术学校	90	15179	18434	56670
中等师范学校	45	8626	8227	25490
普通中学	4375	627483	771285	2181776
高中	619	88192	94495	274507
初中	3756	539291	676790	1907269
小学附设的初中班	–	9480	13109	37304
农职业中学	559	46807	62729	162721
高中	333	26051	34089	85454
初中	226	20756	28640	77267
技工学校	116	15087	17221	44255
小学学校	35054	1029854	985076	6332219
盲聋哑学校	15	155	389	1785
成人高等学校	28	8440	7607	50681
成人中专学校	134	25470	22436	52501
成人中小学校	4278	467609	660508	909120
幼儿园	1763	–	–	496118

资料来源：安徽统计年鉴（1991年）

1995年，安徽省有高等院校35所，招生2.94万人，在校生8.8万人，毕业生2.9万人。高等学校数量比1986年减少2所，但毕业生数、招生数、在校生数分别是1986年的2.1倍、1.6倍和1.45倍。有中等专业学校152所，招生4.4万人，在校生12.1万人，毕业生3.2万人，“三生”数均为1986年的近2倍。有普通高中617所，招生11.4万人，在校生28.9万人，毕业生7.37万人。有初中3553所，招生93.8万人，在校生252.6万人，毕业生63.9万人。有小学2.93万所，毕业生103.2万人，招生119.9万人，在校生606.9万人。有幼儿园2243所，在校生103.5万人。

1995年安徽省各级各类学校情况统计表

表1-5-28　　单位：人

类别	校数（所）	毕业生数	招生数	在校学生数
总计	34611	1908157	2508630	9556257
高等学校	35	29002	29449	88002
中等专业学校	152	32014	44128	120842
中等技术学校	111	23866	35156	94987
中等师范学校	41	8148	8972	25855
普通中学	4170	712568	1052304	2815292
高中	617	73715	114420	289440
初中	3553	638853	937884	2525852
职业中学	737	70244	144686	351438
高中	323	35491	63021	147244
初中	414	34753	81665	204194
技工学校	130	31297	34720	96475
小学学校	29343	1032358	1199358	6068810
特殊教育学校	44	674	3985	15398
成人高等学校	27	15842	27490	79523
成人中专学校	140	19363	26399	55071
成人中小学校	10136	941759	729686	1188501
成人培训学校	9222	2497708	2346143	2272214
幼儿园	2243			1034758

资料来源：安徽统计年鉴（1996年）

2000年人口普查结果显示，安徽省6岁以上人口中，具有大学本科文化程度的有42.53万，大学专科文化程度92.15万，中等专业文化程度143.07万，高中文化程度308.48万，初中文化程度1936.76万，小学文化程度2204.34万，文盲半文盲人口749.11万。

2000年安徽省各市6岁及以上人口受教育程度情况统计表

表1-5-29

地区	6岁及以上人口	未上过学	扫盲班	小学	初中	高中	中专	大学专科	大学本科	研究生
安徽省	54781525	5937345	1553752	22043367	19367607	3084848	1430695	921539	425264	17108
合肥市	4154344	352556	83426	1307918	1526018	364032	210374	165662	133202	11156
芜湖市	1984712	205252	66816	738244	644944	165442	69094	55902	380328	990
蚌埠市	3058538	357646	73828	1173550	1063910	205599	89219	61988	32077	721
淮南市	1907045	173410	34481	641627	736387	152562	88477	56096	23429	576
马鞍山市	1115497	106354	32814	391330	382414	101114	44286	33652	22869	664
淮北市	1741472	161936	33586	582827	732717	121128	53526	36502	18915	335
铜陵市	639320	71612	12740	197110	215775	68167	38722	26204	8839	151
安庆市	4774801	606644	155925	2088995	1413403	280188	121976	77161	30113	396
黄山市	1289270	113355	27028	566907	422680	75896	48179	27428	7680	117
滁州市	3687972	431931	104246	1579570	1223582	195556	86258	49502	16988	339
阜阳市	7424898	913283	166808	3205115	2636508	274438	139540	66153	22475	578
宿州市	5104034	576992	104184	1950913	2030746	269152	93339	61623	16847	238
巢湖市	3864354	350159	169582	1721128	1313302	188547	64660	43636	13209	131
六安市	5527734	571384	178634	2339691	1995698	255031	105373	64763	16902	258
亳州市	4726881	551685	161668	2001268	1726314	164818	75555	36259	9084	230
池州市	1289594	156157	55654	544609	395195	69125	39260	23425	6079	90
宣城市	2491059	236989	92332	1012565	908014	134053	62857	35583	8528	138

2000年,安徽省高等院校42所,招生7.62万人,在校生18.24万人,毕业生2.59万人。中等专业学校138所，招生4.92万人，在校生19.19万人，毕业生6.04万人。普通高中674所，招生21.96万人，在校生54.14万人，毕业生13.15万人。初中3039所，招生107.78万人，毕业生304.18万人。职业中学716所，招生15.59万人，在校生45.28万人,毕业生14.83万人。小学2.43万所，招生116.6万人，在校生644.24万人，毕业生121.2万人。幼儿园3132所，在校生116.19万人。

2005年，安徽省高等院校81所，招生19.87万人,在校生58.9万人，毕业生11.7万人。中等专业学校98所，招生7.85万人，在校生18.55万人，毕业生3.78万人。普通高中760所，招生43.46万人,在校生116.9万人，毕业生30.1万人。初中3188所，招生111.97万人，在校生343.96万人，毕业生112.5万人。由于计划生育政策的持续推行，20世纪90年代中期后，全省妇女生育率一直保持在更替水平以下,农村小学生源逐年下降。安徽省在2000年以后开始调整农村小学布局,到2005年,全省仅保留小学2.01万所,比1995年减少30%以上,招生81.52万人,在校生数584.11万人，毕业生数116.25万人，幼儿园2715所，在校生72.38万人。

1986—2005年安徽省平均每万人口中在校学生数和大中小学学生构成统计表

表1-5-30 单位：人，%

年份	各级学校在校学生数占全省人口%	平均每万人口中			大中小学生占学生总数		
		大学生	中学生	小学生	大学生	中学生	小学生
1986	18.15	11.6	423	1380	0.6	23.3	76.1
1987	17.77	11.6	429	1336	0.7	24.1	75.2
1988	16.9	11.7	414	1264	0.7	24.5	74.8
1989	16.46	11.8	438	1196	0.7	26.6	72.7
1990	15.67	11.03	385.40	118.56	0.70	24.60	71.40
1995	15.93	14.67	469.22	1011.47	0.92	29.46	63.51
1996	16.43	14.77	491.05	1029.35	0.90	29.89	62.66
1997	16.90	15.72	507.83	1052.57	0.93	30.04	62.27
1998	17.13	17.06	524.07	1054.22	1.00	30.59	61.54
1999	17.23	21.43	547.61	1034.35	1.24	31.79	60.04
2000	17.38	29.05	574.05	1032.11	1.67	32.84	59.03
2001	18.16	42.14	622.54	1155.78	2.42	37.59	60.20
2002	17.72	52.17	633.81	1086.41	2.94	35.76	61.30
2003	17.75	64.39	672.49	1038.18	3.63	37.89	58.49
2004	19.72	77.72	788.67	967.00	3.94	40.00	49.04
2005	19.21	90.42	791.40	896.49	4.71	41.21	46.68

资料来源：安徽统计年鉴（1991年、2006年）。1990-2005年，中学生数中不包括中等专业学校在校学生数

若干年份安徽省研究生数统计表

表 1-5-31　　单位：人

年份	研究生		
	在学人数	招生数	毕业生数
1985	1604	1009	384
1990	1950	598	779
1995	2828	1051	588
2000	5357	2341	1041
2001	7104	3016	1068
2002	9840	4207	1737
2003	13535	5883	2149
2004	17474	7290	3273
2005	21505	8198	4148

资料来源：安徽统计年鉴（2006年）

1995 年安徽省各地市人口接受各种教育状况统计表

表 1-5-32

地区	每十万人口中各种文化程度人口				总人口文盲率（%）
	大专以上	高中	初中	小学	
安徽省	1310	5433	26508	37519	14.09
合肥市	3831	8198	28249	33097	12.97
芜湖市	1606	7806	27287	36195	12.27
蚌埠市	2389	6556	25952	33690	16.11
淮南市	2528	9013	33234	32108	9.31
马鞍山市	2995	8500	30562	34000	8.76
淮北市	1839	6597	35912	30062	12.20
铜陵市	7227	13516	29443	27806	14.74
安庆市	1273	6588	20737	39824	15.10
黄山市	2517	7797	27772	38449	10.69
滁州市	867	5606	26378	37431	13.66
阜阳地区	549	3430	25274	40704	13.47

续表 1-5-32

地区	每十万人口中各种文化程度人口				总人口文盲率（%）
	大专以上	高中	初中	小学	
宿县地区	721	4580	29470	33803	16.34
六安地区	703	4213	25374	40896	15.95
宣城地区	596	4842	28402	39749	13.29
巢湖地区	675	3864	24658	37854	15.82
池州地区	1675	5019	22522	40551	14.56

资料来源：安徽统计年鉴（1996年）

2005年安徽省各市每十万人口受教育程度情况统计表

表 1-5-33　　单位：人

地区	大专及以上	高中和中专	初中	小学
安徽省	3580	8581	34098	31353
合肥市	9682	13417	32427	26136
淮北市	5777	10712	43475	24088
亳州市	3795	5708	34903	29316
宿州市	2834	9106	40488	26392
蚌埠市	4653	10731	35846	27101
阜阳市	1758	5467	34963	31800
淮南市	3647	11862	39143	26399
滁州市	2604	7854	34225	31708
六安市	2320	7243	33784	34285
马鞍山市	4402	12884	36816	29535
巢湖市	1557	7000	31507	37081
芜湖市	6420	11765	32128	29589
宣城市	2102	7633	31787	34250
铜陵市	10406	21261	31932	20506
池州市	2194	8244	26974	40041
安庆市	2857	8695	26841	38581
黄山市	4462	8851	30027	38073

资料来源：安徽统计年鉴（2006年），表中数据根据当年人口抽样调查数据推算，因样本原因导致个别市数据变化较大

第六章 人口调查

第一节 人口普查

第四次人口普查 为查清1982年第三次人口普查以后人口数量、分布、结构和素质变化，科学制定人口、教育、就业、产业等社会经济发展政策，根据国务院统一部署，安徽省进行了第四次人口普查，调查标准时间为1990年7月1日零时，调查对象是具有中华人民共和国国籍并在中国境内常住的人（指自然人）。调查登记的原则是采用按常住人口登记的原则，每个人都必须在常住地进行登记，一个人只能在一个地方进行登记。

为做好这次人口普查工作，1989年7月，组成以省委常委、常务副省长邵明为组长的安徽省第四次人口普查领导小组。8月，省政府转发《国务院关于进行第四次人口普查的通知》，9月召开电话会议，对普查工作进行动员部署，此后，各级政府成立普查机构，普查准备工作在全省展开。从1990年初始，先后进行普查区和普查小区划分、地址代码和行业职业代码编制，普查员选调和培训、户口整顿、调查摸底等基础工作和经费物资准备，同时开展各种形式的宣传动员工作。

1990年6月29日，省长傅锡寿出席电话会议并讲话，对全省人口普查工作提出明确要求。7月1日开始，全省20多万普查工作人员开始入户登记。登记结束后，进行复查验收、手工汇总、专项编码、集中汇总和资料开发等项工作。11月10日，省统计局发布《关于1990年人口普查主要数据的公报》。1991年8月5日，省统计局发布了10%主要数据公报。1992年8月，《安徽省1990年人口普查资料》公开出版发行。

1990年7月1日零时，安徽省登记常住总人口为5618.08万，其中，男性2902.64万，女性2715.45万，性别比为106.89。全省共有家庭户1332.14万户，家庭户人口总数为5516.95万，占全省总人口的98.20%，平均每个家庭户人口为4.14人。居住在市、镇的总人口为1008.11万，占全省总人口的17.94%，其中市的总人口为689.77万，占全省总人口的12.27%，镇的总人口为318.33万，占全省总人口的5.67%。总人口中，汉族人口为5585.84万，占总人口的99.43%，各少数民族人口为322.46万，占总人口的0.57%。总人口中，具有大专以上文化程度的有495.93万，具有高中（含中专）文化程度的有2828.44万，具有初中文化程度的有1121.79万，具有小学文化程度的有

1948.63 万（包括各类学校的毕业生、肄业生和在校生）。全省 15 岁及以上文盲、半文盲人口为 1372.58 万，文盲、半文盲人口占总人口的比例为 24.43%。1989 年 7 月 1 日到 1990 年 6 月 30 日，出生人口为 139.36 万，出生率为 25.04‰；死亡人口为 32.24 万，死亡率为 5.79‰；自然增长人口为 107.12 万，自然增长率为 19.25‰。

第五次人口普查　为查清 1990 年后人口数量、结构、分布和居住环境等方面的变化，科学制定国民经济和社会发展“十五”计划以及 2010 年远景规划，根据国务院统一部署，安徽省于 2000 年进行第五次人口普查，标准时间为 2000 年 11 月 1 日零时，普查登记对象是具有中华人民共和国国籍并在中国境内常住的人。普查采用按常住人口登记原则，在本地居住，户籍不在本乡、镇、街道，但离开户籍登记地半年以上的人，计入本乡、镇、街道的常住人口数；户籍在本乡、镇、街道，但已离开本乡、镇、街道半年以上的人，不计入本乡、镇、街道的常住人口数内。

省政府于 1998 年 10 月下发《关于认真做好第五次人口普查工作的通知》，成立以省委常委、常务副省长张平为组长的安徽省第五次人口普查领导小组，成员包括省政府办公厅、省统计局、省计生委、省公安厅、省委宣传部、省计委、省财政厅、省民政厅、省卫生厅、省建设厅、省人事厅、省农委、省劳动厅、省民委、省教委、省广电厅、省工商局及省军区等部门负责人，领导小组下设安徽省第五次人口普查办公室（简称“人普办”），设在省统计局。

1999 年 4 月至 11 月，省人普办编印《人口知识手册》，帮助普查人员提高人口理论知识和普查技能。8 月至 11 月，省人普办在太湖县就普查区和调查小区划分进行试点。8 月至 12 月，省人普办组织力量就流动人口、超生人口、水上人口进行专题调研。12 月 9—10 日，省政府召开第五次人口普查工作会议，各地、市、县（区）政府负责人及人普办主任近 500 人参加会议。会上，张平代表省政府和各市政府、行署签订人口普查工作责任书。

2000 年 3 月 15 日，省委宣传部和省第五次人口普查领导小组印发《安徽省第五次人口普查宣传工作规划》，对各级宣传组织的建立提出具体要求。2000 年 3 月至 6 月，省人普办在铜陵市铜官山区开展人口普查全过程试点工作。随后全省绝大部分市、县都相继开展普查试点工作。2000 年 6 月，省公安厅和省人普办联合召开全省人口普查户口整顿工作电话会议，部署全省开展户口整顿工作任务、方法、重点等，全省共抽调普查人员 46 万，其中，省、市、地、县、乡、村各级普查办公室人员 12.03 万、普查指导员 4.31 万、普查员 20.51 万。从 1999 年 9 月到 2000 年 8 月，全省共划分 106 个县级普查区域、2148 个乡级普查区域（其中虚拟乡级普查区域为 27 个）、3.38 万个普查区（其中虚拟普查区为 464 个）、18.82 万个调查小区，平均每个调查小区规模为 314 人。2000 年 10 月初，全省各地围绕普查现场登记和常住人口、流动人口和出生人口的数据质量开展普查登记前摸底工作。

普查登记前一个月，省人普办在省级主要媒体开辟人口普查专栏和制作“五普”专题节目，张平发表电视讲话。安徽电视台、安徽日报等新闻媒体连续插播人口普查倒计时和宣传口号。各地以不同形式开展人口普查知识竞赛，美术、书法、摄影作品展览，“五普”文艺晚会等宣传活动。

2000 年 10 月 30 日，省委常委、常务副省长张平作人口普查广播电视总动员，号召全省人民积极支持配合人口普查，如实申报人口普查项目。11 月 1 日上午，省委副书记、省长许仲林，省人大常委会主任孟富林等均以普通公民身份接受人口普查现场登记。11 月 15 日，省人普办召开各市、县（市、区）人普办主任紧急会议，部署普查复查、补漏工作。省人普办从各地抽 90 人，成立 18 个事后质量抽查工作组，对全省 17 个市 53 个调查小区，逐户逐人进行全方位的质量抽查。经过复查和逻辑审核后，2000 年 12 月以普查小区为单位采用逐级汇总的方式手工汇总。

2001 年 3 月至 6 月，光电录入和数据编审工作在 17 个市进行，采用“光电录入、图像存储、网络管理、地级处理”的数据处理模式。建立安徽省人口普查数据处理工作信息管理网站，开通 17 个市的计算机广域网，对全省人口普查数据处理工作进度、设备及系统运行状况进行管理。

2002 年 3 月 30 日，常务副省长张平签发《安徽省第五次人口普查公报》，公布第五次人口普查主要数据：2000 年 11 月 1 日零时居住在安徽境内的常住人口为 5986.0 万（包括具有外省户籍且离开其户籍地半年以上的在皖人口，不包括本省户籍人口中流向省外半年以上的人口）。全省共有家庭户 1666.6 万户，家庭户人口为 5852.9 万，占常住人口的 97.78 %，平均家庭户规模为 3.51 人，比 1990 年第四次人口普查的 4.14 人减少 0.63 人。全省常住人口中，男性为 3088.7 万，占 51.60%；女性为 2897.3 万，占 48.40%。性别比 (以女性人口为 100) 为 106.61。0 至 14 岁的人口为 1527.8 万，占 25.52 %；15 至 64 岁的人口为 4012.5 万，占 67.03%；65 岁及以上的人口为 445.7 万，占 7.45 %。同 1990 年第四次人口普查相比，0 至 14 岁人口比重下降 2.87 个百分点，65 岁及以上人口比重上升 2.04 个百分点。汉族人口为 5948.4 万，占 99.37%；各少数民族人口为 37.6 万，占 0.63%。常住人口中，接受大学（指大专以上）教育的 137.5 万；接受高中（含中专）教育的 456.4 万；接受初中教育的 1962.2 万；接受小学教育的 2235.3 万（以上各种受教育程度的人包括各类学校的毕业生、肄业生和在校生）。同 1990 年第四次人口普查相比，每 10 万人中拥有各种受教育程度的人数有如下变化：具有大学受教育程度的由 883 人上升为 2297 人；具有高中受教育程度的由 5037 人上升为 7625 人；具有初中受教育程度的由 1.99 万人上升为 3.28 万人；具有小学受教育程度的由 3.47 万人上升为 3.73 万人。文盲人口（15 岁及以上不识字或识字很少的人）

为 602.2 万，同 1990 年第四次人口普查相比，文盲率由 24.60% 下降为 10.06%，下降 14.54 个百分点。常住人口中，居住在城镇的人口 1664.7 万，占 27.81 %；居住在乡村的人口 4321.3 万，占 72.19 %。同 1990 年第四次人口普查相比，城镇人口比重上升 9.97 个百分点。

第二节 人口抽样调查

百分之一人口抽样调查 1986 年，国务院批准在两次人口普查中间年份进行一次全国 1% 人口抽样调查，以推算该年份人口总体。安徽省于 1987 年、1995 年、2005 年分别进行三次 1% 人口抽样调查，调查标准时间分别是 1987 年 7 月 1 日零时、1995 年 10 月 1 日零时、2005 年 11 月 1 日零时。

年度人口变动抽样调查 为准确及时掌握人口变动数据和年度人口计划执行情况，根据国务院要求，除 1987 年、1995 年、2000 年外，安徽省每年都要进行人口变动情况抽样调查，以国家为总体，省级作为子总体，采用分层等距、多级概率比例，整群抽样的方法抽取调查小区，对被抽取出的调查小区范围内的所有住户，以逐户访问的方式进行调查。2001 年以后，全省人口变动抽样调查的样本量约为 4 万人。

为掌握安徽省年度人口变动特别是自然变动情况，省政府决定从 1992 年开始开展全省人口抽样调查工作。除全省人口普查年度和全国 1% 人口抽查调查的年份外，每年均进行一次。调查的样本覆盖全省，年样本规模是全省总人口的 0.5% ~ 1% 左右。

生育节育抽样调查 全国生育节育抽样调查领导小组统一部署，安徽省计生委、省统计局、省计委、省财政厅、省公安厅 1988 年共同组织全省生育节育抽样调查，调查标准时点为 1988 年 7 月 1 日零时，现场调查从 7 月 1 日开始至 7 月 15 日结束。全省共选配调查指导员 99 人、调查员 432 人，调查小组 232 个。调查人员均接受严格培训，并进行模拟调查和实习调查，经考核合格，取得调查员合格证书后方可参加。全省共抽取 578 个样本点，实际调查户数 1.90 万户，调查总人口 8.37 万人，重点调查对象为 15 ~ 57 周岁的已婚妇女。调查表共有 67 项，内容包括：每个人的基本情况，计划生育工作情况，已婚妇女月经、怀孕、生育、哺乳及避孕等情况，人口迁移及流动情况，1981 年以来死亡人口情况，样本点的有关社会经济情况。调查结果显示，全省 1987 年出生率为 22.61‰，死亡率 6.57‰、自然增长率 16.04‰。1988 年上半年每 1000 人中出生 8.83 人，死亡 2.79 人，自然增长 6.04 人。全省 1987 年出生婴儿中，一孩占 51.82%，二孩占 31.3%，多孩占 16.88%。1988 年上半年出生一孩占 56.17%，多孩占 14.38%。

1987 年，城镇人口出生率为 19.36‰，死亡率为 5.53‰，自然增长率为 13.83‰，农村人口出生率为23.49‰，死亡率为6.85‰，自然增长率为16.64‰。

计划生育管理信息年调查 1992年全国计划生育管理信息系统调查，安徽省被抽中9个市（地）、20个县（区）、138个样本点，调查总人口1.28万。调查内容涉及家庭与个人一般情况、妇女生育史、避孕节育、人口流动、健康与死亡、社会状况等共33项指标。调查结果显示，全省人口平均年龄31.1岁，育龄妇女占总人口29.3%，已婚育龄妇女占22.0%。1992年样本点出生率12.54‰，死亡率7.14‰（婴儿死亡率31.85‰）自然增长率5.4‰，育龄妇女总和生育率1.13，计划生育率92.6%，多孩率1.1%，晚婚率50%，早婚率8.1%，女性平均初婚年龄23.3岁，节育率86.1%。

人口与生殖健康调查 国家计生委于1997年和2001年分别组织人口与生殖健康抽样调查。阜南、界首、凤阳和郎溪4个县（市）共有16个样本点。调查内容涉及样本点户籍人口和外来人口的基本情况以及育龄妇女的生育、避孕、生殖保健、育龄群众需求和计划生育服务等情况。调查的全过程都由国家计生委组织实施。

第二篇　计划生育

第一章　工作历程

第一节　计划生育推行（1979—1989）

健全组织机构　1979 年 3 月，安徽省革命委员会（以下简称“革委会”）下发《关于调整省计划生育领导小组的通知》，由省委第三书记赵守一为组长，省委常委、省革委会副主任胡开明为第一副组长，李广涛（省文教部长）、朱世汉（省卫生厅长）、张瑞符（省计委副主任）、韩寅（省委宣传部副部长）为副组长，其他有关部门负责人为成员。同年 4 月，省计划生育办公室由原隶属省卫生厅管理调整为省革委会直接领导的一个办事机构，各地、市、县计划生育办公室也先后独立于卫生部门之外，成为同级革委会的一个办事机构。

1982 年 1 月，省委常委会决定，将省计划生育办公室升格并更名为省计划生育委员会（简称“省计生委”），为省人民政府组成部门。此后，安徽省计划生育宣传教育分中心、安徽省计划生育科学技术研究所、安徽省计划生育药具管理站、安徽省计划生育干部培训中心、安徽人口报社相继组建。1984 年，省委、省政府批转省计生委、省卫生厅的报告，要求抓紧建立地、市、县计划生育宣传技术指导站（1986 年 5 月更名为计划生育服务站），承担起经常性计划生育宣传教育、节育手术、发放避孕药具三项任务，到 1989 年年底，全省 97% 的地、市、县建立了计划生育服务站。1987 年 7 月，省政府决定将池州卫校划归省计生委直管，更名为安徽省计划生育学校。1989 年 2 月，黄山计划生育干部培训基地组建。

组建队伍　1979 年，安徽省计划生育办公室、省人事局、省劳动局联合发出《关于选招基层计划生育专职人员的通知》，在全省范围内选招具有初中以上文化程度的知青及部分在职干部 3000 多人，作为农村人民公社、城市街道的计划生育专职工作人员，列入国家正式事业编制。1982 年，省计生委、省人事局、省编办发出通知，明确规定乡以上计划生育机构的编制，县（市）计生委控制在 10 ~ 15 人，地、市、县计划生育服务站控制在 14 ~ 25 人，乡镇计划生育专职人员行政、事业编制各 1 人，乡（镇）计划生育服务所定事业编制 2 ~ 5 人，村设 1 名计划生育员。到 1989 年 6 月，全省乡以上计划生育部门共有干部 6961 人，其中县以上计生委 1500 人，地、市、县计划生育服务站1031人，区、乡、镇计划生育专职干部4390人（内有招聘制干部和以工代干1636人）。

制定生育政策 根据中央制定的生育政策，安徽省革委会于1979年4月制定《关于计划生育若干政策问题的暂行规定》，这是安徽省第一个比较全面的计划生育政策。该规定指出：只生一个孩子，保证不再生育的，发给“计划生育光荣证”，子女凭证优先入托儿所、幼儿园，优先医疗、住院，凭证发放儿童保健费或保健补贴工分。国家和集体单位职工，只生一个女孩的每月发6元，只生一个男孩的每月发5元。父母双方是农村社员，只生一个女孩的每月记40分，只生一个男孩的记30分。如果以后再生第二个孩子的，收回这些奖励。

该规定还要求，本规定下达6个月后，干部、职工生第三个孩子的，按夫妇双方工资总额5%，农村社员生第三个孩子的，按夫妇双方一年工分总额5%征收抚育费，征收时间从小孩出生起至14周岁止。生第四个孩子按6%、生第五个孩子按7%征收抚育费，不得享受国家统筹医疗、合作医疗和企业的有关劳保待遇。享受公费医疗的干部、职工，生第三个及以上孩子的，除难产危及生命需要抢救的医药费外，其他一切费用自理。

城乡生第三个及以上孩子的，在14周岁以前，小孩口粮数按议价供应，除布票外，不发给各种商品、副食品供应票证，因多子女造成生活困难的，不予补助；城填住房分配，只生一个孩子的可享受两个孩子住房待遇，并优先分配住房，本规定下达后超生的孩子，不增加住房面积；农村社员在本规定下达6个月后超生的孩子，不增加宅基地，不分配自留地；只生一个孩子或两个孩子的，招工招生时，在同等条件下，优先录取该子女，农村选派社员进社队企业的，优先照顾计划生育户；职工和农村社员施行结扎或人流手术，按规定给予休息时间，工资照发，工分照记，并可发给一般不少于10元的营养补助费；鼓励男子绝育，男子做结扎的可补助15元营养费，非婚怀孕进行人工流产的不补助。因节育手术致病、致残、致死，家庭生活困难的，由社队或单位给予照顾。生第三个及以上孩子的，夫妇一年内不得评奖，不得评为先进生产者或先进工作者。

1980年9月，中共中央发出《关于控制我国人口增长问题致全体共产党员共青团员的公开信》，要求所有共产党员、共青团员特别是各级干部，用实际行动带头响应国务院的号召，提倡一对夫妇只生育一个孩子。据此精神，安徽省第五届人大常委会第八次会议于1981年5月9日通过省革委会提请审议的《安徽省实行计划生育若干问题暂行规定》，首次对公民生育第二个孩子加以限制，规定以下四种情况可以有计划地安排生第二个孩子，即：第一个子女为非遗传性残疾，不能成长为正常劳动力的；再婚夫妇只有一个孩子，一方未生育过（包括生育后死亡的）；多年不生育的妇女收养一个孩子后，又怀孕要求生育的；夫妇双方都是少数民族的。规定男25周岁、女23

周岁以上结婚为晚婚，女性24周岁以上生育为晚育，并给晚婚的夫妇增加20天结婚假，给晚育妇女增加30天产假，增加结婚假、晚育假的干部、职工工资照发，农村比照执行。独生子女的母亲在产假期领计划生育光荣证的，增加产假30天，工资照发，夫妻双方不在一地工作的，给男方20天照顾假，待遇比照探亲假。领计划生育光荣证的独生子女父母，年老退休时，干部职工增发5%的退休金。计划外生育第二个及以上孩子的，要给予相应经济限制，干部、职工不实行计划生育，情节特别恶劣造成严重不良影响的，要给予行政纪律处分，殴打、诬陷、报复计划生育工作人员、节育手术医务人员和积极分子、干涉他人实行计划生育，以及非法取环，诈骗钱财，均应视其情节轻重，严肃处理，造成伤、残、死亡等严重后果的，由司法机关依法处理。1982年2月，中共中央、国务院在《关于进一步做好计划生育工作的指示》中指出，计划生育工作要继续提倡晚婚、晚育、少生、优生，具体要求是：国家干部和职工、城镇居民，除特殊情况经过批准外，一对夫妻只生育一个孩子；农村普遍提倡一对夫妻只生育一个孩子，某些群众确有实际困难要求生二胎的，经过审批可以有计划地安排，不论哪种情况都不能生三胎；对于少数民族，也要提倡计划生育，在要求上可以适当放宽一些。1984年8月18日，安徽省六届人大常委会第九次会议审议通过省政府提交的议案，将《安徽省实行计划生育若干问题暂行规定》修改补充为《安徽省实行计划生育若干规定》。规定要求，计划生育工作必须坚持以宣传教育为主、避孕节育为主、经常工作为主，体现了国家提出的计划生育工作“三为主”方针。该规定将具有城镇户籍的夫妻可以批准生育第二个孩子的条件修改扩大到九种，即：第一个孩子为非遗传性残疾，不能成长为正常劳动力的；再婚夫妻双方原来共计生育一个或两个孩子，现在家庭没有或只有一个孩子的；再婚夫妻一方是两个孩子的丧偶者，一方是未生育过的；婚后不育，女方年满35周岁收养一个孩子后又怀孕要求生育的；独生子和独生女结婚的；夫妻双方均是少数民族的；夫妻一方从事矿工井下作业连续五年以上，并继续从事井下工作，只生育一个女孩的；夫妻双方均为归国华侨的；残废军人残废等级在二等乙级以上的。农村夫妻，除执行城镇生育政策外，增加四种情况可以批准生育第二个孩子，即：男到有女无儿家结婚落户的（仅适用姐妹一人）；兄弟数人只有一人有生育能力的；夫妻一方是独生子女的；居住在人口长期没有发展的大山区，只生育一个女孩的。同时规定，符合上述条件，要求再生育一个孩子的，须在前一个孩子满3周岁后，由本人申请，乡政府、城市街道办事处审查，县级计划生育部门批准方可生育，未经批准的，按计划外生育处理。对计划外怀孕的处罚条款为：对计划外怀孕者，由所在单位和乡（镇）、村、街道、居民委员会说服动员其流产、引产，外出躲避的，由当地计划生育与有关部门共同动员其就地流产、引产，拒不接受的，国家干部、职工从怀孕之日起，二胎扣发夫妻双方月工资的15%，三胎扣发20%，农民和城镇居民给予适当经济处罚，直到接受流产、引产后再全部发还。

1984 年 4 月，中共中央指出，要继续提倡一对夫妇只生育一个孩子，同时要进一步完善计划生育工作的具体政策。主要是：对农村继续有控制地把口子开得稍大一些，按照规定的条件，经过批准可以生二胎；坚决制止大口子，即严禁生育超计划的二胎和多胎；严禁徇私舞弊，对在生育问题上搞不正之风的干部要坚决予以处分；对少数民族的计划生育问题，要规定适当的政策。根据中央的这些精神，省计生委在霍山县开展农村只生育一个女孩的夫妻间隔三年可以批准生第二个孩子的试点，效果很好。1987 年 3 月，省政府向省人大常委会提出《关于拟适当调整农村计划生育有关规定的报告》，经审议批准后，决定农村夫妻除继续执行《安徽省实行计划生育若干规定》的生育政策外，允许只生育一个女孩的夫妻有计划有间隔地生育第二个孩子。1987 年下半年，在部分县扩大试点，然后逐步推开。在总结各地试点经验的基础上，1988 年 10 月 31 日，安徽省七届人大常委会第六次会议审议通过第一个《安徽省计划生育条例》，将只生育一个女孩的农村夫妻可以间隔 3 周岁后批准生育第二个孩子的政策规定正式列入《安徽省计划生育条例》。

持续推动 1979 年 3 月，省革委会在合肥召开第一次全省计划生育先进集体和先进个人表彰会，授予六安、霍山、全椒、灵璧、凤台、亳州等 6 个县为全省计划生育红旗县，表彰先进集体 124 个、先进个人 151 名，会议在全省产生很大反响。1980 年 9 月 25 日，中共中央《关于控制人口增长问题致全体共产党员共青团员的公开信》发表后，安徽省计划生育办公室在省博物馆举办为期两个月的大型计划生育展览，展出内容主要是计划生育政策，全省计划生育工作成绩、先进典型、避孕节育优生优育知识等，约 50 万观众参观展览。展览闭幕后，又到全省各地巡回展出，让更多的人受到教育。1981 年 6 月，省委、省政府召开计划生育工作电话会议，会上表彰全椒、六安、霍山、凤台、寿县、滁县、灵璧、定远、天长、太和、金寨等 11 个计划生育先进县和 224 个先进集体，310 名先进个人。1982 年 3 月，省政府召开电话会议，表彰计划生育先进集体 223 个，先进工作者 310 名。这些都大大营造了计划生育光荣的氛围。

1982 年末至 1983 年中，在全省有组织、有领导、有计划开展计划生育宣传月活动。省里召开计划生育宣传月动员大会，省委代理第一书记、省长周子健作动员报告。全省成立有各级党政领导参加的宣讲团 2061 个，仅县级以上领导干部宣讲就达 37149 场次。此外，通过报纸、广播、电视、文艺演出、电影、幻灯片、展板、墙报和出动宣传车等多种形式，宣传计划生育基本国策。本次宣传月期间，全省有 95% 以上的干部和 90% 以上的群众受到教育，培训宣传技术骨干 50 多万人，共做节育手术 40 多万例，动员 4 万多对一孩夫妇领取独生子女父母光荣证。1984 年后，按照中共中央要求，安徽省放宽部分人群生育第二个孩子政策，由于当时宣传不够，导致少数基层干部和群众误认为计划生育工作放松，以致 1985 年、1986 年两年计划生育手术量大幅下降。中央发现这一个情况后，于 1986 年发出通知，要求人口增长必须严格控制，一定要把计划生育工作放在非常重要的位置，坚持不懈抓下去。1986 年 5 月，省委、省政府召开全省计划生育工作表彰大会，表彰计划生育先进地、市、县 17 个，先进集体 2040 个，先进个人 943 名。1988 年和 1989 年，省政府两次表彰全省无多孩生育乡（镇）。1982、1986、1987 年，省政府先后召开计划生育后进县座谈会，推广先进地区经验，分析查找差距，研究整改措施，促进后进转化。

1989 年 7 月，省政府召开无多孩生育乡镇代表大会，表彰奖励无多孩乡镇 279 个，其中授予连续 8 年无多孩生育、1988 年无计划外生育的天长县高庙乡和休宁县冰潭乡特等奖，授予连续 3 年无多孩生育、1988 年计划生育率在 95% 以上的 56 个乡镇一等奖，授予连续 2 年无多孩生育、1988 年计划生育率在 90% 以上的 85 个乡镇二等奖，授予 1988 年当年无多孩生育、计划生育率在 80% 以上的 100 个乡镇三等奖，同时表彰 36 个无多孩生育乡镇。另一方面，抓后进转化。1986 年 8 月，省委、省政府召开部分后进县计划生育座谈会，涡阳、泗县、无为、枞阳、广德、黄山、青阳、铜陵、肥东、肥西、怀远、天长、颍上等 13 个县委或县政府分管计划生育工作的负责人和计生委主任参加会议；1987 年 11 月，省政府再次召开后进县计划生育座谈会，太和、阜南、萧县、砀山、无为、巢湖、太湖、枞阳、宁国、肥东、歙县、肥西、寿县、怀远、涡阳、青阳等 16 个县（市）县（市）长、计生委主任和省直有关部门负责人参加会议，帮助分析原因，找差距，提要求。

为推动计划生育工作开展，省计生委于 1986 年 10 月组织开展全省计划生育工作大检查，抽查 24 个县的 43 个乡镇 86 个行政村，调查人口规模 12.16 万人。检查的出生一孩率由 1983 年的 46.44% 上升到 57.53%，多孩率由 19.06% 下降到 10.13%，晚婚率由 18.25% 上升到 38.07%，节育率由 70.7% 上升到 84.07%。晚婚率为 38.7%，而上报为 67.7%。

第二节　计划生育攻坚（1990—1996）

金寨会议　第七个五年（即 1986—1990 年，以下简称“七五”）计划期间，安徽省逐年突破国家人口计划。原计划全省“七五”期末总人口控制在 5430 万以内，但据 1990 年第四次全国人口普查结果显示，到 1989 年末，安徽省总人口已达 5563 万，即比“七五”末控制目标超出 133 万人。1989 年 7 月 1 日至 1990 年 6 月 30 日，全省的人口出生率、自然增长率分别为 25.04‰和 19.25‰，在全国仅低于西藏自治区，居倒数第二位。这一结果使安徽省感到控制人口增长任务既繁重又紧迫。

金寨县坚持“贫困山区要致富，少生孩子多栽树”的做法得到时任国务院总理李鹏的充分肯定。李鹏在对河南省计划生育工作的指示时说：“安徽省金寨县经验值得学习，他们的经验是两句话，‘山区要致富，少生孩子多栽树’”。1990年9月，省委、省政府在金寨县召开全省计划生育工作会议，各地、市委或行署、市政府分管计划生育的负责人，各县（市、区）委书记或县（市、区）长，省直有关部门负责人，各市（县、区）计生委主任参加会议，全面总结推广金寨县经验做法。这是有史以来，安徽省规模最高、影响最大的一次全省计划生育工作会议。会后，各地纷纷召开动员会，层层发动，表决心，签责任状，以查处党员、干部超计划生育和农村“二女户”长效节育为突破口，加大力度，强化措施，全省计划生育工作出现崭新局面。1991年夏季，安徽境内发生历史罕见的特大洪涝灾害，省委、省政府及时发出“大灾之年，人口不能失控”的号召，各地坚持一手抓抗洪救灾，一手抓人口控制。1991年全省计划生育四项手术量达到228.25万例，1992、1993年连续三年全省计划生育四项手术量都超过200万例，全省已结婚生育过子女的育龄夫妻基本上都采取长效节育措施。

1992年到1993年，省委、省政府提出计划生育工作温度不能降，力度不能减，措施要强化，再上新台阶的指导思想，全省两年共降低人口出生率4.01个千分点，1993年人口出生率首次降到全国平均水平以下。1994年，全省人口出生率和自然增长率分别低于国家计划的4.31和5.12个千分点，年末总人口少于原计划49.3万。1995年，全省人口出生率和自然增长率分别比计划控制数低3.43和2.44个千分点，年末总人口比原计划少27.5万。

分类指导 1990年，全省计划生育工作会议还表彰全省221个无多孩出生的乡（镇），53个连续五年以上无计划外生育村。4月，省政府通令嘉奖金寨县，奖励人民币5万元。1992年，省政府通令嘉奖青阳县和绩溪县，各奖励人民币5万元。从1992年起，省政府坚持每年与各行署、市政府签订人口目标管理责任书，经考核，宣城、池州、六安行署和芜湖、马鞍山、合肥、滁州、蚌埠、铜陵、黄山市实现1992年人口控制目标，受到省政府表彰奖励，并各奖励人民币7万元。以后，在每年召开的全省计划生育工作会议（2004年以后改为人口和计划生育工作会议）上，省政府或省计划生育工作领导小组都要表彰奖励一批计划生育工作先进地、市、县。

1996年4月，省委、省政府召开全省计划生育工作暨“双先”表彰大会，省政府通报表彰“八五”（1991—1995年）期间计划生育工作先进县（市），泾县、青阳、宁国、金寨、天长、宣州、铜陵、庐江8个县（市）受到表彰，并各奖励人民币3万元。会上，还以省计划生育工作领导小组名义，表彰38个计划生育工作先进县（市），92个先进集体，200名先进工作者。同年6月，省计生委表彰“八五”期间全省计划生育科技服务先进集体100个，先进工作者99名。

帮助后进　在总结推广先进典型的同时，省委、省政府还着力抓后进转化工作。1990年，全省计划生育工作会议期间，省委副书记、省计划生育工作领导小组组长杨永良，省政府副省长、省计划生育工作领导小组副组长杜宜瑾专门召开“四普”时人口出生率最高的太和、界首、阜南、蒙城、砀山、灵璧、泗县、五河、固镇、怀远、霍邱、长丰等12个后进县（市）党委或政府主要负责人座谈会；11月28日，省计划生育工作领导小组会议决定，重点抓“四普”时人口出生率高于全省平均水平的5个市和37个县。在这37个县（市）中，把人口出生率最高的12个县（市）称作“重点管理县”，把另外人口出生率较高的25个县（市）称作“重点帮助县”。12月1日，省委、省政府又专门召集“四普”时人口出生率高于全省平均水平的宿县、安庆、滁县、蚌埠、阜阳等5个地市主要负责人会议，帮助分析问题，研究整改措施。每年都要分别召开一次“重点管理县”“重点帮助县”党政主要负责人、计生委主任会议，分析形势，研究对策。从1992年起，在每年的全省计划生育工作会议期间，都要把12个重点管理县（市）的党委或政府主要负责人召集到省委常委会议室，由省委、省政府主要领导、分管领导面对面指出问题，逐县（市）表态发言，参加会议的县（市）领导人都感到责任重大。建立省计划生育工作领导小组成员单位联系“重点管理县”“重点帮助县”的制度，由这些成员单位的领导定期或不定期到所联系县调查研究，帮助指导工作，形成书面汇报材料，向省计划生育工作领导小组汇报。

1992年省计划生育工作领导小组成员单位分工联系县（市）名单一览表

表2-1-1

省直部门	联系县（市）
省委组织部	亳州市
省委宣传部	利辛县
安徽日报社	涡阳县
省卫生厅	界首市
省监察厅	宿县
省财政厅	太湖县
省司法厅	泗县

续表 2-1-1

省直部门	联系县（市）
省革命老区贫困地区经济开发办公室（简称“省老贫办”）	岳西县
省人事局	怀宁县
省教委	枞阳县
省农经委	桐城县
团省委	宿松县
省计委	凤阳县
省工商局	五河县
省总工会	全椒县
省广播电视厅	潜山县
省纪委	来安县
省法院	定远县
省农行	阜南县
省统计局	无为县
省保险公司	庐江县
省民政厅	凤台县
省公安厅	六安县
省经委	濉溪县
省劳动局	固镇县
省妇联	肥西县
省计生委	太和县、砀山县、灵璧县、霍邱县、怀远县、长丰县、萧县、嘉山县、望江县、东至县、蒙城县

省级有关部门计划生育工作职责分工一览表

表 2-1-2

省级部门	职责
省计生委	负责统一管理全省的计划生育工作，研究制定贯彻执行有关计划生育工作方针、政策、法规、条例的具体实施办法，并对各执行情况进行检查指导；协同省计委编制全省人口计划，并组织实施和监督、检查；会同有关部门做好人口与计划生育宣传教育工作；规划、组织指导全省计划生育干部培训；制订计划生育应用科学研究的规划，并组织实施；指导各级计划生育服务站协同当地卫生单位开展节育技术服务和计划生育宣传、培训等工作；会同省卫生厅做好计划生育技术指导、技术管理和优生优育等工作；编制避孕药具供应计划，负责组织货源，保证及时供应；指导省计划生育协会、人口学会工作；承办有关人口和计划生育的外事工作。审定、下达全省和各、市人口计划，并对执行情况进行检查督促；按计划管理体制，安排省级计划生育部门基建投资，并督促地方计委为计划生育事业发展安排基建投资；在制定大中专学生招生、分配计划时，安排计划生育部门需要的专业人才。
省卫生厅	会同省计生委做好计划生育技术标准和法规的制订、技术质量的监督检查；会同省计生委做好计划生育技术指导、技术培训和新技术的开发引进及推广应用；在有关部门的配合下，做好优生优育工作，组织指导开展优生优育系列保健保偿服务；指导医疗保健单位开展计划生育、避孕节育等科学知识的宣传、咨询、科学研究和技术服务工作；会同省计生委做好节育手术并发症的鉴定，并安排治疗；协助省计生委做好病残儿医学鉴定；负责处理卫生系统节育手术中医疗事故及有关群众来访；指导省优生优育协会工作。
省民政厅	指导各级民政部门严格依据《中华人民共和国婚姻法》《婚姻登记办法》加强婚姻登记管理，协助省计生委、省卫生厅等有关部门对青年进行晚婚晚育、优生优育的宣传教育，制止并依法查处早婚、近亲结婚等违法婚姻；在加强基层政权建设和充分发挥基层群众自治组织作用的同时，指导基层选配好计划生育工作人员；发展社会福利事业，促进计划生育工作；指导各级民政部门在农村救济工作中，鼓励计划生育。在同等困难条件下，对自觉实行计划生育者优先救济。

续表 2-1-2

省级部门	职责
省公安厅	督促各市、县建立健全户政管理机构、确定专管人员，加强户籍登记、管理，提供准确人口统计数据；协同有关部门加强对暂住人口的计划生育管理；指导各级公安机关依照案件管辖规定，侦察破坏计划生育工作、伤害计划生育工作人员、溺杀婴儿等刑事犯罪案件和查处拒绝、阻碍计划生育工作人员依法执行公务构成刑事犯罪和违反治安管理的案件。
省司法厅	指导各地在普及法律知识的工作中，协助有关部门落实《中华人民共和国宪法》《中华人民共和国婚姻法》《安徽省计划生育条例》等法律、法规中实行计划生育、提倡晚婚晚育、保护妇女儿童合法权益的内容；指导本系统依照有关法律、法规做好计划生育和其他工作；指导本系统积极参与有关计划生育方面的法律服务工作。
省教委	负责在普通中学安排人口教育和青春期教育试点，并逐步推广；组织有条件的大专院校开展人口与计划生育理论科学研究；会同省计划生育委员会制定培养计划生育专门人才的规划。
省纪委、省委组织部、省监察厅	督促各级党组织和部门教育党员、干部带头执行计划生育政策和法规；指导本系统对党员、干部违反《安徽省计划生育条例》的行为进行调查处理；把计划生育工作的好坏作为考核、选拔各级领导干部的一项依据。
省劳动局	指导和督促基层劳动主管部门把好计划生育关。在招收新工人时，凡违反计划生育规定或未按规定落实节育措施的再就业人员和农民，不予招收；已招收的，应责成用工单位按有关规定予以处理。在办理临时工、计划外用工手续时，应审查其计划生育情况，凡没有出示所在乡（镇）、单位婚育证明书的，不予办理。办理职工调动和合同制工人转移手续时，要有计划生育情况证明，以利管理。
省编委、省人事局	对各级计划生育部门的机构设置、人员编制提出指导意见；把计划生育工作作为考核各级干部政绩和干部职工晋级、调资、招干、实施奖惩的重要条件；会同有关部门解决计划生育工作人员工资待遇和福利问题；会同有关部门做好计划生育工作人员评选劳动模范和先进工作者的工作。

续表 2–1–2

省级部门	职责
省妇联	动员各级妇联组织积极宣传计划生育国策，教育广大妇女自觉实行计划生育，做到晚婚、晚育、少生、优生、优育、优教；了解和反映妇女群众在计划生育方面的有关意见和要求，维护妇女儿童的合法权益；将晚婚晚育和计划生育作为评选三八红旗手、五好家庭的条件之一。并在评选三八红旗手和妇女其他先进人物时，注意评选计划生育方面的先进人物。
团省委	在广大团员、青年中积极宣传晚婚晚育、计划生育和避孕节育科学知识；发挥基层团组织的作用，教育动员广大团员、青年响应党和国家的号召，带头执行计划生育政策、法律和法规，自觉实行晚婚晚育、少生优生；把晚婚晚育和计划生育作为评选新长征突击队、新长征突击手和先进团支部、优秀共青团员的条件之一；各级评选新长征突击手时，注意评选计划生育方面的先进人物。
省总工会	发挥工会各级组织的作用，搞好计划生育的宣传教育。动员广大职工特别是青年职工，积极响应国家号召，执行计划生育政策法规，自觉实行晚婚晚育和计划生育；把计划生育作为评选劳动模范和先进工作者的条件之一；全省各级评选劳动模范先进工作者和五一劳动奖章获得者时，注意评选符合条件的计划生育工作人员。
省科委	会同有关部门制定全省计划生育中、长期科技发展和年度重点科研计划，并监督实施；组织计划生育重大科研项目攻关，审批科研成果；安排省计划生育科学技术研究所的事业经费和有关科研经费。
省经委	在深化企业改革中，注意落实计划生育政策，加强计划生育工作；在企业检查评比中，把计划生育工作作为重要内容之一；实行企业承包制要包括计划工作。
省委研究室、省农经委、省农业厅	在制定和调整农村各项经济社会政策时，要有利于计划生育和完成人口计划，使之协调配套；把农村独生子女优待政策列入农村经济政策之中，督促贯彻落实；在农村推行各种形式的生产责任制，要包括落实人口生育计划。
省老贫办	把计划生育作为扶贫工作的重要内容，扶贫同宣传落实计划生育，控制人口过快增长密切结合；在对贫困户的扶持中，要体现优待独生子女政策，对于超计划生育者予以限制；对贫困区的计划生育服务机构设施给予支持。

续表 2-1-2

省级部门	职责
省城乡建设环境保护厅	加强流动建筑施工人员的计划生育管理；指导本系统在审批外来建筑队进入城镇施工时，要同时审查计划生育落实情况，方可发放施工许可证；对违反计划生育规定的临时工给予必要的处罚，对计划生育做得好的给予表扬奖励；把实行计划生育作为评选先进的条件之一。
省委宣传部	把计划生育的宣传教育列入宣传工作的重要内容；指导和协调各部门做好计划生育的宣传教育工作。
省广播电视台、安徽日报、省新闻出版局	宣传人口形势和计划生育方针、政策、法规，宣传优生优育、避孕节育等科学知识；做好人口计划生育的新闻报道工作；出版、发行人口与计划生育的书籍、宣传品等。
省文化厅	组织创作有关计划生育的各种文艺作品；组织和指导各级文化部门和文艺团体，采用各种文学、艺术形式广泛宣传计划生育。
省物价局	会同省计生委、省卫生厅、省财政厅制订计划生育手术收费标准，并负责监督、检查。
省审计局	审查、监督计划生育经费和计划外生育费的管理，防止挪用，杜绝浪费。
省法院、省检察院	指导、监督各级人民法院依法受理计划生育方面申请强制执行的案件，保障和支持计划生育工作；指导、督促各级检察院对违反计划生育法规构成犯罪的案件依法起诉。
省农行、省保险公司	指导农行系统对实行计划生育的农户贷款优先；组织保险系统积极开展独生子女领证户、双女绝育户的养老保险；绝育手术平安保险；计划生育工作人员的人身安全和家庭财产保险；独生子女保险等保险业务。
省委党校	把人口理论、计划生育作为党校教育的重要内容，在各类培训班中开设人口和计划生育课程，增强党员、干部的人口意识和人均观念。
省军区	利用民兵之家等宣传阵地，积极宣传人口形势、计划生育政策法规；动员广大民兵实行晚婚晚育和计划生育；在民兵评选先进活动中，把实行计划生育作为条件之一。

省计划生育工作领导小组制订《省有关部门职责分工及考评办法》，明确有关部门在计划生育工作方面的责任及奖惩措施，每年召开两次会议，吸收非领导小组成员的有关部门领导参加。会议主要听取各有关部门主要负责人关于落实计划生育职责分工情况的汇报，协调、研究和解决难度较大的问题。省计划生育工作领导小组负责对各有关部门职责分工的执行情况进行检查考核。考核的主要内容是：对各自职责分工是否结合本部门、本系统的工作特点，制定具体的实施意见和考核办法，是否形成文件下发业务部门执行，并定期进行督促、指导和检查；是否把计划生育工作列入职责范围和经常工作之中，并作为考核政绩的主要内容之一；在各自的代表会议、工作会议、表彰会议上，是否把计划生育工作和落实各自有关职责作为重要内容进行部署、检查、总结和表彰奖励；本部门制订的有关政策是否与计划生育政策协调配套，特别是制订国民经济计划，进行婚姻管理，加强基层政权建设，发展社会保障事业，推行责任制，扶贫、招工等有关政策时，是否有利于计划生育工作的开展；各自职责分工是否存在尚未落实的工作。检查考核每年年底进行，通过听取各有关部门工作汇报，结合下级业务部门的落实情况，以及征求基层有关部门的意见，由省计划生育工作领导小组综合通报全省。对协同配合好、工作成绩突出的单位，由省委、省政府予以表彰奖励；对不能尽职尽责的单位提出批评；对严重失职的追究部门领导的责任。

1986—2005年安徽省计划生育工作领导小组人员名单一览表

表2-1-3

组长	副组长	成员	任职时间
杨永良 省委副书记	杜宜瑾、刘永年、弓玉田、邹世功	蒋克伦、胡文化、耿林曾、邵挺根、吴昭仁、陆亚一、刘开明、杨万鹏、金汉杰、汪权、朱旗、金绍鼎、刘金照、韩云萍、蒋敏瑞、张起辕、王学忠、陈晓宁、张育瑄、黄桂兰、郑宏杰、高福明、王广璧、黄永宪、陈冬至	1990.8.27
方兆祥 省委副书记	杜宜瑾、宋陵生、沈培新、丁伦友	蒋克伦、胡文化、周本立、邵挺根、许正林、戴光强、刘开明、杨万鹏、金汉杰、汪权、朱旗、刘金照、周溯、杜非、张起辕、黄立山、王季平、张育瑄、黄桂兰、张学平、高福明、王广璧、黄永宪、陈冬至	1993.10.28
方兆祥 省委副书记	杜宜瑾、王坦、何永炎、丁伦友	蒋克伦、胡文化、郭万清、邵挺根、许正林、郑之宽、汪权、朱旗、周溯、马平、戴光强、余焰炉、丁四金、金汉杰、王家培、杜非、黄立山、王季平、王文、张育瑄、高福明、黄桂兰、高登榜、王广璧、侯茂生、陈冬至、武忠群、韩柏泉、唐盛如、阎兴久	1996.3.14
王明方 省委副书记	臧世凯、赵树丛、陈树德、王首萌、金启建	张东安、秦亚东、马大伟、曾凡银、汪谷震、马永铸、杜长棣、江春、周晓刚、王静、丁四金、沈基明、汪建国、孙永吉、邱诚、李玉华、王文有、程中才、赵波、李劲风、吴经华、马雷、方志华、朱兴全、潘传久、常启斌、李永英、夏育才、张永、李晓黎、刘舒、庄保斌、赵洪、马胜杰	2005.8.21

人口大县　安徽省有23个人口规模在100万以上的大县（含肥西、长丰、舒城3个近百万的县），总人口占全省总人口的近一半。20世纪90年代初期，这23个县中，计划生育工作处在全省一类的仅有4个，其余19个县（市）均处在二、三类，抓好这23个人口大县的计划生育工作，对全省计划生育工作有举足轻重的作用。1996年6月，省计生委在霍邱县召开人口大县计划生育工作研讨会，研讨制订《安徽省人口大县“九五”期间计生工作上台阶实施方案》，提出到2000年人口大县计划生育工作上台阶主要目标、实现途径、主要措施和考核评估办法，实行省计划生育工作领导小组成员单位定点联系方式。经过帮扶和各地努力，1997年，23个人口大县，一、二类县的数量由原来的9个增加到18个，三类县由原来的14个减少到5个。

一票否决　1991年，中共中央、国务院在《关于加强计划生育工作，严格控制人口增长的决定》中指出，要把做好计划生育工作和完成人口计划作为考核各级党委、政府及其领导干部政绩的一项重要指标。为贯彻中央这一指示精神，1995年4月，省委、省政府作出《关于实行计划生育工作“一票否决”的决定》，明确规定：凡未完成年度人口与计划生育目标管理责任制的地方和单位，其领导班子和计划生育部门，当年不得被评为综合性的先进集体，主要领导人和分管领导人及计划生育部门的领导成员，当年不得提升职务（包括专业技术职务），不得晋升职级工资，不得计算为晋升职级工资的考核年限。对连续两年未完成人口与计划生育目标管理责任制的地方和单位，给予通报批评，其党、政主要领导人和分管领导人及计划生育部门领导成员（任职不满两年的除外），予以免职。对中央提出的党政“一把手”亲自抓、负总责的要求落实不力，计划生育工作处于失控状态，造成本地区、本部门、本单位突破人口计划的，给予党内严重警告直至撤销职务、行政记大过直至撤销职务处分；严重突破人口计划的，给予撤销党内职务和行政职务以上的处分。领导干部乱批生育指标的，弄虚作假、干预下级和统计人员如实上报人口与计划生育统计数字的，瞒报、虚报计划生育情况和统计数字的，给予党内严重警告直至撤销职务、行政记大过直至撤销职务的处分；造成严重后果的，给予撤销党内职务和行政职务以上的处分。县级以上计划生育委员会每年年底要对辖区内计划生育工作情况进行一次检查，对应该给予“一票否决”和纪律处分的，应及时向党委、政府提出建议，并向有关组织、人事部门和纪检、监察机关通报。对违反计划生育政策法规的案件，计划生育部门和纪检、监察机关要依法严肃查处。县级以上党委、政府每年要认真检查计划生育工作“一票否决”的执行情况，对拖着不办的单位主要负责人，予以通报批评，仍拒不执行的，给予撤销党内职务和行政职务以下的处分。各级领导干部要模范实行计划生育，并教育自己的亲属实行计划生育，如有违反，按照有关政策法规，从严、从重处罚。

"九五"时期安徽省人口大县计生工作上台阶的目标一览表

表 2-1-4

生育水平		基层基础工作					"三为主"进程	"三结合"进展
政策符合率	出生统计误差率	合格村比例	乡（镇）村服务所（室）		长效节育手术			
			建成率	合格率	及时率	到位率		
85%左右 90%左右 95%左右	1996年10%以内 1997年5%左右 2000年5%以内	1996年60%左右 1997年70%以上 2000年达95%以上	1996年100%	1996年80%以上 1997年90%左右 2000年100%	1996年75%以上 1997年80%以上 2000年90%以上	1996年90%以上 1997年95%左右 2000年98%左右	1996年基本实现"三为主"	1996年平30%的村开展试点，1997年扩大到50%以上的村，2000年全面普及
80%左右 85%左右 90%左右	1996年15%以内 1997年10%左右 2000年5%左右	1996年40%以上 1997年60%左右 2000年达85%以上	100%	1996年70%左右 1997年80%左右 2000年95%左右	1996年65%以上 1997年75%左右 2000年90%左右	1996年80%以上 1997年85%以上 2000年95%左右	1996年30%以上乡镇，1997年50%以上乡镇，1998年基本实现"三为主"	1996年有20%的村开展试点，1997年扩大到40%以上的村，2000年基本普及
70%左右 80%左右 85%左右	1996年20%以内 1997年15%以内 2000年10%以内	1996年30%左右 1997年50%左右 2000年80%以内	100%	1996年60%左右 1997年70%左右 2000年90%左右	1996年60%左右 1997年70%以上 2000年85%以上	1996年75%左右 1997年80%以上 2000年90%以上	2000年基本实现"三为主"	1996年10%的村开展试点，1997年在30%村，2000年有80%以上的村推广了"三结合"

事实上，早在这一规定出台之前，各地、市、县（区）都已陆续出台并开始实行计划生育“一票否决”制度，一些计划生育工作落后的地方，乡（镇）、村干部受到免职、撤职等党政纪处分。当时基层干部有怨言：计划生育“一票否决”是否下（级）不否上（级），否小（乡、村干部）不否大（县级以上干部）。省有关规定出台后，上述情况逐步得到扭转，全省就有濉溪、长丰、肥东、宿县、萧县、临泉、太湖、宿松、南谯、含山、庐江、砀山、固镇等县（市、区）主要领导人因管辖行政区域计划生育工作落后当年提拔重用受到“一票否决”。

为使计划生育工作“一票否决”制度更加规范和更易于操作，省纪委、省委组织部、省人事厅、省监察厅、省计生委等五部门于2000年6月出台《安徽省实施计划生育工作“一票否决”办法》，规定：地区或单位未完成年度人口出生控制责任目标的，取消其领导班子和计划生育部门当年参加综合性先进集体评选资格，其计划生育责任人当年不能提拔、评先，年度考核不能定为优秀等次；连续两年未完成人口出生控制责任目标的，其计划生育责任人予以免职（任职不满两年的除外）。年度综合考评被列为省计划生育工作重点管理的单位，当年不能评为综合性先进集体；年度出生人口政策符合率未达到规定标准的，且与上年相比提高不足5个百分点的，其计划生育责任人当年不能提拔使用（任职不满一年的除外），连续两年均未达到规定标准，且第二年比上年提高不足5个百分点的，予以诫勉；连续三年未达到规定标准的，予以免职。2001年底前基本实现“三为主”村的比例低于80%的，计划生育责任人不能提拔使用。乱罚款、乱收费，加重农民负担的，或者因行政侵权引发重大恶性案件的，其所在县（市、区）列为省计划生育工作重点管理单位，计划生育责任人当年不能提拔使用。干部、职工计划外生育的，其所在单位当年不能评为先进集体，计划生育责任人不能评为先进个人，不能提拔使用。对于乱批生育指标，弄虚作假、骗取荣誉，虚报、瞒报计划生育情况和统计数字，打击、报复如实上报人口与计划生育数字的工作人员或被检举、揭发计划生育工作中存在违法违纪行为的人员，对直接负责的主管人员和直接责任人给予党纪、政纪处分，并追究所在单位主要领导干部责任。计划生育责任人职务变动后，发现其原任职单位在其任职期间计划生育工作存在严重问题，被实行“一票否决”的，对该计划生育责任人，仍要实行跟踪追究。

2006年1月，省委、省政府再次出台《关于进一步完善人口和计划生育工作“一票否决”制度的意见》。

机构队伍建设 1990年以前，安徽省乡镇一级一般不设立计划生育工作机构，只配备一名计划生育助理员。1987年统计结果显示，全省农村区、乡（镇）计划生育专职工作人员3817人，截至1991年6月30日，全省乡（镇）各类计划生育专职工作人员6126人。其中国家干部2253人，县级人事部门聘用制干部1742人，区、乡（镇）

自行聘用的人员1552人，正式工人372人，合同制工人54人，临时人员294人，其他人员59人。

1988年10月，安徽省七届人民代表大会常务委员会（简称七届人大常委会）第六次会议通过的《安徽省计划生育条例》首次明确规定："县以上人民政府设计划生育委员会，乡镇人民政府和城市街道办事处设计划生育办公室，配备专职计划生育工作人员；村民委员会和城镇居民委员会应有专人负责计划生育工作。"到1991年底，全省乡镇、街道已全部建立起计划生育办公室，乡镇一级的计划生育专职干部由1990年的5039人增加到5896人，平均每个乡镇有3～5名专兼职计划生育干部。

1990年省计划生育工作领导小组会议研究决定，从1990年到1994年，省里每年安排100名转干指标，从乡镇招聘的计划生育专职工作人员中择优录用为国家干部。省人事厅、省计生委据此决定，集中在1992年、1993年分两批统一考试，办理录用手续。1992年，全省进行撤区并乡和部分乡（镇）区划调整工作，在此过程中，各乡镇普遍成立计划生育办公室，乡镇专职计划生育人员由撤区并乡前的5039人增加到6326人。98%的村配备专（兼）职计划生育管理人员，大多由村妇联主任或文书兼职，少数计划生育工作基础较好的地方，如天长县开始在村一级配备男计生专职干部、女保健（员），在村民小组配备不脱产的计划生育信息员。全省各级计划生育部门干部总数达到9038人。

管理规范　1994年以前，安徽省没有统一的计划生育业务管理规范。1994年9月，省计生委在阜阳市召开基层计划生育工作现场观摩研讨会，历时8天，集中16个市及部分县计生委主任、省计生委处以上干部共同研讨，制订出台安徽省基层计划生育工作八个规范化管理文件，即：《基层人口计划管理实施意见（试行）》《基层计划生育统计管理实施意见（试行）》《生育证管理实施办法（试行）》《乡（镇）计划生育服务所管理办法（试行）》《村级计划生育服务室的基本要求和主要任务（试行）》《计划生育执法检查和监督制度（试行）》《计划生育合格村标准及验收命名程序（试行）》《关于实施少生快富文明试点工作试点方案（试行）》，基本涵盖计划生育管理涉及的主要方面。

量化管理　省政府副省长杜宜瑾分管计划生育工作以后，通过大量的调查研究，摸索出一套反映人口和计划生育规律的方法，主要是对某一定区域如各县直至全省当年新婚人数、出生人数、计划生育手术量、应参加孕情监测人数、怀孕人数等方面的估算，从宏观上用以分析人口统计数据的可信程度，修正统计误差，不为少数基层不实的汇报材料和统计报表所惑。省计划生育工作领导小组将其方法在全省推广使用，被各级党政领导、计划生育部门广泛接受和采用，对推动全省计划生育工作起到重要作用。杜宜瑾被中央宣传部、国家计生委等五部门共同组成的中华人口奖遴选委员会授予"中华人口奖"。

第三节　计划生育转型（1996—2005）

计划生育“三为主”　早在1983年，国家计生委就在全国推广计划生育工作坚持以宣传教育为主、避孕为主、经常性工作为主的“三为主”方针。安徽省多数地区由于计划生育工作起步晚、基础差等诸多原因，“三为主”方针推行缓慢，习惯于靠突击模式开展计划生育工作。1996年，省政府把计划生育工作确定为全年14项重点工作之一，明确要求1996年全省有30个左右的县（市、区）基本实现计划生育工作“三为主”。省计生委据此制订基本实现“三为主”的细化量化标准。年底经过县（市、区）自查，地、市复查，省里抽样调查，广德、庐江、宣州、青阳、泾县、桐城、天长、宁国、铜陵、繁昌、固镇等30个县（市、区）达到“三为主”标准。1997年，省政府在全年10项重点工作中要求，力争再有10个左右的县（市、区）基本实现“三为主”。1997年底，铜陵、马鞍山、宣城等3个市和57个县（市、区）基本实现“三为主”。1998年，省政府办公厅批转省计生委《关于2000年全省基本实现“三为主”工作的意见》，要求各地制定规划，强化措施，认真组织实施，确保2000年全省计划生育工作基本实现“三为主”的目标。省计生委将尚未实现“三为主”的南陵、肥东、长丰等47个县（市、区）分别规划在1998、1999、2000年实现“三为主”，并且制订县级和村级基本实现“三为主”标准、检查验收办法。

1999年，国家计生委组织评估调查组，采取随机分层抽样办法，在对铜陵、全椒、庐江三县的综合评估后认定安徽省计划生育工作基本实现“三为主”。

计划生育“七个不准”　计划生育全面推行后，由于广大农民几千年形成的传统生育观念和现行计划生育政策还有相当大的距离，加之实行计划生育后生产、生活上有一些实际困难一时难以解决，相当一部分基层干部对计划生育工作认识肤浅，往往存在着短期行为，急功近利，宣传思想教育工作不深入细致，工作方法简单粗暴，甚至还出现违法乱纪、酿成恶性案件的发生，使党群关系、干群关系受到严重损害。省委主要负责人、省计生委责成有关地区立即纠正。针对类似问题，国家计生委于1995年7月下发《关于印发在计划生育行政执法中坚持“七个不准”的通知》，即：不准非法关押、殴打、侮辱违反计划生育规定的人员及其家庭；不准毁坏违反计划生育规定人员家庭的财产、庄稼、房屋；不准不经法定程序将违反计划生育规定人员的财物抵缴计划外生育费；不准滥设收费项目、乱罚款；不准因当事人违反计划生育规定而株连其亲友、邻居及其他群众；不准对揭发、举报的群众打击报复；不准以完成人口计划生育为由而不允许合法的生育；不准组织对未婚女青年进行孕检。通知下发后，安徽省计生委担心马上传达贯彻下去会挫伤基层干部的积极性，影响全省正在深入开展的计划生育工作势头，直到国家计生委检查督促后，才于1996年在全省地市、县（区）计生委主任会上进行口头传达。“七个不准”的制定和传达总体上受到广大群众和基层干部的欢迎，但在一些计划生育工作基础薄弱的地方遇到一定的阻力和怨言。1999年，国家计生委再次下发“七个不准”解密的通知，要求逐级进行传达，并在乡、村政务公开栏内张贴，接受群众监督。安徽省计生委立即将该文转发给各级计生委，要求各级计生委和广大计划生育干部从依法治国的高度，充分认识执行“七个不准”的重要意义，克服各种模糊认识和片面观念，加快计划生育工作思路和工作方法转变，以适应新形势对计划生育工作提出的新要求，并把“七个不准”的执行情况纳入年度计划生育目标管理责任制考核和“三为主”验收。2000年6月，省纪委、省委组织部、省人事厅、省监察厅、省计生委制订《安徽省实施计划生育工作“一票否决”办法》，进一步规定：在计划生育工作中违反规定乱罚款、乱收费，加重农民负担的，或者因行政侵权引发重大恶性案件的，除依照有关规定追究直接责任人的责任外，其所在县（市、区）列为省计划生育工作重点管理单位，该县（市、区）的计划生育责任人（党委、政府的主要领导、分管领导和计划生育部门的领导班子成员）当年不能提拔使用。

省计生委为加大“七个不准”贯彻落实力度，组织有关人员到各地暗访，发现以办学习班为名变相关押违反计划生育管理对象及其亲属的，即时摄像，在全省地、市计生委主任会议上播放，引起震动，使此类现象在很短时间内得到遏制。在农村税费改革和清退不合理收费中，各地共清退违规收费6000多万元。

计划生育“三结合”　早在20世纪80年代中期，天长县就率先在全省开展优先帮助农村独生子女户勤劳致富活动。1990年6月，省政府办公厅转发省计生委、省扶贫领导小组《关于扶贫开发与计划生育相结合的报告》，对扶贫开发与计划生育相结合作出具体规定，主要是：一个挂钩（扶贫资金分配与计划生育挂钩），三项政策（一是实行计划生育的贫困户优先享受扶贫优惠待遇；二是对符合生二孩条件但尚未解决温饱的农户暂缓安排生育指标，待脱贫后再予安排；三是对超计划生育的贫困户，如数征收计划外生育费，并帮助他们落实节育措施，未落实节育措施前暂缓扶持），六个倾斜（即在扶贫资金、项目、就业、教育、培训、社会福利上向计划生育贫困户倾斜）。经过多年努力，全省绝对贫困人口由1985年的665万减少到1996年的235万，农民人均纯收入由1990年的340元增加到1995年的1128元。17个国家级贫困县1995年前大多被列入省计划生育工作重点管理县，1996年，17个县人口出生率比“四普”时下降7.97个千分点，多孩率下降17.66个百分点，政策符合率达到76.5%，有4个县（金寨、霍山、舒城、霍邱）进入全省一类县行列，有8个县进入二类县行列。

1994年，国家计生委在全国推广计划生育工作“三结合”的做法（即与发展农村经济相结合，与帮助农民勤劳致富奔小康相结合，与建设文明幸福家庭相结合）。1996 年初，省政府把做好计划生育工作作为全年要抓好的 14 项重点工作之一，其中要求“开展计划生育‘三结合’”“个十百千”试点示范。5 月 10 日，省委、省政府办公厅转发省计生委《关于在全省农村开展计划生育“三结合”工作的意见》，决定从 1996 年起，用三年左右时间，在全省实施计划生育“三结合”“个十百千”工程，即在全省范围内建立 1 个计划生育“三结合”工作试点地区、10 个试点县（市）、100 个试点乡（镇）和 1000 个试点村。

宣城地区以“协会（计生协会，下同）办实体，实体建协会”为主要形式，因地制宜实施多种形式的“三结合”项目，效果明显；蚌埠、滁州市认真制订“三结合”规划，落实试点项目，由农业发展银行贷款 2000 万元作为启动资金；宿县地区抽调干部在全区抓 10 个“三结合”示范点；蒙城县在全县开展以“拉手连心”为主题的“三结合”工作，县直机关 20 多个单位制订计划生育服务承诺制度，全县有 1761 个单位和个人与 6860 户计划生育户结对帮扶，帮扶资金达 285.16 万元，创办多种“三结合”项目 2924 个，生产上做到项目、资金、技术、信息、销路帮扶到户，生活上做到政策、养老、保险、保障、教育落实到位，在生育服务上突出避孕节育、手术质量、疾病查治、计划免疫、学前教育落实到位，受到中国计生协领导的高度赞扬。宁国、广德、亳州、金寨、天长、泾县、巢湖、凤台、岳西等列入省首批“三结合”试点县（市）的试点工作都取得初步成效和经验。1996 年全省“三结合”在 351 个乡镇、2750 个村开展试点。

精兵战略　1996 年前，安徽省村级计划生育干部兼职多，年龄偏大，文盲、半文盲比重大。1996 年，霍邱县在全省首推公开招聘村级计划生育专干，全县报名应试的初高中以上毕业生 5700 余人，经过严格的考试考核，择优录用 758 人，平均年龄 25.2 岁，其中高中文化程度占 61.4%，初中文化程度占 35.6%，大、中专文化占 3%。此举受到国家计生委主任张维庆的充分肯定。1998 年后，省委、省政府和省机构编制、人事、计生部门多次就全省乡镇机构改革、计划生育专项清理和农村税费改革中计划生育干部队伍稳定和加强问题作出明确规定。各地、市、县计生委把霍邱县选拔村级计生干部的做法引入到乡镇计划生育办公室和计划生育服务所，实行全员公开选拔、竞争上岗。到 2003 年底，全省 3 万多个村一级计划生育专干全部调整为初中以上文化程度、35 岁左右的年轻女性，清退计划生育“小分队”和超编、乡镇自聘人员 1 万多人。通过对在岗人员的各类培训，基层计划生育工作人员的整体素质明显提高。

帮扶濉溪　濉溪县地处皖北，是总人口超 100 万的人口大县。从 1992 年至 2000 年，该县连续 10 年被列为全省计划生育工作重点管理县或重点帮助县，引起省委书记王太华的重视，责成省计生委对该县计划生育工作进行解剖指导，以改变整个皖北地区计划生育工作“老地方、老问题、老解决不好”的局面。省计生委从 1999 年开始派干部到濉溪县帮助工作，2000年又派出工作组驻点指导。调查发现该县计划生育工作长期落后的主要原因是：基层组织涣散，党员干部违法生育现象严重，计划生育管理秩序混乱，有法不依、执法不严、违法不究，弄虚作假、乱收费、乱罚款问题突出。找准症结处，濉溪县委、县政府从清理查处党员干部违法生育入手，狠抓基层组织整顿和作风建设，规范生育秩序，实行计划生育工作、基层组织建设、发展经济和帮助农民致富“四位一体”抓，全县计划生育面貌发生很大改变，2000年、2001年连续两年获省计划生育工作领导小组表彰。省委书记王太华赴濉溪县调研后表示：经过两年的艰辛工作，濉溪县确实取得显著成绩，他们的经验是成功的，对后进地区有普遍借鉴意义。2000年10月，省计划生育工作领导小组在淮北市召开皖北四市和合肥、安庆、滁州市和全省40个计划生育工作二、三类县党委或政府分管领导、计生委主任会议，推广濉溪县经验。

宣州模式 20世纪90年代中期以后，宣城市（原为宣城地区）人口与计划生育工作一直在全省处于领先水平，连续9年受到省政府表彰奖励。该市以目标管理为主导，形成党政“一把手”亲自抓、负总责，计生部门主管协调，其他部门积极配合的综合治理良好局面。以人口计划管理为核心，初步建立起适用于当地的计划生育科学管理机制。以基层基础为重点，建立起乡负责、村为主的管理机制，基层管理能力普遍增强。以优质服务为宗旨，全面启动生殖保健服务，使全市75万育龄群众受到计划生育和生殖保健科学知识教育，农村45万已婚育龄妇女进行了生殖健康检查，近15万名患有妇科疾病的妇女得到有效治疗和指导服务。1998年，宣州市（现宣州区，下同）被列为中国联合国人口基金计划生育生殖健康第四周期项目县（市），项目的实施为该市计生工作带来新活力。2000年初，省计生委派工作组驻宣州市五星乡开展计划生育优质服务试点工作。同年9月，省计划生育工作领导小组在宣城召开计划生育优质服务经验交流会，全省34个计划生育工作一类县（市、区）和芜湖、安庆、黄山、滁州、六安、巢湖、宣城等7市（地区）党委或政府（行署）分管计划生育工作负责人、计生委主任参加会议，在全省推进计划生育优质服务工作。

综合改革 2000年，国家计生委在全国开展计划生育综合改革试点，宣城市被列为全国首批试点市之一。随后，安徽省计生委把芜湖市、铜陵市列为省级计划生育综合改革试点市。试点工作启动后，3个试点市围绕建立“依法管理、村（居）民自治、优质服务、政策推动、综合治理”计划生育工作新机制，积极探索改革人口与计划生育工作调控体系、管理机制、服务体系、利益导向机制、社会保障机制、人事管理机制、考核监督机制。到2005年，3个试点市基本建立科学管理和优质服务相结合、寓管理于服务之中工作机制；计划生育“村为主”工作机制；辖区内流动人口计划生育管理“一盘棋”工作机制；计划生育和基层组织建设、经济发展“三位一体”综合治理机制。

治理出生性别比　20世纪80年代以后，安徽省出生人口性别比持续升高，引起省委、省政府和社会各界的重视和关注。省人大常委会于2000年9月通过《安徽省禁止非医学需要鉴定胎儿性别和选择性终止妊娠的规定》，对超声诊断设备的购置、使用、终止妊娠药品的生产、销售和使用，终止妊娠医疗保健机构及人员的资质等作出严格规定。各级地方政府陆续把利益导向机制与治理出生人口性别比结合起来，着力解决独（双）女户贫困家庭生产生活困难，营造“生男生女都一样”的社会氛围。2002年10月起，省计划生育工作领导小组决定在全省启动“关爱女孩工程”，全方位推进出生人口性别比综合治理。2002年6月，宿松县发起召开“皖鄂赣三省九县（区）综合治理性比协作（区）首届年会”，建立省际边界县（区）出生人口性别比治理联动协作机制。2003年10月，省计生委发起在砀山县召开皖、苏、鲁、豫4省相邻7市及所辖20县（市、区）计生委负责人会议，就该区域内婚姻、收养、迁移人口管理、超声诊断和染色体检测专用设备管理、人工终止妊娠管理、助产接生管理、信息交流、联合执法等问题达成共识，签署《苏鲁豫皖交界地区协作治理出生人口性别比升高问题协议书》。2004年，省委、省政府建立治理出生人口性别比联席会议制度，明确省直13个相关部门在出生人口性别比综合治理工作中的职责。截至2005年5月，全省共查处非法鉴定胎儿性别和非法选择性别终止妊娠、溺弃女婴案件1494件，查封B超设备385台，没收医疗器械3845件，罚款670.83万元，吊销执业许可证、执业医师证书175件，行政处罚和党政纪处分479人，追究刑事责任40余人。

奖励扶助　根据国家人口计生委、财政部统一部署，从2004年起，安徽省在芜湖市和利辛、临泉、灵璧、定远4个县开展农村部分计划生育家庭奖励扶助制度试点，针对农村只有一个子女或两个女孩的计划生育家庭，夫妇年满60周岁以后，由中央或地方财政安排专项资金给予奖励扶助。

奖励扶助对象应同时具备以下条件：本人及配偶均为农业户口或界定为农村居民户口，且户口在本乡（镇）；1973年至2001年期间没有违反计划生育法律法规和政策规定生育；现存一个子女或现存两个女孩或子女死亡现无子女；1933年1月1日以后出生，年满60周岁。2004年国家统一确定的奖励扶助金标准为每人每年600元。2005年起，安徽省对只生一个独生女的奖励扶助对象由省财政每人每年增发120元。按照国家规定标准发放的奖励扶助金，由中央、省与市县级财政按5：3：2比例负担。截至2005年底，全省共有4.40万人享受到政府发放的奖励扶助金2767.14万元。

人口战略研究　根据国家人口计生委的要求和编制“十一五”人口和计划生育发展规划的需要，安徽省于2004年7月正式启动人口发展战略研究工作，成立安徽省人口发展战略研究领导小组，副省长赵树丛担任领导小组组长。2005年7月28日，安徽省中长期人口发展目标研究，安徽人口出生性别比调查与综合治理对策研究，安徽人口老龄化与社会保障问题研究，安徽省流动人口管理、服务政策体系研究，安徽省人口素质研究，劳动就业与人力资源开发研究等6项课题均通过专家评审。

第二章　政策法规

第一节　生育政策

生育　1988年10月31日，安徽省七届人大常委会第六次会议通过《安徽省计划生育条例》，将只生育一个女孩的农村夫妻纳入允许生育第二个孩子的范围，规定以下“十三种人”可以再生育子女，即：第一个孩子为非遗传性残疾，不能成为正常劳动力的；夫妻双方均为独生子女的；夫妻一方从事矿工井下作业连续五年以上，并继续从事井下作业，只生育一个女孩的；婚后不孕，女方年满三十五周岁收养一个孩子后，又怀孕的；无生育能力的夫妻，没有收养孩子，男女双方的兄弟姐妹按现行生育政策无超生的，允许其只生了一个孩子的兄弟姐妹之一再生一个孩子由其领养；残废军人和因公残废人员等级在二等乙级以上的；夫妻双方均为少数民族的；夫妻双方均为归国华侨的；再婚夫妻一方只生育一个孩子，另一方没有生育过的；再婚夫妻一方是只有一个或两个孩子的丧偶者，另一方是未生育过的；农村男到有女无儿家结婚落户的（仅适用于姐妹中一人）；农村夫妻一方是独生子女的；大山区的乡女方为农业户口，其他区（不含省辖市的近郊）夫妻双方均为农业户口，只生育一个女孩的。省辖市的近郊，夫妻双方均为农业户口，只生育一个女孩的，是否允许再生育一个孩子，由市人民政府提请同级人大常委会决定。

1989年9月，省计生委对贯彻实施《安徽省计划生育条例》遇到的一些具体问题作出解释：矿工井下作业只限于从事井下开矿、掘进、采矿、矿山井下救护、放炮等工种的工人；由汉族改为少数民族的，不能照顾生育第二个孩子；夫妻一方为独生子女，另一方为少数民族或归国华侨的可以批准生育第二个孩子。

1993年8月，省计生委对1992年8月修订的《安徽省计划生育条例》作出解释：夫妻一方为独生子女，另一方为少数民族或归国华侨的，可以批准生育第二个孩子。农村招聘制干部、职工在聘用期间，不予照顾生育第二个孩子。大陆公民与港澳台同胞、外国公民依法结婚后定居大陆，一方原有两个以上孩子且在大陆外定居，另一方系初婚或未生育过的，可以照顾再生育一个孩子。夫妻双方均为港澳台同胞，回大陆定居不满六年，可以照顾生育第二个孩子。

2000年4月，省计生委对1999年6月修改的《安徽省计划生育条例》作出解释：农村夫妻一方是县级以上人民政府人事部门批准的聘用制工作人员的，不适用农村夫妻生育政策；但大山区的乡，女方为农业户口且从事农业生产，男方为上述聘用制工作人员的，可以批准生育第二个孩子。

奖励 1984年8月，安徽省六届人大常委会第九次会议通过的《安徽省实行计划生育若干规定》规定：晚婚的初婚者延长婚假20天；晚育的初产妇，延长产假30天；在产假期间申请领取独生子女证的，延长产假30天，对夫妻不在一地工作的，给予男方20天照顾假；领取独生子女证的夫妻，每月发给儿童保健费男孩5元，女孩6元，由父母所在单位各发一半，至独生子女满14周岁止，农村可以采取其他可行的办法进行奖励；独生子女按两人计算分配住房或宅基，按成人标准供应口粮；领取独生子女证的国家干部、职工，在批准退休时，加发基本工资5%的退休金；国家干部、职工施行计划生育手术的，按规定给予假期，工资、全勤奖照发，农民施行计划生育手术的，由所在乡、村给予补贴。还规定：在入托上学、就医、招工等方面，在同等条件下优先安排独生子女。

1992年8月，安徽省七届人大常委会第三十二次会议修订《安徽省计划生育条例》，增设终身无子女或者领取独生子女证后子女死亡不再生育的夫妻，按100%发给退休费的规定，农民年老丧失劳动能力的由乡（镇）人民政府或村民委员会每月增发一定的生活费。

1999年6月，安徽省九届人大常委会第十次会议修订《安徽省计划生育条例》，将独生子女保健费标准提高到“5至15元”，延长发放至16周岁。规定：领取独生子女父母光荣证的职工，退休时提高5%退休费，或由所在单位一次性给予1000元以上2000元以下的补助；农民夫妻年老丧失劳动能力的，由乡镇人民政府和村民委员会给予照顾；终身无子女或者领取独生子女父母光荣证后子女死亡不再生育的夫妻，退休时按100%发给退休费，或由所在单位一次性给予2000元以上3000元以下补助；城镇居民、农民夫妻年老丧失劳动能力的，享受“五保”待遇，优先安排进入敬老院。符合再生育政策而放弃二孩生育的夫妻，一次性给予1000元以上2000元以下奖励。农村领取独生子女父母光荣证的家庭，除享受前条待遇外，享受下列优惠：优先列为重点扶持对象，在扶贫项目、资金、技术等方面予以照顾；农业、林业、水利、科技、供销等部门在技术、信息、农业生产资料等方面予以照顾；在劳务输出时优先安排其家庭劳动力；乡（镇）人民政府免去一人5年义务工；独生子女户可以多划给一人份宅基地，增加一人份集体收益分配份额；九年义务教育期间，学校可对独生子女学生减收杂费；当地人民政府规定的其他优惠政策。

职工凭节育手术证明，按规定休假，休假期间享受在职在岗的工资、奖金、福利待遇。

农民施行节育手术的休假期，可抵本人担负的集体劳动义务工。节育手术并发症患者在治疗期间，职工享受在职在岗的工资、奖金、福利待遇；农民、城镇居民因此导致生活困难的，或治疗后仍不能从事正常劳动的，由当地人民政府给予补助。

2002年7月，安徽省九届人大常委会第三十一次会议通过的《安徽省人口与计划生育条例》规定，对领取独生子女父母光荣证职工退休时，所在单位未提高5%退休金或者给予一次性补助的，应当为其办理补充养老保险，单位已为全体职工办理补充养老保险的，应当为领取独生女父母光荣证的职工增交一定比例补充养老保险费；终身无子女或独生子女死亡不再生育的农民、城市居民年老丧失劳动能力的，优先享受政府提供的养老服务；建立、健全基本养老制度，按照政府引导、农民自愿原则，优先为农村生育两个女孩并采取绝育措施的夫妻和只生育一个女孩并领取独生子女父母光荣证的夫妻办理养老保险。

处罚 1984年8月颁布的《安徽省计划生育若干规定》规定：计划外怀孕的，由所在单位和乡（镇）、村、街道、居民委员会说服其接受手术；外出躲避的，由当地计划生育部门与有关部门共同动员其就地接受手术，拒不接受的，国家干部、职工从怀孕之月起，二胎扣发夫妻双方月工资的15%，三胎扣发20%；农民和城镇居民给予适当的经济处罚，直至接受流产、引产后，再全部发还；国家干部、职工计划外生育二胎，按夫妻双方月工资的10%征收社会抚育费7年；生育三胎的，按夫妻双方月工资15%征收社会抚育费14年。计划外生育二胎或三胎的，夫妻双方各免调工资一次、三年内不评发奖金(超产奖、发明奖除外)、不评模、不提拔，并视情节轻重，给予行政处分；农民和城镇居民计划外生育二胎，按夫妻双方年总收入的10%征收社会抚育费7年；生育三孩的，按夫妻双方年总收入的15%征收社会抚育费14年；女干部、女职工计划外生育，其医药费自理，不能享受产假待遇；溺杀女婴和虐待女婴母亲的，弄虚作假、徇私舞弊的，造谣惑众、虐待实行计划生育的妇女、殴打计划生育工作人员的，依法追究刑事责任。

1988年10月颁布的《安徽省计划生育条例》增设以下处罚规定：外出躲避计划生育的，加处一次性罚款300至500元；非法同居怀孕的，责令采取补救措施；已经生育的，处一次性罚款300至500元；为计划外生育的孕妇提供超生躲避场所的，处以一次性罚款300至500元；不符合收养条件自行收养子女的，按计划外生育给予处罚；女职工计划外生育不享受产假待遇，其产前检查、分娩、产褥期的医疗费自理。同时规定，残害或遗弃女婴，岐视、虐待生女婴的妇女或实行计划生育的妇女，徇私舞弊、做假节育手术，出具假节育手术证明或非法取环、进行胎儿性别鉴定的，侵占、克扣、挪用、贪污计划生育经费，阻碍计划生育工作人员执行公务，侮辱、殴打、报复计划生育工作人员，虚报、瞒报、篡改、伪造、拒报统计资料，打击如实反映情况的工作人员等破坏计划生育行为，依法给予批评教育、行政处分、行政处罚，直至追究刑事责任。

1992年8月修订的《安徽省计划生育条例》规定：无生育证怀孕，不听规劝，拒绝接受补救措施的，职工从怀孕之月起，怀孕期间，一胎征收夫妻双方月总收入10%的计划外怀孕费，二胎征收20%的计划外怀孕费；农民、城镇居民和流动人口比照上述规定予以罚款。在限期内采取补救措施的，罚扣款全部退还；超过限期，责令采取补救措施的，罚扣款不予退还。1999年6月6日，省人大常委会修订的《安徽省计划生育条例》规定：农村夫妻一方是县级以上人民政府人事部门批准的聘用制工作人员的、怀孕后无正当理由擅自引产的、故意致婴儿死亡或自报婴儿死亡但查无实据的等6种情形规定不得再生育第二个孩子。2002年7月，省九届人大常委会第三十一次会议通过《安徽省人口与计划生育条例》。该条例在保持生育政策基本稳定的前提下，放宽村民委员会成建制转为居民委员会的居民生育政策，允许其转制后3年内仍可执行农民夫妻的生育政策。农民、城镇居民和流动人口无生育证生育的，农民不再分给宅基地、自留地，城镇居民不得招为国家职工，流动人口由公安、工商、劳动部门和用工单位分别注销其暂住证、吊销营业执照，解除劳动合同。擅自为孕妇进行鉴定的，由县级计划生育部门没收其非法收入、对直接责任人处以3000元以上10000元以下罚款、并由有关部门给予行政处分；职工无生育证生育第一个孩子处以1000元罚款，生育第二个及以上孩子，夫妻双方各降一级工资，给予降级以上行政处分，直至开除公职或辞退。对外出躲避计划生育、非法同居生育、为无生育证的孕妇提供超生躲避场所的，分别处以500元以上3000元以下罚款。

1999年6月修订的《安徽省计划生育条例》取消征收计划外怀孕费。计划外生育第二个孩子的，按夫妻双方上一年度总收入3至4倍征收计划外生育费，计划外生育第三个及以上孩子，增加征收计划外生育费。女方未满20周岁零9个月，男方未满22周岁零9个月或非婚生育第一个孩子，征收2000元以上5000元以下计划外生育费；符合规定可以再生育一个孩子，但前一个子女未满3周岁生育的，征收1000元以上2000元以下计划外生育费；国家职工计划外生育第一个孩子的，给予记过以上行政处分，3年内不得晋级，不得评为先进；计划外生育第二个孩子以上的，开除公职或解聘。取消对外出躲避计划生育、非法同居生育、提供超生躲避场所等行为的处罚。规定：未申领生育证怀孕、生育的，处以200元以上500元以下的罚款；未按规定参加孕、环情检查的，每缺一次，处以30元罚款；未在规定期限落实节育措施的，按月处以50元以上100元以下罚款；计划外怀孕拒绝采取补救措施的，按月处以200元以上400元以下罚款。对出具假证明、违法施行计划生育手术、擅自终止妊娠等行为，处以2000元以上10000元以下罚款，没收违法所得，并给予行政处分；系执业医师的，由卫生行政部门吊销执业证书的处理；超范围、超标准收费的，责令退还，并给予行政处分；没有完成人口与计划生育管理目标的部门和单位，追究其主要负责人的行政责任；没有履行计划生育管理责任，造成严重后果的部门和单位，追究有关人员的行政责任。

2002年7月颁布的《安徽省人口与计划生育条例》规定：符合规定可以再生育，但未申领生育证生育的，征收200元以上500元以下的社会抚养费；违反规定生育第三个子女的，按双方上一年度总收入的5至6倍征收社会抚养费，每再多生育一个子女，依次增加2倍征收社会抚养费。取消对未申领生育证怀孕、生育、未按规定参加孕、环情检查、落实节育措施、补救措施的处罚；对非法为他人施行计划生育手术、做假节育手术、进行假医学鉴定、出具假计划生育证明、非法进行胎儿性别鉴定或者选择性别的人工终止妊娠的，由人口和计划生育行政部门或者卫生行政部门依据职权责令改正，给予警告、没收违法所得；违法所得超过10000元的，处违法所得2倍以上6倍以下罚款；没有违法所得或者违法所得不足10000元的，处10000元以上30000元以下罚款；情节严重的，由原发证机关吊销执业证书；构成犯罪的，依法追究刑事责任。国家机关工作人员侵犯公民人身权、财产权和其他合法权益的，滥用职权、玩忽职守、徇私舞弊的，索取、收受贿赂的，截留、克扣、挪用、贪污计划生育经费或者社会抚养费的，虚报、瞒报、伪造、篡改或者拒报人口与计划生育统计数据等违法行为，构成犯罪的，依法追究其刑事责任；尚不构成犯罪的，给予记大过以上的行政处分；有违法所得的，没收违法所得。未按规定发放生育证、独生子女父母光荣证、流动人口婚育证明等计划生育证明的，对直接负责的主管人员和其他直接责任人员给予记过以上行政处分；在发放计划生育证明时，强行提供有偿服务，或者超范围、超标准收费的，由其主管部门责令退还多收的费用，并对直接负责的主管人员和其他直接责任人员给予记过以上行政处分。政府及其有关部门、从事计划生育技术服务的机构以及计划生育工作人员，倒卖、变卖政府免费提供的避孕药具的，给予直接负责的主管人员和其他直接责任人员记过以上的行政处分；构成犯罪的，依法追究刑事责任。对伪造、变卖、买卖计划生育证明，由人口和计划生育行政部门没收违法所得，违法所得5000元以上的，处违法所得2倍以上10倍以下罚款；没有违法所得或者违法所得不足5000元的，处5000元以上20000元以下的罚款；构成犯罪的，依法追究其刑事责任。对未履行计划生育管理责任，未完成人口与计划生育管理目标的，给予通报批评，并取消当年参加综合性先进集体评选资格；取消其主要负责人和直接责任人当年晋职资格；并给予记过以上的行政处分。

第二节 计划生育法规

计划生育规定 1981年5月9日，安徽省五届人大常委会第八次会议通过《安徽省实行计划生育若干问题暂行规定》。这是安徽省第一次以地方立法形式把计划生育基本政策确立下来，首次规定提倡一对夫妻只生育一个孩子，并设定相关的奖励优待政策。首次设定限制生育第二个孩子的政策，规定仅有四种情况可以生育第二个孩子，并设定违规生育第二个以上孩子的处罚措施。

1984年8月，安徽省六届人大常委会第九次会议颁布《安徽省实行计划生育若干规定》，共5章18条，阐明地方立法的目的和依据，除明确规定九种情况允许生育第二个孩子外，另外规定有四种情况的农村夫妻可以生育第二个孩子。该规定首次规范再生育子女的审批程序和生育间隔，设定行政执法行为规范和保护女婴、妇女的条款。

计划生育条例 1988年10月31日，安徽省七届人大常委会第六次会议通过《安徽省计划生育条例》。该条例在《安徽省实行计划生育若干规定》基础上增加“节育措施”和“组织管理”两章。在“节育措施”中规定：凡有生育能力的夫妻均应按计划生育要求落实有效节育或绝育措施。计划外怀孕的，应采取补救措施。国家对避孕节育夫妻提供避孕药具和施行节育手术，避孕药具在本单位或乡（镇、街道）免费领取，节育手术费在本单位或计划生育部门报销。因计划生育手术引起并发症、后遗症，由受术者向当地计划生育部门申报，经确认后，由施术单位负责治疗，治疗期间，职工工资照发，农民城镇居民导致生活困难，或治疗后仍不能从事正常劳动的，由当计划生育部门给予补助。由节育手术事故而增加的医疗费用由施术单位支付。接受绝育手术后，因情况变化符合规定要求生育的，凭相关证明，经县级计划生育主管部门批准，可以施行输卵（精）管吻合手术。在“组织管理”一章中规定：县以上人民政府设计划生育委员会，乡、镇人民政府和城市街道办事处设计划生育办公室，配备专职计划生育工作人员，村民委员会和城镇居民委员会应有人负责计划生育工作，国家机关、群众团体和企事业单位应根据工作需要，设立计划生育管理机构或配备专（兼）职工作人员。承包、租赁企事业单位的承包人、承租人和私营单位的法人代表，负责本单位的计划生育工作。加强对流动人口计划生育的管理。计划生育所需经费由各级人民政府统筹安排，列入预算，予以保证。征收的社会抚养费和其他罚款，只能用于计划生育事业。

《中华人民共和国行政诉讼法》、国务院《行政复议条例》颁布实施后，安徽省七届人大常委会第三十二次会议于1992年8月30日修订《安徽省计划生育条例》，对计划生育行政争议设计行政复议、行政诉讼的救济途径，增加“流动人口的计划生育管理”一章，规定：流动人口计划生育由常住户口所在地和现居地住人民政府共同管理，政府各有关部门应当按照计划生育职责分工，做好流动人口计划生育管理工作；用工单位负责对招用的流动人口计划生育进行管理，并接受当地乡、镇人民政府、街道办事处和县级以上计划生育行政管理部门监督检查；流动人口在申请暂住证、营业执照、务工许可证等证件前，应到现居住地计划生育行政管理部门交验其常住户口所在地乡、镇人民政府、街道办事处出具的计划生育证明；现居住地计划生育行政管理部门查验计划生育证明后出具查验证明，有关部门凭计划生育查验证明，方可审批暂住证、营业执照、务工许可证等，并将审批结果通报现居住地计划生育行政管理部门；流动人口中育龄夫妻要求生育，须持有常住户口所在地县级计划生育行政管理部门签发的生育证，经现居住地县级计划生育行政管理部门核准后，方可生育；现居住地乡、镇人民政府或者街道办事处应将流动人口生育情况及时通知其常住户口所在地乡（镇）人民政府或街道办事处；流动人口中育龄夫妻应接受现居住地计划生育部门计划生育指导，落实有效避孕节育措施。增设外出躲避计划生育、非法同居、早育、为孕妇提供超生场所、违法收养子女、非法鉴定胎儿性别等行为处罚措施。规定实行生育证制度，持有生育证方可生育，要求生第一个孩子的夫妻凭有关证件证明到女方户籍所在地乡、镇人民政府或街道办事处领取生育证，要求生第二个孩子由县计划生育部门审批发证。

为与国家有关部委的规定相衔接，安徽省八届人大常委会第十六次会议于1995年4月24日通过《安徽省计划生育条例》修正案，将“社会抚养费”更名为“计划外生育费”。

1997年11月2日，安徽省八届人大常委会第三十四次会议再次修正《安徽省计划生育条例》，将第七章的标题由“处罚”改为“法律责任”，进一步明确计划生育行政处罚主体，即常住人口由县级以上计划生育行政部门作出处罚，流动人口由乡(镇)人民政府、街道办事处作出处罚决定；取消行政处罚机关的强制执行权，规定只能申请人民法院强制执行。

1999年6月6日，安徽省九届人大常委会第十次会议修订《安徽省计划生育条例》。在节育方面规定：夫妻双方或一方患有医学上认为不宜生育的严重遗传性疾病或其他疾病，应接受绝育手术或其他节育措施；依法开展助产接生服务的机构和人员，须查验孕妇的生育证；为已婚育龄妇女施行终止妊娠、摘取宫内节育器等手术，须查验其所在乡(镇)人民政府或街道办事处出具的介绍信；个体行医人员不得施行节育手术或恢复生育手术；恢复生育手术费用，由乡(镇)人民政府、街道办事处给予适当补助。组织管理一章，细化县级以上计划生育行政部门的职责，规定个体工商业者、离岗职工的计划生育管理原则，规范计划外生育费征收管理使用办法和计划生育合同管理制度等。将领取独生子女保健费年限由原来14周岁延长到16周岁，保健费标准由原来每月男孩5元、女孩6元调整为5至15元；扩大农村独生子女家庭的优惠政策，提高早育或非婚生育第一个子女的社会抚养费征收标准，增设未按规定参加孕、环情检查、落实节育措施的处罚措施；按照《中华人民共和国行政复议法》规定，将计划生育行政复议时效由 15 日修改为 60 日。

人口与计划生育条例 2001 年 12 月 2 日，《中华人民共和国人口与计划生育法》颁布，自 2002 年 9 月 1 日起施行。为贯彻实施《中华人民共和国人口与计划生育法》，2002 年 7 月 28 日，安徽省九届人大常委会第三十一次会议通过《安徽省人口与计划生育条例》。

该条例调整的范围由原来单纯的计划生育工作扩大到与计划生育有关的人口工作；在总则中增加“开展人口与计划生育工作应当与增加妇女受教育和就业机会、增进妇女健康、提高妇女位相结合”“严格依法行政、文明执法，不得侵犯公民的合法权益”等条款。增设“人口发展规划的制定与实施”一章， 规定：县级以上人民政府编制本行政区域人口发展规划，制定人口与计划生育实施方案；实施方案应当规定控制人口数量、加强母婴保健、提高人口素质、改善人口结构的措施；县级以上人民政府人口和计划生育行政部门负责实施人口与计划生育实施方案的日常工作；村（居）民委员会应当确定专门人员，依法做好计划生育工作，其报酬由乡（镇）人民政府、街道办事处支付；计划生育协会应当组织群众开展计划生育自我管理、自我教育和自我服务活动，协助政府实施人口与计划生育实施方案；鼓励社会团体、企业事业组织和个人为人口与计划生育事业提供捐助。

任何单位和个人不得截留、克扣、挪用人口与计划生育经费；人口和计划生育、教育、科技、文化、卫生、民政、新闻出版、广播电视、司法行政等部门应当组织开展人口与计划生育宣传教育；报纸、广播、电视等新闻媒体负有开展人口与计划生育社会公益性宣传的义务；学校应当开展有关人口与计划生育的国情教育、生理卫生教育、青春期教育或者性健康教育；删除原《安徽省计划生育条例》“组织管理”和“流动人口计划生育管理”两章，将“节育”“奖励与优惠”两章的章名相应修改为“计划生育技术服务”“奖励和社会保障”。在“生育调节”一章中，明确规定公民有生育的权利，也有依法实行计划生育的义务，夫妻双方在实行计划生育中负有共同的责任。适当放宽村民委员会成建制转为居民委员会的居民的生育政策；取消一孩生育审批制度，免费发放一孩生殖健康服务证；取消对女方满 26 周岁申请再生育的间隔期限制；取消节育措施强制性规定，规定公民可以知情选择安全、有效、适宜的避孕节育措施；提倡已生育子女的夫妻选择长效避孕措施；不符合规定妊娠的，应及时终止妊娠。规定各类计划生育技术服务机构在各自的职责范围内开展宣传教育、孕情检查、随访服务、计划生育和生殖保健的咨询、指导和技术服务；建立健全婚前保健、孕产期保健制度，防止或者减少出生缺陷，提高出生婴儿健康水平。妊娠 14 周以上妇女施行终止妊娠手术，应遵守《安徽省禁止非医学需要鉴定胎儿性别和选择性别终止妊娠的规定》。任何组织和个人不得倒卖、变卖政府免费提供的避孕药具。食品药品监督、工商行政管理部门按照各自职责对避孕药具经营活动实施检查和监督。取消原《安徽省计划生育条例》中与《中华人民共和国人口与计划生育法》相抵触的处罚条款。

2004年6月，安徽省十届人大常委会第十次会议对该条例进行修正，细化了计划生育合同管理制度，授权省人口和计划生育委员会制定统一的合同格式；禁止借收养、代养、送养、寄养等名义违法生育，增设预征社会抚养费条款。

控制出生人口性别比规定　为遏制安徽省出生人口性别比持续偏高现象，促进性别比平衡，2000年9月22日，安徽省九届人大常委会第十八次会议通过《安徽省禁止非医学需要鉴定胎儿性别和选择性终止妊娠的规定》。规定：各级人民政府应将出生人口性别比纳入人口与计划生育目标管理责任制考核；县级以上计划生育、卫生行政部门，按照各自职责，对本行政区域内的胎儿性别鉴定和终止妊娠工作实施监督管理；各级政府及其有关部门应加强对禁止非医学需要鉴定胎儿性别和选择性终止妊娠的宣传教育，采取切实措施，保持出生人口性别比例平衡。医疗保健、计划生育技术服务等机构的有关工作场所，应设置禁止非医学需要鉴定胎儿性别和选择性终止妊娠的醒目标志；禁止非医学需要使用超声诊断和染色体检测等医学技术手段鉴定胎儿性别，医学上需要鉴定胎儿性别的，应在省卫生行政部门指定的医疗保健机构进行；乡（镇）、村医疗保健机构、计划生育技术服务机构以及个体诊所，应将所购超声诊断仪类型、数量报县（市、区）卫生行政部门或计划生育行政部门备案。计划内妊娠16周以上妇女，除胎儿患严重遗传性疾病或有严重缺陷的、患严重疾病，继续妊娠可能危及孕妇生命安全或者严重危害孕妇健康等情形外，不得终止妊娠。计划外妊娠16周以上妇女终止妊娠，应持本人身份证和乡（镇）人民政府、街道办事处出具的介绍信。妊娠16周以上妇女需终止妊娠，应在县（市、区）以上医疗保健或计划生育技术服务机构施行手术；施术单位在手术前应查验、登记受术者身份证以及医学意见或相关证明、介绍信，并将上述材料复印件同手术病志一并存档；禁止个体诊所施行终止妊娠手术和出售、使用终止妊娠药物。在法律责任中规定：医疗保健机构、计划生育技术服务机构工作人员，非法鉴定胎儿性别的，由其所在单位或主管部门给予直接责任人和单位主要负责人行政处分；情节严重的，由县级以上人民政府卫生行政部门、计划生育行政部门依法取消直接责任人的执业资格；个体诊所非法鉴定胎儿性别，由县级卫生行政部门吊销其“医疗机构执业许可证”，取消执业资格，并处以5000元以上10000元以下罚款，没收违法所得和有关设备；其他机构和人员非法鉴定胎儿性别，由县级以上人民政府计划生育行政部门责令其停止违法活动，处以5000元以上10000元以下罚款，并没收违法所得和有关设备；有执业资格的，县级以上人民政府卫生行政部门取消执业资格。

非法施行手术或使用药物终止妊娠的，由县级以上人民政府计划生育行政部门或卫生行政部门，对施术者处10000元以上20000元以下罚款，没收违法所得，对单位主要负责人给予行政处分；构成犯罪的，依法追究刑事责任。计划内妊娠16周以上妇女违规终止妊娠的，由县级计划生育行政部门对当事人处以1000元以上3000元以下罚款，符合二孩生育条件的，取消生育计划。医疗保健或计划生育技术服务机构工作人员违规，未查验有关材料施行手术的，按非法施行终止妊娠手术处理。组织、介绍妊娠16周以上妇女非法鉴定胎儿性别的，由其所在单位或主管部门给予行政处分，并由县级以上计划生育行政部门处以2000元以上10000元以下罚款；非法终止妊娠的，处以5000以上10000元以下的罚款，由其所在单位或主管部门给予行政处分。计划生育行政部门和卫生行政部门工作人员，玩忽职守、滥用职权、徇私舞弊、收受贿赂、出具有关虚假证明的，由其所在单位或主管部门给予行政处分；构成犯罪的，依法追究刑事责任。举报非法鉴定胎儿性别或非法终止妊娠的，一经查实由计划生育部门或卫生部门对举报人给予5000元奖励。

2004年4月，安徽省十届人大常委会第九次会议修订《安徽省禁止非医学需要鉴定胎儿性别和选择性别终止妊娠的规定》。该规定将法规名称中的“选择性终止妊娠”修改为“选择性别终止妊娠”，将禁止非法鉴定胎儿性别和非法终止妊娠的时间从妇女妊娠16周提前到14周。规定：除教学、科研机构外，购置、使用超声诊断仪应当具备取得“医疗机构执业许可证”，诊疗科目设有医学超声项目，超声诊断仪操作人员、超声诊断人员应持有省级卫生行政部门颁发的超声医学上岗资格证书，超声诊断人员还应当具有执业助理医师以上资格等条件。购置超声诊断仪等可用于鉴定胎儿性别设备的，应在购置一个月内将所购设备类型、数量、使用场所和操作人员名单报当地县级人民政府卫生行政部门备案。医疗保健机构、计划生育技术服务机构开展终止妊娠手术业务，分别由县级以上人民政府卫生行政部门、设区的市以上人民政府人口和计划生育行政部门批准；未经批准，任何单位和个人不得开展终止妊娠手术。禁止药品零售企业销售终止妊娠药品。药品生产、批发企业不得将终止妊娠药品销售给未获得施行终止妊娠手术资格的单位和个人。在法律责任中规定：购置可用于鉴定胎儿性别的设备拒不备案的，处200元以上500元以下罚款。违规为他人进行非医学需要的胎儿性别鉴定或选择性别的人工终止妊娠的，没收违法所得和非法财物；违法所得超过10000元的，处违法所得2倍以上6倍以下罚款；没有违法所得或违法所得不足10000元的，处10000元以上30000元以下罚款；情节严重的，吊销执业证书；构成犯罪的，依法追究刑事责任。医疗保健机构、计划生育技术服务机构违规为他人进行非医学需要的胎儿性别鉴定或者选择性别的人工终止妊娠的，除按规定处罚外，对直接责任人员给予降级直至开除行政处分；对单位主要负责人和直接负责的主管人员给予记大过以上行政处分。医疗保健机构、计划生育技术服务机构工作人员违规未查验、登记有关证明施行手术或者手术记录虚假的，按非法施行终止妊娠手术处理；未按规定登记、存档的，对直接负责的主管人员和其他直接责任人员给予记过以上的行政处分。组织、介绍妊娠14周以上妇女非法鉴定胎儿性别或者施行选择性别终止妊娠手术的，处5000元以上10000元以下罚款，没收违法所得；行为人属国家工作人员的，给予降级直至开除行政处分；构成犯罪的，依法追究刑事责任。有关部门不依法履行管理职责，对直接负责的主管人员和其他直接责任人员给予记过行政处分。玩忽职守、滥用职权、徇私舞弊、收受贿赂、出具虚假证明的，给予记大过以上行政处分；有违法所得的，没收违法所得；构成犯罪的，依法追究刑事责任。

第三节　计划生育规章

流动人口管理办法　1994年1月29日，省政府第二十九次常务会议审议通过《安徽省流动人口计划生育管理实施办法》。该办法确定流动人口计划生育工作以现居住地人民政府管理为主，常住户口所在地人民政府协助。明确各级政府和计划生育、公安、工商、劳动、城建、交通、民政、卫生等部门在流动人口计划生育管理中职责。流动人口计划生育的具体管理工作，有用工单位的，由各用工单位负责；集体组队承包建筑工程或种养业等项目的，由承包者负责；从事个体经营活动的，由颁发营业执照的部门负责；承租国有、集体或私营企业（包括个体旅社、招待所等）以及私房的，由承租人或私房主负责；投亲靠友的，由其亲友及其所在村（居）民委员会负责。无合法证件、无固定职业、无固定住所的流动人员，由流入村（居）民委员会负责。

2000年10月31日，省政府第六十五次常务会议修订了《安徽省流动人口计划生育工作管理实施办法》。规定：各级人民政府统一领导本行政区域内流动人口的计划生育工作，将流动人口计划生育工作纳入人口与计划生育目标管理责任制，组织、协调有关部门对流动人口计划生育工作实行综合管理，并提供保障；国家机关、社会团体、企业事业单位和其他组织都有做好流动人口计划生育工作的责任；计划生育行政部门主管本地区流动人口的计划生育工作，负责贯彻有关流动人口计划生育的法律、法规和规章，监督、检查、考核评估有关部门对流动人口计划生育管理职责落实情况；公安、工商、劳动、建设、卫生、交通等有关部门在其职责范围内配合做好流动人口的计划生育工作。实行流动人口婚育证明发放和查验制度，成年流动人口在离开户籍所在地乡（镇）、街道之前，应凭其身份、婚姻有效证件和所在村（居）居委员会出具的计划生育情况证明，到当地乡（镇）人民政府、街道办事处办理《婚育证明》，并签订计划生育合同。发证机关在接到成年流动人口的有关材料后，证明材料齐全的，应在当日予以办理婚育证明。但对未按规定提供有关证明材料、未落实节育措施、计划外怀孕未采取补救措施或计划外生育未处理完毕的，不予办理婚姻育证明。流动人口中已婚育龄妇女应按其户籍所在地要求，在现居住地参加孕（环）情检查，并将经现居住地计划生育行政部门核实的孕（环）检证明及时寄回户籍所在地。成年流动人口在办理外出务工就业卡时，须出示婚育证明；无婚育证明的，劳动部门不予办理；户籍所在地乡（镇）人民政府、街道办事处应对流动人口进行计划生育宣传教育，建立计划生育管理卡片和档案，做好流动人口计划生育统计工作；收集流动人口婚姻、生育、节育等信息，保持与流动人口现居住地乡（镇）人民政府、街道办事处联系；户籍所在地乡（镇）人民政府、街道办事处在了解流动人口中已婚育龄妇女避孕节育情况后，不得再要求其返乡参加孕（环）情检查；已婚育龄妇女连续6个月以上未寄回孕（环）检证明的，应按其户籍所在地乡（镇）人民政府、街道办事处地要求，限期返回参加孕（环）情检查。成年流动人口到达现居住后，应在15日内到现居住地乡（镇）人民政府、街道办事处登记，交验婚育证明；在办理有关居住、从业手续时，应主动出示经现居住地乡（镇）人民政府、街道办事处查验过的婚育证明。成年流动人口应接受现居住地乡（镇）人民政府、街道办事处管理，按要求参加孕（环）情检查，主动提供婚育变化情况，婚育情况发生变更的，应自变更之日起3个月内到其户籍所在地重新办理《婚育证明》。流动人口要求生育的，须持有户籍所在地签发的生育证，经现居住地核准后方可生育。现居住地乡（镇）人民政府、街道办事处应对流动人口进行计划生育宣传教育，定期查验婚育证明，建立计划生育管理卡片和档案，做好流动人口计划生育统计工作；为流动人口提供避孕节育、优生优育、生殖保健、孕（环）情检查等服务；定期对本辖区各单位流动人口的计划生育管理情况进行检查。公安、工商、劳动、建设、卫生、交通等部门应向计划生育行政部门或流动人口现居住地乡（镇）人民政府、街道办事处提供有关流动人口统计资料，并协助处理违反计划生育管理的流动人口；有关部门在为流动人口办理暂住证、营业执照、务工许可证等有关证、照时，均须检查其经现居住地乡（镇）人民政府、街道办事处查验过的婚育证明，同时做好登记，并将办理结果于15日内书面通报其现居住地乡（镇）人民政府、街道办事处；无《婚育证明》的，不得办理。计划生育协会应注重在流动人口中成立组织，发展会员，建立群众自我管理网络，协助计划生育行政部门做好流动人口计划生育工作。流动人口生育的，现居住地乡（镇）人民政府、街道办事处应在流动人口计划生育报表上统计上报，由户籍所在地乡（镇）人民政府、街道办事处在常住人口计划生育报表上统计上报。已婚育龄流动人口节育手术费，有用工单位的，由用工单位承担；无用工单位的，先由本人支付，在其户籍所在地乡（镇）人民政府、街道办事处报销；计划外怀孕、生育的，节育手术费用自理。流动人口孕（环）检费用由本人支付。成年流动人口不按规定办理或交验婚育证明的，可处200元以上500元以下罚款。伪造、出卖或者骗取婚育证明的，可处500元以上1000元以下罚款；有违法所得的，没收其违法所得，可并处违法所得3倍以下罚款；构成犯罪的，依法追究刑事责任。与已婚育龄流动人口形成劳动关系的用人单位或个人拒不履行流动人口计划生育管理职责的，予以警告，可并处500元以上1000元以下罚款。无正当理由拒绝为成年流动人口办理婚育证明或者为其出具假证明的，有关部门对直接责任人员给予记大过以上行政处分。有关责任人员未查验婚育证明，给流动人口办理有关证、照的，由所在单位责令改正；拒不改正的，根据情节轻重，给予记过或记大过行政处分。对工作不负责任，未达到流动人口计划生育目标管理要求的有关部门和单位，在评先、评优等综合考核时，按照有关规定予以否决，并对有关部门的主要负责人和直接责任人给予警告、记过、记大过行政处分；情节严重的，给予降级、撤职行政处分。从事流动人口计划生育管理工作的人员利用职权徇私舞弊、玩忽职守的，由主管部门给予记大过以上行政处分；构成犯罪的，依法追究刑事责任。

社会抚养费征收管理　为贯彻实施国务院《社会抚养费征收管理办法》和《安徽省人口与计划生育条例》有关规定，2003年11月3日，省政府第九次常务会议讨论通过《安徽省社会抚养费征收管理实施办法》。

办法规定，征收社会抚养费决定由县级计划生育行政部门书面作出，或者由其委托的乡镇人民政府、街道办事处书面作出。受委托的乡镇人民政府、街道办事处决定征收社会抚养费的，应自作出决定之日起10日内，将征收决定书副本送县级计划生育行政部门。流动人口社会抚养费，由当事人生育行为发生时的现居住地或者户籍所在地县级计划生育行政部门或者受委托的乡镇人民政府、街道办事处负责征收。当事人违法生育行为发生时，其现居住地或者户籍所在地均未发现的，由首先发现其生育行为的县级计划生育行政部门或者受委托的乡镇人民政府、街道办事处负责征收。当事人在一地已经征收社会抚养费的，在另一地不得因同一事实再次被征收社会抚养费。征收决定单位发现公民不符合规定生育的，应全面、客观、公正收集有关证据，征收单位负责人应对调查结果进行审查，作出社会抚养费征收决定，制作征收决定书。征收决定书应当在宣告后当场交付当事人，当事人不在场的，应当在7日内依照勤部民事诉讼法有关规定送达当事人。当事人应当自收到征收决定之日起30日内一次性缴纳社会抚养费；一次性缴纳有实际困难的，可以申请分期缴纳。要求分期缴纳费的，应自收到征收决定书之日起30日内向征收决定单位提出书面申请，并提供所在村民委员会、居民委员会或单位出具的证明其确有实际困难的书面材料。征收决定单位应当自收到申请之日起15日内作出批准或者不予批准分期缴纳决定，并书面通知当事人；分期缴纳期限一般不超过3年；特别困难的，由征收决定单位公示，10日内无人提出异议的，由征收决定单位批准适当延长分期缴纳期限。当事人未在征收决定单位规定期限内缴纳社会抚养费的，自欠缴之日起每月加收欠缴社会抚养费2‰的滞纳金；仍不缴纳的，依法申请人民法院强制执行。当事人对社会抚养费征收决定不服，可以依法申请行政复议或者提起行政诉讼。征收社会抚养费可以由当事人直接到县级计划生育行政部门和财政部门共同指定的代收机构缴纳、征收决定单位直接收取或由征收决定单位委托当事人所在单位代收；直接收取和委托代收的社会抚养费，应当在收取后7日内缴付县级计划生育部门和财政部门共同指定的代收机构。征收社会抚养费，应当向当事人出具省财政部门统一印制的社会抚养费收据，不出具省财政部门统一印制的社会抚养费收据的，当事人有权拒绝缴纳。社会抚养代收机构应当自收到社会抚养费、社会抚养费滞纳金之日起3日内，缴入县级集中汇缴户，再按月集中缴入县级国库。社会抚养费、社会抚养费滞纳金纳入县级财政预算管理，任何单位和个人不得截留、挪用、贪污、私分。擅自扩大社会抚养费征收范围、提高社会抚养费征收标准、下达或变相下达社会抚养费征收指标、不出具社会抚养费收据、不履行社会抚养费征收职责的，对直接负责的主管人员和其他直接责任人员，依照国务院《违反行政事业性收费和罚没收入收支两条线管理规定行政处分暂行规定》处理。截留、挪用、贪污、私分社会抚养费的，依法追究刑事责任；尚不够刑事处罚的，对直接负责的主管人员和其他直接责任人员依法给予降级、撤职或开除行政处分。

预征社会抚养费办法 根据《安徽省人口与计划生育条例》有关规定，省政府第十九次常务会议于2004年12月9日通过《安徽省预征社会抚养费办法》。该办法规定未取得合法夫妻关系，或者不符合再生育条件妊娠的，除医学上认为不宜终止妊娠的外，应责令其限期终止妊娠，逾期未终止妊娠的，预征社会抚养费。预征社会抚养费的数额按照不低于违规生育应缴社会抚养费征收标准的50%计算。预征社会抚养费征收主体、征收程序、征收标准、缴纳方式、法律责任仍维持《安徽省社会抚养费征收管理办法》的规定。当事人终止妊娠的，可以申请退还被预征的社会抚养费，并提交终止妊娠手术或自然终止妊娠的证据材料。预征单位查证确实，应在7个工作日内将预征的社会抚养费一次性全额退送当事人。违反规定且不退送或者不及时退送预征的社会抚养费的，依法给予直接负责的主管人员和其他直接责任人员警告、记过或者记大过行政处分。

第三章　计划生育执法

第一节　计划生育执法规范

执法队伍　20世纪90年代以前，基层计划生育专职工作人员少，不少地方主要靠临时聘用人员组建计划生育“小分队”开展突击活动。1998年11月，省委、省政府要求在全省开展包括清理计划生育“小分队”在内的三项清理工作，清退各类计划生育“小分队”人员3850人。2000年，安徽省在农村税费改革和乡镇机构改革中再次清理、整顿基层执法队伍，彻底改变靠“临时工”“小分队”开展计划生育的做法。到2003年底，全省清理计划生育“小分队”和超编、乡镇自聘人员1万多人，基本取缔了计划生育“小分队”。

根据省政府统一部署，安徽省分别于1998年3月、1999年10月、2002年9月、2005年5月开展计划生育行政执法资格认证工作。其中，2005年9月10日举行的第四批资格考试，7451人通过考试并取得计划生育执法资格。

计划生育合同　从20世纪80年代后期，安徽省农村普遍推行计划生育合同管理，由育龄群众和所在地村民委员会或乡、镇人民政府签订计划生育合同。合同种类有晚婚晚育合同、新婚夫妇计划生育合同、一孩夫妇计划生育合同、农村独女户享受优惠待遇合同、二孩夫妇落实绝育措施合同等。为保证合同的履行，各地普遍设立了合同保证金、押金，推行计划生育合同司法公证。1999年修订《安徽省计划生育条例》时增设“推行计划生育合同管理制度”条款。

由于没有统一规范，一些地方在计划生育合同保证金、押金收取、管理中也存在不少问题。2004年修改的《安徽省人口与计划生育条例》规定：“乡（镇）人民政府、街道办事处或者受其委托的企业事业单位、村民委员会、居民委员会可以与已婚育龄人员签订计划生育合同。计划生育合同应当明确双方的权利、义务和违约责任，可以设定违约金。计划生育合同的格式由省人口与计划生育行政部门制定。”随后，省人口计生委下发了《关于印发计划生育合同格式的通知》（以下简称《通知》），明确订立合同三原则：合法性原则，双方权利义务相一致的原则，协商一致的原则。《通知》还要求：由设区的市统一制定计划生育合同文本，明确双方权利义务和违约责任；

各地可结合实际，对乡（镇）人民政府、街道办事处不履行合同义务、已婚育龄妇女不按时参加孕（环）情检测、不落实避孕节育措施的违约责任进行细化，在违约金总额不突破1000元的前提下，分别设定双方的违约金数额。乡（镇）人民政府、街道办事处收取违约金必须出具省财政部门统一印制的收据，上缴国库，实行“收支两条线”管理。乡（镇）人民政府、街道办事处可以委托企事业单位、村（居）民委员会与已婚育龄人员签订计划生育合同，合同不得扩大违约金设置范围，不得提高违约金标准，否则追究单位主要责任人和直接责任人的责任。

执法责任制 1998年9月，省计生委下发《关于推行计划生育行政执法责任制的通知》，成立安徽省计划生育行政执法责任制工作领导小组，负责对全省计划生育行政执法责任制的领导和考核工作。根据《安徽省计划生育条例》和《安徽省流动人口计划生育管理实施办法》，依法界定市（地）计生委、县级计生委、乡级人民政府计划生育行政执法职责，明确执法主体。层层签订责任书，把计划生育行政执法权逐级明确到基层执法单位和执法人员，具体分解执法任务。制定安徽省计划生育行政执法工作报告制度，政务公开制度，规范性文件审核备案制度，重大事件、恶性案件、行政败诉案件报告制度，行政执法错案追究制度，完善执法程序、考核评估办法，规范行政执法行为，克服和纠正有法不依、职责不明、执法不严、违法不究现象。

2000年11月，省计生委下发《关于进一步强化计划生育行政执法责任制的通知》，根据有关法律、法规及机构改革方案，明确各级计划生育部门信访、政策法规、宣传教育、科学技术、计划统计、流动人口管理、财务管理、人事教育、监察等内设机构或岗位的行政执法责任，形成量化、可操作、可监督的行为规范，使各项具体行政行为纳入法治化轨道。建立行政执法公示制度、检查监督制度、过错追究制度、执法评议制度、执法人员培训考核管理制度等，并将行政执法责任制作为依法行政主要内容纳入人口与计划生育目标管理责任制考核，对发生恶性案件、违反计划生育“七个不准”规定造成重大事故，坚决实行“一票否决”外，要依法追究有关人员责任。

执法文书 2005年，省人口计生委制定《安徽人口与计划生育行政执法规范》（试行），对生育证许可、独生子女父母光荣证办理、《流动人口婚育证明》发放和查验、计划生育技术服务机构执业许可、病残儿鉴定、符合法定生育条件妊娠14周以上妇女终止妊娠的审批、计划生育行政处罚、社会抚养费征收、预征社会抚养费、计划生育行政复议、计划生育行政赔偿、非诉计划生育行政案件申请人民法院强制执行程序等作出具体规定，并制作统一的执法文书。

第二节　计划生育执法检查

计划生育部门执法检查　1994 年，省计生委开展国家《流动人口计划生育管理办法》《安徽省流动人口计划生育管理实施办法》执法检查。检查结果表明，安徽省在流动人口计划生育管理工作中，领导重视，措施有力，各市、部门之间配合基本协调，相关部门都与本级人民政府签订责任书。大部分县级计生委成立流动人口计划生育管理机构。检查中也发现一些问题，如全省计划生育管理“一盘棋”格局未形成，流动人口计划生育管理的经费、人员编制等存在一些问题。省计生委将执法检查情况报告国家计生委和省政府，并提出加强流动人口计划生育管理的建议。

1997 年 8 月，根据国家计生委部署，安徽省对计划生育收费、罚款项目开展执法监察，重点监察计划生育收费和罚款项目、标准及程序公布情况，清理并废止没有法定依据的计划生育收费和罚款规范性文件情况，县、乡两级执法人员持执法证征收计划生育收费和罚款，出具财政部门统一印制的收据，建立专门账户情况，退还违规收费和罚款情况，在收费和罚款中执行“七个不准”的情况等。各级计划生育部门采取召开座谈会、查看账目、入户走访等方式，进行自查自纠，边查边改，取消对育龄妇女查环、查孕等项收费以及漏查漏检、上门动员等罚款项目，纠正高于物价部门所定标准的生育证收费，清理了各地制定的与法律法规相悖的规范性文件，确定并公布了与计生工作有关的收费罚款项目的标准和程序，整顿了行政执法队伍。解散了个别地方的计划生育“小分队”，推进了计划外生育费“乡收县管、财政监督”管理体制的建立和完善。

人大常委会执法检查　1993 年 9 月，省人大教科文卫工委和省计生委联合开展计划生育执法检查，重点检查《安徽省计划生育条例（修订）》实施一周年的宣传教育与培训情况，生育节育政策、计划外生育费征收、流动人口管理、行政执法、当年人口计划执行情况和四项手术完成、计划生育突击活动安排等情况。省院、省民政厅、省公安厅、省工商局、省统计局、省农经委、省司法厅等省计划生育领导小组成员单位赴对口联系县，省计生委各处室及直属事业单位赴定点联系县开展执法检查，并将检查情况书面报告省人大教科文卫工委和省计划生育工作领导小组。

省人大常委会主任会议决定，1995 年 10 月起，省人大常委会开展《安徽省计划生育条例》执法检查。重点检查实施计划生育目标管理责任制的保证措施、贯彻计划生育“三为主”方针、流动人口计划生育管理、乡村计划生育干部队伍和基层网络建设、计划外孕育费和罚款管理使用情况，检查采取上下联动方式，即先由各市、县（市、区）

人大常委会组织当地政府和有关部门进行自查，并将检查情况、主要经验、突出问题、整改措施于9月20日前报省人大常委会。11月24日至30日，省人大常委会组成三个检查组，分别由省人大常委会主任孟富林，副主任江泽慧、蔡秉久带队，赴安庆市、阜阳区、宿州区进行执法检查。

2000年9月8日至16日，省人大常委会组织4个检查组，分别由吴昌期、王秀智、苏平凡、张春生4位副主任带队，分赴省计生委、阜阳市、巢湖市和宣城地区，对7个省直有关部门、6个县区、17个乡镇实施《安徽省计划生育条例》情况进行执法检查。10月17日，省人大常委会主任会议听取各检查组的汇报。11月16日，副主任苏平凡受省人大常委会主任会议委托，在省九届人大常委会第十九次会议上报告检查情况，常委会分组会议进行审议。此后，省人大常委会党组向省委报送《关于开展<安徽省计划生育条例>执法检查情况的报告》。据省人大常委会主任会议决定，省人大常委办公厅致函省政府办公厅，指出在计划生育财政投入保障、基层计划生育人员配备、流动人口计划生育管理以及基层计生、卫生机构协调服务等方面存在的问题，并提出整改建议。要求省政府研究制定措施予以解决，并将整改措施于12月25日前书面报告省人大常委会。省政府及有关部门高度重视，认真研究，制定四个方面整改措施向省人大常委会作了书面报告。

2003年9月，在《安徽省人口与计划生育条例》颁布实施一年之际，省人大常委会于2003年7月发出通知，要求各市、县（市、区）人大常委会对本辖区人口与计划生育法律法规贯彻实施情况开展检查并将检查情况于8月下旬报省人大常委会。主要内容有：学习、宣传国家《中华人民共和国人口与计划生育法》和安徽省《人口与计划生育条例》情况；省政府及其相关部门依法履行法定职责情况；实施人口与计划生育法律法规工作中出现的新情况、新问题，以及针对存在的突出问题、难点问题，如出生人口性别比偏高、社会抚养费征收难、开展计划生育合同管理等，依法采取措施的情况；加强计划生育行政执法队伍建设和开展计划生育技术服务的情况。省人大常委会组织5个检查组，分别由省委书记王太华、省人大常委会副主任黄岳忠、苏平凡、张春生、陈维席、高福明和10位省人大常委、10位省人大代表参加到合肥、淮北、安庆、宣城、阜阳5市各选定一个县，每个市再抽查一个县，通过看现场、查资料、召开座谈会、访问群众、听取汇报等多种方式，进行重点抽查。10月，省十届人大常委会第五次会议听取人口与计划生育执法检查情况的报告并分组会议进行了审议，会议作出《关于依法加强人口与计划生育工作的决议》，在宣传教育、综合治理、依法行政、经费投入、完善制度、依法监督等六个方面对各级政府和有关部门提出要求。

第三节 计划生育专项清理

1998年5月10日，中央电视台在新闻联播节目中报道临泉县白庙村计划生育失控的消息，引起省委、省政府和省计生委的高度重视。类似白庙村现象，在沿淮、淮北地区较为普遍。为根治这类问题，省委、省政府采取一系列措施，其中之一就是在计划生育工作后进地区开展清理党员干部计划外生育、清理已婚育龄妇女底数和长效节育措施欠账、清理计划生育“小分队”的专项清理活动。省委、省政府在印发的《关于加强计划生育工作的若干意见》中规定：清理党员干部计划外生育，重点是1992年9月13日《安徽省计划生育条例》修订实施后计划外生育的。在之前生育计划外二孩已作处理的一般不再重新处理，未作处理的应按照规定给予适当处理。对于1988年12月1日以后超生多孩，1992年9月13日以后生育计划外二孩的，无论作过何种处理，均不得担任各级党政领导职务和计划生育专干（含行政村、居委会），现在上述岗位的，必须调整。今后凡有计划外生育的党员、干部，一律不得提拔担任党政领导职务和调任计划生育干部。各地要将清理结果向群众公布，接受社会监督。要坚持“谁主管、谁负责”的原则，对顶着不办、查处不到位的，要按照干部管理权限，追究其主管部门主要负责人的责任；对政策措施落实不力、工作进展不大的地区，要通报批评，限期改正。为保证此项清理有序有效，善始善终，各地要成立由党政领导牵头，纪检、监察、组织、人事、财政、计生等部门参加的清理组织，全面负责，加强督查，确保1999年6月底前全部完成清理任务。

对已婚育龄妇女进行全面清理，重新登记。凡符合生育政策的，主动为其办理有关生育手续，列入年度人口计划；凡不符合生育政策的，逐一按要求落实节育措施；凡生育二（多）孩的，夫妻一方应落实绝育措施。对流动人口管理，按国家计生委《流动人口计划生育工作管理办法》落实措施，明确责任。对流出的育龄妇女，逐一签订婚育管理合同，并与流入地建立联系制度，督促其落实有效节育措施；对流入的已婚育龄妇女，纳入常住人口管理和服务范围。

各地要以计划生育行政执法人员资格认证为契机，严格按照县级编制、人事部门的有关规定，对乡镇计划生育干部队伍进行认真清理，撤销、解散各类“小分队”（包括“常抓队”“督查队”“服务队”等），清退各类自聘人员。

据统计，从1998年11月起至1999年底止，全省共清理出有计划外生育行为的7.1万名党员干部，其中国家职工1.4万人，科级以上干部133人，村级干部2.1万人。对清理出的这些党员、干部、职工均按有关规定基本处理到位。清理出漏管已婚育龄妇女 28.2 万人，长效节育措施欠账 18 万人；清理出 1990 年以后出生人口 79.5 万人；清理、清退各类计划生育小分队 3850 人。蚌埠市把清理党员、干部计划外生育与乡、村换届选举结合起来，取消 3.40 万名有计划外生育史的候选人资格。

2004 年初，为解决皖北部分区计划生育底数不清，数据不实，计划生育工作落后的状况，省委、省政府部署在亳州、阜阳、宿州、滁州等 4 个市开展计划生育专项清理。8 月，在利辛县召开部分市、县专项清理工作汇报会，把专项清理扩展到全部计划生育工作二、三类县及部分一类县。截至 2004 年 10 月，共清理出漏报出生人口 53 万人，错报出生人口 12 万人，长效节育措施欠账 30 万例，已婚育龄妇女漏建档 39 万人，清理出 1992 年后超生未处理的党员、干部 1.7 万人（其中干部 6324 人）。对清理出的这些人，分别不同情形采取相应处理措施。

第四节　计划生育行风建设

1998 年 4 月，国家计生委部署在全国计生系统开展民主评议行风试点，安徽省计生委当年在舒城县进行试点。1999 年在全省就群众反映的热点和焦点问题落实整改。2000 年，全省开展“百万群众评计生”行风评议活动，重点评议社会抚养费征收、管理和使用情况，计划生育行政性收费项目和标准，通过新闻媒体向社会公开，接受群众和社会监督。2001 年，省计生委在各市推荐基础上，聘请 32 名社会各界人士作为全省计划生育行风建设监督员，并向全省县以上党政领导、计生委领导班子成员等发放《省计生委机关行风和廉洁从政情况调查问卷》，收回 1029 份，对问卷中反馈的问题分别向省计生委领导班子、各处室和在职处级干部反馈，制订整改措施，促进机关作风的改变。

2002 年，省政府在全省开展“人民满意的基层站所”评议活动，省计生委随即部署对乡镇计划生育办公室、计划生育服务所开展评议。各市计生委共下发评议问卷达一千万份，回收率 90% 以上，经抽样调查，当年群众对基层计划生育工作满意度达 88.9%，90% 以上乡镇计划生育办公室、计划生育服务所被评为群众满意或基本满意。通过评议整改，2001 年至 2002 年，全省共清退计划生育各类违规收费 6000 多万元，连续 3 年未发生因执法不当引发的计划生育恶性案件，计划生育信访量每年递减 20% 以上。2004 年，合肥市等市、县（区）计生委被国家人口计生委授予“全国人口和计划生育系统作风建设先进单位”称号，16 位计划生育工作人员被授予“全国人口和计划生育系统作风建设先进个人”称号。

2005 年，安徽省以各级计划生育协会为载体，通过广大协会会员民主参与、民主监督，对全省乡镇（街道）计生办、服务所的政务公开、依法行政、优质服务等情况开展评议。全省成立评估组织 1542 个，会员小组开展评议活动 53 万次，参加评议的计生协会会员 236 万人，占全省计生协会人员总数的 60% 以上，促进了计生协会的组织建设和计生办、服务所的作风建设。

第四章　宣传教育

第一节　宣教机构、队伍及装备

宣传机构和队伍　20世纪80年代初省计生委单独建制以后，宣传教育处一直作为常设职能处室，负责全省人口和计划生育宣传教育的组织和管理。1983年成立安徽省计划生育宣传教育中心（成立初期名为安徽省计划生育宣传教育分中心）。1988年1月，成立《安徽人口报》社；1987年7月，池州卫校划归省计划生育委员会管理，改名为安徽省计划生育学校；1989年2月，成立安徽黄山计划生育干部培训基地；1992年，安徽省计划生育干部培训中心正式挂牌；1994年3月，省计划生育委员会主管、省计划生育协会主办的《婚育》杂志社成立。这些机构都承担了全部或部分计划生育宣传教育职能。1985年以后，省辖市及地区行署计划生育委员会先后设置宣传教育科，1999年政府机构改革时，多数市计划生育委员会把宣传教育科和其他有关科室合并成宣教政法科或宣教科技科。1989年以前，全省县级计划生育委员会设置宣传股不多，1990年以后，全省县级计划生育委员会基本设置宣教股。

20世纪80年代到90年代，全省的地市、县（区）相继组建了计划生育宣传技术指导站，主要承担计划生育宣传、技术服务、药具管理、培训等职能，受同级计划生育部门的业务指导。到20世纪90年代中期，地市、县两级计划生育指导站统一更名为计划生育服务站，宣传教育是其中一项功能。淮南市单设计划生育宣传站。

省计划生育委员会宣传教育处一直保持3至5人，专职从事计划生育宣传教育工作。各市（行署）、县（市、区）计划生育委员会宣传教育科（股）一般配备1至2人专司计划生育宣传教育工作，1992年以前，乡村两级的计生宣传教育工作由两级的党政干部和计划生育专职人员承担。1992年，全省撤区并乡，各乡镇成立了计划生育办公室，明确一名副主任负责宣传教育工作，乡村两级的计划生育专职干部都对宣传教育负有责任。各级计划生育服务站（所）的站（所）长或副站（所）长分管宣传教育，并配有专职或兼职的宣教工作人员。

宣传装备　省计划生育宣传教育中心是全省计生系统唯一的计生宣传品制作基地，其制作的宣传品主要分为两大类：声像宣传品和文图宣传品。声像设备的起点较高，一开始就配置了摄像机、录像机、放像机、监视器、后期编辑机、照相机和洗印设备等。到2005年，宣传教育中心先后投入使用了8台摄像机，5台录像机，1台放像机、摄像机+后期编辑机一套，创意非线性编辑机一套，照相机14台。同年，宣传中心的电视演播大厅开始启用。2000年以后，文图宣传品的先期设计也基本现代化，人手1台工作电脑，同时配备了配套设备。地市、县两级计生服务站（宣传指导站）在20世纪80年代前，宣传设备主要有收音机、录音机、播音播放机、照相机和宣传展板等，90年代以后，两级服务站和乡镇计生服务所基本配置了照相机、电视机、DVD、录放相机，少部分服务站还配备了摄像机、编辑机、投影仪等。与此同时，一部分乡镇的人口学校也配备了电视机、录相机、放相机、DVD等设备。

从2001年到2005年，全省17个市和93个县（市、区）计生委配备摄像机、编辑机等一套，用于基层开展计划生育宣传和“婚育新风进万家”活动，经费预算770万元。全省乡、镇（街道）人口学校配备用于向广大群众宣传计划生育方针政策、避孕节育知识的VCD、彩电等设备，经费预算为924万元。一些条件较好的地方，村（居）级的人口学校也配置了VCD或DVD、彩电等宣传设备。2004年，省人口计生委给各市计生委配置与电视台相匹配运用的小型摄像机一台（索尼190），数码相机一部（佳能GB），给112个省考核县（市、区）配置数码相机一部（佳能GB），仅此一项，省级财政投入100多万元。

第二节　宣传载体

报刊杂志　1985年6月，省计生委主办的《千家万户》报创刊。该报在全省计划生育系统内发行，每月两期，每期印刷7万份，免费赠送各级计划生育部门和乡、村计划生育专干。主要宣传计划生育方针政策，介绍优生优育、避孕节育知识，宣传先进模范人物和先进经验。1987年11月11日起，原《千家万户》更名为《安徽人口报》，1988年元旦创刊，全国公开发行，每周一期。1993年1月增加月末版。2000年1月，改为周二刊，每期发行8万份，最高时达12万份。发行到全省乡镇、村，在省外也有少量读者，直至2003年12月，《安徽人口报》停刊。

《安徽日报》经常报道全省计划生育重大事件、重要活动、省市领导和专家的署名文章、计划生育先进人物的事迹、各地的成功经验。1991年，《安徽日报》要求驻地、市记者站加大对计划生育工作宣传报道力度，各记者站发稿每周不得少于2～3篇。同年，省计生委与《安徽日报》联合开展“警钟杯”征文活动，一年发稿100篇。1992年，省计生委与《安徽日报》继续合作开展计划生育征文活动，并开设《计划生育在农村》专栏，突出计划生育工作在农村这一重点。1993年，《安徽日报》开辟《人口问题大家谈》

栏目，刊出言论文章 33 篇，共出刊 33 期，还刊登计划生育方面的其他稿件 100 余篇。1993 年，由省计生委主管、省计生协主办的《婚育》杂志创刊。杂志设置《世象传真》《社会一瞥》《新婚课堂》《性与文化》《两性之爱》《灵与肉》《走出家庭的男女》《青春期纪事》《男婚女嫁》《家事乱弹》《孕育 ABC》《安宁信箱》《人口双月谈》《婚育新风吹江淮》等栏目。杂志发行量从 1993 年创办时的 2.8 万份增至 1998 年的近 10 万份。1994 年，《安徽日报》开设"人口警钟长鸣"计划生育专栏。1996 年，《安徽日报》开设以计划生育"三结合"为主要内容的"少生快富文明"专题栏目，共刊稿 117 件，反映全省各地在开展计划生育"三结合"，推进计划生育工作"三为主"，实现计划生育工作思路和工作方法两个转变等方面的经验和做法。1998 年起，《安徽日报》以及各地、市、县（区）党报陆续开设以"婚育新风""关爱女孩"为主题的人口和计划生育宣传专栏、专题。1997 年，省计生委报送的《广德独树乡走上"少生快富文明"》等 4 篇作品在国家计生委和中华全国新闻工作者协会组织的第三届中国人口新闻奖评选活动中，获报刊类三等奖。在第七届中国人口新闻奖评选中，安徽省报送的《费税改革须确保计生经费》等 2 篇获报刊类二等奖、三等奖，安徽省报送的《税改为我省计划生育工作注入新活力》等 3 篇在第八届中国人口新闻奖的评选中，获报刊类一等奖、三等奖，2004 年，安徽省报送国家人口计生委、中国人口文化促进会"五好作品奖"获奖作品有：图书类《山路弯弯》等 2 篇获三等奖；戏剧类《今夜情深》等 4 个作品获二等奖、三等奖和优秀奖。安徽省报送中国第八届人口文化奖评选舞蹈类铜奖。

2000 年，省计生委与省新闻工作者协会联合发起安徽首届人口新闻奖评选活动。2001 年，第一届安徽人口新闻奖报刊类《做透"稳定"大文章》等 3 篇获特别奖，《别样新风别样情》等 15 篇获二等奖，《"安全套"冲击波》等 22 篇获三等奖；2002 年第二届安徽人口新闻奖，报刊类《加快计划生育工作"两个转变"》等 3 篇获一等奖，《男人需要一个节日吗》等 9 篇获一等奖，《三觉的觉醒》等 14 篇获二等奖，《童台村的嬗变》等 17 篇获三等奖；到 2004 年，评出各类获奖作品 285 篇，出版《安徽人口新闻奖作品集》2 本 1000 册。1996 年至 2003 年，安徽省婚育杂志选送的《我是中国人》《青丝载不动白发泪》等 10 篇作品获全国计划生育系统综合文化类期刊作品、编辑一等奖，《独生子女，到底"独"在哪里》等 12 篇作品获二等奖，还有 30 多篇作品获作品、编辑三等奖。1998-2001 年连续 4 年获封面设计优秀奖，其中，1998 年的第二期获封面设计大奖。

广播电视 从 1986 年起，广播电视对计划生育宣传力度逐年加大。1989 年，安徽人民广播电台在《全省新闻联播》《新闻与报纸摘要》这两个重点栏目播出的计划生育稿件达 300 余条。1990 年 5 月份一个月就发计划生育稿 54 条，有时一天发 7 条。

20世纪80年代中后期和90年代，大部分县（市、区）、乡（镇）、村的广播站都自办计划生育专题栏目，滚动宣传报道。1988年4月，省计生委与省电视台联办的《人口、社会、家庭》栏目在安徽电视台开播。此栏目由省计划生育宣传教育中心和省电视台联合制作，每月一期，每期15分钟。经省统计局抽样调查，开播当年，该栏目被评为观众最喜欢的20个栏目之一。1989年后，为适应人口和计划生育基础知识教育在城乡开展，《人口、社会、家庭》改为《人口与家庭》《江淮风》《人口与经济》《人口与健康》，每月两期，每期5～15分钟。1992年，省电视台在省计生委成立计划生育记者站，配合省电视台制作节目。

1994年，省计生委和省电视台联合摄制由省计划生育宣传教育中心李承质编剧的四集电视连续剧《跳门坎的女人》，先后在安徽、广东、贵州等26家电视台播出，1995年在中央电视台一套播出。这是一部以计划生育为题材的电视剧，通过一个家庭各个成员之间对生儿育女的不同态度而演绎的一系列故事，抨击了生育领域里旧的观念，歌颂了乡村干部为计划生育事业无私奉献的精神。1995年，该剧获省“五个一工程”奖。1998年，《涧溪乡一条龙服务》获中国人口新闻三等奖。1999年，电视艺术专题片《不平凡的历程——安徽计划生育工作二十年》在安徽卫视一套播出。1999年《好干部朱翠英》、2000年《村委会换届选举》、2002年《我省蓬勃开展婚育新风进万家活动》、2004年《服务贴民心，帮扶转观念》获安徽省人口新闻一等奖。2005年《选择胎儿性别法内容》获中国人口新闻一等奖，《巧投入推动大国策》获中国人口新闻三等奖。

到2001年，省、市电视台全部开设计划生育专栏或专题，县级广播电台、电视台开设计划生育专栏分别达80%。2003年到2004年，全省电台、电视台共播报人口和计划生育新闻4976条次，广播电视专题节目1876期。《转变婆婆媳妇观念，改善女孩生活》获电视类一等奖。广播电视类《没有血的亲情》等3篇获二等奖、优秀奖；广播电视类《胎儿性别不容随意鉴定》《她的心和全村连在一起》《今日安徽》分别获一、二、三等奖。广播电视类《青春在计生战线闪光》获一等奖，《让婚育新风扎根农村》等3条获二等奖，《乡村开遍幸福花》等5条获三等奖。

文图宣传品　计划生育宣传品是面向广大农民群众的大众读物，内容丰富、形式多样。每年省计划生育宣传教育中心都会印制一部分计划生育宣传品免费或微利发行到各市县。各市、县又结合本地实际，印制不同内容和形式的宣传品。据宿松县计划生育志记载，仅1993年该县就印制《人口与计划生育基础知识教育》单行本7200本，发到每个村民小组。1994年印制计划生育“应知应会”宣传资料10万份发到每个农户，订购“新婚礼袋”6000套发给每对领一孩生育证的夫妇。1996年，各乡镇又印发《公民计划生育须知》17万份发到每户。

文图宣传品通常分作图书、挂图、宣传画、画册、折页、展板、实物包装等。省计划生育宣传教育中心根据当年全省工作的需求，设计制作文图宣传品。中国人口出版社的《人口计划生育对话》《孕产期、哺乳期、幼儿期、青春期、更年期》，安徽人民出版社出版的《人口知识大全》，均是由省计生宣传教育中心策划，组织有关专业人员撰写的。文图类部分获奖作品有：1992 年 2 月《地球只有一个，必须控制人口》获安徽省“新中国成立五十周年人口与计划生育广告宣传画”评选一等奖。2002 年 2 月《人口资源环境》挂图（1 套），获第一届全世界各国人口与计划生育与文图音像宣传品评奖活动优秀奖。连环画《让全社会都来关爱女孩》于 2004 年 12 月获十二届中国人口文化奖银奖。2004 年《育龄群众婚育之友》获第三届全国人口计划生育宣传品刊类二等奖。2005 年《怀孕流产 500 问》获国家人口计生委二等奖，《节育知情选择》获第四届全国人口与计划生育宣传品挂图类二等奖。《喜洋洋》《我帮奶奶穿针线》《唉……》等 7 幅摄影作品分别获得 2002 年全国“万艾可”杯文明幸福家庭摄影大赛、2005 年全国关爱女孩摄影大赛、安徽省艺术摄影作品大赛、安徽人口新闻奖优秀奖和入围奖。

标语口号　1986 年到 1990 年中期的标语口号反映出计划生育工作方法以行政手段为主的特点：禁止性的多，倡导性的少；管理性的多，服务性的少；宣传群众实行计划生育的义务多，维护其权益性的少；冷漠强硬的多，温馨可亲的少。标语口号的制作往往由基层自编自创，比较随意。一些过激、情绪化、甚至违法违规的标语口号，引起群众的反感，受到省委、省政府和省计生委的关注和重视。1991 年 6 月，省计生委转发国家计生委《关于加强对计划生育标语口号管理的通知》指出，“少数地方也出现一些过激标语口号，产生了不良影响”，要求各地在书写、张贴计划生育标语口号时，一定要注意社会效果，坚持正面宣传。此后，省计生委采取有力措施，加强对基层标语口号的管理。1995 年，省计生委对各地计划生育标语口号宣传的数量和质量均提出了具体要求，并在 6 月和 11 月两次组织对部分地方计划生育标语口号宣传情况进行了检查，向全省通报了结果。1997 年，省计生委从书写、张贴到内容、规格、数量、质量等对标语口号进行了统一规范。2001 年以后，计划生育的标语口号更加人性化，如“关爱女孩的成长，播种明天的希望”“家是船，爱是帆，生殖健康是幸福的港湾”“关注生命，关爱女孩，关爱母亲，关注生殖健康”等。标语口号的表现形式逐渐趋于多样化，反映计划生育的灯箱广告、电子视屏、喷绘写真新样式给标语口号带来了新活力。

1990 年以前，安徽省计生委统一印发的人口与计划生育标语口号有：

危险的信号：世界每年增加一亿人

人类只有一个地球，必须严格控制人口

实行计划生育是基本国策

实行计划生育是中华民族的生存大计
严格控制人口增长，努力提高人口素质
坚决贯彻落实计划生育政策
大力提倡一对夫妇只生一个孩子
大力普及人口与计划生育科学知识
坚持避孕为主，落实节育措施
计划生育丈夫有责
人口素质要提高，优生优育很重要
为了家庭幸福，请勿近亲结婚

1991 年安徽省计生委统一印发的人口与计划生育标语口号

振兴中华匹夫有责，控制人口从我做起
推行计划生育有理，落实基本国策光荣
控制人口增长，促进社会进步
人多地少是基本国情，计划生育是基本国策
当计划生育的促进派，做只生一个的带头人
控制人口兴国富民，计划生育家庭幸福
抓生产不忘计划生育，贺丰收必有人均观念
国家要强盛，生育要计划
建设精神文明，更新生育观念
人口警钟天天敲，计划生育时时抓
家事国事天下事，计划生育是大事
计划生育给家庭带来幸福，控制人口为国家作出贡献
计划生育，人人有责
人人参与，户户知晓，计划生育，强国之宝
要给后代多创精神物质财富，不给后代留下沉重人口包袱
计划用钱全家福，计划生育合家乐
人人都做好公民，计划生育当先进
朋友，您实行计划生育了吗
同心同德把生产搞上去，群策群力使人口降下来
两种生产同步进行，经济发展突飞猛进
两种生产一起抓，振兴中华靠大家
贫困山区要变样，生儿育女要算账
谁家要想快致富，少生孩子是条路

扶贫计生双抓紧，穷县才能早脱贫
生活要小康，人口要下降
棉花生长要打杈，人口生育要计划
党员干部走在前，计划生育就不难
破多子多福旧观念，树优生优教新风尚
优生优育少生娃，勤劳致富把家发
少生优生，幸福一生
少生优生优育，利国利村利家
夫妻只育一只花，聪明娃娃人人夸
早婚早育危害大，晚婚晚育好处多
先创业，后成家，晚婚晚育传佳话
晚婚晚育恩恩爱爱，优生优育欢欢乐乐
近亲结婚忧患多，少生优生负担少
珍惜土地，控制人口
全社会都要关心支持计划生育工作

2001 年安徽省计生委统一印发的人口与计划生育标语口号

实行计划生育是宪法规定的公民权利和义务
正确执法，文明执法，依法管理计划生育
认真贯彻落实《流动人口计划生育工作管理办法》
大力加强流动人口计划生育管理
认真贯彻落实《安徽省计划生育条例》
稳定低生育水平是今后一个时期重大而艰巨的任务
开展计划生育技术服务，提高公民生殖健康水平
严格执行“七个不准”提高行政执法水平
严肃查处非医学需要选择胎儿性别的违法行为
控制人口的过快增长是实现可持续发展的重要环节
人口增长必须与经济社会发展相适应
人类只有一个地球，必须控制人口增长
控制人口，保护环境，珍惜我们的家园
实行计划生育，让后代多一点生存空间
实行计划生育，改善生态环境
实行计划生育，促进人的全面发展
促进人口与经济、社会、资源、环境协调发展

人多地少是基本国情，计划生育是基本国策

人口过多仍是我国首要的问题

建立和完善计划生育利益导向机制

实行计划生育，提高妇女地位

人口素质要提高，优生优育很重要

近亲结婚忧患多，少生优生负担少

计生服务常到家，户户盛开幸福花

优生优育优教，利国利民利家

实行避孕节育质量，保护妇女身心健康

计划生育靠你靠我靠他，优质服务为你为我为他

您的健康是我们的心愿

为您提供优质服务是我们的责任

计生重心下乡村，优质服务送上门

树立科学、文明、进步的婚育观念

生男生女一样好，女儿也是传后人

男女平等，生男生女顺其自然

以人的全面发展为中心，开展计划生育优质服务

留下您的意见，完善我们的服务

以真诚的服务，换您满意的微笑

继续深入开展“婚育新风进万家”活动

男孩女孩都是宝，都能把您伺奉好

计生协要积极为群众“生产、生育、生活”服务

计生协要坚决维护育龄群众的正当权益

充分发挥计生协的宣传、带头、服务、监督、交流作用

人口学校　人口学校是20世纪80年代中后期基层开展计划生育工作自行创办起来的，多是利用村部或乡计划生育办公室等场所组织计划生育对象学习计划生育政策，落实计划生育措施。在一些计划生育工作落后的地方曾发生强制育龄群众或其近亲属到人口学校接受计划生育国策教育，甚至违规留置群众，引发恶性案件造成恶劣影响。1989年，计划生育基础知识教育活动在全省陆续展开后，人口学校作为在基层开展宣传教育的主阵地位得到确认。

1997年8月，省计生委提出人口学校20条规范性要求，明确人口学校由乡级党政领导负责教学和管理工作，有兼职教员或辅导员，有稳定的教学队伍，有固定教学场所、教学设备、教材、学习资料和电视机、录放相机等宣传装备，有活动经费，有规

章制度，对教学内容、教学计划、教材与教案、教学形式也有明确要求；人口学校要接受上级计划生育行政部门考核评估，并规定考核主要内容和范围。到1997年底，全省乡村人口学校普遍建立起来。巢湖地区人口学校建设具有代表性，该地区辖126个乡镇，2327个行政村全部建立人口学校，两级人口学校兼职教师9421人，受教育人群达206.79万人次。

网络宣传 2004年5月，省人口计生委正式开通门户网站，域名为www.ahjsw.com，后变更为www.ahpfpc.gov.cn，省人口计生委办公室负责日常管理。网站每天更新全省人口计生系统重要信息，成为计生系统干部职工每天必浏览的网站，为基层和广大群众提供了大量有价值信息。

第三节 宣传教育活动

计划生育特色宣传 1980年9月25日，中共中央发表《关于控制我国人口增长问题致全体共产党员共青团员的公开信》，安徽省把每年的“9•25”作为全省计划生育宣传日，以此宣传计划生育基本国策。每年“世界人口日”“男性健康日”以及“亚洲30亿人口日”全省各地都要结合省情、市情、县情，开展多种形式的计划生育宣传活动，以增强社会和全民人口意识。每逢计划生育重大事件都要开展持续一个月或一周的人口和计划生育专题宣传活动。1998年11月，省委、省政府出台《关于加强计划生育工作的若干意见》，当年省委宣传部就把12月份定为计划生育宣传月活动，全省上下联动，宣传省委、省政府文件精神。2000年4月，中共中央国务院作出《关于加强人口和计划生育工作稳定低生育水平的决定》，2001年12月《中华人民共和国人口与计划生育法》颁布后，又在全省开展人口与计划生育宣传月活动。2002年3月2日，省、市、县、乡、村五级联动，开展街头计划生育宣传咨询服务活动，宣传中共中央、国务院文件精神和计划生育法律法规。

基础知识教育 1988年5月，国家计生委部署在全国开展人口与计划生育基础知识教育活动，省计生委决定在凤阳等5县先行试点。1989年5月，省计生委在凤阳县召开各地、市计生宣教科长，部分县计划生育委员会负责人会议，推广凤阳县开展人口与计划生育基础知识教育试点做法。到1989年11月，全省已有42个县在56个乡村和工厂企业开展试点工作，共培训教员900多人，受教育人员达5万多人次。1990年1月，省委宣传部和省计生委在凤阳县召开全省计划生育宣传教育工作会议，推广先期开展人口与计划生育基础知识教育试点地方和单位的经验和法，要求以农村为重点，在全省广泛深入持久地开展人口与计划生育基础知识教育，力争用3至5年时间，使80%以上的群众接受一次较系统的人口与计划生育基础知识教育。到1990年底，全省开展人口与计划生育基础知识教育的单位扩大到58个县、369个乡镇。到1991年11月，全省成立县以下各级人口与计划生育基础知识领导小组1.16万个，受教育人数达533.03万人。省委宣传部、省计生委于1993年12月组织开展人口与计划生育基础知识教育检查验收，全省基本上实现国家规定的开展率和参学率达到80%以上的普及标准。

中学人口课　1987年始，临泉县对在校中学生进行人口和青春期教育试点。1988年，阜阳地区教委和计生委在临泉县召开全地区中学人口教育工作会。同年，蚌埠市在中等学校进行了青春期教育试点。1988年8月，省教委在合肥市召开了青春期教育工作会，并编写出版供全省初中教学使用的教材。1989年春，安徽省首先在蚌埠、合肥、芜湖、淮南等8市市区普通中学初中开设青春期教育课，在临泉县进行农村普通中学青春期和人口教育试点。同年12月，省委宣传部、省计生委召开了全省计划生育宣传工作会议，要求普通中学开设人口课，并纳入全省全民性人口和计划生育宣传的重要内容。1990年和1992年分别在凤阳县和广德县召开的全省计划生育宣传教育工作会议上，蚌埠市、临泉县以及淮南二中作经验介绍。到1990年，全省1630所中学开设人口或青春期卫生教育课，受教育学生29.16万人。1991年底，全省城乡初级中学已普遍开设生理卫生、国情国策、人口知识教育课，有40所高中开展人口课试点，省教委决定，1992年在全省高等中级学校全部推开。经省委宣传部、省计生委检查验收，全省中学全部开设人口和青春期健康课程。

关爱女孩工程　2002年2月，国家人口计生委宣教司、省计生委与西安交通大学人口研究所在巢湖市联合开展“改善女孩生活环境试验区”项目试点。主要做法是针对不同层次、不同人群的心理状态，广泛开展婆婆媳妇座谈会，用自身事例教育身边的人，促进思想转化；大力开展“一连十、十连百”活动，培养妇女积极分子，通过将项目筹集资金小额无息贷款给妇女从事生产经营，提高妇女经济收入和社会地位，形成有利于妇女生活、成长和发展的社会环境。项目试点启动后，当地群众在参与中既受到教育，又得到一些物质上的帮助，很受欢迎。省计生委决定把这项试点放大到全省，决定在全省开展“关爱女孩工程”活动，以提高女童乃至妇女地位，消除人们重男轻女的传统观念，最终遏制安徽省出生人口性别比持续升高势头。省委、省政府主要领导多次批示，要求各级党委、政府要以关爱女孩工程为载体，实施对出生人口性别比问题的综合治理。2002年10月，省计划生育工作领导小组下发在全省实施“关爱女孩工程”的通知和实施“关爱女孩工程”的方案，要求各地在实施“关爱女孩工程”时，采取宣传教育、利益导向、科学管理和服务、依法打击等综合治理措施。同时，确定宿松、怀远等12个县为省级示范县，巢湖市为省级示范市。怀远、含山、凤台、怀宁等县纷纷出台有利于生女孩家庭和女孩成长成才的经济社会政策，如提高独生子女保健费标准，在本县升高中时加分，在本地就医时减免挂号费，免交新型农村合作医疗个人费用，干部结对帮扶独、双女户家庭等。

2004年3月25日，国家人口计生委和省政府联合在合肥市举办全国关爱女孩行动大型活动。省委宣传部、省人口计生委等12个省直部门联合开展的“关爱女孩江淮行”同时启动，由相关厅局负责人带队，分赴巢湖、芜湖、宣城、蚌埠、淮南、六安等市，通过现场救助贫困女孩、建立专项资金、倡议行业自律、公布举报电话、图片展览、文艺演出、政策咨询等多种形式开展宣传。蚌埠、芜湖等市举行了关爱女孩现场捐献活动，分别收到单位及个人捐款10多万元。黄山市现场募捐资金近6000元，有19名品学兼优的贫困女童得到了捐助。

婚育新风进万家 1998年10月，国家计生委部署在全国开展旨在建设社会主义新型生育文化的婚育新风进万家活动，安徽省于1999年全面启动。省委宣传部、省计生委等13个省直部门和群团组织联合印发全省开展婚育新风进万家活动方案，同时确定合肥市郊区、淮北市濉溪县、巢湖市居巢区、黄山市黄山区为省级活动试点单位。8月，举行全省计划生育宣传暨婚育新风进万家活动座谈会，推广合肥市郊区等省级试点单位的经验，要求各地加大推动力度，并把婚育新风进万家活动纳入到计划生育目标管理责任制考评。2000年，婚育新风进万家活动在全省推开，并形成宣城市以优质服务为抓手的皖南模式，巢湖市以改善女孩生活环境为主题的皖中模式，濉溪县以规范管理与综合服务为目标的皖北模式。

婚育新风进万家活动中，各级宣传、计生等部门，妇联、共青团等群众团体组织联合举办“百佳婚育新风文明户”“十星文明户”“好婆婆”“好媳妇”“幸福家庭”等评选表彰活动150余次，评选各类先进8990人；计生、卫生、科技、农经等部门联合开展送生产技术、致富信息、生殖保健服务下乡2300余次；各级党校、教育部门开展人口理论、人口国情与青春期教育达3500个课时，各级党报、电台、电视台联合开办婚育新风专题栏目7800余期，与文化部门组织文艺演出3200场次，多部门联合开展人口与计划生育法规知识的万人答卷和知识竞赛活动。2001年，省委宣传部、省计生委、省文化厅、省广电局联合开展全省婚育新风文艺调演，各地创作了一大批乡土气息浓郁、寓教于乐的计划生育题材文艺节目，在基层演出7900余场。宿松县黄梅戏剧团制作并演出的黄梅戏《五月更》，在全省巡回演出200多场，观众达30万人次；合肥市制作的大型喜剧《国事家事》、蚌埠市创作的《家家有本难念的经》演出也达百余场。各地通过举办“女孩才艺展”“女孩读书征文大赛”“女孩悄悄话热线”，架起父母与子女互动交心的桥梁。县、乡、村三级计划生育技术服务阵地配有“宣传园地”“读书角”“悄悄话室”，为群众提供咨询指导，解决其“难言之隐”。乡村人口学校以传播生产、生活、生育知识为重点，开展文艺、体育、培训等活动，进行自我娱乐，自我教育。城镇街道、社居委和农村乡村创建人口文化大院。在主要路段建立高标准宣传牌和户外广告1200块，建立计划生育宣传一条路、一条街150条。繁昌县投入资金200多万，实施“幸福工程”帮扶项目1000多个，培训育龄群众8000多人，使8965户计划生育家庭受益。合肥市包河区开展“进万家门，知万家情，解万家难，暖万家心”活动，与女孩户家庭建“爱心桥”“亲民卡”，投入60万元开设“再就业一条街”，优先安置计划生育下岗人员500多人，并在税收政策上给予优惠。

第五章　人口计划统计

第一节　人口计划

人口计划编制　安徽省人口计划依据国家下达安徽省人口计划和人口发展规划，兼顾经济社会发展计划和控制人口增长能力而编制，一次性分解下达到各市，然后根据各地市上年度人口计划执行情况，逐年下达年度滚动人口计划，即下达下年度人口计划的同时，下达第三年的人口框架计划。1986年制订的人口控制目标是：到1990年末，全省总人口控制在5430万人以内，年均人口出生率15.7‰以内，年均自然增长率控制在10.4‰以内，当年出生一孩率达到70%、多孩率控制在5%以内；到1995年末，全省总人口控制在5789万人以内，年均人口出生率控制在18‰以内，年均自然增长率控制在12.7‰以内，一孩率达65%以内、多孩率控制在1%以内；到2000年末，全省总人口6100万人以内，年均人口出生率控制在16.3‰以内，年均自然增长率控制在10.7‰以内，当年出生多孩率控制在1%以内。

1987年、1988年安徽省各地市人口计划一览表

表2-5-1　　　　单位：人

地区	1987年计划		1988年设想	
	出生率	自然增长率	出生率	自然增长率
安徽省	14.8	9.8	15.5	10.5
合肥市	12.8	8.2	14	9.8
芜湖市	15.5	9.3	17	11.2
蚌埠市	13.8	9.2	14.3	9.7
淮南市	14.2	10	14.4	10.2
马鞍山市	13.9	8.6	15	10
淮北市	13.1	12.2	14	10.7
铜陵市	14.7	9.2	15.5	10.3
安庆市	13.5	7.5	14	8.3
阜阳地区	15.3	10.3	15.5	10.5

续表 2–5–1

地区	1987 年计划		1988 年设想	
	出生率	自然增长率	出生率	自然增长率
宿县地区	14.7	9.1	15	9.4
滁县地区	14.5	9.8	15.5	10.6
六安地区	15.2	9.5	16	10.4
宣城地区	15.1	9.8	16.5	11.6
巢湖地区	14.7	9.3	15.2	10.4
徽州地区	18	12.3	19	12.6
安庆地区	16.3	9.6	17.3	10.4
黄山市	16.4	9.6	18	11.2

1991 年 6 月，省政府首次就调整“八五”（1991—1995 年）人口计划和十年人口规划指标请示国务院，认为安徽省农村人口比重大，“八五”时期正处在新中国建立后第三次生育高峰期，人口形势十分严峻，“经反复测算，计划到‘八五’期末，全省人口出生率控制在 20.47‰以内，总人口控制在 6151.9 万；到 2000 年，人口出生率控制在 14.64‰以内，总人口控制在 6498.7 万”。国务院同意安徽省“八五”期末总人口目标控制在 6152 万以内，2000 年末控制在 6500 万以内。因此，安徽省重新编制和下达“八五”和 2000 年人口控制指标。

1995 年、2000 年安徽省各地市人口计划一览表

表 2–5–2　　单位：万人

年份 / 地区	1995 年末	2000 年末
安徽省	6152	6500
合肥市	410	441.2
芜湖市	217	228.1
蚌埠市	323.2	345.4
淮南市	194.4	208.5
马鞍山市	112.8	118.7

续表 2-5-2

年份 地区	1995 年末	2000 年末
淮北市	174.9	189.4
铜陵市	66	68.2
安庆市	609.7	644.4
黄山市	151.6	163.6
阜阳地区	1349.7	1426.7
宿县地区	541.7	577.5
滁州地区	409.7	437.8
六安地区	660.7	693.4
宣城地区	283.4	306
巢湖地区	454.1	479.4
池州地区	157.5	168.9

1995 年末，安徽省总人口为 6013 万，比原计划目标少 139 万。从这一实际出发，安徽省再次调整到 2000 年及以后人口发展计划。

2000 年安徽省各地市人口计划一览表

表 2-5-3

地区	2000 计划			
	出生率（‰）	出生人数（万人）	自然增长率（‰）	年末人口（万人）
安徽省	16.6	104.1	9.5	6299.3
合肥市	15.5	6.7	9.5	435.1
芜湖市	15.5	3.4	9.5	222.1
蚌埠市	17	5.7	10	335.9
淮南市	17	3.5	10.5	204.7
马鞍山市	16	2	9.7	117.7
淮北市	17.2	3.3	10.5	191.5
铜陵市	15.5	1.1	9.5	68.6

续表 2-5-3

地区	2000 计划			
	出生率（‰）	出生人数（万人）	自然增长率（‰）	年末人口（万人）
安庆市	16	9.9	9.5	618.8
黄山市	15	2.2	7	148.3
阜阳市	17	21.4	10	1266.6
宿县地区	17	9.7	10.2	575.2
滁州市	15.5	6.3	9.5	424.6
六安地区	15.5	10.2	9.5	666.3
宣城地区	15	4.1	9	279.5
巢湖地区	16	7.2	9.5	405.6
池州地区	16	2.5	9.5	155
亳州市	16	2.2	9.5	138.8

2000 年，中共中央、国务院作出《关于加强人口与计划生育工作稳定低生育水平的决定》，提出全国到 2010 年人口控制目标。省委、省政府要求，到 2005 年全省总人口控制在 6600 万以内，年均人口出生率控制在 15‰以下。

1985—2005 年安徽省人口计划执行情况统计表

表 2-5-4

项目＼年份		1985	1991	1995	2000	2005
年末人口（万人）	计划	5131.8	5775	6152	6299.3	6508
	实绩	5156	5761	6012	6278	6516
出生率（‰）	计划	13.00	23.45	20.47	16.6	12.68
	实绩	15.61	21.19	16.07	13.4	12.43
自然增长率（‰）	计划	8.00	23.49	12.1	9.7	7.3
	实绩	10.45	21.19	9.66	7.64	6.2

人口计划实施 省级编制的人口计划和规划是宏观计划，只下达到地、市级。地、市再根据各县（市、区）具体情况，把省下达的人口计划指标分解下达到县级。县级对乡（镇）不下达宏观人口计划指标，而是由乡（镇）、村（居）按照当时生育政策规定，自下而上申报年度人口计划，由县级审核平衡后下达各乡（镇）执行，并纳入当年人口和计划生育目标管理责任制考评，兑现奖惩。为完成人口计划，各县（市、区）均实行“准生证”制度，按核定的年度人口控制指标将“准生证”发到乡（镇）或县直单位，再由乡（镇）、村或单位按生育政策安排到户到人。安徽省计划生育政策规定，从1984年12月1日起，要求生育第二个孩子的夫妻须在第一个孩子满三周岁后，由本人提出申请，乡（镇）人民政府或街道办事处审查，县级计划生育部门批准方可生育。1992年修订的《安徽省计划生育条例》进一步规定：实行生育证制度，持有生育证的夫妻方可生育。生育证由省计生委统一印制，要求生育第一个孩子的夫妻，凭结婚证和双方单位或所在村民委员会、居民委员会证明，到女方常住户口所在地乡（镇）人民政府或街道办事处领取生育证。凡符合规定可以再生育一个孩子的夫妻，须在前一个孩子满三周岁后，由夫妻双方提出申请，所在单位或村民委员会、居民委员会证明，女方常住户口所在地乡（镇）政府或街道办事处审核，报县（市、区）计划生育部门批准发给生育证。从2002年9月1日起，全省取消生育第一个孩子审批制度，要求生育第一个孩子的夫妻可以自己选择生育时间，符合生育第二个孩子政策的夫妻，只要履行审批手续，均不受人口计划指标限制。

第二节 计划生育统计

统计机构和队伍 安徽省1982年成立计划生育委员会时，即设业务处，配备专业统计人员，承担统计业务。1983年后，业务处又多次更名为综合计划处、计划统计处、规划统计处。20世纪80年代中期，全省各地、市计生委均设立业务科或综合业务科。20世纪90年代初，各地、市计生委均设统计科或计财科，大部分县（市、区）设立统计股。各地、市与部分县（市、区）计生委一般配备2～4名统计干部，其余县（市、区）计生委也至少有1名统计干部；乡（镇）人民政府或街道办事处计划生育办公室有专人负责计划生育统计；村委会或居委会由计划生育专干负责提供每月的新婚、怀孕、生育、避孕节育等信息。

统计报表 1986年，安徽省计划生育统计报表除执行国家计生委制定的《出生及晚婚情况报表》《节育及领独生子女证情况报表》外，还结合实际工作需要，增设《出生、怀孕及晚婚季报表》《节育手术情况季报表》，按时间分月报表、季度报表、半年报表和年度报表四种。2000年后，全省逐步推行微机网上数字传输，2005年实现全省网络版报表生成，取消纸质报表。

统计台账　计划生育台账为乡、村两级记载计划生育信息变更的总称，包括育龄妇女卡片、人口出生、死亡、节育登记簿及相关统计表。1993年以前，安徽省没有统一的乡、村两级计划生育台账，各地自行参照外省一些地方的做法，先后试用育龄妇女卡片和计划生育信息登记簿、统计表，以及时掌握辖区计划生育信息，采取对应措施，推动计划生育工作。1994年11月，省计生委统一规定村级台账，设：年度基本情况表、结婚登记表、怀孕登记表、人口迁移、死亡登记表、避孕节育登表、处罚登记表、生育指标审批发放表，同时要求有条件的村可增设育龄妇女卡片；乡级台账设：育龄妇女卡片、结婚登记簿、怀孕登记簿、出生登记簿、计划生育手术登记簿。2000年起，省计生委重新统一村级台账。2003年9月，省计生委印发《安徽省计划生育统计工作管理实施办法》，规定：村级统计台账设“一卡、一账、一单、一表”，即“已婚育龄妇女卡片”（或《常住人口登记簿》）、《村级计划生育统计台账》《人口与计划生育信息报告表》、孕（环）情监测记录表。《村级计划生育统计台账》设“一卡、一单、六簿”，即《已婚育龄妇女》《计划生育信息交流单》《结婚、怀孕、出生登记簿》《计划生育手术登记簿》《生殖保健服务证、生育证发放登记簿》《流动人口婚育证明发证验证登记簿》《独生子女父母光荣证领证登记簿》和《社会抚养费征收登记簿》。2000年后逐步精减或取消手工账簿，以村级统计月报告单和微机管理取代基础台账。

村（居）民小组名称、代码和期末人口（表样）

代码	村民小组	人口	代码	村民小组	人口	代码	村民小组	人口

______年______月末常住人口基本情况（表样）

期末总人口		女性初婚	总数	男	出生总数	一孩			二孩			多孩	
					女	男	女	计内	男	女	计内	男	女
育龄妇女数			早婚										
领光荣证数			晚婚										

常住人口已婚育龄妇女节育情况（累计）（表样）

		合计	节育小计	男长效节育	女长效节育	放置宫内节育器	皮埋	服药	避孕套	其他	无措施				
											有指标	无指标	无配偶或绝经	其它	尚未落实
无孩妇女															
一孩妇女	总数														
	一女														
二孩妇女	总数														
	二女														
多孩妇女															
合计															

结婚登记表（表样）

登记日期	组别	男方			女方			结婚时间	领证结婚时间	婚姻性质	备注
		姓名	出生年月	户籍地	姓名	出生年月	户籍地				

怀孕情况登记表（表样）

登记时间	组别	夫妇姓名		推算预产期	怀孕孩次		生育证编号	怀孕结果	备注
		男方	女方		计内	计外			

出生情况登记表（表样）

登记日期	组别	婴父		婴母		婴儿出生情况					备注
		姓名	出生日期	姓名	出生日期	日期	性别	孩次		生育证编号	
								计内	计外		

避孕节育情况登记表（表样）

登记日期	组别	夫妇姓名		现有子女		最小子女出生年月	节育手术		手术地点	手术医生	用药具情况	
		男方	女方	男	女		手术类型	手术时间			名称	使用起止日期

人口变动信息（迁移、收养）登记表（表样）

登记日期	组别	姓名	性别	出生年月	变动内容	变动时间	迁入（迁出）地址	备注

领独生子女证及社会抚养费征收情况登记表（表样）

登记日期	组别	夫妇姓名		领取独生子女证情况		超生情况		计划外生育费征收			党纪政纪处分	备注
		男方	女方	领取时间	证失效日期	日期	孩次	应收款额	本次缴纳款额	累计缴纳款额		

生育指标发放登记表（表样）

登记日期	组别	男方		女方		已生育情况			生育指标发放情况		生育证编号	生育证发放单位
		姓名	出生年月	姓名	出生年月	子女数		末孩出生年月	批准生育原因	生育证发放时间		
						男	女					

第三节　人口和计划生育目标管理

目标责任书　为控制人口过快增长，实现既定人口计划，从20世纪80年代末，安徽省部分地、市、县试推行计划生育目标管理责任制，即由上一级人民政府将当年人口计划目标、计划生育工作任务以人口和计划生育目标管理责任书下达下一级人民政府，上、下级人民政府主要负责人签订责任书，年终考评，兑现奖惩。1992年起，省政府首次与各地区行署、市人民政府签订《人口目标责任书》，将人口出生率作为主要考核指标，将多孩率、计划生育率、婚姻管理指标作为参考指标。

目标责任制推行初期，考核指标主要侧重控制人口出生数量，随着计划生育工作发展要求，考核指标逐步转向控制人口出生数量和提高工作质量两个方面。为加强城市和流动人口计划生育管理，从1996年起，省政府还与省直相关部门签订《计划生育综合治理目标管理责任书》，依据有关法律法规，明确各部门的城市和流动人口计划生育管理职责。

目标考核　从1993年起，省政府每年都授权省计生委对各地市人口和计划生育目标管理责任制执行情况进行考核验收，省里将每个被考核县（市、区）、乡（镇）分成一、二、三类，在每个类别中各随机选取一个乡（镇）作为考核样本乡（镇），再从该乡（镇）随机抽取一个行政村作为考核样本点，然后由省计生委统一选派调查队员直接进村入户检查，并与有关资料、报表核对。省计生委每年都要从各县抽调数百人次计划生育干部分成若干调查组，集中培训后，直接派往被随机抽样选中的样本点乡（镇）、村开展入户调查，不要地（市）、县、乡、村干部陪同，排除人为干扰。现场调查结束后，由各调查组将全部资料集中封存交至省计生委汇总处理，省政府或省计划生育工作领导小组依据该结果，对各地、市、县（市、区）兑现奖惩。

奖励和惩罚　从1992年起，省委、省政府每年都要召开一次全省计划生育工作会议，各地、市党委或政府（行署）分管计划生育工作负责人，各县（市、区）党委或政府主要负责人或分管计划生育工作负责人，省直有关部门负责人，各地、市、县（市、区）计生委主任都要参加会议，会上由省政府或省计划生育工作领导小组与各地、市、县（市、区）、省直有关部门兑现上一年度人口和计划生育目标责任制奖励或惩戒。

1992—2005年安徽省人口和计划生育目标管理责任书指标设置（表样）

表2-5-5

年份	责任目标	备注
1992	一、主要考核指标 二、参考指标 1. 计划生育率； 2. 多孩控制率； 3. 完成放置宫内节育器任务例数； 4. 完成长效节育任务例数； 5. 完成二女户长效节育例数； 6. 创无计划外出生村数。	
1993	一、考核指标 人口出生：计划生育率80%；无计划外出生村数。 二、奖励指标 计划生育率；全面完成各项节育手术任务；无计划外出生乡、镇比例。	
1994	主要考核指标： 1. 人口出生数； 2. 计划生育率； 3. 当年生育一孩放置宫内节育器占比； 4. 当年生育二孩、多孩长效节育占比； 5. 妇检普及率__%以上； 6. “双基”教育参学率、合格率80%以上； 7. 创合格村情况。	

续表 2-5-5

年份	责任目标	备注
1995	一、考核主要责任目标 1. 年人口出生控制数； 2. 计划生育率。 二、主要考核指标 1. 手术到位率； 2. 出生统计误差率； 3. 人口与计划生育基础知识教育参学率、合格率； 4. 上环、妇检对象持证参检率； 5. 建立乡服务站、村服务室并开展技术服务工作； 6. 创建一个“少生快富奔小康”合格村； 7. 建立一支常年计生工作专班，人数不少于规定人数； 8. 计生协会建设达标； 9. 奖、惩按政策落实到位； 10. 计划内生育必须持证、生育证错发率； 11. 流出、流入人口的计生管理必须有章可循，有据可查。	
1996	一、主要考核计划指标 1. 当年人口出生控制在__人以内； 2. 出生人口政策符合率__% 以上； 3. 政策内出生持证率__ % 以上； 4. 统计误差率正负不得超过__ %。 二、考核工作指标 1. 当年 11 月底前出生二、多孩育妇放置宫内节育器占比； 2. 当年 10 月底前出生一孩育妇长效节育占比； 3. 村级查孕全年 6 次，平均参检率__% 以上； 4. 村级查环全年 2 次，平均参检率__ % 以上； 5. 平均每次查孕检出怀孕人数不低于总人口__ ‰； 6. 创建合格村__个； 7. 坚持经常性工作制度，常年有效开展工作； 8. 计生协会全部建立并开展活动。	

续表 2-5-5

年份	责任目标	备注
1997	一、主要考核计划指标 1. 当年人口出生控制在__人以内； 2. 出生人口政策符合率__% 以上； 3. 政策内出生持证率__% 以上； 4. 统计误差率不得超过__%。 二、考核工作指标 1. 当年 11 月底前出生二、多孩育妇率__%； 2. 当年 10 月底前出生一孩育妇率__%； 3. 村级查孕全年 6 次； 4. 平均每次查孕检出怀孕人数不低于总人口__‰； 5. 乡镇、村计生协会全部建立并开展活动； 6. 创计划生育合格村__个； 7. 计划外生育按规定征收，乡征县管，及时解缴； 8. 计划生育户与乡镇村签订计划生育合同； 9. 乡镇计生服务站、村服务室建设和管理达标。	
1998	一、主要考核计划指标 1. 当年人口出生控制在__人以内； 2. 出生人口政策符合率__% 以上； 3. 统计误差率控制在 5% 以内。 二、考核工作指标 1. 当年生育（补救）后应到位率 100%，及时率 90%，二女户占长效节育总数 20%； 2. 当年生育（补救）后应到位率 100%，及时率 80%； 3. 政策内出生持证率达 100%； 4. “两检”参检率达 100%； 5. 乡镇、村（街）计生协会全部建立并开展活动； 6. 创计划生育合格村__个； 7. 计划外生育费依法征收，及时全额上缴； 8. 计划生育户与乡镇签订计生合同； 9. 乡镇计生服务站和村服务室建设和管理达标。	

续表 2-5-5

年份	责任目标	备注
1999	一、人口控制效果指标 1. 当年人口出生控制在__人以内； 2. 出生人口政策符合率__ % 以上； 3. 当年生育（补救）后长效节育措施到位率 ___%，及时率 ___%，二女户长效节育例数占数的比例。 二、主要考核工作质量指标 1. 出生统计误差率不超过 5%； 2. 创建计划生育合格村__个；80% 的村基本实现“三为主”； 3. 贯彻省委 10 号文件，“三清理”落实到位； 4. 财政统筹费投入计生工作情况； 5. 流动人口计生管理规范化； 6. 乡站村室管理达标。	
2000	一、人口控制效果指标 1. 当年人口出生控制在__人以内； 2. 出生人口政策符合率__% 以上； 3. 当年生育（补救）后长效节育措施到位率 ___%，及时率 ___%，二女户长效节育例数占总人口比率不少于 ___‰。 二、工作质量指标 1. 出生统计准确率≥ 95%； 2. 创建计划生育合格村__个； 3.《计划生育条例》入户宣传率≥ ___%； 4. 乡统筹费投入计生工作情况； 5. 流动人口计生管理规范化； 6. 常住人口计生信息管理实现微机化； 7. 已婚育妇妇科病普查率； 8. 乡站管理规范，村室建设达标。	

续表 2-5-5

年份	责任目标	备注
2001	一、人口控制效果指标 1. 当年人口出生控制在__人以内； 2. 出生人口政策符合率__ % 以上； 3. 当年人口出生（补救）后长效节育措施到位率__%，及时率（三月内）__%，二女户长效节育例数不少于__‰。 二、考核工作质量指标 1. 出生统计准确率≥ 95%； 2. 流动人口计生管理规范化； 3. 财政投入计生工作经费（年人均情况）； 4. 计划内生育对象基本实现“两定”； 5. 已婚育妇妇科病普查率；	
2002—2005	一、人口控制效果指标 1. 出生人口政策符合率达到__%； 2. 统计误差率控制在 5% 以内； 3. 当年长效节育措施到位率__%； 4. 人口出生性别比。 二、工作质量指标 1. 统计综合误差率； 2. 外出流动人口管理：婚育证明率办证率；已婚育妇（“两检”对象）计生合同率签订率，长效节育手术完成率； 3. 流入人口验证全年不少于 2 次的平均验证率； 4. 人口编制落实，财政投入计生工作人均经费情况； 5. 依法行政、生殖健康、优质服务情况； 6. 计生工作文书资料实现档案管理，计生统计信息实行微机管理； 7. 育龄群众对计生工作满意率。	

1993—2005 年安徽省人口和计划生育抽样调查结果汇总表

表 2-5-6 单位：‰、%

年份	人口出生率	一孩率	二孩率	多孩率	计划生育率（政策符合率）	长效节育率
1993	17.18	63.1	31.8	5.1	67.16	82.14
1994	16.7	67.55	28.22	4.23	68.81	83.4
1995	16.07	68.03	27.2	4.77	76.71	85.07
1996	16	68.29	28.54	3.17	84.18	78.99
1997	15.8	73.8	24.4	1.8	86.69	78.99
1998	15.10	70.52	27	2.48	88	87.24
1999	10.19	69.18	29.59	1.23	92.57	87.92
2000	10.24	67.76	31.5	0.74	94.92	94.71
2001	9.72	69.42	30.21	0.37	97.71	94.81
2002	8.91	67.62	31.09	1.29	95.42	91.53
2003	9.58	68.58	30.29	1.13	94.53	89.46
2004	10.41	65.71	32.03	2.26	86.63	89.42
2005	9.85	63.99	34.44	1.57	88.4	92.2

1992—2005 年安徽省计划生育工作表彰奖励地市（县、区）一览表

表 2-5-7

年度	省人民政府表彰	省计划生育领导小组表彰
1992	宣城行署、池州行署、六安行署、芜湖市、马鞍山市、合肥市、滁州市、蚌埠市、铜陵市、黄山市、青阳县、金寨县、泾县、宁国县	无

续表 2–5–7

年度	省人民政府表彰	省计划生育领导小组表彰
1993	阜阳行署、宣城行署、巢湖行署、六安行署、宿县行署、滁州市、安庆市、黄山市、池州行署、合肥市、蚌埠市、芜湖市、铜陵市、马鞍山市、淮北市、淮南市	无
1994	铜陵市、宣城行署、合肥市、池州行署、滁州市、六安市、巢湖行署	无
1995	宣城市、六安市、池州市、滁州市、合肥市、铜陵市、芜湖市、巢湖市	无
1996	宣城市、铜陵市、六安市、芜湖市、淮南市、池州市、马鞍山市、滁州市、蚌埠市	无
1997	宣城市、铜陵市、马鞍山市、芜湖市、六安市、巢湖市、池州市、滁州市、淮南市	无
1998	肥东县、芜湖县、繁昌县、铜陵县、桐城县、潜山县、黄山区、歙县、颍泉区	无
1999	五河县、濉溪县、颍泉区、霍山县	无
2000	无	肥东县、繁昌县、五河县、当涂县、濉溪县、铜陵县、桐城县、岳西县、黄山区、黟县、涡阳县、太和县、颍泉区、颍东区、甬桥区、砀山县、灵璧县、泗县、天长市、全椒县、霍邱县、金寨县、宣州区、宁国县、绩溪县、无为县、和县、东至县
2001	合肥市、淮南市、马鞍山市、铜陵市、黄山市、滁州市、六安市、宣城市、巢湖市	肥西县、南陵区、五河县、固镇县、濉溪县、潜山县、太湖县、岳西县、黄山区、祁门县、蒙城县、颍泉区、颍东区、砀山县、灵璧县、南谯区、天长市、定远县、舒城县、霍山县、宣州区、宁国县、当涂县、庐江县、无为县、含山县、青阳县

续表 2-5-7

年度	省人民政府表彰	省计划生育领导小组表彰
2002	巢湖市、铜陵市、池州市、芜湖市、淮北市、蚌埠市、宣城市	芜湖县、繁昌县、固镇县、潘集区、铜陵县、太湖县、黟县、谯城区、涡阳县、颍泉区、萧县、灵璧县、泗县、天长市、金安区、裕安区、舒城县、宣州区、泾县、居巢区、庐江县、无为县、含山县、和县、贵池区、东至县、石台县、青阳县
2003	巢湖市、芜湖市	芜湖县、怀远县、固镇县、濉溪县、桐城县、怀宁县、太湖县、岳西县、黄山区、黟县、祁门县、蒙城县、太和县、颍泉区、阜南县、泗县、天长市、霍山县、广德县、宁国县、泾县、绩溪县、居巢区、庐江县、贵池区、东至县、石台县、蚌埠市直、芜湖市直、巢湖市直、宣城市直、黄山市直
2004	黄山市、池州市、蚌埠市、马鞍山市、六安市	繁昌县、怀远县、五河县、固镇县、潘集区、凤台县、当涂县、桐城市、黄山区、徽州区、休宁县、利辛县、颍上县、颍州区、临泉县、甬桥区、灵璧县、泗县、南谯区、定远县、金安区、霍邱县、宁国市、泾县、旌德县、绩溪县、居巢区、庐江县、无为县、含山县、和县、贵池区、石台县
2005	宣城市、池州市、合肥市、芜湖市、巢湖市、黄山市、铜陵市、蚌埠市、马鞍山市	宁国市、绩溪县、居巢区、旌德县、宣州区、贵池区、徽州区、繁昌县、天长市、黄山区、祁门县、含山县、石台县、和县、霍山县、肥东县、南谯区、岳西县、来安县、望江县、休宁县、肥西县、谯城区、长丰县、怀远县、蒙城县、宿松县、涡阳县

1991—2005年安徽省计划生育工作重点管理、重点帮助县（市、区）一览表

表2-5-8

年份	重点管理县	重点帮助县	列席重点管理县
1991	长丰县、怀远县、五河县、固镇县、界首市、太和县、蒙城县、阜南县、砀山县、灵璧县、泗县、霍邱县	肥西县、凤台县、濉溪县、桐城市、怀宁县、枞阳县、潜山县、太湖县、宿松县、望江县、岳西县、涡阳县、利辛县、亳州市、宿州市、萧县、来安县、全椒县、定远县、凤阳县、明光县、六安市、庐江县、无为县、东至县	无
1992	固镇县、凤台县、潜山县、太湖县、宿松县、涡阳县、谯城区、埇桥区、砀山县、萧县、灵璧县、凤阳县	长丰县、怀远县、五河县、濉溪县、桐城市、怀宁县、枞阳县、望江县、岳西县、阜阳市、界首市、太和县、蒙城县、阜南县、滁州市、来安县、全椒县、定远县、六安市、霍邱县、庐江县、无为县、东至县	无
1993	繁昌县、太湖县、岳西县、祁门县、阜阳县、太和县、砀山县、灵璧县、泗县、定远县、六安市、含山县	长丰县、芜湖市、南陵县、怀远县、五河县、固镇县、当涂县、濉溪县、枞阳县、潜山县、宿松县、歙县、黟县、临泉县、阜南县、颍上县、利辛县、亳州市、萧县、来安县、舒城县、无为县、和县	无
1994	南陵县、固镇县、濉溪县、太湖县、宿松县、颍上县、利辛县、砀山县、萧县、定远县、舒城县、巢湖市	长丰县、芜湖市、怀远县、五河县、凤台县、枞阳县、潜山县、望江县、歙县、阜阳市、临泉县、太和县、蒙城县、宿州市、灵璧县、泗县、六安市、庐江县、贵池市	无
1995	长丰县、芜湖县、当涂县、宿松县、岳西县、黟县、涡阳县、阜南县、甬桥区、萧县、凤阳县、含山县	南陵县、五河县、潘集区、濉溪县、太湖县、歙县、临泉县、太和县、蒙城县、颍上县、利辛县、砀山县、灵璧县、泗县、来安县、定远县、寿县	无

续表 2-5-8

年份	重点管理县	重点帮助县	列席重点管理县
1996	肥东县、五河县、潘集区、濉溪县、枞阳县、望江县、临泉县、灵璧县、泗县	长丰县、怀远县、潜山县、太湖县、宿松县、休宁县、阜阳市、界首市、颍上县、利辛县、宿州市、砀山县、定远县	无
1997	肥东县、濉溪县、潜山县、颍东区、颍泉区、界首市、临泉县、甬桥区、砀山县、萧县、含山县、和县	长丰县、五河县、枞阳县、太湖县、岳西县、歙县、休宁县、太和县、蒙城县、颍上县、利辛县、灵璧县、泗县、南谯区、定远县	无
1998	长丰县、肥东县、濉溪县、太湖县、临泉县、蒙城县、利辛县、甬桥区、砀山县、萧县、泗县、南谯区、潘集区、灵璧县、含山县	阜南县、利辛县、埇桥区	无
1999	潘集区、濉溪县、太湖县、临泉县、蒙城县、砀山县、萧县、灵璧县、含山县	怀远县、潘集区、凤台县、枞阳县、阜南县、砀山县、定远县、凤阳县、金安区、裕安区	阜南县、利辛县、甬桥区
2000	濉溪县、利辛县	南陵县、潘集区、谯城区、颍东区、临泉县、裕安区、枞阳县	怀远县、潘集区、凤台县、枞阳县、阜南县、砀山县、定远县、凤阳县、六安市
2001	利辛县	南陵县、潘集区、枞阳县、颍东区、临泉县、亳州市、六安市、望江县、宿松县、谯城区、涡阳县、利辛县、颍上县、阜南县	无

续表 2-5-8

年份	重点管理县	重点帮助县	列席重点管理县
2002	利辛县、临泉县	固镇县、桐城县、宿松县、太和县、阜南县、来安县、全椒县	无
2003	枞阳县、临泉县、凤阳县	当涂县、涡阳县、利辛县、颍州区、寿县	亳州市、滁州市、阜阳市
2004	界首市	肥西县、南陵县、蒙城县、利辛县、颍州区、临泉县	无
2005	颍上县、临泉县	歙县、颍州区、埇桥区、灵璧县、定远县、无为县	无

第四节　计划生育信息管理系统

20 世纪 80 年代中期，省计生委计划财务处配备第一台计算机和打印机并逐步增添一些设备，用于计划生育报表统计、数据分析。80 年代后期，地、市一级计生委陆续配备计算机用于计划生育统计。1993 年开始，省计生委启用计算机辅助全省计划生育抽样调查统计汇总工作。1995 年开始，省计生委与中国科技大学有关人员合作开发“统计报表软件”，半年开发完成，在各地、市启动电子报表，同时上报正式文档。1997 年，省计生委协同省科委下属公司招标开发全省乡级育龄妇女管理系统（MIS），1998 年交付使用。安徽省级财政对全省农村地区进行补助，由省计生委统一招标，配置一台计算机、打印机、联网设备等。1997 年开始，省计生委自主开发全省“育龄妇女软件系统”投入应用。1999 年，通过招标，由合肥工业大学计算机公司开发安徽省升级版“育龄妇女软件系统”，2000 年开发完毕，在全省推广应用，到 2002 年全省乡镇一级全部使用该软件，2004 年在城镇街道推广，2005 年全省所有乡镇、街道全部使用该软件。

“十五”（2001—2005 年）以后，省计生委加快人口和计划生育信息化建设步伐，将信息化发展纳入《安徽省“十五”人口和计划生育事业发展规划》，同时将信息化应用与发展作为人口目标责任制考评指标之一进行考核。从 2002 年开始，省计生委对 17 个市各补助 15 万元，75 个县各补助 7 万元，用于市、县两级计划生育信息化建设，另外划拨200万元专项资金用于省计生委本级信息化建设。

2001年，安徽省人口与计划生育信息中心成立挂牌于安徽省计划生育宣传教育中心，该中心为事业单位，运行机制实行企业化管理，负责全省人口与计划生育信息化实施方案的制定及建设施工、设备购置、网络运行维护及日常管理、计生系统计算机专业技术培训、大型调查数据的录入及其处理等工作。

2004年，繁昌、庐江、和县等地荣获全国人口和计划生育信息化建设先进单位称号。同年，建立省级计划生育门户网站（www.ahpfpc.gov.cn）。2004年，成立博龙公司，主要开发人口计划生育方面的系统和软件。从2004年开始，省人口计生委建设以育龄妇女信息管理系统（WIS）为核心，以“三网一库”为框架，连接国家计生委、省政府、市、县计生委的四级广域网络信息平台，建成与省政府政务信息网连接的电子政务信息系统。

第六章　技术服务

第一节　服务机构和队伍

技术服务机构　20世纪80年代初，安徽省进入新中国成立后第三次生育高峰期，控制人口过快增长任务繁重，处于生育旺盛期需要施行节育技术服务的人群陡增，县级医院病床数和医技人员力量严重不足。在此情况下，一些市、县计划生育部门便效仿外省的做法，在县级单独建立计划生育宣传技术指导站，专门开展计划生育手术和一些辅助计划生育宣传。与此同时，合肥、蚌埠、安庆等市也积极筹建计划生育技术指导站。1986年2月，省计生委、省编委会下发《安徽省计划生育宣传技术服务站工作暂行条例》，明确地、市、县都要建立计划生育宣传技术指导站，隶属同级计生委领导，系全民所有制事业单位，业务受上一级宣传技术服务站指导。其主要任务是：开展计划生育宣传各项业务活动，同时创造条件开展节育技术指导、避孕药具发放管理工作。1986年7月，省政府办公厅发文，将县以上“计划生育宣传技术指导站”统一更名为“计划生育服务站”，明确其主要任务是做好计划生育宣传教育，培训基层计生干部，避孕药具发放管理，开展节育技术指导。到1988年底，全省已建成地、市、县计划生育服务站55个。到2000年，全省已建县（市、区）计划生育服务站82个，房屋建筑面积为91331平方米。截至2005年，全省已建市级计划生育服务站12个，县级计划生育服务站87个。20世纪80年代中期，皖北地区一些地方在县级计划生育服务站建立起来后，开始在乡、村建立计划生育服务机构，给群众提供便捷的计划生育技术服务。1990年3月，省计生委发文肯定濉溪县建立健全计划生育服务所（室）的做法，并决定在濉溪、宿县、利辛、蒙城、涡阳、临泉、寿县、潜山等8个县进行试点，有计划地推进乡村计划生育技术服务网络建设。1990年10月，省委、省政府在《关于加强计划生育工作的决定》中明确指出：“要加强各级计划生育服务站的建设，健全县、乡、村三级服务网络。县服务站要充实技术人员和设备，提高服务水平。乡、村服务站、室要从实际出发，有计划有步骤建立起来，已建立的要做到房屋、设备、人员三落实。”1993年6月，省计生委在濉溪县召开全省基层计划生育技术服务网络建设经验交流会，力推全省基层计划生育服务机构网络建设。会议首次提出乡（镇）

计划生育服务所主要任务：开展人口与计划生育基础知识的宣传教育；开展查孕、放环等节育技术服务；发放避孕药具，对使用对象进行指导；对村以下计生专干定期组织培训。基本要求是“有一两间房屋、有一两个技术人员，解决一两项计划生育手术”。到1991年底，全省已建立乡（镇）计划生育服务所1706个，占当时乡（镇）数的55%，1995年底全省乡（镇）建所率达95%以上，2000年8月调查，全省建乡（镇）计划生育服务所1967个，房屋建筑面积为38.03万平方米。经过农村税费改革和乡（镇）机构改革、区划调整，乡镇计划生育服务机构不断整合，截至2005年，全省保留乡级计划生育服务所1754个。安徽省村级计划生育服务室始建于20世纪90年代初，村计划生育服务室的主要任务是：对育龄群众进行面对面的计划生育知识教育，发放避孕药具并给予指导；进行计划生育术后随访，为已婚育龄妇女开展定期查孕、查环，统计上报计划生育信息等。1991年，中共中央、国务院要求：“各地要因地制宜加快县、乡、村计划生育服务网络的建设。”从此，乡、村计划生育服务网建设加快，到1997年，约有95%的村建立计划生育服务室，2002年末，全省有村级计划生育服务室2.82万个。

技术服务队伍　安徽省、市、县、乡计划生育服务机构始建时，并无统一的人员配置标准。1986年2月，省计生委、省编委印发《安徽省计划生育宣传技术服务站工作暂行条例》，明确计划生育宣传技术服务站人员编制根据任务需要，按照“革命化、年轻化、知识化、专业化”要求和“少而精”“一专多能”精神，由各级计划生育主管部门提出具体方案，报同级编委会审批。1990年5月，省编委会、省财政厅、省计生委联合制定《各级计划生育服务站编制标准（试行）》，规定：人口在50万人以下的县（市）服务站定编14名，50万以上的县（市）服务站，每多10万人，增编1名，最多不超过25名；市服务站定编16至20名，含避孕药具管理编制。

1996年，省编委、省计生委印发《安徽省乡镇计划生育服务所机构编制标准（试行）》，要求乡（镇）计划生育服务根据乡镇人口基数、人口密度等综合因素确定编制：3万人以下乡（镇）不少于2个事业编制，3万～5万人的乡（镇）定编3人，5万人以上乡（镇）定编4～5人。2000年，县、乡两级计划生育技术服务机构中已有计划生育技术服务人员7826人，其中县计划生育服务站1660人，乡（镇）计划生育服务所6166人。县、乡计划生育技术服务人员中，大学及以上学历183人，占2.34%；专科3165人，占40.4%；中专及高中3991人，占51%。高级职称98人，占1.25%；中级职称460人，占5.88%；初级职称3506人，占44.69%。到2005年底，全省计划生育技术服务机构共有人员7631人，其中专业技术人员6209人，高级职称54人，占专业技术人员比例不到1%，中级职称706人，占专业技术人员11%，初级职称3323人，占专业技术人员54%。

2001 年安徽省县乡计划生育技术服务机构人员在编情况统计表

表 2-6-1

地区	总人数	在编数	占比例	其中					
				县级			乡级		
				总人数	在编数	占比例	总人数	在编数	占比例
安徽省	8154	6935	85	1829	1747	96	6325	5188	82
合肥市	412	266	65	114	111	97	298	155	52
芜湖市	301	301	100	51	51	100	250	250	100
蚌埠市	387	350	90	98	82	84	289	268	93
淮南市	179	172	96	62	55	89	117	117	100
马鞍山市	78	78	100	13	13	100	65	65	100
淮北市	129	129	100	34	34	100	95	95	100
铜陵市	51	51	100	13	13	100	38	38	100
安庆市	991	932	94	228	217	95	763	715	94
黄山市	323	323	100	70	70	100	253	253	100
亳州市	371	371	100	106	106	100	265	265	100
阜阳市	1200	747	62	223	217	97	977	530	54
宿州市	1182	776	66	124	124	100	1058	652	62
滁州市	579	484	84	159	124	78	420	360	86
六安市	629	629	100	186	186	100	443	443	100
宣城市	443	443	100	160	160	100	283	283	100
巢湖市	652	648	99	135	131	97	517	517	100
池州市	247	235	95	53	53	100	194	182	94

科技服务装备 市、县计划生育服务机构建立初期，省计生委就陆续争取资金为服务站装备电影放映机、幻灯机、放像机等宣传教育器材。到 1991 年底，省计生委在省级计划生育事业费中为每个已建成的县级计划生育服务站提供4万元的设备购置补助。1992 年起，省计生委在全省乡（镇）计划生育服务机构推进 B 超配备工作，用于为育龄妇女查环、查孕，取代过去的用 X 光机手段透环，减少给群众带来的身体损害。到 1993 年底，有 90% 左右的乡（镇）配备便携式 B 超设备。1997 年，省计生委对全省县级计划生育服务站统一配备妇科治疗仪，以便为育龄妇女提供生殖保健服务。1998 年 12 月，省计生委决定对全省所有乡（镇）计划生育服务所统一装备妇科治疗仪，为基层全面开展以生殖道炎症为主的生殖保健服务提供必要手段。1999 年为肥西等 10 个县级计划生育服务站统一装备女性乳腺诊断仪，拓展为育龄妇女提供生殖保健服务范围。

2002 年 6 月，国家计生委调查组对安徽省部分县、乡、村基层计划生育工作进行随机抽样调查，8 月份国家计生委主任张维庆等专程来通报调查情况，指出安徽省计划生育工作存在着经费投入严重不足、基层基础建设滞后等方面问题。省长许仲林当即表态：所有不符合基本要求的乡（镇）计生服务所，两年内达到开展工作必须的基本条件。从 2002 年 10 月起，省计生委分年度、分批对全省 75 个以农业人口为主的县（市、区）计划生育服务站实施仪器设备装备建设项目，省计生委向每个县级计划生育服务站拨付 15 万元计划生育专项事业费，要求当地政府按照 1:1 比例配套投入，全额用于县计划生育服务站的仪器设备购置，2002 年装备 8 个县级计划生育服务站，2003 年共装备 14 个县级计划生育服务站，2004 年共装备 23 个县级计划生育服务站。国家和省配套安排资金 2520 万元，为全省各市、县配备 105 辆计划生育流动服务车。2005 年，省人口计生委按照县级计划生育服务站装备项目运作方式，对合肥、淮北、宿州、阜阳、蚌埠、芜湖、马鞍山、安庆、铜陵市等 9 个市级和芜湖市鸠江区、安庆市宜秀区、黄山市屯溪区等 5 个城市区计划生育服务站分别拨付 15 万元仪器设备购置费；给予六安市叶集实验区、蚌埠市淮上区、淮南市田家庵、毛集试验区、谢家集区、大通区、合肥市庐阳区、蜀山区等 8 个区计划生育服务站分别拨付 10 万元，当地政府按 1:1 比例进行经费配套，全额用于服务站仪器设备购置。2003 年、2004 年两个年度，省计生委在事业经费中共拨出 1400 万元，用于对乡（镇）计划生育服务所进行便携式 B 超设备采购工作，由省政府采购中心统一采购 1430 台 B 超设备，免费发放至所有乡（镇）计划生育服务所。

第二节　避孕节育措施

20 世纪 80 年代中期，随着第三次生育高峰期的到来，育龄妇女、已婚育龄妇女总量逐年增加。安徽省当时规定的生育政策是：“提倡和鼓励一对夫妻只生育一个孩子，严禁生育计划外的二胎，杜绝多胎。”要严格控制人口过快增长，落实生育政策，必须一方面继续加强宣传教育和采取经济激励制约措施，另一方面在全省城乡特别是广大农村地区大力推行长效节育措施，以减少计划外怀孕、计划外生育的机会。

1986—1996 年安徽省育龄妇女结构统计表

表 2-6-2　　单位：万人

年份	育龄妇女总数	已婚育龄妇女总数	一孩妇女数	二孩妇女数
1986	1069	736.08	156.91	209.83
1987	1103.2	770.49	175.39	227.21
1988	1135.9	807.3	195.03	246.33

续表 2-6-2

年份	育龄妇女总数	已婚育龄妇女总数	一孩妇女数	二孩妇女数
1989	1199.47	854.54	215.98	271.39
1990	1263.45	920.34	240.22	302.57
1991	1352.86	985.01	263.2	336.3
1992	1387.44	1028.48	285.87	357.59
1993	1438	1072.7	318.69	382.39
1994	1463.15	1099.67	343.77	400.28
1995	1471.56	1124.48	369.82	416.74
1996	1491.05	1143.88	393.95	428.96

1986 年，全省育龄妇女、已婚育龄妇女分别比 1985 年增加 18 万人和 27 万人。从 1986 年到 1996 年的 10 年间，除个别年份育龄妇女总数外（1994—1995 年），每个年份的育龄妇女总数、已婚育龄妇女总数、生育过一个或两个孩子的育龄妇女总数占比都以两位数速度递增，落实节育措施的任务也逐年加重。特别是 1990 年全国第四次人口普查结果公布，安徽省在 1989 年 7 月 1 日至 1990 年 6 月 30 日一年时间里，人口出生率为 25.04‰，自然增长率为 19.25‰，是安徽省自 1973 年以后生育率最高的年份，引起全省上下警觉。1990 年 9 月，省委、省政府在金寨县召开全省计划生育工作会议，全省各地都普遍加大落实节育措施的力度，从 1990 年到 1993 年的 4 年时间，节育手术量逐年攀升，1993 年达到 208.4 万例。

1986—2005 年安徽省计划生育统计表

表 2-6-3　　　　单位：万例

年份	合计数	放置宫内节育器数	长效节育数
1986	79.49	33.37	23.2
1987	112.55	46.78	35.73
1988	125.04	55.5	37.29
1989	131.1	56.95	41.38
1990	158.43	65.17	56.35

续表 2-6-3

年份	合计数	放置宫内节育器数	长效节育数
1991	186.35	71.06	69.39
1992	196.97	85.91	51.35
1993	208.42	84.81	64.3
1994	192.8	88.4	57.3
1995	156.63	84.03	42.11
1996	134.08	78.96	31.02
1997	103.32	65.54	19.79
1998	92.82	59.75	17.34
1999	79.64	51.73	17.73
2000	64.84	45.02	13.63
2001	61.59	42.96	13.04
2002	69.09	46.22	16.90
2003	80.33	48.60	25.24
2004	80.70	50.59	21.41
2005	86.49	53.99	21.63

1986—2005 年安徽省避孕药具发放量统计表

表 2-6-4　　单位：人

年份	口服及注射避孕药	避孕套	外用药	合计
1986	551812	136680	31476	719968
1987	640571	163421	43894	847886
1988	658686	183965	43724	886375
1989	670588	200098	44538	915224
1990	675030	215510	45799	936339
1991	674531	224759	43191	942481

续表 2-6-4

年份	口服及注射避孕药	避孕套	外用药	合计
1992	560397	222824	39998	823219
1993	532107	200303	34752	767162
1994	546614	204489	36375	787477
1995	364393	163981	21967	550341
1996	327747	153915	19735	501397
1997	322409	157466	20057	499932
1998	284885	151937	16753	453575
1999	261326	154338	10639	426303
2000	254908	165142	10874	430924
2001	246281	176078	9172	431531
2002	228208	184053	7693	419954
2003	199518	190292	6302	396112
2004	156166	207032	3230	366428
2005	152579	261783	3188	417550

资料来源：历年安徽省计划生育统计报表，本表数据为期末时点数

第三节　孕前型管理和服务

查孕查环　从 20 世纪 80 年代中期，安徽省城乡特别是农村地区普遍对育龄妇女通过巡访或者了解经期等形式掌握其是否怀孕，若怀疑妇女怀孕，则由医务人员对其进行双合诊加以确认，计划外怀孕者，则一律动员人流或引产。对已放置节育环的妇女，每年要通过 X 光机进行透视，以确认节育环是否脱落或移位。1990 年前后，一些地区尝试引进胶乳试剂和小型便携式 B 超机进行查孕查环，经济方便，无负作用，深受妇女和基层干部欢迎。1992 年起，省计生委在全省推广应用胶乳妊娠诊断试剂和 B 超开展查孕查环工作。1994 年 3 月，省计生委发文规范环、孕情监测工作，一年内要检查环 2 次，一年内要查孕 6 次，并制定“两查”工作考评办法。到 1995 年底，全省查孕率达 70%，查环率达 80%。

1998年1月，省计生委进一步对长效节育措施落实时间、查环查孕频度及对象条件等作出规定：查孕由一年6次调整为一年4次，每个季度1次，对象为：无生育指标且无节育措施已婚育龄妇女、放置宫内节育器一年内妇女、长效节育一年内妇女、使用避孕药具或其它非长效节育措施避孕的妇女。免查对象为：月内月经来潮妇女，放置宫内节育器、长效节育一年内没有发现怀孕者，已安排生育指标怀孕的妇女。查环由原一年2次B超透视改为上环后第1、第3、第6个月进行随访，以后每半年随访一次。放置节育环时间，由产后42天至2个月变为产后（含大、中月份补救措施后）3个月内、剖腹产后6个月；实施女性长效节育时间从产后1个月调整为产后（含大、中月份补救措施后）3个月。

2003年，省计生委再次规定在环、孕情监测方式方法上，采取查环与孕情检查相结合；尿检、B超检查与经期保健相结合；查环、查孕与查常见妇女病相结合；集中检查与经常性工作相结合；乡所村室阵地服务与入户服务相结合；掌握孕情与开展孕产期保健、妇幼保健、科普宣传、节育术后随访等服务相结合。

生殖保健　根据国家计生委要求，省计生委从1996年开始在全省开展生殖保健试点工作，并订《安徽省生殖保健全程服务试点工作方案》，要求县、乡计划生育服务机构和技术人员精心指导育龄妇女在最佳时期内落实安全、有效的避孕药节育措施，通过B超、早孕试剂、检查宫内节育器尾丝、上门访视、面对面指导等途径，系统了解育龄妇女避孕节育效果、动态变化和完整信息，发现问题及时解决，精益求精做好每一例手术；融传播避孕节育、优生优育、健康保健知识于提供技术服务和全程服务之中。提高育龄妇女自我避孕、自我调节生育、自我保健意识，保护广大育龄妇女身心健康，使计划生育工作做得更文明、更易于为群众所接受。通过举办培训、知识讲座、放录像、印发科普资料、上门指导等各种形式和方法，开展针对性避孕节育、优生优育和卫生保健知识宣传教育、技术咨询服务，最大限度地满足育龄群众在生殖健康方面的需求。省计生委确定在宣州市、亳州市、肥东县、天长市、霍邱县5个县级计划生育服务站开展生殖保健全程服务试点；同时，要求每个地市抓好1个县、每个县抓好1个乡镇试点，推进生殖保健全程服务试点工作，把生殖保健全程服务作为“九五”（1996—2000年）期间计划生育科技工作的一项中心任务。1998年起，全省县级计划生育服务站统一装备红外光治疗仪，六安地区、芜湖市所有乡镇配齐红外光治疗仪，启动为育龄妇女查治妇科病工作。霍邱县35个乡镇配齐红外光治疗仪，先后为13.4万名妇女检查妇科疾病，其中4.5万人得到治疗。1999年10月，省计生委在霍邱县召开全省计划生育生殖保健服务工作现场经验交流会，全面推进生殖保健全程服务工作。要求到2000年底前，全省乡（镇）计划生育服务配齐红外光治疗仪，有条件的乡（镇）还要配备乳腺诊断仪，开展妇女乳腺病查治，已婚妇女妇科病普查率达80%

以上，治疗率达 50% 以上。

随访服务 计划生育随访对象主要为：落实计划生育手术夫妇、使用避孕药具夫妇、节育手术并发症夫妇、新婚夫妇、怀孕及产后妇女。放置宫内节育器后第 1、3、6、12 个月各随访一次，以后每年 1 至 2 次。询问月经周期与月经量有无变化，有无腰痛与腹痛，白带有无变化等，告知及时查环查孕，注意发现节育环是否脱落或带器妊娠。输卵管结扎术后的 3 至 7 天及术后 3 个月各随访 1 次，以后每年随访 1 次。第一次随访主要了解受术者有无发热、切口红肿、疼痛、渗血或流脓、包块，有无阴道不规则出血；有无消化道症状，下腹部有无疼痛、压痛或反跳痛；大小便有无异常等。如发现以上症状，都及时对症处理。第二次及以后随访主要了解受术者术后一般情况，如体温、脉搏、血压、肤色、精神状态等，如发现与受术有关不适体症，建议和帮助到医院或计划生育服务机构就诊。输精管结扎术术后 1 周及术后 3 个月各随访 1 次，以后每年随访 1 次。了解受术后有无发热，切口是否愈合、有无红肿及未吸收缝线。使用避孕药具随访，每个月随访 1 次，了解有不良反应以便及时对症处理。人工手术、中期手术后 1 周以内、术后 1 个月各随访 1 次，了解一般状况、月经情况，注意有无残留及其他并发症，以便对症处理。新婚后 1 个月内随访 1 次，了解新婚夫妇双方情况，宣传生育政策和生殖健康知识，根据需要提供避孕药具。怀孕 3 个月内、6 个月后各随访 1 次，宣传孕期卫生、孕期营养、早孕反应处理及优生优育等知识。产后 42 天左右随访 1 次，了解产妇产后身体恢复情况有无发热、腹痛及出血情况，如发现异常反应，则帮助其及时就诊，对症处理。对指导产妇适时选用安全、适宜、可靠的避孕节育措施预防意外妊娠。

第四节 计划生育优质服务

“百佳”服务所 1999 年，安徽省计生委在全省开展争创生殖保健服务优质服务所（室）、优秀生殖保健优秀服务工作者和创建“百佳”乡镇计划生育服务所活动，即每年在全省评选 100 个优秀乡镇计划生育服务机构，予以表彰奖励。“百佳”服务所的标准是：队伍建设好、服务设施好、规范管理好、宣传教育好、技术服务好、综合效益好。2000 年，有 56 个乡镇计划生育服务机构一次性通过省专家组评估验收获“百佳”称号，另有 34 个乡镇计划生育服务机构基本通过，2001 年正式通过省验收获“百佳”称号，各获省计生委 10000 元装备费奖励。

2002 年，根据省政府统一部署，省计生委在全省开展群众满意的计生办、计划生育服务所评议活动，从 2002 年到 2004 年，全省共有 33 个乡镇计生办、28 个乡镇计划生育服务所连续三年获得全省最佳“群众满意的计划生育服务所”称号。

计划生育优质服务县　根据中共中央、国务院的要求，省委、省政府提出，到2005年末，全省基本实现基层计划生育规范化管理和优质服务。省计生委于2002年制订开展优质服务县(市、区)创建活动实施意见，明确创建的目标和重点是：领导重视好、政策导向好、依法行政好、服务质量好、民主管理好、队伍作风好。2003年，省计生委制订并印发《安徽省计划生育优质服务先进县（市、区）评估标准和评估办法》。

安徽省计划生育优质服务先进县（市、区）评估标准和评估方法

表2-6-5

项目		评估标准	评估方法
目标	实现计划生育“两个转变”稳定低生育水平满足群众需求	1. 推进综合改革，制定和完善各项政策、措施，建立新的工作机制。 2. 连续三年符合政策生育率达90%以上。 3. 群众满意率达80%以上。	1. 同党政领导座谈，听取汇报；查阅有关文档、制度、规范。 2. 以三年年度考评指标确认； 3. 调查认定；
效果	公民合法权益得到维护和尊重	4. 群众享受法律法规政策规定的主要计划生育优惠政策落实率达80%。 5. 已婚育龄夫妇免费享有基本的计划生育服务，落实率达100%。 6. 开展规范的避孕方法知情选择的村达80%以上。 7. 实行计划生育村（居）民自治达80%。 8. 建立科学的决策程序，将群众需求纳入决策的主要依据。 9. 群众对计划生育管理程序、工作态度满意程度逐步提高。	4. 育龄群众座谈、入户访谈； 5. 查阅服务记录、档案； 6. 知情同意书； 7.查阅村民自治章程、协议书； 8. 查阅相关制度、工作计划、群众需求分析报告、信访资料； 9. 问卷调查；
	出生性别结构适宜	10. 三年平均出生性别比低于112，并逐年趋于正常范围。	10. 调查资料及统计报表；

续表 2-6-5

<table>
<tr><th colspan="2">项目</th><th>评估标准</th><th>评估方法</th></tr>
<tr><td rowspan="2">效果</td><td>公民获得规范的避孕节育服务和基本的生殖保健服务</td><td>11. 技术服务机构达到“环境优美、技术优育、服务优质、管理科学、群众满意”。
12. 已婚育龄妇女综合避孕率 85% 以上。
13. 规范的术后和药具随访服务率达 90%。
14. 育龄妇女接受规范的基本生殖保健服务率达 80%。</td><td>11. 实地观察，入户访谈；
12. 育龄群众座谈、服务人员座谈；
13. 查阅服务文书、档案和门诊记录、随访记录；
14. 问卷调查</td></tr>
<tr><td>基层干部和育龄人群的能力、知识得到提高</td><td>15. 计生干部计划生育基本知识知晓率达 90%。
16. 育龄群众计划生育基本知晓率达 80%。</td><td>15. 计生干部座谈、问卷调查；
16. 育龄群众座谈、入户访谈；</td></tr>
<tr><td rowspan="4">活动</td><td>依法行政、正确执法、文明执法</td><td>17. 近三年无严重违法行政行为，落实行政执法责任制、公示制、评议制和执法过错追究制，依法征收社会抚养费。</td><td>17. 查阅制度、档案及有关资料；实地观察；育龄群众座谈、入户访谈；</td></tr>
<tr><td>“关爱女孩工程”活动</td><td>18. 积极开展救助贫困女孩活动，出台相关政策，女孩健康和受教育水平提高。</td><td>18. 查阅有关文档、活动记录；现场检查，干部、群众座谈。</td></tr>
<tr><td>婚育新风进万家活动</td><td>19. 人口学校有凝聚力和吸引力，县乡服务站、所宣传教育功能健全，经常开展群众欢迎的宣传教育活动。</td><td>19. 现场察看、群众座谈、查阅相关文件；</td></tr>
<tr><td>开展“群众满意的计生办、服务所”评议活动</td><td>20. 乡（镇、街道）计生办政务公开，服务所建立服务承诺制，群众满意。</td><td>20. 召开座谈会，查阅文件，走访群众；</td></tr>
</table>

续表 2-6-5

项目		评估标准	评估方法
活动	改进管理制度加强信息化建设	21. 县以下不再下达人口计划，按政策生育，简化办证、再生育审批手续。 22. 县级建立育龄妇女基础信息数据库，乡级运用育龄妇女信息系统辅助管理，统计信息准确率达 95% 以上。 23. 实行流入人口与常住户籍人口同管理、同服务。	21. 育龄群众座谈、入户访谈； 22. 实观察操作和测试，进行村级调查； 23. 流动人口座谈；查阅相关文件、档案、服务记录；
	协会活动	24. 乡（街）、村（居）协会经常开展活动；村（居）协会定期评议计生工作，反映群众意见和需求。	24. 随机查阅协会活动记录和群众意见的原始记录；问卷调查；
保障	人员、机构、设施	25. 实行竞争上岗公开选拔、定期培训和绩效考核制度，县（区）、乡（街）、村机构、人员结构合理、适应工作需要。 26. 县、乡、村服务机构、人员、设施按《计划生育技术服务管理条例》及其配套规定配置。	25. 听取汇报，工作人员座谈，查阅编委文件和绩效考评资料； 26. 实地查看县、乡、村计生办及服务站、所、室；
	经费投入	27. 计划生育事业经费纳入各级财政预算，人均事业经费投入符合中央和省的要求。 28. 确保计划生育基本免费服务项目经费列入年度财政预算并拨付到位。 29. 乡、村计生工作人员报酬落实率达 100%。	27. 听取汇报，查阅近两年财政预、决算； 28. 查阅县财政和计生部门财务帐； 29. 乡、村计生干部、服务人员座谈；
	领导责任	30. 协调相关部门齐抓共管计划生育优质服务工作，各部门责任落实。	30. 听取汇报；查阅相关部门责任书和有关资料。

2003 年底，省人口计生委首次对省级计划生育优质服务先进县（市、区）进行评估验收，繁昌县、池州市贵池区、宣城市宣州区、肥东县、芜湖县、铜陵县、淮南市田家庵区、濉溪县、黄山市屯溪区、潜山县、天长县、泗县、舒城县、阜阳市颍泉区、巢湖市居巢区、宁国市、青阳县等被评选为 2003 年度全省计划生育优质服务先进县（市、区）；青阳县、黄山市屯溪区、巢湖市居巢区、舒城县、绩溪县、祁门县、黄山区、固镇县、东至县、合肥市包河区被评选为 2004 年度省级计划生育优质服务先进县（市、区）；其中繁昌县、贵池区、宣州区 2003 年度被国家人口计生委授予全国计划生育优质服务县称号。2004 年，国家人口计生委授予青阳县、屯溪区、居巢区、舒城县计划生育优质服务县称号。2005 年，国家人口计生委授予芜湖县、宁国市、黄山区为全国计划生育优质服务先进县称号。

第五节　计划生育科研和应用

科研项目　1990 年，省计生委下达《庐江县女粘堵节育术效果与安全性评价》科研课题，由安徽医科大学卫生系、管理系的科技人员承担，采用女粘堵节育术与国家倡导的近端抽芯包埋法输卵管长效节育术做对照，进行前瞻性流行病学研究，各实施 1000 例手术，开展女粘堵节育术的效果和安全性系统评价。安医大沙玉成等《应用腹腔镜技术对女性节育术后不明原因腹病因学的探讨》获国家部委级科技进步三等奖；汪春兰《显微输卵管复通与有关节育术选择的研究》获省科委科技进步二等奖。1996 年以后，新型节育器械研制及应用、胎儿围产期监护技术、常见遗传病的产前诊断技术、出生婴儿性别比、性病及不孕症防治技术等方面研究先后被作为科研课题列入研究。2005 年，省人口计生委确立国家十五科技攻关科研项目《宫内节育器失败原因及预防技术对策研究》《避孕药具安全性监测评价技术研究》。

1986—2003 年安徽省计划生育科研项目一览表

表 2-6-6

项目名称	项目类型	立项时间	项目负责	审批单位	结题时间	获奖情况
着床及着床前妊娠诊断免疫学研究分题	国家“七五”攻关；协作	1986.10	安徽医科大学 苏宝田	国家计生委	1990.04	1993 年安徽省科技进步一等奖
早孕绒毛的产前诊断	协作	1990	安徽医科大学 汪安琦			否

续表 2-6-6

项目名称	项目类型	立项时间	项目负责	审批单位	结题时间	获奖情况
男性及女性新的抗生育措施的探索及其机理的研究	协作	1990	安徽医科大学沈加恒			
PAF 拮抗剂宫内缓释装置 用于人类节育的可行性分析	主承担	1990.07	省计生科研所胡承阅	省计生委		否
化学交联胶乳妊娠诊断试剂的制备和临床应用	主承担	1990.02	省计生科研所唐术成	省计生委	1990.11	否
不明原因习惯性流产的免疫学治疗	主承担	1992.10	省计生科研所胡承阅	省计生委	1996.05	否
米非司酮 + 米索用于宫颈扩张剂安全性有效性研究	主承担	1994.12	省计生科研所郑少侠	省计生委	1998.06	否
耳穴疗法对早孕妇女宫颈扩张作用的研究	主承担	1996.11	省计生科研所栾红兵	省计生委	1998.06	2000 年安徽省科技进步四等奖
可持续发展的人口政策研究	协作	1997.04	合肥工业大学黄志斌	省科委	2002	2001 年安徽省科技进步三等奖
精浆主要电解质浓度与精液质量的相关分析	主承担	1999.05	省计生科研所胡承阅	省计生委	2000.09	否
配偶精子体外活化及宫腔内人工授精	主承担	1992.09	省计生科研所胡承阅	省计生委		否

续表 2-6-6

项目名称	项目类型	立项时间	项目负责	审批单位	结题时间	获奖情况
安徽省农村乡级节育技术人员规范化培训与新型宫内节育器的推广使用效果的多中心比较研究	主承担	1992.06	省计生委科技处饶师智	国家计生委		否
虹吸式输精管绝育栓的研制	主承担	1992.11	省计生科研所余国斌	省计生委		否
正常男性两种口服剂量醋酸棉酚抗生育效果的二期临床研究	南南合作协作	1994.08				否
男性输精管分流式绝育栓的研制	主承担	1994.08	省计生科研所余国斌	省计生委	否	否
活精子表面精子抗体检测技术	主承担	1994.12	省计生科研所胡承阅	省计生委		否
IgG 对精子膜的非抗原特异性结合	主承担	1991	省计生科研所胡承阅	省自然科学基金	2001.08	否
中华清宫方治疗米非司酮终止早孕后出血过多临床研究	主承担	1996.10	省计生科研所陈良然	省计生委	否	否
混合抗球蛋白反应试剂的研制	主承担	1993.06	省计生科研所胡承阅	省计生委	1998	否
国产皮埋对哺乳婴儿生长发育的研究	主承担	1996.08	省计生科研所刘庆	省体委	否	否

续表 2–6–6

项目名称	项目类型	立项时间	项目负责	审批单位	结题时间	获奖情况
妊娠的自然转归及其影响因素	主承担	1998.06	省计生科研所吴建力	省计生委	否	否
皮下埋植避孕剂多中心临床研究	协作	1996.09		国家计生委		
中药“宁血Ⅰ号”治疗左旋18甲基炔诺酮皮下埋植后子宫异常出血的临床研究	主承担	1992.09	省计生科研所周玉兰	省计生委	否	否
少精症患者睾丸组织中的细菌L型检测	主承担	1998.05	省计生科研所尹耕心	省计生委	否	否
经宫腔输卵管内人工授精的研究	主承担	1999.08	省计生科研所郑少侠	省计生委	2001.12.30	否
安徽省农村育龄妇女生殖道感染状况研究	主承担	2003			2009	
安徽省农村育龄妇女乳腺疾病状况研究	主承担	2003			2009	

2000—2002 年安徽省计生委科研项目立项情况一览表

表 2-6-7

项目申报单位名称	承担单位	项目起止时间
安徽省农村区妇女 RTI 现状及干预措施研究	省计生科研所	2002.12–2005
安徽省育龄妇女乳腺疾病流行病学研究	安徽医科大学、省计生科研所	2002.9–2004.8
早期预测高危新生儿脑瘫的无创伤性指标研究	安徽医科大学、省计生科研所	2002.9–2004.9
人精子 DNA 损伤和染色体畸变检测方法（铅）生殖毒里学中的应用及评价	安徽医科大学、省计生科研所	2002.9–2005.9
胎盘发生的移植物抗宿主（GVH）理论	省计生科研所	2002.9–2004.10
安徽省频脱环育龄妇女对吉尼固定式 IUD 的可适应性研究	省计生科研所	2002.7–2004.12

2004 年安徽省计生委科研项目立项情况一览表

表 2-6-8

项目申报单位名称	承担单位	项目起止时间
中孕引产妇女体液及组织中药物残留检测的研究	安徽医科大学	2004.12
安徽省病残儿数据库和遗传病 DNA 资源库的建立	安徽省优生优育遗传医学中心	2004.6–2007.5

2005 年安徽省人口计生委科研课题立项一览表

表 2-6-9

项目名称	申报单位
慢性前列腺炎导致男性不育机制的研究	安徽医科大学第一附属医院
蚌埠区 0–5 岁儿童出生缺陷的分布、危险因素及对策研究	蚌埠市计生站、蚌埠市医学院
新式经阴道输卵管结扎术 50 例技术研究	绩溪县计生服务站

新技术应用　1986 年，省计生委就使用蚌埠医学院妇产科谢荣诚研究 A4-型输卵管银夹绝育术进行规范。1990 年 8 月，省计生委对女性节育新技术的使用进行规范，明确要求：女性输卵管结扎术要以“近端抽芯包埋法”的模式手术，推广使用；女性输卵管银夹绝育术的应用要经过省级培训和考核后取得合格证者使用，未经培训人员一律不擅自施行手术；女性输卵管腐蚀性药物粘堵绝育术由于该技术要求高，操作难度大，群体操作成功率低，发生的并发症和后遗症难以治愈，且不易复通等缺点，1990 年底前全省一律停止使用该种绝育方法。1992 年，省计生委转发国家计生委、国家医药管理局《关于一九九三年停止生产收购不锈钢单圈宫内节育器的通知》，明确要求从 1993 年起，停止使用不锈钢单圈宫内节育器，作为长效节育措施的一种补充。

第六节　科技专家组织

1987 年，安徽省计划生育技术指导组和安徽省病残儿医学鉴定组成立，成员均由省计生委、省卫生厅负责人和省级医疗机构相关科室主任医师或副主任医师组成。技术指导组由省卫生厅负责人为组长，省计生委负责人为副组长，独生子女病残儿医学鉴定组由省计生委负责人为组长，省卫生厅负责人为副组长，主要承担独生子女病残儿医学鉴定以及相关工作。

1996 年 10 月，安徽省成立计划生育科技专家委员会，由省计生委、省卫生厅负责人和相关医学专家以及计划生育、卫生管理专家组成。科技专家委员会的任务包括全省计划生育技术指导和全省病残儿医学鉴定等相关工作。2004 年 1 月，安徽省第二届科技专家委员会审议通过《安徽省计划生育科技专家委员会章程》，明确科技专家委员会是安徽省人口和计生委的科技咨询和技术鉴定机构，同时也是安徽省人口和计生委相关医学鉴定专家库。科技专家委员会职责为：参与计划生育技术服务机构评审；参与计划生育技术服务人员的考试、考核；指导和开展病残儿医学鉴定、计划生育手术并发症及其他与计划生育有关的技术鉴定；协助计划生育行政部门组织与计划生育技术服务有关的科研项目，指导计划生育新技术推广应用和对计划生育技术服务的培训，开展与计划生育相关的学术讲座活动；参与计划生育技术服务工作的考核和评估；开展计划生育技术服务的调研，对计划生育技术服务的管理和发展提出意见和建议；参与和指导计划生育手术相关的疑难病例会诊与抢救，对节育有手术差错事故和死亡病例进行讨论、分析；承担对市、县二级计划生育科技专家委员会进行业务指导、检查、监督；承担计划生育行政部门委托的其他工作任务。

第七章　流动人口管理和服务

第一节　管理机构

20世纪90年代初期，流动人口大量出现，部分流动人口较多的县（市），如蒙城县、利辛县、界首市等县（市）计生委相继成立流动人口办公室，专管流动人口计划生育工作。

2000年前，安徽省流动人口计划生育管理工作先后由省计生委政策法规处和规划统计处承担。2000年政府机构改革中，省计生委增设流动人口管理处，其主要职责为：监督检查有关流动人口政策法规的贯彻落实；协调有关部门做好流动人口计划生育管理工作；组织对各地流动人口计划生育管理工作的考核评估；开展对流动人口计划生育管理信息收集和调研；组织研究城市计划生育管理工作新机制。

2000年机构改革后，全省除芜湖市外各市计生委陆续增设流动人口管理科，专门负责流动人口计划生育管理和服务工作。截至2005年，全省有86个县（市、区），设立流动人口管理机构，流动人口较多的乡镇、街道都设立流动人口计划生育办公室。

第二节　管理政策

部门规定　1988年8月，安徽省计生委、省公安厅、省工商行政管理局、省劳动厅、省城乡建设环境保护厅、省民政厅联合制定的《安徽省流动人口计划生育管理暂行办法》规定：流动人口计划生育管理工作采取以块为主，条块结合的办法。流动人口有工作单位的，其计划生育管理由工作单位负责；没有工作单位，随城镇职工生活的，由职工所在单位负责；流动人口中的工商业个体户，由发证、发照单位负责；无户口、无执照、无固定单位以及不从事任何职业的流动人口，其计划生育管理由临时居住地的居民委员会或村民委员会负责。

流动人口在办理临时户口、从业手续和驾驶执照时，其育龄人员须持有原户籍所在地乡（镇）以上人民政府计划生育管理部门的计划生育证明，经临时居住地乡（镇）或街道计划生育管理部门审查签字。否则，有关单位不得办理手续。

施工单位外出施工，应向工程所在地的乡（镇）或街道计划生育管理部门报告本单位的计划生育落实情况，经审查合格后建筑管理部门方可发放施工许可证。施工期间，施工单位要确定人员负责计划生育工作，及时将节育对象的生育情况和节育措施填写登记表报告合同单位和工程所在地计划生育管理部门。合同单位和工程所在地计划生育管理部门应定期进行检查。如发生计划外生育，除追究当事人责任外，还要追究施工单位负责人的责任。

企事业单位招聘的临时工、外包工、无户口的家属工，其计划生育管理工作由招聘单位负责。如发生计划外生育，除按规定处罚当事人外，还要追究招聘单位负责人的责任。

承包、租赁企业的职工和个体工商户雇用人员的计划生育管理工作，由承包、租赁和雇用者负责。其职工的生育、节育情况，应定期向主管部门和当地计划生育管理部门报告。如发生计划外生育，除按规定处罚当事人外，还应追究承包、租赁、雇用者的责任。

流动人员计划外怀孕，计划生育管理部门应会同有关部门做好思想教育工作，限期采取补救措施。拒不采取补救措施的，在怀孕期间，从怀孕之月起处以每月一百元的罚款，责令其停职、停业；接受补救措施后，再退还罚款，恢复其工作或营业。对于城市中的流浪乞讨人员计划外怀孕，所在地设有外流人口收容遣送站的，应予收容并动员采取补救措施，如其拒绝，计划生育、民政部门及时遣送原籍。如发生抗拒、辱骂、殴打计生干部者，公安部门协助遣送原籍采取补救措施。触犯刑律的，依法追究刑事责任。

任何单位或个人不得为外出躲避计划生育的流动人员提供住宿场所。否则，除追究当事人责任外，对提供住宿的单位或个人处以三百元至五百元的罚款。情节严重的，除给予经济处罚外，还要给予行政处分。

对外出躲避计划生育的流动人员，户籍所在地和临时居住地的有关部门要做好思想教育工作，就地采取节育措施。其手术费凭医院证明和收据到原工作单位报销；无工作单位的到户籍所在地计划生育管理部门报销。

流动人员超计划生育的，就地采取绝育措施，并按下列规定征收社会抚育费：生育计划外二孩的，按夫妇双方年总收入的10%征收社会抚育费七年，征收总额不足1500元的，按1500元征收；生育三孩的，按夫妇双方年总收入的15%征收社会抚育费十四年；以后每多生一孩，征收额递增10%。征收的社会抚育费一次计算，一次或分次交清。拒交社会抚育费的，责令其停业、停职，直至吊销营业执照或解除聘用合同；情节严重的，依法追究当事人的法律责任。

流动人员实行晚婚、晚育和终身只生一个孩子的，按下列规定给予奖励和照顾：晚婚夫妇双方是个体工商户的，一次性免收一个月个体工商户管理费；一方是个体工商户，一次性免收半个月个体工商户管理费。晚育夫妇双方是个体工商户的，一次性免收一个月个体工商户管理费；一方是个体工商户的，一次性免收半个月个体工商户管理费。领取《独生子女光荣证》者，夫妇双方是个体工商户的每年免收两个月个体工商户管理费；一方是个体工商户的，每年免一个月个体工商户管理费，直至独生子女满十四周岁止。

地方法规 1992年8月，安徽省人大常委会修订《安徽省计划生育条例》时，根据经国务院批准的国家《流动人口计划生育管理办法》，增设了“流动人口的计划生育管理”一章，规定：流动人口的计划生育，由其常住户口所在地和现居住地人民政府共同管理，政府各有关部门应当按照计划生育职责分工，做好流动人口的计划生育管理工作。用工单位负责对招用的流动人口的计划生育进行管理，并接受当地乡、镇人民政府或街道办事处和县级以上计划生育行政管理部门的监督检查。流动人口在申请暂住证、营业执照、务工许可证等证件前，应到现居住地计划生育行政管理部门交验其常住户口所在地乡、镇人民政府或街道办事处出具的计划生育证明。现居住地计划生育行政管理部门查验计划生育证明后出具查验证明。有关部门凭计划生育查验证明，方可审批暂住证、营业执照、务工许可证等，并将审批结果通报现居住地计划生育行政管理部门。流动人口中有育龄夫妻要求生育的，须持有常住户口所在地县级计划生育行政管理部门签发的《生育证》，经现居住地县级计划生育行政管理部门核准后，方可生育。现居住地的乡、镇人民政府或者街道办事处应将流动人口的生育情况及时通知其常住户口所在地乡、镇人民政府或街道办事处。

1999年6月，安徽省人大常委会在修订《安徽省计划生育条例》时，将“流动人口计划生育管理”一章修订为：各级政府统一领导本行政区域内流动人口计划生育管理工作，组织、协调有关部门对流动人口计划生育工作实行综合管理并提供必要的保障。各级政府应将流动人口计划生育工作纳入社会综合治理总体规划，实行流动人口计划生育综合治理目标管理责任制。县级以上政府计划生育行政部门负责本行政区域内流动人口计划生育监督管理工作。流动人口的计划生育工作由其户籍所在地和现居住地政府共同管理，以现居住地管理为主。流动人口现居住地乡（镇）政府、街道办事处负责流动人口计划生育的日常管理和服务，并将流动人口的计划生育情况及时通报其户籍所在地乡（镇）政府、街道办事处。机关、团体、企业事业单位及其他组织聘用的流动人口，由用工单位负责；从事各类经营或劳动服务的流动人口，由核发相关证照的主管部门负责；其他流动人口，由其现居住地的村（居）民委员会负责；随亲属居住或租借他人房屋的，其亲属和房主应主动配合。成年流动人口在离开户籍所在地前，应到当地乡（镇）政府、街道办理处办理流动人口婚育证明（以下简称“婚育证明”），并定期寄回现居住地计划生育行政部门出具的婚育、节育、孕（环）情检查证明。乡（镇）政府、街道办事处应与流动人口签订计划生育合同，并落实有效的计划生育管理措施。户籍所在地的乡（镇）政府、街道办事处在了解已婚育龄流动人口避孕节育情况后，不得再要求已婚育龄妇女返回户籍所在地接受孕（环）情检查。乡（镇）政府、街道办事处应查验流入人员的婚育证明，对已婚育龄流动人口予以登记；婚育证明不完备的，应当要求补办。

有关部门审批成年流动人口的暂住证、营业执照、卫生许可证、流动就业证、营运许可证等证照时，应当核查其现居住地的乡（镇）政府、街道办事处查验过的婚育证明，并将审批结果于15日内通报现居住地乡（镇）政府、街道办事处；没有婚育证明的，不得批准。

已婚育龄流动人口要求生育的，须持有户籍所在地签发的生育证，经现居住地乡（镇）政府、街道办事处核准后，方可生育。

2002年7月，安徽省人大常委会在制订《安徽省人口与计划生育条例》时，取消“流动人口计划生育管理”章节，在附则中规定：流动人口的计划生育管理，依照国务院的规定执行。

政府规章　1994年2月28日，安徽省政府发布《安徽省流动人口计划生育管理实施办法》，规定：各级政府统一领导本辖区流动人口的计划生育工作，组织有关部门对流动人口计划生育进行综合治理，并将流动人口计划生育管理纳入人口与计划生育管理责任制。

流动人口的计划生育，由现居住地政府和常住户口所在地政府共同管理，以现居住地政府为主，常住户口所在地政府协助。

计划生育部门主管本地区流动人口计划生育工作，其主要职责是：宣传、贯彻国家《流动人口计划生育管理办法》《安徽省计划生育条例》及本办法，并对其实施情况进行监督检查；会同公安、工商、劳动、民政、交通、建设等部门对流动人口计划生育工作进行综合治理；做好流动人口计划生育宣传教育、指导服务工作，组织孕情监测，发放避孕药具，提供节育技术服务；会同有关部门做好流动人口的调查统计工作。

公安部门配合计划生育部门管理流动人口的计划生育，主要做好以下工作：加强流动人口户籍管理，向计划生育部门提供流动人口的数量、流动范围等统计资料；在颁发流动人口暂住证和机动车驾驶证时，核查流动人口现居住地计划生育部门出具的计划生育查验证明；依法处理或协助有关部门处理违反计划生育管理的流动人员。

工商行政管理部门配合计划生育部门管理流动人口的计划生育，主要做好以下工作：加强流动人口中个体工商户、私营企业的计划生育管理，向计划生育部门提供从事工商业流动人口的数量、流动范围等统计资料；对个体工商户、私营企业及其从业、雇佣人员进行宣传教育，协助计划生育部门进行孕情检查和节育措施检查；办理个体工商户、私营企业注册登记、变更登记和验照时，核查流动人口现居住地计划生育部门出具的计划生育查验证明；协助有关部门处理个体工商户、私营企业中违反计划生育的流动人员。

劳动部门配合计划生育部门管理流动人口的计划生育，主要做好以下工作：为企业办理招工手续时，须核查用工单位流动人员现居住地计划生育部门出具的计划生育查验证明，并将查验结果及时通报当地计划生育部门；在组织劳务输出时，核查输出人员现居住地计划生育部门出具的计划生育查验证明；配合有关部门依法处理用工单位违反计划生育的流动人员。

城乡建设部门配合计划生育部门管理流动人口的计划生育，主要做好以下工作：监督施工单位对育龄妇女的婚育、节育情况登记造册；对跨地区施工的建筑单位，在登记发证时，核查其当地计划生育部门出具的计划生育查验证明；配合有关部门处理施工单位中违反计划生育的流动人员。

交通、民政、卫生等部门及其他有关部门协助计划生育部门管理流动人口的计划生育，在办理流动人口有关证件时，应当核查其现居住地计划生育部门出具的计划生育查验证明，并将审核结果通报当地计划生育部门。

流动人口现居住地乡（镇）政府或街道办事处的职责是：进行计划生育宣传教育、孕情监测，检查育龄人员的计划生育状况；组织有关部门提供避孕药具和节育技术服务；查验、出具计划生育证明；对流动人口登记造册，记录其婚姻、生育、节育情况，并及时向其常住户口所在地乡（镇）政府或街道办事处通报；依法征收计划外生育费；监督检查本辖区内各单位对流动人口的计划生育管理。

流动人口常住户口所在地乡（镇）政府或街道办事处的职责是：进行计划生育宣传教育；对流动人口进行登记造册，督促落实节育措施；对育龄人员出具流动人口计划生育证明；支付无用工单位流动人口的节育手术费用；配合流动人口现居住地乡（镇）政府或街道办事处的计划生育管理。

流动人员计划生育的具体管理工作，有用工单位的，由各用工单位负责；集体组队承包建筑工程或种养业等项目的，由承包者负责；从事个体经营活动的，由颁发营业执照的部门负责；承租国有、集体或私营企业（包括个体旅社、招待所等）以及私房的，由承租人或私房主负责；投亲靠友，由其亲友及其所在地村（居）民委员会负责。无合法证件、无固定职业、无固定住所的流动人员，其计划生育的具体管理工作，由流入地村（居）民委员会负责。

上述责任部门、单位和个人均须与所在地乡（镇）政府或街道办事处签订流动人口计划生育管理协议，承担相应的管理责任。

流动人口须持有常住户口所在地计划生育部门签发的计划生育证明，并经现居住地计划生育部门查验后，方可到有关部门办理从业、居住手续。流动人口中的育龄夫妻要求生育的，须持有常住户口所在地计划生育部门签发的生育证转办通知书，经现居住地县级计划生育部门核准后，换发生育证，方可生育。流动人口暂住三个月以下计划外生育的，由常住户口所在地按计划外出生计入考核指标；暂住三个月以上计划外生育的，由现居住地按计划外出生计入考核指标。

从事个体工商业的流动人员晚婚、晚育、领取《独生子女证》的，除享受有关优惠和奖励外，工商管理部门还应给予下列奖励：晚婚夫妻，双方均是个体工商户的，一次性免收一个月的工商管理费；一方是个体工商户的，减半优惠。晚育夫妻，双方均是个体工商户的，一次性免收一个月的工商管理费；一方是个体工商户的，减半优惠。领取《独生子女证》的夫妻，双方均是个体工商户的，在独生子女年满十四周岁前，每年免收两个月的个体工商管理费；一方是个体工商户的，减半优惠。

流动人口无生育证怀孕的，动员其采取补救措施。拒绝采取补救措施的，从怀孕之月起，处以每月100元的罚款；在通知规定的期限内采取补救措施的，罚款全部退还；超过期限的，责令其就地采取补救措施，罚款不予退还。流动人口无生育证生育的，就地采取节育措施。无生育证生育第一个孩子的，处以一次性罚款1000元；生育第二个孩子的，按双方月总帐入的百分之十征收计划外生育费七年；生育第三个孩子以上的，按每超生一个孩子递增百分之五征收计划外生育费十四年。计划外生育费一次计算，限期交纳。有关部门应依法注销其暂住证、吊销营业执照、解除劳务合同。对没有或拒不交验《安徽省流动人口计划生育证明》的流动人员，处以200元以上500元以下的罚款。任何单位和个人不得为违反计划生育管理的流动人员提供躲避场所。违者处以500元以上3000元以下罚款。对伪造、出卖或者骗取计划生育证明的直接责任人，由县级以上计划生育部门处以500元以上3000元以下罚款，没收其非法所得，并由其所在单位给予行政处分。违反治安管理的，按《治安管理处罚条例》处理；构成犯罪的，移交司法机关追究刑事责任。

对未查验流动人口计划生育证明，给流动人员颁发暂住证、驾驶证、营业执照、务工许可证、营运许可证、施工许可证等证、照的责任人员，由所在单位给予行政处分。发证单位负责收回所发的证照。对因工作不负责任，未达到计划生育目标管理要求的单位或个人，上一级政府或有关部门应追究其主要负责人和直接责任人的管理责任，并视情节轻重，处以200元以上1000元以下的罚款。

2000年10月31日，安徽省政府根据国务院批准颁发的《流动人口计划生育工作管理办法》，制定并通过《安徽省流动人口计划生育工作管理实施办法》，规定：各级政府统一领导本行政区域内流动人口的计划生育工作，将流动人口计划生育工作纳入人口与计划生育目标管理责任制，组织、协调有关部门对流动人口计划生育工作实行综合管理，并提供保障。国家机关、社会团体、企事业单位和其他组织都有做好流动人口计划生育工作的责任。计划生育行政部门主管本地区流动人口的计划生育工作，负责贯彻有关流动人口计划生育的法律、法规和规章，在本级政府领导下，监督、检查、考核评估有关部门对流动人口计划生育管理职责落实情况。公安、工商、劳动、建设、卫生、交通等有关部门在其职责范围内配合做好流动人口的计划生育工作。

流动人口的计划生育工作，由流动人口的现居住地和户籍所在地的地方政府共同管理，以现居住地管理为主。

实行《流动人口婚育证明》（以下简称《婚育证明》）发放和查验制度。

成年流动人口在离开户籍所在地的乡（镇）、街道之前，应凭其身份、婚姻的有效证件和所在村（居）民委员会出具的计划生育情况证明，到当地乡（镇）政府、街道办事处办理《婚育证明》，并签订计划生育合同。发证机关在接到成年流动人口的有关材料后，证明材料齐全的应在当日予以办理《婚育证明》。

流动人口中的已婚育龄妇女应按其户籍所在地乡（镇）政府、街道办事处要求，在现居住地参加孕（环）情检查，并将经现居住地计划生育行政部门核实的孕（环）检证明及时寄回户籍所在地。

成年流动人口在办理《外出务工就业卡》时，须出示《婚育证明》；无《婚育证明》的，劳动部门不予办理。

户籍所在地的乡（镇）政府、街道办事处应对流动人口进行计划生育宣传教育，建立计划生育管理卡片和档案，做好流动人口计划生育的统计工作；及时收集流动人口婚姻、生育、节育等信息，保持与流动人口现居住地乡（镇）政府、街道办事处的联系。在了解流动人口中的已婚育龄妇女避孕节育情况后，不得再要求其返回参加孕（环）情检查。已婚育龄妇女连续6个月以上未寄回孕（环）检证明的，应按其户籍所在地的乡（镇）政府、街道办事处的要求，限期返回参加孕（环）情检查。

成年流动人口到达现居住地后，应在15日内到现居住地乡（镇）政府、街道办事处，交验《婚育证明》；在办理有关居住、从业手续时，应主动出示经现居住地乡（镇）政府、街道办事处查验过的《婚育证明》。成年流动人口应接受现居住地的乡（镇）政府、街道办事处的管理，按要求参加孕（环）情检查，主动提供婚育变化情况。成年流动人口婚育情况发生变更的，应自变更之日起3个月内到其户籍所在地重新办理《婚育证明》。流动人口中的已婚育龄人员要求生育的，须持有户籍所在地乡（镇）政府、街道办事处或计划生育行政部门签发的生育证，经现居住地乡（镇）政府、街道办事处核准后，方可生育。

现居住地乡（镇）政府、街道办事处应对流动人口进行计划生育宣传教育，定期查验《婚育证明》，建立计划生育管理卡片和档案，做好流动人口计划生育统计工作；

为流动人口提供避孕节育、优生优育、生殖保健、孕（环）情检查等服务。对本辖区内各单位流动人口的计划生育管理情况进行检查。

对流动人口计划生育工作负有经常性管理和服务责任的单位、人员，应接受当地乡（镇）政府、街道办事处及计划生育行政部门的检查和指导。公安、工商、劳动、建设、卫生、交通等部门应向计划生育行政部门或流动人口现居住地的乡（镇）政府、街道办事处提供有关流动人口的统计资料，并协助处理违反计划生育管理的流动人口。有关部门在为流动人口办理暂住证、营业执照、务工许可证等有关证、照时，均须核查其经现居住地的乡（镇）政府、街道办事处查验过的《婚育证明》，同时做好登记，并将办理结果于15日内书面通报其现居住地的乡（镇）政府、街道办事处；无《婚育证明》的，不得办理。

已婚育龄流动人口的节育手术费，有用工单位的，由用工单位承担；无用工单位的，先由本人支付，凭其现居住地的乡（镇）政府、街道办事处证明，由本人在其户籍所在地的乡（镇）政府、街道办事处报销；计划外怀孕、生育的，节育手术费用自理。流动人口的孕（环）检费用，由本人支付。

成年流动人口不按规定办理《婚育证明》或交验《婚育证明》的，现居住地的计划生育行政部门应要求其限期补办、交验，逾期仍未补办或不交验的，由其现居住地的县级政府计划生育行政部门给予警告，可并处200元以上500元以下罚款。伪造、出卖或者骗取《婚育证明》的，由县级政府计划生育行政部门给予警告，可以并处500元以上1000元以下的罚款；有违法所得的，没收其违法所得，可并处违法所得3倍以下的罚款；构成犯罪的，依法追究刑事责任。与已婚育龄流动人口形成劳动关系的用人单位或个人拒不履行流动人口计划生育管理职责的，由当地县级政府计划生育行政部门或有关部门责令其限期改正，并予以警告，可并处500元以上1000元以下的罚款。无正当理由拒绝为成年流动人口办理《婚育证明》或者为其出具假证明的，由当地县级政府计划生育行政部门责令改正，并建议有关部门对直接责任人员给予记大过以上行政处分。有关责任人员未查验《婚育证明》，给流动人口办理有关证、照的，由所在单位责令改正；拒不改正的，根据情节轻重，给予记过或记大过行政处分。对工作不负责任，未达到流动人口计划生育目标管理要求的有关部门和单位，在评先、评优等综合考核时，按照有关规定予以否决，并对有关部门主要负责人和直接责任人给予警告、记过、记大过行政处分；情节严重的，给予降级、撤职行政处分。从事流动人口计划生育管理工作的人员利用职权徇私舞弊、玩忽职守的，由主管部门给予记大过以上的行政处分；构成犯罪的，依法追究刑事责任。

第三节　管理措施

调查登记　20 世纪 80 年代中期起，大量农村劳动力开始流入城市，从事务工经商活动，给城乡计划生育管理造成很大冲击。为加强流动人口计划生育管理，各地纷纷开展流出人口和流入人口的调查登记，摸清节育措施落实情况和生育子女情况并建立档案。1987 年 5 月，省计生委对全省不同区域以 7 个镇 6 个街道 5 个厂矿开展调查，共调查流动人口 4.74 万人，其中育龄妇女 1.86 万人，已婚育龄妇女占育龄妇女 63.7%。流动已婚育龄妇女中，已生两个或两个以上孩子的达 80% 以上，已落实各种节育措施的不到半数。巢湖市巢城区实行逐户上门登记，为居住在本辖区来自 3 个省 8 个县 24 个乡（镇、办事处）的 252 对育龄夫妇建立档案。无为县河坝乡对流出的 144 名育龄妇女分别查清去向，并将其节育、生育情况函告现居住地有关部门。

查办婚育证明　1991 年以前，流动人口户籍所在地基层政府和计划生育部门通过给外出务工经商的育龄人员发给计划生育证明，向暂住地介绍其婚姻、生育、节育等情况。1995 年起，安徽省正式启用省计生委统一印制的《安徽省流动人口计划生育证明》，明确要求发证对象是离开户籍地三个月以上异地生活的已婚育龄夫妇及 18 周岁的未婚成人，但单位外派培训、同城跨区工作的不在此列。从 2000 年 1 月起，启用国家计生委统一印制且加有防伪标志的《流动人口婚育证明》。异地从业经商的成年流动人口都要到现居住地计划生育部门交验计划生育证明或《流动人口婚育证明》，方可在当地有关部门办理相关居住、从业证照。

信息核查　为减少计划外怀孕，提高早孕发现率，省计生委从 1992 年起在全省农村地区推广孕情、环情监测工作，监测对象是已放节育环或无节育措施或节育失败可能怀孕的已婚育龄妇女。已放节育环的妇女每年要做两次检查，看是否脱落，是否正位；未采取节育措施或采取其它节育措施的妇女，每两个月（1998 年以后改为三个月）接受一次是否怀孕的检查。流动人口中的上述人员，要在现居住地计划生育技术服务机构接受检查，并将检查结果的证明寄到户籍所在地验证。户籍所在地乡（镇）人民政府在规定时间内未收到流出人口寄回的孕、环情监测证明或认为其证明有造假嫌疑的，则要求其返乡接受孕、环情监测。

2001 年 6 月起，安徽省启用国家计生委统一制式的流动人口避孕节育情况报告单，三联单的形式，分别由定点检查单位、户籍地计生部门、现居住地计生部门留存采用。

安徽省流动人口避孕节育情况报告单（表样）

<table>
<tr><td colspan="2">受检人员：　　　　　　身份证号：　　　　　　　　婚育证明号：</td></tr>
<tr><td colspan="2">现居住地址：　　市　区（市、县）　　街道（乡、镇）　　　居委会（村）</td></tr>
<tr><td colspan="2">邮政编码：　　　　电话：　　　　　　户籍地：</td></tr>
<tr><td>避孕措施：　放环　药物　工具　结扎　其他
检查方法：　尿检　B超　妇科检查
检查结果：</td><td rowspan="2">受检人近照</td></tr>
<tr><td>检查医生：　　　检查单位：　　　　　（盖章）
电话：　　　　　检查日期：　　　年　月　日</td></tr>
<tr><td colspan="2">注：1. 本证明为安徽省计划生育技术服务机构为已婚育龄女性流动人口进行避孕节育情况检查出具的专用报告单。
2. 本证明由检查医生填写清楚，不可漏项，在照片上加盖定点检查单位专用章后有效，涂改无效。
3. 检查后，本联由检查单位留存。</td></tr>
</table>

双向协作　大批农村劳动力涌入城市从事务工经商活动后，给其户籍所在地和现居住地计划生育管理都带来困难，各地纷纷探索有效管理的途径和方法，流出人口比较多的霍邱、寿县、界首、蒙城、无为、含山等县最先派出干部和技术服务人员，到本地流出人口较为集中的上海、北京、江苏、浙江等省、市，与当地计划生育部门取得联系，寻求支持，为本籍流动人口提供孕、环情监测和节育技术服务。上海市和其他省市的一些区、县也不定期派干部到在其辖区务工经商人员较多的寿县、霍邱、蒙城等县计划生育部门进行回访，通报信息，建立对口联系制度。

1996年起，省计生委和上海市计生委共同召开流动人口计划生育双向管理工作座谈会，就安徽省流入上海市育龄人口计划生育管理问题达成共识，签订《流动人口计划生育双向管理意向书》，明确双向管理的具体意见和措施。1999年，双方进一步签订《沪皖协作加强流动人口计划生育共同管理协议书》，明确流出地和流入地在计划生育管理中的职责，对流动人口《婚育证明》的查验和孕、环情监测信息交换等作出具体规定。双方约定建立沪皖流动人口计划生育管理联席会议制度，每年召开一次会议，通报情况，研究新问题，深化合作新举措。此后，安徽省先后于1997年、2000年、2001年分别与北京市、浙江省、河南省签订双向管理意向书，加强省（市）际间流动人口的计划生育管理。据省计生委2002年统计，省内部分县（市）计划生育部门分别在北京、上海、天津、浙江、江苏、广东、福建等省、市共同建立双向管理技术服务点28个，每年在当地接受孕、环情监测和生殖保健服务的安徽籍妇女达10万人次以上，既方便了流动人口，减轻了他们的负担，又提高了计划生育管理水平，取得了流动人口、户籍所在地政府、现居住地政府三赢的效果。

部门齐抓共管　大量农村劳动力进城务工经商后，各地基层政府都开始探索计划生育齐抓共管模式。1988年。省计生委、省公安厅、省工商局、省劳动局、省城乡建设环境保护厅、省民政厅等6部门就流动人口计划生育齐抓共管达成共识，联合出台《安徽省流动人口计划生育管理暂行办法》，首次明确各部门在流动人口计划生育管理中的职责。1994年，省政府颁布《安徽省流动人口计划生育管理实施办法》，明确各级计划生育、公安、工商、劳动、城乡建设、交通、民政、卫生等行政部门在流动人口计划生育管理职责和法律责任。1996年起，省政府每年都要与省直有关部门签订流动人口计划生育综合治理责任书。1999年起，省政府委托省计划生育工作领导小组，每年年终都以抽样调查的方式对省直有关部门履行流动人口计划生育管理责任目标情况进行考核，根据考评结果，兑现奖惩。

第四节　流动人口生育状况

1989年6月起，省计生委组织在全省范围内开展流动人口计划生育基本情况摸底登记。到7月底，全省共有流动人口37.85万人，其中育龄妇女12.35万人，占流动人口总数的32.6%。在育龄妇女中，已婚的有8.14万人，已生育两个或两个以上孩子的占近半数。

1989年安徽省流动人口生育情况调查表

表2-7-1　　单位：人

地区	流出人口总数	15-49岁未婚妇女	15-49岁已婚育妇女	生育一孩妇女	生育二孩妇女	生育多孩妇女
安徽省	378463	42158	81373	28086	22157	15397
宣城地区	23064	2590	3726	1367	1200	498
巢湖地区	14406	1900	4155	1235	940	394
宿县地区	9186	614	1636	499	599	484
滁县地区	40020	3555	8087	2470	2376	1629
阜阳地区	41358	3520	6546	1310	2016	2335

续表 2-7-1

地区	流出人口总数	15–49 岁未婚妇女	15–49 岁已婚育妇女	生育一孩妇女	生育二孩妇女	生育多孩妇女
六安地区	19204	1432	4510	1634	1575	909
安庆市	39998	6705	8739	3951	1824	1190
池州地区	6507	869	975	379	302	177
黄山市	7217	951	1032	341	276	115
蚌埠市	17421	1218	4505	1361	699	338
淮南市	21584	883	7642	2182	2419	1330
马鞍山市	15884	1659	4833	1816	1405	772
铜陵市	17153	1579	2942	1327	869	548
淮北市	34823	4476	5709	1609	1793	1816
芜湖市	25263	2027	6511	3601	1208	629
合肥市	45375	8180	9825	3004	2656	2233

根据 1999 年全省流动人口计划生育报表统计，全省成年流动人口共计 176.26 万，其中，流出已婚育龄妇女 42.82 万，占整个流出人口的 31.11%，期内出生 8807 人，其中计划内出生 8289 人，计划生育率 94.12%，多孩出生 75 人，多孩率 0.85%。全省流入已婚育妇出生合计 5108 人，计划生育率 97.16%，其中一孩出生 4193 人，占 82.07%，，二孩出生 888 人，占 17.38%，多孩出生 27 人，占 0.55%。

2000 年安徽省流动人口计划生育统计报表 （一）

表 2-7-2　　单位：人

地区	流出人口											
	流出人口	流出女性	流出男性	已婚育龄妇女流出范围			期内出生					
				县内	省内县际	省际	合计	一孩		二孩		多孩
								人数	计内	人数	计内	
安徽省	2298301	1108807	1189494	54619	117660	549989	13530	9221	9955	3347	3121	72
合肥市	135286	64293	70993	3763	17188	15792	1376	993	978	361	316	22
芜湖市	178638	83368	95270	3364	8806	40904	715	563	563	152	151	0
蚌埠市	34335	21466	12869	940	2695	15205	368	273	248	95	74	0
淮南市	22952	13297	9655	1129	1559	4742	124	105	97	19	18	0
马鞍山市	13552	5619	7933	225	628	2473	16	13	13	3	1	0
淮北市	16682	9201	7481	711	894	2541	127	115	115	12	11	0
铜陵市	15677	8729	6948	767	1200	2504	125	120	120	5	5	0
安庆市	234343	125624	108719	5857	14210	58894	1266	866	853	392	368	8
黄山市	48744	20314	28430	628	891	6464	158	140	130	18	17	0
亳州市	110550	49622	60928	3568	5577	22373	961	708	708	253	244	0
阜阳市	492146	208331	283815	8491	21883	110637	3147	2328	2325	818	797	1
宿州市	23124	15642	7482	491	874	6574	184	157	146	26	19	1
滁州市	78262	38978	39284	3469	3720	18013	621	513	496	108	101	0
六安市	486259	220210	266049	8804	21184	122578	1707	1213	1203	486	441	8
宣州市	171849	85109	86740	8442	5407	35479	490	422	411	68	66	0
巢湖市	162294	101467	60827	2602	8586	68447	1977	569	1429	489	456	29
池州市	73608	37537	36071	1368	2358	16369	168	123	120	42	36	3

2000 年安徽省流动人口计划生育统计报表 （二）

表 2-7-3　　　　单位：人

地区	流入人口											
	流入人口	流入女性	流入男性	已婚育龄妇女流入范围			期内出生					
				县内	省内县际	省际	合计	一孩		二孩		多孩
								人数	计内	人数	计内	
安徽省	422793	199855	222938	66524	65875	23336	4182	3334	3292	834	797	15
合肥市	107693	52424	55269	11758	19877	5488	885	679	675	204	200	2
芜湖市	17091	9933	7158	1907	3769	1542	98	77	77	21	21	0
蚌埠市	37036	16916	20120	8661	3855	1515	652	585	583	66	65	1
淮南市	22933	10593	12340	3066	4846	1450	197	146	145	51	48	0
马鞍山市	16314	6401	9913	122	4411	1065	33	27	27	6	6	0
淮北市	20564	6357	14207	1293	3249	827	152	109	109	43	41	0
铜陵市	15352	7687	7665	938	4120	721	73	56	56	17	17	0
安庆市	27196	15723	11473	4892	5846	1382	526	429	425	97	97	0
黄山市	11727	5304	6423	780	1358	1207	56	45	45	11	10	0
亳州市	24679	9905	14774	6050	1535	960	186	155	142	31	30	0
阜阳市	24719	11545	13174	4499	3674	2096	266	193	193	69	66	4
宿州市	13319	5359	7960	2923	982	677	157	128	125	30	28	0
滁州市	32297	15209	17088	6785	3507	1534	386	325	315	55	43	6
六安市	20690	10194	10496	5470	1779	751	245	172	169	71	65	2
宣州市	14375	7179	7196	2951	903	1099	44	35	34	9	9	0
巢湖市	11403	5980	5423	3137	1373	611	154	106	106	48	46	0
池州市	5405	3146	2259	1292	791	411	72	67	66	5	5	0

2001 年安徽省流动人口计划生育统计报表（一）

表 2-7-4　　单位：人

地区	流出人口										
	流出人口	流出女性	流出男性	已婚育龄妇女流出范围			期内出生				
				县内	省内县际	省际	合计	一孩		二孩		多孩
								人数	计内	人数	计内	
安徽省	5736232	2543717	3537100	113992	236334	1215459	21009	15371	15191	5555	5250	85
合肥市	361399	142231	219168	8725	36308	42428	2249	1644	1630	578	502	27
芜湖市	299365	126671	172694	6645	15531	61082	1465	1170	1170	295	291	0
蚌埠市	152860	72967	79893	3566	7313	33727	519	352	347	162	151	5
淮南市	123605	55013	68592	3652	6596	22613	283	216	216	67	67	0
马鞍山市	50442	19700	30742	630	2656	9477	37	26	26	11	11	0
淮北市	60544	25668	34876	1028	2206	8511	276	237	237	39	36	0
铜陵市	36285	17003	19282	1414	2118	4904	102	83	83	19	19	0
黄山市	111827	47570	64257	2541	2398	16459	180	155	150	24	20	1
安庆市	724878	304070	423200	12761	29691	160544	2110	1377	1357	720	692	13
亳州市	322735	121206	201529	8370	10720	59276	1035	803	800	232	225	0
阜阳市	779913	459541	662565	7729	22179	185792	3869	2955	2952	913	906	1
宿州市	271302	112492	158810	3944	5393	46344	651	479	474	173	139	1
滁州市	244135	106119	138016	9545	10938	50978	1063	764	757	293	275	6
六安市	1070117	441566	628551	17560	44252	251631	2813	1965	1906	834	780	14
宣城市	311669	132818	178851	12663	6436	52857	510	436	436	74	74	0
巢湖市	642217	285518	356699	10551	26206	176340	3508	2467	2408	1028	977	13
池州市	172939	73564	99375	2668	5393	32496	339	242	242	93	85	4

2001 年安徽省流动人口计划生育统计报表（二）

表 2-7-5　　单位：人

地区	流入人口											
	流入人口	流入女性	流入男性	已婚育龄妇女流入范围			期内出生					
				县内	省内县际	省际	合计	一孩		二孩		多孩
								人数	计内	人数	计内	
安徽省	541940	252607	289333	67578	83231	28378	2566	1942	1929	611	591	14
合肥市	143127	67266	75861	9345	27775	6741	685	515	515	170	167	0
芜湖市	31501	15866	15635	2384	6247	2369	106	75	75	31	31	0
蚌埠市	29794	13435	16359	4569	3759	1765	142	113	113	29	27	0
淮南市	29895	14198	15697	2862	6974	1626	162	118	116	44	43	0
马鞍山市	17429	7910	9519	125	4908	1235	11	11	11	0	0	0
淮北市	20528	6998	13530	1106	3919	869	138	107	107	31	31	0
铜陵市	16564	7315	9249	888	3756	992	24	18	18	6	6	0
黄山市	18259	9021	9238	1842	2187	1419	50	35	32	13	11	2
安庆市	39898	20554	19344	5776	7358	1953	374	296	293	77	75	1
亳州市	21926	9744	12182	6118	1383	946	70	47	47	17	15	6
阜阳市	28570	13569	15001	2925	2196	758	132	97	94	32	32	3
宿州市	20013	7982	12031	3753	1649	1284	75	58	58	17	16	1
滁州市	29602	14240	15362	6348	3434	1905	187	149	147	37	34	1
六安市	28335	14369	13966	7160	2587	1123	180	124	124	56	52	0
宣城市	36159	16303	19856	6350	2150	1641	48	40	40	8	8	0
巢湖市	22093	9771	12322	4387	2098	1191	141	105	105	36	36	0
池州市	8247	4066	4181	1640	851	561	41	34	34	7	7	0

2002年安徽省流动人口计划生育统计报表（一）

表 2-7-6

单位：人

地区	流出人口											
	流出人口	流出女性	流出男性	已婚育龄妇女流出范围			期内出生					
				县内	省内县际	省际	合计	一孩		二孩		多孩
								人数	计内	人数	计内	
安徽省	7726671	3222963	4503708	147491	303814	1555189	28222	20508	20219	7558	7169	156
合肥市	432868	178292	254576	8854	42203	53098	2438	1737	1728	672	592	29
芜湖市	360749	151239	209510	9257	26074	67149	2313	1808	1807	505	505	0
蚌埠市	237651	116344	121307	5534	11419	53304	758	543	535	206	201	9
淮南市	188113	82878	105235	4483	9306	32706	324	230	227	93	88	1
马鞍山市	59137	23356	35781	836	3149	11119	68	56	56	12	12	0
淮北市	86360	37573	48787	1262	2980	13745	402	329	329	73	73	0
铜陵市	63296	27425	35871	2469	2664	8581	175	144	144	31	31	0
黄山市	167591	67603	99988	3399	3731	25258	257	199	188	57	52	1
安庆市	831569	349092	482477	14849	33376	184657	2228	1423	1399	781	708	24
亳州市	537053	205690	331363	15629	18358	84103	2289	1786	1784	500	493	3
阜阳市	1340460	552870	787590	15741	37862	268409	4616	3518	3518	1091	1063	7
宿州市	448830	181366	267464	5975	8886	69299	1032	777	770	243	235	12
滁州市	365608	149230	216378	12492	15997	66487	1357	970	959	378	368	9
六安市	1215626	499482	716144	18122	45729	288863	3089	2150	2112	917	865	22
宣城市	376133	159373	216760	15012	7456	67349	593	491	484	101	97	1
巢湖市	780997	344267	436730	10951	28254	215793	5891	4051	3892	1802	1690	38
池州市	234630	96883	137747	2626	6370	45269	392	296	287	96	96	0

2002年安徽省流动人口计划生育统计报表（二）

表2-7-7　　　　单位：人

地区	流入人口										
	流入人口	流入女性	流入男性	已婚育龄妇女流入范围			期内出生					
				县内	省内县际	省际	合计	一孩		二孩		多孩
								人数	计内	人数	计内	
安徽省	556607	519593	473116	59014	90263	30575	2533	1850	1840	670	649	13
合肥市	137482	131773	110666	3791	31050	6841	629	477	477	151	151	1
芜湖市	40146	40146	35836	1855	8896	2497	127	96	96	31	31	0
蚌埠市	30673	28921	24883	4330	3175	1894	151	102	102	44	43	5
淮南市	37758	34094	33537	3119	7198	1927	184	119	118	65	53	0
马鞍山市	18410	18326	16942	129	4810	1626	29	18	18	11	11	0
淮北市	17841	17157	17157	1092	3712	933	82	49	49	33	33	0
铜陵市	21345	17938	17913	996	4793	1173	30	20	20	10	10	0
黄山市	19276	16742	15437	2133	1921	1513	69	61	60	8	6	0
安庆市	36276	34228	33658	5263	5876	1691	258	204	204	51	49	3
亳州市	26991	25323	23375	5956	1760	1309	198	153	153	45	45	0
阜阳市	26197	21877	22237	3669	2543	1811	114	88	88	26	26	0
宿州市	21524	17413	17258	3310	2018	1393	125	90	88	35	34	0
滁州市	29306	27764	20287	4758	4290	1891	126	90	89	33	33	3
六安市	31822	29018	27547	7712	3095	1048	176	120	118	55	52	1
宣城市	32346	32047	31595	5374	1846	1360	22	15	14	7	7	0
巢湖市	22295	20877	19149	4431	2418	1162	186	128	126	58	58	0
池州市	6919	5949	5639	1096	862	506	27	20	20	7	7	0

2003 年安徽省流动人口计划生育统计报表（一）

表 2-7-8

单位：人

地区	流出人口											
	流出人口	流出女性	流出男性	已婚育龄妇女流出范围			期内出生					
				县内	省内县际	省际	合计	一孩		二孩		多孩
								人数	计内	人数	计内	
安徽省	9327788	4007876	5319912	195007	373823	2270303	39401	26789	26409	12367	11728	317
合肥市	549108	225060	324048	10572	53976	64891	3134	2046	2029	1037	945	51
芜湖市	416532	174969	241563	12124	32717	79134	2165	1638	1613	526	520	1
蚌埠市	279312	127339	151973	2490	6889	67368	906	640	638	253	248	13
淮南市	216671	96572	120099	5247	11656	39178	389	252	247	133	130	4
马鞍山市	79143	30341	48802	1026	4511	14491	147	99	99	48	48	0
淮北市	146856	73611	73245	2221	4913	38257	673	439	439	234	231	0
铜陵市	73145	31869	41276	2847	3197	10405	168	144	144	24	24	0
黄山市	227572	91659	135913	4350	4319	38187	418	347	302	75	57	64
安庆市	977516	406442	571074	14912	33476	228716	3374	2079	2008	1247	1138	48
亳州市	647175	259979	387196	14096	20062	118039	2618	1947	1943	668	613	3
阜阳市	1666176	726330	939846	18597	46645	368265	6315	4460	4457	1847	1786	8
宿州市	578447	241758	336689	7681	14900	93260	1136	807	785	319	293	14
滁州市	392221	160698	231523	10811	14097	78082	1254	853	837	376	342	25
六安市	1389005	626298	762707	17900	44241	352530	3726	2350	2314	1366	1292	10
宣城市	432975	181929	251046	54879	42916	335180	618	500	489	115	101	3
巢湖市	958814	427301	531513	12374	27415	279188	11602	7693	7576	3838	3712	71
池州市	296119	124960	171159	2880	7893	65132	758	495	489	261	248	2

2003年安徽省流动人口计划生育统计报表（二）

表2-7-9　　　　单位：人

地区	流入人口											
	流入人口	流入女性	流入男性	已婚育龄妇女流入范围			期内出生					
				县内	省内县际	省际	合计	一孩		二孩		多孩
								人数	计内	人数	计内	
安徽省	595419	269829	325590	65470	110908	38274	2832	2057	2009	771	724	4
合肥市	171090	77861	93229	4058	39163	7917	657	488	487	169	167	0
芜湖市	46561	21860	24701	1482	11103	3239	74	55	55	19	19	0
蚌埠市	26593	11587	15006	3317	3423	2148	205	159	158	46	44	0
淮南市	40705	17640	23065	2760	8182	2213	257	160	151	97	76	0
马鞍山市	23475	11471	12004	121	6386	2080	67	49	49	18	18	0
淮北市	21315	7431	13884	1223	4436	1280	150	116	116	33	33	1
铜陵市	22320	10056	12264	1137	5445	1027	76	59	59	16	15	1
黄山市	21298	10340	10958	2173	2687	1691	59	44	40	15	13	0
安庆市	36816	17033	19783	5931	5162	1896	252	189	187	63	60	0
亳州市	25195	12091	13104	6609	1833	1326	209	142	142	67	67	0
阜阳市	22935	9043	13892	3254	2030	1433	182	134	128	48	48	0
宿州市	19659	8020	11639	2733	2011	1285	94	67	67	27	27	0
滁州市	27249	12973	14276	2950	5388	1898	104	71	69	31	26	2
六安市	34273	14833	19440	7204	2991	1230	275	199	176	76	66	0
宣城市	27589	13537	14052	16127	6217	5245	25	20	20	5	5	0
巢湖市	21681	10927	10754	3406	3547	1871	95	68	68	27	26	0
池州市	6665	3126	3539	985	904	495	51	37	37	14	14	0

2004年安徽省流动人口计划生育统计报表（一）

表 2-7-10　　　　单位：人

地区	流出人口											
	流出人口	流出女性	流出男性	已婚育龄妇女流出范围			期内出生					
				县内	省内县际	省际	合计	一孩		二孩		多孩
								人数	计内	人数	计内	
安徽省	11076725	4874288	6202437	194809	450288	2632765	65202	38942	38186	25332	22045	928
合肥市	605100	265315	339785	12102	75410	80799	4949	3008	2995	1828	1543	113
芜湖市	438351	183272	255079	12658	32468	88301	1752	1267	1265	484	483	1
蚌埠市	388743	199844	188899	1833	10537	124425	2855	1482	1462	1317	1050	56
淮南市	284668	127127	157541	6688	14108	55619	881	450	431	421	377	10
马鞍山市	94681	38852	55829	1060	5545	22049	237	172	171	61	53	4
淮北市	223168	127769	95399	4323	10419	78194	1896	1042	990	817	708	37
铜陵市	85832	36636	49196	681	6547	12861	277	202	202	75	73	0
黄山市	248790	102516	146274	4849	5259	47586	824	591	576	232	216	1
安庆市	1230414	508732	721682	19063	43510	299599	5432	3273	3190	2087	1874	72
亳州市	935514	391937	543577	23791	36722	182904	4149	2600	2506	1513	1039	36
阜阳市	1830918	840718	990200	24102	62833	457467	10524	5978	5908	4395	3762	151
宿州市	606391	268270	338121	8499	16856	114021	1547	992	969	497	452	58
滁州市	586423	241037	345386	16608	23319	127356	3267	1510	1447	1546	1094	211
六安市	1618262	687613	930649	22078	53700	420191	6881	3698	3579	3103	2658	80
宣城市	469976	199662	270314	19264	8113	96609	971	755	726	211	192	5
巢湖市	1053886	482794	571092	12846	30332	323252	15795	9995	9871	5711	5490	89
池州市	375608	172194	203414	4364	14610	101532	2965	1927	1898	1034	981	4

2004年安徽省流动人口计划生育统计报表（二）

表 2-7-11　　单位：人

地区	流入人口											
	流入人口	流入女性	流入男性	已婚育龄妇女流入范围			期内出生					
				县内	省内县际	省际	合计	一孩		二孩		多孩
								人数	计内	人数	计内	
安徽省	746645	378161	368484	71800	142225	50598	6458	4465	4381	1918	1597	75
合肥市	216138	128254	87884	4793	54105	11572	1824	1395	1392	428	421	1
芜湖市	57982	29481	28501	4531	12341	4954	194	143	143	51	51	0
蚌埠市	28272	13792	14480	1260	6914	2713	260	177	175	81	71	2
淮南市	44019	20924	23095	3804	9476	2787	423	239	219	163	115	22
马鞍山市	46232	24226	22006	432	13254	4945	341	230	228	109	102	2
淮北市	21728	9205	12523	1573	4776	1397	188	134	133	54	47	0
铜陵市	31749	14439	17310	681	8290	2061	441	313	303	126	97	2
黄山市	24218	12509	11709	2317	3296	2406	196	144	139	50	41	2
安庆市	45757	22167	23590	7801	6871	2941	380	266	266	111	104	3
亳州市	35933	17721	18212	9959	2711	2938	474	325	323	147	130	2
阜阳市	45301	15573	29728	9058	2511	1619	491	259	248	210	101	22
宿州市	18602	8044	10558	2576	2132	1641	122	88	82	41	39	8
滁州市	37533	16476	21057	3694	6507	2944	345	249	238	93	67	4
六安市	36706	17217	19489	8253	3393	1597	428	280	273	147	123	1
宣城市	23410	11335	12075	3961	1580	1667	22	17	17	5	2	0
巢湖市	25190	12722	12468	5647	2844	1794	202	130	126	69	55	3
池州市	7875	4076	3799	1460	1224	622	110	76	76	33	31	1

2005 年安徽省流动人口计划生育统计报表（一）

表 2-7-12　　　　　　单位：人

地区	流出人口											
	流出人口	流出女性	流出男性	已婚育龄妇女流出范围			期内出生					
				县内	省内县际	省际	合计	一孩		二孩		多孩
								人数	计内	人数	计内	
安徽省	11434406	5322249	6112157	203176	491937	3034570	89442	52944	51825	35188	29575	1302
合肥市	610670	279432	331238	13379	83728	88982	6658	4042	3944	2471	2065	145
芜湖市	414399	177466	236933	13578	33449	82521	2756	1925	1918	822	794	9
蚌埠市	399873	231579	168294	1693	13165	152823	3321	2042	2019	1256	1177	23
淮南市	281401	133867	147534	8165	18262	56591	1023	534	516	472	413	17
马鞍山市	86552	38890	47662	1566	6699	20715	370	254	245	108	96	8
淮北市	240706	152803	87903	7035	16565	95571	3046	1735	1729	1285	1156	26
铜陵市	91069	39176	51893	1751	6218	15202	436	324	322	112	111	0
黄山市	253181	114112	139069	5867	6305	57812	915	680	637	232	201	3
安庆市	1296295	560231	736064	20370	43787	352717	6715	4019	3898	2599	2320	97
亳州市	967960	468061	499899	17271	48961	252344	6285	3915	3860	2340	2054	30
阜阳市	1907201	905810	1001391	23963	61321	521146	19539	11294	11127	7833	5550	412
宿州市	619763	292376	327387	9055	20573	135845	2583	1458	1403	1066	823	51
滁州市	600607	265574	335033	15171	23128	152459	5794	3136	3044	2476	2036	182
六安市	1724455	750694	973761	25458	50373	477385	10898	6137	5918	4625	3762	136
宣城市	498710	219785	278925	22280	9414	113717	796	622	584	164	140	10
巢湖市	1034766	494097	540669	13061	31340	339128	15447	8925	8804	6375	5967	147
池州市	406798	198296	208502	3513	18649	119612	2860	1902	1857	952	910	6

2005年安徽省流动人口计划生育统计报表（二）

表 2-7-13　　　　单位：人

地区	流入人口											
	流入人口	流入女性	流入男性	已婚育龄妇女流入范围			期内出生					
				县内	省内县际	省际	合计	一孩		二孩		多孩
								人数	计内	人数	计内	
安徽省	813556	411495	402061	84598	168749	60196	9776	6879	6773	2811	2414	86
合肥市	270363	136888	133475	12291	70147	17038	3694	2902	2888	775	759	17
芜湖市	65726	33643	32083	3852	14380	6329	178	133	133	45	45	0
蚌埠市	30916	14905	16011	2322	7403	2969	327	232	232	93	88	2
淮南市	45365	22279	23086	4117	9527	3169	514	298	273	203	124	13
马鞍山市	54203	30048	24155	1566	15835	6654	266	180	179	86	84	0
淮北市	19939	9027	10912	1609	4525	1294	210	144	143	65	64	1
铜陵市	33364	15510	17854	1059	9084	1849	689	523	520	164	143	2
黄山市	28686	14679	14007	2527	4124	2865	178	140	135	37	30	1
安庆市	43425	21628	21797	5715	8696	3200	298	206	201	89	75	3
亳州市	47970	26048	21922	17271	2962	2303	1735	1070	1067	650	499	15
阜阳市	24829	11578	13251	3453	3371	2308	488	293	271	188	148	7
宿州市	17778	8539	9239	2898	2246	1627	155	95	94	56	55	4
滁州市	33495	17751	15744	4440	6525	2321	179	96	88	74	62	9
六安市	38563	19164	19399	9645	3820	1652	565	357	340	193	155	11
宣城市	25630	12806	12824	4718	1923	1917	31	16	15	14	12	1
巢湖市	24980	12747	12233	5558	2938	2040	135	96	96	39	35	0
池州市	8324	4255	4069	1557	1243	661	138	98	98	40	36	0

第八章　计划生育财务

第一节　计划生育事业费

事业费投入　1986年至1992年，安徽省计划生育事业投入主要由各级财政投入和计划外生育费两部分构成。其中，计划外生育费投入略高于财政投入。1993年至1999年，安徽省计划生育事业投入主要由财政拨款、计划外生育费和乡统筹费三部分构成，其中，计划外生育费一直占投入的主体，到1997年，财政投入开始高于计划外生育费投入。安徽省2000年实行农村税费改革以后，逐步取消乡统筹费和村提留款，全省计划生育事业投入又恢复财政投入为主、计划外生育费（社会抚养费）为补充投入结构。2004年以后安徽省社会抚养费实行收支两条线，纳入财政预算管理，各级财政成为计划生育事业投入的唯一渠道。

1986—1990年安徽省计划生育事业费投入情况一览表

表2-8-1　　单位：万元

项　目	1986年		1987年		1988年		1989年		1990年	
	总额	人均	总额	人均	总额	人均	总额	人均	总额	人均
投入总额	5659	1.08	6106	1.16	5658	1.05	6724	1.23	9775	1.73
一、财政投入	2631	0.50	2428	0.46	2791	0.52	3178	0.58	4213	0.75
其中：中央级			195	0.04	250	0.05	290	0.05	722	0.13
省级			437	0.08	521	0.10	463	0.08	512	0.09
市级			431	0.08	233	0.04	142	0.03	225	0.04
县级			1365	0.26	1787	0.33	2283	0.42	2754	0.49
乡级										
计划外生育费（社会抚养费）	3028	0.58	3678	0.70	2867	0.53	3546	0.65	5562	0.98
三、计划生育统筹费										

1991—1995 年安徽省计划生育事业费投入情况一览表

表 2-8-2　　单位：万元

项　目	1991 年		1992 年		1993 年		1994 年		1995 年	
	总额	人均	总额	人均	总额	人均	总额	人均	总额	人均
投入总额	12779	2.22	19545	3.35	15808	2.69	19577	3.30	29063	4.83
一、财政投入	5344	0.92	6372	1.09	6839	1.17	8173	1.38	10428	1.73
其中：中央级	765	0.13	927	0.16	941	0.16	960	0.16	1413	0.23
省级	1030	0.18	1007	0.17	809	0.14	986	0.17	768	0.13
市级	487	0.08	601	0.10	744	0.13	1002	0.17	1125	0.19
县级	3062	0.53	3837	0.66	4345	0.74	5225	0.88	7122	1.18
乡级										
计划外生育费（社会抚养费）	7435	1.30	13173	2.26	8548	1.45	9640	1.62	15913	2.65
三、计划生育统筹费					421	0.071	1764	0.30	2722	0.45

1996—2000 年安徽省计划生育事业费投入情况一览表

表 2-8-3　　单位：万元

项　目	1996 年		1997 年		1998 年		1999 年		2000 年	
	总额	人均	总额	人均	总额	人均	总额	人均	总额	人均
投入总额	28344	4.67	33023	5.39	32389	5.23	41439	6.64	32221	5.13
一、财政投入	11847	1.95	14729	2.4	15449	2.49	20277	3.25	25446	4.05
其中：中央级	1336	0.22	1406	0.23	1531	0.25	1621	0.26	1747	0.28
省级	949	0.16	1432	0.23	880	0.14	1685	0.27	1783	0.28
市级	1218	0.20	1237	0.20	1631	0.26	2184	0.35	1886	0.30
县级	8344	1.37	10654	1.74	11407	1.84	14787	2.37	20030	3.19
乡级										
二、计划外生育费（社会抚养费）	12548	2.07	11748	1.92	8427	1.36	10533	1.69	6775	1.08
三、计划生育统筹费	3949	0.65	6546	1.07	8513	1.38	10629	1.70		

2001—2005年安徽省计划生育事业费投入情况一览表

表2-8-4　　单位：万元

项目	2001年		2002年		2003年		2004年		2005年	
	总额	人均	总额	人均	总额	人均	总额	人均	总额	人均
投入总额	37922	5.99	45458	7.13	53338	8.31	59305	9.20	73713	11.31
一、财政投入	33032	5.22	41193	6.46	45213	7.04	59305	9.20	73713	11.31
其中：中央级	2158	0.34	2468	0.39	2830	0.44	3119	0.48	4514	0.69
省级	2156	0.34	2247	0.35	2975	0.46	4035	0.63	5688	0.87
市级	2083	0.33	2255	0.35	2724	0.42	3718	0.58	5056	0.78
县级	11063	1.75	12617	1.98	15189	2.37	21218	3.29	28360	4.35
乡级	15572	2.46	21606	3.39	21495	3.35	27215	4.22	30095	4.62
二、计划外生育费（社会抚养费）	4890	0.77	4265	0.67	8125	1.27				
三、计划生育统筹费										

资料来源：安徽省计划生育系统决算报表及财政部门决算报表数据

事业费支出　1986年，安徽省计划生育事业支出主要用于计划生育手术费减免、避孕药具、基层计划生育专职干部费用、独生子女保健费、宣传教育和其他计划生育事业费等6个项目。1993年，计划生育事业费增加中等专业学校费用，即安徽省计划生育学校支出。1998年，该项目支出不再列入计划生育事业费；1999年，增加流动人口计划生育管理费，全部由财政投入，占总支出的1%；2004年，独生子女保健费列入计划生育家庭奖励支出；2005年，各项支出占总支出情况分别为计划生育手术费减免支出占11.3%、避孕药具支出占1.7%、基层计划生育专职干部支出占24.8%、计划生育家庭奖励支出占8.1%、计划生育服务站支出占16.9%、宣传教育（含干部培训）支出占8.6%、流动人口计划生育管理支出占3.1%，其他计划生育支出占25.5%。

1986—1990 年安徽省计划生育事业支出一览表

表 2-8-5　　单位：万元

年份 / 支出项目	1986 年			1987 年			1988 年			1989 年			1990 年		
	财政投入	超生子女费	合计	财政投入	超生子女费	合计	财政投入	超生子女费	合计	财政投入	超生子女费	合计	财政投入	超生子女费	合计
支出总额	2384.2	2671.1	5055.3	2430.4	2936.3	5416.7	2756.3	2701.6	5457.9	3125.3	3418.1	6543.4	4132.2	4188.9	8321.1
一、手术减免费	474.2	808.3	1282.5	600.5	794.4	1394.9	341.1	818.5	1159.6	522.8	1172.5	1695.3	623.4	1383.9	2007.3
二、避孕药具经费	69.9		69.9	41.8		41.8	21.8		21.8	16		16.0	461.9		461.9
三、基层计划生育专职干部经费	599		599.0	733.8		733.8	673.3		673.3	776.3		776.3	851.2		851.2
四、独生子女保健费（计划生育家庭奖励）	110	324.7	434.7	37	371.9	408.9	382.2	429.2	811.4	436.6	268	704.6	424.6	334.4	759
五、服务网络业务支出（服务站建设经费）			0.0		706.4	706.4	353.7	801.9	1155.6	435.2	608.7	1043.9	454.3	647.3	1101.6
六、宣传教育经费（干部训练费）	140.1		140.1	108.2		108.2	26.9		26.9	8.4		8.4	16.5		16.5
七、中等专业学校经费															
八、流动人口计划生育管理费															
九、其他计划生育事业费	991	1538.1	2529.1	909.1	1063.6	2022.7	957.3	652	1609.3	930	1368.9	2298.9	1300.3	1823.3	3123.6

1991—1995年安徽省计划生育事业支出一览表

表2-8-6　　　　单位：万元

支出项目＼年份	1991年			1992年			1993年				1994年				1995年			
	财政投入	超生子女费	合计	财政投入	超生子女费	合计	财政投入	计划外生育费	乡统筹	合计	财政投入	计划外生育费	乡统筹	合计	财政投入	计划外生育费	乡统筹	合计
支出总额	5040.5	7048.7	12089.2	6467.8	12387.5	18855.3	6907.7	8843.9	405.1	16156.7	8243.4	9083.9	1627.8	18955.1	10526.8	14201.4	2627.8	27356.0
一、手术减免费	1409.7	2203	3612.7	1863.9	2109.8	3973.7	2094.5	2916.3	66.2	5077.0	1888	2655	380.4	4923.4	1699	2824.5	391.4	4914.9
二、避孕药具经费	448.4		448.4	602.6		602.6	589.2			589.2	513.8			513.8	1031.3			1031.3
三、基层计划生育专职干部经费	1007.3		1007.3	1236.2		1236.2	1227.2			1227.2	1892.9			1892.9	2757.3			2757.3
四、独生子女保健费（计划生育家庭奖励）	35	1159.9	1194.9	33.5	1575	1608.5	47.9	551.1	11.7	610.7	59.9	323.2	54.6	437.7	52.5	434.4	82.9	569.8
五、服务网络业务支出（服务站建设经费）	589.2	959.8	1549.0	802.4	1910.3	2712.7	733.8	1682.4	178	2594.2	773.4	2078.3	432.4	3284.1	1027.5	3745.8	986.8	5760.1
六、宣传教育经费（干部训练费）	28.9		28.9	63.8		63.8	108.3	422.8	53.8	584.9	103.8	563.3	211.4	878.5	168.8	886.7	261.9	1317.4
七、中等专业学校经费							77.7			77.7	127.3			127.3	116			116.0
八、流动人口计划生育管理费																		
九、其他计划生育事业费	1522	2726	4248.0	1865.4	6792.4	8657.8	2029.1	3271.3	95.4	5395.8	2884.3	3464.1	549	6897.4	3674.4	6310	904.8	10889.2

1996—1999年安徽省计划生育事业支出一览表

表2-8-7　　单位：万元

年份/支出项目	1996年				1997年				1998年				1999年			
	财政投入	计划外生育费	乡统筹	合计	财政投入	计划外生育费	乡统筹	合计	财政投入	计划外生育费	乡统筹	合计	财政投入	计划外生育费	乡统筹	合计
支出总额	12098.1	13862.8	4026.5	29987.4	15024.7	11607.8	6351.1	32983.6	16583.8	8925.5	8372.5	33881.8	24873.7	10303.3	10205.6	45382.6
一、手术减免费	1723.2	2611.1	628.4	4962.7	1653.1	1723.2	718.3	4094.6	1709.1	1014	1134.03	3857.1	1867.5	1372.76	1520.58	4760.8
二、避孕药具经费	835.1			835.1	959.2			959.2	1020			1020.0	1080.0			1080.0
三、基层计划生育专职干部经费	3314			3314.0	5486.9			5486.9	6437.4		1113.6	7551.0	8702.2		1618.9	10321.1
四、独生子女保健费（计划生育家庭奖励）	59.8	394.2	96.9	550.9	71.8	308	184.3	564.1	143.8	295.6	297.4	736.8	181	549.9	545.3	1276.2
五、服务网络业务支出（服务站建设经费）	1131.4	4019.3	1557.3	6708.0	1394	3526.8	2682.8	7603.6	1549.4	3112.2	3108.2	7769.8	3403	3422.5	3168.3	9993.8
六、宣传教育经费（干部训练费）	196.1	1257.7	483.4	1937.2	194.8	1073.3	678.9	1947.0		1574.4	1293.2	2867.6	1734.18	1966.39	1938.7	5639.3
七、中等专业学校经费	203.6			203.6	301			301.0	236.9			236.9				
八、流动人口计划生育管理费													426.8			426.8
九、其他计划生育事业费	4634.9	5580.5	1260.5	11475.9	4963.9	4976.5	2086.8	12027.2	5487.2	2929.3	1426.1	9842.6	7479	2991.79	1413.8	11884.6

2000—2005 年安徽省计划生育事业支出一览表

表 2-8-8 单位：万元

年份 支出项目	2000 年			2001 年			2002 年						2004 年	2005 年
	财政投入	计划外生育费	合计	财政投入	社会抚养费	合计	财政投入	社会抚养费	合计	财政投入	社会抚养费	合计	财政投入	财政投入
支出总额	26402.3	7410.6	33812.9	40199.3	5478.5	45677.8	45183.0	4275.0	49458.0	54037.9	7873.2	61911.1	72309.8	92734.5
一、手术减免费	1892.0	1007.2	2899.2	3882.5	840.8	4723.3	3321.5	629.0	3950.5	3406.57	1651.31	5057.9	7889.2	10506.7
二、避孕药具经费	1094.9		1094.9	1280.1		1280.1	1368.9		1368.9	1449.8		1449.8	1557.6	1536.8
三、基层计划生育专职干部经费	9983.0		9983.0	11434.8		11434.8	15301.4		15301.4	18250.5		18250.5	18577.9	22958.9
四、独生子女保健费(计划生育家庭奖励）	267.2	398.7	665.9	974.8	388.9	1363.7	1548.1	442.8	1990.9	2311.1	519.9	2831.0	4835.2	7475.8
五、服务网络业务支出（服务站建设经费）	3868.8	2326.2	6195.0	6848.5	1810.4	8658.9	8573.7	1523.0	10096.7	10425.8	1761.4	12187.2	14368.7	15656.9
六、宣传教育经费（干部训练费）	1675.6	1417.9	3093.5	3509.3	1096	4605.3	3706.9	876.2	4583.1	5239.6	1352.5	6592.1	6777.6	7980.6
七、中等专业学校经费														
八、流动人口计划生育管理费	426.9		426.9	874.2		874.2	1097.0		1097.0	1324.4		1324.4	2128.96	2933.6
九、其他计划生育事业费	7193.9	2260.6	9454.5	11395.1	1342.4	12737.5	10265.5	804.0	11069.5	11630.1	2588.1	14218.2	16174.6	23685.2

第二节　计划生育行政事业性收费

20世纪90年代，安徽省各地（市）县、乡、村自行设置名目繁多的计划生育收费项目，如分娩押金、定点分娩费、外出人员妇检押金、流动人口押金、计划生育责任金、妇检证费、妇检资料袋费、计划生育调节费、生育指标调节费、节育合同押金、流动人口计划生育管理费、尿检费、准孕证费等。经过多次清理，到2001年，只保留计划生育证工本费、流动人口婚育证明工本费、计划外生育费和计划生育服务费等四个项目。

社会抚养费　1995年以前称社会抚养费，1995年至2001年称计划外生育费，2002年改称社会抚养费。征收标准依据《安徽省计划生育条例》有关规定执行。

1987年7月，省计生委发文规定，征收的超生子女费可以在县、乡、村三级分成，县级计生委一般可以提成10%~15%，其余由乡、村两级分成。1992年11月，省计生委、省财政厅、省物价局规定自1993年1月1日起，计划外生育费实行“乡收县管、财政监督”专款专用的管理体制。征收的计划外生育费实行县、乡两级分成，县级留20%，80%返还乡（镇）使用。

1999年修订的《安徽省计划生育条例》规定，计划外生育费由县级政府统一管理、专户存储、收缴分离，收用不得挂钩，全部用于计划生育事业。2003年11月，省政府发布《安徽省社会抚养费征收管理实施办法》，规定社会抚养费纳入县级财政预算管理，任何单位和个人不得截留，挪用、贪污、私分。

计划生育管理收费　1995年，省物价局、省财政厅核定外省流入安徽省的流动就业人员每人每月需交纳2元计划生育管理费，2001年取消该项收费。

计划生育证件工本费　1992年修订的《安徽省计划生育条例》规定，全省实行统一的生育证制度。随后省计生委对全省生育证收费标准提出限价：“一孩生育证”收费幅度控制在2元-8元之间，“二孩生育证”收费幅度控制在4元-20元之间；1994年，生育证发行改为由省计生委提供统一样式，各地、市计生委自行印制，可收取生育证工本费每套1元；2000年重新核定一孩生育证每证5元、二孩生育证每证8元；2002年，改一孩生育证为《生殖保健服务证》，免费发放，二孩生育证工本费不变。

1995年，省物价局、财政厅核定《安徽省流动人口计划生育证明》每本工本费为1.5元，1998年调整为每证5元，2005年1月1日起取消该项收费。

计划生育技术鉴定费　2002年8月，省财政厅、省物价局规定县级以上计划生育行政部门从事病残儿医学鉴定和计划生育手术并发症鉴定时，可收取鉴定费，其中若鉴定确属手术并发症的，不得收费。2003年9月核定独生子女病残儿医学鉴定费：县级初审每例20元、市级鉴定每例150元、省级鉴定每例300元；计划生育手术并发症鉴定费：县级鉴定每例 100 元、市级鉴定每例 200 元、省级鉴定每例 400 元。

计划生育手术费 1988 年 4 月，省计生委、省财政厅、省物价局联合制定了各级计划生育服务站四项手术按例包干收费标准试行办法，1991 年对收费标准进行调整，1998 年再次调整和制定计划生育服务项目收费标准和项目。2001 年，根据国家规定向农村实行计划生育的育龄夫妻免费提供避孕、节育技术服务，所需经费由地方财政予以保障。

1988 年安徽省制定的计划生育技术服务按例包干收费标准

表 2-8-9　　单位：元 / 例

项目	金额	包含项目
输卵管结扎	20	挂号、住院、手术、消毒、麻醉、敷料、妇检、血常规、必要时做胸透、必需的药品、拆线等全部费用以及切口愈合前出现的并发症治疗费
输精管结扎	5	挂号、手术、消毒、麻醉、敷料、拆线等全部费用以及切口愈合前出现的并发症治疗费
引产	24	挂号、手术、住院、消毒、敷料、胸透、GPT、血常规、尿常规、白带常规、妇检、必需的药品及清宫等全部费用
人工流产	5	挂号、手术、消毒、敷料、血常规、白带常规、妇检及必需的药品等全部费用
钳刮	12	挂号、妇检、化验、消毒、透视、手术、住院、水电取暖及术后用药等全部费用
上、取环	各 2 元	挂号、手术、消毒、敷料、妇检等全部费用，上环包括节育环费用
透视宫内节育器	0.5	

1991 年安徽省制定的计划生育技术服务按例包干收费标准

表 2-8-10　　单位：元 / 例

项目	金额	包含项目
输卵管结扎	35	挂号、术前检查、化验、消毒、麻醉、手术、敷料、住院、拆线、必需的药品等全部费用
输精管结扎	15	挂号、消毒、麻醉、手术、敷料、用药等全部费用
中期引产术	45	挂号、住院、血尿常规化验、胸透、肝功能、心电图、手术、敷料、消毒、用药及宫内排出物处理等全部费用
吸宫术	10	挂号、妇检、化验、手术、敷料、用药等全部费用

续表 2-8-10

项目	金额	包含项目
人工流产钳刮术	20	挂号、妇检、化验、手术、敷料、用药等全部费用
放、取宫内节育器	4	挂号、妇检、消毒、手术、敷料、用药等全部费用，含宫内节育器指固形环，凡上 T 形环为 6 元，V 形环为 8 元
X 光透视检查宫内节育器	0.8	

1998 年安徽省制定的计划生育技术服务按例包干收费标准

表 2-8-11　　单位：元 / 例

项目	金额	包含项目
输卵管结扎	105	挂号、术前检查、化验、消毒、手术、敷料、麻醉、拆线、住院、用药等全部费用（银夹绝育术增加银夹成本费）
输精管结扎	55	挂号、术前检查、化验、消毒、手术、敷料、麻醉、拆线、住院、用药等全部费用
中期引产术	140	挂号、术前检查、化验、消毒、手术、胸透、肝功能、心电图、敷料、接产、住院、用药等全部费用
人工流产吸宫术	40	挂号、术前检查、化验、消毒、手术、敷料、用药等全部费用
产钳钳刮术	55	挂号、术前检查、化验、消毒、手术、敷料、用药等全部费用
放置宫内节育器术	15	挂号、妇检、消毒、手术、敷料、用药等全部费用（“宫器”成本费另收）
取出宫内节育器术	15	挂号、妇检、消毒、手术、敷料、用药等全部费用
皮下埋植术	85	挂号、体检、消毒、注射器、手术、敷料、妇检、用药等全部费用
药物流产术	105	挂号、妇检、体检、化验、B 超、观察、手术、用药等全部费用
长效避孕针	40	化验、体检、妇检、注射器、用药等全部费用
孕、环情监测	B 超透视 10 元，妊娠试验，其中胶乳试剂检测 0.3 元，试纸检测 0.9 元	

第九章 社团组织

第一节 计划生育协会

协会组织 1985 年 9 月，中国计划生育协会安徽分会召开第一次会员代表大会，讨论并通过《中国计划生育协会安徽分会章程》，选举产生以副省长杨纪珂为会长、安徽大学人口研究所副教授杨光锐等 70 人为理事的第一届理事会。1987 年 3 月，中国计划生育协会安徽分会更名为安徽省计划生育协会（以下简称省计生协）。同年 8 月，省计生协召开一届三次常务理事会议。1989 年 12 月，省计生协召开第二次会员代表大会，会议修改并通过了《安徽省计划生育协会章程》，选举产生省计生协第二届理事会。1990 年 3 月、8 月，省计生协召开了二届二次、三次常务理事会议。1994 年 12 月，省政府办公厅批准省计生委机关“三定”方案，同意增设群众工作处，核定行政编制 4 名，负责指导全省计划生育协会工作。1995 年 6 月，省计生协召开第三次会员代表大会，听取并审议省计生协二届理事会工作报告，选举产生省计生协第三届理事会。同年 10 月，省计生协召开三届二次常务理事会议，决定成立宣传教育、技术服务、社会发展、福利基金四个工作部。2000 年 7 月，省政府办公厅批准省计生委职能配置、内设机构和人员编制方案，撤销群众工作处。2001 年 3 月，省计生协召开第四次会员代表大会，修改通过《安徽省计划生育协会章程》，选举产生省计生协第四届理事会。

安徽省计划生育协会历任会长、副会长一览表

表 2-9-1

姓 名	性别	党政职务	担任协会职务	任职起止时间	届别
杨纪珂	男	副省长	会长	1985 年 9 月—1988 年 6 月	第一届

续表 2-9-1

姓 名	性别	党政职务	担任协会职务	任职起止时间	届别
邹世功	男	省计生委主任、省人大教科文卫副主任	常务副会长	1985 年 9 月—2000 年 11 月	第一届、第二届、第三届
杜宜瑾	男	副省长	会　长	1988 年 6 月—2000 年 11 月	第一届、第二届、第三届
丁伦友	男	省计生委主任、省人大教科文卫主任	第一副会长	1994 年 1 月—2000 年 11 月	第二届、第三届
张有德	男	省计生委副主任	专职副会长	1996 年 11 月—2004 年 12 月	第三届、第四届
王昭耀	男	省委副书记	会　长	2000 年 11 月—2005 年 8 月	第三届、第四届
蒋作君	男	副省长	第一副会长	2000 年 11 月—2004 年 12 月	第三届、第四届
陈兆钧	男	省计生委主任	常务副会长	2000 年 11 月—2004 年 12 月	第三届、第四届
高俊文	男	省人口计生委副主任	常务（专职）副会长	2004 年 12 月—	第四届
赵树丛	男	省委常委、副省长	第一副会长	2004 年 12 月—	第四届

1983 年 11 月，安徽省首个县级计划生育协会在濉溪县成立。1984 年 2 月，濉溪县濉溪镇成立全省第一个乡镇级计划生育协会；1985 年 5 月，濉溪县东关村组建全省第一个村级计划生育协会。1987 年，省计生委对较早成立计生协会的濉溪、临泉县各奖励 1 万元。1989 年 4 月，省计生协在蚌埠市举办全省县以上计生协会秘书长首期培训班。截至 1990 年底，全省 91 个地、市、县（市、区）均建立计划生育协会，县级以上协会建会率达 100%。到 1992 年底，全省近 90% 的乡、镇、街道组建计划生育协会，80% 以上的行政村（居委会）成立计划生育协会，基层协会发展到 2.9 万个，组建会员之家 3.86 万个，发展会员联系户 134.63 万个，会员总数达 200 多万人。在基层协会组织蓬勃发展时期，有些地方只注重基层协会数量，忽视质量，致使一部分协会有名无实，基本不发挥作用。针对这些问题，各地通过召开换届大会、对会员重新登记等方式，优化会员队伍结构。1997 年 3 月，省计生协印发《关于加强基层计划生育协会组织整顿的意见》，提出“巩固好的、提高中间的、整顿后进的”原则。同年，全省有 1841 个乡（镇）、1.42 万个行政村（居委会）开展协会组织整顿。广德、绩溪等县围绕 “群众知道有协会、会员知道有义务、理事知道有责任、社会知道有作为”的方针开展计生协会整顿。2000 年 4 月，全省计划生育协会基层组织建设现场会在砀山县召开，黄山、砀山、太和等市、县计生协在会上交流经验。2003 年以后，省计生协结合“协会组织建设年”活动，坚持走“省有行动方案，市有指导计划，县（区）复核评估，乡(镇、街道)组织整改，村（居）负责落实”的整改路子。到 2005 年底，全省基层协会总数为 2.73 万个，组建会员小组 35 万个，建立会员之家 2.53 万个，会员总数由原来的 558 万人减少到 386 万人。

协会活动 1988 年 9 月 6 日，省计生委、省计生协、安徽日报社联合举办“人口杯”美术摄影作品大赛评选，大赛共收到 199 位作者的 425 幅作品，其中 10 幅美术作品和 17 幅摄影作品分别获得一、二、三等奖。1990 年，省委宣传部、省计生委、省计生协、省文化厅、省广播电视厅、安徽日报社、省保险公司联合举办“安徽省首届计划生育戏剧小品、相声征文大赛”，历时 8 个月，共收到参赛作品 241 篇，48 个作品获奖。1991 年 9 月，省计生协、省保险公司等单位联合举办首届计划生育小品“保险杯”电视大赛，由阜南焦陂酒厂协办并命名，宿县地区参赛作品《三保险》、马鞍山市参赛作品《皆大欢喜》、铜陵市参赛作品《谎言的真诚》、合肥市参赛作品《结扎》等 4 个小品荣获大赛一等奖，淮南市参赛作品《老有所养》等 6 个小品获二等奖，阜阳地区参赛作品《苦妮》等 8 个小品获三等奖。这次大赛历时半年，共收到参赛作品 55 个。由省委宣传部、省计生协、省计生委、省文化厅、省广电厅、安徽日报社、省保险公司联合举办、阜南焦陂酒厂协办的全省计划生育“焦陂杯”文艺大赛，历时一年，于 1996 年 3 月 28 日在合肥落下帷幕，阜阳市花鼓灯《光荣证书领回家》等 6 个节目荣获一等奖，淮北市京东大鼓《计划生育就是好》等7个节目荣获二等奖，安庆市戏曲小品《两家春》等8个节目荣获三等奖。1999年10月，合肥市计生委、计生协推荐的黄梅歌舞《听洞房》荣获全国计划生育文艺节目调演金奖，宿州市计生委、计生协推荐的泗州戏小品《“三结合”变奏曲》荣获银奖。黄梅歌舞《听洞房》演员登上中央电视台“世界60亿人口日”专题文艺晚会舞台进行演出。2000年5月，合肥市中市区计生协组织50名独生子女在百米长卷上现场绘出《给子孙留下一片生存绿荫》图画，在中国计生协第四次会员代表大会期间送京展出。2004年3月7日，省计生协与省妇联、蜀山区计生协、安徽中西医结合医院联合开展“庆三八，关注女性健康”大型宣传咨询义诊活动。2004年5月29日，省计生协与安徽大学、南京欧家农制药有限公司联合在安徽大学举办“生殖健康及预防艾滋病知识讲座”，600多名大学生接受教育。各级计生协还充分利用元旦、春节、“5•29”会员活动日、“7•11”世界人口日等重大节日，广泛开展街头宣传服务活动，向群众发放计划生育宣传材料，为群众提供义诊服务。农村基层协会以“人口学校”“会员之家”“会员联系户”为阵地，组织会员开展现身说法算账对比讲国情国策，增强群众的人口忧患意识。城市基层协会组织和动员离退休教师、医生、文艺工作者等“五老”志愿者，开展“生育文化进楼栋，婚育新风进家庭”活动；把避孕节育、生殖保健知识送进企业，组织有关专家进校园、宾馆酒店、娱乐场所以及流动人口聚集地，开展生殖健康教育培训；通过人口信息平台，向社区企业、居民及流入人口提供用工信息。

计划生育协会发展初期，各级计生协积极探索发动会员参与计划生育民主管理、民主监督活动。1994年，固镇县各级计生协参与生育指标评议审核，有433人因不符合生育政策被取消一孩生育指标，有875人因不符合生育政策被取消二孩生育指标。凤阳县在落实生育政策方面实行生育指标、生育对象、生育证发放“三公开”，接受计生协会和群众监督。亳州市将10方面民主参与和民主监督内容印制到挂历上，发到乡村协会和会员家中。1996年12月，省计生协印发《安徽省计划生育协会民主参与和民主监督实施细则》，明确了协会参与监督的范围、职责和形式。濉溪、寿县、霍邱等县计生协实行“五监督、五到位”，即结婚登记监督到位，人口计划、生育证发放、节育措施落实监督到位，社会抚养费征收、管理、使用监督到位，病残儿鉴定工作监督到位，党员干部执行计划生育政策监督到位。马鞍山市开展“万名会员评计生”活动，以此作为民主参与和民主监督的基本渠道。黄山市新潭乡发挥会员小组长作用，制定工作职责明白卡，建立“会员小组长十上门”工作制度，加强与群众联系和沟通，畅通群众反映问题和提建议的渠道。2005年7月，省人口计生委、省计生协印发《关于充分发挥计划生育协会民主参与民主监督作用进一步加强人口和计划生育系统行风建设的意见》，把发挥计划生育协会民主参与、民主监督作用推进系统行风建设工作开展情况，纳入年度目标管理责任制考评。实行农村部分计划生育家庭奖励扶助制度试点工作后，各级计生协积极参与从资格确认到奖扶对象评议、奖扶资金发放等各个环节进行全程监督，广泛参与计划生育村（居）自治、流动人口计划生育管理服务、出生人口性别比综合治理以及人口计生系统行风评议活动等方面民主参与和民主监督，促进计划生育各项政策公开、公平、公正贯彻落实。

1988年，蚌埠烟草公司计生协创办服务部，利用创收效益为育龄职工办实事。1989年，临泉县罗庄乡计生协创办挂毯厂，吸收48名独生子女家庭、计生协会员户劳动力进厂就业，创办后两年间共拿出1.34万元用于计划生育公益活动。1991年10月，省计生协提出创办“三结合”经济实体，立足于计划生育与妇幼保健相结合和为计划生育服务的原则，坚持自力更生、因地制宜。凤阳县是安徽省第一个获得中国计生协资助的“三结合”项目试点，该县在临淮、总铺、黄泥岗、亮岗等乡镇建立以手工、加工、养殖、种植为主要内容的项目点17个，1995年参加项目生产的2405名育龄妇女人均年收入达3600元。广德县独树乡计生协以当地工贸公司为依托，组织育龄妇女参加“三结合”项目生产，工贸公司计生协又与全乡12个村协会联办缝纫分厂，以计生协会办厂，吸收3000多名育龄妇女就业，这部分人家庭经济收入明显高于当地群众平均收入水平，全乡计划生育工作水平逐年提高，成为名副其实的“小康乡”。1996年9月，原中共中央政治局常委、中国计划生育协会会长宋平到该乡视察后，充分肯定独树乡的做法。1996年省计生委、省计生协在全省开展“个十百千”工程（选择1个市、10个县、100个乡、1000个村开展计划生育“三结合”），凤台、霍邱、寿县、颍上、阜南、临泉等沿淮六县计生协在实施“三结合”工作中，联合扶贫开发部门为计划生育困难家庭提供生产技术、优良品种、致富资金和产销服务，发动广大会员开展“一帮一、手拉手、结对子、共同富”活动。蒙城县计生协创办“三结合”项目中，协调县直有关部门开展“一局帮一村，城乡手拉手”活动，重点扶植计生户致富“三结合”项目实体2924个，把育龄群众的兴奋点引导到少生快富上。仅20世纪90年代，全省各级计生协创办的经济实体达8000多个，发展种植业项目点2万多个，建立养殖业项目点2.2万个，从业育龄群众近169万多人。

1997年9月，省计生委、省计生协联合在全省开展百万会员扶贫帮困行动服务。寿县保义镇计生协白鹅养殖场带动全镇2500个计生户饲养白鹅，户均饲养50只以上，有12户年均收入超万元。长丰县采取不脱贫不脱钩的帮扶措施，安排5000名县、乡、村干部与5000个计划生育贫困户结对帮扶，直至脱贫致富。马鞍山市雨山区各级计生协利用各种机会为计生特困户提供就业信息，落实就业岗位。雨山街道下岗职工刘雯家庭生活贫苦，街道计生协出面帮助她承包一所托儿所，由此摆脱家庭生活困境。黄山市开展“千人扶贫工程”，市计生协团体会员单位带动一批计划生育贫困家庭发展经济，脱贫致富。蚌埠市东市区计生协创办服务实体40个，解决计划生育家庭下岗职工700多人再就业。到1998年12月，全省各级计生协会员96万名，共帮扶计划生育困难家庭101万户，其中7.09万户家庭脱贫。从1997年至2005年9年间全省扶贫办安排100万扶贫贴息贷款，用于救助计划生育贫困母亲家庭经济发展，全省近百万名会员帮扶计生贫困户160多万户，先期脱贫的近50万户。

1995年12月12日，省计生协与美国公众媒介中心签订PMC创新项目协议书，由美方资助项目资金10万元人民币，由凤台县童村计生协牵头创办经济实体，吸纳育龄群众培训、就业，1996年4月15日，潜山县彭河乡幸福茶场举行挂牌，此前，幸福工程全国组委会主任、国家前主席刘少奇夫人王光美在京亲笔题写“潜山县彭河乡幸福茶场”。1996年，潜山县是全国4个幸福工程项目试点县之一，该县彭河乡150名贫困母亲被幸福工程组委会、中国计生协确定为首批救助对象。1999年2月9日，省计生协亳州“爱之源”生殖健康咨询服务中心举行开业典礼，实行项目运作。1999年5月9日，省暨合肥市“救助贫困母亲宣传服务活动日”活动在肥隆重举行。同一天，全省各级计生协都举行了不同形式的宣传咨询服务活动，为贫困母亲奉献爱心。2000年5月10日，省计生协、安徽人口报社、省计生宣教中心联合发出倡议书，倡议社会各界向贫困母亲伸出援助之手，扶贫济困，回报母爱。2000年5月14日，省暨合肥市计生委、计生协在合肥街头联合开展“幸福工程——救助贫困母亲”宣传服务活动，合肥市城乡设立16个宣传募捐站，收到捐款5万多元，全部上交全国幸福工程组委会，用于救助西部地区贫困母亲。2002年6月，马鞍山市花山区、淮北市烈山区、合肥市蜀山区、繁昌县、天长市等5县（市、区）被确定为中国计生协青少年健康教育项目点。2003年3月，经幸福工程安徽省办公室批准，省计生协利用“附捐邮资明信片”募集资金6.6万元在合肥、宿州、黄山、六安、滁州、巢湖、淮北、安庆、马鞍山等9市建立幸福工程项目点，救助计划生育贫困母亲。2003年7月，利辛县、芜湖县、泗县、池州市贵池区、宣城市宣州区、巢湖市居巢区等6县、区被确定为中国计生协预防艾滋病知识宣传教育项目点。2003年9月22日，泗县、休宁县、肥西县、固镇县、庐江县等5县被确定为中国计生协妇女发展项目示范点，项目周期为三年。2003年9月，绩溪县、青阳县、蚌埠市东区被确定为安徽省幸福工程项目示范点，项目周期为三年。2004年4月，宁国市、铜陵县、六安市金安区、黄山市屯溪区被确定为中国计生协第二批青少年生殖健康宣传教育拓展项目点，项目期限为22个月。2004年4月，金寨县、霍邱县、固镇县、和县、临泉县、阜南县、界首市、濉溪县、合肥市庐阳区、宿州市埇桥区、淮南市毛集区、淮北市相山区、阜阳市颍州区、阜阳市颍东区等14县、区被确定为中国计生协第二批预防艾滋病宣传教育拓展项目点，项目期限为22个月。2004年7月，上海市计生协和幸福工程组委会向当涂县、石台县项目资助20万元，用于救助贫困母亲。

从1988年起，省计生协先后与省保险公司、中国平安保险司安徽省分公司、中国人寿保险安徽省分公司密切配合，在全省开办计划生育系列保险服务。服务对象主要是实行计划生育的育龄群众及其子女。主要险种有独生子女户和两女结扎户父母养老保险及独生子女两全(生存、死亡)保险、母子安康保险、母子平安保险、子女教育婚嫁金保险等，采取集体(单位)出一点，个人拿一点或将对独生子女父母的奖励费转为保险费等方式筹集保费。来安县计生协1988年为1560个二女户办理养老保险，从而推动全县二女结扎工作。到1990年底，全省已有70多个县、市开展计划生育系列保险工作，5.6万多人参加保险，投保资金达1000多万元，解除部分群众实行计划生育的后顾之忧。庐江县为群众办理手术平安保险2.32万例，二女户养老保险5951例，保费达250多万元。利辛县把计划生育保险工作列入政府议事日程，全县统一为二女结扎户办理养老保险手续。肥东县以乡镇为单位为基层专干办理意外伤害保险，为计划生育户办理妇幼安康保险。

第二节　人口学会

学会组织　1979年11月，安徽省人口学会成立，并选举出第一届理事会，创办《安徽人口（季刊）》杂志。省人口学会为研究人口科学的学术性群众团体，其宗旨是组织和团结省内外各界人口科学工作者，从事人口方面的研究、宣传工作，积极开展各种学术交流活动，继承和发展马克思主义人口理论，繁荣人口科学，促进计划生育事业，为控制人口数量、提高人口素质和社会主义现代化建设服务。

1985年，安徽省人口学会第二届理事会召开。选举产生学会第二届理事会，成立人口理论、人口政策、人口经济、人口统计研究组。

1991年5月14日至18日，安徽省人口学会第三届理事会在屯溪县举行，会议听取并审议第二届理事会工作报告和新一届理事会工作计划，通过《安徽省人口学会章程》和学会活动细则，选举产生新一届学会理事会。成立人口与社会经济、人口统计与分析、人口与计划生育政策、人口素质四个专业研究组。

1996年12月，安徽省人口学会第四次会员代表大会在合肥市召开，会议听取第三届理事会的工作报告，选举产生第四届理事会的组织机构，修改学会章程。

2001年12月27日至30日，安徽省人口学会第五届理事换届暨新世纪人口理论研讨会在合肥市召开。会议通过新的学会章程，选举产生第五届人口学会领导机构。会议期间召开五届人口学会第一次常务理事会。

2005年1月14日至15日，安徽省人口学会五届二次理事会暨人口理论研究会在合肥市召开。会议改选学会领导机构。

安徽省第一届人口学会会长、副会长名单一览表

表 2–9–2

学会职务	姓名	性别	任职时间起止
会长	程毅川	男	1982 年 6 月—1985 年
副会长	赵玉贵	男	1982 年 6 月—1985 年
副会长	邹人煜	男	1982 年 6 月—1985 年
副会长	郭云甫	男	1982 年 6 月—1985 年
副会长	应修能	男	1982 年 6 月—1985 年
副会长	陈安泰	男	1982 年 6 月—1985 年
副会长	朱宗炎	男	1982 年 6 月—1985 年
副会长	朱傲荣	男	1982 年 6 月—1985 年
副会长	成凤皋	男	1982 年 6 月—1985 年

安徽省第二届人口学会会长、副会长名单一览表

表 2–9–3

学会职务	姓名	性别	任职时间起止
会长	陈兆霞	女	1985 年—1991 年 5 月
副会长	赵玉贵	男	1985 年—1991 年 5 月

安徽省第三届人口学会会长、副会长名单一览表

表 2–9–4

学会职务	姓名	性别	任职时间起止
名誉会长	杜宜瑾	男	1991 年 5 月—1996 年 12 月
会长	张旭光	男	1991 年 5 月—1996 年 12 月
副会长	王学忠	男	1991 年 5 月—1996 年 12 月

续表 2-9-4

学会职务	姓名	性别	任职时间起止
副会长	赵玉贵	男	1991 年 5 月—1996 年 12 月
副会长	郭云普	男	1991 年 5 月—1996 年 12 月
副会长	郭思保	男	1991 年 5 月—1996 年 12 月
副会长	潘传久	男	1991 年 5 月—1996 年 12 月

安徽省第四届人口学会会长、副会长名单一览表

表 2-9-5

学会职务	姓名	性别	任职时间起止
名誉会长	杜宜瑾	男	1996 年 12 月—2005 年 1 月
会长	潘传久	男	1996 年 12 月—2005 年 1 月
副会长	黄立山	男	1996 年 12 月—2005 年 1 月
副会长	权循珍	男	1996 年 12 月—2005 年 1 月
副会长	成凤皋	男	1996 年 12 月—2005 年 1 月
副会长	陶向龙	男	1996 年 12 月—2005 年 1 月
副会长	李劲风	男	1996 年 12 月—2005 年 1 月

安徽省第五届人口学会会长、副会长名单一览表

表 2-9-6

学会职务	姓名	性别	任职时间起止
名誉会长	卢家丰	男	2005 年 1 月
名誉会长	战秋萍	女	2005 年 1 月
名誉会长	金启建	男	2005 年 1 月
会长	陈兆钧	男	2005 年 1 月

续表 2-9-6

学会职务	姓名	性别	任职时间起止
副会长	高俊文	男	2005 年 1 月
副会长	王开玉	男	2005 年 1 月

学术研究　1987 年 5 月，在潜山县召开“安徽省人口科学讨论会”，会议收到论文 32 篇，有 23 位理事或代表作大会发言，就安徽省人口发展、人口与社会、经济之间的关系，以及计划生育工作实际状况建言献策。1987 年，省人口学会与省计生协等单位联合举办“世界 50 亿人口日座谈会”，探讨人口过速增长对社会、经济、资源、环境的危害，呼吁社会各界都来关注人口问题，把人口问题解决好。

1991 年 12 月和 1992 年 7 月召开“人口与计划生育政策”和“人口统计与分析”研讨会。围绕安徽省计划生育政策执行、计划生育法制和基层建设、计划生育政策评估、贫困地区的人口控制及早婚早育、超生、“四普”资料的开发和利用、人口计划管理体制和指标考核体系以及生育指标的内在制约因素等问题进行深入探讨和研究。研讨会共收到学术论文 25 篇。

1992 年 10 月，省人口学会在滁州市召开“92 安徽省人口学会理事会年会暨学术研讨会”，到会代表 60 余名，收到学术论文 53 篇，论文研究涉及到人口与计划生育、人口与经济社会各个领域，20 篇论文参加大会交流。

1998 年 1 月，省人口学会向中国人口学会申报的 10 多篇论文中，1 篇论文获第二届中国人口科学优秀成果二等奖，9 篇论文获中国人口科学优秀论文奖，《安徽省流动人口研究》荣获省第四次社会科学优秀成果三等奖。

1998 年 4 月 20 日至 28 日，省人口学会在宣城市接待来自各国各地人口学会的 26 位专家学者，对宣城市进行为期 7 天的调查研究。同年 11 月 22 日，中国人口学会、中国人口报社、省计生委、省人口学会在宣城市共同主办“中国中西部地区计划生育科学管理理论与实践研讨会”，原国家计生委副主任、中国人口学会会长李宏规、省政府副省长蒋作君、中国人口学会理事、专家学者近 40 人参加会议，提供论文 20 多篇。本次会议对弘扬安徽、宣传安徽、促进安徽人口学和计划生育科学管理的深入发展，特别是人口学和计划生育工作整体水平的提高产生了重要影响。

2001 年，省人口学会参与省政协副主席张润霞牵头的“安徽省人口、资源、环境与可持续发展研讨会”的筹备工作和会议，并提供论文 5 篇，其中安徽大学人口研究所黄鹂、马芒的《人口、资源、环境与安徽农村经济的可持续发展》一文在大会交流，受到与会代表的好评。

省人口学会于 2002 年 9 月组织论文评选活动，对 1997 年至 2001 年这 5 年间公开发表的论文、专著、科普读物、教材等进行一次全面检阅，共评选出特别奖 2 名，一等奖 4 名，二等奖 5 名，三等奖 6 名，优秀论文奖 4 篇，以省计生委和省人口学会的名义向获奖者颁发证书和奖金。2005 年初，省人口学会第五届理事会暨人口理论研讨会，评选出一批参加书面交流和大会发言的优秀论文。省人口学会会长陈兆钧的《安徽省出生人口性别比问题分析》发表在中国人口学会会刊《人口研究》上，常务理事李叶西的《重视性别比偏高的治理》一文发表在新华社国内动态清样上，引起高层和有关方面领导的重视，副会长王邦虎的《皖南皖北生育水平差异研究》一文获华东地区首届社会学优秀科研成果一等奖，副会长王开玉主编的《合肥市社会阶层分析》正式成书，其主编的《外来迁徙人口婚姻状况研究》受到国际有关学术组织的重视和良好评价；安徽大学人口研究所马芒副研究员主编的《科教兴皖的国民素质与人才问题研究》以及和省计生委董亚杰等合作的《高校贫困生研究》课题均获第三届全国人口科学优秀成果三等奖。

《安徽人口》　省人口学会成立伊始便决定创办《安徽人口通讯》杂志，为内部发行的不定期综合性理论刊物。其宗旨是：研究和探索人口理论、问题、政策，宣传和普及人口理论知识，介绍计划生育工作经验，以及国内外有关人口理论动态和人口资料等。《安徽人口通讯》1982 年第 4 期更名为《安徽人口》。1984 年《安徽人口》杂志停刊，1986 年 4 月复刊。复刊后的《安徽人口》为季刊，从 1989 年第 3 期开始对杂志进行改版，由原来内部交流的学术性刊物改为省内发行的综合性人口与计划生育正式期刊。

2005 年《安徽人口》再次改版。改版后的《安徽人口》注重理论联系实际，追求学术性、知识性和应用性，刊登人口理论与实践方面的研究成果，不再刊登人口与计生工作的经验总结、先进典型和新闻报道。主要开设人口理论研究、人口与社会研究、人口与经济研究、人口教育与素质研究、人口与环境资源研究、人口调查与分析、迁移与流动人口研究、计划生育研究、老龄问题研究、性别比问题研究等栏目。

该刊发行对象为全国高校系统、社会科学院和党校系统的人口研究机构，全国部分省市老龄委和人口学会，本省各地市县人口与计划生育部门，乡镇计划生育工作机构。与全国 20 余家人口期刊和人口情报机构建立交流关系。

《安徽人口》杂志自 1980 年创刊至 2005 年底，共出版 90 期，发行总量达 40 多万册。发表人口与计划生育方面的研究论文 1200 多篇，其中有 50 多篇分别获中国人口学会、省政府、省社联、省人口学会颁发的论文奖。

人口研究所　1980 年，成立安徽大学经济系人口研究室，1984 年升格为安徽大学人口研究所。该所系国家教育部与联合国人口基金资助的专业人口研究机构之一，也是安徽省唯一的人口研究机构，有教学科研人员 20 人，其中高级职称人员 10 人，国内、外有关人口图书情报资料 3 万多册，具备承担国家和省市级跨学科综合研究项目的能力。主要研究领域为独生子女问题、人口素质、农村人口与发展，生育文化，人口、资源、环境与社会经济可持续发展研究等。该所成立后承担完成国家社科基金、国家计生委人口、安徽省软科学、安徽省社科基金、安徽省教育厅人文社科研究课题等国家和省部级科研项目 40 多项，出版主编和参加撰写专著 20 余部，发表科研论文 260 多篇，提交研究报告 26 篇，许多研究成果在国内和省内处于领先地位，其中 2 部专著、18 项科研项目成果获省部级、厅局级科研成果奖。

第十章 交流和合作

第一节 国外到访

1986年8月18日至8月23日，联合国人口基金驻华副代表拉奎恩到安徽大学人口研究所，就《独生子女追踪问题调查问卷》设计提供咨询意见，到合肥市郊区常青镇考察独生子女家庭生活状况。

1986年9月5日，日本东京电视台（TBS）记者堂本晓子等4人到皖了解计划生育情况，省计生委有关负责人接受采访。

1987年1月8日，美国驻中国上海总领事罗彬逊到皖了解安徽省生育政策实施和计划生育工作开展情况，省计生委有关负责人正面回应罗彬逊的关切。

1987年2月21日，美国ABC广播公司驻北京首席记者柯达德到皖就计划生育、医疗、大学等问题采访省政府副省长、省计生协会长杨纪珂。8月23日，柯达德就安徽省计划生育政策、工作方式、溺婴弃婴等问题采访省计生协会副会长邹世功。

1987年6月29日，日本亚洲经济研究统计部研究室主任早濑保子到皖考察安徽省生育政策、生育水平和妇女人工流产等情况，省计生委有关负责人接受访谈。

1987年11月13日至16日，瑞典国家统计局专家尼格林到皖考察建立计划生育系统计算机信息管理系统试点基地，省计生委有关负责人会见并陪同考察。

1988年12月21日，加拿大国家电视网有限公司驻京记者金梦深到省计生委采访，副主任邹世功就对方关切的计划生育政策、贩卖儿童、性教育等问题接受访谈。

1989年10月31日，省计生委主任、省计生协会常务副会长邹世功在合肥市会见美国驻沪领事馆政务领事艾坚恩，回答对方就计划生育群众工作的提问。

1990年10月12日至17日，瑞典驻华公使艾黎森先后到芜湖市、黄山市考察中瑞合作项目——计划生育管理信息管理系统开展情况，其间听取省计生委负责人关于全省人口和计划生育工作情况介绍。

1999年3月20日至3月24日，美国家庭基金会主席威尔逊夫人应邀到安徽省计划生育科学技术研究所进行教学培训和学术交流。

2001年7月8日至12日，以曹在奎为团长的韩国家计会访华代表团一行5人赴黄山市考察基层计划生育协会工作。

第二节　出国考察培训

1987 年 9 月 10 日至 22 日，省计生委副主任、省计生协副会长刘连庭随中国计生协组团赴日本考察计划生育、妇幼保健等经验。

1988 年 11 月 24 日至 12 月 6 日，省计生委副主任陈兆霞随中国计生协组团赴日本考察计划生育妇幼保健、优生优育项目。

1993 年 5 月 27 日至 6 月 7 日，原省计生委主任、省计生协会常务副会长邹世功随中国计生协组团赴韩国考察计划生育。

1995 年 9 月 22 日，省计生委主任丁伦友参加国家计生委计划生育、妇幼保健经验交流团前往日本执行公务，境外停留 10 天。

1998 年 5 月 7 日至 16 日，省计生委副主任、省计生协副会长张有德等一行 5 人随中国计生协秘书长培训考察团赴泰国考察。

1999 年 6 月 18 日至 7 月 2 日，省计生委主任陈兆钧随国家计生委组团赴美，接受由美国公众媒体中心、美国健康与社会政策中心承办的中国计划生育高官培训。

1999 年 7 月 11 日，省计生委副主任孙义祥随国家计生委组团赴美国考察生殖健康、科技管理。

2001 年 5 月 23 日，省计生委副主任刘春霞随国家计生委考察团赴澳大利亚、新西兰考察学习人口管理、生殖健康、计划生育优质服务，历时 15 天。

2001 年 6 月 4 日，省计生委副主任张有德随国家计生委考察团赴澳大利亚考察行政监察工作，历时 14 天。

2001 年 7 月，省计生委主任陈兆钧随国家计生委组团赴英国考察计划生育优质服务，同时走访国际计生联，历时 14 天。

2001 年 9 月 3 日，省计生委副主任潘传久一行 14 人赴德国、法国考察学习妇女、儿童医疗保健、青少年性教育、社区医疗服务，为期 14 天。

2002 年 3 月 26 日，省计生委主任陈兆钧随国家计生委考察团赴澳大利亚、新西兰考察生殖健康、计划生育优质服务，历时 14 天。

2002 年 5 月 8 日，省计生委纪检组长夏伦才随国家计生委考察团赴澳大利亚、新西兰考察政策法规、社会保障，历时 14 天。

2002 年 6 月 10 日，省计生委副主任孙义祥随国家计生委考察团赴荷兰、意大利考察 B 超医疗设备，历时 14 天。

2002 年 8 月 1 日，省计生委副主任孙义祥一行 13 人赴澳大利亚、新西兰考察生殖健康、计划生育优质服务、艾滋病防治，历时 14 天。

2002 年 9 月 29 日，省计生协名誉副会长丁伦友一行 14 人赴澳大利亚、新西兰考察生殖健康、计划生育、艾滋病防治，历时 15 天。

2003 年 2 月 9 日，省计生委副主任李天太随国家计生委考察团赴瑞典、瑞士考察计划生育优质服务，历时 15 天。

2003 年 9 月 15 日，省计生委副主任张有德随国家计生委考察团赴德国、法国考察计划生育人力资源开发与管理。

2005 年 4 月 7 日，省人口计生委副主任高俊文一行 6 人赴德国、法国考察老年人口、社会保障及人口迁移，历时 12 天。

2005 年 7 月 10 日，省人口计生委副主任刘春霞一行 6 人赴德国、意大利考察学习人口和再生保健、老年人口及艾滋病防治，历时 12 天。

2005 年 7 月 11 日，省人口计生委纪检组长许合随国家计生委考察团赴新加坡考察廉政建设和行政监察，历时 9 天。

2005 年 8 月 8 日，省人口计生委主任金启建随国家计生委考察团赴美国考察人口发展、生殖健康，历时 12 天。

第三节 与中国台湾地区交流

台客到访 2004 年 7 月 11 日至 14 日，以江千代子为团长的台湾妇幼卫生协会参访团一行 10 人，到合肥市、黄山市考察计划生育协会工作开展情况，省人口计生委副主任、省计生协常务副会长高俊文陪同考察。

赴台考察 2005 年 1 月 10 日至 1 月 21 日，省人口计生委纪检组长许合等一行 4 人随中国计生协考察团赴台湾考察。

第四节 国际合作项目

中瑞（典）合作项目 根据国家计生委安排，安徽省于 1987 年 9 月参加中瑞（瑞典）合作项目——管理信息系统县级试点工作，泾县作为县级试点单位。试点的主要内容是：使用微机对人口和计划生育的主要信息进行长期动态观测，为及时掌握和分析人口和计划生育工作形势，作出正确决策提供依据。

中美合作 1995 年 12 月，美国公众媒介中心资助资金 10 万元人民币，在凤台县童村设立 PMC 创新项目，由该村计生协牵头创办再生纸、养鹿、养鸽、食用菌培殖厂等经济实体，吸纳育龄群众就业培训。1997 年 3 月，美国公众媒介中心总裁赵耿德、副总裁李文晶到凤台县考察项目实施情况。

联合国人口基金项目　联合国人口基金第三周期（1990—1994年）援助项目1990年投资4.38万美元，为安徽省计划生育学校装配妇幼医疗器械、电化教学设备等，要求本年度完成计划生育专业技术人员和管理干部培训。1998年12月，宣城地区宣州市、池州地区贵池市被确定为中国联合国人口基金计划生育生殖健康第四周期项目（1998—2002年）。2003年3月，巢湖市居巢区被确定为联合国第五期生殖健康计划生育项目（2003—2005年）项目县（区）。生殖健康计划生育项目主要围绕维护公民权益、推进避免节育措施知情选择、提供规范服务、改革管理评估、预防艾滋病、开展青少年生殖健康教育、促进社会性别平等和加强“南南合作”等八个领域开展相关活动。

第十一章 计划生育管理机构、队伍

第一节 计划生育行政管理机构

行政管理机构 1982 年建制时，省计划生育委员会内设秘书处和业务处，1983 年改设办公室、宣传教育处、综合计划处和科学技术处。1987 年 7 月，财务科升格为财务基建处。1991 年 3 月，成立机关档案科，隶属委办公室领导。5 月，增设审计处、政策法规处，同时将综合计划处改名为规划统计处。1994 年 10 月，审计处实行省审计厅和驻在部门双重领导，以省审计厅领导为主的体制。11 月，省纪律检查委员会、省监察厅分别派驻纪检组、监察室。12 月 11 日，省政府办公厅印发省计划生育委员会职能配置、内设机构和人员编制方案，确定主要职责：制订贯彻执行国家有关计划生育工作的方针、政策、法规的具体实施办法，并监督实施；推动有关部门对人口与计划生育工作实行综合治理；会同省计委编制人口发展中、长期规划和年度计划，并组织实施、监督检查；会同有关部门做好人口与计划生育宣传教育工作；负责计划生育技术服务工作的综合管理，检查并指导各地计划生育服务站的工作，协同有关部门做好优生优育工作；协同有关部门制订计划生育应用科学研究的规划，并组织实施；编制并组织实施计划生育药具供应计划；指导全省计划生育系统干部队伍建设，规划并组织实施计划生育专业教育和干部培训工作；管理计划生育和有关人口工作的对外交流与合作；指导省计划生育协会、人口学会工作；承办省政府交办的其他事项。省计划生育委员会内设机构设定为：办公室、政策法规处、规划统计处、宣传教育处、科学技术处、财务基建处、群众工作处、人事处 8 个职能处室和机关党委。1997 年 12 月，人事处更名为人事教育处，将计划生育干部教育、培训工作职能划归人事教育处，将政策法规处信访工作职能划归办公室。

2000 年 7 月，经省政府批准，省计生委内设 8 个职能处室，即办公室、政策法规处、宣传教育处、科学技术处、计划统计处、财务管理处、流动人口管理处、人事处（其中包括增设一个流动人口管理处，撤销原群众工作处）。省计生委的主要职责是：贯彻实施国家人口与计划生育工作的方针、政策、法律和法规；负责草拟全省人口与计划生育工作的地方性法规与规章草案；协助有关部门制定相关的社会经济政策，推动人口与计划生育工作的综合治理。会同有关部门编制中、长期人口发展规划和年度计划，制定全省人口与计划生育事业发展计划；监督、检查基层人口计划的执行；指导各地实行计划生育目标管理责任制，做好人口与计划生育工作。组织实施计划生育科学研究的总体规划；组织有关人口与计划生育重大问题的综合性研究。制定人口与计划生育宣传教育工作的规划，会同有关部门开展人口与计划生育宣传教育工作。综合管理计划生育技术服务工作。围绕生育、节育、不育制定生殖保健服务规范；配合有关部门做好提高出生人口素质工作；对计划生育技术服务和避孕药具发放进行指导与监督。制定计划生育系统干部教育培训规划并监督实施。指导、管理和协调全省流动人口计划生育工作；负责组织实施基层人口计划和有关的调查工作。会同有关部门制定全省人口与计划生育事业投入规划；编报国家和省财政拨付的计划生育事业费和基本建设支出的预算、决算及计划生育药具供应计划；制定全省计划外生育费征收管理规定并监督实施；监管直属单位财务和国有资产。负责全省有关人口与计划生育工作的国际交流与合作，管理计划生育国际援助项目。指导有关人口与计划生育社会团体的工作。承办省政府交办的其他事项。

省计划生育委员会内设处（室）职能

办公室　组织协调机关政务工作；负责重要会议、文电、档案、外事、保密、信访、保卫和对外联络工作；负责有关人口和计划生育工作重大问题的调研与督查工作，起草重要文稿；协调编制人口和计划生育事业发展规划与计划。

政策法规处　负责研究重大的综合性政策问题，起草重要文稿；研究提出有关人口和计划生育工作的政策和法规草案；负责人口和计划生育行政执法的监督工作，承办行政复议和行政诉讼工作；协调有关部门做好出生人口性别比综合治理工作；指导全省人口和计划生育系统法制建设和法制宣传教育工作。

计划统计处　研究提出全省人口发展战略，组织对人口规模、趋势、素质、结构等人口和计划生育重大问题的战略性、前瞻性研究；编制全省人口中长期规划和年度计划，拟订全省人口和计划生育事业发展计划；拟订人口和计划生育目标管理责任制的规范；对人口和计划生育事业发展规划、人口和计划生育目标管理责任制执行情况进行监督评估；负责有关计划生育的人口统计、信息化建设规划和管理工作；组织实施抽样调查和专项调查，参与分析研究全省人口统计数据，发布与人口和计划生育相关的人口信息。

宣传教育处　拟定全省人口和计划生育宣传教育工作规划；会同有关部门开展全民性人口与计划生育宣传教育工作；组织协调有关部门开展人口与计划生育宣传报导、新闻发布等重大活动。

科学技术处　拟定全省生殖健康产业发展促进政策；制定并组织实施计划生育技

术服务规范及标准；负责全省计划生育科学研究工作；指导全省计划生育节育手术并发症的预防、抢救、诊治、鉴定工作；配合有关部门做好提高出生人口素质工作；组织引进、消化、吸收、推广计划生育先进技术及科技创新工作。

流动人口管理处　负责全省城市和流动人口计划生育管理；监督检查有关城市和流动人口政策法规的贯彻落实；协调有关部门做好城市和流动人口计划生育管理工作；组织全省城市和流动人口计划生育管理服务工作的考核评估；开展对城市和流动人口计划生育管理信息收集和调研；组织研究城市和流动人口计划生育管理服务工作新机制。

财务管理处　负责全省人口和计划生育事业经费预算、决算及财务管理；指导监督全省人口和计划生育系统行政事业性收费规范使用；协调落实计划生育家庭奖励扶助等省级利益导向配套资金；监管委机关和直属单位国有资产，监督检查直属单位的财务管理工作。

人事处　按照干部管理权限，负责委机关及直属单位的机构编制和人事管理工作；拟定人口和计划生育系统干部队伍建设和教育培训规划并监督实施；承担计划生育工作“一票否决权”落实的具体工作。

2004年2月22日，安徽省计划生育委员会更名为安徽省人口和计划生育委员会，继续承担原省计划生育委员会的职能，增加制定全省人口发展规划和政策，协调有关部门做好出生人口性别比治理工作，促进生殖健康产业发展的职能。

1982—2005年安徽省计划生育机构领导班子成员一览表

表2-11-1

姓名	性别	职务	任职时间	备注
魏心一	男	委员会主任	1982年1月—1983年10月	副省长兼
王仲坤	男	委员会副主任	1982年1月—1985年5月	
杨纪珂	男	委员会副主任	1983年10月—1987年	副省长兼
刘连廷	男	委员会副主任	1982年1月—1985年8月	
邹世功	男	委员会副主任	1982年1月—1985年9月	
陈兆霞	女	委员会副主任	1983年10月—1993年2月	
尤　真	女	顾问	1982年10月—	
张旭光	男	助理巡视员	1987年8月29日—1994年3月14日	
邹世功	男	委员会副主任	1989年5月—	
李秀仁	男	委员会副主任	1989年3月27日—1995年8月22日	
丁伦友	男	委员会副主任	1993年3月—	
潘传久	男	委员会副主任	1994年2月21日—2002年10月	

续表 2-11-1

姓名	性别	职务	任职时间	备注
饶师智	男	委员会副主任	1994 年 9 月 1 日—1996 年 7 月	
刘春霞	女	委员会副主任	1995 年 11 月 24 日—	
孙义祥	男	委员会副主任	1995 年 11 月 10 日—2002 年 10 月 22 日	
饶师智	男	助理巡视员	1995 年 10 月—1996 年 7 月	
刘春霞	女	委员会副主任	1995 年 11 月—	
张有德	男	委员会副主任	1997 年 1 月—2004 年 3 月	
孙义祥	男	委员会副主任	1997 年 6 月—2002 年 10 月	
夏伦才	男	委员会副主任	1997 年 6 月—2004 年 10 月	
李天太	男	委员会副主任	2002 年 10 月任职，2004 年 4 月调省计生委	
许　合	男	委员会副主任	2004 年 4 月—	
高俊文	男	委员会副主任	2004 年 4 月—	
朱　庆	男	委员会副主任	2004 年 4 月—	

事业机构

安徽省计划生育宣教中心　1983 年 11 月成立，正处级事业单位，事业编制 30 名。1995 年 11 月，省编委核定省计划生育委员会直属事业单位机构设置及人员编制、领导职数，将省计划生育宣传教育中心列入全额预算事业单位管理序列。主要职责：宣传党和国家有关计划生育的方针政策、法律法规和普及计划生育科学知识，编辑、制作、发行计划生育宣传材料。2001 年 8 月，省编办同意省计划生育宣教中心增挂安徽省人口与计划生育信息中心牌子。主要职责：承担全省计生系统人口与计划生育信息网络的规划建设以及日常网络的管理服务工作。

安徽省计划生育科研所　1983 年 11 月成立，县级建制事业单位。主要职责：负责承担计划生育的节育技术、优生优育技术和引进推广节育新技术等方面的运用性科学研究和科技推广工作。1993 年 8 月，省计生委同意由省法医鉴定中心和省计划生育科学技术研究所联合开展亲子鉴定工作。2004 年 12 月，合肥市劳动和社会保障局批准同意所医院为合肥市城镇职工基本医疗保险定点医疗机构单位。

安徽省计划生育药具站　1985 年 8 月成立，科级建制事业单位。1991 年 6 月，改为县级建制，独立财务核算财政全额拨款事业单位，编制 10 名。1995 年 11 月，省编委核定省计划生育药具管理站由全额预算管理向差额预算管理过渡，过渡期 2 年。主要职责：负责全省避孕具的计划、供销、储运、发放网络等管理工作，承担避孕药具市场供应的监督工作。

安徽省计划生育干部培训中心　1987 年 1 月筹建，1992 年 6 月正式成立。1995 年

11月，省编委核定省计划生育干部培训中心县级建制，由差额预算向自收自支事业单位过渡。1997年12月，列为自收自支预算事业单位管理序列。主要职责：负责承担全省计划生育系统干部的岗位培训工作，向社会开展有偿的会议和住宿接待服务工作。

安徽省计划生育学校　1987年7月1日，省政府决定将池州卫生学校划归省计划生育委员会管理，改名为安徽省计划生育学校，县处级建制。经过几十年的建设，学校已成为具有一定规模的集中专、高职、大专，全日制、函授、培训为一体的多层次、多形式办学的中等卫生职业学校。

学校校区占地面积4.71万平方米，校舍建筑面积2.51万平方米，学校图书馆建筑面积3421平方米，馆内设有学生阅览室、教师阅览室、报刊杂志陈列室和藏书室，藏书7.8万册，其中印刷图书7.5万册，电子读物3000册，报纸38种，期刊221种。图书馆图书编目、借阅等工作全部实行计算机管理。自2000年以来学校连年被安徽省计生委评为先进单位。2000年被合肥市委、市政府命名为市级文明单位，2002年荣获人事部、国家计生委全国先进集体称号，2002—2005年被命名为池州市市级文明单位标兵。学校有专任教师86人，其中高级讲师28人，占专任教师的32.6%；有讲师30人，占专任教师的34.9%，双师型教师有48人，占专任教师的56%。安徽省计划生育学校教师在国家级杂志上发表学术论文160余篇，主编、副主编及参编全省护理专业高职规划教材15部。主要职责：负责为全省培养中专学历的计划生育专业人才。

安徽人口报社　《安徽人口报》是省计生委主办的专业报刊，1988年元旦创刊。经过省委宣传部和省新闻出版局批准，面向全国公开发行。1988年4月，省编委同意成立《安徽人口报》编辑室，为县级事业单位，定事业编制12名，1991年，编制增至22名，实行自收自支。

安徽省黄山计划生育干部培训基地　安徽省黄山计划生育干部培训基地管理处建于1987年，系省计生委直属事业单位，县（处）级建制。经费供给为自收自支。1990年以“昱阳山庄”的名称正式对外营业。山庄占地13亩（8671平方米），建筑面积7261.44平方米。1995年11月，省编委将省黄山计划生育干部培训基地管理处更名安徽省计划生育干部疗养院。主要职责：承担国家和省计划生育系统干部疗养和会议接待工作，面向社会开展有偿住宿服务工作。2003年7月30日，省编办同意将省计划生育干部疗养院转让给黄山市屯溪区人民政府承担改制和职工安置任务。

《婚育》杂志社　1994年3月9日成立，由省计生委主管、省计生协主办。《婚育》杂志是内部资料性刊物，无正式机构和编制，省计生委从省计划生育协会和省计划生育宣传教育中心抽调人员在《婚育》办刊，并明确杂志社是省计生委直属事业单位，经费预算形式为自收自支。2003年底，全国报刊整顿时，《婚育》停办，婚育杂志社撤销。

机关服务中心　2001 年 7 月 23 日，省编办同意成立安徽省计划生育委员会机关服务中心，为委直属事业单位，具有独立事业法人资格，该中心不定机构级别，列入自收自支事业单位管理序列。主要职能是负责统一管理机关后勤服务工作。

第二节　计划生育管理队伍

省、市、县级计划生育干部队伍　1982 年，组建省计生委，1990 年 2 月，增加行政编制 22 名；1994 年 12 月，省政府印发省计划生育委员会职能配置、内设机构和人员编制方案，确定省计生委行政编制 60 名；1995 年 7 月，省人事厅核定省计生委公务员职位 56 名；2000 年机构改革行政编制减至 46 名，另单列离退休干部服务人员编制 2 名，机关后勤行政管理服务编制 7 名。

1986 年，全省市级计划生育专职工作人员 180 人，县级计划生育专职工作人员 222 人。1995 年，市级计划生育专职工作人员 344 人，县级计划生育专职工作人员 1959 人。2001 年，省级计划生育专职工作人员 417 人，市级计划生育专职工作人员 529 人，县级计划生育专职工作人员 4099 人。2005 年，省级计划生育专职工作人员 277 人，市级计划生育专职工作人员 549 人，县级计划生育专职工作人员 3737 人。

乡镇计划生育干部队伍　1990 年以前，安徽省乡镇一级一般只配备一名计划生育助理员，据 1987 年统计，全省农村区、乡（镇）计划生育专职工作人员 3817 人。

1988 年 10 月，安徽省第七届人大常委会通过的《安徽省计划生育条例》规定，乡镇人民政府和城市街道办事处设计划生育办公室，配备专职计划生育工作人员。1990 年，省委、省政府作出《关于加强计划生育工作的决定》，要求各级党委政府“要按照《安徽省计划生育条例》规定，将乡镇和街道办事处的计划生育办公室建立起来，配齐人员”，各地乡镇计划生育办公室陆续成立，计划生育干部编制也由原来的 1 人增到 2 至 5 人。

1990 年 9 月，省委、省政府决定，自 1990 年至 1994 年每年安排 100 名增干指标，从聘用的乡镇计划生育人员中择优录用为国家干部。500 名指标分两次录用，经过严格的考试考核，1991 年录用 200 名，1993 年录用 300 名。1990 年 11 月，全省乡镇专职计划生育干部达 5039 人，1992 年 5 月，乡镇计划生育专职干部队伍人数增至 6326 人，1996 年年底达 8531 人。

1990年安徽省计划生育系统工作人员情况统计表

表2-11-2　　单位：人

类型	总数		文化程度						年龄						备注
	小计	女性	研究生	大学本科	大学专科	中专	高中	初中以下	25岁以下	26至30岁	31至35岁	36至40岁	41至50岁	51至60岁	
机关人员	1354	579	2	77	268	458	300	249	104	126	220	242	392	270	地市：16个 县级：75个
事业单位人员	1574	933	4	154	226	715	255	220	303	272	254	276	346	123	省级：7个 地市：26个 县级：75个
专业技术人员	3133	1821	4	177	339	1273	901	439	480	541	569	693	656	194	副高：60 中级：338 初级：1689
乡镇专职人员	5039	2617			148	1034	2478	1379	1034	1306	901	951	615	132	乡镇数：3559个

1996 年安徽省乡镇计划生育专职人员情况统计表

表 2-11-3　　单位：人

类型	小计	其中		文化程度				年龄					
		女性	行政编制	大专以上	中专	高中	初中以下	25 岁以下	26 至 30 岁	31 至 35 岁	36 至 40 岁	41 至 50 岁	51 岁以上
国家干部	3512	1747	1115	570	1576	979	387	988	934	630	321	561	78
招聘干部	2149	1111	455	262	819	807	261	538	616	468	233	261	33
正式工人	1905	713	75	179	608	721	397	770	585	244	146	124	36
合同工人	397	209	7	25	154	125	93	170	107	46	29	39	6
其他	568	391	10	38	282	154	94	224	136	83	53	58	14
合计	8531	4171	1662	1074	3439	2786	1232	2690	2378	1471	782	1043	167

1998年底，全省乡级计生办人员1.28万人，其中自聘及其他人员6013人，占48%；计划生育服务所人员7736人，其中自聘及其他人员5232人，占67.6%。

在2000年的农村税费改革和乡镇机构改革中，乡镇计划生育服务所配备3至5名事业编制。2001年，全省乡镇入编的计划生育专职干部为1.47万人。2005年，全省乡镇计划生育专职干部减至9968人。

2001年安徽省计划生育系统公务员学历和年龄结构统计表

表2-11-4 单位：人

级别	学历					年龄			
	本科以上	专科	中专	高中	初中	35岁以下	36至45岁	46至55岁	55岁以上
省级	33	11	2	1		11	14	14	8
市级	111	110	23	8	4	65	79	82	30
县级	267	589	272	77	27	317	459	373	83
乡级	281	1773	1203	260	55	2434	869	255	14

2001年安徽省计划生育系统事业单位人员学历和年龄结构统计表

表2-11-5 单位：人

级别	学历					年龄			
	本科以上	专科	中专	高中	初中	35岁以下	36至45岁	46至54岁	55岁以上
省级	127	96	48	63	32	128	120	83	35
市级	32	134	90	7	10	128	83	48	14
县级	156	830	1413	381	87	1672	657	450	88
乡级	152	2272	7335	1041	320	9214	1662	238	6

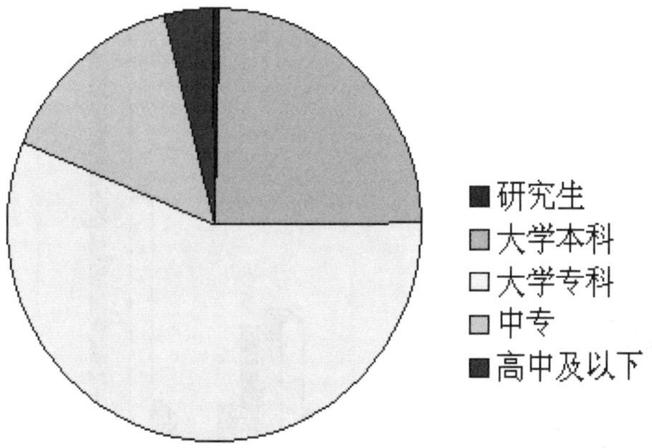

图 2-11-1　2005 年安徽省人口计生系统公务员学历结构图

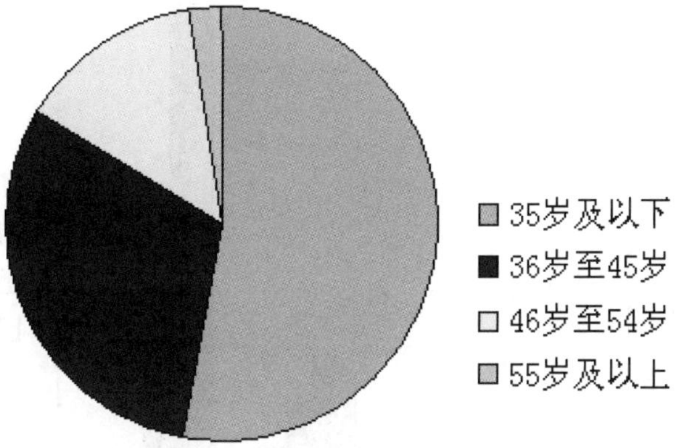

图 2-11-2　2005 年安徽省人口计生系统公务员年龄结构图

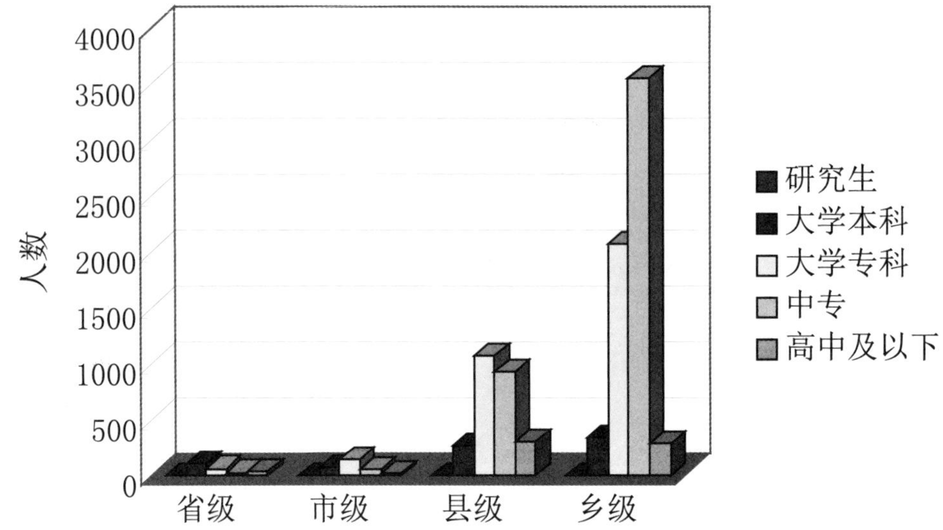

图 2-11-3　2005 年省、市、县、乡人口计生委直属事业单位人员学历结构图

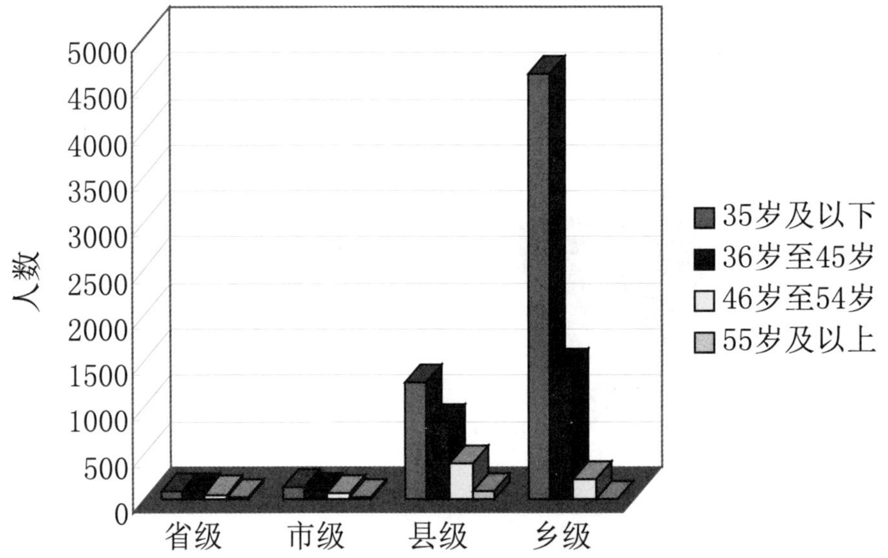

图 2-11-4　2005 年省、市、县、乡人口计生委直属事业单位人员年龄结构图

村级计划生育干部队伍　1990年以前，安徽省村一级计划生育工作多由村妇女干部或其他村干部兼管。20世纪80年代后期，安徽省进入新中国成立后的第三次人口出生高峰期，农村计划生育工作日益繁重，村一级仅有一个干部兼做计划生育工作已无法胜任，各地陆续逐步在村级配备专职计划生育干部，并先后建立起标准各异的计划生育服务室。天长市率先在村一级配备"男专干（专做计划生育管理）、女保健（专为育龄妇女提供生殖、节育保健服务）"。1996年春，省计生委在天长市召开计划生育工作年会，推广天长市包括配备村级"男专干、女保健"在内的基层计划生育管理经验。到1996年底，全省村级计划生育专干达6.3万人。在1998年开展的全省基层计划生育干部清理整顿和2000年进行的农村税费改革试点中，村一级计划生育专干队伍大幅精简，并全部调整为初中以上文化程度的年轻女性。到2005年底，全省2.44万个行政村共配备计划生育专职干部2.79万人。这些人全部由乡镇政府聘用并发给工资报酬，工作在村里，大多数人的工资报酬相当于村委会主任或副主任。

第三节　干部培训

党政领导研修　1993年6月，安徽省计划生育工作领导小组举办首期县（市）党委或政府分管计划生育工作领导干部研讨班，研修人口理论和计划生育基础知识，时任分管计划生育工作的副省长杜宜谨亲自授课，1994年、1995年又连续两年举办党政领导研修班，3期共培训县（市）党政领导干部227人次。从1993年到1995年，各地（市）也效仿省里的做法，举办乡镇党政分管计划生育工作的领导干部培训班，3251人次接受过培训。2001年8月，省委组织部和省计生委联合在屯溪县举办第4期全省市县党政领导人口与计划生育研修班，历时4天，17个市和105个县（市、区）共139人参加研修。2004年，省委组织部和省人口计生委举办第5期全省市县党政领导人口与计划生育研修班，147人参加研修。

市县主任培训　1992年11月2日至12月12日，省计生委在宣城市举办全省首期县级计生委主任岗位培训班，共有30名学员参加培训，开设《人口理论》《人口统计与计划》《计划生育技术》《计划生育管理》四门课程。到1997年，县级计生委主任岗位培训班共举办6期，接受培训达266人。1998年、2003年，省计生委分别对全省县级计生委主任轮训一遍。

公务员培训　1998年2月，省计生委制定全省计划生育系统公务员专门业务培训实施意见，启动培训计划。到2000年底，培训市、县（市、区）计生委公务员516人。2003年，新一轮公务员专业知识培训启动，2005年结束，共培训市、县（市、区）计生委公务员664人次。

业务培训　从1988年起，省计生委举办地、市计生委微机操作人员业务培训班，到2005年，全省计划生育专业技术人员继续教育培训和上岗资格培训班达9580人次；开展计划生育系统行政执法资格和计划生育法律法规知识培训班达3250次人；培训流动人口计划生育管理、宣传教育、计生协会会员骨干达5000多人次；培训市、县计生委计划生育奖励扶助分管领导、承办人员520人次。

第四节　学校教育

安徽省计划生育学校　1987年，安徽省计划生育学校开始招生，设置2个专业，计划招生150人，其中，计划生育医士100人，助产士50人。1991年，设置6个专业28门学科，在校学生444人，教职员工116人。1987年以来，为安徽省卫生和计生系统培养1万多名卫生技术和计生管理人才，分布在全省各市、县、乡镇计划生育部门、计划生育技术服务机构和各级各类医院，其中许多毕业生已成为用人单位负责人和业务骨干，受到社会和用人单位的好评和肯定，为控制人口数量、提高人口素质、保障人民健康作出了重要贡献。

1986—2005年安徽省计划生育学校各类专业设置、招生情况统计表

表2-11-6　　单位：人

年份	专业	办学形式	学制	招生人数	在校生	毕业生
1986年	助产士		3年	40	325	100
	护士		3年	40		
	职工护士		3年	45		
1987年	护士		3年	46	360	120
	助产士		3年	45		
	医士		2年	79		
1988年	计划生育医士		3年	45	475	120
	妇幼医士		3年	45		
	护士		3年	45		
	医士		2年	45		
1989年	医士		2年	45	525	125
	护士		3年	45		
	计划生育统计		3年	40		
	计划生育管理		3年	45		

续表 2-11-6

年份	专业	办学形式	学制	招生人数	在校生	毕业生
1990 年	妇幼医士		3 年	40	465	170
	医士		3 年	30		
	医士		2 年	40		
1991 年	妇幼医士		3 年	40	347	225
	医士		2 年	40		
	医士		3 年	27		
1992 年	妇幼医士		3 年	40	298	170
	医士		2 年	40		
	医士		3 年	41		
1993 年	妇幼医士		3 年	48	310	110
	医士		3 年	29		
	医士		2 年	45		
1994 年	计划生育		2 年	45	428	107
	计划生育		3 年	139		
	护理		3 年	41		
1995 年	计划生育		3 年	100	452	126
	护理		3 年	50		
1996 年	人口统计		2 年	50	580	122
	计划生育		2 年	50		
	计划生育		3 年	100		
	护理		3 年	50		
1997 年	计算机及应用		2 年	50	750	180
	人口统计		2 年	50		
	计划生育		3 年	150		
	妇幼医士		3 年	50		
	护理		3 年	50		
1998 年	计算机及应用		2 年	50	1010	250
	统计		2 年	50		
	计划生育		2 年	256		
	妇幼卫生		3 年	52		
	护理		3 年	52		
	计划生育		3 年	50		

续表 2-11-6

年份	专业	办学形式	学制	招生人数	在校生	毕业生
1999 年	护理		3 年	50	1210	250
	妇幼卫生		3 年	50		
	计划生育		3 年	250		
	计划生育统计		2 年	32		
	计划生育统计		2 年	18		
	计算机及应用		2 年	50		
2000 年	计划生育		3 年	450	1660	350
	妇幼卫生		3 年	50		
	护理		3 年	50		
	临床医学		3 年	150		
2001 年	计划生育技术		3 年	450	2046	510
	护理		3 年	50		
	助产		3 年	50		
	计划生育		3 年	200		
	护理		3 年	100		
	临床医学	半脱产	4 年	70		
	计划生育技术	半脱产	3 年	54		
	护理	半脱产	4 年	22		
2002 年	计划生育医学（技术）		5 年	120	2098	350
	护理		5 年	130		
	计划生育技术		3 年	152		
	助产		3 年			
	护理		3 年			
	人口与计划生育管理		3 年			
	计算机及应用		3 年			

续表 2-11-6

<table>
<tr><th>年份</th><th>专业</th><th>办学形式</th><th>学制</th><th>招生人数</th><th>在校生</th><th>毕业生</th></tr>
<tr><td rowspan="8">2003 年</td><td>计划生育医学（技术）</td><td></td><td>5 年</td><td>100</td><td rowspan="8">2098</td><td rowspan="8">550</td></tr>
<tr><td>护理</td><td></td><td>5 年</td><td>200</td></tr>
<tr><td>助产（妇幼保健）</td><td></td><td>3 年</td><td rowspan="6">250</td></tr>
<tr><td>护理</td><td></td><td>3 年</td></tr>
<tr><td>计算机应用</td><td></td><td>3 年</td></tr>
<tr><td>康复技术</td><td></td><td>3 年</td></tr>
<tr><td>老年人服务与管理</td><td></td><td>3 年</td></tr>
<tr><td>家政与社区服务</td><td></td><td>3 年</td></tr>
<tr><td rowspan="3">2004 年</td><td>计划生育技术</td><td></td><td>3 年</td><td>52</td><td rowspan="3">649</td><td rowspan="3">1054</td></tr>
<tr><td>助产</td><td></td><td>3 年</td><td>11</td></tr>
<tr><td>护理</td><td></td><td>3 年</td><td>36</td></tr>
<tr><td rowspan="4">2005 年</td><td>临床医学</td><td></td><td>5 年</td><td>36</td><td rowspan="4">1317</td><td rowspan="4">152</td></tr>
<tr><td>护理</td><td></td><td>5 年</td><td>232</td></tr>
<tr><td>护理</td><td></td><td>3 年</td><td>139</td></tr>
<tr><td>助产</td><td></td><td>3 年</td><td>11</td></tr>
</table>

附 录

安徽省实行计划生育若干问题暂行规定

（1981 年 5 月 9 日 安徽省第五届人民代表大会常务委员会第八次会议通过）

为了有计划地控制人口增长，提高民族素质，有利于四个现代化建设的进行，现根据中华人民共和国宪法第五十三条“国家提倡和推行计划生育”的精神，结合我省实际情况，作以下暂行规定：

第一条 实行计划生育是每个公民的义务。实行计划生育的要求是：晚婚、晚育、少生、优生。提倡一对夫妇只生一个孩子。

第二条 实行计划生育工作，坚持以思想教育为主，辅之以必要的经济和行政措施；坚持以避孕为主，必要时辅以人工流产、引产和绝育手术，但要特别注意安全。

第三条 提倡晚婚、晚育。男二十五周岁、女二十三周岁以上结婚为晚婚，女性二十四周岁以上生育为晚育。对实行晚婚的青年和实行晚育的夫妇，所在单位、街道、公社应给予表扬和鼓励，并给晚婚夫妇增加婚假二十天，给晚育妇女增加产假三十天，干部、职工工资照发，农村社员比照执行。

第四条 生育一个孩子后，不生第二个子女，由夫妇双方申请，经女方单位核实，报县（市、市辖区）计划生育部门审查发给《计划生育光荣证》。从发证之日起享受下列奖励和待遇：

（一）发给独生子女儿童保健奖金或记奖励工分。父母是国家和集体单位干部、职工，男孩每月发给儿童保健费五元，女孩每月发给六元，由双方单位各负担百分之五十；父母是农村社员，男孩由所在生产队每月发给三至五元，女孩发给四至六元，或记相当的工分。一方是干部、职工或部队人员，一方是农村社员或城市个体劳动者，儿童保健奖金全部由干部、职工或部队人员所在单位发给。双方不在一省，在外省的一方，按外省的规定执行。儿童保健奖金或奖励工分，从领证时起发至子女十四周岁为止。

有条件的单位，在发证时还可以一次给予适当的奖金。

（二）独生子女优先入托儿所、幼儿园，患病时优先治疗、住院。

（三）农村独生子女按成人标准分配口粮，并按两个人划给自留地。

（四）城镇只生一个子女的享受两个孩子的住房待遇，并在分配住房时予以优先考虑。

（五）招工、招生时，在同等条件下优先录用录取独生子女；农村选派社员从事社队企业生产时，在同等条件下优先安排独生子女。

（六）独生子女的母亲在产假期间申请领证，增加产假三十天，工资照发。夫妇双方不在一地工作的，给男方二十天照顾假，待遇比照探亲假处理。

第五条　领了《计划生育光荣证》的独生子女的父母，年老退休时，干部、职工按退休“暂行办法”规定增发百分之五的退休金。但按照规定应发和增发的退休金，不得超过本人标准工资。

第六条　领过《计划生育光荣证》以后又怀第二胎的，所在单位要做好思想政治工作，动员其采取补救措施，若坚持生育，除收回其《计划生育光荣证》，追回已领过的各项奖励和物质待遇外，还要按照无计划生育第二胎的有关规定给予行政的、经济的处理。

第七条　属于下列情况者可以有计划地安排生育第二个孩子：

（一）第一个子女为非遗传性残疾，不能成长为正常劳动力的；

（二）再婚夫妇只有一个孩子，一方未生育过（包括生育后已死亡的）要求生育一个的；

（三）多年不生育的妇女收养一个孩子后，又怀孕要求生育的；

（四）夫妇双方都是少数民族要求生育第二个孩子的。

第八条　对本规定颁布后计划外生育第二个孩子的，采取以下限制措施：

（一）征收计划外二胎社会抚育费。无计划生育第二个孩子的干部、职工，每月征收夫妇双方工资的百分之五，由所在单位按月从工资中扣取；农村社员由公社或大队征收夫妇全年劳动总收入的百分之五；城镇个体劳动者由街道根据其收入情况确定征收相当的数额。

征收计划外二胎社会抚育费从怀孕时起至所生小孩七周岁止。

（二）享受公费医疗的干部、职工，生育时的药费、住院费等一律自理。

（三）从孩子出生，夫妇双方除发明奖外，一年内不评发其奖金。

第九条　对生第三个孩子或第三个以上的孩子，采取以下处罚措施：

（一）征收多子女社会抚育费。生第三个孩子的干部、职工，每月征收夫妇双方工资的百分之十，由所在单位按月从工资中扣取；农村由公社或大队征收夫妇双方全年劳动总收入的百分之十；城镇个体劳动者由街道根据其收入情况确定征收相当的数额。从本规定下达日期起，生第四个孩子的按百分之五累进计算，即按百分之十五征收，余类推。

征收多子女社会抚育费从怀孕时起至所生小孩十四周岁止。

（二）享受公费医疗的干部、职工，生育时的医药费、住院费等一律自理，产假期间扣发工资。

（三）城市不增加住房面积，农村在十四年内不增划自留地。

（四）夫妇双方除发明奖外，三年内不评发其奖金，不评选先进生产者或先进工作者。

第十条　干部、职工不实行计划生育，情节特别恶劣造成严重不良影响的，要给予行政纪律处分。

第十一条　实行节育手术或因节育措施失败进行人流、引产手术，除按规定给予休息时间，在规定休息时间内工资照发、工分照记外，并可视受术者的健康情况，发给适当的营养补助费。

第十二条　儿童保健奖金、奖励工分和手术营养补助费，工厂、企业单位由企业福利基金中开支；行政机关和事业单位，在福利费中开支，超过本单位福利费总额百分之三十的部分，由计划生育事业费补助；农村由生产队公益金中开支（由公社或大队统一提取解决）；城镇双方都是个体劳动者的，由街道从征收的计划外二胎社会抚育费中开支,不足部分由计划生育事业费中补助。征收的计划外抚育费纳入职工福利费、企业福利基金和公益金。城镇个体劳动者由街道列入专项收入。

第十三条　卫生部门要对节育技术人员进行培训，提高节育技术水平，严格技术操作规程，确保受术者安全。如发生节育手术纠纷，应由各级卫生部门技术委员会进行技术鉴定。凡不属于节育手术事故，受术者所在单位和计划生育工作部门要做好思想工作，受术者不得纠缠取闹；属于节育手术事故，卫生部门应按有关规定予以妥善处理。

对责任心强，节育手术安全、质量高的医疗单位和医务人员，给予精神的或物质鼓励。

第十四条　计划生育工作应列为评选先进地区、先进单位和先进个人的考核内容之一。对成绩显著的先进集体和个人，要给予表扬和奖励。对检举揭发破坏计划生育案件有功的人员，也要给予奖励。对不重视计划生育工作的地区和单位要给予批评。

农村不论实行哪种形式的生产责任制，都要把计划生育列为年度生产计划和干部岗位责任制的一项重要内容，明确奖罚办法，年终评比兑现，做到物质生产和计划生育一起抓。

第十五条　殴打、诬陷、报复计划生育工作人员、节育手术医务人员和积极分子；干涉他人实行计划生育，以及非法取环、诈骗钱财，均应视其情节轻重，严肃处理，造成伤、残、死亡等严重后果的，由司法机关依法判处。

第十六条　本规定自发布之日起施行。

附：

安徽省计划生育办公室
关于《安徽省实行计划生育若干问题暂行规定》的解释

（皖计育字〔81〕第091号 1981年8月18日）

《安徽省实行计划生育若干问题暂行规定》（简称“十六条”）公布以后，各地在宣传贯彻中提出一些有关条文应用方面的问题，经请示省政府负责同志同意，作如下解释。

一、初婚男女只有一方达到晚婚年龄，及一方初婚、一方再婚的，是否增加婚假？

（1）初婚的男女只有双方都达到晚婚年龄，才能增加婚假。

（2）一方初婚并达到晚婚年龄，另一方再婚，初婚的一方可以享受增加的婚假。

二、晚育的孩子生下后夭折，是否给晚育产假？

可给晚育产假。但只能享受一次。

三、“十六条”实行后，省委（80）121号文件关于休假一年规定还执行不执行？

应继续执行。但在一年产假期间，除五十六天法定假发全工资外，晚育并领独生子女证增加的两个月假，亦应发全工全工资。

四、在增加的产假期间，月、季奖金是否发给？

应比照国家关于五十六天产假的规定处理。

五、夫妇双方由哪一方单位办理核发《计划生育光荣证》？

从六月二十四日起，由女方单位办理。但过去已由男方单位办理发证的，现在不要改变。

不论由哪方领证，双方单位在住房方面有条件照顾的，都有责任给予照顾，不应推倭。

六、在“十六条”公布前已经领了《计划生育光荣证》，因孩子未满四周岁未发儿童保健金，现在是否补发？有的在“十六条”公布以前未满四周岁已开始发儿童保健奖金，当时的规定发十年现在是否可以发到十四周岁？

孩子未满四周岁的，可从“十六条”公布之日起发给儿童保健奖金。过去未发的部分不补发。不论从何时发给儿童保健奖金，都发到十四周岁为止。

七、原来已按“十二条”规定由男方（或女方）一方单位发给儿童保健奖金，现在是否按“十六条”规定改为由夫妇双方单位各负担百分之五十?

双方都是干部、职工的，可改由双方单位各负担百分之五十。

八、抱养一个孩子后自己怀孕决定不生，采取了补救措施，是否可按“十六条”第四条享受各项奖励和待遇?

可以享受。但要事先报告县（城市区）计划生育部门，由指定的医院进行人流、引产手术，并有证明。

九、“十六条”没有关于人托、人学、医疗免费的规定，有条件的单位可不可以搞“三免”？已经实行“三免”的是否继续实行?

“十六条”没有“三免”的规定，并不妨碍有条件的单位实行“三免”；已经实行“三免”的单位不要因“十六条”没有规定而取消“三免”。

十、一方在我省，一方在外省，外省规定与我省有矛盾怎么处理?

这个问题主要是儿童保健奖金的开支问题。原则上执行领证一方所在省的规定。领证一方在外省（市）的，按外省（市）规定执行；在我省的，由所在单位与外省（市）一方所在单位联系解决。

十一、“十六条”第四条六款“夫妇双方不在一地工作的，给男方二十天照顾假”，其中“不在一地工作”应如何掌握?

夫妇双方不在一地工作，是指男方不能利用工余时间照顾产妇，可给男方二十天照顾假。

十二、抱养一个孩子的；只有一个孩子已满十四周岁未满十八周岁的；生育一个孩子因继发性不孕症或因病不能再育的，以上三种情况是否可以发给《计划生育光荣证》?

上述三种情况可以发给《计划生育光荣证》，不发儿童保健奖金。但第一种情况只限在“十六条”公布以前抱养一个孩子的。“十六条”公布以后抱养一个孩子的，不得申请领取《计划生育光荣证》。

十三、终身不孕、抱养一个孩子的，年老退休时是否可以增加百分之五退休金?

不增加退休金。

十四、加发百分之五退休金如何办理?

由县（城市由区）以上计划生育部门重新审核认可，经人事或劳动部门批准，由原工作单位加发百分之五退休金。

十五、“十六条”第七条第一款“第一个孩子为非遗传性残疾”由哪里鉴定？鉴定的标准是什么?

应由县级以上医疗技术委员会鉴定。鉴定标准由省另行拟订。

十六、同意生育第二个孩子的，安排生育指标的手续如何办理?

应由夫妇提出申请，女方所在单位核实，经城市街道或农村公社审查，报县（城市区）计划生育部门批准，安排生育指标。

十七、过去已批准生育第二胎并已怀孕，现对照“十六条”已不符合规定的对象，如何处理？

能够采取补救措施的，应动员其采取补救措施；如果生育，可以不按“十六条”规定进行处理。

十八、“十六条”公布前无计划怀孕第二胎的，应征的社会抚育费是否追溯到开始怀孕时征收？

从“十六条”公布之日起，征收社会抚育费，不必再往前追溯。

十九、过去只生一个孩子已领《计划生育光荣证》，现对照“十六条”已符合生第二个孩子条件的，是否可以退证生二胎？如果退证生二胎，已享受过的待遇如何处理？

应尽量做好思想工作，动员不要退证生二胎；如仍要求生育，可允许安排生育指标，但要收回光荣证及已领过的儿童保健奖金和其它奖励。

二十、征收社会抚育费时，职工工资如何计算？

工资指职工直接以工资形式所得的收入。粮食补贴，副食品补贴，奖金等不要算入工资。

二十一、在节育手术休假期间，月、季奖金是否发给？

按照规定给予的节育手术假，不影响评奖。

二十二、“十六条”公布前，按照各地规定处理过的问题，是否改变？

过去各地根据中央关于控制人口增长的精神，制订了一些规定和办法，对推动计划生育工作起了积极作用。因此，在“十六条”公布前已按规定作过的处理，不要变更。

二十三、一个家庭有两个孩子，其中一个残废，过去已批准发给《计划生育光荣证》的现在如何处理？

仍按原来规定，继续发给儿童保健奖金至十四周岁，期满不再视为独生子女家庭。父母是干部职工的，年老退休时也不应加发退休金。

原来没有发证的，不再办理。

二十四、为了贯彻执行“十六条”各地是否可以制订具体办法？

由于各地情况不同，特别是农村实行了各种形式的生产责任制，为保证“十六条”能在这种形势下贯彻落实，各市、县人民政府可在“十六条”规定的奖罚原则范围内，因地制宜，制订一些具体执行意见或实施细则，并报省备案。

安徽省实行计划生育若干规定

（1984年8月18日 安徽省第六届人民代表大会常务委员会第九次会议通过）

第一章 总 则

第一条 计划生育是我国的基本国策。为了推行计划生育，实现国家人口规划，使人口的增长同经济和社会发展计划相适应，现根据中华人民共和国宪法、婚姻法的有关规定，结合我省实际，制定本规定。

第二条 实行计划生育是每个公民的义务。计划生育的要求是：控制人口数量，提高人口素质；提倡和鼓励晚婚、晚育；提倡和鼓励一对夫妻只生育一个孩子，严禁生育计划外的二胎，杜绝多胎。

第三条 计划生育工作必须坚持宣传教育为主，避孕节育为主，经常工作为主。

第四条 各级人民政府负责制定和实施本地区的人口规划。

第二章 生 育

第五条 实行一对夫妻只生育一个孩子。有下列情况之一，要求再生育一个孩子的可以有计划的安排：

一、第一个孩子为非遗传性残疾，不能成长为正常劳动力的。

二、再婚夫妻双方原来共计生育一个或两个孩子，现在家庭没有或只有一个孩子的。

三、再婚夫妻一方是有两个孩子的丧偶者，另一方是未生育过的。

四、婚后不孕，女方年满三十五周岁收养一个孩子后，又怀孕要求生育的。

五、独生子与独生女结婚的。

六、夫妻双方均是少数民族的。

七、夫妻一方从事矿工井下作业连续五年以上，并继续从事井下作业，只生育一个女孩的。

八、夫妻双方均为归国华侨的。

九、残废军人残废等级在二等乙级以上的。

第六条 农村一对夫妻已生育一个孩子，如要求再生育一个孩子，除执行第五条各项规定外，有下列条件之一的，也可有计划的安排：

一、男到有女无儿家结婚落户的（仅适用于姐妹中一人）。

二、兄弟数人只有一人有生育能力的。

三、夫妻一方是独生子女的。

四、居住在人口长期没有发展的大山区，只生育一个女孩的。

第七条 符合本规定第五条、第六条，要求再生育一个孩子的，须在前一个孩子满三周岁后，由本人提出申请，乡政府、城市街道办事处审查，县级计划生育部门批准，方可生育。未经批准的，按计划外生育处理。

第八条 提倡优生、开展婚前检查。不应结婚生育者，禁止结婚生育。

第三章 奖 励

第九条 按法定婚龄推迟三年以上结婚为晚婚，妇女二十四周岁以上生育为晚育。对实行晚婚晚育和只生育一个孩子的给予奖励和照顾。

一、凡晚婚的初婚者，延长婚假二十天，婚假期间工资照发。

二、凡晚育的初产者，延长产假三十天，产假期间工资照发。

三、在产假期间申请领取独生子女证的，延长产假三十天，工资照发；夫妻不在一起工作的，给予男方二十天照顾假，待遇比照探亲假处理。

四、生育一个孩子后，决定不生第二个的，由夫妻双方申请，所在单位核实，报县级计划生育部门发给独生子女证书。从领证之日起，每月发给儿童保健费男孩五元，女孩六元，由父母所在单位各发一半，至独生子女十四周岁止，农村也可以采取其它可行的办法进行奖励。

五、凡分配住房或宅基地，独生子女按二人计算。由国家供应口粮的山区经济作物区，独生子女口粮按成人标准供应。在入托、入学、就医、招工等方面，对独生子女应在同等条件下给予优先照顾。

六、国家干部、职工只生育一个孩子，并在子女十四周岁前领取了《独生子女证》，在批准退休时，加发基本工资百分之五的退休金。

七、国家干部、职工施行计划生育手术，凭医疗单位证明，按规定给予假期，休假期间工资照发，全勤奖不受影响。农民施行计划生育手术，有条件的乡、村应给予适当补贴。

第十条 对计划生育工作先进单位和在计划生育工作中取得显著成绩的人员，予以表扬和奖励。

第四章 处 罚

第十一条 不按计划生育者，给予下列处罚：

一、对计划外怀孕者，由所在单位和乡（镇）、村、街道、居民委员会说服动员其流产、引产，外出躲避的，由当地计划生育部门与有关部门共同动员其就地流产、引产，拒不接受的，国家干部、职工从怀孕之日起，二胎扣发夫妻双方月工资的百分之十五；三胎扣发百分之二十；农民和城镇居民给予适当的经济处罚，直至接受流产、引产后，再全部发还。

二、国家干部、职工计划外生育二胎的，按夫妻双方月工资的百分之十征收社会抚育费七年；生育三胎的，按夫妻双方月工资的百分之十五征收社会抚育费十四年，不论计划外生育二胎或三胎，夫妻双方各免调工资一次，三年内不评发奖金（超产奖、发明奖除外），不评模、不提拔，并视情节轻重，分别给予行政处分。

三、农民和城镇居民计划外生育二胎的，按夫妻双方年总收入的百分之十征收社会抚育费七年，生育三胎，按夫妻双方年总收入的百分之十五征收社会抚育费十四年。

四、女干部、女职工计划外生育，其产前检查、分娩、产褥期的医疗费自理，不能享受产假待遇。

第十二条 对已领取独生子女证又超计划生育的，收回其证书，追回所领取的各项奖励费，并按第十一条有关规定给以处罚。因独生子女致残，经批准生育第二胎的，收回独生子女证书，原得各项奖励不再追回。

第十三条 征收的社会抚育费及其它处罚收入，只能用于计划生育必须的开支，不得挪用。违者给以严肃处理。

第十四条 保护女婴和生女婴的母亲。对于溺杀女婴和虐待女婴母亲构成犯罪的，司法机关给予法律制裁。

第十五条 各级干部在推行计划生育工作中必须忠于职守，不得弄虚作假，徇私舞弊，违者给予严肃处理，构成犯罪的，依法追究刑事责任。

第十六条 对造谣惑众，虐待实行计划生育的妇女、殴打计划生育工作人员和其它破坏计划生育工作的，均应及时给予严肃处理。触犯刑律的，由司法机关依法追究刑事责任。

第五章 附 则

第十七条 本规定由安徽省人民政府负责实施。

第十八条 本规定自一九八四年十二月一日起施行。安徽省人大常委会一九八一年五月九日通过、六月二十四日公布的《安徽省实行计划生育若干问题暂行规定》同时停止执行。

附：

安徽省计划生育委员会关于《安徽省实行计划生育若干规定》有关问题解答

（皖计生委字〔85〕第044号 1985年4月6日）

各地、市、县计划生育委员会：

《安徽省实行计划生育若干规定》公布后，各地在执行中提出一些具体问题，要求解答。经我们多次开会讨论，反复征求意见，起草了《安徽省实行计划生育若干规定》有关问题的解答，现报请省人大常委会审定批准，下发给你们，作为内部解答材料，掌握使用。

《安徽省实行计划生育若干规定》有关问题的解答

《安徽省实行计划生育若干规定》公布以后，各地提出了一些具体问题，现根据《规定》总的原则予以解答。

生 育

一、婚后不孕、收养一个孩子后又怀孕要求再生的，是否要间隔三年？

不要求间隔三年。

二、“独生子与独生女”的含义是什么？

独生子（女）是指其生父母一生中只生育存活一个子（女），无兄弟姐妹。

下列情况可视为独生子（女）：

1. 父死母嫁或母死父娶，只生其一人，随祖父母或外祖父母生活的；

2. 父母离婚后独生子（女）随父（或母）一方生活的；

3. 抱养一个孩子（此家庭无其他子女）的；

4. 社会福利院长大的独子（女）。

三、“少数民族”身份以什么确认？

少数民族身份凭户口登记簿确认。

四、“矿工井下作业”包括哪些工种？是否包括井下工作的干部和辅助工人？

“旷工井下作业”只限于井下开拓、掘进、采矿（煤）等工种的工人和跟班劳动干部。

五、因公致残能否照顾生二胎？

可参照二等乙级以上残废军人的标准执行。

六、何为“居住在人口长期没有发展的大山区”？

对此项规定，按下列原则执行：

1. 山区范围是指省农林部门确认的十九个山区县（市）：歙县、祁门县、休宁县、黔县、石台县、太湖县、旌德县、绩溪县、金寨县、岳西县、霍山县、潜山县、贵池县、东至县、宁国县、泾县、广德县、青阳县、黄山市。2. 在具体执行中要因地制宜，划分二、三类种型，区别对待，不搞“一刀切”。

七、申请二胎生育由夫妇哪一方提出？

由夫妇双方共同提出申请，送女方所在的基层政府审查，报县计划生育部门批准。

八、非遗传性残疾如何判定？

按省制订的病残儿鉴定标准，由县以上计划生育技术鉴定组会诊后判定。

奖　励

九、晚育的孩子生下后夭折，是否给晚育产假？

可给晚育假（终身只享受一次）。

十、夫妻不在一起工作的，给予男方二十天照顾假应如何掌握？

夫妻不在一起工作，是指夫妻分居两地，男方不能利用工余时间照顾产妇。

十一、夫妇双方哪一方办理领证手续？

由双方提出申请，女方单位办理。过去已由男方办理的不作变更。无论哪方办理，双方所在单位在住房及优先入托、入学、就医、招工等方面有条件照顾的，都有责任给予照顾，不得推诿。

十二、抱养一个孩子后，女方怀孕，决定不生，采取了补救措施；只生育一个孩子，离婚或丧偶后不再结婚后，可否发给独生子女证并享受有关待遇？

可以发给独生子女证，并享受有关待遇。

因不孕症抱养一孩子的，可发给独生子女证，但不发给儿童保健费，年老退休时也不加发百分之五的退休金。

十三、夫妇一方在我省，一方在外省，领证后按哪个省的规定执行？

在我省的一方按我省的规定执行。

十四、《十八条》中没有“三免”的规定，有条件的单位可不可以对独生子实行“三免”？

有条件的单位可以对独生子女实行免费入托、入学、就医。原实行的继续实行。

十五、可否给领证夫妇发一次性奖励？

有条件的单位可以实行一次性奖励。

十六、省委（80）121号文件关于企业单位独生子女母亲产后休假一年的规定，是否继续执行？

由各企业单位及其主管部门决定。

十七、晚婚假、晚育假、领证产假的全勤奖发不发？

可比照国家有关婚假、产假的规定办理。

十八、独生子女保健费由父母双方所在单位各发一半。如一方无工作（指未带薪的在校学生或无职业城镇居民）；或一方被判刑；或一方死亡，如何处理？

全部落实到有工作的一方单位发给。

十九、只有一个孩子满十四周岁未满十八周岁的可否领证？

不予领证，原已领证的不变。

二十、农民年老丧失劳力，独生子女不在身边的怎么办？

独生子女不在身边，仍负有赡养父母的责任。少数有特殊困难的，按省政府（84）115号文件《关于农村五保户供养暂行规定》的通知办理。

处 罚

二十一、对超生三胎以上的夫妇，如何征收社会抚育费？

在三胎罚款的基础上，按每超生一个胎次、累加百分之五。

二十二、征收社会抚育费时，职工工资如何计算？

工资是指职工直接以工资形式所得的收入。粮食补贴、付食品补贴、奖金等不计入工资范畴。

二十三、女职工计划外生育，除不得享受产假待遇外，是否照发工资？

产假期间不发工资。

二十四、临时工、专业户、待业青年超生如何罚款？

按超生夫妇实际经济收入，分别由所在单位或所在乡、镇（街道）按规定征收。

二十五、对因计划外怀孕扣发的工资，如果婴儿出生后夭折，是否退回？

不退回。

二十六、原按《十六条》暂行规定罚款，在《十八条》规定实施后，是否更换罚款标准？

不必更换，仍按原规定标准罚款，至期满为止。《若干规定》公布前超计划生育的，一般仍按当时规定处理。

二十七、原超生受罚，现符合《十八条》规定的准生条款，是否继续受罚？

从十二月一日起停止受罚，但原来的经济处罚不退。其 它

二十八、一方是城镇户口，一方是农村户口，如何执行二胎标准？

按女方户口所在地的生二胎标准执行。

二十九、因节育手术事故致病、致残、致死者，如何处理?

按卫生和民政等部门的有关规定办理。

三十、省委、省政府（82）8号文件“关于承包土地要有利于计划生育的规定”是否继续执行?

原超生扣除土地的不退；一孩领证增加的土地保留；今后原则上按中央（84）7号文件执行。

三十一、各地、市、县是否能在《十八条》的基础上，制定一些地方法规或实施细则?

各地、市、县不要搞地方法规及实施细则，但可根据《十八条》的原则和本解答精神，制定若干具体办法和乡规民约。

安徽省人民代表大会常务委员会
关于适当调整农村计划生育有关规定的决议

（1987 年 4 月 18 日 安徽省第六届人民代表
大会常务委员会第二十九次会议通过）

安徽省第六届人民代表大会常务委员会第二十九次会议，审议了省人民政府《关于拟适当调整农村计划生育有关规定的报告》。

会议认为，我省计划生育工作，由于各级人民政府和计划生育部门积极努力，坚持执行计划生育政策和我省计划生育法规，比较好地完成了“六五”人口计划，人口增长的势头得到了有效的控制，为我省的物质文明和精神文明建设作出了贡献。

根据一九八六年全国计划生育工作会议精神和我省计划生育工作的实际，会议同意省人民政府《关于拟适当调整农村计划生育有关规定的报告》，除继续执行《安徽省实行计划生育若干规定》所列生二胎的条件外，允许在农村试行只生一个女孩的夫妇间隔四年可生育第二个孩子。城镇仍按原规定执行，不作变动，试行中的具体政策问题，由省人民政府作出相应规定。

会议要求各级人民政府进一步加强对计划生育工作的领导，对城乡居民进行广泛深入的宣传教育，继续实行晚婚晚育，少生优生，提倡一对夫妇只生一个孩子，严禁计划外生育二胎与多胎，严格控制人口过快增长，努力实现我省“七五”人口计划和本世纪末的人口控制目标。

1988年安徽省计划生育条例

（1988年10月31日　安徽省第七届人民代表大会常务委员会第六次会议通过）

第一章　总　则

第一条　为了推行计划生育，根据《中华人民共和国宪法》、《中华人民共和国婚姻法》和国家有关计划生育的规定，结合我省实际，制定本条例。

第二条　实行计划生育是我国的一项基本国策，是每个公民应尽的义务。计划生育的基本要求是：控制人口数量，提高人口素质；提倡晚婚、晚育、少生、优生；提倡和鼓励一对夫妻只生育一个孩子，严禁生育计划外二孩，杜绝多胎。

第三条　计划生育工作以宣传教育为主、避孕节育为主、经常工作为主，并采取必要的经济、行政和法律的措施。

第四条　各级人民政府负责制定本地区的人口计划，并纳入经济和社会发展规划，保证其实现。

国家机关、群众团体和国营、集体、私营企事业单位都有做好计划生育工作的责任。

第二章　生育调节

第五条　提倡一对夫妻只生育一个孩子。有下列情况之一，要求再生育一个孩子的，可以有计划地安排。

一、第一个孩子为非遗传性残疾，不能成长为正常劳动力的；

二、夫妻双方均为独生子女的；

三、夫妻一方从事矿工井下作业连续五年以上，并继续从事井下工作，只生育一个女孩的；

四、婚后不孕，女方年满三十五周岁收养一个孩子后，又怀孕的；

五、无生育能力的夫妻，没有收养孩子，男女双方的兄弟姐妹按现行生育政策无超生的，允许其只生了一个孩子的兄弟姐妹之一再生一个孩子由其领养；

六、残废军人和因公残废人员等级在二等乙级以上的；

七、夫妻双方均为少数民族的；

八、夫妻双方均为归国华侨的；

九、再婚夫妻一方只生育一个孩子，另一方没有生育过的；

十、再婚夫妻一方是只有一个或两个孩子的丧偶者，另一方是未生育过的；

十一、农村男到有女无儿家结婚落户的（仅适用于姐妹中一人）；

十二、农村夫妻一方是独生子女的；

十三、大山区的乡女方为农业户口，其他地区（不含省辖市的近郊）夫妻双方均为农业户口，只生育一个女孩的。

第六条　省辖市的近郊，夫妻双方均为农业户口，只生育一个女孩的，是否允许再生育一个孩子，由市人民政府提请同级人民代表大会常务委员会决定。

第七条　凡符合本条例规定，可以再生育一个孩子的，须在前一个孩子满三周岁后，由夫妻双方提出申请，所在单位或村民委员会、居民委员会证明，女方户口所在地的乡、镇人民政府或城市街道办事处审核，报县（市、区）计划生育部门批准，方可生育。未经批准怀孕、生育的，按本条例第二十二条处理。

第八条　提倡优生、优育。育龄夫妻应接受优生优育指导。孕妇应接受孕期检查。经县级以上医疗单位检查诊断，育龄夫妻一方患有疾病可能使下一代出现严重缺陷或严重遗传性疾病的，禁止生育；已怀孕的，应中止妊娠，并施行绝育手术。

第三章　节育措施

第九条　凡有生育能力的夫妻均应按计划生育要求落实有效节育或绝育措施。计划外怀孕的，应采取补救措施。

第十条　国家对避孕节育的夫妻提供避孕药具和施行节育手术，并按有关规定，给予受术者适当照顾。

节育手术费，职工在本单位医疗费中开支；农民、城镇居民从计划生育经费中开支。

第十一条　节育手术须由取得节育手术合格证的人员，在具备手术条件的情况下严格按照手术操作规程施行。

第十二条　国家机关、群众团体和国营、集体、私营企事业单位的职工，凭节育手术证明，享受国家规定的假期，休假期间工资照发，全勤奖不受影响。农村施行节育手术的休假期，可以抵本人担负集体劳动的义务工，有条件的乡、村还应给予适当的补贴。

第十三条　因计划生育手术引起并发症、后遗症的，由受术者向当地计划生育部门申报，经县以上计划生育技术指导小组确认后，施术单位应负责治疗。治疗期间，职工工资照发；农民城镇居民导致生活困难的，或治疗后仍不能从事正常劳动的，由当地计划生育部门给予补助。

节育手术并发症、后遗症的治疗费用按本条例第十条节育手术费的规定开支。由节育手术事故而增加的医疗费用，由施术单位支付。

节育手术事故的处理，按国务院《医疗事故处理办法》执行。

第十四条　接受绝育手术后，因情况变化，符合本条例生育规定，要求生育的，凭所在单位或乡镇人民政府、街道办事处证明，经县（市、区）计划生育主管部门批准，予以施行输卵（精）管吻合手术。

第四章　组织管理

第十五条　县以上人民政府设计划生育委员会；乡、镇人民政府和城市街道办事处设计划生育办公室，配备专职计划生育工作人员；村民委员会和城镇居民委员会应有人负责计划生育工作。

国家机关、群众团体和国营、集体、私营企事业单位应根据工作需要，设立计划生育管理机构或配备专（兼）职工作人员，并保证所需活动经费。

承包、租赁企事业单位的承包人、承租人和私营单位的法人代表，负责本单位的计划生育工作。

第十六条　加强对流动人口计划生育的管理。具体办法由省人民政府根据本条例制定。

第十七条　计划生育和人口的统计要严格按照《统计法》执行，任何单位和个人不得虚报、瞒报、篡改、伪造统计数字。

第十八条　计划生育所需经费由各级人民政府统筹安排。各级财政要列入预算，予以保证。随着经济发展和财政增收，计划生育经费应有所增加。

第十九条　计划生育经费应严格管理，合理使用。依照本条例征收的社会抚育费和其他罚款，只能用于计划生育事业。计划生育经费的管理办法由省人民政府制定。

各级财政、审计部门对计划生育经费的管理和使用要加强检查、监督和审计。

第五章　奖　励

第二十条　男女双方按法定婚龄推迟三年以上依法登记结婚为晚婚。妇女二十四周岁以上生育为晚育。对实行晚婚、晚育和只生育一个孩子，给予下列奖励和照顾：

一、晚婚的初婚者，延长婚假二十天，婚假期间工资照发。

二、晚育的初产妇，延长产假三十天，产假期间工资照发。

三、在产假期间申请领取独生子女证的，延长产假三十天，工资照发；夫妻不在一地工作的，给予男方二十天照顾假，待遇比照探亲假处理。

四、夫妻双方自愿不生育第二个孩子的，由双方申请，经所在单位或乡镇人民政府、街道办事处核实，县（市、区）计划生育委员会发给独生子女证。从领证之日起，每月发给儿童保健费（男孩五元，女孩六元），至独生子女满十四周岁止。夫妻双方均有工作单位的，儿童保健费由双方单位各发一半；一方是农民或没有工作单位或死亡的，由另一方所在单位全数发给；离婚的，由子女跟随的一方所在单位全数发给；城市双方无工作单位的，在计划生育事业费中发给；夫妻双方均是农民的，由乡镇人民政府统筹解决。

五、独生子女按两人计算分配住房或宅基地。由国家供应口粮的山区、经济作物区，独生子女口粮按成人标准供应。独生子女入托、入学、就医、就业等，应在同等条件下优先照顾。各级人民政府要采取各种措施，积极扶持独生子女户劳动致富。

六、国家机关、群众团体和国营、集体、私营企事业单位的职工只生育一个孩子，并在子女满十四周岁前领取了独生子女证的，在批准退休时，加发基本工资百分之五的退休金。

第二十一条　对计划生育先进单位和在计划生育工作中取得显著成绩的人员，予以表扬和奖励。

第六章　处　罚

第二十二条　计划外怀孕、生育的，按下列规定处罚：

一、计划外怀孕的，由所在单位和乡镇人民政府、村民委员会、街道办事处、居民委员会说服其采取补救措施；外出躲避的，由当地计划生育部门与有关部门共同动员其就地采取补救措施。拒绝接受补救措施的，国家机关、群众团体和国营、集体、私营企事业单位的职工，从怀孕之月起，二胎扣发夫妻双方月工资的百分之十五，三胎扣发百分之二十；农民和城镇居民比照上述规定给予罚款。在限期内采取补救措施的，罚扣款全部退还；超过限期的，责令采取补救措施，罚扣款不予退还。

二、国家机关、群众团体和国营、集体、私营企事业单位的职工计划外生育的，除按前项罚款外，从生育之日起，生育二孩的，由所在单位按夫妻双方月工资的百分之十征收社会抚育费七年，生育三孩的，按夫妻双方月工资的百分之十五征收社会抚育费十四年。计划外生育二孩或三孩的，夫妻双方各降一级工资，三年内不评发奖金（超产奖、发明奖除外）、不评模、不提拔，并视情节轻重，给予行政处分。

三、农民和城镇居民计划外生育的，除按本条第一项处罚外，从生育之月起，生育二孩的，按夫妻双方年总收入的百分之十征收社会抚育费七年；生育三孩的，按夫妻双方年总收入的百分之十五征收社会抚育费十四年。可以一次计算，限期交纳。

外出躲避计划生育的，加处一次性罚款三百至五百元。

四、未到法定婚龄，禁止结婚、生育。非法同居怀孕的，责令采取补救措施；已经生育的，处一次性罚款三百至五百元。

五、国家机关、群众团体和国营、集体、私营企事业单位的女职工计划外生育，不享受产假待遇，其产前检查、分娩、产褥期的医疗费自理。

第二十三条 为计划外生育的孕妇提供超生躲避场所的，处以一次性罚款三百至五百元。

第二十四条 不符合收养条件自行收养子女的，按计划外生育给予处罚。

第二十五条 已领取独生子女证又超计划生育的，追回证书，收回其所领取的各项奖励费，并按本条例第二十二条有关规定给予处罚。

按本条例规定批准生育二孩的，收回其独生子女证和所发奖励费。

第二十六条 乡镇人民政府、街道办事处或机关、团体和国营、集体、私营企事业单位按本条例第二十二条、第二十三条、第二十四条之规定，将对计划外怀孕、生育者作出的处罚决定，通知有关部门、单位和当事人。当事人对处罚决定不服的，可在接到处罚决定之日起十五日内，向上一级人民政府计划生育部门申诉。上级人民政府的计划生育部门受理申诉作出最终决定。逾期不申诉的，处罚决定即生效。

对拒不执行经济处罚最终决定、情节严重的，可以由作出最终决定的机关申请当地人民法院强制执行。

上级人民政府的计划生育部门有权对下级人民政府计划生育部门、街道办事处和机关、团体和国营、集体、私营企事业单位查处违反计划生育规定的情况进行监督和检查。

第二十七条 有下列行为之一者，由行为人所属的国家机关、群众团体和国营、集体、私营企事业单位视情节轻重分别给予批评教育、行政处分；构成违反《中华人民共和国治安管理处罚条例》的，由公安部门给予行政处罚；触犯刑律的，由司法部门依法追究刑事责任：

一、残害或遗弃女婴，歧视、虐待生女婴的妇女或实行计划生育的妇女的；

二、在计划生育工作中徇私舞弊、做假节育手术，出具假节育手术证明或非法取环的；

三、进行胎儿性别鉴定的；

四、侵占、克扣、挪用、贪污计划生育经费（含征收的社会抚育费和其他罚款）的；

五、阻碍计划生育工作人员执行公务，侮辱、殴打、报复计划生育工作人员的；

六、在计划生育统计工作中，虚报、瞒报、篡改、伪造、拒报统计资料，打击如实反映情况的工作人员的。

第二十八条 因工作不力，造成人口严重失控的地方和单位，要追究其主要负责人的责任。

第七章 附 则

第二十九条 我省境内所有单位和个人以及居住外省但户籍仍在我省的，均按本条例执行。

第三十条 本条例自 1988 年 12 月 1 日起施行。

原《安徽省实行计划生育若干规定》同时废止。我省过去有关计划生育的规定与本条例相抵触的，以本条例为准。

本条例施行前对违反省计划生育规定已作出处理的，仍然有效，不再重新处理。

第三十一条 本条例实施中的具体问题由省计划生育委员会负责解释。

附：

安徽省计划生育委员会
关于《安徽省计划生育条例》有关问题的解释

（委字〔1989〕第 174 号 1989 年 9 月 23 日）

各地、市、县计划生育委员会：

《安徽省计划生育条例》公布之后，各地在贯彻执行中遇到一些具体问题，要求解释。我们经反复征求意见，多次开会讨论，并根据《条例》第三十一条规定，作如下解释。请你们作为内部材料，掌握使用。

一、《条例》第五条第五项中的“无生育能力的夫妻”，是否包括无生育条件和因优生、不允许结婚生育的人，他们能否抱养子女？

可以包括。无配偶的男女在四十周岁以上和丧失生育能力的夫妇，如子宫切除等，可抱养一个子女。如本人不能自食其力或无抚养能力则不能抱养。

二、“矿工井下作业”包括哪些工种？

矿工井下作业只限于从事井下开矿、掘进、采矿、矿山井下救护、放炮等工种的工人。

三、何谓‘大山区的乡”？

1. 山区范围是指省确认的二十个山区县（市、区）。即歙县、祁门县、休宁县、黟县、石台县、太湖县、旌德县、绩溪县、金寨县、霍山县、潜山县、岳西县、东至县、宁国县、泾县、广德县、青阳县、贵池市和黄山市所辖的黄山区、徽州区。

2. 山区县的大山区乡由上述市、县人民政府拟定，提请同级人民代表大会常务委员会决定。

四、由汉族改为少数民族的，能否照顾生育二孩？

不予照顾。

五、夫妻一方为独生子女，另一方为少数民族或归国华侨，是否批准生育二孩。

可以批准生育二孩。

六、落实节育措施有哪些具体要求？

为了防止生育计划外二孩及多孩，在城镇应以综合节育为主。在农村，除有禁忌症外，已生一孩的，女方要上环；已生育二孩及多孩的，夫妇双方要有一方接受绝育手术。特别是怀孕三胎的，要坚决采取补救措施；如果生育，在重罚的同时要强制采取节育措施。

七、输卵（精）管吻合手术所需经费由谁支付？

由本人自理。

八、对施行人流引产的干部、职工，休假期间工资是否照发？全勤奖是否受影响？

工资照发，全勤奖不受影响。但应教育本人落实好节育措施。治疗期间职工工资由其工作单位发给。

九、初婚男女只有一方达到晚婚年龄，是否增加晚婚假？

不增加晚婚假。

十、男方再婚，已有存活子女（含抱养），女方初婚，二十四周岁以上（含二十四周岁）生育，能否享受晚育假？

不能享受，只有再婚夫妇双方婚前都未生育过，也未抱养子女，女方年满二十四周岁生育第一个孩子，才能享受晚育假。

十一、“夫妻不在一起工作的，给男方二十天照顾假”应如何掌握？

夫妻不在一起工作，是指夫妇分居两地，享受探亲假待遇，男方不能利用工余时间照顾产妇。

十二、抱养一个孩子后，女方怀孕，决心不生，采取了补救措施的；只生育一个孩子、离婚或丧偶后不再生育或与未生育过的人（也未抱养子女）再婚，决定不生的，可否给独生子女证并享受有关待遇？

可以发给独生子女证，并享受有关待遇。

因不孕症抱养一个孩子的，可发给独生子女证，但不发给儿童保健费，年老退休时也不加发百分之五的退休金。

十三、只有一个孩子已满十四周岁但未满十八周岁的可否领独生子女证？

不予领证。原已领证的不变。

十四、双方均是再婚，婚前均只生育一个孩子，都已领取独生子女证，离婚时（可一方丧偶），一方独生子女判随对方，现再婚家中只有一个孩子，可否继续享受独生子女待遇？

可继续享受。未领独生子女证的，可发独生子女证并享受有关待遇。

十五、一方判刑劳改，儿童保健费由哪方支付？

在劳改场所服刑的，由另一方单位全数发给；缓刑在单位劳动的，由所在单位发给；劳教的由原单位继续发给。

十六、一对夫妻原有两个孩子，其中一个残废，已按《关于计划生育若干政策问题的暂行规定》（即“十二条”），经批准给《计划生育光荣证》的，现在如何处理？

仍按原规定办，继续发给儿童保健费至十四周岁，期满后不再视为独生子女家庭，其父母年老退休时不加法 5% 的退休金。

十七、对超生三胎以上（不含三胎）的夫妇，如何征收社会抚育费？

按夫妻双方月工资百分之二十征收，同时实行强制绝育措施。

十八、受到超生罚款的夫妇，如发生离婚、丧偶、被判刑或超生小孩子死亡时，如何处理？

离婚者双方继续受罚；丧偶者死亡一方从死亡之月起停止受罚；被判刑者从服刑之月起（劳教人员从劳教之月起）停罚，对方继续受罚；刑满、解教就业后继续受罚；超生小孩死亡，从死亡之月起停罚。

十九、企业逐级承包后，实行超额分成（为超产奖），如何扣奖金？

按承包前一年实领奖金（除发明奖外）扣除三年。

二十、过去有关政策解释与《条例》和条例解释不一致的，如何执行？

以《条例》和本解释为准。

中共安徽省委　安徽省人民政府
关于加强计划生育工作的决定

（皖发〔1990〕25号 1990年10月24日）

党的十一届三中全会以来，我省计划生育工作取得了很大成绩，十年少生一千万人，有效地控制了人口的增长。近几年来，人口出生呈回升态势，计划外生育率居高不下，现在又处在第三次人口出生高峰的峰顶，形势很严峻。各级党委和政府必须统一认识，加强领导，千方百计把过快的人口增长速度降下来，力争经过三至五年的努力，使我省计划生育达到全国先进水平。为此，特作如下决定：

一、切实加强领导，真正做到“两种生产”一齐抓

计划生育涉及经济和社会发展的全局，是一项综合性的、难度很大的工作。各级党委和政府要象抓经济工作那样抓计划生育工作才能搞好。各级党政主要负责同志要亲自抓，分管的同志要具体抓，经常检查督促，及时研究和解决问题。从一九九一年起，县同乡（镇）、乡（镇）同村要每年签订《年度人口目标责任书》，地、市也要同县签订责任书。党委和政府对本地区的计划生育工作情况要进行考核，凡没有完成任务的单位，不能评文明单位、先进集体。

为了加强对计划生育的领导，省已建立计划生育工作领导小组，地、市、县、乡、村和城市街道办事处都要建立计划生育工作领导小组，在党委和政府的统一领导下，协调处理计划生育工作中的重大问题。要加强调查研究，进行分类指导，抓好后进单位的转化工作。

二、认真执行计划生育政策，严格依法管理

省人大常委会颁布的《安徽省计划生育条例》体现了党中央制订的现行计划生育政策，是我们必须遵守的地方法规，要坚定地、全面地贯彻执行，做到有法必依、执法必严、违法必究。凡是法规和现行政策明令禁止的要理直气壮地予以禁止，对玩忽职守、弄虚作假、徇私舞弊等违法违纪的人和事一定要严肃查处。党员、干部要带头执行计划生育政策，对违反计划生育规定的党员、干部，各级纪检、监察部门要及时查处，决不姑息迁就。

要加强人口的计划管理和法制管理。县（市）要按照“依法管理、指标控制、计划调节、持证生育、张榜公布、接受监督”的要求，将人口计划指标下达到乡镇和街道，落实到人。

对超生的党员、干部和群众，要按照规定进行党纪、政纪和经济的处罚。

要大力宣传的认真贯彻《婚姻法》，严格结婚登记和婚姻管理制度。采取有效措施，禁止早婚，制止早育。

要教育群众采取各种有效的节育措施。在农村动员已有一个孩子的妇女上环，已有两个孩子的夫妇一方结扎。继续开展创无多孩生育乡（镇）和无计划外生育村的活动。在城市继续抓紧控制人口工作，加强流动人口生育管理，力争实现无计划外生育，全面落实党的生育政策。

在完善农村经济体制改革中，要将计划生育管理同农村经济管理体制改革结合起来，从调整土地、产品销售和生产技术服务、乡镇企业劳动就业、经营性证件发放等方面，强化计划生育的制约手段。

三、广泛深入地进行人口与计划生育宣传教育

计划生育涉及到广大人民群众的生育观念和切身利益，必须进行长期的、深入细致的宣传教育工作。党委宣传部门要将计划生育宣传列入重要议程，新闻舆论单位要进行经常性宣传。要运用各种形式和方法，向广大党员、干部和人民群众进行马克思主义人口理论和我国基本国情、基本国策的教育，进行社会主义和爱国主义的教育，启发他们自觉地实行计划生育。在农村，要以人口与计划生育基础知识为主要内容，深入进行宣传教育，力争三、四年内使育龄夫妇普遍受到一次教育。在中学生中要进行人口和青春期教育，先搞试点，逐步推开，小学高年级学生中也要进行国情和国策教育，帮助青少年树立正确的婚育观念。

四、发展计划生育保险和社会养老福利事业

要开办独生子女、节育手术、两女户结扎养老、计划生育干部人身财产平安等系列保险。保险金来源，可从乡镇村集体收入和超生罚款以个人筹集，县（市）财政可根据财力情况适当补助一部分。要办好养老院，解决孤寡老人的老有所养问题。贫困地区要把计划生育同扶贫结合起来，帮助独生子女户致富。通过做好这些工作，解除群众的后顾之忧，促进计划生育工作。

五、全党全社会都要支持计划生育工作

人口问题是全社会的问题。党委和政府的各部门，共青团、工会、妇联等群众团体，都要按照本部门职责，将计划生育当作份内的工作，进行布置、检查、督促。《省级有关部门计划生育工作职责分工及考评办法》要认真贯彻执行。各地、市、县也可以结合实际，参照办理。各级都要为计划生育工作创造良好的环境。按规定应由财政支出的计划生育手术费，各级财政要予以保证。要加强对计划生育事业费和超生罚款的管理，专款专用，贪污挪用的要严肃查处。计划生育部门必需的工作用房省及各地要从实际出发，积极帮助解决。

六、建设一支有良好素质的计划生育工作队伍

各级党委和政府要按照干部“四化”的要求，调整、充实和加强各级计生委的领导班子。要按照《安徽省计划生育条例》规定，将乡（镇）和城市街道办事处的计划生育办公室建立起来，配齐工作人员。要加强各级计划生育服务站建设，健全县、乡、村三级服务网络。县服务站要充实技术人员和设备，提高服务水平。乡、村服务站、室要从实际出发，有计划有步骤地建立起来，已建立的要做到“房屋、设备、人员”三落实。乡（镇）要由党政领导、计划生育干部和技术人员组成工作班子，常年从事计划生育工作，这是实现计划生育工作由单纯突击向经常工作转变的、必不可少的组织保证。各级计生委要制订干部培训规划，分级负责培训计划生育干部，提高他们的政治和业务水平，以适应工作的需要。各级计划生育干部要牢固树立全心全意为人民服务的思想，勤勤恳恳，尽职尽责，努力工作。要认真学习马列主义和毛泽东思想，刻苦钻研业务，不断提高政治水平和工作能力，改进工作作风，为党和人民利益努力做好工作。各级党委和政府要从政治上爱护他们，工作上支持他们，生活上关怀他们。

七、进一步加强计划生育协会工作

计划生育协会是群众自我教育、自我管理、自我服务的好形式。特别是在基层，计划生育协会的作用尤为重要。已经建立的要积极开展适合自己特点的活动；没有建立的要创造条件，尽快建立。各级党委和政府要加强领导，帮助解决协会活动中的实际问题，充分发挥计划生育协会的积极作用。

八、大力开展学先进创先进活动

金寨、天长等县为各地开展计划生育工作提供了许多宝贵经验，各地要认真学习，大力推广。各地、市、县都有一些计划生育搞得好的单位，要认真总结和推广他们的经验，要防止大轰大嗡，防止形式主义，脚踏实地，埋头苦干，扎扎实实地做好工作。

各地、市、县党委和政府可根据《安徽省计划生育条例》和本《决定》精神，制订实施办法。

安徽省计划生育条例（修订）

（1992年8月30日 安徽省第七届人民代表大会常务委员会第三十二次会议修订）

第一章 总 则

第一条 为了推行计划生育，根据《中华人民共和国宪法》，《中华人民共和国婚姻法》和国家有关计划生育的规定，结合我省实际，制定本条例。

第二条 实行计划生育是我国的一项基本国策，是每个公民应尽的义务。我省境内的所有国家机关、群众团体、企业事业单位、其他组织和公民均应遵守本条例。

第三条 计划生育的基本要求是：控制人口数量，提高人口素质；提倡晚婚、晚育、少生、优生；推行和鼓励一对夫妻只生育一个孩子，禁止计划外生育。

第四条 计划生育工作坚持以宣传教育为主、避孕为主、经常工作为主，并采取必要的经济、行政和法律的措施。

第五条 各级人民政府负责制定本地区的人口计划，并纳入经济和社会发展规划，保证其实现。

国家机关、群众团体、企业事业单位和其他组织都有做好计划生育工作的责任。

第六条 依法执行计划生育公务的人员受法律保护。

第二章 生育调节

第七条 推行一对夫妻只生一个孩子。有下列情况之一，要求再生育一个孩子的，可以有计划地安排：

（一）第一个孩子为非遗传性残疾，不能成为正常劳动力的；

（二）夫妻双方均为独生子女的；

（三）夫妻一方从事矿工井下作业连续五年以上，并继续从事井下工作，只生育一个女孩的；

（四）婚后不孕，女方年满三十五周岁依法收养一个孩子后，又怀孕的；

（五）无生育能力的夫妻，没有收养孩子，男女双方的兄弟姐妹按现行生育政策无超生的，允许其只生一个孩子的兄弟姐妹之一再生一个孩子由其收养；

（六）残废军人和因公致残人员残废等级在二等乙级以上的；

（七）夫妻双方均为少数民族的；

（八）夫妻双方均为归国华侨的；

（九）再婚夫妻一方未生育过，另一方只生育一个孩子的；

（十）再婚夫妻一方未生育过，另一方是有一个或两个孩子的丧偶者；

（十一）农村男到有女无儿家结婚落户的（仅适应于姐妹中一人）；

（十二）农村夫妻一方是独生子女的；

（十三）大山区的乡女方为农业户口，其他地区夫妻双方均为农业户口，只生育一个女孩的。

省辖市的近郊，夫妻双方均为农业户口，只生育一个女孩的，是否允许再生育一个孩子，由市人民政府提请同级人民代表大会常务委员会决定。

第八条　实行生育证制度，持有生育证的夫妻方可生育。生育证由省计划生育委员会统一印制。

要求生育第一个孩子的夫妻，凭结婚证和双方单位或所在村民委员会、居民委员会的证明，到女方常住户口所在地乡、镇人民政府或街道办事处领取生育证。

凡符合本条例规定，可以再生育一个孩子的，须在前一个孩子满三周岁后，由夫妻双方提出申请，所在单位或村民委员会、居民委员会证明，女方常住户口所在地乡、镇人民政府或街道办事处审核，报县（市、区）计划生育部门批准后，发给生育证。

村民委员会、居民委员会和其他基层单位每年应将生育证发放情况张榜公布，接受群众监督。

第九条　婴儿死亡的，其父母须在葬前报告乡、镇人民政府或街道办事处，经查证核实属自然死亡或意外死亡的，根据夫妻双方要求，可重新核发生育证。

第十条　男女双方按法定婚龄推迟三年以上依法登记结婚为晚婚。已婚妇女二十四周岁以上生育为晚育。对实行晚婚晚育的夫妻，应优先发给生育证。

第十一条　提倡优生、优育。男女双方登记结婚，应作婚前健康检查，接受婚前教育和优生优育指导。孕妇应接受孕期检查。经省卫生厅和省计划生育委员会共同指定的县级以上医疗保健单位检查诊断，夫妻双方或一方患有医学上认为不宜生育的遗传性疾病和其他疾病的，应接受绝育手术或节育措施。

第三章　避孕节育措施

第十二条　建立孕情管理制度，推行科学的孕情监测方法。

凡有生育能力的夫妻均应按计划生育要求落实有效的避孕节育或绝育措施。已生育一个孩子的夫妻，应采取长效避孕措施；已有两个孩子的夫妻，提倡一方落实绝育措施。计划外怀孕的应终止妊娠。

第十三条 国家对避孕节育的夫妻提供避孕药具和施行节育手术。

节育手术费，职工在本单位医疗费中开支；农民、城镇居民从计划生育经费中开支。

第十四条 节育手术须由取得省卫生厅或省计划生育委员会颁发的节育手术合格证的人员，在具备手术条件的情况下严格按照手术操作规程施行。

第十五条 职工凭节育手术证明，按规定享受假期，休假期间工资、奖金照发。农民施行节育手术的休假期，可以抵本人担负集体劳动的义务工，有条件的乡、村还应给予适当的补贴。

第十六条 因计划生育手术引起并发症、后遗症的，受术者向当地计划生育部门申报，经县以上计划生育技术指导小组确认后，由施术单位负责治疗，也可在指定的医疗单位治疗。治疗期间，职工工资、奖金照发；农民、城镇居民因此导致生活困难的，或治疗后仍不能从事正常劳动的，由当地人民政府给予补助。

节育手术并发症、后遗症的治疗费用按本条例第十三条节育手术费的规定执行。因节育手术事故而增加的医疗费用，由施术单位支付。

节育手术事故处理，按国务院《医疗事故处理办法》执行。

第十七条 接受绝育手术后，因情况变化，符合本条例生育规定，要求生育的，凭所在单位或乡、镇人民政府、街道办事处证明，经县（市、区）计划生育主管部门批准，予以施行输卵管、输精管复通手术。

第四章　组织管理

第十八条 计划生育工作，实行行政首长负责制和人口目标管理责任制。人口计划的执行情况是考核各级政府及其主要领导干部政绩的重要内容。

第十九条 县以上人民政府设计划生育委员会；乡、镇人民政府和街道办事处设计划生育办公室，配备专职计划生育工作人员；村民委员会、居民委员会应有人负责计划生育工作。

国家机关、群众团体、企业事业单位和其他组织设立计划生育管理机构或配备专（兼）职工作人员，并保证所需经费。

承包、租赁企业事业单位的承包人、承租人和私营企业、“三资企业”的负责人，负责本单位的计划生育工作。

第二十条 各级政府的计划生育行政管理部门主管本地区的计划生育工作。卫生、民政、公安、人事、劳动、工商、计划、财政等有关部门按照职责分工，做好计划生育的管理、服务工作。

工会、共青团、妇联、计划生育协会等群众团体和组织协助政府做好计划生育工作。

第二十一条 推行计划生育，要坚持做好思想教育工作，加强人口理论和计划生育法规、方针、政策的宣传，普及避孕节育和优生优育优教的知识。

第二十二条 计划生育和人口的统计要严格按照《中华人民共和国统计法》执行，任何单位和个人不得伪造统计数字。

第二十三条 计划生育所需经费由各级人民政府统筹安排。各级财政要列入预算，予以保证，随着经济发展和财政收入增长，逐步增加计划生育经费。

第二十四条 县级以上计划生育行政管理部门对计划生育经费应严格管理，合理使用，并加强内部审计。依照本条例征收的社会抚育费和罚没款，只能用于计划生育事业。计划生育经费的管理办法由省人民政府制定。

各级财政、审计部门对计划生育经费的管理和使用要加强检查、监督和审计。

第二十五条 逐步建立和推行计划生育系列保险。

第五章 流动人口的计划生育管理

第二十六条 流动人口的计划生育管理，按国务院批准的《流动人口计划生育管理办法》执行。

第二十七条 流动人口的计划生育，由其常住户口所在地和现居住地人民政府共同管理，政府各有关部门应当按照计划生育职责分工，做好流动人口的计划生育管理工作。

用工单位负责对招用的流动人口的计划生育进行管理，并接受当地乡、镇人民政府、街道办事处和县级以上计划生育行政管理部门的监督检查。

第二十八条 流动人口在申请暂住证、营业执照、务工许可证等证件前，应到现居住地计划生育行政管理部门交验其常住户口所在地乡、镇人民政府、街道办事处出具的计划生育证明。

现居住地计划生育行政管理部门查验计划生育证明后出具查验证明。有关部门凭计划生育查验证明，方可审批暂住证、营业执照、务工许可证等，并将审批结果通报现居住地计划生育行政管理部门。

第二十九条 流动人口中的育龄夫妻要求生育的，须持有常住户口所在地县级计划生育行政管理部门签发的《生育证》，经现居住地县级计划生育行政管理部门核准后，方可生育。

现居住地的乡、镇人民政府或者街道办事处应将流动人口的生育情况及时通知其常住户口所在地乡、镇人民政府或街道办事处。

第三十条　流动人口中的育龄夫妻，应接受现居住地计划生育部门的计划生育指导，落实有效的避孕节育措施。计划外怀孕的，必须终止妊娠；拒不采取措施而生育的，按本条例有关规定给予处罚。

第六章　奖　励

第三十一条　对实行晚婚、晚育和只生育一个孩子的，给予下列奖励：

（一）晚婚的初婚者，延长婚假二十天，婚假期间工资、奖金照发。

（二）晚育的初产妇，延长产假三十天，产假期间工资、奖金照发。

（三）晚婚晚育的农民，可减免本人当年的义务工。

（四）在产假期间申请领取独生子女证的，延长产假三十天，工资、奖金照发；夫妻不在一地工作的，给予男方二十天照顾假，待遇比照探亲假处理。

（五）夫妻双方自愿只生育一个孩子的，由双方申请，经所在单位或乡、镇人民政府、街道办事处核实，县（市、区）计划生育委员会发给独生子女证。从领证之日起，每月发给儿童保健费（男孩五元，女孩六元）至独生子女满十四周岁止。夫妻双方均有工作单位的，儿童保健费由双方单位各发一半；父母离异的，由子女跟随的一方所在单位全数发给；一方是农民或没有工作单位或死亡的，由另一方所在单位全数发给；城镇双方无工作单位的，在计划生育经费中发给；夫妻双方均是农民的，由乡、镇人民政府统筹解决。

（六）独生子女按两人计算分配住房或宅基地、自留地。由国家供应口粮的山区、经济作物区，独生子女口粮按成人标准供应。独生子女入托、入学、就医、就业等，应在同等条件下优先照顾。各级人民政府要采取各种措施，积极扶持独生子女户特别是独女户劳动致富。

（七）职工只生育一个孩子，并在子女满十四周岁前领取了独生子女证的，在批准退休计发退休费时，提高百分之五的比例；农民年老丧失劳动能力时，由乡、镇人民政府或村民委员会给予适当照顾。

第三十二条　终身无子女或者领取独生子女证后子女死亡不再生育的夫妻，职工批准退休时，按百分之百发给退休费；农民年老丧失劳动能力时，除按当地规定享受有关福利待遇外，由乡、镇人民政府或者村民委员会每月增发一定的生活费。

第三十三条　对符合本条例规定允许生育第二个孩子的夫妻，自愿只要一个孩子，并领取独生子女证的，除享受第三十一条规定的优惠待遇外，所在单位给予表彰和物质奖励。

第三十四条　对计划生育先进地区、先进单位和在计划生育工作中取得显著成绩的人员，予以表扬和奖励。

对检举、揭发计划外怀孕、生育和计划生育工作中弄虚作假、徇私舞弊等违法行为的有功人员，予以表扬和奖励。

第七章　处　罚

第三十五条　无生育证怀孕、生育的，按下列规定处罚：

（一）无生育证怀孕，不听规劝，拒绝接受补救措施的，职工从怀孕之月起，怀孕期间，一胎扣发夫妻双方月总收入的百分之十，二胎扣发百分之二十的计划外怀孕费；农民、城镇居民和流动人口比照上述规定给予罚款。在限期内采取补救措施的，罚扣款全部退还；超过限期的，责令采取补救措施，罚扣款不予退还。

（二）职工无生育证生育的，除按前项处罚外，生育第一个孩子，处以一次性罚款一千元；生育第二个孩子的，由所在单位按夫妻双方月总收入的百分之十征收社会抚有费七年；生育第三个孩子的，按夫妻双方月总收入的百分之十五征收社会抚育费十四年。社会抚育费一次计算，限期交纳。无生育证生育二孩或三孩的，夫妻双方各降一级工资，三年内不评发奖金（超产奖、发明奖除外）、不评模、不提拔，并视情节轻重，给予降级以上行政处分，直至开除公职或辞退。

（三）农民、城镇居民和流动人口无生育证生育的，除比照本条第（二）项的规定给予处罚外，农民不再分给宅基地、自留地；城镇居民处罚期间，不得招为国家职工；流动人口由公安、工商、劳动部门和用工单位分别注销其暂住证、吊销营业执照、解除劳务合同。

外出躲避计划生育的，加处五百元以上三千元以下的罚款。

（四）未到法定婚龄，禁止结婚生育。非法同居生育的，除按本条第（一）、（二）、（三）项规定给予处罚外，加处五百元以上三千元以下的罚款。

（五）女职工无生育证生育的，产假期间不发工资、奖金，其孕期检查、分娩、产褥期的医疗费自理。

第三十六条　为无生育证的孕妇提供超生躲避场所的，处以五百元以上三千元以下的罚款。

第三十七条　不符合收养条件自行收养孩子的，按无生育证生育给予处罚。

第三十八条　已领取独生子女证又超计划生育的，收回证书，追回其所领取的各项奖励费，并按本条例第三十五条有关规定给予处罚。

按本条例规定批准生育二孩的，收回其领取的独生子女证和各项奖励费。

第三十九条　未经省计划生育委员会批准，任何单位和个人不得进行胎儿性别鉴定。擅自为孕妇进行鉴定的，由县（市、区）计划生育部门没收其非法收入，对直接责任人处以三千元以上一万元以下的罚款，并由有关部门给予行政处分。

第四十条　有下列行为之一者，由行为人所属的国家机关、群众团体、企业事业单位和其他组织视情节轻重给予行政处分；违反《中华人员共和国治安管理处罚条例》的，由公安部门给予行政处罚；触犯刑律的，由司法部门依法追究刑事责任：

（一）残害或遗弃女婴，虐待生女婴的或实行计划生育的妇女的；

（二）在计划生育工作中，做假手术、假鉴定，出具假证明的；

（三）擅自为他人摘取宫内节育器或做输卵管、输精管复通手术的；

（四）侵占、克扣、挪用、贪污计划生育费（含征收的社会抚育费和罚没款）的；

（五）阻碍执行计划生育公务，侮辱、殴打、报复执行计划生育公务的人员的；

（六）虚报、瞒报、篡改、伪造、拒报计划生育和人口统计资料，打击如实反映情况的人员的；

（七）其他妨碍和破坏计划生育工作的。

从事计划生育工作的人员玩忽职守、徇私舞弊、贪赃枉法的，依法从严外理。

第四十一条　没有完成计划生育目标管理责任书规定任务的地区和单位，追究其主要负责人和直接责任人的责任。

第四十二条　对违反本条例规定给予行政处罚的，由乡、镇人民政府、街道办事处或有关主管部门作出处罚决定并下达处罚决定书。

当事人对行政处罚决定不服的，可在接到处罚决定书之日起十五日内向原处罚决定的上一级行政机关申请复议，复议机关应在三十日内作出复议决定。

当事人对复议决定不服或者复议机关逾期未作出复议决定的，可以在收到复议决定书之日起或者复议期满之日起十五日内向当地人民法院提起诉讼。

逾期不申请复议、不起诉、又不履行行政处罚决定的，由作出处罚决定的机关申请人民法院强制执行，或依法强制执行。

第八章　附　则

第四十三条　本条例实施中具体问题由省计划生育委员会负责解释。

第四十四条　本条例自公布之日起施行。

附：

关于实施《安徽省计划生育条例》（修订）若干具体问题的解释

（委政法字〔1993〕153号 1993年8月9日）

一、关于生育调节

1. 夫妻一方为独生子女，另一方为少数民族或归国华侨的，能否批准生育二孩？

可以批准生育二孩。

2. 由汉族改为少数名族的，能否照顾生育二孩？

不予照顾。

3. 农村招聘制干部、职工，能否照顾生育二孩？

在招聘期间，不予照顾。

4. 符合生育二孩政策，第一个孩子属遗传性残疾不能成长为正常劳动力的，能否再收养一个孩子？

可以照顾收养一个孩子，但夫妻一方必须先做绝育手术。

5. 大陆公民与港澳台同胞、外国公民依法结婚后仍定居大陆，一方原有两个以上孩子且已在大陆外定居，另一方系初婚或未生育过的，能否允许其再生育一个孩子？

根据国计生政字（1992）260号文件精神，可以照顾再生育一个孩子。双方均为再婚的，按我省条例规定的再婚生育政策执行。计算子女数时，如港澳台同胞、外国公民一方均已在大陆外定居的，可按大陆公民一方现有子女数计算。

6. 夫妻双方均为港澳台同胞，能否照顾生育二孩？

根据国计生政字（1992）260号文件精神，夫妻双方均为港澳台同胞，回大陆定居不满六年，可以照顾生育二孩。定居六年以后，按我省条例规定的生育政策执行。

7. 如何计算孩次？

应以夫妻双方现有存活子女数累加计算。包括婚生子女、非婚生子女、养子女、有抚养关系的续子女。

8. “矿工井下作业”包括哪些工种？

矿工井下作业是指井下开拓、掘进、采矿、救护、放炮、运输、供电工种。

9. 何谓“大山区的乡”？

①山区的范围是指省政府确认的二十个山区县（市、区）即歙县、祁门县、休宁县、石台县、太湖县、旌德县、绩溪县、金寨县、霍山县、潜山县、岳西县、东至县、宁国县、泾县、广德县、青阳县、贵池市、黟县和黄山市所辖的黄山区、徽州区。

②山区县的大山区乡由上述市、县人民政府拟定，提请同级人民代表大会常务委员会决定。

二、关于避孕节育措施

10. 输卵管（精）管吻合手术所需费用如何支付?

全部由本人自理。

11. 对施行人流、引产的干部、职工，休假期间享受何种待遇?

工资、奖金照发。但应教育本人落实好节育措施。

12. 初婚男女只有一方达到晚婚年龄，是否享受晚婚假?

达到晚婚年龄的一方可以享受晚婚假。

13. 男方再婚，已有存活子女（含收养）；女方初婚，二十四周岁以上计划再生育一个孩子，是否享受晚育假?

可以享受晚育假。

三、关于奖励

14. 第三十一条第（二）、（四）款中的奖金标准如何计算？产假期间享受何种待遇?

奖金标准按职工所在单位的平均奖发放。

根据国务院《女职工劳动保护规定》，正常产假三个月期间，工资照发；根据第三十一条第（二）、（四）款延长的两个月产假，工资、奖金照发。

15. 三资企业（中外合资企业、中外合作企业、外资企业），如何落实独生子女保健费?

由三资企业负责发放。

16. 停薪留职人员、企业承包人员，如何落实独生子女保健费?

根据谁用人谁负责的原则，由用人单位发放。

17. 已领取独生子女证的夫妻，经批准生育二孩的，原先发放的各项奖励费由计生部门收回还是由发放单位收回?

原则上由发放单位收回。易地工作的，也可由计生部门收回。

18. 依法收养一个孩子后，女方怀孕，决定不生育；只生育一个孩子，离婚或丧偶后不再结婚或与未生育过的人（也未收养）再婚，决定不生育的，可否发给独生子女证并享受有关待遇?

可以发给独生子女证，并享受有关待遇。

19. 双方均系再婚，婚前各生育一个孩子，都已领取独生子女证，离婚时（或一方丧偶）一方独生子女判随对方，现再婚家庭中只有一个孩子，可否继续享受独生子女待遇?

可以继续享受。未领取独生子女证的，可以发给并享受有关待遇。

20. 无子女的夫妻依法收养一个孩子，可否领取独生子女证?

可以申领独生子女证，但不得享受儿童保健费。年老退休时，也不再加发5%的退休金。

21. 终身无子女或者领取独生子女证后子女死亡不再生育的夫妻，在1992年9月13日《条例》（修订）颁布前办理退休手续的，是否享受100%的退休金?

可以享受100%的退休金，但必须自1992年9月13日起执行。

22. 离异、丧偶且终身无子女的，可否享受100%退休金?

可以享受100%退休金。

23. 终身未婚，可否享受100%退休金?

不能享受100%退休金。

24. 一方判刑劳改，儿童保健费如何支付?

在劳改场所服刑的，由另一方单位全额发放；缓刑在单位劳动的由所在单位发放；劳教的，由原工作单位发放。

四、关于处罚

25. 计划外怀孕主胎或三胎以上的，如何计算经济处罚?

在二胎扣发夫妻双方月总收入20%的基础上，每超孕一胎按10%累加处罚。

26. 计划外生育四胎或四胎以上的如何计算经济处罚?

在三胎征收夫妻双方月总收入15%社会抚育费的基础上，每超生一胎按5%累加处罚。

27. 对于拒绝实报家庭收入的，如何计算夫妻双方年总收入?

可以按照县级政府统计部门认可的当地人均收入或同期、同类人员的收入计算。

28. 受到超生处罚的夫妻，如果发生离婚、丧偶、被判刑或超生子女死亡的，如何处罚?

离婚的，双方继续受罚；丧偶的，死亡一方从死亡之月起停止受罚；被判刑、劳教的，从执行之月起停罚，对方继续受罚；刑满、解教的，就业后继续受罚；超生子女死亡的，从死亡之月起停罚；已处罚的，不予退还。

29. 企业逐级承包后，实行超额分成（如超产奖），如何扣发奖金?

按承包前一年实领奖金数额（发明奖除外）扣发三年。

30. 自行收养婴儿（包括弃婴）的，如何处理?

应劝其交当地民政部门抚养。拒不接受规劝的，按计划外生育处罚。

31. 计划内二胎怀孕后，私自引产的如何处罚?

根据国家计生委有关政策，凡发现计划内二胎怀孕后，私自引产的，取消生育二胎资格。

五、关于附则

32. 过去有关政策解释与《条例》及其解释相抵触的，如何执行？

以条例及本解释为准。

中共安徽省委 安徽省人民政府
关于实行计划生育工作“一票否决权”的决定

皖发〔1995〕5号 1995年4月20日

为贯彻落实中共中央、国务院《关于加强计划生育工作，严格控制人口增长的决定》，认真执行《安徽省计划生育条例》，现就全省实行计划生育工作“一票否决权”作出如下决定：

一、凡未完成年度人口与计划生育目标管理责任制的地方和单位，其领导班子和计划生育部门，当年不得被评为综合性的选进集体，主要领导人和分管领导人及计划生育部门的领导成员，当年不得提升职务（包括专业技术职务），不得晋升职级工资，不得计算为晋升职级工资的考核年限。

二、对连续两年未完成人口与计划生育目标管理责任制的地方和单位，给予通报批评，其党、政主要领导人和分管领导人及计划生育部门领导成员（任职不满两年的除外），予以免职。

三、对中央提出的党、政一把手亲自抓、负总责的要求落实不力，计划生育工作处于失控状态，造成本地区、本部门、本单位突破人口计划的，给予党内严重警告至撤销职务、行政记大过至撤销职务处分；严重突破人口计划的，给予撤销党内职务和行政职务以上的处分。

四、领导干部乱批生育指标的，弄虚作假、干预下级和统计人员如实上报人口与计划生育统计数字的，瞒报、虚报计划生育情况和统计数字的，给予党内严重警告至撤销职务、行政记大过至撤销职务的处分；造成严重后果的，给予撤销党内职务和行政职务以上的处分。

五、县级以上计划生育委员会每年年底要对辖区内计划生育工作情况进行一次检查，对应该给予“一票否决”和纪律处分的，应及时向党委、政府提出建议并向有关组织、人事部门和纪检、监察机关通报。对违反计划生育政策法规的案件，计划生育部门和纪检、监察机关要依法严肃查处。

六、县级以上党委、政府每年要认真检查计划生育工作“一票否决权”的执行情况，对拖着不办的单位主要负责人，予以通报批评，仍拒不执行的，给予撤销党内职务和行政职务以下的处分。

七、各级领导干部要模范地实行计划生育，并教育自己的亲属实行计划生育，如有违反，按照有关政策法规，从严、从重处罚。

八、本《决定》自发布之日起施行，施行中的有关问题，由省计划生育委员会负责解释。

安徽省计划生育条例修正案

（1995 年 4 月 24 日 安徽省第八届人民代表大会
常务委员会第十六次会议通知）

安徽省第八届人民代表大会常务委员会第十六次会议审议了省人民政府《关于修改＜安徽省计划生育条例＞第三十五条、第三十七条、第三十八条的决定（草案）》的议案，为使《安徽省计划生育条例》中的有关规定与国家规定相一致，决定对《安徽省计划生育条例》作如下修改：

一、第三十五条修改为：

无生育证怀孕、生育的，按下列规定处理：

（一）无生育证怀孕，不听规劝，拒绝接受补救措施的，职工从怀孕之月起，怀孕期间，一胎征收夫妻双方月总收入百分之十的计划外怀孕费，二胎征收百分之二十的计划外怀孕费；农民、城镇居民和流动人口比照上述规定征收计划外怀孕费。在限期内采取补救措施的，计划外怀孕费全部退还；超过限期，责令采取补救措施的，计划外怀孕费不予退还。

（二）职工无生育证生育的，除按前项征收计划外怀孕费外，生育第一个孩子，征收一次性计划外生育费一千元；生育第二个孩子的，由所在单位按夫妻双方月总收入的百分之十征收计划外生育费七年；生育第三个孩子的，按夫妻双方月总收入的百分之十五征收计划外生育费十四年，计划外生育费一次计算，限期缴纳。无生育证生育二孩或三孩的，夫妻双方各降一级工资，三年内不评发奖金（超产奖、发明奖除外）、不评模、不提拔，并视情节轻重，给予降级以上行政处分，直到开除公职或辞退。

（三）农民、城镇居民和流动人口无生育证生育的，除比照本条第（二）项规定征收计划外怀孕费和计划外生育费外，农民不再分给宅基地、自留地；城镇居民，在缴纳计划外怀孕费和计划外生育费期间，不得招为国家职工；流动人口由公安、工商、劳动部门和用工单位分别注销其暂住证、吊销营业执照、解除劳能同。

外出躲避计划生育的，加处五百元以上三千元以下的罚款。

（四）未到法定婚龄，禁止结婚生育。非法同居生育的除按本条第（一）、（二）、（三）项规定征收计划外怀孕费、计划外生育费并给予处罚外，加处五百元以上三千元以下的罚款。

（五）女职工无生育证生育的，产假期间不发工资、奖金，其孕期检查、分娩、产褥期的医疗费自理。

二、第三十七条修改为：

不符合收养条件自行收养孩子的，按无生育证生育征收 计划外生育费并给予处罚。

三、第三十八条修改为：

已领取独生子女证又超计划生育的，收回证书，追回其所领取的各项奖励费，按本条例第三十五条有关规定征收计划外怀孕费、计划外生育费并给予处罚。

按本条例规定批准生育二孩的，收回其领取的独生子女　证和各项奖励费。

四、第四十条第四项修改为：

（四）侵占、克扣、挪用、贪污计划生育费（含征收的计划外怀孕费、计划外生育费和罚款）的；

本决定自公布之日起施行。

《安徽省计划生育条例》根据本决定作相应的修正，重新公布。

安徽省计划生育条例修正案

（1997 年 11 月 2 日 安徽省第八届人民代表大会常务委员会第三十四次会议通过）

一、第二十四条第一款修改为：“县级以上计划生育行政管理部门对计划生育经费应严格管理，合理使用，并加强内部审计。依照本条例征收的社会抚育费，只能用于计划生育事业，计划生育经费的管理办法由省人民政府制定。”

二、第七章的标题改为“法律责任”。

三、第三十五条第四项修改为：“未达到法定婚龄，禁止结婚生育。非法同居生育的，除按本条第一、二、三项规定征收计划外怀孕费、计划外生育费外，并处五百元以上三千元以下的罚款。”

四、第四十二条第一款修改为：“违反本条例规定给予行政处罚的；常住人口由县级以上计划生育行政管理部门作出处罚并下达行政处罚决定书；流动人口由乡（镇）人民政府、街道办事处作出处罚决定并下迭处罚决定书。”

五、第四十二条第四款修改为：“逾期不申请复议、不起诉、又不履行处罚决定的，由作出处罚决定的机关申请人民法院强制执行。”

中共安徽省委 安徽省人民政府
关于加强计划生育工作的若干意见

（皖发〔1998〕10号 1998年11月3日）

“八五”以来，我省计划生育工作取得了显著进步。自1990年起，已连续7年完成国家下达的人口计划，人口出生率和自然增长率连续5年低于全国平均水平。按“四普”时生育水平推算，7年间全省共少生320万人，大大缓解了人口过快增长给经济社会发展带来的压力。这些成绩的取得，是各级党委、政府和广大干部群众共同努力的结果。但是，也要清醒地看到，部分县（市）计划生育工作长期处于被动落实状况。一些计划生育工作做得较好的地区，也存在一定数量的后进乡、村。为了进一步加强计划生育工作，加快后进转化，确保“九五”人口目标如期实现，推动我省计划生育工作再上台阶，特提出如下意见：

一、进一步强化领导责任制

各级党委和政府要进一步提高对计划生育基本国策的认识，增强人口忧患意识和人均观念，从经济社会可持续发展的全局出发，进一步分析人口形势，克服盲目乐观、麻痹松懈等情绪，自觉地把计划生育工作与经济工作放在同等重要的位置，切实抓紧抓好。

各级党政一把手是本地区计划生育工作的第一责任人，要保证责任到位，经常深入基层调查研究，检查计划生育各项政策措施的落实情况。对当地计划生育工作中存在的突出问题，要协调有关部门实行综合治理，认真加以解决，努力营造计划生育工作的良好氛围。计生工作后进面较大的市地、县（市）和人口大县（市），党政分管负责同志要减少其他分工，集中精力抓好计划生育工作，并保持相对稳定。

要建立市地、县（市）、乡镇党政领导干部人口与计划生育工作任期目标责任制和离任考评制度。本次换届后，县（市）、乡镇党政主要负责同志和分管计划生育工作的负责同志的任期要稳定至2001年，没有特殊情况不作变动。确需调离的，要实行离任计划生育考评制度。凡在任期内所辖地区出生人口政策符合率和计划生育工作基本实现“三为主”村的比例均达到85%以上，计划生育工作政绩突出的，可予表彰奖励；任期内所辖地区出生人口政策符合率和基本实现“三为主”村的比例均低于80%的，对党政主要负责同志要坚决按《中共安徽省委、安徽省人民政府关于实行计划生育工作“一票否决权”的决定》（皖发〔1995〕5号文件）的规定，予以“一票否决”，不得提拔、重用。对弄虚作假、虚报成绩的，一经查实，要严肃处理；已经调离的，要跟踪追究。

二、认真开展三项清理

清理党员、干部计划外生育。认真清理、严肃查处基层党员、干部计划外生育问题，是改变后进地区计划生育工作被动局面的突破口，必须集中时间、集中力量加以落实。这次清理的重点，是1992年9月13日《安徽省计划生育条例》修订实施后计划外生育的党员、干部，对党员领导干部、计划生育干部和国家职工计划外生育的，处理要从严。在此以前生育计划外二孩已作处理的一般不再重新处理，未作处理的应按照规定给予适当处理。对于1988年12月1日以后超生多孩，1992年9月13日以后生育计划外二孩的，无论作过何种处理，均不得担任各级党政领导职务和计划生育专干（含行政村、居委会），现在上述岗位的，必须调整。今后凡有计划外生育的党员、干部，一律不提拔担任党政领导职务和调任计划生育干部。各地要清理结果向群众公布，接受社会监督。

清理党员、干部计划外生育案件要坚持“谁主管、谁负责”的原则。对顶着不办、查处不到位的。要按照干部管理权限，追究其主管部门主要负责人的责任；对政策措施落实不力，工作进展不大的地区，要通报批评，限期改正。为保证此项清理有序有效，善始善终，各地要成立由党政领导牵头，纪检、监察、组织、人事、财政、计生等部门参加的清理组织，全面负责，加强督查，确保1999年6月底以前全部完成清理任务。

清理已婚育龄妇女底数和长效节育措施欠帐。各地要对已婚育龄妇女进行全面清理，重新登记。凡符合生育政策的，要主动为其办理有关生育手续，列入年度人口计划；凡不符合生育政策的，逐一按要求落实节育措施；凡生育二（多）孩的，夫妻一方应落实绝育措施。对流动人口的管理，按国家计生委《流动人口计划生育工作管理办法》落实措施，明确责任。对流出的育龄妇女，要逐一签订婚育管理合，并与流入地建立联系制度，督促其落实有效节育措施；对流入的已婚育龄妇女，要纳入常住人口管理和服务落实范围。

清理计划生育“小分队”。乡镇计划生育“小分队”（包括“常抓队”、“督查队”、“服务队”等）人员多为乡镇自聘的临时工，素质参差不齐，经费和基本工作条件没有保障。因此各地要以计划生育行政执法人员资格认证为契机，严格按照县级编制、人事部门的有关规定，对乡镇计划生育干部队伍进行认真清理、撤销、解散各类“小分队”，清退各类自聘人员。

三、全面加强基层基础工作

各地要把计划生育工作重心放在基层，建立县指导、乡负责、村为主的经常性工作机制，从落实“三为主”（宣传教育为主、避孕为主、经常性工作为主）入手，创建计划生育合格村，把计划生育的宣传教育、技术服务、科学管理等工作落到实处。

切实加强后进村领导班子建设，尤其要选好党支部书记，使村党支部和村民委员会切实担负起计划生育工作的责任，确保村一级计划生育工作“三为主”的各项政策措施落到实处。对领导班子软弱涣散的村，应采取抽调国家干部驻点、挂职或任职等组织措施，从整顿领导班子入手，切实加强领导，限期改变计划生育和其他各项工作的落后面貌。

严格执行生育政策和奖惩政策。对实行计划生育的独生子女户和二女绝育户，要按《安徽省计划生育条例》的规定落实各项奖励和优待政策，并制定推行“三结合”的扶持政策和优惠措施，运用利益导向机制引导广大育龄群众自觉实行计划生育。要整顿生育秩序，规范计划生育管理制度。加强以落实避孕节育措施和孕（环）情监测为主体的孕前型管理，加强技术服务和生殖保健服务。要全面推行村级计划生育政务公开制度，将生育指标落实情况、计划外生育费征收情况，尤其是党员、干部及其亲属的计划生育情况等定期张榜公布，发动群众参与监督。

四、加大计划生育经费投入和管理力度

各级财政经常性预算都要逐年增加对计划生育事业的投入，分级制定到2000年达到国家要求标准的投入规划，并认真实施，市地、县（市）、乡镇财政要分级负责，经常性预算要保证计划生育的避孕节育手术和孕（环）检所费用，努力保障计划生育正常开展所需的经费。

乡统筹费中用于计划生育的部分要确保落实。村级计划生育专职工作人员报酬、计划生育对象的奖励优待以及计划生育的宣传教育等经费开支，可以在乡统筹费中列支。

各地要把计划外生育费的征收、管理和使用作为依法行政和党风廉政建设的大事来抓，严格执行省政府办公厅《转发省计生委、财政厅、农经办、物价局关于抓紧实行计划外生育费“乡收县管、财政监督”管理制度意见的通知》（皖政办〔1995〕90号文件）规定，全面推行计划外生育费“乡收县管、财政监督”的管理体制，确保专款专用。使用计划外生育费应由县级计划生育主管部门编报用款计划，经县级财政部门审核后执行。各级财政、审计、计生等部门要密切配合，加强检查监督和业务指导。实行计划生育处罚统计上报备案制度，计划外生育费征收情况和计划生育行政处罚情况，要逐级统计上报至省计生委。

五、切实加强计划生育干部队伍建设

各级计划生育机构要保持稳定，计划生育干部队伍只能加强，不能削弱。要按照机构改革要求，本着精干、高效的原则，严格控制领导职数。

要加强市地和县两级计生委领导班子建设，把那些素质好、能力强、思路清、作风正、德才兼备的干部，特别是年轻干部选派到领导班子中。市地和县两级计生委主任也要实行与党政领导相一致的任期目标责任制和离任考评制度，政绩突出的应作为优先提拔的重要依据。对工作长期没有起色、难以胜任的计生委领导班子，要及时予以调整。

乡镇计生办要在核定的乡镇行政编制内，根据实际需要明确专门人员从事计划生育行政执法工作。乡镇计生办主任的配备，由县级计生委会同乡镇党委考核提议，报县委组织部门任命。乡镇计划生育服务所要按皖编〔1996〕11号文件要求，配齐合格的计划生育技术服务人员。行政村要配备1名计划生育专干。为确保人员素质，可由县级人事、计生部门组织公开招考，择优录用，并实行乡镇聘村用。城镇街道、大中型企事业的计划生育机构和计划生育干部也要保持稳定。

六、加强督查督办

各级党委、政府要加大对人口大县（市）和后进乡镇计划生育工作的督查督办力度。每年年初由同级计划生育工作领导小组负责对这些地区上年度整改情况进行全面检查。被列为计划生育重点管理的县（市），每年年终要将各项政策措施落实情况逐级书面上报省计划生育工作领导小组。

安徽省计划生育条例

（1999 年 6 月 6 日　安徽省第九届人民代表大会常务委员会第十次会议修订）

第一章　总　则

第一条　为了控制人口数量，提高人口素质，促进人口与经济、社会的协调发展和可持续发展，根据宪法和有关法律法规的规定，结合本省实际，制定本条例。

第二条　凡居住在我省行政区域内的我国公民和常住户口在我省的公民离开我省的，均应遵守本条例。

一切法人和其他组织都应遵守本条例。

第三条　实行计划生育是我国的一项基本国策，是夫妻双方的义务。

提倡晚婚晚育、少生优生；提倡一对夫妻只生育一个孩子，严格控制生育第二个孩子；禁止计划外生育。

第四条　计划生育工作坚持以宣传教育为主、避孕为主、经常工作为主，坚持与发展经济、与帮助公民勤劳致富、与建设文明幸福家庭相结合。

第五条　各级人民政府应将人口与计划生育工作纳入经济和社会发展总体规划，并制定和负责实施本地区的人口计划。

各级人民政府应当重视计划生育协会工作，发挥各级计划生育协会在计划生育工作中的带头、宣传、服务、监督、交流作用。

第六条　各级人民政府计划生育行政部门主管本地区的计划生育工作。

公安、工商、劳动、民政、卫生、建设、人事、财政、农业、教育等有关部门和新闻单位应按照职责分工，配合计划生育行政部门做好管理和服务工作。

工会、共青团、妇联、计划生育协会等团体和组织，应协助政府做好计划生育工作。

第七条　国家维护公民实行计划生育的合法权益。

计划生育工作人员必须依法履行职责，依法执行公务受法律保护。

第二章　生育调节

第八条　已生育一个孩子的夫妻，有下列情况之一，申请再生育一个孩子，可以有计划地安排：

（一）双方均为独生子女的；

（二）双方均为少数民族的；

（三）双方均为归国华侨，或从港、澳、台地区来本省定居不满6年的；

（四）再婚夫妻一方未生育过，另一方只生育一个孩子的；

（五）再婚夫妻一方未生育过，另一方是有两个孩子的丧偶者；

（六）婚后不育，经鉴定为不育症，依法收养一个孩子后，女方又怀孕的；

（七）第一个孩子为非遗传性残疾，不能成长为正常劳动力的；

（八）残疾军人和因公致残人员，残疾等级在二等乙级以上的；

（九）矿工井下作业连续5年以上，并继续从事井下工作，只生育一个女孩的；

（十）农村夫妻一方是独生子女的；

（十一）农村男到有女无儿家结婚落户的（仅适用姐妹中一人）；

（十二）大山区的乡女方为农业户口，其他地区夫妻双方均为农业户口且从事农业生产，只生育一个女孩的。

符合本条前款规定可以再生育一个孩子的夫妻，有下列情形之一的，不得再生育，再生育的按计划外生育处理：

（一）农村夫妻一方是县级以上人民政府人事部门批准的聘用制工作人员的；

（二）怀孕后无正当理由擅自引产的；

（三）故意致婴儿死亡或自报婴儿死亡但查无实据的。

第九条　有下列情形之一的，不得再生育，再生育的按计划外生育处理：

（一）除第八条第一款第（六）项外，符合生育一个孩子的夫妻收养或者送养一个孩子的；

（二）符合生育两个孩子的夫妻生育、收养、送养合计已达两个孩子的；

（三）符合第八条第一款第（五）项规定的夫妻生育、收养、送养合计已达三个孩子的。

第十条　实行生育证制度。

依法确立夫妻关系，初次生育的，在孕期内，凭结婚证和双方单位或所在村（居）民委员会证明，向一方户籍所在地乡（镇）人民政府、街道办事处申请领取生育证。

要求再生育一个孩子的夫妻，须在前一个孩子满3周岁后，由双方提出申请，所在单位或村（居）民委员会证明，经一方户籍所在地乡（镇）人民政府、街道办事处审核，报县级计划生育行政部门审批，领取生育证后方可怀孕、生育；但符合本条例第八条第一款第（六）项规定的除外。

生育证审批时限，从接到申请之日起，一孩的不得超过20天，二孩的不得超过40天；

但需进行病残儿鉴定的除外。

村（居）民委员会或其他基层单位应及时将生育证发放情况张榜公布，接受群众监督。

生育证由省计划生育行政部门统一印制。

第三章 节 育

第十一条 有生育能力的夫妻应当在规定的期限内参加孕情检查，落实有效避孕节育措施。已生育一个孩子的夫妻，应采取长效避孕措施；已有两个孩子的夫妻，提倡一方落实绝育措施。计划外怀孕的，必须及时终止妊娠。

第十二条 夫妻双方或一方患有医学上认为不宜生育的严重遗传性疾病或其他疾病的，应接受绝育手术或其他节育措施。医疗保健机构应在30日内将患病夫妻双方或一方落实节育措施情况通报其所在乡（镇）人民政府、街道办事处。

第十三条 计划生育技术服务机构应对育龄人口提供计划生育技术指导和服务。

第十四条 国家对实行避孕节育的夫妻提供避孕药具和节育技术服务。

节育手术须由取得省计划生育行政部门或省卫生行政部门颁发的节育手术许可证、节育手术合格证的单位和人员，在具备手术条件的情况下，严格按照手术操作规程施行。

节育手术费，从受术者所在单位或乡（镇）人民政府、街道办事处的计划生育经费中列支。本条例另有规定的除外。

第十五条 依法开展助产接生服务的机构和人员，须查验孕妇的生育证；发现无证生育的，应及时通报当地计划生育行政部门。

医疗保健机构和计划生育技术服务机构为已婚育龄妇女施行终止妊娠、摘取宫内节育器等手术的，须查验其所在乡（镇）人民政府或街道办事处出具的介绍信；无介绍信的，不得为其施行手术。

个体行医人员不得施行节育手术或恢复生育手术。

第十六条 因节育手术引起并发症的，受术者向当地计划生育行政部门申报，由县级以上人民政府计划生育科技专家委员会鉴定。

经鉴定为节育手术并发症的，施术单位应及时给予治疗，并支付医疗费用和生活补助；支付确有困难的，其不足部分，经县级以上人民政府批准，从当地计划生育经费中列支。

节育手术事故，按国家有关规定处理。

第十七条 接受绝育手术后，因情况变化，符合本条例第八条规定要求再生育的，凭所在单位或乡（镇）人民政府、街道办事处证明，经县级人民政府计划生育行政部门批准，方可施行恢复生育手术。

恢复生育手术的费用，由受术者所在单位或乡（镇）人民政府、街道办事处从计划生育经费中给予适当补助。

第四章　组织管理

第十八条　计划生育工作，实行行政首长负责制和人口与计划生育目标管理责任制。计划生育工作完成情况是考核各级政府及其主要领导干部政绩的重要内容。

第十九条　县级以上人民政府设立计划生育委员会，其主要职责是：

（一）贯彻执行计划生育法律、法规和政策；

（二）协同计划部门编制人口规划和年度计划，并负责实施；

（三）负责计划生育统计工作，对年度人口与计划生育目标管理责任制执行情况进行考核，向本级人民政府报告；

（四）负责计划生育技术服务和避孕药具的综合管理；

（五）负责计划生育的宣传教育和人员培训；

（六）指导有关人口与计划生育社会团体的工作；

（七）配合卫生行政部门做好母婴保健工作；贯彻实施国家围绕生育、节育、不育制定的生殖保健服务的规划与规范；

（八）承办本级人民政府交办的其他事项。

第二十条　乡（镇）人民政府、街道办事处设立计划生育办公室，配备与工作任务相适应的专职计划生育工作人员；村（居）民委员会应有专人负责计划生育工作。

机关、团体、企业事业单位和其他组织实行法定代表人或主要负责人计划生育责任制，并应确定计划生育管理机构，配备专（兼）职工作人员，承担本单位的计划生育工作。

第二十一条　个体工商业者的计划生育管理由其经营所在地工商行政管理部门和乡（镇）人民政府、街道办事处共同负责，以工商行政管理部门为主。

职工离开原工作单位的，原单位应向职工户籍所在地乡（镇）人民政府、街道办事处或现工作单位出具计划生育证明，由职工户籍所在地乡（镇）人民政府、街道办事处或现单位负责计划生育管理工作。

第二十二条　各级人民政府应当加强县、乡、村计划生育技术队伍和服务网络建设。

第二十三条　计划生育行政部门统一组织供应、发放和管理避孕药具。

计划生育行政部门应当协同有关部门加强对避孕药具市场的检查和监督。

第二十四条　计划生育经费由各级人民政府负责安排。各级财政应按照国家规定的标准保证计划生育事业经费，并随着财政收入增长和计划生育工作的需要，逐步增加计划生育经费。

乡（镇）人民政府应将一定比例的乡统筹费用于基层计划生育工作。

机关、团体、企业事业单位和其他组织应保证本单位计划生育工作所需经费。

第二十五条 县级以上人民政府计划生育行政部门对计划生育经费应严格管理，合理使用。

各级财政、审计部门对计划生育经费的管理和使用应加强检查、监督和审计。

第二十六条 本条例规定的计划外生育费由乡（镇）人民政府、街道办事处征收，被征收人所在单位协助，县级人民政府统一管理、专户存储、收缴分离，收用不得挂钩，按国家规定的范围用于计划生育事业。征收和使用情况应接受财政和审计部门的监督

征收单位应在征收前向被征收人送达《计划外生育费征收通知书》，收费时出具省财政部门统一印制的定额票据。

第二十七条 计划生育收费项目和标准（不含计划外生育费）由省物价部门会同省财政、省计划生育行政部门确定，并向社会公布，接受监督。

任何单位和个人不得超范围、超标准收费。

第二十八条 推行计划生育合同管理制度。

村（居）民委员会和其他基层组织应当在育龄人员自愿的基础上，与其签订计划生育合同。

签订合同双方必须履行合同。

第五章 流动人口计划生育管理

第二十九条 流动人口的计划生育管理，按国务院批准的《流动人口计划生育工作管理办法》执行。

第三十条 各级人民政府统一领导本行政区域内流动人口计划生育管理工作，组织、协调有关部门对流动人口计划生育工作实行综合管理并提供必要的保障。

各级人民政府应将流动人口计划生育工作纳入社会综合治理总体规划，实行流动人口计划生育综合治理目标管理责任制。

县级以上人民政府计划生育行政部门负责本行政区域内流动人口计划生育监督管理工作。

第三十一条 流动人口的计划生育工作由其户籍所在地和现居住地人民政府共同管理，以现居住地管理为主。

流动人口现居住地乡（镇）人民政府、街道办事处负责流动人口计划生育的日常管理和服务，并将流动人口的计划生育情况及时通报其户籍所在地乡（镇）人民政府、街道办事处。

第三十二条　流动人口计划生育的经常性管理和服务工作，按下列规定办理：

（一）机关、团体、企业事业单位及其他组织聘用的流动人口，由用工单位负责；

（二）从事各类经营或劳动服务的流动人口，由核发相关证照的主管部门负责；

（三）其他流动人口，由其现居住地的村（居）民委员会负责；随亲属居住或租借他人房屋的，其亲属和房主应主动配合。

对流动人口计划生育负有经常性管理和服务责任的单位、人员，应当接受当地乡（镇）人民政府、街道办事处及计划生育行政部门的检查和指导。

第三十三条　成年流动人口在离开户籍所在地前，应到当地乡（镇）人民政府、街道办事处办理流动人口婚育证明（以下简称“婚育证明”），并定期寄回现居住地计划生育行政部门出具的婚育、节育、孕（环）情检查证明。

乡（镇）人民政府、街道办事处应与流动人口签订计划生育合同，并落实有效的计划生育管理措施。

户籍所在地的乡（镇）人民政府、街道办事处在了解已婚育龄流动人口避孕节育情况后，不得再要求已婚育龄妇女返回户籍所在地接受孕（环）情检查。

第三十四条　乡（镇）人民政府、街道办事处应查验流入人员的婚育证明，对已婚育龄流动人口予以登记；婚育证明不完备的，应当要求补办。

有关部门审批成年流动人口的暂住证、营业执照、卫生许可证、流动就业证、营运许可证等证照时，应当核查其现居住地的乡（镇）人民政府、街道办事处查验

婚育证明，并将审批结果于1 5日内通报现居住地乡（镇）人民政府、街道办事处；没有婚育证明的，不得批准。

第三十五条　已婚育龄流动人口要求生育的，须持有户籍所在地签发的生育证，经现居住地乡（镇）人民政府、街道办事处核准后，方可生育。

第六章　奖励与优惠

第三十六条　男女双方超过法定结婚年龄3年以上登记结婚为晚婚。已婚妇女24周岁以上生育为晚育。

对实行晚婚、晚育的夫妻，给予下列奖励。

（一）晚婚的初婚者，延长婚假20天，婚假期间享受在职在岗的工资、奖金、福利待遇；

（二）晚育的初产妇，延长产假30天，产假期间享受在职在岗的工资、奖金、福利待遇；

（三）在产假期间申请领取独生子女父母光荣证的，延长产假30天，享受在职在岗的工资、奖金、福利待遇；夫妻在异地工作的，给予男方20天照顾假，按探亲假处理；

（四）晚婚晚育的农民，免去本人当年的义务工。

第三十七条　自愿只生育一个孩子的夫妻，在子女满16周岁前，可以提出申请，经所在单位或乡（镇）人民政府、街道办事处核实，县级人民政府计划生育行政部门发给独生子女父母光荣证。

领取独生子女父母光荣证的，给予下列优惠：

（一）从领证之月起，每月发给独生子女保健费5至15元，至独生子女满16周岁止。夫妻双方均有用工单位的，由双方单位各发一半；父母离异的，由子女跟随的一方用工单位全额发给；一方是农民或没有用工单位或死亡的，由另一方用工单位全额发给；城镇居民双方无用工单位的，在计划生育经费中发给；从事个体经营的，在工商行政管理费中折抵；夫妻双方均是农民的，在乡统筹费中解决，或给予其他相应待遇。

（二）职工退休时，提高5%的退休费，或由所在单位一次性给予1000元以上2000元以下的补助；农民年老丧失劳动能力的，乡（镇）人民政府和村民委员会应给予照顾。

第三十八条　农村领取独生子女父母光荣证的家庭，除享受前条待遇外，享受下列优惠：

（一）优先列为重点扶持对象，在扶贫项目、资金、技术等方面予以照顾；

（二）农业、林业、水利、科技、供销等部门在技术、信息、农业生产资料等方面予以照顾；

（三）在劳务输出时优先安排其家庭劳动力；

（四）乡（镇）人民政府免去一人5年的义务工；

（五）独生子女户可以多划给一个份的宅基地，增加一人份的集体收益分配份额；

（六）九年义务教育期间，学校可对独生子女学生减收杂费；

（七）当地人民政府规定的其他优惠政策。

第三十九条　职工凭节育手术证明，按规定休假，休假期间享受在职在岗的工资、奖金、福利待遇。农民施行节育手术的休假期，可以抵本人担负的集体劳动义务工。

节育手术并发症患者在治疗期间，职工享受在职在岗的工资、奖金、福利待遇；农民、城镇居民因此导致生活困难的，或治疗后仍不能从事正常劳动的，由当地人民政府给予补助。

第四十条　终身无子女或者领取独生子女父母光荣证后子女死亡不再生育的夫妻，

职工退休时，按100%发给退休费，或由所在单位一次性给予2000元以上3000元以下的补助；城镇居民、农民年老丧失劳动能力且无固定收入的，享受“五保”待遇和其他福利，优先安排进入敬老院。

第四十一条 对符合本条例规定允许生育第二个孩子的夫妻，自愿只要一个孩子，并领取独生子女父母光荣证的，除享受上述有关优惠和奖励外，由所在单位或乡（镇）人民政府、街道办事处从计划生育经费中一次性给予1000元以上2000元以下的奖励。

第四十二条 各级人民政府应创造条件，为农村生育两个女孩并采取绝育措施的夫妻和只生育一个女孩并领取独生子女父母光荣证的夫妻办理养老保险。

第四十三条 村（居）民委员会专职从事计划生育工作的，由乡（镇）人民政府、街道办事处给予定额补贴。

第四十四条 对计划生育工作先进集体和先进个人，各级人民政府应予以表彰和奖励。

对检举、揭发计划生育违法行为的有功人员，应予以保护和奖励。

第七章 法律责任

第四十五条 违反本条例规定计划外生育的，按下列规定征收计划外生育费：

（一）女方未满20周岁零9个月，男方未满22周岁零9个月或非婚生育第一个孩子有，征收2000元以上5000元以下计划生育费。

符合本条例第八条规定可以再生育一个孩子，但未达到间隔生育的，征收1000元以上2000以下计划外生育费；

（二）计划外生育第二个孩子的，按双方上一年度总收入的3至4倍征收计划外生育费。

（三）计划外生育第三个孩子以上的，增加征收计划外生育费。

前款所述总收入按夫妻双方实际收入计算；难以计算的，农村以征收单位所在乡（镇）人均纯收入为基数计算，城镇以本县（市、区）职工年平均收入计算。计划外生育费一次计算，限期交纳。

第四十六条 计划外生育的，除按前条规定征收计划外生育费外，按下列规定处理:

（一）国家职工计划外生育第一个孩子的，给记过以上的行政处分，3年内不得晋级，不得评为先进；计划外生育第二个孩子以上的，开除公职或解聘；

（二）农民、城镇居民计划外生育费全额缴纳后3年内不得录用为国家职工；

（三）计划外生育的，节育手术费用自理；女职工产假期间停发工资、奖金、福利；孕期检查、分娩、产褥期的医药费自理。

第四十七条 对下列违反计划生育管理秩序的行为，按以下规定处理：

（一）未办理生育证生育第一个孩子的，由村（居）民委员会、所在单位给予批评产教育，并责令其限期补领；

（二）符合本条例第八条和第十条再生育一个孩子的规定，但未申领生育证怀孕、生育的，处以200元以上500元以下的罚款，并责令其补领生育证。

第四十八条 有下列违反计划生育管理行为之一的，责令限期改正；逾期拒不改正的，按以下规定给予处罚：

（一）未按规定参加孕（环）情检查的，每缺一次，处以30元罚款；

（二）未在规定期限落实节育措施的，从逾期之日起，按月处以50元以上100元以下的罚款；

（三）计划外怀孕拒绝采取补救措施的，从期满之日起，按月处以200元以上400元以下的罚款。

第四十九条 违法收养孩子的，按计划外生育处理。

第五十条 已领取独生子女父母光荣证又计划外生育的，收回证书，追回其所领取的各项奖励费，并按本条例第四十五、四十六条有关规定处理。

按本条例规定批准生育第二个孩子的，收回其领取的独生子女父母光荣证和各项奖励费。

第五十一条 有下列行为之一的单位或个人，处以2000元以上10000元以下罚款，有违法所得的，没收违法所得，并由其主管部门或者所在单位给予直接责任人行政处分；系执业医师的，由卫生行政部门吊销执业证书；构成犯罪的，依法追究其刑事责任。

（一）违反本条例规定发放生育证，出具节育手术、病残儿医学鉴定、孕（环）情检查等假证明的；

（二）擅自为他人摘取宫内节育器、做恢复生育手术或做假节育手术的；

（三）无正当理由，擅自为计划内怀孕的孕妇终止妊娠的；

（四）未取得计划生育节育手术许可证的单位违法施行计划生育手术的

（五）未取得计划生育节育手术合格证的人员违法施行计划生育手术的。

第五十二条 妨碍计划生育公务，计划生育工作人员的，按《中华人民共和国治安管理处罚条例》有关规定处理；情节严重的，依法追究其刑事责任。

第五十三条 非医学上确有需要，擅自进行胎儿性别鉴定的，按有关法律法规处罚。

第五十四条 计划生育工作人员有下列行为之一的，责令改正，有违法所得的，没收违法所得，并由其主管部门或者所在单位给予行政处分；构成犯罪的，依法追究其刑事责任：

（一）未按规定发放生育证和流动人口婚育证明的；

（二）虚报、瞒报、伪造、篡改、拒报出生人口与计划生育统计数据的；

（三）侵占、克扣、挪用、贪污计划生育经费和计划外生育费的；

（四）利用职务和工作之便索贿、受贿的；

（五）伪造、出卖计划生育有关证明的。

第五十五条　违反本条例规定，超范围、超标准收费的，上级主管部门应当责令其退还多收的部分，并对单位主要负责人和责任人给予行政处分。

第五十六条　没有完成人口与计划生育管理目标和部门和单位，追究其主要负责人的行政责任。

没有履行本条例规定的计划生育管理责任，造成严重后果的部门和单位，由有关部门对主要负责人和责任人给予行政处分。

第五十七条　依照本条例实施行政处罚的，常住人口由县级人民政府计划生育行政部门作出处罚决定；流动人口由乡（镇）人民政府、街道办事处作出处罚决定。

第五十八条　当事人认为计划生育行政部门的具体行政行为侵犯其合法权益的，应当在知道具体行政行为之日起60日内先行向复议机关申请复议。

当事人对复议决定不服或者复议机关逾期未作出复议决定的，可依法向人民法院提起诉讼。

第八章　附　则

第五十九条　涉外及港、澳、台婚姻的生育，按照国家有关规定执行。

第六十条　本条例实施中的具体问题由省计划生育行政部门负责解释。

第六十一条　本条例自1999年9月1日起施行。

安徽省流动人口计划生育工作管理实施办法

（2000年10月31日省人民政府第65次常务会议通过，
2000年11月7日省人民政府第130号令发布）

第一章 总 则

第一条 为了规范流动人口计划生育管理工作，维护流动人口的合法权益，有效地控制人口增长，依据国务院批准的《流动人口计划生育工作管理办法》《安徽省计划生育条例》等有关规定，制定本办法。

第二条 本办法适用于现居住地不是其户籍所在地，异地从事务工、经商等活动或者以生育为目的的异地居住，可能生育子女的人员的计划生育管理。

第三条 各级人民政府统一领导本行政区域内流动人口的计划生育工作，将流动人口计划生育工作纳入人口与计划生育目标管理责任制，组织、协调有关部门对流动人口计划生育工作实行综合管理，并提供保障。

第四条 国家机关、社会、团体、企业事业单位和其他组织都有做好流动人口计划生育工作的责任。

计划生育行政部门主管本地区流动人口的计划生育工作，负责贯彻有关流动人口计划生育的法律、法规和规章，在本级人民政府领导下，监督、检查、考核评估有关部门对流动人口计划生育管理职责落实情况。

公安、工商、劳动、建设、卫生、交通等有关部门在其职责范围内配合做好流动人口的计划生育工作。

第五条 流动人口的计划生育工作，由流动人口的现居住地和户籍所在地的地方人民政府共同管理，以现居住地管理为主。

第六条 实行《流动人口婚育证明》(以下简称《婚育证明》）发放和查验制度。

第二章 户籍所在地管理

第七条 成年流动人口在离开户籍所在地的乡（镇)、街道之前，应凭其身份、婚姻的有效证件和所在村（居)民委员会出具的计划生育情况证明，到当地乡（镇)人民政府、街道办事处办理《婚育证明》，并签订计划生育合同。

发证机关在接到成年流动人口的有关材料后，对于证明材料齐全的，应在当日予以办理《婚育证明》。

第八条　有下列情形之一的，不予办理《婚育证明》：

(一) 未按规定提供有关证明材料的；

(二) 未按规定落实节育措施的；

(三) 计划外怀孕未采取补救措施的；

(四) 计划外生育未处理完毕的。

第九条　流动人口中的已婚育龄妇女应按其户籍所在地的乡 (镇) 人民政府、街道办事处的要求，在现居住地参加孕 (环) 情检查，并将经现居住地计划生育行政部门核实的孕 (环) 检证明及时寄回户籍所在地。

第十条　成年流动人口在办理《外出务工就业卡》时，须出示《婚育证明》；无《婚育证明》的，劳动部门不予办理。

第十一条　户籍所在地的乡 (镇) 人民政府、街道办事处应当对流动人口进行计划生育宣传教育，建立计划生育管理卡片和档案，做好流动人口计划生育的统计工作；及时收集流动人口的婚姻、生育、节育等信息，保持与流动人口现居住地的乡 (镇) 人民政府、街道办事处的联系。

第十二条　户籍所在地的乡 (镇) 人民政府、街道办事处在了解流动人口中的已婚育龄妇女避孕节育情况后，不得再要求其返回参加孕 (环) 情检查。

已婚育龄妇女连续6个月以上未寄回孕(环)检证明的，应按其户籍所在地的乡(镇)人民政府、街道办事处的要求，限期返回参加孕 (环) 情检查。

第三章　现居住地管理

第十三条　成年流动人口到达现居住地后，应在15日内到现居住地的乡 (镇) 人民政府、街道办事处登记，交验《婚育证明》；在办理有关居住、从业手续时，应主动出示经现居住地的乡 (镇) 人民政府、街道办事处查验过的《婚育证明》。

成年流动人口应接受现居住地的乡 (镇) 人民政府、街道办事处的管理，按要求参加孕 (环) 情检查，主动提供婚育变化情况。

第十四条　成年流动人口婚育情况发生变更的，应自变更之日起3个月内到其户籍所在地重新办理《婚育证明》。

第十五条　流动人口中的已婚育龄人员要求生育的，须持有户籍所在地的乡 (镇) 人民政府、街道办事处或计划生育行政部门签发的生育证，经现居住地的乡 (镇) 人民政府、街道办事处核准后，方可生育。

第十六条 现居住地的乡（镇）人民政府、街道办事处应对流动人口进行计划生育宣传教育，定期查验《婚育证明》，建立计划生育管理卡片和档案，做好流动人口计划生育统计工作；为流动人口提供避孕节育、优生优育、生殖保健、孕（环）情检查等服务。

第十七条 现居住地的乡（镇）人民政府、街道办事处应定期对本辖区内各单位流动人口的计划生育管理情况进行检查。

对流动人口计划生育工作负有经常性管理和服务责任的单位、人员，应接受当地乡（镇）人民政府、街道办事处及计划生育行政部门的检查和指导。

第十八条 公安、工商、劳动、建设、卫生、交通等部门应向计划生育行政部门或流动人口现居住地的乡（镇）人民政府、街道办事处提供有关流动人口的统计资料，并协助处理违反计划生育管理的流动人口。

第十九条 有关部门在为流动人口办理暂住证、营业执照、务工许可证等有关证、照时，均须核查其经现居住地的乡（镇）人民政府、街道办事处查验过的《婚育证明》，同时做好登记，并将办理结果于15日内书面通报其现居住地的乡（镇）人民政府、街道办事处；无《婚育证明》的，不得办理。

第二十条 计划生育协会应注重在流动人口中成立组织，发展会员，建立群众自我管理网络，协助计划生育行政部门做好流动人口的计划生育工作。

第二十一条 流动人口生育的，现居住地的乡（镇）人民政府、街道办事处应在流动人口计划生育报表上统计上报并通知其户籍所在地的乡（镇）人民政府、街道办事处，由户籍所在地的乡（镇）人民政府、街道办事处在常住人口计划生育报表上统计上报。

上级人民政府应将流动人口计划生育的信息交流及计划外生育情况，分别纳入现居住地和户籍所在地的人民政府人口与计划生育目标管理责任的考核范围。

第二十二条 已婚育龄流动人口的节育手术费，有用工单位的，由用工单位承担；无用工单位的，先由本人支付，凭其现居住地的乡（镇）人民政府、街道办事处证明，由本人在其户籍所在地的乡（镇）人民政府、街道办事处报销；计划外怀孕、生育的，节育手术费用自理。

流动人口的孕（环）检费用，由本人支付。

第四章 法律责任

第二十三条 对违反本办法第十二条第二款规定逾期不回的，户籍所在地的乡（镇）人民政府，街道办事处应通知其现居住地依法处理。

第二十四条 成年流动人口在现居住地不按规定参加孕(环)情检查的，按照《安徽省计划生育条例》的有关规定处理。

第二十五条 成年流动人口不按本办法规定办理《婚育证明》或不按规定交验《婚育证明》的，现居住地的计划生育行政部门应要求其限期补办、交验，逾期仍未补办或不交验的，由其现居住地的县级人民政府计划生育行政部门给予警告，可并处200元以上500元以下的罚款。

第二十六条 伪造、出卖或者骗取《婚育证明》的，由县级人民政府计划生育行政部门给予警告，可以并处500元以上1000元以下的罚款；有违法所得的，没收其违法所得，可并处违法所得3倍以下的罚款；构成犯罪的，依法追究刑事责任。

第二十七条 与已婚育龄流动人口形成劳动关系的用人单位或个人拒不履行流动人口计划生育管理职责的，由当地县级人民政府计划生育行政部门或有关部门责令其限期改正，并予以警告，可并处500元以上1000元以下的罚款。

第二十八条 无正当理由拒绝为成年流动人口办理《婚育证明》或者为其出具假证明的，由当地县级人民政府计划生育行政部门责令改正，并建立有关部门对直接责任人员给予记大过以上的行政处分。

第二十九条 有关责任人员未查验《婚育证明》，给流动人口办理有关证、照的，由所在单位责令改正；拒不改正的，根据情节轻重，给予记过或记大过的行政处分。

第三十条 对工作不负责，未达到流动人口计划生育目标管理要求的有关部门和单位，在评先、评优等综合考核时，按照有关规定予以否决，并对有关部门的主要负责人和直接责任人给予警告、记过、记大过的行政处分；情节严重的，给予降级、撤职的行政处分。

第三十一条 从事流动人口计划生育管理工作的人员利用职权徇私舞弊、玩忽职守的，由主管部门给予记大过以上的行政处分；构成犯罪的，依法追究刑事责任。

第三十二条 县级人民政府计划生育行政部门、乡(镇)人民政府、街道办事处对有关当事人作出罚款决定，应当遵守国务院《罚款决定与罚款收缴分离实施办法》和本省有关规定。

第三十三条 当事人对县级人民政府计划生育行政部门、乡(镇)人民政府、街道办事处作出的行政处罚决定或其他行政行为不服的，应当在知道具体行政行为之日起60日内先行向复议机关申请复议。

当事人对复议决定不服或者复议机关逾期未作出复议决定的，可依法向人民法院提起诉讼。

第五章　附　则

第三十四条 本办法自 2001 年 1 月 1 日起施行。1994 年 2 月 28 日省人民政府发布的《安徽省流动人口计划生育管理实施办法》同时废止。

中共安徽省委　安徽省人民政府 关于贯彻《中共中央　国务院关于加强人口与计划生育工作稳定低生育水平的决定》的实施意见

（皖发〔2001〕4号　2001年3月12日）

为贯彻落实《中共中央、国务院关于加强人口与计划生育工作稳定低生育水平的决定》(中发〔2000〕8号文件，以下简称《决定》)精神，进一步加强人口与计划生育工作，稳定低生育水平，推动全省经济社会协调发展，现结合我省实际，提出以下实施意见。

一、充分认识稳定低生育水平的长期性和艰巨性

1.实现低生育水平来之不易，稳定低生育水平任务艰巨。改革开放以来，经过全省广大干部群众和计划生育工作者的共同努力，我省人口与计划生育工作取得了巨大成就。人口再生产类型实现了从高出生率、低死亡率、高自然增长率到低出生率、低死亡率、低自然增长率的历史性转变，对促进我省经济社会的协调发展和可持续发展，提高人民生活水平和生活质量，发挥了重要作用。但是，目前的低生育水平在很大程度上是依靠强有力的行政手段实现的，还很不稳定。未来10年，全省每年处于生育旺盛期的妇女总量仍稳定在600万人左右，传统生育观念的影响还将长期存在，群众的生育意愿与现行政策的要求还有一定的距离。同时，综合治理人口与计划生育的工作机制尚未真正形成，人口与计划生育工作面临许多新情况、新问题。要稳定低生育水平，实现人口与计划生育工作的良性循环，必须作出更加艰苦的努力。

2.坚定稳定低生育水平的决心。人口问题的本质是发展问题。控制人口数量，提高人口素质，是党中央、国务院从我国国情出发作出的重大战略决策。各级领导干部一定要从全局和战略的高度，清醒地认识到我省稳定低生育水平和防止人口反弹的长期性、艰巨性和复杂性，进一步增强人口忧患意识和做好人口与计划生育工作的责任感、紧迫感，以对党和国家、对群众利益、对子孙后代高度负责的精神，坚决不懈地把人口与计划生育工作抓紧抓好。

二、新时期我省人口与计划生育工作的目标

3. 今后10年我省人口与计划生育工作的目标是：到2005年末，全省总人口控制在6600万以内，人口出生率控制在15‰以下；出生婴儿缺陷率逐年下降；出生婴儿性别比偏高的势头得到遏制；基本实现基层计划生育规范化管理和优质服务；已婚育龄妇女享有基本初级生殖保健服务；基本构建新的生育文化框架；基本实现计划生育工作思路和工作方法的“两个转变”。到2010年末，全省总人口控制在7000万以内，人口出生率控制在13.5‰以下；出生人口素质明显提高；出生婴儿性别比趋于正常；育龄群众享有基本的生殖保健服务，普遍推行避孕节育措施的“知情选择”；初步形成新的婚育观念和生育文化；基本健全与国家有关法律、法规相配套的人口与计划生育地方性法规和规章体系；逐步建立起适应社会主义市场经济体制的人口与计划生育调控体系和工作机制。

三、坚持人口与计划生育工作综合决策和综合治理

4. 实行人口与发展综合决策。各级政府及其计划部门要把人口与计划生育工作摆到与经济建设同等重要的位置上来，把人口计划纳入本地区国民经济和社会发展的总体规划，制定和完善各项配套政策，安排必要的基本建设项目，促进人口与经济、社会、资源、环境的协调发展和可持续发展。

5. 坚持人口与计划生育的综合治理。人口与计划生育工作是一项政策性很强的社会公益性事业，是涉及广大群众切身利益的社会系统工程。各级党委、政府要切实履行职责，协调有关部门，动员全社会力量实行综合治理。政法、科技、经济、民族、税务、农业、林业、国土资源、统计等部门以及工会、共青团、妇联、计划生育协会等群众团体，要按照各自的工作职能积极承担起相应的人口与计划生育工作职责。纪检、监察部门要加大对计划生育工作中领导干部违法违纪行为的查处力度，对因工作失职导致人口失控、完不成人口与计划生育管理目标或弄虚作假骗取荣誉的，要严肃追究责任。组织、人事等部门要把各级各部门领导干部落实计划生育工作责任制的情况作为衡量政绩、奖惩任用的重要依据，任期内逐年考核，对工作失职的要跟踪追究责任。党员超生的，一律给予党纪处分；干部超生的，一律给予政纪处分。1988年12月1日以后计划外生育的干部均不得担任党政领导职务和计划生育专干（含行政村、居委会）。计划生育部门要充分发挥职能作用，抓好计划生育工作规范管理和优质服务，协助党委和政府组织、协调、督促各部门抓好人口与计划生育工作，负责对各级政府、各有关部门年度人口与计划生育目标管理责任制执行情况的考核。卫生部门要协同计划生育部门，围绕生育、节育、不育开展相关的生殖保健技术服务，严肃查处违反《安徽省禁止非医学需要鉴定胎儿性别和选择性终止妊娠的规定》的行为。各级党校、行政干部学校、团校要把人口理论纳入教学计划。各级教育部门要在普通中学结合相关

学科教学，加强人口国情教育和青春期教育；在其他中等学校普遍开设人口及青春期、性保健课程或讲座；在高等院校积极开设人口理论课和人口国情知识讲座。公安、民政、工商、劳动保障、卫生、交通、建设和房管等部门要把计划生育工作纳入城市社区管理体制和综合服务体系，按照国家和省流动人口计划生育管理的有关规定，切实履行职责，围绕办证、租房、用工等环节，对流动人口实行综合管理和服务。公安部门要切实加强出生登记和户籍管理。民政部门要切实加强婚姻和收养登记管理，严格控制早婚、早育、非婚生育和违法收养。

6. 完善有利于人口与计划生育的社会经济政策。各级党委、政府和有关部门在制定土地、企业、医疗、社会保障、户籍、劳动、教育、财税等制度和改革措施时，要统筹考虑，充分听取计划生育部门的意见，凡不利于计划生育工作的，不得出台。要把农村计划生育工作与发展经济、帮助群众勤劳致富、建设文明幸福家庭结合起来，采取小额贷款、项目优先、科技扶持、政策优惠等措施，向实行计划生育户倾斜。扶贫开发部门在扶贫开发的项目选择和资金安排上，要把实行计划生育的贫困户作为优先和重点扶持对象。各地要认真落实独生子女家庭的奖励和两女绝育户的优惠政策，对符合奖励政策的城镇企业退休职工由所在单位给予一次性奖励。要从实际出发，建立有利于计划生育的社会保障制度，解除群众实行计划生育的后顾之忧。在城镇，要加快发展养老保险、基本医疗保险、生育保险、独生子女医疗和教育保险以及社会福利等社会保障事业。在农村，要坚持政府支持和农民自愿的原则，采取国家、集体、个人各出一点的办法，逐步建立计划生育户特别是独生子女领证户和两女绝育户的养老保障制度。民政、财税等部门要制定有利于计划生育的社会救助政策，对实行计划生育的贫困家庭优先给予生活保障补助。

7. 进一步落实法定代表人计划生育工作责任制。各企、事业单位和社会组织，要依据有关法律法规，承担管理计划生育的责任，接受所在地政府和受政府委托的村(居)民委员会或社区委员会的计划生育管理。在企业改制、重组和建立现代企业制度过程中，在计划生育工作只能加强，不能削弱，要根据任务需要，建立健全计划生育工作机构，落实计划生育工作人员、经费和各项奖励优惠政策。

8. 加强计划生育法制建设。逐步制定和完善与国家有关法律法规相配套的人口与计划生育地方性法规和规章，提高依法行政水平，全面推行计划生育村民自治、村务公开，落实计划生育行政执法责任制。司法部门要切实维护广大育龄群众和计划生育干部的合法权益，严肃处理侵犯群众合法权益和阻碍执行计划生育公务的行为，依法打击违法犯罪活动，为计划生育工作创造良好的社会环境。

四、把稳定低生育水平的各项任务落实到基层

9. 基层党组织和政权组织要切实担负起计划生育工作的责任。计划生育工作的重点在农村，难点在流动人口和特殊人群。做好城乡计划生育工作，关键在县、乡两级党委和政府，重心在村级，要真正建立起县指导、乡负责、村为主的工作机制。农村计划生育工作必须与基层组织建设、发展村级集体经济和农民致富紧密结合，作为“小康村”“文明村”“五好文明家庭”建设的重要内容，大力开展创建计划生育合格村活动，使村党支部、村民委员会切实担负起计划生育工作的责任，做到“两种生产”一起抓，“两个文明”一起建。城市要把计划生育工作作为社区建设的重要内容，推行属地化管理。街道办事处、居委会（社居委）要切实履行计划生育管理职责，依托社区服务网络开展计划生育服务。

10. 全面开展以技术服务为重点的优质服务。各级计划生育部门及技术服务机构要围绕生育、节育、不育，做好计划生育技术服务、生殖保健服务，配合卫生部门共同做好母婴保健服务和提高出生人口素质工作。要坚持“面向基层、深入乡村、方便群众、服务上门”的工作方针，指导育龄群众选择以长效措施为主的安全、有效、适宜的避孕方法，定期开展以查环查孕和妇女常见病查治为主要内容的生殖健康监测服务。要加强计划生育领域的科学研究和技术创新工作，重视避孕节育、优生优育、生殖保健等新技术、新产品的开发和推广。

11. 坚持把宣传教育工作的重点放到基层。各级宣传部门要协调有关部门深入开展“婚育新风进万家”和文化、科技、卫生“三下乡”活动，宣传计划生育基本国策和有关法律法规，普及避孕节育、优生优育、生殖保健等科学知识。乡、村两级人口学校要结合“三查一治”，定期或不定期地对育龄人群进行面对面的人口与计划生育基本知识和生殖健康教育。各级党报、广播、电视等新闻媒体要进一步做好人口与计划生育公益性宣传，普遍开办人口与计划生育专题栏目，播发一定数量的人口与计划生育公益广告，加大对基层的宣传力度。城乡社区和重要的公共场所要设立固定的人口与计划生育公益广告牌。

12. 加快计划生育现代化管理进程。要把人口与计划生育信息系统建设纳入全省信息化建设的总体规划。加强省、市、县、乡四级计划生育育龄妇女信息系统建设，搞好开发与利用，及时把握人口与计划生育工作形势，为科学决策服务。

五、加强和改善对人口与计划生育工作的领导

13. 坚持党政一把手亲自抓负总责不动摇。各级党委和政府要把人口与计划生育工作摆在可持续发展战略的首要位置，坚持党政一把手和各部门一把手亲自抓、负总责，切实做到责任到位、措施到位、投入到位。省委、省政府每年要听取一次人口与计划生育工作汇报，专题召开一次全省人口与计划生育工作会议，并把人口与计划生育工作纳入重大事项督查范围，不定期地进行专题督查和重点检查。各级党委（党组）学习中小且要把人口理论纳入学习内容。各市党委、政府和省直有关部门每年年底要将本地区、本部门的人口号计划生育工作情况向省委、省政府作出专题报告。市、县党政一把手每年要深入基层开展计划生育专题调研，分管领导要定期召开有关部门协调会，协调解决计划生育工作中存在的实际问题。各级计划生育工作领导小组要建立健全议事制度和调研制度。各级政府年初要对下级政府及相关部门的人口与计划生育目标管理提出明确要求，年底对履行人口与计划生育工作职责情况进行检查考核，兑现奖惩。

14. 坚持和完善人口与计划生育目标管理责任制。不断改革和完善人口与计划生育目标管理责任制考核指标体系，改进考核办法，把人口控制指标、工作质量指标和保障措施指标放在同等位置，实行党政领导、计划生育部门和相关部门分线考核。落实“一票否决”制度。

15. 确保人口与计划生育经费投入。人口与计划生育事业是一项具有显著社会效益的公益性事业，对人口与计划生育事业的投入属于国家经济社会发展的基础性投入。各级政府要把人口与计划生育的经常性经费纳入财政预算，切实予以保证。要逐年提高人口与计划生育经费投入的总体水平，各级财政投入在2001年达到年人均6元的基础上，每年增加1元，到2005年末，达到年人均10元。省财政厅要会同省计生委制定逐年分级承担的具体标准，确保投入到位。按照分级负责的原则，省市两级投入除确保本级外，对下主要用于以奖代补，基本项目和经常性管理经费由县、乡两级负担。随着经济发展，各级财政要逐年加大对计划生育社会保障基金的投入。严格执行“收支两条线”管理的规定，社会抚养费实行“收缴分离，票款分开”，全部上缴财政，并用于计划生育事业，任何单位和个人不得截留、挪用。各级财政、审计、监察部门要加强对计划生育经费的监督管理，严格执行国家规定的开支范围和标准，提高计划生育经费的使用效益。

16. 切实加强计划生育干部队伍建设。各级党委、政府要按照思想好、作风正、懂业务、会管理、善于做群众工作的要求选配好计划生育干部队伍。要从政治上、生活上关心和爱护计划生育干部，提高他们的政治、经济待遇，帮助解决实际困难。对长期从事计划生育工作、政绩突出的干部应予提拔重用。在农村税费改革和机构改革中，要稳定基层计划生育机构和技术服务网络。各级党代会、人代会、政协会议以及评选劳动模范，要有一定数量的计划生育干部代表名额。要在各级人事、卫生部门指导下，解决好计划生育技术人员的职称评定问题。要十分重视各级计划生育部门领导班子建设，尤其要选配好一把手，县以上计划生育部门领导班子中，应配备具有医学专业知识的领导成员。乡镇(街道)计生办主任的配备和计划生育干部的提拔、调动，应按照《中共安徽省委、安徽省人民政府关于加强计划生育工作的若干意见》(皖发(1998)10号文件)的规定，事先征求县级计划生育主管部门的意见，缺编人员由县级人事部门会同计划生育部门选配符合条件的人员及时补齐。要支持计划生育协会按照群众团体的特点创造性地开展工作，县级以上计划生育协会要配备常务(或专职)副会长(可兼任同级计生委副主任)。各级计划生育部门要加强计划生育干部队伍的教育、管理、培训工作，不断提高他们的政治、业务素质和职业道德、行业作风水准。

各地、各部门要根据本实施意见，研究制订具体措施，认真贯彻落实。

安徽省人口与计划生育条例

（2002年7月28日　安徽省第九届人民代表大会常务委员会第三十一次会议通过）

第一章　总　则

第一条　为了实现人口与经济、社会、资源、环境的协调发展，推行计划生育，维护公民的合法权益，根据《中华人民共和国人口与计划生育法》和有关法律、行政法规的规定，结合本省实际，制定本条例。

第二条　居住在本省行政区域内的公民和户籍在本省居住在省外的公民，以及本省行政区域内的法人和其他组织，均应遵守本条例。

第三条　实行计划生育是国家的基本国策。采取综合措施，控制人口数量，提高人口素质。

鼓励公民晚婚晚育、少生优育，提倡一对夫妻生育一个子女。

第四条　开展人口与计划生育工作，应当与增加妇女受教育和就业机会、增进妇女健康、提高妇女地位相结合。

第五条　各级人民政府领导本行政区域内的人口与计划生育工作。县级以上人民政府计划生育行政部门负责本行政区域内的计划生育工作和与计划生育有关的人口工作。

县级以上人民政府其他有关部门在各自的职责范围内，负责有关的人口与计划生育工作。

工会、共青团、妇联、计划生育协会等社会团体、企业事业组织和公民应当协助人民政府开展人口与计划生育工作。

第六条　计划生育工作实行行政首长负责制和目标管理责任制。

第七条　各级人民政府及其工作人员在推行计划生育工作中应当严格依法行政、文明执法，不得侵犯公民的合法权益。

计划生育行政部门及其工作人员依法执行公务受法律保护。

第八条　对在人口与计划生育工作中作出显著成绩的组织和个人，应当给予奖励。

对举报计划生育违法行为的人员，应当予以保护和奖励。

第二章 人口发展规划的制定与实施

第九条 县级以上人民政府根据国家人口发展规划和上一级人民政府人口发展规划，结合本地实际情况编制本行政区域的人口发展规划，并将其纳入国民经济和社会发展计划。

第十条 县级以上人民政府根据人口发展规划，制定人口与计划生育实施方案，并组织实施。实施方案应当规定控制人口数量、加强母婴保健、提高人口素质、改善人口结构的措施。

第十一条 县级以上人民政府计划生育行政部门负责实施人口与计划生育实施方案的日常工作。

第十二条 乡(镇)人民政府、街道办事处负责本辖区内的人口与计划生育工作，落实人口与计划生育实施方案。

乡(镇)人民政府、街道办事处设立计划生育办公室，选配与工作任务相适应的专职计划生育工作人员。

城市社区组织应当将人口与计划生育工作纳入社区管理服务体系。

第十三条 村民委员会、居民委员会应当依法做好计划生育工作，将计划生育工作纳入村民自治、居民自治和事务公开的内容，做好计划生育宣传、信息通报和计划生育奖励与优待落实的有关工作，协助政府有关部门开展计划生育技术服务。

村民委员会、居民委员会应当确定专门人员从事计划生育日常工作，其报酬由乡(镇)人民政府、街道办事处支付。

第十四条 机关、社会团体、企业事业组织应当做好本单位的计划生育工作。

实行机关、社会团体、企业事业组织法定代表人或者主要负责人计划生育工作责任制。

机关、社会团体、企业事业组织应当确定计划生育管理机构、配备专(兼)职工作人员，具体承担本单位的计划生育工作。

第十五条 计划生育协会应当组织群众开展计划生育自我管理、自我教育和自我服务活动，发挥会员在计划生育工作中的示范、宣传、服务和监督作用，协助政府实施人口与计划生育实施方案。

第十六条 各级人民政府应当将人口与计划生育经费纳入财政预算，并逐步提高经费投入的总体水平，人口与计划生育事业费应当不低于国家规定的标准。

各级人民政府应当对贫困地区的人口与计划生育工作予以重点扶持。

鼓励社会团体、企业事业组织和个人为人口与计划生育事业提供捐助。任何单位和个人不得截留、克扣、挪用人口与计划生育经费。

第十七条 计划生育、教育、科技、文化、卫生、民政、新闻出版、广播电视、司法行政等部门应当组织开展人口与计划生育宣传教育。

报纸、广播、电视等新闻媒体负有开展人口与计划生育社会公益性宣传的义务。

学校应当开展有关人口与计划生育的国情教育，并以符合受教育者特征的适当方式，有计划地开展生理卫生教育、青春期教育或者性健康教育。

第十八条 村民委员会、居民委员会和其他基层组织可以在育龄人员自愿的基础上，与其签订计划生育合同，明确双方的权利、义务和违约责任。

第三章 生育调节

第十九条 公民有生育的权利，也有依法实行计划生育的义务，夫妻双方在实行计划生育中负有共同的责任。

第二十条 有下列情况之一的夫妻，可以申请再生育：

(一)双方均为独生子女，只生育一个子女的；

(二)双方均为少数民族，只生育一个子女的；

(三)双方均为归国华侨，或者来本省定居不满6年的香港、澳门、台湾地区居民，只有一个子女在内地定居的；

(四)再婚夫妻，一方未生育过，另一方只生育一个子女的；

(五)再婚夫妻，一方未生育过，另一方是有两个孩子且丧偶的；

(六)婚后不育，夫妻双方均满30周岁，依法收养一个子女的；

(七)第一个子女为残疾儿，不能成长为正常劳动力，医学上认为可以再生育的；

(八)二等乙级以上的残疾军人，五级以上的因公(工)致残人员，只生育一个子女的；

(九)矿工井下作业连续5年以上，并继续从事井下工作，只生育一个女孩的；

(十)农村夫妻一方是独生子女，只生育一个子女的；

(十一)男方到女方家落户且女方没有兄弟的农村夫妻，只生育一个子女的(仅适用女方姐妹中一人)；

(十二)农村夫妻只生育一个女孩的；

(十三)大山区的乡，女方在农村，只生育一个女孩的。

村民委员会成建制转为居民委员会，其居民从转制之日起3年内，可依照前款第十、十一、十二、十三项的规定申请再生育。

第二十一条 符合本条例第二十条规定，但有下列情形之一的，不予批准再生育：

(一)妊娠16周以上，违反《安徽省禁止非医学需要鉴定胎儿性别和选择性终止妊娠的规定》第九条的规定终止妊娠的；

（二）故意致婴儿死亡的；

（三）自报婴儿死亡但没有证据证明的。

第二十二条 初次生育的夫妻，在孕期内应当到夫妻一方户籍所在地村民委员会或居民委员会办理妊娠登记，免费领取生殖保健服务证，并于生育后45日内办理生育登记。村民委员会、居民委员会应当及时将妊娠登记和生育登记情况向乡（镇）人民政府或者街道办事处报告。

生殖保健服务证由省计划生育行政部门统一印制，免费发放。

第二十三条 要求再生育子女的夫妻，须在前一个子女满3周岁或者女方满26周岁后，向一方户籍所在地的乡（镇）人民政府、街道办事处提出申请，并附送双方所在村民委员会、居民委员会或者所在单位出具的证明。

乡（镇）人民政府、街道办事处应当自收到申请和证明材料之日起20日内（需要进行病残儿鉴定的除外）提出审核意见，并报县级人民政府计划生育行政部门。县级人民政府计划生育行政部门应当在20日内作出审批决定，符合条件的，签发生育证；不符合条件的，应当书面告知申请人。

村民委员会、居民委员会或者其他基层组织应当及时将生育证发放情况张榜公布，接受群众监督。

生育证由省计划生育行政部门统一印制。

第二十四条 禁止下列生育行为：

（一）未依法取得夫妻关系生育子女的；

（二）不符合本条例第二十条的规定，再生育的；

（三）不符合本条例第二十三条规定的生育间隔期生育的。

第二十五条 实行以避孕为主的节育措施。

各级人民政府应当创造条件，保障公民选择安全、有效、适宜的避孕节育措施。计划生育技术服务人员应当向育龄夫妻介绍常用避孕方法及其作用机理、适应症、禁忌症、注意事项等，指导公民选择适合自身的避孕节育方法。

第二十六条 育龄夫妻应当自觉落实避孕节育措施，接受计划生育技术服务指导。提倡已生育子女的夫妻选择长效避孕措施。

预防和减少非意愿妊娠。对不符合本条例规定妊娠的，应当及时终止妊娠。

第二十七条 实行计划生育的育龄夫妻免费享受基本项目的计划生育技术服务。参加基本医疗保险、生育保险等社会保险的育龄夫妻，其基本项目的计划生育技术服务所需费用，由社会保险予以保障；未参加社会保险的，由财政承担。

基本项目的计划生育技术服务包括：发放避孕药具、孕情和环情监测、放置和取出宫内节育器、绝育术、终止妊娠术及技术常规规定的各项医学检查、计划生育手术并发症的诊治以及国家规定的其他基本项目。

第二十八条 禁止歧视、遗弃、虐待女婴。

禁止歧视、虐待生育女婴的妇女和不育的妇女。

禁止歧视违反本条例规定生育的子女。

第四章 计划生育技术服务

第二十九条 各级人民政府应当合理配置、综合利用卫生资源，建立健全由计划生育技术服务机构和从事计划生育技术服务的医疗、保健机构(以下简称从事计划生育技术服务的机构)组成的计划生育技术服务网络，并将其纳入区域卫生规划，配备专业技术人员，改善技术服务设施和条件，提高技术服务水平。

第三十条 从事计划生育技术服务的机构应当在各自的职责范围内，针对育龄人群开展人口与计划生育宣传教育，对已婚育龄妇女开展孕情检查、随访服务工作，承担计划生育、生殖保健的咨询、指导和技术服务。

第三十一条 建立健全婚前保健、孕产期保健制度，防止或者减少出生缺陷，提高出生婴儿健康水平。从事计划生育技术服务的机构，应当在各自的职责范围内，开展卫生指导、卫生咨询、医学检查、母婴保健指导、孕妇产妇保健、胎儿保健和新生儿保健等婚前保健和孕产期保健服务。

第三十二条 避孕节育手术及恢复生育手术，须由具备国务院《计划生育技术服务管理条例》规定条件的从事计划生育技术服务的机构和人员，在具备手术条件的情况下，严格按照手术操作规程施行，保证受术者的安全。

第三十三条 从事助产接生服务的机构或者人员，在提供助产接生服务时，发现产妇未领取生殖保健服务证或者生育证的，应及时报告当地乡(镇)人民政府、街道办事处或者计划生育行政部门。

为妊娠16周以上的妇女施行终止妊娠手术的，应当遵守《安徽省禁止非医学需要鉴定胎儿性别和选择终止妊娠的规定》。

第三十四条 计划生育技术事故、计划生育手术并发症、计划生育药具不良反应的申报、鉴定和处理，按照国家有关规定执行。

第三十五条 接受绝育手术后，符合再生育条件，要求再生育的，依照本条例规定申请领取生育证后，凭生育证施行恢复生育手术。恢复生育手术的费用，由受术者所在单位或者乡(镇)人民政府、街道办事处给予补助。

第三十六条 政府免费向已婚育龄人员提供的避孕药具，由计划生育技术服务机构、村民委员会、居民委员会或者机关、团体、企业事业组织的计划生育服务人员负责发放，计划生育行政部门应当加强监督和管理。任何组织和个人不得倒卖、变卖政府免费提供的避孕药具。

药品监督、工商行政管理等部门按照各自的职责对避孕药具经营活动实施检查和监督。

第三十七条　鼓励和支持计划生育新技术、新药具的研究、应用和推广。

第五章　奖励与社会保障

第三十八条　男满 25 周岁、女满 23 周岁登记结婚为晚婚。已婚妇女满 24 周岁初次生育为晚育。

国家机关、社会团体、企业事业组织应当给予晚婚、晚育的职工以下奖励：

（一）晚婚的初婚者，延长婚假 20 天；

（二）晚育的初产妇，延长产假 30 天；

（三）在产假期间申请领取独生子女父母光荣证的，延长产假 30 天，男方享受 10 天护理假；夫妻异地生活的，护理假为 20 天。

职工在前款规定的婚假、产假、护理假期间，享受其在职在岗的工资、奖金、福利待遇。

农民以及城市无用工单位的人员晚婚晚育的，由当地人民政府给予表彰、奖励。

第三十九条　妇女妊娠、生育和哺乳期间，享受国家规定的特殊劳动保护。

第四十条　自愿终身只生育一个子女或者只收养一个子女后不再生育的夫妻，可以提出申请，经所在单位或者乡（镇）人民政府、街道办事处核实，报县级人民政府计划生育行政部门批准，发给独生子女父母光荣证。在独生子女 16 周岁前领取独生子女父母光荣证的，享受下列待遇：

（一）从领证之月起，每月发给独生子女保健费 5 至 15 元，至独生子女满 16 周岁止。夫妻双方均有用工单位的，由双方单位各发一半；父母离异的，由子女跟随的一方用工单位全额发给；一方是农民或者没有用工单位或者死亡的，由另一方用工单位全额发给；夫妻双方均是农民或者无用工单位的城市居民，由所在乡（镇）人民政府、街道办事处从计划生育事业费中发给；

（二）职工退休时，提高 5% 的退休金，或者由所在单位给予与之相当的一次性补助；

（三）本条例实施后，未执行本条第（二）项规定的，从领证之月起，由所在单位为其办理补充养老保险；单位已为全体职工办理补充养老保险的，应当为领证的职工增交一定比例的补充养老保险费；

（四）农民、城市居民年老丧失劳动能力的，由乡（镇）人民政府、街道办事处或者村民委员会、居民委员会给予照顾。

第四十一条 农村领取独生子女父母光荣证的家庭，除享受本条例第四十条规定的待遇外，还享受下列待遇：

（一）优先列为家庭经济发展的重点扶持对象，在资金、技术、培训、信息等方面予以支持、优惠；

（二）组织劳务输出时优先安排；

（三）在调整自留地、自留山时给予照顾，分配集体收益时，增加一人份的份额；

（四）实施义务教育的学校可以对独生子女学生减免杂费；

（五）对贫困家庭，在扶贫贷款、以工代赈、扶贫项目和社会救济等方面给予优先照顾；

（六）当地人民政府规定的其他优惠待遇。

第四十二条 职工凭节育手术证明，按规定休假，休假期间享受其在职在岗的工资、奖金、福利待遇。农民施行绝育手术的，当地人民政府应当给予适当奖励。

节育手术并发症患者在治疗期间，职工享受其在职在岗的工资、奖金、福利待遇；农民、无用工单位的城市居民因此导致生活困难的，或者治疗后仍不能正常从事劳动的，由当地人民政府给予补助。

第四十三条 终身无子女或者领取独生子女父母光荣证后子女死亡不再生育的职工，按100%发给退休金，或者由所在单位给予与之相当的补助；农民、无用工单位的城市居民年老丧失劳动能力的，优先享受政府提供的养老服务。

第四十四条 对符合本条例第二十条的规定可以申请再生育夫妻，自愿只生育一个子女，并领取独生子女父母光荣证的，除享受本条例第四十条、第四十一条、第四十二条、第四十三条规定的待遇和奖励外，由所在单位或乡（镇）人民政府、街道办事处从计划生育经费中给予1000元以上2000元以下的一次性奖励。

第四十五条 建立、健全基本养老制度。按照政府引导、农民自愿的原则，优先为农村生育两个女孩并采取绝育措施的夫妻和只生育一个女孩并领取独生子女父母光荣证的夫妻办理养老保险。

第六章 法律责任

第四十六条 违反本条例规定生育的，计划生育行政部门按照下列规定作出征收社会抚养费的决定：

（一）未依法取得夫妻关系生育第一个子女的，征收2000元以上5000元以下的社会抚养费；

（二）符合本条例规定可以再生育，但前一个子女不满3周岁或者女方不满26周岁生育的，征收1000元以上2000元以下的社会抚养费；

（三）符合本条例规定可以再生育，但未申领生育证生育的，征收200元以上500元以下的社会抚养费；

（四）违反本条例规定生育第二个子女的，按双方上一年度总收入的3至4倍征收社会抚养费；每再多生育一个子女的，依次增加2倍收取双方社会抚养费。

前款第（四）项中的总收入按双方实际收入计算；难以计算的，农村以双方所在乡（镇）上一年度农民人均纯收入为基数计算，城市以本县（市、区）上一年度城镇居民可支配收入计算。

第四十七条 社会抚养费的征收管理，按照国务院有关社会抚养费征收管理的规定执行。

第四十八条 违反本条例规定生育的，除按第四十六条第一款（一）、（二）、（四）项的规定征收社会抚养费外，按下列规定处理：

（一）国家工作人员未依法取得夫妻关系生育第一个子女的，给予记过的行政处分，3年内不得评为先进；违反本条例规定生育第二个以上子女的，给予开除的行政处分；

（二）农民、无用工单位的城市居民在社会抚养费缴纳后3年内不得录用为国家工作人员；

（三）产假期间停发奖金、福利，孕期检查、分娩、产褥期的医药费自理。

第四十九条 已领取独生子女父母光荣证的夫妻，有本条例第二十条规定的情况，经申请被批准允许再生育的，收回其独生子女父母光荣证，停止享受独生子女保健费等各项待遇，追回其依照本条例规定享受的所有物质奖励。

已领取独生子女父母光荣证的夫妻，违反本条例规定生育的，收回其独生子女父母光荣证，追回其依照本条例规定享受的所有物质奖励，并按本条例第四十六条、第四十八条的规定处理。

第五十条 有下列行为之一的，由计划生育行政部门或者卫生行政部门依据职权责令改正，给予警告、没收违法所得；违法所得超过10000元的，处违法所得2倍以上6倍以下的罚款；没有违法所得或者违法所得不足10000元的，处10000元以上30000元以下的罚款；情节严重的，由原发证机关吊销执业证书；构成犯罪的，依法追究刑事责任：

（一）非法为他人施行计划生育手术的；

（二）利用超声技术和其他技术手段为他人进行非医学需要的胎儿性别鉴定或者选择性别的人工终止妊娠的；

（三）实施假节育手术、进行假医学鉴定、出具假计划生育证明的。

第五十一条 国家机关工作人员在计划生育工作中有下列行为之一，构成犯罪的，依法追究其刑事责任；尚不构成犯罪的，给予记大过以上的行政处分；有违法所得的，没收违法所得：

（一）侵犯公民人身权、财产权和其他合法权益的；

（二）滥用职权、玩忽职守、徇私舞弊的；

（三）索取、收受贿赂的；

（四）截留、克扣、挪用、贪污计划生育经费或者社会抚养费的；

（五）虚报、瞒报、伪造、篡改或者拒报人口与计划生育统计数据的。

第五十二条 未按规定发放生育证、独生子女父母光荣证、流动人口婚育证明等计划生育证明的，由其主管部门责令改正，并对直接负责的主管人员和其他直接责任人员给予记过以上的行政处分；在发放计划生育证明时，强行提供有偿服务，或者超范围、超标准收费的，由其主管部门责令退还多收的费用，并对直接负责的主管人员和其他直接责任人员给予记过以上的行政处分。

第五十三条 计划生育技术服务人员违章操作或者延误抢救、诊治，造成严重后果的，依照有关法律、行政法规的规定承担相应的法律责任。

第五十四条 伪造、变卖、买卖计划生育证明，由计划生育行政部门没收违法所得，违法所得5000元以上的，处违法所得2倍以上10倍以下的罚款；没有违法所得或者违法所得不足5000元的，处5000元以上20000元以下的罚款；构成犯罪的，依法追究其刑事责任。

以不正当手段取得计划生育证明的，由计划生育行政部门取消其证明；出具证明的单位有过错的，对直接负责的主管人员和其他直接责任人员给予记过以上的行政处分。

第五十五条 政府及其有关部门、从事计划生育技术服务的机构以及计划生育工作人员，违反本条例规定，倒卖、变卖政府免费提供的避孕药具的，给予直接负责的主管人员和其他直接责任人员记过以上的行政处分；构成犯罪的，依法追究刑事责任。

第五十六条 拒绝、妨碍计划生育行政部门及其工作人员依法执行公务的，由计划生育行政部门给予批评教育并予以制止；构成违反治安管理行为的，依法给予治安管理处罚；构成犯罪的，依法追究刑事责任。

第五十七条 违反本条例规定，未履行计划生育管理责任，未完成人口与计划生育管理目标的，给予通报批评，并取消当年参加综合性先进集体评选资格；取消其主要负责人和直接责任人当年晋职资格；给予其主要负责人和直接责任人记过以上的行政处分。

违反本条例规定，未履行协助计划生育管理义务的，由有关人民政府责令改正，并给予通报批评；对直接负责的主管人员和其他直接责任人员给予记过或者记大过的行政处分。

第五十八条　公民、法人或者其他组织认为行政机关在实施计划生育管理过程中侵犯其合法权益的，可以依法申请行政复议或者提起行政诉讼。

第七章　附　则

第五十九条　流动人口的计划生育管理，依照国务院的规定执行。

第六十条　本条例应用中的具体问题由省人民政府计划生育行政部门负责解释。

第六十一条　本条例自2002年9月1日起施行。《安徽省计划生育条例》同时废止。

安徽省禁止非医学需要鉴定胎儿性别和选择性别终止妊娠的规定

（2000年9月22日安徽省第九届人民代表大会常务委员会第十八次会议通过
2004年4月23日安徽省第十届人民代表大会常务委员会第九次会议修订）

第一条 为保持出生人口性别比平衡，促进人口与经济、社会、资源、环境的协调发展，根据《中华人民共和国人口与计划生育法》《中华人民共和国母婴保健法》等法律、行政法规，结合本省实际，制定本规定。

第二条 县级以上人民政府应当将保持出生人口性别比平衡纳入人口发展规划，对所属部门和下级人民政府实施本规定的情况进行考核。

第三条 县级以上人民政府人口和计划生育行政部门在同级人民政府领导下具体负责实施本规定的组织、协调工作。

县级以上人民政府人口和计划生育、卫生、食品药品监督管理等行政部门，按照各自职责，对本行政区域内胎儿性别鉴定、终止妊娠手术和终止妊娠药品等实施监督管理，依法查处违反本规定的行为。

省人民政府人口和计划生育、卫生、食品药品监督管理等行政部门应当按照各自职责，制定胎儿性别鉴定、终止妊娠手术和终止妊娠药品的管理制度，并对制度的落实情况进行监督检查。

第四条 禁止非医学需要鉴定胎儿性别和选择性别终止妊娠。

非医学需要鉴定胎儿性别和选择性别终止妊娠，是指除怀疑胎儿有伴性遗传性疾病外，所进行的胎儿性别鉴定和选择性别终止妊娠。

第五条 怀疑胎儿有伴性遗传性疾病，需要鉴定胎儿性别的，由医疗保健机构组织3名以上的专家集体审核，并出具是否需要鉴定胎儿性别的医学意见。对需要鉴定胎儿性别的，由医疗保健机构进行鉴定并出具是否需要终止妊娠的医学意见。

前款中的医疗保健机构，由省人民政府卫生行政部门批准并向社会公布。其它任何单位和个人不得进行胎儿性别鉴定。

第六条 除教学、科研机构因教学、科研需要外，购置、使用超声诊断仪应当符合下列条件：

（一）取得《医疗机构执业许可证》；

（二）诊疗科目设有医学超声项目；

（三）超声诊断仪操作人员、超声诊断人员持有省级卫生行政部门颁发的超声医学上岗资格证书，超声诊断人员还应当具有执业助理医师以上资格。

计划生育技术服务机构从事避孕节育超声检查需要购买超声诊断仪的，按照省人口和计划生育行政部门有关规定执行。

符合本条第一款、第二款规定，购置超声诊断仪等可用于鉴定胎儿性别设备的，应当在一个月内将所购设备的类型、数量、使用场所和操作人员名单报当地县级人民政府卫生行政部门备案，卫生行政部门应当及时向同级人口和计划生育行政部门通报。

第七条 医疗保健机构、计划生育技术服务机构的有关工作场所，应当设置禁止非医学需要鉴定胎儿性别和选择性别终止妊娠的醒目标志。

第八条 医疗保健机构、计划生育技术服务机构开展终止妊娠手术业务，分别由县级以上人民政府卫生行政部门、设区的市以上人民政府人口和计划生育行政部门批准，并由批准机关向同级食品药品监督管理部门通报。未经批准，任何单位和个人不得开展终止妊娠手术。

第九条 符合法定生育条件，妊娠 14 周以上的妇女不得终止妊娠，但有下列情形之一的除外：

（一）胎儿患严重遗传性疾病的；

（二）胎儿有严重缺陷的；

（三）因患严重疾病，继续妊娠可能危及孕妇生命安全或者严重危害孕妇健康的；

（四）经批准的医疗保健机构鉴定认为需要终止妊娠的；

（五）省人口和计划生育行政部门规定的其他情形。

属于前款第一项至第四项情形之一要求终止妊娠的，应当向经批准的医疗保健机构、计划生育技术服务机构（以下简称经批准的施术机构）提供本人身份证、省人民政府卫生行政部门批准的医疗保健机构出具的医学意见；有前款第五项情形要求终止妊娠的，应当向经批准的施术机构提供本人身份证和县级人口和计划生育行政部门出具的证明。

第十条 不符合法定生育条件妊娠的，应当及时终止妊娠。妊娠 14 周以上的孕妇终止妊娠的，应当向经批准的施术机构提供相关身份证明；其中 20 周岁以上的孕妇，除提供相关身份证明外，还应当向经批准的施术机构提供乡（镇）人民政府、街道办事处的计划生育工作机构出具的证明。计划生育工作机构和经批准的施术机构应当依法保护当事人的隐私。

第十一条 经批准的施术机构为妊娠 14 周以上的孕妇终止妊娠时，应当查验、登记本规定第九条、第十条规定的相关证明，并将证明复印件同手术病志一并存档。

第十二条 禁止药品零售企业销售终止妊娠药品。

药品生产、批发企业不得将终止妊娠药品销售给未获得施行终止妊娠手术资格的单位和个人。

药品生产、批发企业销售终止妊娠药品，应当查验购药者的资格证明，并作购销记录。

终止妊娠药品目录由省食品药品监督管理部门公布。

第十三条 终止妊娠药品，仅限于在经批准的施术机构使用。

终止妊娠药品，必须在医师指导和监护下使用。

第十四条 任何单位和个人不得组织、介绍妊娠 14 周以上的妇女非法接受鉴定胎儿性别或者施行选择性别终止妊娠的手术。

第十五条 县级人民政府人口和计划生育行政部门应当组织落实孕情检查制度。

乡（镇）人民政府、街道办事处计划生育技术服务机构应当做好对孕妇的经常性访视、咨询等服务工作。

第十六条 鼓励公民、法人和其他组织向人口和计划生育、卫生、食品药品监督管理等行政部门举报违反本规定的行为。有关部门应当及时查处并为举报人保密。

对举报非法鉴定胎儿性别、选择性别终止妊娠的行为，经查证属实的，给予举报人 5000 元奖励。具体奖励办法由省人民政府制定。

第十七条 违反本规定第六条第一款规定，使用超声诊断仪的，依照《中华人民共和国执业医师法》有关规定处理。

违反本规定第六条第三款，购置可用于鉴定胎儿性别的设备不备案的，由县级以上人民政府卫生行政部门责令备案；拒不备案的，处以 200 元以上 500 元以下罚款。

第十八条 违反本规定第九条第一款终止妊娠的，由县级人民政府人口和计划生育行政部门对当事人处以 1000 元以上 3000 元以下的罚款。对符合法定再生育条件，但未领取生育证的，不批准其再生育；已领取生育证的，注销其生育证。

县级人民政府人口和计划生育行政部门在书面告知当事人不批准其再生育或者注销其生育证时，应当责成当事人落实长效节育措施。

第十九条 违反本规定为他人进行非医学需要的胎儿性别鉴定或者选择性别的人工终止妊娠的，由县级以上人民政府人口和计划生育行政部门或者卫生行政部门依据职权没收违法所得和非法财物；违法所得超过 10000 元的，处违法所得 2 倍以上 6 倍以下的罚款；没有违法所得或者违法所得不足 10000 元的，处 10000 元以上 30000 元以下的罚款；情节严重的，由原发证机关吊销执业证书；构成犯罪的，依法追究刑事责任。

医疗保健机构、计划生育技术服务机构违反本规定为他人进行非医学需要的胎儿性别鉴定或者选择性别的人工终止妊娠的，除按前款规定处罚外，对直接责任人员，给予降级直至开除的行政处分；对单位主要负责人和直接负责的主管人员，给予记大过以上的行政处分。

第二十条 医疗保健机构、计划生育技术服务机构的工作人员违反本规定第十一条，未查验、登记有关证明施行手术或者手术记录虚假的，按非法施行终止妊娠手术处理；未按规定登记、存档的，由上级主管部门责令改正，并对直接负责的主管人员和其他直接责任人员给予记过以上的行政处分。

第二十一条 违反本规定第十二条，非法销售终止妊娠药品的，由县级以上人民政府食品药品监督管理部门依法处理。

第二十二条 违反本规定第十四条，组织、介绍妊娠14周以上的妇女非法鉴定胎儿性别或者施行选择性别终止妊娠手术的，由县级以上人民政府人口和计划生育行政部门处以5000元以上10000元以下的罚款，有违法所得的，没收违法所得；行为人属国家工作人员的，由其所在单位或者主管部门给予降级直至开除的行政处分；构成犯罪的，依法追究刑事责任。

第二十三条 人口和计划生育、卫生、食品药品监督管理等行政部门不依法履行管理职责，对直接负责的主管人员和其他直接责任人员给予记过以上的行政处分。

人口和计划生育、卫生、食品药品监督管理等行政部门的工作人员玩忽职守、滥用职权、徇私舞弊、收受贿赂、出具虚假证明的，由其所在单位或者主管部门给予记大过以上的行政处分；有违法所得的，没收违法所得；构成犯罪的，依法追究刑事责任。

第二十四条 本规定自2004年7月1日起施行。

安徽省人口与计划生育条例修正案

（2004 年 6 月 26 日 安徽省第十届人民代表大会常务委员会第十次会议通过）

安徽省第十届人民代表大会常务委员会第十次会议决定对《安徽省人口与计划生育条例》作如下修改：

一、计划生育行政部门修改为：“人口和计划生育行政部门”。

二、第六条修改为:“人口与计划生育工作实行行政首长负责制和目标管理责任制。”

三、第十八条修改为:“乡(镇)人民政府、街道办事处或者受其委托的企业事业单位、村民委员会、居民委员会可以与已婚育龄人员签订计划生育合同。”

“计划生育合同应当明确双方的权利、义务和违约责任，可以设定违约金。”

“计划生育合同的格式由省人口和计划生育行政部门制定。”

四、第二十一条修改为：“符合本条例第二十条规定，但有下列情形之一的，不予批准再生育：

（一）妊娠 14 周以上，违反《安徽省禁止非医学需要鉴定胎儿性别和选择性别终止妊娠的规定终止妊娠的；

（二）故意致婴儿死亡的；

（三）自报婴儿死亡但没有证据证明的。”

五、增加一条，作为第二十五条：“收养子女应当遵守《中华人民共和国收养法》等法律、法规。”

“禁止借收养、代养名义违反本条例规定生育子女。”

“禁止以送养、寄养方式违反本条例规定再生育子女。”

六、第二十六条改为第二十七条，修改为：“育龄夫妻应当自觉落实避孕节育措施，接受计划生育技术服务指导和避孕节育情况检查。提倡已生育子女的夫妻选择长效避孕措施。”

“预防和减少非意愿妊娠。对不符合本条例规定妊娠的，应当及时终止妊娠。”

“计划生育技术服务指导和避孕节育情况检查办法，由省人口和计划生育行政部门制定。”

七、第三十三条改为第三十四条，并将第二款修改为：“为妊娠 14 周以上的妇女施行终止妊娠手术的，应当遵守《安徽省禁止非医学需要鉴定胎儿性别和选择性别终止妊娠的规定》。”

八、第四十六条改为第四十七条，并将第一款第二项修改为：“符合本条例规定可以再生育，但前一个子女不满 3 周岁且女方不满 26 周岁生育的，征收 1000 元以上 2000 元以下的社会抚养费。”

九、增加一条，作为第四十八条：“借收养、代养、送养、寄养名义违反本条例规定生育子女的，按违法生育处理。”

十、增加一条，作为第五十一条：“未取得合法夫妻关系妊娠或者不符合本条例第二十条规定的再生育条件妊娠的，由县级人民政府人口和计划生育行政部门责令限期终止妊娠。逾期拒不终止妊娠的，预征社会抚养费；预征后终止妊娠的，预征的社会抚养费应当在 7 个工作日内全部退还。预征社会抚养费的具体办法由省人民政府制定。”

本决定自 2004 年 8 月 1 日起施行。

《安徽省人口与计划生育条例》根据本决定作相应修改，重新公布。

编纂始末

2007年7月，根据省地方志编纂委员会统一部署，省人口和计划生育委员会（以下简称省人口计生委）成立《安徽省志·人口志》编纂委员会。2008年5月成立志书编辑室，研究制定编写提纲，搜集有关资料，启动前期准备和志书框架条目设置工作。2008年7月22日，省人口计生委召开《安徽省志·人口志》编纂工作动员培训大会，并请省地方志办公室专家对编辑人员进行业务培训；8月，制定了编纂方案和具体工作方案，明确指导思想、编纂步骤和时间节点，志书编纂工作正式启动。2011年4月重新启动编纂工作，2012年9月完成初稿。在广泛征求委领导、机关各处室和各市人口计生委和部分县人口计生委建议的基础上，形成征求意见稿，11月30日召开内审会，12月，修改形成评议稿后送请省地方志办公室审读。

2014年4月，省政府发文撤销省人口计生委和省卫生厅，组建安徽省卫生和计划生育委员会（以下简称省卫生计生委），2014年5月又重新启动编纂工作，8月18日召开评议会，省卫生计生委主任于德志、副主任高俊文及编辑室人员，省地方志办公室主任朱文根、副主任刘成典及省志处相关人员，省档案局、省统计局相关处室负责人、省人大常委会法工委法律专家参加评议会。2014年送审稿同步报送省地方志办公室和出版社后，本志特约编辑、省志处主要负责人及省地方志办公室分管领导对志稿进行了认真审读并反馈意见，出版社也同时反馈了三审意见。

2018年10月13日，《安徽省志·人口志》会审验收会在舒城县召开，会上，省地方志办公室主任、《安徽省志》总编室主任郭德成和省卫生计生委副主任、《安徽省志·人口志》主编高俊文共同审稿签字。省地方志办公室副主任吴静、省志处处长吴良琴、副处长余祖本、副调研员周小平，《安徽省志·人口志》执行主编陈永兵、编辑刘莉、责任校对刘帅参加会审。会审结束后，为进一步提高志书编纂出版质量，省地方志研究院组织业务骨干再次对志稿进行审读。副院长郭德成、吴静对志稿进行了复审，提出了很多宝贵修改意见。省地方志研究院院长程中才对志稿进行了最终审核。

《安徽省志·人口志》全书分为概述、2篇11章、附录及图片，约50多万字，是《安徽省志》的重要组成部分。原省人口计生委和现任省卫生和计划生育委员会领导均高度重视修志工作，在人力、物力、财力上给予全面保障。从事撰稿和编辑工作的同志均为原省人口计生委机关在职干部，默默辛勤笔耕，从浩瀚的文件中认真采撷资料，精心编纂文稿，牺牲了很多休息时间，做了大量艰苦细致的工作。应该说，这部志书凝聚了原省人口计生委机关和省直相关部门、高校等全体参与编纂人员的心血，是集体智慧的结晶。原省人口计生委程扬、王海、张洁、唐永生、饶磊、郭雁、黄利勤、徐雪晖、黄宝珠、陈永兵、杨健为有关章节撰稿人；省统计局何文泉、省公安厅范荣、安徽大学人口所马芒等为志书提供了大量资料；安徽大学外语学院傅悦对目录进行了英文翻译；孙亚萍、吴曙东、施慧慧、李建中、桂杰、承思、张明、孟飞祥、赵金义、祝宇春、章传琴、罗敏等为本志提供资料、照片和志稿修改、打印等付出辛勤劳动。本志在编纂过程中还得到各市、部分县人口和计划生育委员会的大力支持，在此一并致谢。

本志编辑室由于修志经验不足，工作水平有限，特别是受主客观条件限制，不能全面顾及人口和计划生育各个方面，志书中疏漏和差错也在所难免，敬请社会各界人士批评指正。

《安徽省志·人口志》编辑室

2020年3月

安徽省志

Chorography of Anhui Province

人口志

Population

（1986—2005）

人民生活志

Life of the Public

（1986—2005）

（下）

安徽省地方志编纂委员会办公室

Compilatory Commission of Anhui Chorography

方志出版社

Publishing House of Local Records

安徽省地方志编纂委员会

主　任：信长星

第一副主任：王翠凤

副主任：钟俊杰　史涤云　左　俊　江刘伍　樊　勇　李　兵
吴晓源　程中才

委　员：沈小平　程小俊　李国庆　杜道宏　钱桂仑　郭德成
吴　静　程潜龙　胡再生　罗　平　牛弩韬　王俊贵
于　勇　姜　明　罗建国　程光林　潘海滨　徐恒秋
刘少为　章　义　陈卫东　王广满　张　箭　袁　华
陶仪声　李　中　韩永生　陈　烨　李　军　吴劲松
李孝全　曾凡银　徐发成　单　强　王希锦　罗有军
俞　林

《安徽省志》总编室

主　　任： 程中才

副 主 任： 郭德成　吴　静

成　　员：（按姓氏笔画为序）

王富宏　计媛媛　史五一　朱海滨　孙　平　苏爱梅

杜中文　李宇涵　杨永成　吴良琴　余祖本　张　军

张新山　周小平　胡　利　章慧丽

《安徽省志·人民生活志》审稿组

初　　审： 吴良琴　余祖本　周小平　何　凝

复　　审： 郭德成　吴　静　章　勤

核　　审： 程中才　夏荣坡

审查验收

安徽省人民政府

《安徽省志·人民生活志》编纂委员会

主　　任：夏荣坡　骆　飞

副 主 任：章　勤　邓德平　刘光平　钱千红　郭兴榜　陈冬青
毛孟毓　杜希双　方正亚　牟为民　张　鹏　徐　恺
苏维亚　王华清　杨　军　李淮治

委　　员：（按姓氏笔画为序）
马伟民　邓业轩　许善军　李东海　刘国光　杨新龙
何　凝　陈新华　张尚煌　张　雪　周德同　周胜林
郑福林　章　健　童晓莉　樊晓东

《安徽省志·人民生活志》编纂人员

主　　编：夏荣坡

副 主 编：章　勤

执行副主编：杨新龙　何　凝

编　　辑：周　为　刘牛古　徐守义

撰稿人员：(按姓氏笔画为序)
王　丹　邓业轩　凤元周　田　静　司秉杰　朱夏晴
刘牛古　许亚明　许善军　江红沁　李文云　李振中
闵志宏　何　凝　张　伟　张卫民　张振民　陆文珺
陈肖玲　陈帮霞　陈新华　武　杰　林　波　周玉华
周德同　郑培军　孟昭杰　单承勇　段明明　姚幸路
陶　炯　陶登武　夏小平　黄家祥　葛素群　蒋连平
程国胜　程雪松　潘　平

食品烟酒

20世纪80年代初职工食堂

21世纪初职工食堂和节日菜肴

20世纪80年代商店销售的食品及购买票证

21世纪初超市购物

20世纪80年代大前门牌香烟

21世纪初安徽生产的黄山牌香烟

20世纪80年代售卖冷饮

21世纪初售卖冷饮

衣 着

20世纪80年代孩子衣着

21世纪初孩子衣着

20世纪80年代青年衣着

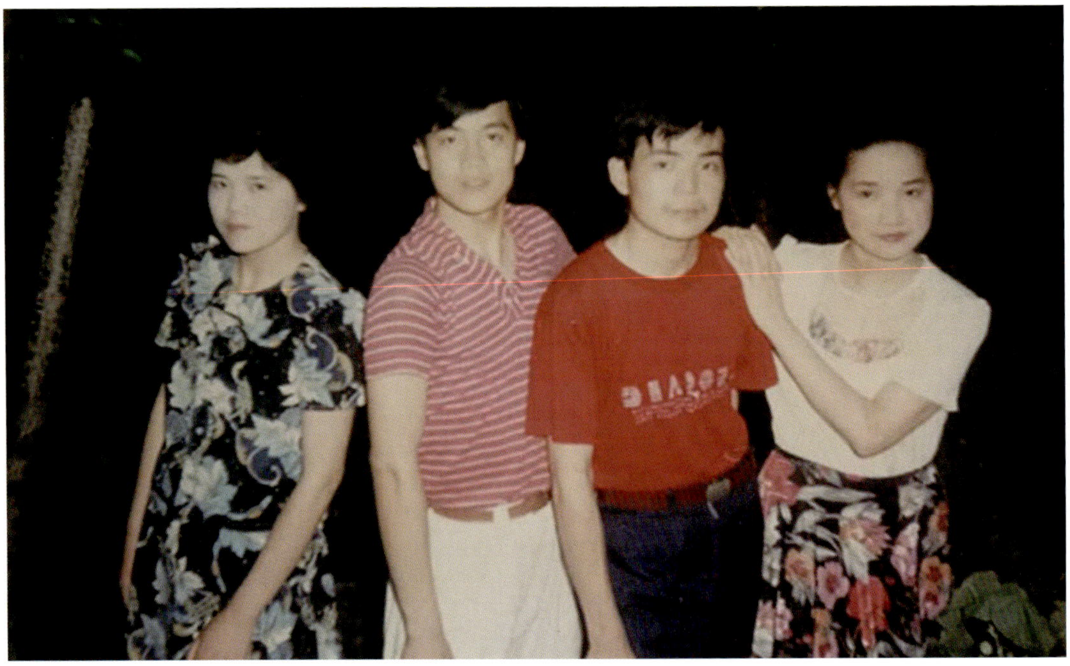

21世纪初青年衣着

20世纪80年代中年人和老年人衣着

21世纪初中年人和老年人衣着

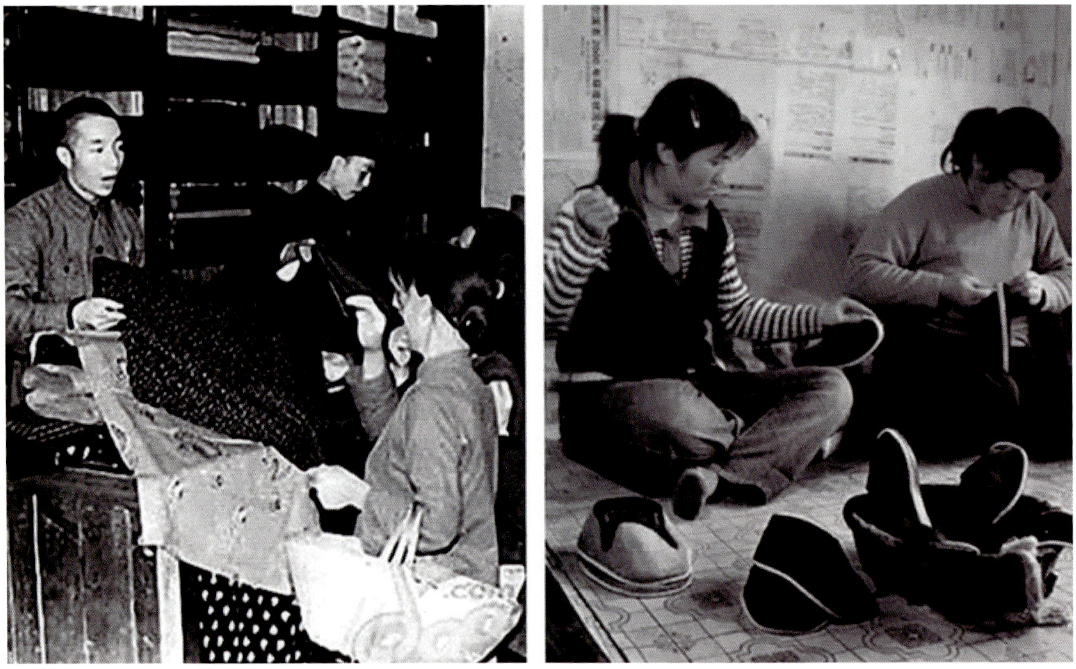

20世纪80年代衣服和鞋子手工制作

21世纪初衣服和鞋子在商场购买

居住及环境

20世纪80年代农村住房和居住环境

21世纪初农村住房和居住环境

20世纪80年代居民生活条件

21世纪初居民生活条件

20世纪80年代合肥市政府办公楼

21世纪初合肥市政府办公楼

20世纪80年代城区居委会办公场所

21世纪初城区居委会办公场所

20世纪80年代合肥市包河公园

21世纪初合肥市包河公园

生 活 用 品 及 服 务

20世纪80年代合肥市百货大楼

21世纪初合肥市百货大楼

20世纪80年代家庭厨房

21世纪初家庭厨房

20世纪80年代村民观看黑白电视场景

21世纪初家庭观看彩色电视场景

20世纪80年代结婚三大件（电视机、洗衣机、电冰箱）

20世纪90年代结婚三大件（空调、音响、录像机）

21世纪初结婚三大件（首饰、车子、房子）

交通和通信

20世纪80年代出行代步工具自行车、公交车

21世纪初出行代步工具私家车、出租车和公交车

20世纪80年代合肥火车站

20世纪80年代合肥火车站站台

20世纪90年代合肥火车站

20世纪90年代合肥火车站站台

21世纪初合肥火车站

21世纪初合肥火车站站台

20世纪80年代火车站售票大厅

21世纪初火车站售票大厅

20世纪80年代的合肥骆岗机场

21世纪初合肥骆岗机场

20世纪80年代公路施工

21世纪初公路现代化施工

20世纪80年代邮递员

21世纪初邮政网点

20世纪80年代主要通讯工具

21世纪初主要通讯工具

教育文化和娱乐

20世纪80年代的合肥市第一中学

21世纪初的合肥市第一中学

20世纪80年代中小学教室

21世纪初中小学教室

20世纪80年代幼儿园

21世纪初幼儿园

20世纪80年代教学

21世纪初多媒体教学

21世纪初素质教育形式多样

21世纪初老年大学

20世纪80年代送戏下乡和慰问演出

21世纪初民间文化娱乐活动丰富多彩

医 疗 保 健

20世纪80年代阜阳市人民医院

21世纪初阜阳市人民医院

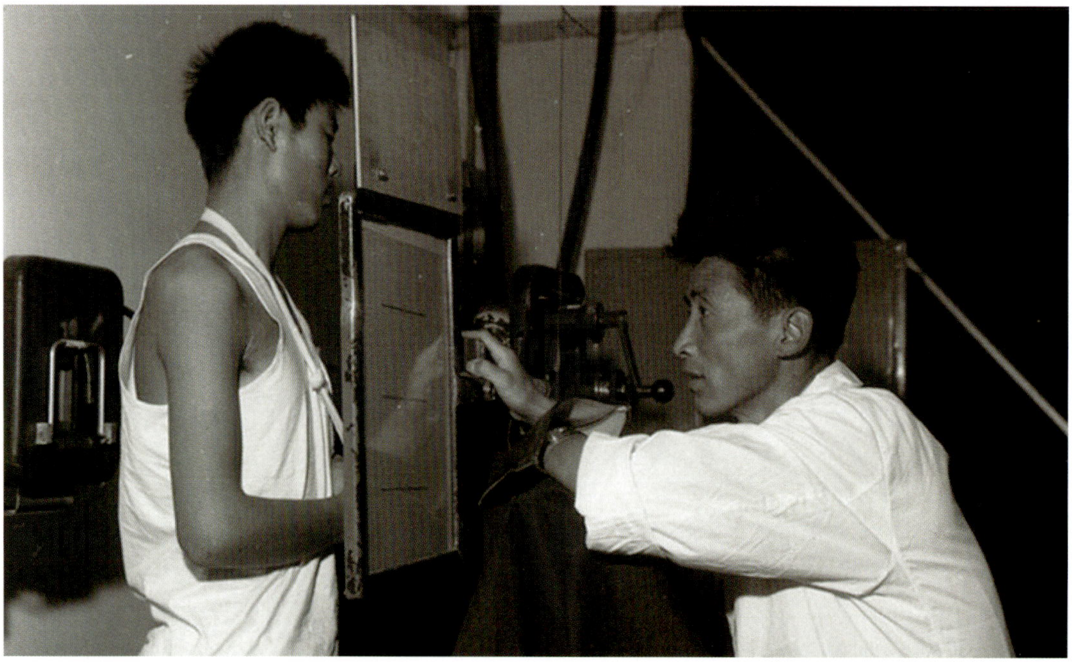

20世纪80年代医学影像检查

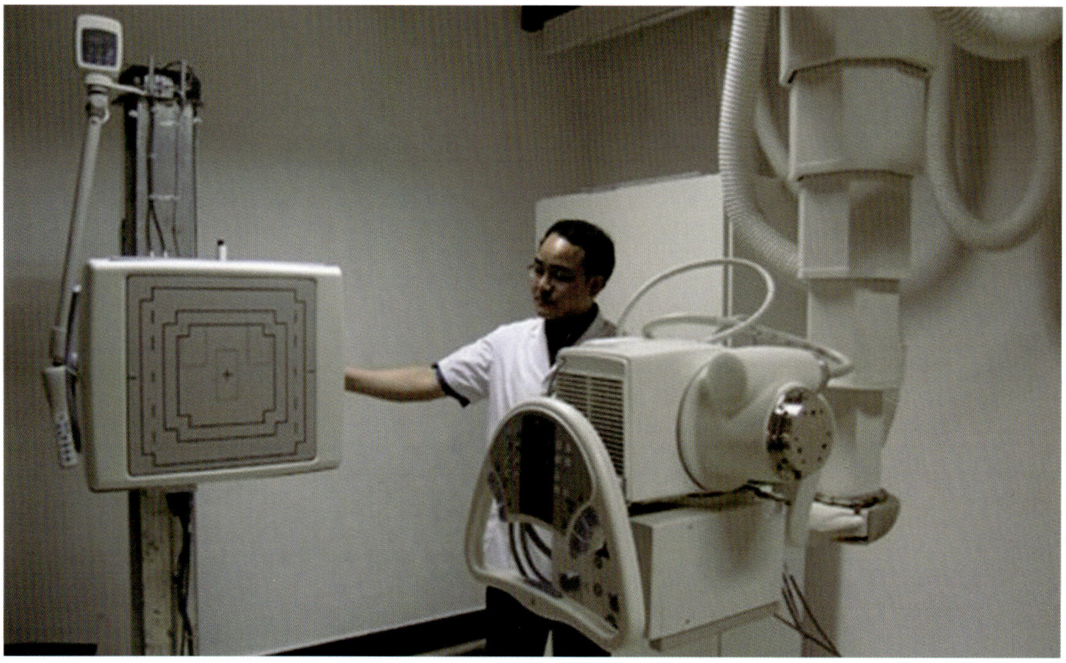

21世纪初医学影像检查

其 他

20世纪80年代股票交易场景

21世纪初股票交易大厅

20世纪80年代宾馆

21世纪初宾馆

20世纪80年代旅馆服务

21世纪初宾馆服务

20世纪80年代农田耕作方式

21世纪初农田耕作方式

总 凡 例

一、编纂《安徽省志（1986—2005）》，坚持以马克思列宁主义、毛泽东思想、邓小平理论、“三个代表”重要思想、科学发展观、习近平新时代中国特色社会主义思想为指导，坚持辩证唯物主义和历史唯物主义的立场、观点和方法，全面、客观、系统地记述1986—2005年间安徽省自然、政治、经济、文化、社会等方面的情况。

二、本志贯彻国务院《地方志工作条例》《安徽省地方志工作条例》，依法修志。

三、本志遵循中国地方志指导小组《地方志书质量规定》，坚持存真求实、客观公正、全面系统，寓观点于记述之中。

四、本志各分志名称为《安徽省志·××志（1986—2005）》。

五、本志记述的地域范围为2005年的安徽省行政区域；时间上限为1986年，下限为2005年，少数分志的时限根据情况作适当上溯或下延，特色分志不设时限。

六、本志采用述、记、志、传、图、表、录等体裁，以志为主。各分志一般为章节体，个别分志根据实际需要采用条目体。

七、入志人物坚持生不立传的原则。除人物志外，各分志坚持以事系人、人随事出的原则。

八、本志采用规范的现代语体文记述。表述力求严谨、朴实、简洁、流畅。语言文字、标点符号、计量单位等按国家规定执行。

九、本志资料由各承编单位搜集整理，文中不注明出处。

十、本志采用省统计部门公布的法定数据，没有列入统计范围的，采用业务主管部门的统计数据。

十一、本志所涉组织、机构、法律法规、文件、会议等专有名称，第一次使用时用全称，简称括注于全称之后。各类译名以新华通讯社译文为准。

十二、本志所用地图均以安徽省测绘部门和有关部门绘制或审定的为准。

十三、本志设总凡例，各分志设凡例。

凡　例

一、本志上限1986年，下限2005年。部分照片上下限有所延伸。

二、本志主要反映城乡居民生活变化。篇目结构采用章节体。

三、本志统计指标数据由统计调查系统各类上报报表加工计算所生成，部分资料来源于年鉴、档案、报刊、专著。

四、本志计量单位一般按中华人民共和国法定计量单位执行，少数沿用旧制，如“亩”。纪年采用公元纪年。规范使用专业术语、名词名称、符号。

五、1986年以来，统计指标名称变化较大，本志全部采用现行统计指标名称，并用现行指标口径对历史数据统一进行了加工转换。统计表中统计数据缺失的数据用空格表示，无数据的用“—”表示。

六、行文中涉及“安徽省”名记述，多处用“安徽”替代；“中共安徽省委”“安徽省人民政府”，多处简称“省委”“省政府”。

目 录

Main Contents

概 述

20世纪80年代中期以后，国家实行的改革开放政策进一步深入，城市的各项改革依次展开，改革的触角遍及各个方面。冰封已久的工资政策开始松动，1985年、1993年国家机关及事业单位两次进行了幅度比较大的工资改革，并形成了正常增资机制；企业职工的工资收入不再“吃大锅饭”，企业有了自主分配收入的权利，收入分配取决于职工干多干少、干好干坏。与此同时，城镇劳动就业政策不断调整，打破了过去由国家统一安排劳动就业的局面，城镇居民就业方式多样化，自主、自由择业被大多数城镇居民所接受。

在农村，肇始于安徽省凤阳县小岗村的中国农村改革进一步深化，安徽农村在全国最早全面建立了家庭联产承包责任制，确立了农户作为农业生产者的主体地位，农民的生产积极性空前高涨，农产量迅速增加，农村非农产业快速发展，农民外出就业规模不断扩大。农业生产经营方式也发生了很大变化，农民的市场意识增强，农民种植基本以市场为导向，以效益为目的。1998年以后，安徽省采取积极有效措施贯彻国家对农民“多予”“少取”的方针，在全国率先进行了农村税费改革试点，减免直至最终取消农业税。与此同时，对农民直接实行种粮补贴、良种补贴、农机具购置补贴、农资综合补贴以及退耕还林补贴等政策措施。

居民收入大幅度增加 工资、就业政策的改变，带动城镇、农村居民收入出现非常大的变化，1986年至2005年这20年是新中国成立后安徽城乡居民收入增长最快的时期。

1986年至2005年，安徽城镇居民收入增长强劲，2005年人均可支配收入8470.7元，比1986年增长了13.4倍。1988年安徽城镇居民人均可支配收入首次突破千元大关，从1949年新中国成立开始算起，花了整整40年时间，1993年突破2000元，用了五年时间，而1994年一年时间就突破3000元大关。1995年到2005年，安徽城镇居民人均可支配收入每年都增加500元以上，一年的增加收入就相当于1986年以前的全年收入甚至还多。

1986年至2005年，安徽农民收入实现较快增长，20年来，年均增长了10.5%。

1986年至1990年，安徽农民家庭经营收入进入了稳步发展阶段。这一时期，是安徽农村专业户、专业村大发展的时期，作为农业大省的安徽，农村居民的家庭经营收入，与全国收入相比差距不大，1986 年和 1987 年，安徽农村居民家庭经营收入，比全国平均收入水平人均高出了 25 元、15 元。从 1988 年至 1990 年，安徽农村居民家庭经营收入开始低于全国收入水平。1990 年，家庭经营收入的差距扩大到人均 77 元。

1991 年，安徽省发生特大水灾，农业生产受灾严重，安徽农村居民家庭收入与上年同期相比下降 19.1%，其中农业收入下降了 25%。特大水灾使得当年安徽家庭经营收入与全国收入差距快速扩大，人均达到 166 元。

从 1992 年至 1997 年，是安徽农村经济快速发展，农村居民收入增加较多的时期。这一时期，安徽省放开了粮油购销价格，并在全省范围内普遍开展土地二轮承包，农民从事农业生产的积极性再一次被激发起来，外出打工人数的增加，使安徽农村居民工资性收入呈现罕见的连续高增长。1997 年，农村居民人均纯收入已达 1809 元，比 1991 年人均增加了 1363 元，增长了 3 倍多，六年间年均增长 26.3%。从 1992 年至 1997 年，农村居民收入年均增速比城镇居民的增速高了 5.6 个百分点。

1998 年至 2005 年，安徽农村居民收入进入了较长时期低速增长阶段。从 1998 年开始，安徽省粮食等主要农产品价格一直低迷，全省农村出现“卖粮难”，亚洲金融危机使安徽农村地区大量的富裕劳动力外出打工从业困难，加上多次自然灾害及疫情，农村居民收入的增长步伐蹒跚，2001 年安徽农村居民人均纯收入首次突破 2000 元，四年时间平均每人才增加 200 元，每年仅 50 元。2004 年，安徽省率先在全国进行了农村综合改革试点工作，农民的生产积极性再一次被调动起来，当年安徽农村居民人均纯收入为 2499 元，比上年增长了 17.5%。2005 年，农村居民人均纯收入为 2641 元，比 1998 年人均增加 778 元，增长了 41.8%，年均增长 5.1%，增长速度较为缓慢。

居民收入来源多样化 城镇居民收入的来源不再局限于单一的工资，收入来源多样化，收入构成分散化，除工资、奖金、津贴等劳动收入外，还有大量的其他劳动收入、非劳动收入，在部分城镇居民家庭中这部分收入还占据了很大份额。1986 年，安徽城镇居民工资性收入占家庭全部收入的比重为 85%，2005 年下降到 70%。

安徽农村居民收入的外部来源结构不断趋于多元化和非农化，农村居民的家庭经营收入不断增加，但其占农村居民收入的比重却呈现出缓慢下降的趋势，特别是来源于第一产业的收入比重下降趋势更为明显；而农村居民的工资性收入则保持着较快的增长速度，其在农村居民收入中所占的比重不断提高。1985 年，在安徽农村居民人均纯收入中，来源于农村居民家庭经营中第一产业的纯收入为 274.9 元，占农村居民人均纯收入的 74.4%， 2005 年，来源于家庭经营第一产业的纯收入人均 1278.2 元，占农村居民人均纯收入的 48.4%。农村居民的工资性收入快速提高，渐渐成为农村居民增收的重要来源，其在农村居民收入中的份额越来越大。1985 年，安徽农村居民的工资性纯收入人均 35.8 元，2005 年提高到人均 1010.1 元，年平均增长 18.2%，工资性纯收入的快速增长，使其占农村居民人均纯收入的比重由1985年的9.7%上升到2005年的38.2%，平均每年上升1.43个百分点。

居民收入差距扩大　1986年前后，安徽城镇居民收入比较均等化，各个层次的居民家庭收入差距不大，家庭万元收入就是富裕人家。进入20世纪90年代中后期，在城镇居民收入裂变的同时，居民家庭收入层次开始出现分化，一方面失业和下岗人员在增多，造成部分居民家庭收入骤减，家庭生活出现困难；一方面凭借观念、技术、政策等优势，有一部分城镇居民率先富了起来，百万富翁甚至千万富翁也不足为奇。1986年到1989年，安徽城镇居民家庭最低收入户与最高收入户收入比一直维持在3：1（即最低收入户三个人的收入才相当最高收入户一个人的收入），以后每年这个收入比都在扩大，2005年收入比为5.5：1。

安徽农村居民的收入差距是在1978年农村实行“大包干”生产经营责任制以后产生的，随着农村居民的收入来源越来越多，全省农村居民的收入差距扩大的趋势较为明显。1986年至2005年，农村高、低收入组居民之间的收入差距持续扩大，1986年，最高收入组人均纯收入是最低收入组的1.98倍，2005年是3.77倍，最高、最低收入组的人均纯收入差距扩大近1.8倍。1986年至2005年安徽农村居民之间的收入差距不断拉大，但与全国农村居民收入差距比较，安徽农村居民收入差距比例一直都低于全国，2005年，安徽的高低收入差距是3.77倍，比全国的6.26倍小2.49倍。

居民消费变化大　1986年至1997年，安徽城镇居民生活水平有所提高，但总体消费水平仍属于温饱型，主要标准就是恩格尔系数一直维持在55%左右（这一标准是按联合国粮农组织提出的判断指标来衡量的）。1986年至1997年，城镇居民消费支出逐步增长，消费支出中的大部分支出在基本生活费上，其中食品支出又占了大头。食品支出中也主要由粮食主导型食品为主，居民摄取的热量、脂肪比重偏多，摄取的蛋白质含量偏少，吃饱不是问题，吃好还有欠缺；穿、日用、交通等消费也有较大改善，表现为消费数量上有一定增长，居民的消费选择余地较为充分；享受型、发展型的消费也初露端倪，居民家庭消费支出中的教育、文化娱乐、旅游等支出增加较快。

1998年到2005年，随着收入不断提高，安徽城镇居民殷实家庭增多，居民家庭的消费支出变化很大，以1998年恩格尔系数首次下降到50%为标志，安徽城镇居民家庭消费水平正逐步走向小康。这一期间，过惯紧日子的城镇居民由于有收入作保障，再加上市场商品供应充足，一反传统的生活方式，消费观念由保守变得前卫，消费行为积极，消费内容丰富多彩。1998年之前，城镇居民只求吃饱、有穿、能住就行，此后则不然，消费的品种和消费的档次都焕然一新，精神享受型消费支出比例在不断增大，教育、文化娱乐、旅游消费已成蔚然。居民吃的不再是在量上求多、够饱，而讲究食品质量，营养均衡，食不厌精；由于有了更多的收入结余，居民家庭逢年过节或友朋相聚一改以往家中炊烧相待的习惯，在外饭馆酒店餐饮，为了显示富足，经常是餍甘饫肥，肴列珍馐。穿着不仅仅是传统意义上保暖遮羞，而讲究着衣有品位，服饰好搭配，标新追时尚。日用品的消费更为宽泛，变化也最丰富，居民对日用品的消费需求，大大提升了日用品的发展，档次不断升级换代，功能也五花八门，如钟表、灯具除了原有的功用外，更多的被用来摆设、装饰、点缀。交通与通讯的消费支出大幅度增长，交通的变化主要表现在居民出行更为便捷，居民个人交通出行，除去自行车外，摩托车、电动自行车已经成为居民出行主要交通工具，私人小轿车也被为数不少居民家庭所拥有；通讯的消费变化可谓日新月异，住宅电话已成为陪衬，移动电话（手机）变成主流，基本上人人拥有一部手机，国际互联网发展快迅，成为居民家庭对外交往和信息交流主要通讯工具。家用电器的拥有量激增，家用电器的使用非常广泛，文化娱乐家用电器更新换代速度加快，小家电如电吹风、抽油烟机、电热水器、电取暖器等已为普遍，电炊具和食品加工机也越来越多走入居民家庭。住的变化最大，1995 年之前城镇居民住房选择余地很小，想住什么，怎么住，不由自己作主，基本是政府或单位分配。因此，城镇居民要求住房改革的呼声最高。2002 年，中国全面推行住房分配市场化，安徽城镇一部分收入水平较高的家庭开始将多余的收入投向住房，住房的面积迅速扩大，住房结构也趋合理，住房质量明显改善。

1986 年至 2005 年，安徽农村居民生活水平变化也很大。2005 年，安徽农村居民人均食品消费支出占生活消费支出的比重为 45.5%，与 1985 年的 60.4% 相比，下降了 14.8 个百分点。食物消费支出占生活消费支出比重大幅度降低，标志着安徽农村居民生活水平有了质的提高，农村居民的消费结构已经由数量型消费结构转变为质量型消费结构，安徽绝大多数农村居民不再满足于吃得饱，而是要求吃得好、吃得精，注重营养，讲究口味，追求方便。穿、用、行的消费档次也快速提升，一些作为当代城市家庭生活标志的用品如空调、热水器、移动电话等，在农村居民家庭出现并趋于普及，一些高科技产品及大宗消费品如电脑、家用小汽车等也开始进入了农村居民家庭。安徽农村居民住房面积增加较快，居住质量显著提高。过去农村居民的住房还比较简陋，主要是土墙草顶的平房，21 世纪初新颖、别致的楼房，成为农村居民生活水平提高的最直观、最明显的反映，安徽农村居民的住房正在朝方便、舒适的方向发展。2005 年，安徽农村居民人均居住消费支出 344.9 元，是 1985 年的 9.2 倍，年平均增长 11.8%。2005 年，安徽农村居民人均住房 27.0 平方米，比 1985 年增加了 13.8 平方米。不仅住房面积越来越大，而且住房质量越来越高。农村居民钢筋混凝土结构住房面积显著增加，部分农村居民开始注重住房的室内装修，农村居民新建的住房，不仅要求宽敞明亮，而且室内装璜考究，美观、舒适、温馨；从房屋的设施看，农村居民住房拥有卫生设施、暖气设施的户数在逐渐增加。

居民家庭财产增多　1986年至1995年，安徽城镇居民收入虽有一定的提高，但大部分都用在必要的生活消费上，所余不多，家庭固定资产和金融资产略显单薄。这一时期，在满足吃穿的同时，居民家庭开始购买彩色电视机、洗衣机、电冰箱、空调，也有一定数量的组合家具、摩托车等较为贵重的固定资产；居民家庭金融资产比较单一，除一定数量的银行储蓄外，只有少量债券、股票。此外，由于绝大部分居民的住房产权仍属国家所有，只具有居住权，不能算作个人固定资产。1996年至2005年，安徽城镇居民家底逐步丰厚，固定资产与金融资产增多。1996年以后，安徽城镇居民私有住房比例不断上升，1996年的比例为36%，2005年上升到75%，由于房屋价格持续增长，房屋成了安徽城镇居民家庭最大固定资产。住房的改善，带动其他固定资产的添置，彩电、空调、洗衣机已属寻常资产，并且是一个家庭拥有多台，其他新式的家用电器如电脑、手机、健身器等也被越来越多家庭所拥有。与此同时，小轿车逐渐走入居民家庭。1996年至2005年，安徽城镇居民金融资产增加很快，由于国家加大资本开放力度，居民更多的闲钱有了投资去处，股市、汇市、保险、民间借贷非常活跃，更有一部分高收入家庭收藏书画、古董、玉器、灵石、金砖等。居民家庭的银行存款也同样增多，1996年安徽城镇居民人均银行存款6234.9元，2001年人均首次突破万元，2005年人均达到20372.8元。

安徽农村居民家庭的固定资产和金融资产也多了起来。2005年末，安徽农村居民人均家庭住房价值达6454. 5元；人均拥有生产性固定资产原值1436.8元；人均金融资产余额1772.7元，其中手存现金481.4元，人均存款余额1284.1元。

价格跌宕起伏　1985年以后，随着改革开放的不断深入，价格政策发生变化，由计划经济时代的国家统一定价，逐步变为市场定价。从1985年到2005年的20年间，安徽物价变动频繁，经常出现上涨与下跌交替的局面。

1985—1989年，正处于中国由封闭的计划经济向开放的市场经济转轨过渡期，国家正逐步将过分收紧的商品价格放开，部分商品价格交由市场调节，并让市场供需决定、调整其价格。农产品价格受其政策影响较大，在国家调价政策推动下，这一时期安徽农产品价格持续上涨，1989年农产品价格总水平较1985年上涨69.7%。受农产品价格影响，商品和服务价格全面上涨，导致城乡居民生活费用支出增加。由于改革的步子太大，放松了对放开价格的管理，加上整个经济体制改革措施不配套，宏观调控不力，经济环境恶化，出现了“抢购风”，通货膨胀加剧等问题，改革遭受严重挫折。到1988年年末，国家开始整顿经济秩序、治理经济环境，宏观调控实行“硬着陆”“急刹车”，开始大幅提高银行存款利率，削减基本建设投资，1989年第三季度通货膨胀开始受到控制，物价指数上涨幅度开始下降。

1990—1991年，由于受前一时期宏观经济过热的影响，通货膨胀压力较大，国家采取一系列宏观经济政策，抑制通胀。经过“治理经济环境，整顿经济秩序”工作调整，国家有效控制固定资产投资规模和货币发行总量，市场秩序好转；国民经济进入三年整顿时期，粮棉油等主要农产品生产摆脱了徘徊不前的局面，农产品价格稳中下降。1991 年与 1989 年相比，安徽农产品价格总水平下降 1.7%。市场上与人民生活密切相关的消费品供应充足，不少商品出现销售疲软，遏制住了市场物价过快上涨的势头。

1992—1996 年，由邓小平视察南方谈话发表为开始，中国改革开放又增添新的活力，宏观经济迎来新一轮的大发展。随着经济的发展，投资过热的现象显现，并推动了新一轮的物价上涨。这一时期，中国经济正向市场经济过渡，其主要任务是逐步建立以市场形成价格为主的价格机制，各项改革措施全面推进，各种商品价格逐步放开。在向市场经济过渡过程中，国家调整价格政策，陆续将 90%以上的商品价格放开。由于市场机制不健全，百姓消费心理不成熟，在各地区经济发展不平衡和收入差距存在的情况下，导致出现了特定时期的通货膨胀现象。1992—1996 年的五年间，安徽居民消费价格累计上涨 98.7%，其中，城市上涨 102.3%，农村上涨 96.3%。

1997—2002 年，中国成功实现经济软着陆，市场物价涨幅呈回落态势。这一时期，中国工业生产能力增长很快，各类物资供应丰富，城乡居民生活水平迅速提高；但受 1997 年东南亚金融危机、中国福利制度的改革以及国有企业所有制改革的影响，整个市场又进入通货紧缩时期。1997 年初，安徽工业品价格仍然处于较高位置，但上涨动力明显下降，居民消费渐趋理性，工业品价格开始出现回落； 1997 年后期，全省工业品出厂价格开始出现持续回落，一直到 2002 年的下半年才开始走出下降的通道。由于受金融危机的影响，加之国家宏观经济政策的调整和完善，引起了农产品价格持续下跌，农民增产不增收，收入增长速度明显放缓。

2003—2005 年，中国经济逐步走向有序发展，物价上涨是在总供给大于总需求的背景下出现的，也就是说在买方市场中实现了物价上涨，这与过去在卖方市场出现的物价上涨有很大不同。2003—2005 年期间，安徽工业品价格上涨是在生活资料供给十分充足的情况下，在市场经济渐趋走向成熟的过程中，由生产资料，主要是能源的供给不足和资源的稀缺而带来的，各类能源类与资源类产品提供的生产资料价格出现大幅上涨。2003—2005 年间，安徽煤炭开采和洗选业出厂价格上涨了 34.4%，石油出厂价格累计上涨了 62.9%，黑、有色金属冶炼及压延加工业出厂价格则分别上涨 42.8% 和 84.0%，涨幅远远高于其他行业。在 2002 年至 2005 年期间，安徽房地产价格上涨幅度也逐步加大，2005 年与 2001 年相比，安徽房屋销售价格上涨 24.2%，在房屋销售中，商品房价格上涨 23.6%，其中：住宅上涨 25.8%；土地交易价格上涨 24.1%；房屋租赁价格上涨 6.4%。

价格变化影响面广 从 1985 年到 2005 年的 20 年间，安徽物价变动波及面广，尤其是对居民收入和生活的影响比较大。

物价上涨在一定程度上刺激了有效需求的增长，改善了微观经济运行环境，促进了宏观经济的快速发展，从而使城乡居民的收入得到增加；物价上涨特别是大幅上涨，国家必然会采取包括提高银行存款利率等一系列应对措施，居民的财产性收入增加很多。物价上涨带动的收入提高其实就是虚高了居民收入，造成居民名义收入增高，实际并没有得到多少实惠。

物价上涨使居民的实际收入减少，滞缓了收入增长步伐。1988 年，安徽城镇居民消费物价指数为 121.4，扣除物价上涨因素后，城镇居民可支配收入比上年下降 4.3%，据测算，受价格因素影响，人均可支配收入增幅整整下降了 20.1 个百分点。1994 年安徽城镇居民人均可支配收入增幅虽然达到了 40.1%，当年城镇居民消费物价指数为 127.4，扣除物价上涨因素后实际仅增长 6.4%，增幅比前五年都要低。1994 年农村居民人均纯收入增幅也达到了 34.3%，但当年农村居民消费物价指数为 126.3，扣除物价上涨因素后实际收入仅增长 6.2%，1994 年农村居民的收入增长被高物价抵消，收入增幅水平又回到了 1989 年。

各阶层居民家庭对物价上涨承受能力有所不同，也影响各阶层居民收入增长，高收入家庭收入增长较快，对物价上涨承受能力强一些，而低收入家庭收入增长相对缓慢，对物价上涨承受能力弱，从而也造成各阶层居民家庭收入差距变大。在通胀最明显的 1988 年，安徽城镇高收入居民家庭（占调查总数 20% 的是高收入组家庭）的人均可支配收入增长 18.04%，扣除价格因素实际下降 2.4%，而城镇低收入居民家庭（占调查总数 20% 的最低收入组家庭）人均可支配收入仅增长 2.6%，扣除价格因素实际还要下降 15.2%。扣除价格因素后，低收入家庭的人均可支配收入绝对额仅为高收入家庭的 31.3%，收入差距扩大。进入 21 世纪，物价上涨特别是房价上升加大了各阶层居民生活的压力，对低收入居民家庭来说更显沉重，房价高涨加大了各阶层居民家庭生活差距。衡量房价对居民生活的影响最根本指标是国际通行的房价收入比，即一套住房价格（按本区域三口之家标准住宅面积计算）与居民家庭年收入的比值，它反映居民家庭购买住房的支付能力，比值越高支付能力越低。根据国际标准，房价收入比在 3 ∶ 1 至 6 ∶ 1 的范围内才算合理，超出这一范围，说明房价偏高。2005 年安徽城镇居民最低收入户房价收入比为 17.5 ∶ 1，即购买一套 70 平米的住房要花费 17.5 年的家庭年收入，最高收入户房价收入比为 3.2 ∶ 1，即购买一套 70 平米的住房要花费 3.2 年的家庭年收入，最低收入户因积累购房资金所需的时间是最高收入户的 5.5 倍，是安徽城镇居民家庭平均水平的 2.4 倍。低收入家庭购房承受能力远低于社会平均水平。

第一章　城镇居民家庭收支

1986 年以后，随着改革开放的逐步深入，安徽城镇居民收入水平逐年提高，生活质量不断改善。在收入增长的同时，城镇居民就业渠道逐步拓宽，家庭收入结构发生很大变化，收入来源趋于多元化；居民之间较为平均的收入格局被打破，收入差距拉大。消费支出增长迅速，吃、穿、用、住、行的变化很大。居民家庭节余增多，家庭财产较为丰裕。

第一节　城镇居民家庭收入

1984 年 3 月，中共安徽省委、省政府发出通知，要求进一步完善工商企业经济责任制，改革企业奖金发放办法，解决企业与企业之间、企业内部吃“大锅饭”的问题。由此安徽省城市改革全面启动。

为了进一步加快城市改革步伐，1985 年 5 月，安徽省召开全省经济体制改革工作会议，会议决定：在全省 15 个城市全面进行经济体制改革。城市改革步伐的加快，推动了城市的全面发展，城市居民家庭发生变化，城市居民收入水平快速增加，收入结构逐年变化。

家庭规模缩小，就业人数增多　进入到 20 世纪 80 年代后，国家人口计划生育政策力度加大，城市居民普遍接受“只生一个好”的政策口号，安徽城镇居民家庭人口数不断减少，就业机会增多，就业者负担系数进一步减轻。

1986 年，安徽城镇居民家庭平均每个家庭人口数为 3.76 人，其中就业人口 2.15 人，就业率为 57.2%，就业者负担系数（家庭人口与就业人口的比值）为 1.74。1987 年，平均每户 3.7 人，其中，就业者 2.17 人，就业率为 58.6%，就业者负担系数为 1.71 人。1988 年，户均人口数为 3.65 人，其中就业人口为 2.14 人，就业率为 58.6%，就业者负担系数为 1.71 人。1989 年，平均每个家庭人口数为 3.56 人，其中就业人口 2.1 人，就业率为 59%，就业者负担系数为 1.7 人，家庭人口规模比上年明显缩小。1990 年，户均人口数为 3.51 人，其中就业人口 2.09 人，就业率为 59.5%，就业者负担系数为 1.68 人。1990 年，户均人口数为 3.51 人，其中就业人口 2.09 人，就业率为 59.5%，就业者负担系数为 1.68 人。1986 年到 1990 年这五年平均每户人口数减少 0.25 人，就业率上升 2.3 个百分点。

1991 年，安徽城镇居民家庭户均人口数为 3.38 人，其中就业人口数为 2.02 人，就业率 59.8%，就业者负担系数 1.67 人，和上年相比，家庭户规模有所缩小，就业率基本维持不变。1992 年，户均人口数 3.29 人，就业人口 2 人，其中全民单位职工 1.41 人，占就业人口的 70.5%，就业率为 60.8%，就业者负担系数为 1.65 人。1993 年，户均人口 3.25 人，其中就业人口 1.99 人，就业率 61.2%，就业者负担系数为 1.63 人。1994 年，户均人口为 3.25 人，其中就业人口 1.89 人，就业率 58.15%，就业者负担系数为 1.72 人。1994 年就业率比上年下降，主要原因是 1993 年全国国有企业进行体制改革，为了提高企业生产效益，激发企业在市场的竞争能力，一大批企业关停并转，部分企业工人下岗分流，造成了全国性就业困难。1995 年，户均人口 3.18 人，其中就业人口 1.86 人，就业率 58.5%，就业者负担系数 1.71 人。1995 年就业状况仍然没有大的起色，就业率虽有上升，但主要是家庭人口减少原因，扣除这一因素，就业人数还有所减少，和企业改制前的 1992 年相比，1995 年每百户就业人口数减少了 14 人。

1996 年，安徽城镇居民家庭户均人口 3.1 人，其中就业人口 1.85 人，就业率 58.7%，就业者负担系数为 1.68 人。1997 年户均人口 3.15 人，其中就业人口 1.91 人，就业率为 60.6%，就业者人口负担系数为 1.65 人。1998 年，户均人口 3.09 人，其中就业人口 1.85 人，就业率 59.9%，就业者负担系数 1.67 人。1999 年，户均人口 3.07 人，其中就业人口 1.86 人，就业率 60.6%，就业者负担系数 1.65 人。2000 年，户均人口 3.08 人，其中就业人口 1.66 人，就业率 53.9%，就业者负担系数 1.86 人。1996 年到 2000 年这五年时间，安徽城镇已经进入“三口之家”时代，家庭规模小型化。

2001 年，安徽城镇居民家庭户均人口 3.04 人，其中就业人口 1.64 人，就业率 53.9%，就业者人口负担系数 1.85 人。2002 年，户均人口 3.02 人，其中就业人口 1.58 人，就业率 52.3%，就业者人口负担系数 1.91 人，家庭户规模进一步缩小。2003 年，户均人口 2.96 人，家庭规模进一步缩小，三口之家的核心家庭占 57%。其中就业人口 1.55 人，就业率 52.4%，就业者人口负担系数 1.91 人。2004 年，户均人口 2.96 人，三口之家的核心家庭占 63.5%。其中就业人口 1.56 人，就业率 52.7%，就业者人口负担系数 1.9 人。2005 年，户均人口 2.95 人，三口之家的核心家庭占 61.2%。其中就业人口 1.54 人，就业率 52.2%，就业者人口负担系数 1.91 人。2001 年到 2005 年这五年时间，安徽城镇家庭人口仍然在进一步减少，2003 年家庭人口规模缩小到 3 人以下，三口之家是主型，二人世界也为数不少，也存在一部分孤独型家庭。这五年就业状况陷入低谷，就业率下滑，其中最大的原因是始于 1999 年全国推进国有企业改革，这次改革使相当一部分人失去工作，波及面大，波及时间也长，在安徽城镇许多家庭只有一人工作，甚至全家陷入失业困境；半就业现象也很普遍，工作难以长久，薪金难以保证，习惯依赖国有企业的观念难以改变。1993—2005 年安徽城镇居民家庭人口结构见表。

1993 年安徽城镇居民家庭人口结构表

表 1–1　　　　单位：人

内　容	人　数	内　容	人　数
家庭人口数	3.25	5. 个体被雇者	0.01
其中：就业人口	1.99	6. 离退休再就业者	0.04
1. 国有单位职工	1.41	7. 其他就业人数	0.01
2. 集体单位职工	0.5	离退休人数	0.22
3. 其他所有制职工	0.01	其他人数	1.03
4. 个体经营者	0.02		

1994 年安徽城镇居民家庭人口结构表

表 1–2　　　　单位：人

内　容	人　数	内　容	人　数
家庭人口数	3.25	5. 个体被雇者	0.01
其中：就业人口	1.89	6. 离退休再就业者	0.05
1. 国有单位职工	1.36	7. 其他就业人数	0.01
2. 集体单位职工	0.44	离退休人数	0.32
3. 其他所有制职工	—	其他人数	1.04
4. 个体经营者	0.03		

1995 年安徽城镇居民家庭人口结构表

表 1–3　　　　单位：人

内　容	人　数	内　容	人　数
家庭人口数	3.18	5. 个体被雇者	0.01
其中：就业人口	1.86	6. 离退休再就业者	0.05
1. 国有单位职工	1.34	7. 其他就业人数	—

续表 1-3

内　容	人　数	内　容	人　数
2. 集体单位职工	0.43	离退休人数	0.33
3. 其他所有制职工	0.01	其他人数	0.99
4. 个体经营者	0.03		

1996 年安徽城镇居民家庭人口结构表

表 1-4　　单位：人

内　容	人　数	内　容	人　数
家庭人口数	3.1	5. 个体被雇者	0.01
其中：就业人口	1.85	6. 离退休再就业者	0.04
1. 国有单位职工	1.38	7. 其他就业人数	—
2. 集体单位职工	0.38	离退休人数	0.31
3. 其他所有制职工	0.01	其他人数	0.94
4. 个体经营者	0.03		

1997 年安徽城镇居民家庭人口结构表

表 1-5　　单位：人

内　容	人　数	内　容	人　数
家庭人口数	3.15	5. 个体被雇者	0.01
其中：就业人口	1.91	6. 离退休再就业者	0.03
1. 国有单位职工	1.38	7. 其他就业人数	—
2. 集体单位职工	0.38	离退休人数	0.28
3. 其他所有制职工	0.05	其他人数	0.96
4. 个体经营者	0.06		

1998 年安徽城镇居民家庭人口结构表

表 1-6　　单位：人

内　容	人　数	内　容	人　数
家庭人口数	3.09	5. 个体被雇者	0.02

续表 1-6

内　容	人　数	内　容	人　数
其中：就业人口	1.85	6. 离退休再就业者	0.03
1. 国有单位职工	1.32	7. 其他就业人数	—
2. 集体单位职工	0.38	离退休人数	0.31
3. 其他所有制职工	0.04	其他人数	0.94
4. 个体经营者	0.07		

1999 年安徽城镇居民家庭人口结构表

表 1-7　　单位：人

内　容	人　数	内　容	人　数
家庭人口数	3.07	5. 个体被雇者	0.02
其中：就业人口	1.86	6. 离退休再就业者	0.03
1. 国有单位职工	1.30	7. 其他就业人数	0.01
2. 集体单位职工	0.35	离退休人数	0.33
3. 其他所有制职工	0.06	其他人数	0.88
4. 个体经营者	0.09		

2000 年安徽城镇居民家庭人口结构表

表 1-8　　单位：元

内　容	人　数	内　容	人　数
家庭人口数	3.08	5. 个体被雇者	0.04
其中：就业人口	1.66	6. 离退休再就业者	0.01
1. 国有单位职工	1.05	7. 其他就业人数	0.01
2. 集体单位职工	0.27	离退休人数	0.44
3. 其他所有制职工	0.14	其他人数	0.97
4. 个体经营者	0.16		

2001 年安徽城镇居民家庭人口结构表

表 1-9　　　　单位：人

内　容	人　数	内　容	人　数
家庭人口数	3.04	5. 个体被雇者	0.06
其中：就业人口	1.64	6. 离退休再就业者	0.02
1. 国有单位职工	0.99	7. 其他就业人数	0.02
2. 集体单位职工	0.26	离退休人数	0.45
3. 其他所有制职工	0.12	其他人数	0.01
4. 个体经营者	0.16		

2002 年安徽城镇居民家庭人口结构表

表 1-10　　　　单位：人

内　容	人　数	内　容	人　数
家庭人口数	3.02	5. 个体被雇者	0.08
其中：就业人口	1.58	6. 离退休再就业者	0.01
1. 国有单位职工	1.02	7. 其他就业人数	0.03
2. 集体单位职工	0.17	离退休人数	0.46
3. 其他所有制职工	0.16	其他人数	0.07
4. 个体经营者	0.1		

2003 年安徽城镇居民家庭人口结构表

表 1-11　　　　单位：人

内　容	人　数	内　容	人　数
家庭人口数	2.96	5. 个体被雇者	0.08
其中：就业人口	1.55	6. 离退休再就业者	0.02
1. 国有单位职工	1	7. 其他就业人数	0.04
2. 集体单位职工	0.16	离退休人数	0.46
3. 其他所有制职工	0.15	其他人数	0.95
4. 个体经营者	0.11		

2004年安徽城镇居民家庭人口结构表

表1-12　　单位：人

内　容	人　数	内　容	人　数
家庭人口数	2.96	5．个体被雇者	0.09
其中：就业人口	1.56	6．离退休再就业者	0.02
1．国有单位职工	0.96	7．其他就业人数	0.02
2．集体单位职工	0.15	离退休人数	0.43
3．其他所有制职工	0.17	其他人数	0.96
4．个体经营者	0.14		

2005年安徽城镇居民家庭人口结构表

表1-13　　单位：人

内　容	人　数	内　容	人　数
家庭人口数	2.95	5．个体被雇者	0.1
其中：就业人口	1.54	6．离退休再就业者	0.02
1．国有单位职工	0.92	7．其他就业人数	0.02
2．集体单位职工	0.14	离退休人数	0.44
3．其他所有制职工	0.19	其他人数	0.97
4．个体经营者	0.14		

家庭收入快速增长　安徽城镇居民收入在20世纪80年代初期增长较为缓慢，收入水平处于低层次，经过1985年全省城市经济改革后，城镇居民收入变化相当之快。

1986年，安徽城镇居民家庭人均可支配收入为814.76元，比1985年增长28.5%。当年城镇居民消费价格指数为105.8，物价上涨了5.8%，扣除物价上涨因素后，1986年城镇居民可支配收入实际增长21.5%。但与全国相比仍然处于落后状态，1986年，安徽城镇居民人均可支配收入比全国平均水平低10%，全国为899.6元。1987年，安徽城镇居民人均可支配收入为924.84元，比上年增加291元，增长45.9%。由于当年消费价格指数为109.9，物价上涨了9.9%，扣除物价上涨因素后，居民可支配收入实际增长32.7%。1987年居民收入增加这么多，主要是得益于1986年国家机关工作人员工资改革，机关、事业单位工作人员薪金普遍调高，一部分效益好的企业也调高工人的工资。1987年，安徽城镇居民收入水平继续落后于全国平均水平，当年全国城镇居民人均可支配收入为1002.24元，高出安徽77.4元，安徽城镇居民人均可支配收入比全国低 8.4%。1988 年，安徽城镇居民人均可支配收入为 1074.8 元，比上年增加 150 元，增长 16.2%。这年，全省城镇居民收入首次跨入千元大关。由于当年城镇居民消费物价指数为 121.4，扣除物价上涨因素后，居民可支配收入实际上只有 885.3 元，比上年下降 4.3%。1988 年安徽城镇居民实际收入下降的主要原因，一是在深化国有企业改革过程中，下岗、失业人员增多，无收入者增多；二是市场消费品短缺，社会上刮起抢购风，从毛衣、肉食品到冰箱、洗衣机，只要在商场一出现就排队抢购，造成了物价快速上涨，抵消了居民的一部分收入。1989 年安徽城镇居民家庭人均可支配收入 1247.56 元，比上年增加 172.76 元，增长 16.1%。城镇居民消费物价指数为 115.7，扣除物价上涨因素后，居民实际可支配收入为 1078.27 元，增长 0.3%，基本上与上年持平。1990 年人均可支配收入 1354.6 元，比上年增加 107.04 元，增长 8.6%。城镇居民消费价格指数为 102.6，扣除物价上涨因素后，城镇居民的实际收入为 1320.27 元，增长 5.8%。省会合肥市人均可支配收入为 1563.5 元，比全省平均水平高 15.4%，全国为 1510.2 元，比安徽高 11.5%。

单位：元

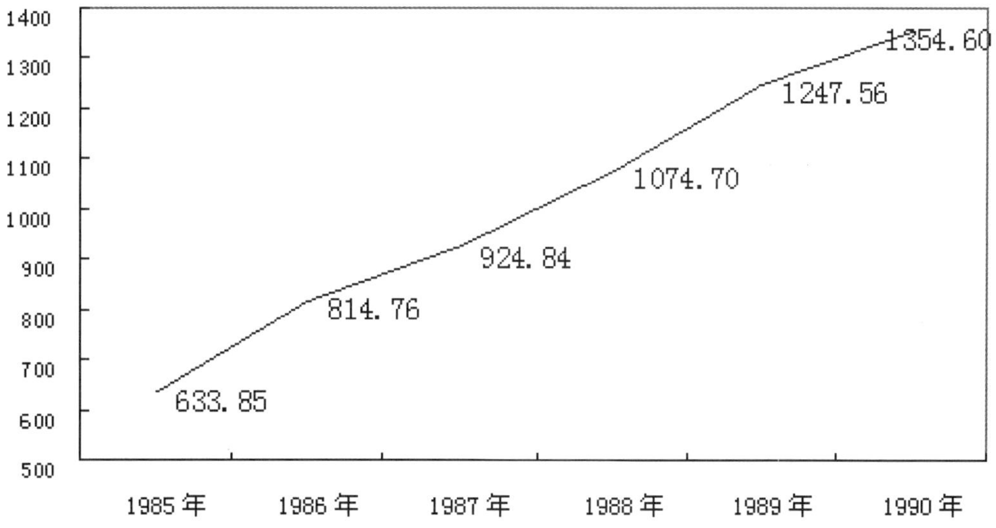

图1-1　1985—1990年安徽城镇居民收入变化图

1991 年人均可支配收入 1485.14 元，比上年增加 130.54 元，增长 9.6%。当年城镇居民消费价格指数为 107.4，扣除物价上涨因素后，城镇居民实际收入为 1382.81 元，增长 2%。全国城镇居民人均可支配收入 1700.6 元，比安徽高 14.5%；省会合肥市居民可支配收入为 1683.4 元，比全省平均水平高 13.3%。1992 年人均可支配收入 1807.84 元，比上年增加 322.7 元，增长 21.7%。当年物价指数为 108.8，扣除物价上涨因素后，城镇居民实际收入为 1661.62 元，增长 11.9%。全国城镇居民人均可支配收入 2026.6 元，比安徽高 12.1%；省会合肥市人均可支配收入为 1975.94 元，比全省平均水平高

9.3%。1993 年，国务院下发文件进行大规模的工资改革，即：《国务院办公厅关于印发机关、事业单位工资制度改革三个实施办法的通知》，这一次工资改革标志着城镇机关事业单位职工工资有了大幅度提高，也促使城镇居民收入水平以更快的速度增加。1993 年安徽城镇居民人均可支配收入 2247.94 元，突破 2000 元大关，比上年增加 440.1 元，增长 24.3%。当年物价指数为 114.4，扣除物价上涨因素后，城镇居民实际收入 1964.98 元，增长 8.7%。全国城镇居民人均可支配收入 2577.4 元，比安徽高 14.7%；省会合肥市人均收入 2517.59 元，比全省平均水平高 12%。1994 年机关事业单位工资改革效应逐步向企业蔓延，各种类型的企业向机关看齐，开始为职工增加工资，城镇居民收入水平出现猛增。当年安徽省城镇居民人均可支配收入一举突破三千元大关，达到 3047.66 元，比上年增长 35.58%。居民收入快速增长的同时，物价也出现猛涨，当年安徽城镇居民消费物价指数为 127.4，扣除物价上涨因素后实际增长 6.4%。这一年全国平均收入水平为 3496.2 元，高出安徽 14.7%；省会合肥市居民收入 3830.86 元，高出全省平均水平 25.7%。1995 年国民经济继续快速发展，居民收入仍处于快速增长之中，安徽城镇居民人均可支配收入达到 3795.39 元，增加 747 元，增长 24.5%。当年消费物价指数为 115.9，扣除物价上涨因素后居民实际收入为 3274.71 元，增长 7.5%。这年全国平均水平为 4283 元，比安徽高 12.8%；省会合肥市人均收入 4858.59 元，比全省平均水平高 28%。

从 1991 年到 1995 年的“八五”时期，安徽城镇居民收入增速明显加快，五年时间居民收入增长了 1.6 倍。各年居民可支配收入见下图：

单位：元

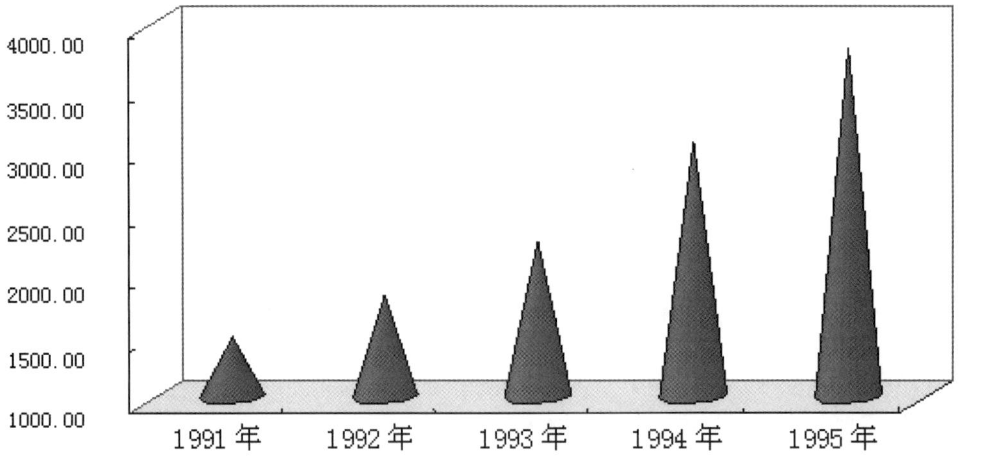

图1-2 “八五”时期安徽城镇居民收入变化图

1996 年安徽城镇居民家庭人均可支配收入 4493.92 元，比上年增加 698.53 元，增长 18.4%。当年居民消费物价指数为 110.1，扣除物价上涨因素后居民实际收入

4081.67 元，增长 7.5%。这年全国平均水平为 4838.9 元，比安徽高 7.6%；省会合肥市人均收入 5368.65 元，比全省平均水平高 19.5%。1997 年安徽城镇居民人均可支配收入 4599.27 元，比上年增加 105.35 元，增长 2.3%。当年消费物价指数为 101.3，扣除物价上涨因素后居民收入实际为 4540.25 元，增长 1.03%。这年全国平均水平为 5160.3 元，比安徽高 12.2%；省会合肥市居民人均收入 5069.39 元，比全省平均水平高 10%。1998 年安徽城镇居民人均可支配收入 4770.47 元，比上年增加 171.2 元，增长 3.72%。当年消费物价指数为 100.3，与上年持平，居民收入没有因物价问题而缩水。这年全国平均水平为 5425.1 元，比安徽高 13.7%；省会合肥市居民人均收入 5524.48 元，比全省平均水平高 20.12%。1999 年安徽城镇居民人均可支配收入 5064.6 元，突破 5000 元大关，比上年增加 294.13 元，增长 6.2%。当年消费物价指数为 97.6，扣除物价上涨因素后，居民实际收入为 5189.14，增长 8.8%。这年全国平均水平为 5854 元，比安徽高 15.6%；省会合肥市居民人均收入 5812.86 元，比全省平均水平高 14.8%。2000 年安徽城镇居民人均可支配收入 5293.55 元，比上年增加 228.95 元，增长 4.5%。当年消费物价指数为 100.9，基本上与上年持平。这年全国平均收入水平为 6280 元，比安徽高 18.6%；省会合肥市居民人均收入 6389.26 元，比全省平均水平高 20.7%。

1996—2000 年 的“九五”期间，安徽城镇居民收入增长迅猛，收入水平从 1994 年的三千元大关，只用五年时间就突破了五千元大关。

单位：元

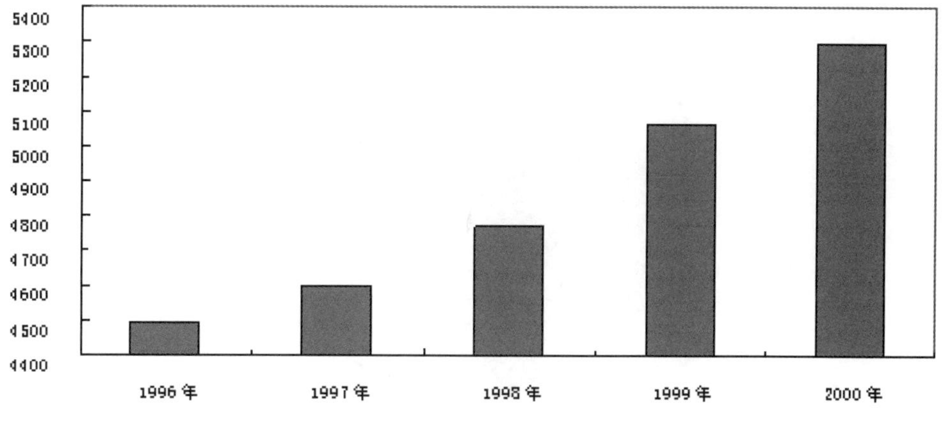

图1-3　“九五”期间安徽城镇居民收入变化图

2001 年是“十五”时期的开局之年，安徽经济继续平稳较快向前发展，城镇居民人均可支配收入 5668.80 元，比上年增加 375.25 元，增长 7.1%。当年城镇居民消费价格不变，价格没有对居民收入产生影响。全国城镇居民人均可支配收入 6859.6 元，比安徽高 21%；合肥市人均可支配收入 6817.02 元，比全省平均水平高 20.3%。2002 年安徽城镇居民人均可支配收入 6032.40 元，比上年增加 363.6 元，增长 6.4%。城镇居民消费价格指数为99.1，扣除物价上涨因素后居民实际收入6087.18元，增长7.4%。全国城镇居民人均可支配收入7702.8元，比安徽高27.7%；合肥市人均可支配收入7144.72元，比全省平均水平高18.4%。2003年安徽城镇居民人均可支配收入6778.03元，比上年增加745.63元，增长12.4%。城镇居民消费价格指数为101.8，扣除物价上涨因素后居民实际收入6658.18元，增长10.4%。2003年全国城镇居民人均可支配收入8472.2元，比安徽高25%；合肥市人均可支配收入7784.05元，比全省平均水平高14.8%。2004年安徽城镇居民人均可支配收入7511.43元，比上年增加733.4元，增长10.8%。城镇居民消费价格指数为104.3，扣除物价上涨因素后居民实际收入7201.75元，增长6.3%。2004年全国城镇居民人均可支配收入9421.6元，比安徽高25%；合肥市人均可支配收入8610.34元，比全省平均水平高14.6%。2005年安徽城镇居民人均可支配收入8470.68元，比上年增加959.25元，增长12.8%。城镇居民消费价格指数为101，扣除物价上涨因素后居民实际收入8386.8元，增长11.7%。2005年全国城镇居民人均可支配收入10439元，跃上万元大关，比安徽高23.2%；合肥市人均可支配收入9683.67元，比全省平均水平高14.3%。

2001—2005年的"十五"期间，安徽城镇居民收入继续快速增加。

单位：元

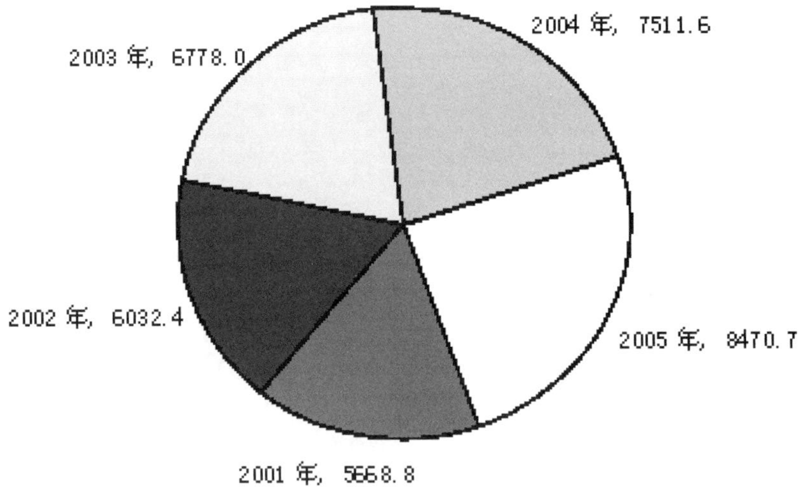

图1-4　2001—2005年安徽城镇居民可支配收入变化图

收入结构变化，收入差距拉大　自新中国成立到改革开放初期，安徽城镇居民家庭就业、收入构成几乎类似，收入水平基本处于相同，差别无几，所得收入只能够维持低水平的温饱生活。改革开放后，随着经济的快速发展，大一统的就业模式被打破，就业渠道多样化，收入来源被拓宽，城镇居民在收入阶层上迅速分化，收入差距拉大。

1986年，安徽城镇居民收入中的85.8%来自于国有、集体单位发放的收入，来自个体经营收入只占1.3%。收入面窄，大部分来自国有、集体单位发放的收入，其他收入少之又少。

1987年，安徽城镇居民收入中的84%来自于国有、集体单位发放的工资及补贴，1.6%来自于个体劳动收入。从这年开始，安徽省实施对外招商引资，对国营企业实行劳动合同制，允许国有企业自主招用工人、辞退违纪职工，逐步实施职工待业保险，大面积改革企业用工制度，出现职工下岗，一些居民开始自主就业，就业方式逐步向多样化方向发展，居民收入呈现多元化。据调查，安徽城镇居民家庭“其他劳动收入”不断增加，当年人均获得其他劳动收入13.44元，占可支配收入1.4%。

1988年，安徽城镇居民可支配收入中有76.1%来自于国有、集体单位的工资性收入，比上年下降8个百分点，而来自于个体经营收入占1.6%，来自于其他劳动收入占3.4%，居民收入逐步呈现出多元化态势。

1989年安徽城镇居民收入中，来自于国有、集体单位的工资性收入占73.4%，比上年有所减少；来自于个体经营收入占1.7%，来自于其他劳动收入占1.6%。由于物价快速上涨，国家开始重视因物价因素给居民家庭带来的实际收入水平下降问题，向在岗职工和生活困难家庭发放价格补贴，这一年，安徽城镇居民人均获得价格补贴款93.9元，居民家庭获得包括价格补贴、离退休金等项的转移性收入占全部收入的15.9%。1989年，安徽省10%最低收入组的家庭人均可支配收入为720.11元，10%最高收入组的家庭人均可支配收入为2191.95元，高低收入组收入比为3.01 ∶ 1，收入差距初步显现。各收入组居民收入对比见下表：

1989年安徽城镇不同收入组人均收入比较表

表1–14

名　称	比重（%）	收入（元）	名　称	比重（%）	收入（元）
可支配收入	100	1247.56	中等组	20	1229.28
最低收入组	10	720.11	中等偏上组	20	1455.04
低收入组	10	875.28	高收入组	10	1687.57
中等偏下组	20	1036.82	最高收入组	10	2191.95

1990年居民家庭收入中，来自于国有、集体单位的工资性收入占74.5%，来自于个体劳动收入占1.1%，来自于其他劳动收入占1.6%，包括离退休金、价格补贴等项目的转移性收入在居民收入中占据很大的比重，达到15.9%。1990年，安徽城镇10%的最低收入组人均可支配收入为744.7元；10%的最高收入组为2373.58元，是最低收入

组的 3.2 倍，比上年略微上升。各收入组居民收入对比见下表：

1990 年安徽城镇不同收入组人均收入比较表

表 1–15

名　称	比重（%）	收入（元）	名　称	比重（%）	收入（元）
可支配收入	100	1247.56	中等组	20	1229.28
最低收入组	10	720.11	中等偏上组	20	1455.04
低收入组	10	875.28	高收入组	10	1687.57
中等偏下组	20	1036.82	最高收入组	10	2191.95

1991 年，安徽城镇居民收入构成变化不大，见下表：

1991 年安徽城镇居民收入构成情况表

表 1–16　　单位：元

名　称	金　额	名　称	金　额
实际收入	1498.57	5. 离退休再就业收入	12.47
其中：可支配收入	1485.14	6. 其他就业者收入	2.86
1. 全民职工工资	852.89	7. 其他劳动收入	19.67
2. 集体职工工资	233.34	8. 财产性收入	11.35
3. 单位其他收入	84.31	9. 转移性收入	200.54
4. 个体劳动收入	7.58	10. 其他收入	73.57

1991 年，安徽城镇 10% 的最低收入组人均可支配收入 890 元，10% 的最高收入组 2453.6 元，是最低组的 2.76 倍，差距比上年缩小。各组居民收入对比见下表：

1991 年安徽城镇不同收入组人均收入比较表

表 1–17

名　称	比重（%）	收入（元）	名　称	比重（%）	收入（元）
可支配收入	100	1485.14	中等组	20	1477.83
最低收入组	10	890	中等偏上组	20	1713.91
低收入组	10	1073.77	高收入组	10	1794.95
中等偏下组	20	1255.49	最高收入组	10	2453.6

1992 年，居民收入构成与上年相当，由于物价上涨幅度减缓，政府从 1992 年开始逐步取消了价格补贴政策，由暗补变为明补，居民家庭收入项目中的“价格补贴收入”很少。

1992 年安徽城镇居民收入构成情况表

表 1–18　　单位：元

名　称	金　额	名　称	金　额
实际收入	1819.35	5. 离退休再就业收入	15.34
其中：可支配收入	1807.84	6. 其他就业者收入	1.85
1. 全民职工工资	1098.09	7. 其他劳动收入	35.24
2. 集体职工工资	288.18	8. 财产性收入	23.81
3. 单位其他收入	102.1	9. 转移性收入	225.32
4. 个体劳动收入	15.56	10. 其他收入	3.85

1992 年，10% 的最低收入组人均收入 1028.9 元，10% 的最高收入组人均收入 3286.29 元，是低收入组的 3.2 倍，收入差距又被拉大。各组居民收入对比情况见下表：

1992 年安徽城镇不同收入组人均收入比较表

表 1–19

名　称	比重（%）	收入（元）	名　称	比重（%）	收入（元）
可支配收入	100	1807.84	中等组	20	1742.02
最低收入组	10	1028.9	中等偏上组	20	2052.17
低收入组	10	1272.3	高收入组	10	2468.74
中等偏下组	20	1477.16	最高收入组	10	3286.29

1993 年，安徽城镇居民收入中，有 80% 来自于职工工资性收入，比上年提高 2 个百分点，主要是受工资改革的影响；13.6% 来自于转移性收入，这两项仍是城镇居民收入主要来源。

1993 年安徽城镇居民收入构成情况表

表 1–20　　单位：元

名　称	金　额	名　称	金　额
实际收入	2249.34	6. 个体被雇收入	4.74
其中：可支配收入	2247.94	7. 离退休再就业收入	19.33

续表 1-20

名　称	金　额	名　称	金　额
1. 全民职工工资	1343.10	8. 其他就业者收入	1.43
2. 集体职工工资	329.33	9. 其他劳动收入	63.16
3. 其他所有制收入	3.00	10. 财产性收入	26.70
4. 单位其他收入	130.72	11. 转移性收入	306.03
5. 个体经营收入	19.07	12. 其他收入	2.72

1993 年，10% 的最低收入组人均收入 1186.57 元，10% 的最高收入组人均收入 4277.17 元，是前者的 3.6 倍。各组居民收入对比情况见下表：

1993 年安徽城镇不同收入组人均收入比较表

表 1-21

名　称	比重（%）	收入（元）	名　称	比重（%）	收入（元）
可支配收入	100	2247.94	中等组	20	2152.84
最低收入组	10	1186.57	中等偏上组	20	2566.54
低收入组	10	1497.31	高收入组	10	3182.51
中等偏下组	20	1775.70	最高收入组	10	4277.17

1994 年，安徽城镇居民收入中，有 75.9% 来自于职工工资性收入，17% 来自于转移性收入。

1994 年安徽城镇居民收入构成情况表

表 1-22　　单位：元

名　称	金　额	名　称	金　额
实际收入	3048.87	6. 个体被雇收入	4.88
其中：可支配收入	3047.66	7. 离退休再就业收入	24.05
1. 全民职工工资	1783.89	8. 其他就业者收入	2.68
2. 集体职工工资	359.14	9. 其他劳动收入	95.81
3. 其他所有制收入	0.81	10. 财产性收入	42.27
4. 单位其他收入	169.86	11. 转移性收入	518.10
5. 个体经营收入	44.46	12. 其他收入	2.90

1994 年，10% 的最低收入组人均收入 1530.25 元，10% 的最高收入组人均收入 5819.75 元，是前者的 3.8 倍，收入差距开始变大。各组居民收入对比情况见下表：

1994 年安徽城镇不同收入组人均收入比较表

表 1–23

名　称	比重（%）	收入（元）	名　称	比重（%）	收入（元）
可支配收入	100	3047.66	中等组	20	2916.29
最低收入组	10	1530.25	中等偏上组	20	3558.40
低收入组	10	1982.08	高收入组	10	4389.72
中等偏下组	20	2369.60	最高收入组	10	5819.75

1995 年，安徽城镇居民收入中，有 75.5% 来自于职工工资性收入，16.9% 来自于转移性收入，收入结构进一步优化。

1995 年安徽城镇居民收入构成情况表

表 1–24　　单位：元

名　称	金　额	名　称	金　额
实际收入	3796.93	6．个体被雇收入	11.08
其中：可支配收入	3795.39	7．离退休再就业收入	33.54
1．全民职工工资	2223.87	8．其他就业者收入	1.34
2．集体职工工资	480.18	9．其他劳动收入	142.54
3．其他所有制收入	8.08	10．财产性收入	52.32
4．单位其他收入	154.07	11．转移性收入	640.86
5．个体经营收入	45.7	12．其他收入	3.33

1995 年，10% 的最低收入组人均收入 2051.24 元，10% 的最高收入组人均收入 6955.08 元，是前者的 3.4 倍。各组居民收入对比情况见下表：

1995 年安徽城镇不同收入组人均收入比较表

表 1–25

名　称	比重（%）	收入（元）	名　称	比重（%）	收入（元）
可支配收入	100	3795.39	中等组	20	3629.40
最低收入组	10	2051.24	中等偏上组	20	4382.11
低收入组	10	2566.62	高收入组	10	5317.58
中等偏下组	20	3068.04	最高收入组	10	6955.08

1996年，安徽城镇居民收入中，有76.2%来自于职工工资性收入，17%来自于转移性收入。

1996年安徽城镇居民收入构成情况表

表1-26 单位：元

名 称	金 额	名 称	金 额
实际收入	4515.48	6. 个体被雇收入	12.70
其中：可支配收入	4493.92	7. 离退休再就业收入	33.75
1. 国有职工收入	2632.73	8. 其他就业者收入	1.43
2. 集体职工收入	499.92	9. 其他劳动收入	121.29
3. 其他所有制收入	13.17	10. 财产性收入	72.25
4. 单位其他收入	292.21	11. 转移性收入	768.39
5. 个体经营收入	65.26	12. 其他收入	2.40

1996年，10%的最低收入组人均收入2486.29元，10%的最高收入组人均收入8082.84元，是前者的3.3倍。各组居民收入对比情况见下表：

1996年安徽城镇不同收入组人均收入比较表

表1-27

名 称	比重（%）	收入（元）	名 称	比重（%）	收入（元）
可支配收入	100	4493.92	中等组	20	4339.25
最低收入组	10	2486.29	中等偏上组	20	5150.85
低收入组	10	3091.77	高收入组	10	6227.15
中等偏下组	20	3068.04	最高收入组	10	6955.08

1997年，安徽城镇居民收入中，有75.1%来自于职工工资性收入，15.6%来自于转移性收入。

1997年安徽城镇居民收入构成情况表

表1-28 单位：元

名 称	金 额	名 称	金 额
实际收入	4619.95	6. 离退休再就业收入	28.02
其中：可支配收入	4599.27	7. 其他就业者收入	2.97
1. 国有职工收入	2847.94	8. 其他劳动收入	167.19
2. 集体职工收入	492.43	9. 财产性收入	61.19

续表 1–28

名 称	金 额	名 称	金 额
3. 其他所有制收入	129.99	10. 转移性收入	722.32
4. 个体经营收入	142.86	11. 其他收入	6.86
5. 个体被雇收入	17.57		

1997 年,10% 的最低收入组人均收入 2360.30 元，10% 的最高收入组人均收入 8516.87 元，是前者的 3.6 倍。各组居民收入对比情况见下表：

1997 年安徽城镇不同收入组人均收入比较表

表 1–29

名 称	比重（%）	收入（元）	名 称	比重（%）	收入（元）
可支配收入	100	4599.27	中等组	20	4464.00
最低收入组	10	2360.30	中等偏上组	20	5395.69
低收入组	10	3010.97	高收入组	10	6527.61
中等偏下组	20	3685.44	最高收入组	10	8516.87

1998 年，安徽城镇居民收入中，有 73.4% 来自于职工工资性收入，17.3% 来自于转移性收入。

1998 年安徽城镇居民收入构成情况表

表 1–30 单位：元

名 称	金 额	名 称	金 额
实际收入	4798.76	6. 离退休再就业收入	25.33
其中：可支配收入	4770.47	7. 其他就业者收入	5.00
1. 国有职工收入	2911.57	8. 其他劳动收入	156.18
2. 集体职工收入	503.24	9. 财产性收入	76.17
3. 其他所有制收入	108.33	10. 转移性收入	829.74
4. 个体经营收入	155.49	11. 其他收入	3.65
5. 个体被雇收入	24.07		

1998 年，10% 的最低收入组人均收入 2410.07 元，10% 的最高收入组人均收入 8828.01 元，是前者的 3.7 倍。各组居民收入对比情况见下表：

1998 年安徽城镇不同收入组人均收入比较表

表 1–31

名　称	比重（%）	收入（元）	名　称	比重（%）	收入（元）
可支配收入	100	4770.47	中等组	20	4628.42
最低收入组	10	2410.07	中等偏上组	20	5616.62
低收入组	10	3104.92	高收入组	10	6759.25
中等偏下组	20	3755.46	最高收入组	10	8828.01

1999 年，居民收入中的 71.7% 来自于职工工资性收入，18.9% 来自于转移性收入。

1999 年安徽城镇居民收入构成情况表

表 1–32　　单位：元

名　称	金　额	名　称	金　额
实际收入	5101.77	6．离退休再就业收入	35.29
其中：可支配收入	5064.6	7．其他就业者收入	3.41
1．国有职工收入	3032.84	8．其他劳动收入	155.04
2．集体职工收入	482.58	9．财产性收入	69.95
3．其他所有制收入	143.85	10．转移性收入	962.26
4．个体经营收入	179.47	11．其他收入	7.97
5．个体被雇收入	29.12		

1999 年，10% 的最低收入组人均收入 2378.09 元，10% 的最高收入组人均收入 9823.97 元，是前者的 4.1 倍。各组居民收入对比情况见下表：

1999 年安徽城镇不同收入组人均收入比较表

表 1–33

名　称	比重（%）	收入（元）	名 称	比重（%）	收入（元）
可支配收入	100	5064.6	中等组	20	4899.16
最低收入组	10	2378.09	中等偏上组	20	5992.39
低收入组	10	3139.38	高收入组	10	7374.55
中等偏下组	20	3910.51	最高收入组	10	9823.97

2000 年，居民收入中的 63% 来自于职工工资性收入，24.1% 来自于转移性收入。

2000年安徽城镇居民收入构成情况表

表1-34　　单位：元

名　称	金　额	名　称	金　额
实际收入	5331.58	6. 离退休再就业收入	16.03
其中：可支配收入	5293.55	7. 其他就业者收入	14.14
1. 国有职工收入	2672.86	8. 其他劳动收入	171.15
2. 集体职工收入	399.90	9. 财产性收入	73.21
3. 其他所有制收入	285.03	10. 转移性收入	1284.06
4. 个体经营收入	366.16	11. 其他收入	0.78
5. 个体被雇收入	78.25		

2000年，10%的最低收入组人均收入2212.68元，10%的最高收入组人均收入11273.54元，过万元大关，是前者的5.1倍，是收入差距拉大增长最快的一年，一年时间收入差距拉大了一倍。各组居民收入对比情况见下表：

2000年安徽城镇不同收入组人均收入比较表

表1-35　　单位：元、%

名　称	比重（%）	收入（元）	名　称	比重（%）	收入（元）
可支配收入	100	5293.55	中等组	20	5054.79
最低收入组	10	2212.68	中等偏上组	20	6494.52
低收入组	10	2966.22	高收入组	10	8061.91
中等偏下组	20	3910.51	最高收入组	10	9823.97

1996年到2000年的“九五”时期，居民收入增长主要由国有职工收入这一现象被打破，来自于其他所有制单位职工收入有较大幅度的增加，主要因外资企业、私营企业增多，居民从中获得的收入增加。这一期间，安徽省城镇各种收入差距继续扩大。

2001年，居民收入中的62.2%来自于职工工资性收入，23.5%来自于转移性收入。

2001年安徽城镇居民收入构成情况表

表1-36　　单位：元

名　称	金　额	名　称	金　额
实际收入	5715.52	6. 离退休再就业收入	22.88
其中：可支配收入	5668.80	7. 其他就业者收入	36.20

续表 1-36

名　称	金　额	名　称	金　额
1. 国有职工收入	2859.25	8. 其他劳动收入	191.22
2. 集体职工收入	412.93	9. 财产性收入	76.65
3. 其他所有制收入	284.33	10. 转移性收入	1342.23
4. 个体经营收入	389.50	11. 其他收入	0.23
5. 个体被雇收入	100.07		

2001 年，10% 的最低收入组人均收入 2328.65 元，10% 的最高收入组人均收入 11582.55 元，是前者的 5 倍。各组居民收入对比情况见下表：

2001 年安徽城镇不同收入组人均收入比较表

表 1-37

名　称	比重（%）	收入（元）	名　称	比重（%）	收入（元）
可支配收入	100	5668.80	中等组	20	5466.11
最低收入组	10	2328.65	中等偏上组	20	6962.26
低收入组	10	3162.50	高收入组	10	8793.00
中等偏下组	20	4173.56	最高收入组	10	11582.55

2002 年，居民收入中的 70% 来自于职工工资性收入，24.3% 来自于转移性收入。

2002 年安徽城镇居民收入构成情况表

表 1-38　　单位：元

名　称	金　额	名　称	金　额
实际收入	6334.54	2. 家庭经营净收入	251.85
其中：可支配收入	6032.40	3. 财产性收入	106.04
1. 工薪收入	4438.54	4. 转移性收入	1538.11

2002 年，10% 的最低收入组人均收入 1942.65 元，10% 的最高收入组人均收入 16032.87 元，是前者的 8.3 倍，收入差距创了新高，一年时间收入差距在原来基础上又拉在了 3 倍，“马太效应”尽显，即财富向高收入者聚集，穷者愈穷。各组居民收入对比情况见下表：

2002 年安徽城镇不同收入组人均收入比较表

表 1-39

名　称	比重（%）	收入（元）	名　称	比重（%）	收入（元）
可支配收入	100	6032.40	中等组	20	5582.79
最低收入组	10	1942.65	中等偏上组	20	7500.27
低收入组	10	3105.16	高收入组	10	9981.53
中等偏下组	20	4169.22	最高收入组	10	16032.84

2003 年，居民收入中的 68.2% 来自于职工工薪收入，25% 来自于转移性收入。

2003 年安徽城镇居民收入构成情况表

表 1-40　单位：元

名　称	金　额	名　称	金　额
实际收入	7155.91	2. 家庭经营净收入	371.10
其中：可支配收入	6778.03	3. 财产性收入	114.37
1. 工薪收入	4878.30	4. 转移性收入	1792.14

2003 年，10% 的最低收入组人均收入 2319.41 元，10% 的最高收入组人均收入 17728.41 元，是前者的 7.6 倍。各组居民收入对比情况见下表：

2003 年安徽城镇不同收入组人均收入比较表

表 1-41

名　称	比重（%）	收入（元）	名　称	比重（%）	收入（元）
可支配收入	100	6778.03	中等组	20	6128.60
最低收入组	10	2319.41	中等偏上组	20	8125.56
低收入组	10	3497.78	高收入组	10	10825.22
中等偏下组	20	4692.54	最高收入组	10	17728.41

2004 年，居民收入中的 70% 来自于职工工薪收入，22.3% 来自于转移性收入。

2004 年安徽城镇居民收入构成情况表

表 1–42　　　　单位：元

名　称	金　额	名　称	金　额
实际收入	7993.55	2. 家庭经营净收入	513.20
其中：可支配收入	7511.43	3. 财产性收入	117.96
1. 工薪收入	5583.71	4. 转移性收入	1778.68

2004 年，10% 的最低收入组人均收入 2492.91 元，10% 的最高收入组人均收入 20470.38 元，是前者的 8.2 倍。各组居民收入对比情况见下表：

2004 年安徽城镇不同收入组人均收入比较表

表 1–43

名　称	比重（%）	收入（元）	名　称	比重（%）	收入（元）
可支配收入	100	7511.43	中等组	20	6915.03
最低收入组	10	2492.91	中等偏上组	20	9282.21
低收入组	10	3957.69	高收入组	10	12480.95
中等偏下组	20	5279.28	最高收入组	10	20470.38

2005 年，居民收入中的 70% 来自于职工工薪收入，22% 来自于转移性收入。

2005 年安徽城镇居民收入构成情况表

表 1–44　　　　单位：元

名　称	金　额	名　称	金　额
实际收入	9184.55	2. 家庭经营净收入	620.71
其中：可支配收入	8470.68	3. 财产性收入	124.59
1. 工薪收入	6425.54	4. 转移性收入	2013.71

2005 年，10% 的最低收入组人均收入 3544.33 元，10% 的最高收入组人均收入 19604.12 元，是前者的 5.5 倍。各组居民收入对比情况见下表：

2005 年安徽城镇不同收入组人均收入比较表

表 1–45

名　称	比重（%）	收入（元）	名　称	比重（%）	收入（元）
可支配收入	100	8470.68	中等组	20	8343.11

续表 1-45

名　称	比重（%）	收入（元）	名　称	比重（%）	收入（元）
最低收入组	10	3544.33	中等偏上组	20	10654.14
低收入组	10	4911.57	高收入组	10	14056.00
中等偏下组	20	6420.74	最高收入组	10	19604.12

2001 到 2005 年 的“十五”期间，是安徽城镇居民收入差距最大的时期，也是收入阶层分化最迅速的时期。

第二节　城镇居民家庭消费性支出

1985 年前后，中国城市改革刚刚起步，社会主义市场经济体制也处于起步阶段，安徽城镇居民人均可支配收入只有 633.85 元，居民的购买能力有限，市场上商品普遍匮乏，居民家庭以解决温饱问题为主，消费结构单一，消费水平较低。

随着改革开放步伐的加快，以及国家一系列富民政策的贯彻落实，居民的收入水平逐年提高，消费能力提升较快，消费结构发生变化，城镇居民家庭逐步走向小康。

消费层次不高　刚刚经历改革开放洗礼的安徽城镇居民，收入水平虽有所提高，但消费能力仍然较弱，消费仍处在较低层次。

1986 年，安徽城镇居民家庭人均消费性支出为 718.25 元，其中用于吃的支出 392.18 元，恩格尔系数（即：吃的支出占消费总支出的比重）为 54.6%，超过一半，表明居民生活水平在温饱线上徘徊。居民家庭支出中的第二大、第三大项分别是衣着支出和购买日用品支出，各开支 102.25 元、100.29 元。1986 年，平均每人每天花费 1.96 元，其中都是家庭必需的生活用品，部分商品在市场短缺严重，如自行车、电冰箱都是凭票供应。

1987 年，居民家庭收入有了较快的增加，随着市场化改革初步确立，市场商品逐渐增多，冰箱、彩电开始出现，居民的消费欲望升温，消费支出随之增加，安徽城镇居民家庭人均消费支出为 823.8 元，比上年增长 14.7%。其中，用于吃的支出为 451.32 元，衣着消费支出 111.12 元，日用品消费支出 102.84 元，比上年有所增加。市场日用生活品便宜，大米每公斤 0.28 元，猪肉每公斤 1.5 元，鸡蛋每个 0.07 元。但新式消费品彩电、冰箱很贵，都在 2000 元以上，装一部家庭电话需要交纳安装费 8000 元、话机及电线费 1800 元，这些当时所谓的奢侈品普通家庭买不起。

1988 年，安徽城镇居民人均消费性支出达到 1020 元，跃上千元大关。当年城镇居民人均食品支出 552 元，衣着支出 142.08 元，日用品支出 150.08 元，交通通信支出 9.02

元，购买文娱用品支出 52.2 元，文化教育支出 35.4 元，医疗保健支出 10.34 元，居住支出 50.28 元。一方面，居民的收入增多，有了更强的消费欲望；另一方面，市场商品增多，呢大衣、自行车、十彩床单，以及彩电、电冰箱、洗衣机逐步取消凭票供应制度，这些都是许多家庭过去梦寐以求的奢侈消费品。于是出现了抢购风，居民为了能够买到一台冰箱或者彩电而宁愿在商店门前排三天的队。抢购到的居民自然兴高采烈，也不管它产品质量如何，没有抢购到的居民也不气馁，等到下一批商品到时再去排队。

1989 年，安徽城镇居民人均消费性支出 1138.5 元，比上年增长 11.6%。分项看，食品消费支出 654.79 元，衣着消费支出 136.66 元，日用品消费 136.11 元，交通通信支出 10.41 元，文娱用品支出 70.12 元，文化教育支出 49.03 元，医疗保健支出 10.47 元，居住支出 48.97 元。这一年，居民的购买欲望进一步升温，抢购风继续蔓延，所有民用商品都是抢购的对象，到处都是抢购队伍。合肥市淮河路粮店 6 月 23 日这一天就销售食油 1725 公斤，比正常销量增加 10 倍以上。

1990 年是国家“七五”时期最后一年，安徽城镇居民人均消费性支出 1182.12 元，其中食品消费支出 683.12 元，衣着消费支出 145.41 元，日用品消费 136.64 元，交通通信支出 11.82 元，文娱用品支出 60.75 元，文化教育支出 51 元，医疗保健支出 15.52 元，居住支出 57.25 元。随着市场商品供应增加，这年的抢购风逐渐消失，居民的消费开始理性，消费支出量力而行，生活质量有了较大的提高。

从 1986 年到 1990 年，安徽城镇居民收入水平还不高，家庭生活以满足基本的吃、穿为中心，吃、穿支出占家庭消费支出的比重达到 70% 左右。除去这两项支出外，所剩无几，消费层次很低。这五年居民家庭消费支出具体情况见下表：

1986—1990 年安徽城镇居民消费性支出对比表

表 1–46　　单位：元

内　容	1986 年	1987 年	1988 年	1989 年	1990 年
消费性支出	718.25	823.80	1020.00	1138.50	1182.12
1. 食品支出	392.18	451.32	552.00	654.79	683.12
2. 衣着支出	102.25	111.12	142.08	136.66	145.41
3. 日用品支出	100.29	102.84	150.08	136.11	136.64
4. 交通通信支出	7.10	8.68	9.02	10.41	11.82
5. 文娱用品支出	40.12	45.20	52.20	70.12	60.75
6. 文化教育支出	20.17	26.80	35.40	49.03	51.00
7. 医疗保健支出	5.61	8.56	10.34	10.47	15.52
8. 居住支出	33.15	47.76	50.28	48.97	57.25
9. 其他支出	17.38	21.52	18.60	21.94	20.61

1986年到1990年，安徽城镇居民家庭恩格尔系数（食品支出占家庭消费支出的比重）分别是54.6%、55.15%、54.12%、57.5%、57.79%，都在50%以上，处于温饱状态。这期间，居民刚刚从过去的计划经济中走过来，从凭票供应走向市场供应，禁锢了几十年的消费欲望得到释放，对市场上的商品充满着好奇，受多种因素影响，一度出现了疯狂的抢购风。在此之后，居民冲动消费趋于理性，居民的消费观念正逐步适应了市场经济发展的需要。

消费能力有所提高　1991年，为了进一步整顿市场秩序，国家继续收缩银根，“治理经济环境，整顿经济秩序”是这一年国家最主要的经济政策，再加上这年安徽省江淮地区出现百年不遇的洪涝灾害，居民生活比较困难。1991年，安徽城镇居民人均消费性支出1296.93元，比上年增长9.7%。其中，最大的支出依然是食品消费，人均767.92元，占家庭总消费支出的59.2%，这个比例比上年高1.5个百分点。主要原因是国家调高粮食等基本生活用品收购价格，导致食品价格上涨，当年粮食价格上涨了31.2%。其他各项支出分别是：衣着消费支出157.82元，家庭设备及用品消费121.25元，交通通信支出13.61元，教育文娱服务支出111.14元，医疗保健支出17元，居住支出63.19元，其他支出45.01元。

1992年，安徽省掀起改革开放新高潮，经济快速发展，居民家庭收支也随之增加。安徽城镇居民人均消费性支出1520.81元，比上年增长17.3%。其中，食品支出873.81元，衣着支出205.6元，家庭设备及用品支出113.09元，医疗保健支出18.49元，交通通信支出27.11元，教育文娱服务支出141.57元，居住支出83.26元，其他支出57.86元。

1993年，国有企业市场化改革继续展开，市场商品供应日益充足，城镇居民生活消费支出继续增加。这一年，安徽城镇居民人均消费性支出1846.14元，比上年增长21.4%。由于市场经济过热，出现比较明显的通货膨胀，居民消费价格上涨了14.7%。所有与居民生活有关的消费品都出现价格上涨的局面，居民增加的消费支出被物价上涨所抵消，生活水平并没有提高。分项看，居民用于食品消费支出1003.53元，占消费支出的54.4%，仍然超过一半。其他消费分别是：衣着支出250.85元，家庭设备及用品支出149.86元，医疗保健支出23.31元，交通通信支出53.62元，教育文娱服务支出180.12元，居住支出126.71元，其他支出58.15元。交通通信支出快速增加主要是因为安装电话的家庭增多了，市场上还先后出现了BB机、大哥大，居民增加了这方面的消费。

1994年，国家机关、事业单位工资改革政策的出台，带动了城镇居民收入快速增加。与此同时，市场上商品价格普遍居高，居民消费价格上涨了26.9%，仍然没有走出“居民收入增加—消费物价上涨”的怪圈。1994年，安徽城镇居民消费性支出为2550.97元，比上年增长38.2%，扣除物价上涨因素后只增长8.9%，居民消费增长的大部分被物价上涨所吞食。居民的消费性支出中，食品消费1375.13元，占53.9%，其他依次是：衣着支出327.5元，家庭设备及用品支出190.33元，医疗保健支出44.83元，交通通信支出129.77元，教育文娱服务支出212.57元，居住支出189.82元，其他支出81.02元。

1995年，居民消费支出快速增长，市场物价趋于平稳，居民生活质量有所提高。安徽城镇居民人均消费性支出3161.41元，比上年增长23.9%，扣除物价上涨因素后实际增长8%。经过十多年的社会主义市场化改革，市场商品日益丰富，居民收入不断增长，家庭消费平稳向前发展。人均食品支出1697.6元，占63.7%。衣着支出423.32元，家庭设备及用品支出237.37元，医疗保健支出36.03元，交通通信支出133.43元，教育文娱服务支出193.44元，居住支出168.47元，其他支出130.95元。

从1991年到1995年，安徽城市经济快速发展，企业以市场为导向安排生产，市场消费品逐步丰富，抢购风逐渐消失，人们的生活消费趋于理性化，但新的一轮涨价潮影响了居民的生活。经过全方位的改革开放，特别是1993年的工资改革，居民收入水平迅速增加，居民消费能力有所增强，家庭消费水平逐步提高。

这五年，安徽城镇居民家庭支出增长最快的是交通通信支出，五年增长近9倍。主要原因是电话大量进入普通家庭，另外，从BB机、大哥大，再到手机、移动电话不断推陈出新，居民在这方面花费较多。与前五年对比，居民消费水平明显提高，生活质量也稳步上升，但仍处在温饱状态。1991年到1995年，安徽城镇居民的恩格尔系数继续在50%以上波动，但已经从59.2%下降到53.7%，逐步向50%靠近。

消费内容丰富 1996年，安徽省宏观经济呈现出平稳较快发展的态势，城镇居民收入快速增长，消费支出也相应地增加。城镇居民人均消费性支出3607.43元，比上年增长14.1%。市场物价稳定，市场商品供应充足，买方市场已经形成，人民生活安康。从家庭消费支出八大类构成看，食品支出仍然是家庭最主要消费内容，人均食品支出1983.62元，占55%。另外七项支出分别是：衣着支出478.2元，家庭设备及用品支出232.77元，医疗保健支出75.23元，交通通信支出196.13元，教育文娱服务支出302.37元，居住支出256.41元，其他支出127.7元。居民家庭消费增长较快的是交通通信、教育和居住类。家庭电话普及，手机开始出现，BB机逐渐被手机代替，所以居民的交通通信支出加快。另外，教育系统乱收费现象日益严重，各种“跨区费”“择校费”出现，加大了学生家庭的教育负担，被迫增加这方面的消费。随着收入水平的提高，居民更加重视家庭装潢方面的投资，带动了居住类消费。

1997年，全国掀起奔小康的热潮，城镇居民家庭生活水平继续提高。但从秋季开始，随着亚洲金融危机的爆发，居民生活也受到冲击。当年人均消费性支出3693.55元，增长2.4%。其中，食品支出1934.03元，衣着支出441.03元，家庭设备及用品支出209.11元，医疗保健支出92.99元，交通通信支出225.3元，教育文娱服务支出358.83元，居住支出 291.93 元，其他支出 140.33 元。恩格尔系数为 52.4%，仍然处于 50% 以上。

1998 年，城镇居民家庭基本生活消费支出所占比重出现明显地下降，而发展性、享受性消费比重明显上升。当年人均消费性支出 3777.41 元，其中食品支出 1870.79 元，比上年下降 3%；衣着支出 421.49 元，下降 4%；家庭基本设备用品及服务支出 201.68 元，下降 1%。其他较高层次的消费支出都有所上升，分别是：医疗保健支出 120.16 元，交通通信支出 238.16 元，教育文娱服务支出 476.45 元，居住支出 300.82 元，其他支出 142.85 元。教育文化娱乐服务支出又比上年有较大幅度的增长，教育部门的乱收费增加了家庭的负担，不仅中小学、幼儿园乱收费，高校也刮起了乱收费之风。

1998 年，变化最大的是恩格尔系数首次下降到 50% 以下，为 49.5%，这标志着安徽城镇居民生活水平进一步提升。

1999 年，安徽城镇居民人均消费性支出 3901.81 元，增长 3.3%。市场基本生活用品出现比较严重的供大于求局面，居民消费价格指数为负数，城镇居民食品支出金额减少 1%，但食品消费质量出现较大的上升，恩格尔系数下降到 47.2%，整体生活质量继续提高。当年八大类消费支出分别是：食品支出 1844.78 元，衣着支出 430.29 元，家庭设备及用品支出 271.28 元，医疗保健支出 126.33 元，交通通信支出 250.56 元，教育文娱服务支出 513.18 元，居住支出 314 元，其他支出 151.39 元。

2000 年，进入新世纪，安徽城镇居民的生活水平也迈入新时代。人均消费性支出 4232.98 元，跨入 4000 元大关，比上年增长 8.5%。这年市场商品供应充足，物价稳定，人民生活质量继续提高。人均食品支出 1934.83 元，比上年增长 4.9%，恩格尔系数下降到 45.7%。其他支出分别是：衣着支出 437.55 元，家庭设备及用品支出 301.33 元，医疗保健支出 181.23 元，交通通信支出 307.87 元，教育文娱服务支出 508.62 元，居住支出 370.9 元，其他支出 190.55 元。

从 1996 年到 2000 年，中国进入第二轮改革开放期，国民经济快速发展，城镇居民生活水平也快速提高。1998 年是安徽城镇居民生活的一个重要转折点，从这年开始居民的恩格尔系数下降到 50% 以下，表明已从温饱状态进入小康状态，居民家庭的收入除了满足基本的吃穿用以外，还有更多的节余，可以用来购置家庭大件耐用消费品，电冰箱、彩电、空调等大型家电开始向普通家庭普及，居民的生活质量有了很大提高。除此之外，居民将家庭消费转向更高层次的消费，家庭文化教育、娱乐、住房支出快速增加。前两年的八大类消费项目中，居民支出最多的是食品，其次是：衣着、文娱教育、居住。但从 1998 年开始，居民家庭的消费支出项目位次逐渐发生变化，食品支出仍然第一，第二位次的衣着支出转变为教育文化娱乐服务支出。产生这种情况的原因有两个：一是居民收入水平提高后，更加重视家庭成员的发展性消费；二是 1998 年前后，教育部门乱收费现象严重，名目繁多的赞助费、跨区费、择校费，逼迫居民家庭多交费，多开支，属于被动消费。

与此同时，不同收入水平的家庭生活消费差异开始变大。按照居民家庭人均收入水平的高低排序，分成7个组，分别是：最低收入组10%，低收入组10%，中等偏下组20%，中等收入组20%，中等偏上组20%，高收入组10%，最高收入组10%。各组分年份家庭六大消费指标的消费情况对比如下：

1996—2000年安徽城镇居民不同收入水平家庭生活消费情况表

表1-47 单位：元

内容	组别	1996年	1997年	1998年	1999年	2000年
消费性支出	最低收入组	2194.12	2233.25	2225.13	2188.65	2075.43
	低收入组	2556.42	2568.19	2709.04	2535.21	2642.30
	中等偏下组	2130.09	3162.64	3207.08	3243.70	3469.34
	中等收入组	3546.99	3736.78	3779.52	3722.07	4133.10
	中等偏上组	4032.80	4198.78	4453.90	4596.20	5197.43
	高收入组	4866.75	4834.83	4881.65	5366.09	5956.99
	最高收入组	5858.61	6044.95	5900.95	6885.64	7591.54
食品支出	最低收入组	1331.89	1381.33	1310.77	1228.96	1140.45
	低收入组	1609.16	1599.26	1529.07	1431.60	1431.47
	中等偏下组	1788.39	1746.28	1655.49	1703.48	1711.78
	中等收入组	1954.13	1947.16	1907.36	1792.07	1945.49
	中等偏上组	2117.42	2131.20	2121.35	2087.66	2262.47
	高收入组	2364.45	2357.57	2307.20	2315.98	2500.98
	最高收入组	2648.16	2725.05	2463.97	2613.85	2934.17
衣着支出	最低收入组	229.44	194.73	166.40	183.29	148.35
	低收入组	279.64	262.82	268.17	242.13	234.38
	中等偏下组	383.66	357.89	341.67	328.56	316.73
	中等收入组	489.34	469.52	434.03	422.57	438.36
	中等偏上组	569.34	508.91	518.87	528.77	566.06
	高收入组	714.15	654.20	636.90	640.33	707.11
	最高收入组	808.94	771.27	672.14	825.47	845.23

续表 1-47

内　容	组　别	1996 年	1997 年	1998 年	1999 年	2000 年
家庭设备用品及服务	最低收入组	63.47	83.40	53.70	67.19	76.32
	低收入组	74.18	83.00	96.31	84.82	113.73
	中等偏下组	195.27	131.70	140.05	124.90	188.28
	中等收入组	162.25	184.59	187.49	257.44	230.91
	中等偏上组	236.65	257.00	244.06	362.15	380.84
	高收入组	421.39	290.11	260.35	480.97	530.39
	最高收入组	710.82	608.23	630.92	755.73	907.66
交通通信支出	最低收入组	69.95	94.18	101.79	107.14	116.97
	低收入组	129.94	131.88	172.71	143.64	145.35
	中等偏下组	157.15	192.60	231.32	202.00	227.23
	中等收入组	187.75	229.98	218.72	218.97	299.55
	中等偏上组	242.37	279.11	267.06	316.24	415.28
	高收入组	326.12	333.22	293.19	384.46	495.12
	最高收入组	321.26	361.25	429.43	483.90	577.74
教育文娱服务	最低收入组	188.68	172.49	267.40	288.72	208.89
	低收入组	173.17	193.46	264.08	270.85	281.44
	中等偏下组	244.46	310.35	393.14	427.80	387.66
	中等收入组	307.50	379.11	444.47	478.04	531.45
	中等偏上组	341.17	445.59	641.01	599.13	663.35
	高收入组	405.88	459.04	615.19	775.44	685.53
	最高收入组	548.36	602.19	791.28	949.32	953.50

上述对比表还可以看出，低收入组的家庭主要收入是用来维持基本的吃、穿、用，有的甚至勉强度日，而高收入组的家庭用于高档用品、交通通信、娱乐文教支出明显比低收入家庭高，一般高出 5 倍左右。高、低收入组的生活标准已经不在一个层次上了，而且落差很大。

消费档次提高　2001 年，居民消费水平继续平稳提高，居民的收入除了满足基本生活需求，还有更多的节余，家庭生活质量有了进一步改善。人均消费性支出 4517.65

元，增长6.7%。当年八大类消费支出分别是：食品支出1998.95元，衣着支出466.55元，家庭设备及用品支出327.36元，医疗保健支出205.13元，交通通信支出333.39元，教育文娱服务支出585.44元，居住支出407.13元，其他支出190.37元。恩格尔系数下降到44.2%，居民的医疗保健、交通通信及居住支出都有较大幅度的提高，显示出家庭消费结构快速升级。

2002年，中国全面推行住房分配市场化，一部分收入水平较高的家庭开始将多余的收入投向住房，家庭消费结构在满足于基本的吃穿用之后，开始向住的方面转化，以进一步改善家庭居住条件。这年，安徽城镇居民人均消费性支出4736.48元，其中食品支出2045.29元，恩格尔系数为43.2%；居住支出483.49元，增长18.8%。其他支出分别是：衣着支出557.86元，家庭设备及用品支出247.75元，医疗保健支出297.98元，交通通信支出462.41元，教育文娱服务支出479.63元，其他支出162.08元。这年，国家加大教育系统乱收费的治理工作取得实效，居民在教育方面的支出减少18%。

2003年，安徽城镇居民消费支出又跃上新台阶，达到5064.34元，增长6.9%。这年春天虽然出现了“非典”（非典型肺炎）疫情，但居民家庭生活没有受大的影响，只是更加注重医疗保健。其他各项消费平稳向前发展，分别是：食品支出2238.91元，衣着支出558.07元，家庭设备及用品支出257.19元，医疗保健支出318.2元，交通通信支出502.72元，教育文娱服务支出536.2元，居住支出487.37元，其他支出165.69元。当年的恩格尔系数为44.2%。

2004年，安徽城镇居民人均消费性支出5711.09元，增长12.8%。增加的支出主要用于应对食品和衣着涨价，食品价格上涨了10.8%，恩格尔系数为43.9%。八大项支出分别是：食品支出2509.02元，衣着支出637.88元，家庭设备及用品支出257.01元，医疗保健支出395.74元，交通通信支出564.92元，教育文娱服务支出623.48元，居住支出534.06元，其他支出188.99元。

2005年，随着收入水平的增加，居民有更多的钱用于消费，生活质量进一步提高。人均消费性支出6367.67元，跨过6000元大关，增长11.5%。家庭食品支出2781.5元，恩格尔系数下降到43.7%。其他七项支出分别是：衣着支出763.54元，家庭设备及用品支出290.88元，医疗保健支出400.34元，交通通信支出676.86元，教育文娱服务支出666.42元，居住支出590.27元，其他支出197.87元。这年，有更多的家庭到市场上去购买住房，家庭住房继续得到改善，也有数量很小的家庭购买小汽车，汽车进入家庭时代正在逐步显现。

从2001年到2005年，随着社会主义市场经济体系的逐步完善，国民经济快速发展，城镇居民家庭收入继续增加，消费支出平稳增长。这五年，安徽城镇居民消费性支出明显小于家庭收入，主要原因是家庭基本生活已经得到满足，有了更多的节余用于非消费性支出。在非消费性支出中，购房与建房支出所占比重最大，约为三分之一；其次为社会保障支出，其三为赡养、捐赠等转移性支出。

分组比较，不同收入组的家庭消费差异仍然很大。按恩格尔系数的标准，2001年，有30%高收入家庭已经进入富裕生活状态，40%的家庭过上小康生活，20%的家庭生活处于温饱状态，10%的家庭生活在贫困状态。到了2005年，全省有40%的家庭富裕，50%的家庭进入小康水平，10%的家庭处于温饱状态。各组分年份家庭六大消费指标的消费情况对比如下：

2001—2005年安徽城镇居民不同收入水平家庭生活消费情况表

表1-48　　单位：元

内　容	组　别	2001年	2002年	2003年	2004年	2005年
消费性支出	最低收入组	2191.42	2303.31	2367.98	2809.84	3389.10
	低收入组	2742.18	2861.15	3204.00	3504.63	4144.89
	中等偏下组	3608.05	3644.21	3973.78	4786.26	5263.37
	中等收入组	4401.05	4720.83	4963.26	5530.24	6263.44
	中等偏上组	5506.69	5795.55	6039.78	6855.30	8123.87
	高收入组	6632.83	6915.84	7886.75	8544.02	9355.90
	最高收入组	8128.30	9855.89	10263.92	11278.36	12034.72
食品支出	最低收入组	1220.34	1182.64	1309.04	1553.49	1788.93
	低收入组	1477.38	1482.93	1662.94	1945.96	2048.82
	中等偏下组	1768.20	1737.21	1969.97	2243.46	2546.16
	中等收入组	2002.51	2037.99	2250.47	2447.39	2782.52
	中等偏上组	2317.84	2417.69	2622.85	2863.03	3254.48
	高收入组	2515.49	2661.15	2962.70	3530.97	3775.15
	最高收入组	3057.09	3668.05	3602.97	4001.99	4423.46
衣着支出	最低收入组	168.24	175.34	204.01	211.86	275.40
	低收入组	220.62	266.37	297.09	348.53	468.95
	中等偏下组	341.42	389.23	409.55	480.08	632.99
	中等收入组	459.99	583.63	546.39	628.26	753.67
	中等偏上组	620.27	779.27	749.20	884.81	1073.01
	高收入组	727.91	879.47	949.48	1033.53	1176.05
	最高收入组	903.69	1151.97	1130.48	1280.07	1383.72

续表 1-48

内　容	组　别	2001 年	2002 年	2003 年	2004 年	2005 年
家庭设备用品及服务	最低收入组	78.02	76.12	70.74	81.95	97.42
	低收入组	111.24	96.69	134.71	118.82	155.08
	中等偏下组	155.65	163.14	157.56	183.83	201.01
	中等收入组	269.35	250.38	237.23	255.24	244.24
	中等偏上组	422.73	278.25	295.02	325.83	401.19
	高收入组	749.51	428.77	420.71	435.82	536.65
	最高收入组	857.79	730.97	796.99	639.56	781.68
交通通信支出	最低收入组	122.30	156.49	162.80	203.96	213.45
	低收入组	176.36	221.54	258.71	299.19	370.65
	中等偏下组	236.80	312.96	377.46	442.29	547.39
	中等收入组	313.26	439.69	517.61	539.97	689.50
	中等偏上组	456.77	676.31	630.89	745.84	930.68
	高收入组	482.87	752.53	767.99	928.41	1067.24
	最高收入组	685.16	981.61	1147.53	1195.41	1384.38
教育文娱服务	最低收入组	233.07	214.26	144.91	232.16	422.58
	低收入组	288.59	235.14	255.88	280.78	346.42
	中等偏下组	488.87	308.33	370.95	403.91	450.10
	中等收入组	559.57	521.94	514.01	586.07	628.48
	中等偏上组	768.40	584.03	631.29	899.72	951.95
	高收入组	886.21	816.69	958.04	1036.77	1078.83
	最高收入组	1026.43	1038.24	1532.55	1473.76	1330.67

第三节　城镇居民固定资产

中国居民非常重视家庭财产的积聚，改革开放以来，随着城镇居民收入水平的提高，家庭购买能力不断增强，居民在基本生活得到满足以后，将多余的钱用来购买大件商品，投资股票债券，或者投资房产，家庭财产越来越多，生活质量逐渐提高。固定资产是指用来改变或者影响劳动对象的劳动资料，是固定资本的实物形态。家庭固定资产主要是非生产用固定资产，包括房产、大件耐用品、大型交通工具等。

1986 年，社会主义市场经济体系刚刚出现雏形，住房实行单位供给制，当年安徽城镇居民户均住房建筑面积 37.9 平方米，大部分家庭住房为单位分配，居民只有使用权没有处置权，房屋结构单调，质量较差，基本上没有装潢。

城镇居民收入水平低，居民购买能力非常有限，家庭其他固定资产少。当时组合家具、摩托车、空调器都是家庭值得炫耀的固定资产，而这种状况持续相当长一段时间。1986—1990 年安徽城镇居民家庭固定资产拥有情况见下表：

1986—1990 年安徽城镇居民家庭固定资产拥有情况表

表 1-49

名　称	单　位	拥　有　量				
		1986 年	1987 年	1988 年	1989 年	1990 年
住房	m^2 / 户	37.9	39.7	40.2	40.5	41.3
组合家具	套 / 百户	2.3	3.7	3.7	8	10
电风扇	台 / 百户	143	160	178	190	208
洗衣机	台 / 百户	52	57	65	72	73
电冰箱	台 / 百户	12	18	29	43	45
彩电	台 / 百户	14	20	30	42	48
黑白电视机	台 / 百户	75	75	69	67	66
空调器	台 / 百户	—	—	0.1	0.2	0.2
电炊具	件 / 百户	16	33	39	47	52
自行车	辆 / 百户	118	127	139	142	150
摩托车	辆 / 百户	1	1	1	1.7	1.8

1991—1995 年，城镇居民住房仍然实行供给制，大部分家庭住房公有，但住房面积逐年扩大，家庭住房条件略有改善。家庭大件耐用品品种变化不大，但数量增加很快，陈旧设备得到不断更新，居民家庭固定资产快速增加。五年来，安徽城镇居民家庭固定资产变化情况见下表：

1991—1995 年安徽城镇居民家庭固定资产变化情况表

表 1-50

名　称	单　位	拥　有　量				
		1991 年	1992 年	1993 年	1994 年	1995 年
住房	m^2 / 户	42.9	43.3	43.6	45.2	46.2

续表 1-50

名 称	单 位	拥 有 量				
		1991 年	1992 年	1993 年	1994 年	1995 年
组合家具	套 / 百户	11	13	14	22	25
电风扇	台 / 百户	210	223	227	238	246
洗衣机	台 / 百户	77	80	84	86	87
电冰箱	台 / 百户	55	60	64	66	70
彩电	台 / 百户	57	61	67	73	80
黑白电视机	台 / 百户	57	51	49	41	37
录放像机	台 / 百户	3	5	7	8	12
中高档乐器	件 / 百户	8	8	7	6	6
空调器	台 / 百户	0.4	0.9	1.6	5.5	10
电炊具	件 / 百户	44	49	55	58	60
自行车	辆 / 百户	154	159	164	167	168
摩托车	辆 / 百户	1.6	5.1	5.9	8.1	12

这个期间，大部分房屋不属于家庭所有，普通家庭没有汽车，交通工具主要是自行车、公共汽车，电脑产品也没有进入家庭。

1996—2000 年，社会主义市场经济体制进一步完善，居民家庭收入增多，家庭固定资产也快速增加。这期间，安徽省政府在蚌埠市等部分城市试点的基础上，全面推行住房市场化，并将现有的存量房廉价出售给住户，居民的购房热情被激发，购买房产的家庭增多，居住公房的家庭逐步减少。1996 年，安徽城镇有 60% 的家庭居住公房，2000 年下降到 16%。同时，居住私房的家庭由 1996 年的 36% 上升到 2000 年的 72%，还有一部分是租赁私房。居民的住房质量也有很大的提高，住房成套率达到 70%，厨房、卫生间、自来水等辅助设施配套率达到 70% 以上，大部分家庭还使用上了管道燃料。

居民有了自己的房产，添置家庭设备的积极性空前高涨，不仅花费大量的存款装修住房，而且大量添置家庭设备，家庭财产快速增加。这五年，有线电话开始普及，微波炉、小轿车、电脑等一大批现代化设备进入家庭，居民生活质量进一步提高。五年来，居民家庭固定资产变化情况见下表：

1996—2000 年安徽城镇居民家庭固定资产变化情况表

表 1-51

名　称	单　位	拥　有　量				
		1996 年	1997 年	1998 年	1999 年	2000 年
住房	m^2 / 户	47.6	48.6	50.5	51.1	56.8
组合家具	套 / 百户	30	31	34	41	50
家用电脑	台 / 百户	—	1.1	2.1	3.4	6.7
电风扇	台 / 百户	229	232	236	242	245
洗衣机	台 / 百户	87	87	88	87	87
电冰箱	台 / 百户	74	75	76	78	84
彩电	台 / 百户	83	91	94	99	111
录放像机	台 / 百户	14	15	14	15	34
中高档乐器	件 / 百户	5	4	4	5	6
空调器	台 / 百户	14.3	15	17	22	31
电炊具	件 / 百户	68	75	68	82	88
微波炉	台 / 百户	—	1.1	2.4	4.8	11.3
自行车	辆 / 百户	160	162	163	165	143
摩托车	辆 / 百户	6	8	8	11	16
家用汽车	辆 / 百户	—	0.1	0.2	0.3	0.65

2001—2005 年，是城镇居民家庭财产增长更快的五年。这五年，居民购房热进一步升高，家庭居住面积迅速增加，住房质量快步提高。规范化生活小区的住房成为居民抢购的对象，城市房地产价格成倍上涨，居民家庭房产价值变高。2005 年，安徽省城镇居民户均拥有自住房建筑面积为 76.7 平方米，住房私有化率达到 75%，成套率、辅助设施配套率都在 85% 左右，市价估值 7.3 万元左右，另外还有 13% 的家庭拥有 2 套及以上住房。

这五年，居民家庭其他固定资产变化也很大，交通工具又增添了电动助力车，一些先富起来的家庭开始购买汽车，一些家庭还购买了健身器材、消毒碗柜、取暖设施。五年来，居民家庭固定资产变化情况见下表：

2001—2005 年安徽城镇居民家庭固定资产变化情况表

表 1–52

名　称	单　位	拥　有　量				
		2001 年	2002 年	2003 年	2004 年	2005 年
住房	m^2 / 户	60.2	69.8	71.2	75	76
组合家具	套 / 百户	50.7	62	60	65	76.7
家用电脑	台 / 百户	7.7	12	14.3	18	26
电风扇	台 / 百户	251	244	235	242	242
洗衣机	台 / 百户	89	91	89	95	97
电冰箱	台 / 百户	85	87	85	90	92
彩电	台 / 百户	117	120	118	127	132
录放像机	台 / 百户	16	15	15	16	39
中高档乐器	件 / 百户	7	7	7	9	10
空调器	台 / 百户	36	51	57	67	82
取暖器	台 / 百户	28	33	38	40	45
电炊具	件 / 百户	92	88	87	92	97
微波炉	台 / 百户	14	22	27	33	41
消毒碗柜	台 / 百户	—	3	3	3	6
健身器材	台 / 百户	3.3	3	4	4	4
自行车	辆 / 百户	152	133	129	134	125
摩托车	辆 / 百户	18	16	16	18	22
助力车	辆 / 百户	—	1.4	3	5	8
家用汽车	辆 / 百户	0.6	0.6	0.7	0.7	0.8

第四节　城镇居民金融资产

改革开放初期，居民收入水平低，除去基本的吃穿用外没有多少节余，家庭金融资产很少。随着改革开放不断深入，居民收入水平逐年提高，家庭金融资产也相应增加。

1986—1990 年，安徽城镇居民收入主要用于维持家庭基本生活消费，拥有的金融资产很少。这时家庭金融资产主要以银行存款为主，部分家庭也持有国债。但由于 1988 年物价快速上涨，人民币贬值，居民纷纷兑换国债套现购物，家庭拥有的有价证券数量较少。具体情况见下表：

1986—1990 年安徽城镇居民家庭人均金融资产拥有情况表

表 1-53　　单位：元

金融资产	1986 年	1987 年	1988 年	1989 年	1990 年
合　计	503.9	657.3	819	1115.9	1487.5
银行存款	455	608.2	761.8	1032.9	1394.2
有价证券	5.8	18.5	11.2	19.2	9.2
手存现金	43.1	30.8	47	63.8	84.1

这五年，居民家庭金融资产拥有量少，但呈现出逐年增长的态势。1986 年，人均拥有金融资产 503.9 元，1990 年达到 1487.5 元，增长约 3 倍，平均每年增长 31%。

1991—1995 年，安徽城镇居民收入增加，有了更多的生活节余，家庭金融资产也快速增加，五年间银行存款增长 1.8 倍，人均达到 4908 元。这个期间的有价证券种类增加，主要有：国债、股票、基金、保险等，居民的有价证券拥有量已经从 22.1 元增加到 1995 年的 120 元。具体情况见下表：

1991—1995 年安徽城镇居民家庭人均金融资产拥有情况表

表 1-54　　单位：元

金融资产	1991 年	1992 年	1993 年	1994 年	1995 年
合　计	1843.5	2225.4	2968.5	3821.7	5237.9
银行存款	1745.7	2061.7	2691.7	3553.0	4908.2
有价证券	22.1	47.7	130.8	72.4	120.0
手存现金	75.7	116	146	196.3	209.7

1996—2000 年，居民的货币节余继续增加，大量的闲钱需要投资。这期间，国家加大了资本市场的开放力度，居民的投资品种进一步增加，股市、汇市、收藏等市场越来越大，在银行存款快速增加的基础上，居民开始大量投资股市，资本市场更趋活跃。到 2000 年年底，安徽城镇居民人均拥有银行存款 9106.2 元，拥有有价证券 188.8 元，分别比 1996 年增长 47%、150%。五年来，安徽城镇居民人均金融资产拥有情况见下表：

1996—2000 年安徽城镇居民家庭人均金融资产拥有情况表

表 1-55　　单位：元

金融资产	1996 年	1997 年	1998 年	1999 年	2000 年
合　计	6583.9	7486.2	8121.0	8878.8	9691.4
银行存款	6234.9	7011.8	7684.1	8349.3	9106.2
有价证券	75.7	186.5	120.4	108.6	188.8
手存现金	273.2	290.9	316.5	429.9	396.4

2001—2005 年，居民家庭金融资产有两个显著特点：一是人均银行存款突破万元大关，2001 年达到 11237.8 元，2005 年又上一个新台阶，达到 20372.8 元，翻了一番，平均每年增长 18%；二是居民手存现金快速增加，从 2001 年年底的人均 483.3 元增长到 2005 年的 7446.2 元，增长 14.4 倍，平均每年翻一番。居民家庭的人均总金融资产也从 2001 年的 11237.8 元增加到 2005 年的 28099.7 元，增长 1.5 倍，平均每年增长 25.7%。五年来，安徽城镇居民人均金融资产拥有情况见下表：

2001—2005 年安徽城镇居民家庭人均金融资产拥有情况表

表 1-56　　单位：元

金融资产	2001 年	2002 年	2003 年	2004 年	2005 年
合　计	11237.8	18028.3	21472.4	24861.1	28099.7
银行存款	10519.0	12482.8	14875.5	17554.0	20372.8
有价证券	235.5	117.0	188.3	202.1	280.7
手存现金	483.3	5428.5	6408.6	7105.0	7446.2

从 1986 年到 2005 年，正是中国实行改革开放、经济快速发展的二十年。这二十年，随着居民收入的快速增长，家庭金融资产也迅速增加。1986 年安徽城镇人均金融资产 503.9 元，2005 年增加到 28099.7 元，增长 55 倍，平均每年增长 23.6%。以下是二十

年来城镇居民人均金融资产变化图。从图中可以看到，进入 21 世纪后，安徽城镇居民家庭金融资产上升速度更快。

单位：元

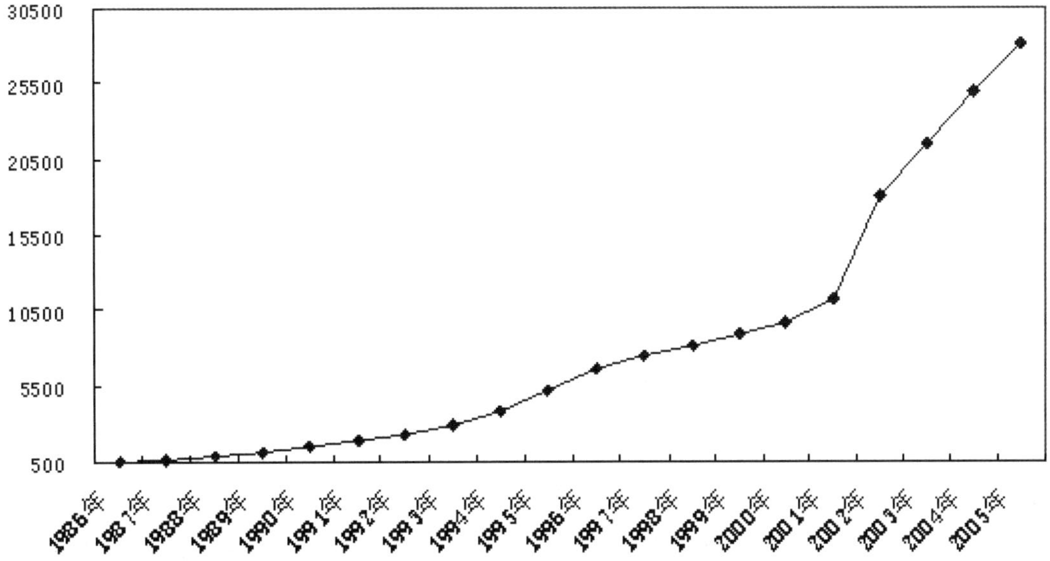

图1-5　1986—2005年安徽城镇居民人均金融资产变化图

第二章　农村居民家庭收支

从1986年至2005年的20年里，安徽农村居民人均纯收入稳定增长，年均增长为10.5%。从安徽农村居民人均纯收入增长的周期性波动来划分，可分为四个阶段：第一，1986年至1990年稳定增长阶段。第二，1991年至1997年水灾后快速回升阶段。第三，1998年至2003年缓慢增长阶段。第四，2004年至2005年农村税费改革后回升阶段。随着收入的逐年增加，安徽农村居民的家庭支出也是逐年增长。农村居民的日常消费品的需求量逐渐加大，生活水平提高。农村居民的生产投入加大，购置生产性固定资产支出逐渐增多。随着部分农村居民的率先富裕，农民拥有的金融资产增长较快。20年时间里，安徽农村居民收入水平及其结构、消费水平及其结构都有较大的变化。

第一节　农村居民家庭收入

收入持续增加　现金纯收入所占比重不断上升。在这20年里，安徽农村居民人均纯收入年均增长10.5%。随着收入的增长，收入结构也发生了较大的变化。首先，农村外出打工劳动力愈来愈多，农村居民得到的工资性收入不断增加，工资性收入占总收入比重愈来愈高。其次，在家庭经营收入中，农村居民出售农产品得到的现金收入不断增加，占家庭经营收入的比重持续提升。工资性收入和家庭经营收入中现金的增加，使得农村居民现金纯收入占纯收入的比重逐年提高。至2005年，安徽农村居民人均现金纯收入为2143元，占纯收入的比重是81.2%，20年比重提高了18.8个百分点，平均每年提高0.9个百分点。

农村居民家庭之间收入差距扩大。1986年至2005年，安徽农村经济得到了很大的发展，农村居民的收入水平不断提升。这段时期，一部分农村居民率先致富，一部分农户仍然贫困，农村居民家庭之间的收入差距逐年扩大。特别是2000年之后，安徽农村居民家庭之间的收入差距被迅速拉大。

从农村居民家庭收入五等份分组（每个分组户数各占总户数的比重为20%）资料来看，2005年，最低20%收入户的人均纯收入为1095.8元，比1986年人均增加了872.8元，平均每年增加45.9元，年均增长8.7%；60%中等收入户的人均纯收入是

2464.7 元，比 1986 年人均增加 2080.8 元，平均每年增加 109.5 元，年均增长 10.3%；最高 20% 收入户的人均纯收入高达 5229.6 元，比 1986 年人均增加 4594.8 元，平均每年增加 241.8 元，年均增长 11.7%。与最高 20% 收入户相比，最低 20% 收入户的收入年均增速低了 3 个百分点，平均每年收入增加额相差了 195.9 元。

2005 年，最低 20% 收入户的收入与最高 20% 收入户的收入绝对差值是 4133.8 元，比 1986 年的 411.8 元增长了 9 倍。从 1986 年至 2005 年的 20 年里，低收入农村居民的收入增长相对缓慢，在收入总额中所占的份额持续下降；高收入农村居民的收入增长相对较快，在收入总额中所占的份额持续上升，高、低收入户之间的收入差距进一步扩大。1986 年，最高收入 20% 的农村居民的人均纯收入与最低收入 20% 的农村居民的人均纯收入之比为 1 ∶ 2.8，至 2005 年，高低收入农村居民人均纯收入之比上升到 1 ∶ 4.8。

1986—2005 年安徽农村居民人均纯收入增长情况表

表 2-1　　　　单位：元、%

年　份	人均纯收入	比上年增长
1986	397	7.3
1987	429	8.3
1988	486	13.1
1989	516	6.2
1990	539	4.6
1991	446	-17.3
1992	574	28.6
1993	725	26.3
1994	973	34.3
1995	1303	33.9
1996	1608	23.4
1997	1809	12.5
1998	1863	3
1999	1900	2
2000	1935	1.8
2001	2020	4.4

续表 2-1

年　份	人均纯收入	比上年增长
2002	2118	4.8
2003	2127	0.5
2004	2499	17.5
2005	2641	5.7

1986—2005 年安徽农村居民纯收入结构情况表

表 2-2　　单位：%

年　份	现金纯收入比重	实物纯收入比重
1986	62.4	37.6
1987	63.6	36.4
1988	67.8	32.2
1989	68.6	31.4
1990	65.8	34.2
1991	68.8	31.2
1992	71.8	28.2
1993	58.8	41.2
1994	59.4	40.6
1995	62.8	37.2
1996	63.4	36.6
1997	65.7	34.3
1998	63.7	36.3
1999	64.8	35.2
2000	69	31
2001	72	28
2002	74.3	25.7
2003	78	22
2004	73.9	26.1
2005	81.2	18.8

安徽农村居民人均纯收入五等份分组情况表

表 2-3　　　　单位：元

年　份	全省收入	最低 20% 收入户	最高 20% 收入户
1986	396.5	223	634.8
1990	539.2	300.3	851
1995	1302.8	714	2214.9
2000	1934.6	1014.2	3436.2
2001	2020	1056.1	3557.5
2002	2117.6	1045	3943
2003	2127.5	953.4	4061.9
2004	2499.3	1074.5	4484.3
2005	2641	1095.8	5229.6

说明：1.2000年以前（不包括2000年）年份分组资料，是利用农村居民人均纯收入数据资料，经过整理计算得到的

2.农村居民收入五等份分组：是指将调查住户数据按收入指标排序后，分成五个相等户数的等份，然后对各等份进行分别汇总来得到分组数据

安徽农村居民五等份分组收入增长情况表

表 2-4　　　　单位：%

年　份	全省收入同比增长	最低 20% 收入户同比增长	最高 20% 收入户同比增长	高低收入户的收入比
1986	7.3	10.5	8.8	1 ∶ 2.8
1990	36.0	33.5	35.5	1 ∶ 2.9
1995	141.6	129.0	152.4	1 ∶ 3.2
2000	48.5	48.8	58.3	1 ∶ 3.4
2001	4.4	4.1	3.5	1 ∶ 3.4
2002	4.8	-1.1	10.8	1 ∶ 3.8
2003	0.5	-8.8	3.0	1 ∶ 4.3
2004	17.5	12.7	10.4	1 ∶ 4.2
2005	5.7	2.0	16.6	1 ∶ 4.8

说明：2000年以前（不包括2000年）年份分组资料，是利用农村居民人均纯收入数据资料，经过整理计算得到的

农民家庭经营收入 20世纪70年代末期，国家大幅度提高了农产品的收购价格，放开了农贸市场，使农业生产获得了长足发展，农村居民家庭经营收入（指家庭经营纯收入）经过七八年的快速增长后，到了1986年，安徽农村居民家庭经营收入已达338.1元，是1978年的12.4倍多，年均递增高达37%。

经过80年代初期的快速发展后，农村经济初步恢复了活力，到了80年代中后期，安徽农村居民家庭经营收入进入了稳步发展阶段。1990年，安徽农村居民人均家庭经营收入为442元，比1986年增长30.7%，年均递增6.9%。其中：第一产业收入人均401元，比1986年增长31.2%，年递增7%；第二产业收入人均13.42元，年递增14.6%；第三产业收入人均27.5元，年递增2.7%。随着农村改革的深化，农村居民家庭经营结构出现了较大调整，家庭经营方式发生了很大的变化。农村居民的家庭经营逐步分化为纯农业户、农业兼业户、非农兼业户和非农户。在1986年至1990年时期，是安徽农村专业户、专业村大发展的时期，农村居民从家庭副业中获得的收入逐渐增多，农村居民家庭经营收入占纯收入比重一直维持在八成以上。

从1986年至1990年这段时期，农村居民的家庭经营收入，与全国相比差距不大。1986年和1987年两年，安徽农村居民家庭经营收入，比全国高出25元和15元。从1988年至1990年，安徽农村居民家庭经营收入开始低于全国收入水平。至1990年，家庭经营收入的差距扩大到人均77元。

1991年，安徽发生特大水灾，农业生产受灾严重，安徽农村居民家庭收入与上年同期相比下降19.1%，其中农业收入下降了25%。灾后，在中央政府的支持下和全国人民的关心下，迅速组织生产自救，农业生产得到了较快的恢复。特大水灾使得当年安徽家庭经营收入与全国收入差距快速扩大，人均达到166元。

1992年邓小平视察南方谈话后，中国经济重新驶上了快车道，农村经济发展加速。1993年，安徽省放开粮油购销价格，农村居民从事农业生产的积极性再一次被激发起来。从1992年到1997年，安徽主要农产品连年丰收，加上国家一再提高农产品收购价格，农村居民出售农产品获得的收入增加较多，农村居民家庭经营收入增长较快。1997年，安徽农村居民家庭经营收入人均为1333元，比1992年增长近2倍，年均递增24.5%。其中：农业收入人均913元，年均递增24.8%；牧业收入人均231元，年均递增25%；第二产业收入人均42.11元，年均递增25.3%；第三产业收入人均84.11元，年均递增21.3%。

1992年和1993年两年是安徽农业生产快速回升之年，安徽农村居民家庭经营收入，与全国收入的差距分别缩小到人均117元和83元。1993年以后，乡镇企业发展进入困难时期，农村富余劳动力开始外出打工，出现“民工潮”。随着大量青壮年劳动力外出打工，农村出现了耕地“抛荒”现象，农业生产受到一定程度的影响，家庭经营收入与全国收入的差距再次扩大。至1997年，与全国家庭经营收入的差距人均达139元。

1997年亚洲金融危机发生后，经济发展过程中积累的诸多矛盾开始显现：一是粮食等主要农产品在1998年之前连年丰收，但农产品价格一直徘徊不前，安徽农村出现卖粮难现象。2000年，安徽农村居民出售粮食的综合平均价格比上年下降了24%，严重影响了作为产粮大省安徽农村居民的家庭经营收入。二是1994年中央和地方进行分税改革后，乡镇企业发展进入了低潮期，农村地区大量的富余劳动力就业困难，出现外出打工潮。三是从1998年到2005年之间，出现多次自然灾害及疫情：1998年中国南方特别是长江流域及北方的嫩江松花江流域出现历史上罕见的特大洪灾，2000年淮河流域局部地区洪涝灾害，2003年发生“非典”疫情，伴随安徽北部水灾和皖南旱灾，2004年发生禽流感疫情，2005年安徽淮河流域发生水灾。

2004年是农村经济灾后恢复的一年，加上安徽率先在全国进行农村税费改革试点工作，农村居民的生产积极性再一次被调动起来。2004年，安徽农村居民家庭收入人均1489.17元，增加289.23元，比上年同期增长24.1%。其中：（1）粮食生产全面丰收，农产品价格大幅上升。农村居民谷物类产量人均666公斤，增长23.4%；农村居民出售谷物综合平均价格上涨35.9 %，全年农村居民出售谷物类数量人均增加68.18公斤，出售现金收入人均增加188.29元。（2）农村二、三产业发展呈现稳步回升的态势，农村居民来自家庭经营二、三产业的纯收入为农村居民增收奠定了良好的基础。2004年受宏观经济趋好、农村居民从业环境有所宽松，小城镇建设步伐加快，以及部分有较高收益的外出打工者回乡投资等因素影响，安徽农村二、三产业发展势头出现好转。

从1998年至2005年8年间，是安徽农村经济发展的低潮期，农村居民家庭经营收入年均只增1.9%。其中：农业收入年均递增2.7%，牧业年均下降3.7%，第二产业收入年均递增2.6%，第三产业发展较快，年均增长7.1%。

1997年后，安徽农村居民家庭经营收入，与全国收入的差距逐渐扩大。从1998年至2005年，发生多次水灾及疫情，农业生产受到较大影响。至2005年，安徽农村居民家庭经营收入，比全国收入人均低了345元。

1986—2005年安徽农村居民人均家庭经营收入增长情况表

表2-5　　　　单位：%

年　份	人均家庭经营纯收入比上年增长	1. 第一产业比上年增长	2. 第二产业比上年增长	3. 第三产业比上年增长
1986	11.3	11.1	41	6.5
1987	6.7	5.9	44.1	3.7
1988	11.7	11.1	26.5	12.2

续表 2-5

年　份	人均家庭经营纯收入比上年增长	1．第一产业比上年增长	2．第二产业比上年增长	3．第三产业比上年增长
1989	4.2	4.2	1.9	4.7
1990	5.4	7	-7.1	-8.6
1991	-19.1	-19.9	-26.5	-3.3
1992	24.4	24.3	38.4	20.6
1993	33.8	29.1	23.1	96.4
1994	27.1	29.1	17.2	13.3
1995	29.6	32.1	15.8	10.7
1996	18.5	17.3	50.2	22.2
1997	14.8	17.1	22.8	-12.9
1998	-1.6	-3.6	6.5	23.3
1999	0.6	-2	17.4	22.9
2000	-1.6	-6.7	40.8	26.5
2001	1.5	1.5	3.5	0.6
2002	-1	-0.8	1.2	-3.3
2003	-8	-8.4	-10	-4.3
2004	24.1	30	-2.2	-2
2005	0.7	0.4	-21.5	13.8

1986—2005 年安徽农村居民家庭经营收入所占比重情况表

表 2-6　　　　单位：%

年　份	家庭经营纯收入占人均纯收入比重	1、第一产业纯收入占家庭经营纯收入比重	2、第二产业纯收入占家庭经营纯收入比重	3、第三产业纯收入占家庭经营纯收入比重
1986	85.3	90.4	2.3	7.3
1987	84	89.8	3.1	7.1
1988	82.9	89.3	3.5	7.1
1989	81.4	89.4	3.4	7.2
1990	82	90.7	3	6.2
1991	80.2	89.8	2.8	7.4

续表 2-6

年　份	家庭经营纯收入占人均纯收入比重	1、第一产业纯收入占家庭经营纯收入比重	2、第二产业纯收入占家庭经营纯收入比重	3、第三产业纯收入占家庭经营纯收入比重
1992	77.6	89.7	3.1	7.2
1993	82.2	86.6	2.8	10.6
1994	77.7	88	2.6	9.4
1995	75.3	89.6	2.3	8.1
1996	72.3	88.7	3	8.3
1997	73.7	90.5	3.2	6.3
1998	70.4	88.7	3.4	7.9
1999	69.4	86.4	4	9.7
2000	67.1	81.9	5.7	12.4
2001	65.2	81.9	5.8	12.3
2002	61.6	82	6	12
2003	56.4	81.7	5.8	12.5
2004	59.6	85.5	4.6	9.9
2005	56.8	85.3	3.6	11.2

1986—2005 年安徽农村居民人均家庭经营收入与全国差距情况表

表 2-7　　单位：元

年　份	安徽	全国	差距
1986	338.1	313.3	25
1987	360.63	345.5	15
1988	402.66	403.2	-1
1989	419.53	434.6	-15
1990	442	518.6	-77
1991	357.58	523.6	-166
1992	444.98	561.6	-117
1993	595.22	678.5	-83
1994	756.64	881.9	-125
1995	980.74	1125.8	-145
1996	1161.89	1362.5	-201

续表 2-7

年　份	安　徽	全　国	差　距
1997	1333.33	1472.7	-139
1998	1311.7	1466	-154
1999	1319.67	1448.4	-129
2000	1298.4	1427.3	-129
2001	1317.94	1459.6	-142
2002	1304.8	1486.5	-182
2003	1199.9	1541.3	-341
2004	1489.2	1745.8	-257
2005	1499.25	1844.5	-345

农村劳动者收入　在改革开放初期，农村劳动者收入主要来自于社队企业收入、非企业组织得到的收入。进入20世纪90年代后，农村大量富余劳动力开始选择外出从业，农村居民外出务工收入所占比重逐渐加大。进入2000年以后，农村居民外出从业已成为常态，农村居民外出得到的收入占纯收入比重越来越大，对增收的贡献率逐渐增大，已是农村居民增收的重要渠道。

从1986年至1989年，随着80年代初期的大力发展，农村居民家庭从农业获得的收入进入稳定增长期。乡村工业和农村经济联合体得到快速发展，为农村居民增加收入提供了另一条渠道，安徽农村居民从企业中获得的工资性收入增加较多，工资性收入增长较快。截至1989年，农村居民工资性收入达到76.28元，年均递增20.8%。

从1989年至1991年的三年经济调整期间，乡村工业发展几乎停滞，农村居民从乡村企业中获得的收入减少，导致农村居民工资性收入出现下滑。1992年到1993年，随着农村居民外出打工现象的出现，农村居民外出打工收入弥补了从乡村企业获得收入的减少部分，农村居民工资性收入从之前三年的下降进入到企稳阶段。

在1993年以前，安徽农村居民工资性收入，与全国的差距均在百元以内。1986年，安徽比全国工资性收入人均低38元，至1992年，比全国工资性收入人均低了84元。

从1994年至1996年，农村居民外出打工人数越来越多。农村地区许多富余劳动力，到南方经济开放度较高的沿海地区打工从业，靠自己的辛勤劳动获得报酬收入。在这三年里，安徽农村居民工资性收入呈现罕见的连续三年高增长。

1997年亚洲金融危机发生后，南方沿海地区外向型经济短期内受到一定影响，农村居民工资性收入进入稳定增长期。到1999年亚洲金融危机结束时，农村居民工资性收入的增长也已到了低谷。

2000 年至 2005 年，农村居民工资性收入进入到稳定较快的增长阶段。截至 2005 年，安徽农村居民人均工资性收入达 1010 元，是 1986 年的 23 倍，年均递增 18%。其中：外出打工得到的收入人均 592 元，增长 11.8%；在本地提供劳务得到的收入人均 211.39 元，增长 4.5%。全年农村居民外出打工人数 2906 人，同比增长 7.5%；外出打工人数占劳动力总数的 32.9%，比上年提高 1.7 个百分点。劳动力受过专业培训的人数增长 17.9%。同时中国各级政府部门都加大了为民工追薪的力度，确保历年拖欠农民工工资的兑现。

1993 年后，安徽农村居民工资性收入，与全国的差距都在百元以上，差距逐年拉大。至 2005 年，工资性收入差距达到人均 165 元。

1986—2005 年安徽农村居民工资性收入占纯收入比重情况表

表 2-8　　单位：%

年　份	1. 工资性收入占纯收入比重	其中：外出从业收入占工资性收入比重	2. 家庭经营收入占纯收入比重
1986	10.9		85.3
1987	12.2		84
1988	13.3		82.9
1989	14.8		81.4
1990	14.3		82
1991	15.2		80.2
1992	17.6		77.6
1993	13	66.3	82.2
1994	15.6	73.4	77.7
1995	18	75.7	75.3
1996	21.5	72.4	72.3
1997	22.4	72.9	73.7
1998	24.5	63.6	70.4
1999	24.8	59	69.4
2000	28.3	57.1	67.1
2001	30.2	58.8	65.2
2002	33.4	60.8	61.6
2003	38.5	64.7	56.4
2004	35.4	66.9	59.6
2005	38.2	62.9	56.8

1986—2005 年安徽农村居民工资性收入增长情况表

表 2-9　　单位：元、%

年　份	工资性收入	增速
1986	43.26	20.9
1987	52.38	21.1
1988	64.35	22.9
1989	76.28	18.5
1990	77.13	1.1
1991	67.62	-12.3
1992	100.7	48.9
1993	94.38	-6.3
1994	151.43	60.4
1995	234.21	54.7
1996	346.35	47.9
1997	405.49	17.1
1998	457.17	12.7
1999	470.69	3
2000	547.83	16.4
2001	610.65	11.5
2002	707.68	15.9
2003	818.92	15.7
2004	884.62	8
2005	1010.05	14.2

1986—2005 年安徽农村居民人均工资性收入与全国差距情况表

表 2-10　　单位：元

年　份	安徽	全国	差距
1986	43	82	-38
1987	52	96	-43
1988	64	118	-53
1989	76	137	-60
1990	77	139	-62
1991	68	152	-84

续表 2-10

年　份	安徽	全国	差距
1992	101	184	-84
1993	94	195	-100
1994	151	263	-112
1995	234	354	-119
1996	346	451	-104
1997	405	515	-109
1998	457	574	-116
1999	471	630	-160
2000	548	702	-154
2001	611	772	-161
2002	708	840	-133
2003	819	918	-99
2004	885	999	-114
2005	1010	1175	-164

第二节　农村居民家庭消费性支出

随着农村经济的发展，农村居民收入不断提高，农村居民生活消费水平开始由量变向质变发展。2005 年，安徽农村居民人均生活消费支出达 2196 元，比 1986 年人均生活消费支出增长 5.5 倍，平均每年递增 10.3%。20 年来，安徽农村居民就业渠道拓宽，收入持续增长，生活水平不断提高，家庭消费支出结构逐渐改善。从 1986 年至 1990 年，是农村经济快速发展后的稳定增长时期，农村居民刚刚解决温饱问题，生活水平逐年提高。1990 年，安徽农村居民人均生活消费支出为 515 元，比 1986 年的 340 元增长 51.5%，年均增长 10.9%。1986 年至 1990 年，安徽农村居民生活消费支出，与全国相比，差距都在百元之内。1986 年，差距人均 17 元；到了 1990 年，差距人均为 70 元。1992 年至 2005 年，安徽农村居民生活消费支出，与全国的差距呈逐年扩大态势，至 2005 年，差距达到人均 359 元。

生活质量提高　从 1986 年至 2005 年，随着农村居民收入的增加，生活不断改善，恩格尔系数下降。从一开始只是解决温饱问题，到 20 世纪 90 年代的消费升级，再到 2000 年后的奔小康。农村居民消费食品支出占消费支出的比重，即恩格尔系数不断下降，生活质量得到了很大的提升。至 2005 年，恩格尔系数为 45.5%，比 1986 年减少了 12.8 个百分点。收入的持续增长，农村居民的消费结构发生了较大的变化。在穿着方面，农村居民购买成衣的支出增加，服装款式逐渐讲究多姿多彩。在居住方面，砖瓦房和楼房愈来愈多。2000 年后，新农村建设的推进，农村居民消费环境得到了较大的改善，公路、水、电等基础设施建设提速。农村居民在家中能够用上电视机、电冰箱、洗衣机、空调器等家用电器，生活的舒适度有了很多的提高。在交通通信方面，随着村村通的实施以及高速公路网的不断延伸，农村居民出行更加方便。电信资费同城同价政策的实行，许多农民用上了固定电话、手机等通信工具。在医疗卫生方面，新型农村合作医疗政策的实施，愈来愈多的农村居民看病时得到了帮助。至 2005 年，安徽农村居民参加新型农村合作医疗的农户比重已达 28.9%。在文化教育娱乐方面，农村居民平均受教育年限逐渐增加，接受技能培训的外出从业劳动力所占比重有了提高。在劳动之余，农村居民休闲旅游及购买文体、娱乐用品的支出逐年增加。至 2005 年，安徽农村居民人均文化教育娱乐消费支出为 257 元，比 1986 年增长了 20 多倍，年均增长 17.2%。

食品消费　1986 年至 1990 年，在农村居民生活消费支出中，各项消费支出均有不同程度增长。食品消费支出年均递增 14.5%，在食品消费支出中，肉禽蛋奶、烟酒支出及在外饮食增加较多。1991 年，安徽省遭遇历史上罕见的特大水灾，使得农业生产、农村经济发展及农村居民生活都受到较大程度的影响，收入下滑，生活消费支出减少。1991 年，安徽农村居民人均生活消费支出为 475 元，比 1990 年人均减少 40 元，下降 7.8%。其中：食品 7.2%。从 1992 年至 1997 年，安徽农村居民收入持续快速增长，年平均增长速度达到 25.8%。随着收入的快速增长，农村居民的生活水平得到大幅度的提升。1997 年人均生活消费支出为 1337 元，比 1992 年增长 1.7 倍。在生活水平提高的同时，生活消费结构也发生一些质的变化：食品消费不断增加，食品结构明显变化。1997 年，农村居民人均食品支出 755 元，比 1992 年增长 1.5 倍。1997 年，农村居民生活消费的恩格尔系数为 56.5%，比 1992 年的 58.4% 减少近 2 个百分点。在食品支出中，主食所占比重由 1992 年的 43.8% 下降到 1997 年的 36.5%，副食所占比重由 1992 年的 38.1% 上升到 41%。人均油、肉、蛋、奶、家禽和鱼虾的消费量由 1992 年的 18.8 公斤增加到 1997 年的 25.6 公斤。农村居民不单是满足吃饱，而且要求吃好，农村居民的营养状况已有明显改善。

1997 年亚洲金融危机发生后，农村经济发展遇到了一些困难，粮食价格出现下滑，农村居民增产不增收，大量农村富余劳动力外出寻找其他增收渠道。虽然农村居民收入缓慢增长，但农村居民生活消费支出却稳定增长。2005 年，安徽农村居民人均生活消费支出 2196 元，比 1998 年增长 64.8%，年平均递增 7.4%。在生活消费支出中，各项消费均有不同程度增长。其中：食品消费支出增长 36.6%，在食品消费支出中，肉禽蛋奶、烟酒支出及在外饮食增加较多。

居住消费　1986年至1990年，居住支出年均递增14.3%。1997年，居住条件明显改观，安徽农村居民人均居住面积为20.05平方米，比1992年人均增加3.67平方米。住房每平方米价值135.04元，比1992年增长1.1倍。农村居民居住条件的改善，不仅表现在面积空间的增加上，而且表现在住房结构和质量的明显提高上。1997年，安徽农村居民人均钢筋砖木结构住房面积为17.2平方米，人均钢筋砖木结构住房面积所占比重已达86.0%。一些发展较快的农村地区，破旧的草房变成了小洋楼。1997年居住支出增长67.7%，在居住消费支出中，除生活用燃料、生活用水电价格较平稳，建房用的水泥、钢材等建材价格普遍上涨。

生活用品消费　从1986年至2005年，特别是2000年以后，随着建设全面小康社会的提出和建设新农村的扎实推进，安徽农村公共保障硬设施和软环境得到明显改善。从硬设施来看，改革开放近30年，安徽农村公共保障基础设施得到明显改善。2005年，全省通电话和通电的行政村比重均为100%，已通公路的行政村比重为95.8%，能接受电视节目的行政村比重为98.1%。从软环境来看，2005年，全省农村居民参加新型农村合作医疗的农村居民比重已达28.9%。从农村居民家庭方面来看，卫生状况、饮用水情况、能源使用结构等均有较大改善，农村居民拥有的主要耐用消费品升级换代，极大地提高了生活质量。2005年，使用自来水和深井水的农户比重为73.7%，不使用柴草作为炊事燃料的农村居民比重已达18.5%，使用水冲式厕所的农村居民比重为3.3%。2005年，安徽农村居民百户拥有洗衣机32.7台、电冰箱21.7台、空调机5.3台、热水器8.3台、摩托车34.6辆、固定电话72.8部、移动电话50.2部、彩色电视机84.6台、影碟机45台、家用计算机0.8台。

1986—2005年安徽省农村居民人均生活消费支出情况表

表2-11　　单位：元

年　份	生活消费支出	1. 食品	2. 衣着	3. 居住	4. 家庭设备及用品	5. 交通通信	6. 文教娱乐	7. 医疗保健	8. 其他
1986	340	197.1	30.4	65.3	21.6	2.2	12.4	7.4	3.3
1987	383	211.4	32.3	85	23.6	2.6	16.3	9.2	1.8
1988	455	245.5	37.6	103.3	30.6	2.9	21.7	10.2	2.3
1989	498.4	275.5	38.8	106.8	30	3.6	26.6	13.2	2.7
1990	514.9	300.1	39.9	98.8	27.7	4.1	25.7	14.4	3.2
1991	474.6	278.4	36.7	80.6	30.6	4.1	24.9	15.2	2.9
1992	501.7	297.6	36.8	84.2	28.3	5.3	30.9	15.3	2.4
1993	609.3	389.3	42.3	61.5	33	11.4	41.7	20.2	9.9

续表 2-11

年 份	生活消费支出	1. 食品	2. 衣着	3. 居住	4. 家庭设备及用品	5. 交通通信	6. 文教娱乐	7. 医疗保健	8. 其他
1994	934.2	588.8	52.5	138.3	44	14.4	57.2	23.1	16.1
1995	1070.6	625.4	70.6	165.6	57.2	21.3	79.5	34.1	17
1996	1309.4	746.2	92.6	188.9	72.8	26.7	109.5	48.7	23.9
1997	1336.6	755.2	86.9	200.9	63.9	32.7	128.5	43.5	24.8
1998	1333.1	732.1	72.3	205.6	65.5	34.5	139.9	52.1	31
1999	1302.5	708.3	69.4	193.9	64.7	38.1	146.3	51.7	30.1
2000	1321.5	693.2	71.2	196.9	57.6	58.4	145.5	58.1	40.8
2001	1412.4	702.7	70.1	234.2	59.5	81	150.4	68.9	45.4
2002	1475.8	700.5	75.6	272.2	65.3	90.7	159.2	73	39.5
2003	1596.3	734.8	79.6	281.3	75	126.1	184.6	87.1	27.9
2004	1813.7	861.3	86.9	299.8	76	163.9	200	92	33.9
2005	2196.2	999.8	117.4	344.9	106.4	196.7	256.8	133.7	40.6

1986—2005年安徽农村居民人均生活消费支出与全国对比情况表

表 2-12　　　　单位：元

年 份	安 徽	全 国	差 距
1986	340	357	-17
1987	383	398	-15
1988	455	477	-22
1989	498	535	-37
1990	515	585	-70
1991	475	620	-145
1992	502	659	-157
1993	609	770	-160
1994	934	1017	-83
1995	1071	1310	-240
1996	1309	1572	-263
1997	1337	1617	-281
1998	1333	1590	-257
1999	1302	1577	-275

续表 2-12

年　份	安　徽	全　国	差　距
2000	1322	1670	-349
2001	1412	1741	-329
2002	1476	1834	-359
2003	1596	1943	-347
2004	1814	2185	-371
2005	2196	2555	-359

第三节　农村居民生产性固定资产

农村改革初期，农村居民家庭拥有的生产性固定资产，主要是从生产队分配获得的一些铁木农具、役畜等少量资产。从 1986 年至 1992 年，农村居民家庭购置生产性固定资产的积极性较高，拥有生产性固定资产原值稳定增长。至 1992 年年末，安徽农村居民家庭户均拥有生产性固定资产原值为1362元,是1986年的1.6倍,年均增长8.1%。从生产性固定资产原值的构成来看，农业所占比重较高，达到六成以上，第三产业所占比重在 10% 以上，工业所占比重在 2% 以内。在这个时期内，农村居民家庭拥有的生产性固定资产主要是役畜、小型和手扶拖拉机、水泵这些必要的生产资料，拥有的数量较少，几户农村居民家庭共有一头役畜在农村是常见的事。至 1992 年年末，安徽百户农村居民拥有 38 头役畜、7.8 台水泵、11 辆小型和手扶拖拉机。

从 1993 年至 1997 年，安徽农村居民家庭拥有生产性固定资产原值高速增长，至 1997 年年末，户均拥有生产性固定资产原值为 4023 元，是 1986 年的 4.8 倍，与 1993 年相比，年均增长 48%。这一时期，农村经济发展良好，农业生产年年丰收，加上国家粮油放开政策的刺激，农村居民购置生产性固定资产积极性高涨。从生产性固定资产原值来看，除农业生产使用的机动脱粒机、水泵拥有量增加较快外，乡镇企业发展带动的农村居民加工业快速发展，农村居民拥有的加工机械等生产性固定资产原值增加较快。至 1997 年年末，农村居民家庭拥有的工业生产性固定资产原值户均为 54.5 元，是 1993 年的 2.2 倍，年均增长 21.8%。农村居民家庭拥有的第三产业生产性固定资产原值户均为 316 元，是 1993 年的近 2 倍，年均增长 18.9%。

1997 年，亚洲金融危机爆发，城市工业企业的发展和改革遇到暂时的困难，农村地区的乡镇企业发展进入低潮期。从 1997 年至 2003 年，大量农村富余劳动力离开故土，选择外出打工来维持生活的需要。这一时期，农村居民家庭投资购置生产性固定资产的热情降低，农村居民拥有的生产性固定资产原值增长乏力。至 2003 年，农村居民拥有的生产性固定资产原值户均为4622元，比1997年增长14.9%，年均增长只有2.4%。

2004年，随着安徽省税费改革试点工作在农村地区的全面展开，农村居民生产积极性被调动起来。加上2004年农产品价格的大幅度上扬，农村居民家庭购置生产性固定资产支出出现回升态势，户均生产性固定资产原值比2003年增长9.7%，主要是购置运输机械和生产用房的农村居民有所增加。

2005年，农村居民家庭购置生产性固定资产支出继续回升，户均生产性固定资产原值比2004年增长15.5%，当年农村居民购置生产性固定资产支出人均108.21元，增长22.5%。

1986—2005年安徽农村居民百户拥有生产性固定资产数量统计表

表2-13　　单位：辆、台、头

年　份	1. 汽车	2. 大中型拖拉机	3. 小型和手扶拖拉机	4. 机动脱粒机	5. 收割机	6. 水泵	7. 役畜
1986	0.08	0.4	4.4	1.5		1.8	56.7
1987	0.15	0.4	5.9	1.5		1.7	56.2
1988	0.15	0.4	5.9	1.5		2.6	56.6
1989	0.06	0.3	6.6	2.1		3.5	55.3
1990		0.3	7.7	2.4		3.9	52.9
1991	0.1	0.7	9.8	4		6.3	40.7
1992	0.1	0.4	11	4.6		7.8	37.9
1993	0.1	0.5	12.5	6.1		9.9	39.5
1994	0.31	0.8	12.5	9.5		13.1	38.1
1995	0.34	1	20	20.7		19	38.6
1996	0.11	0.9	21	11.4		21.7	41.6
1997	0.19	0.7	24.8	12.2		26.1	37.3
1998	0.61	1	26.8	16.7		30.2	31.3
1999	0.36	0.8	29.8	14.6		31.3	26.7
2000	0.47	1.4	29	19.2	6.1	39.6	23.2
2001	0.35	1.6	32.7	21.9	6.4	45.1	21.7
2002	0.56	2.5	34.6	23.3	6.3	48.3	20
2003	0.63	2	35.2	21.2	5.5	47.6	15.1
2004	0.74	2.5	34.7	19.1	5.8	50.6	12.6
2005	1	2.2	40.2	14.3	3.7	53.1	9.2

1986—2005 年安徽农村居民户均拥有生产性固定资产原值增长情况表

表 2-14　　　　　　　　　　　　　　　　　　　　　　　　　　单位：%

年　份	生产性固定资产原值增速	1. 第一产业	其中：农业	2. 工业	3. 第三产业
1986	13	10.5	9.8	51.5	24
1987	10.4	8	5	32.2	20.2
1988	10.2	9.8	9.7	14.5	11.2
1989	9.5	14.2	11.5	-2.1	-10.1
1990	8.5	9.9	8	42.2	-2.1
1991	9.2	9.3	5.4	-5.3	10.8
1992	2	3.9	3	-22.8	-6.5
1993	24.9	29.6	25.9	40.2	-8.2
1994	35.3	33.5	31	3	58
1995	20.8	18.1	20.1	22.6	42.2
1996	28.5	33.8	34.4	56.5	-9.3
1997	12.6	14.2	15.4	11.2	-2.8
1998	-8.7	-10.7	-6.8	6.8	12
1999	0	1.3	5.1	29.8	-17.2
2000	13.2	2.3	-5.9	184.1	92.5
2001	9.7	15.4	17.7	-11.4	-16.9
2002	8.4	6.1	6.5	-3	32.3
2003	-6.6	-5.7	18.6	-35.5	-4.1
2004	9.7	7.5	6.5	3.4	25.4
2005	15.5	14.2	8.7	27.1	20.9

1986—2005 年安徽农村居民生产性固定资产所占比重情况表

表 2-15　　　　　　　　　　　　　　　　　　　　　　　　　　单位：%

年　份	生产性固定资产原值比重	1. 第一产业	其中：农业	2. 工业	3. 第三产业
1986	100	81.8	67.2	1.4	16.8
1987	100	80.1	63.9	1.6	18.3

续表 2-15

年　份	生产性固定资产原值比重	1. 第一产业	其中：农业	2. 工业	3. 第三产业
1988	100	79.8	63.6	1.7	18.5
1989	100	83.3	64.8	1.5	15.2
1990	100	84.3	64.5	2	13.7
1991	100	84.4	62.2	1.7	13.9
1992	100	86	62.9	1.3	12.7
1993	100	89.2	63.4	1.5	9.4
1994	100	88	61.4	1.1	10.9
1995	100	86	61	1.1	12.9
1996	100	89.5	63.8	1.4	9.1
1997	100	90.8	65.4	1.4	7.8
1998	100	88.8	66.7	1.6	9.6
1999	100	90	70.1	2.1	8
2000	100	81.3	58.3	5.2	13.5
2001	100	85.6	62.5	4.2	10.3
2002	100	83.7	61.4	3.7	12.5
2003	100	84.6	78	2.6	12.9
2004	100	82.9	75.7	2.4	14.7
2005	100	81.9	71.2	2.7	15.4

第四节　农村居民金融资产

从1986年至2005年的20年里，安徽农村居民的金融资产增长总体上来说是比较快的。至2005年，安徽农村居民的金融资产人均为1773元，是1986年的近14倍，年均增长14.9%。农村居民金融资产的变动有三个特点：一是人均金融资产数量增长速度快于人均纯收入的增速。从1986年至2005年，农村居民人均金融资产年均增速比人均纯收入的增速高出4.4个百分点。二是在这20年里，除了1991水灾之年和2000年调查指标口径的变化，分别比上年下降了29.3%和42.3%外，农村居民的人均金融资产都是年年增长。增长最快的时期是从1992年至1999年，年均增长33.3%。

三是在农村居民金融资产中，总体上来说，手存现金所占比重呈逐渐降低态势，存款余额所占比重呈逐年提高趋势。手存现金所占比重，从1986年的83%下降到2005年的27.2%；存款余额所占比重，从1986年的17%上升到2005年的72.4%。

改革开放初期，农村居民的金融资产主要是手存现金和存款余额组成，农村居民家庭的金融资产从少到多，有些金融资产从无到有。进入20世纪80年代，安徽农村经济得到了较快发展，农村居民收入不断提高。收入的增加，主要被用于解决居民家庭生活温饱问题和再生产投资支出，剩余的手存现金和存款等金融资产不多。

1986年，安徽农村居民人均金融资产只有127元，其中，农村居民拥有的手存现金人均是106元，存款余额为21元。

1990年，农村居民人均金融资产只有两百多元，其中，农村居民拥有的手存现金人均是165元，存款余额为40元。从1986年至1990年的五年中，农村居民人均手存现金和存款余额年均分别增长了11.8%、17.4%。

1991年，安徽省遭遇严重水灾，农村居民的家庭经营生产活动受到很大影响，收入和财产受损较大。这一年，安徽农村居民金融资产人均为145元，比1990年人均减少了60元，下降了29.3%。

1992年至1999年，是20年里安徽农村居民金融资产增长最快的时期。人均金融资产从1992年的192元，连续快速增长到1999年的1434元，8年时间，农村居民人均金融资产年均增长了三成多。其中，手存现金和存款余额年均分别增长了30%、45.6%。

2000年以后，虽然随着市场经济的发展，农村居民的金融资产的类型越来越多，农村居民家庭开始拥有债券、保险、股票等现代金融形式的资产，但所占比重很小，手存现金和存款余额占农村居民金融资产的比重都在95%以上。

2005年，安徽农村居民人均金融资产达1773元。其中，人均手存现金为481元，人均存款余额为1284元，两者占金融资产的比重分别是27.2%和72.4%。

1986—2005年安徽农村居民人均拥有金融资产比上年增长情况表

表2-16　　　　单位：%

年　份	人均金融资产增速	1. 人均手存现金增速	2. 人均存款余额增速
1986	36.1	33.4	51.4
1987	15	10.3	37.9
1988	15.6	16.1	13.8
1989	11.1	13.1	3

续表 2-16

年　份	人均金融资产增速	1. 人均手存现金增速	2. 人均存款余额增速
1990	9.3	8.1	14.5
1991	-29.3	-27.2	-38.1
1992	32.3	36.3	12.5
1993	43.6	43.5	44.2
1994	32.7	33.7	26.9
1995	48.5	48.8	46.8
1996	25.8	16.6	83.6
1997	38	46.4	4.6
1998	21.9	15.4	58.4
1999	24.5	13.4	69.7
2000	-42.3	-54.3	-9.8
2001	12.1	11	13.4
2002	18.4	17.2	20.2
2003	16.2	-21.3	64.4
2004	36.8	23.5	44.2
2005	1.6	-20.4	14.1

1986—2005 年安徽农村居民拥有金融资产结构情况表

表 2-17　　单位：%

年　份	居民金融资产比重	1. 手存现金比重	2. 存款余额比重
1986	100	83	17
1987	100	79.7	20.3
1988	100	80	20
1989	100	81.4	18.6
1990	100	80.5	19.5
1991	100	83	17
1992	100	85.5	14.5

续表 2-17

年　份	居民金融资产比重	1. 手存现金比重	2. 存款余额比重
1993	100	85.4	14.6
1994	100	86.1	13.9
1995	100	86.2	13.8
1996	100	79.9	20.1
1997	100	84.8	15.2
1998	100	80.2	19.8
1999	100	73.1	26.9
2000	100	57.9	42.1
2001	100	57.3	42.6
2002	100	56.7	43.3
2003	100	38.4	61.2
2004	100	34.7	64.5
2005	100	27.2	72.4

第三章　城乡居民收入差距

第一节　城乡之间收入差距

中国的经济改革是先从农村开始，然后逐渐推进到城市的。通过 20 世纪 70 年代末期和 80 年代初期的快速发展，安徽农村居民收入有了较快的增长。这段时期，城市还没有进行经济体制改革，城镇居民收入增长较为缓慢，安徽城乡居民收入差距总体呈现逐渐缩小的态势。从 1986 年到 2005 年的 20 年里，安徽城乡居民收入差距经历了三个阶段的发展变化。1986 年至 1991 年的城乡居民收入差距逐步扩大阶段。1992 年至 1997 年的城乡居民收入差距逐步缩小阶段。1998 年至 2005 年的城乡居民收入差距又一次扩大阶段。20 年来，安徽城乡居民收入差距总体上呈现出扩大之势：城乡居民的收入比由 1986 年的 2.1 ∶ 1 上升到 2005 年的 3.2 ∶ 1，其中，高收入户的城乡居民收入比上升更快，由 1986 年的 2.1 ∶ 1 扩大到 2005 年的 3.7 ∶ 1。

城乡居民收入由工资性收入、经营性收入、转移性收入和财产性收入组成。虽然安徽城市经济改革的起始年份较农村为晚，但是，随着城市经济改革帷幕的拉开，城镇居民收入增长加快，城乡居民收入差距开始逐渐拉大。1986 年以后，城市经济改革通过扩大国营工业企业的经营自主权，使得企业有了一定的收入分配自主权。城镇居民从国营企业、集体企业等单位中不仅获得了标准工资收入，还得到了浮动工资收入、各种奖金收入和各种津贴收入等。同时，在国家机关、事业单位进行了工资改革，实行以职务工资为主体结构的工资制度。通过企业、国家机关和事业单位的工资改革，充分地调动了广大职工的工作积极性，城镇居民收入来源渠道逐渐扩大，城镇居民收入增长开始加快。1986 年，城镇居民人均可支配收入仅有 814.8 元，到 1988 年首次突破 1000 元，1999 年突破 5000 元，2005 年突破 8000 元。20 年时间，城镇居民人均可支配收入，年均增长速度达 13.1%，年均增速比农村居民的增速高了 2.6 个百分点。

1986 年以后，随着经济体制改革的逐渐深入，农民的生产积极性被极大地调动起来，农产品产量逐年增加。同时，国家改革了农产品统派统购制度。粮食、食用油、猪、牛、羊、禽、蛋和水产品等农产品价格逐步放开，农村居民收入逐年增加。至 2005 年，安徽农村居民人均纯收入为 2641 元，与 1986 年同期相比年均增长了 10.5%，增速比城镇居民收入增速低了近 3 个百分点。农村居民收入增长相对较慢，影响因素有三：

其一，农村地区大量的人口及有限的耕地制约着乡村居民收入持续较快地增长。其二，农业靠天吃饭的行业特点没有改变，农业生产易受自然灾害影响且恢复过程较慢。其三，农村外出打工的劳动力受城市经济发展过程中的波动影响较大，打工收入长期保持较快的增长有一定压力。

20 年来，城乡收入结构都有较大的变化。城镇居民收入主要来源于工资收入，收入来源逐渐多元化；农村居民收入主要部分是家庭经营收入，工资性收入、转移性收入所占比重均呈上升趋势。

1986—1991 年差距逐渐扩大　1986 年至 1991 年，城乡居民收入差距扩大的阶段。1986 年，安徽城镇居民收入比上一年有了一定程度的增加，但收入基数仍较低。农村居民收入持续稳定增长，农村居民收入虽有增加，但收入水平仍比城镇居民收入低。从城乡居民的绝对收入水平来看，1986 年，安徽城镇居民人均可支配收入为 814.8 元，农村居民人均纯收入为 396.5 元，城乡居民收入比为 2.1 ： 1，收入差距还不大。从城乡居民的收入结构情况来看，城镇居民收入主要来源于国有经济单位的工资收入。在经过了工资改革和企业转换经营机制后，城镇居民收入渠道得到了拓宽，收入增加较多。1986 年，安徽城镇居民从国有经济单位得到的工资收入是 528 元，比上年同比增长了 29.3%。农村居民收入中有九成来自于家庭经营收入，再经过农村改革初期的高速增长后，农村居民收入开始进入了稳定增长的过程。1986 年，安徽农村居民人均家庭经营纯收入为 338 元，比上年增长了 11.3%。从城乡居民收入分组情况来看，1986 年，高收入户的城乡居民收入比为 2.1 ： 1，低收入户的城乡居民收入比为 2.3 ： 1，高低收入户的城乡居民收入比相差不大。

1987 年至 1991 年，城镇居民收入水平快速地提高，收入结构也发生了较大的变化。而在同一时期，经过 80 年代初期的快速发展后，安徽农村居民家庭经营收入进入了稳步发展的阶段。城镇居民和农村居民两者相比，城镇居民收入的增长要更快一些。从城乡居民的收入水平来看：从 1987 年到 1991 年五年，城镇居民可支配收入连续增长，逐年环比分别增长了 16.2%、16.1%、8.6% 和 9.6%。1987 年，安徽城镇居民人均可支配收入只有 924.8 元，到了 1991 年，已经达到 1485.1 元，增加了 560.3 元，增长了 60.6%，年均增长 12.6%。作为农业大省的安徽，除了 1991 年外，农村居民的家庭经营收入在这段时期都维持稳定增长。1987 年至 1990 年，农村居民人均纯收入环比分别增长 13.1%、6.2% 和 4.6%。 1991 年，安徽省发生了特大水灾，农业生产受到严重影响，农村居民人均纯收入为 446 元，比上年同期下降 17.3%。比 1987 年的 429 元，人均增加了 17 元，五年时间年均增长只有 1.0%。经过了五年的发展，城镇居民收入年均增长速度比农村居民的增速高了 11.6 个百分点，城乡居民的收入水平逐年拉大，城乡居民收入比从 1987 年的 2.2 ： 1 上升到 1991 年的 3.3 ： 1。

从城乡居民收入结构的变化情况来看，1987年到1991年，在城镇居民收入构成中，国有经济单位职工工资收入、集体经济单位职工工资收入和从单位得到的其他收入，这5年三项收入之和占城镇居民收入的比重分别是82.5%、76.1%、73.4%、74.5%和78.1%。随着城市经济改革的逐渐深化，企业经营机制逐步趋活，城镇居民就业的渠道拓宽了，收入的来源增多。除了工资收入外，个体劳动者收入、兼职等收入逐年增多，这部分收入占城镇居民收入的比重总体呈上升趋势，从1987年17.5%上升到1991年的21.9%。在农村居民收入构成中，家庭经营收入仍然是农村居民收入的主体部分。1987年至1991年，集体经济收入、经济联合体收入以及其他非生产性收入之和占收入的比重不到两成，而农村居民家庭经营收入占收入的比重一直维持在八成以上。1987年至1990年，是安徽农村专业户、专业村大发展的时期，过去只知道种田的农户开始变得富有经营头脑了，农村居民除了搞好农业生产外，也开始注重家庭经营中的副业发展，农村居民生产经营活动中兼业化现象较为普遍。至1990年，安徽农村居民人均家庭经营收入为442元，比1987年增长22.4%，年均递增7.0%。其中：第一产业收入人均401元，比1987年增长23.8%，年递增7.4%；第二产业收入人均13.4元，年递增6.2%；第三产业收入人均27.5元，年递增2.4%。1991年，安徽省遭遇历史上特大洪涝灾害，农村居民家庭的生产受损较大，家庭经营收入减少较多。1991年，在家庭经营收入中，除了第三产业收入比上年下降较少外，第一产业和第二产业收入，分别比1990年下降了19.9%和26.3%。

从城乡居民收入五等份分组情况来看：1991年特大水灾对农村居民收入影响较大，因灾返贫的农户数增加较多。1991年，农村最低20%收入户的人均纯收入是210元，比水灾前的1990年人均减少91元，下降了30.2%。水灾对城镇居民收入的影响相对较轻，灾后城市企业的生产恢复也较快。1991年，城镇最低20%收入户的人均收入为900元，比1990年人均增加144元，增长了19.1%。城乡居民低收入户的收入比，从1987年的2.5 ∶ 1上升到1991年的4.3 ∶ 1，城乡居民高收入户的收入比从1987年的2.4 ∶ 1上升到1991年的3.1 ∶ 1。

1992—1997年差距有所缩小　1992年到1997年，城乡居民收入差距缩小的阶段。在这一阶段，城镇居民和农村居民的收入增长都较快，农村居民收入的增长要更快些。1992年至1997年，安徽的城市经济改革逐渐得到深化。中央要求全民所有制企业积极转换经营机制，提出了全民所有制小型企业可积极试行租赁承包经营，全民所有制大中型企业要实行多种形式的经营责任制，可选择少数有条件的大中型企业进行股份制试点。从1992年开始，中央提出了加快发展第三产业的决定，出现了机关办实体热现象，许多机关干部和国营企业高管辞职下海经商。1994年，实行了国家和地方的税收分流、财政分灶吃饭的财税体制，充分调动了地方政府发展经济的积极性。在全民大中小型企业中进行的经济改革，有效地调动了职工的工作积极性，企业职工工资增加较多，收入增长较快。财税体制的改革，使得安徽省部分城市财政收入增加较多，国家机关、事业单位职工的工资、津贴等收入增长较快。从1992年到1996年五年时间，是安徽城镇居民收入水平高速增长的时期，五年时间，连续迈过2000元、3000元和4000元三个千元大关，城镇居民人均可支配收入增速都在10%以上。1992年至1995年，收入比上一年的增长速度均在20%以上，逐年环比分别增长了20.9%、24.4%、35.9%和24.5%。到了1997年，城镇居民人均可支配收入已达4599元，比水灾的1991年人均增加了3114元，增长了2倍多，六年间年均增长20.7%。

1992年至1997年，是安徽农村经济快速发展，农村居民收入增加较多的时期。1991年水灾过后，安徽省迅速组织生产自救，部分挽回了工农业生产的经济损失。到了1992年，随着农业生产的快速回升，家庭经营收入快速增加，安徽农村居民人均纯收入增长迅速。1993年，安徽省放开了粮油购销价格，农民从事农业生产的积极性再一次被激发起来。1993年以后，农村富余劳动力开始外出打工，出现了“民工潮”现象。1994年至1996年，安徽农村地区许多富余劳动力，到南方经济开放度较高的沿海地区打工从业，靠自己的辛勤劳动获得了较为不错的报酬收入。在这三年里，安徽农村居民工资性收入呈现罕见的连续三年高增长，工资性收入的高增长带动了农村居民人均纯收入的快速增长，分别比上一年增长了34.3%、33.9%和23.4%。1992年到1997年，安徽主要农产品连年丰收，加上收购价格较好，农村居民出售农产品获得的收入增加较多，农村居民家庭经营收入增长较快。至1997年，农村居民人均纯收入已达1809元，比水灾的1991年人均增加了1363元，增长了3倍多，六年间年均增长26.3%。1992年至1997年，农村居民收入年均增速比城镇居民的增速高了5.6个百分点，城乡居民收入差距有所缩小，城乡居民收入比从1992年的3.1 ∶ 1下降到1997年的2.5 ∶ 1。高低收入户的收入变化较为均衡：低收入户的城乡居民收入比从1992年的3.1 ∶ 1下降到1997年的2.4 ∶ 1，高收入户的城乡居民收入比从1992年的3.5 ∶ 1下降到1997年的2.8 ∶ 1。

在城镇居民收入构成中，国有经济单位职工工资收入、集体经济单位职工工资收入及从单位得到的其他收入，这三项收入之和占城镇居民收入的比重，从1992年到1997年分别是82.3%、80.2%、75.9%、75.3%、76.1%和75.1%，总体上呈现比重降低之势。与此相反，包含个体劳动者收入、兼职等收入占城镇居民收入的比重则呈上升之势，从1992年17.7%上升到1997年的24.9%。在这一阶段，农村居民收入结构也发生了较大的变化：家庭经营收入比重开始下降，从1992年77.6%下降到1997年的73.7%；而工资性收入则从1992年17.6%上升到1997年的22.4%。在家庭经营收入中，来自第一产业收入占农村居民收入的比重很高，均在80%以上，第二收入和第三收入之和所占的比重小于15%。至1997年，安徽农村居民的家庭经营收入人均为1333元，比1992年增长近2倍，年均递增24.5%。其中：农业收入人均913元，年均递增24.8%；牧业收入人均231元，年均递增25%；第二产业收入人均42.1元，年均递增25.3%；第三产业收入人均84.11元，年均递增21.3%。

1998—2005年差距进一步扩大 1998年到2005年，城乡居民收入差距又一次扩大阶段。这一阶段，是中国经济体制改革极为重要的一个时期，经历了亚洲金融危机、松花江和长江流域水患、金融体制改革、政府机构改革、建设全面小康社会的提出、西部大开发战略、加入世界贸易组织、"非典"疫情以及农业税减免试点等重要事件。这些事件，对中国城乡范围内的经济发展产生了重大的影响，对城乡居民收入的变化产生了很大的作用，城乡居民收入都经历了五至六年缓慢增长的时期。1998年亚洲金融危机全面爆发，中国作出了人民币币值不贬值的庄严承诺。在1998年后的三四年里，安徽省出口加工型贸易经历了一个严峻挑战时期：外向型经营企业出口不畅，企业停工停业现象较多。同时，安徽省经过了连续几年的高速发展，经济已有过热迹象，投资与融资矛盾突出，国有大中型企业经营较为困难，城镇居民收入增长缓慢。经过几年为国有大中型企业脱困和解困，企业的经营生产逐步进入到了常态，企业下岗职工的基本生活有了保障，下岗职工的再就业工程全面展开。2002年，中共十六大报告提出了建设全面小康社会的宏伟蓝图，安徽省工业化和城市化掀开了新的篇章，城镇居民收入增长开始逐步回升。随着中国加入了世界贸易经济组织，安徽省工业化和城市化进程加快，城镇居民收入增长逐步走入良性循环的道路。1998年到2005年，安徽城镇居民人均可支配收入稳定增长，八年时间，逐年比上一年分别增长了3.7%、6.2%、4.5%、7.1%、6.4%、12.4%、10.8%和12.8%。至2005年，城镇居民人均可支配收入达8471元，比1998年人均增加3700元，增长了77.6%，七年间年均增长8.5%。

1998年至2005年，安徽农村居民收入进入了较长时期徘徊阶段。亚洲金融危机的爆发，使得经济运行中的深层次矛盾和问题凸显出来，具体到农村居民的增收问题上，有三个突出的问题：一是粮食等主要农产品在1998年之前连年丰收，但农产品价格一直徘徊不前，安徽农村出现"卖粮难"现象。二是1998年亚洲金融危机后，安徽省和省外城市企业的经营出现了困难，安徽农村地区大量的富余劳动力外出打工从业经历了一个困难的时期 。三是从1998年到2005年之间，安徽省出现多次自然灾害及疫情：1998年长江流域发生了历史上罕见的特大洪灾，2000年淮河流域局部地区发生洪涝灾害，2003年发生"非典"疫情，伴随着安徽北部水灾和皖南旱灾。2004年，安徽省率先在全国进行了农村税费改革试点工作，农民的生产积极性再一次被调动起来。2004年，安徽农村居民人均纯收入为2499元，比上年增长了17.5%。至2005年，农村居民人均纯收入为2641元，比1998年人均增加778元，增长了41.8%，年均增长5.1%。

1998 年到 2005 年，安徽城乡居民收入增长缓慢，2000 年后，农村地区受灾较为频繁，农村居民收入的增长较城镇居民收入的增长恢复过程更显缓慢，城乡居民收入差距再一次拉大。城乡居民收入比由 1998 年的 2.6 ：1，扩大到 2005 年的 3.2 ：1，其中，低收入户的收入比由 1998 年的 2.5 ：1 上升到 2005 年的 3.2 ：1，高收入户的收入比由 1998 年的 2.8 ：1 上升到 2005 年的 3.7 ：1。

1986—2005 年安徽城乡居民收入对比情况表

表 3-1 单位：元

年　份	农村居民收入	城镇居民收入	城乡收入比
1986	396.5	814.8	1 ：2.1
1987	429.3	924.8	1 ：2.2
1988	485.5	1074.7	1 ：2.2
1989	515.7	1247.6	1 ：2.4
1990	539.2	1354.6	1 ：2.5
1991	446.1	1485.1	1 ：3.3
1992	573.6	1795.5	1 ：3.1
1993	724.5	2233.9	1 ：3.1
1994	973.2	3036.2	1 ：3.1
1995	1302.8	3778.9	1 ：2.9
1996	1607.7	4493.9	1 ：2.8
1997	1808.8	4599.3	1 ：2.5
1998	1863.1	4770.5	1 ：2.6
1999	1900.3	5064.6	1 ：2.7
2000	1934.6	5293.6	1 ：2.7
2001	2020	5668.8	1 ：2.8
2002	2117.6	6032.4	1 ：2.8
2003	2127.5	6778	1 ：3.2
2004	2499.3	7511.4	1 ：3.0
2005	2641	8470.7	1 ：3.2

说明：城镇居民收入为人均可支配收入，农村居民收入为人均纯收入

1986—2005年安徽城乡居民高低收入户对比情况表

表3-2　　单位：元

年　份	农村最低20%收入户	城镇最低20%收入户	城乡收入比	农村最高20%收入户	城镇最高20%收入户	城乡收入比
1986	223.0	517.3	1：2.3	634.8	1315.5	1：2.1
1987	236.5	589.4	1：2.5	676.6	1636.0	1：2.4
1988	274.0	604.6	1：2.2	780.6	1931.0	1：2.5
1989	288.6	730.6	1：2.5	827.9	2207.1	1：2.7
1990	300.3	755.7	1：2.5	851.0	2389.1	1：2.8
1991	209.7	899.9	1：4.3	789.0	2468.7	1：3.1
1992	328.6	1031.6	1：3.1	930.0	3287.6	1：3.5
1993	403.7	1190.3	1：2.9	1196.6	4279.8	1：3.6
1994	599.9	1531.6	1：2.6	1497.3	5824.1	1：3.9
1995	714.0	2052.0	1：2.9	2214.9	6858.9	1：3.1
1996	879.1	2486.3	1：2.8	2702.4	8082.8	1：3.0
1997	987.2	2360.3	1：2.4	3023.6	8516.9	1：2.8
1998	977.7	2410.1	1：2.5	3199.1	8828.0	1：2.8
1999	1025.6	2378.1	1：2.3	3193.2	9824.0	1：3.1
2000	1014.2	2212.7	1：2.2	3436.2	11273.5	1：3.3
2001	1056.1	2328.7	1：2.2	3557.5	11582.6	1：3.3
2002	1045.0	1942.7	1：1.9	3943.0	16032.8	1：4.1
2003	953.4	2319.4	1：2.4	4061.9	17728.4	1：4.4
2004	1074.5	2492.9	1：2.3	4484.3	20470.4	1：4.6
2005	1095.8	3544.3	1：3.2	5229.6	19604.1	1：3.7

说明：1.1986—1995年的10年收入，是城镇居民家庭的实际收入；1996—2005年的10年收入，是城镇居民家庭的可支配收入

2.1986年最高和最低收入为推算数

3.农村居民收入均为人均纯收入

1986—2005 年安徽农村居民按户数五等份分组收入增长情况表

表 3-3　　单位：%

年　份	全省收入同比增长	最低 20% 收入户同比增长	最高 20% 收入户同比增长
1986	7.3	—	—
1987	8.3	6.1	6.6
1988	13.1	15.9	15.4
1989	6.2	5.3	6.1
1990	4.6	4.1	2.8
1991	-17.3	-30.2	-7.3
1992	28.6	56.7	17.9
1993	26.3	22.9	28.7
1994	34.3	48.6	25.1
1995	33.9	19.0	47.9
1996	23.4	23.1	22.0
1997	12.5	12.3	11.9
1998	3.0	-1.0	5.8
1999	2.0	4.9	-0.2
2000	1.8	-1.1	7.6
2001	4.4	4.1	3.5
2002	4.8	-1.1	10.8
2003	0.5	-8.8	3.0
2004	17.5	12.7	10.4
2005	5.7	2.0	16.6

说明：农村居民收入均为人均纯收入

1986—2005 年安徽城镇居民按户数五等份分组收入增长情况表

表 3-4　　单位：%

年　份	全省收入同比增长	最低 20% 收入户同比增长	最高 20% 收入户同比增长
1986	6.6	—	—
1987	13.5	14.0	24.4

续表 3-4

年 份	全省收入 同比增长	最低 20% 收入户 同比增长	最高 20% 收入户 同比增长
1988	16.2	2.6	18.0
1989	16.1	20.8	14.3
1990	8.6	3.4	8.2
1991	9.6	19.1	3.3
1992	20.9	14.6	33.2
1993	24.4	15.4	30.2
1994	35.9	28.7	36.1
1995	24.5	34.0	17.8
1996	18.9	21.2	17.8
1997	2.3	-5.1	5.4
1998	3.7	2.1	3.7
1999	6.2	-1.3	11.3
2000	4.5	-7.0	14.8
2001	7.1	5.2	2.7
2002	6.4	-16.6	38.4
2003	12.4	19.4	10.6
2004	10.8	7.5	15.5
2005	12.8	42.2	-4.2

说明：1.1986-1995年的10年收入，是城镇居民家庭的实际收入；1996-2005年的10年收入，是城镇居民家庭的可支配收入

2.1986年最高和最低收入为推算数

第二节　城镇居民收入差距

中共十一届三中全会以后，为了尽快地提高职工收入水平，国家采取了一系列有效措施：如连续几次工资改革、恢复奖金制度、发放各种津贴补助，在经济体制改革中推行各种承包责任制、逐步实行市场经济体制，工资与经济效益挂钩，打破了沿用几十年的单一的工资分配形式，使城镇居民收入迅速增加。在城镇居民收入增加的同时，居民间的收入差距开始出现。

1986 年以后，安徽省小部分城镇居民家庭已经成为富裕户，大多数居民户开始奔

向小康生活，但是仍有一部分居民户还处于温饱型，还有一部分处于贫困状态。城镇居民收入均衡状况被打破，收入差距逐渐显现。

根据安徽省城镇住户调查资料推算：反映居民收入差距的基尼系数由改革开放初的1981年的0.1388上升到2005年的0.2592。其中：从2002年到2004年，连续三年超过0.3。

1986—2005年安徽城镇居民家庭基尼系数

表3-5

年　份	基尼系数	年　份	基尼系数
1986	0.1617	1996	0.1941
1987	0.1679	1997	0.2099
1988	0.1783	1998	0.2142
1989	0.1723	1999	0.2288
1990	0.1756	2000	0.2507
1991	0.1695	2001	0.2454
1992	0.1772	2002	0.3065
1993	0.1972	2003	0.3003
1994	0.2148	2004	0.3071
1995	0.1879	2005	0.2592

说明：表中各年份数值，是采用安徽省城镇住户调查资料，按照最低收入户10%，低收入户10%，中等偏下收入户20%，中等收入户20%，中等偏上收入户20%，高收入户10%，最高收入户10%七分组计算的

根据安徽省城镇住户资料：按城镇居民家庭可支配收入从高到低顺序排队的七分组看，1986年占10%总体的高收入户，人均实际收入1315.48元，占10%总体的低收入户，人均实际收入517.27元，高收入户为低收入户的2.54倍。到2005年，高收入户为低收入户的5.53倍。1986年到2005年20年间，可支配收入差距从2.54 ∶ 1扩大到5.53 ∶ 1。其中，2002年、2003年、2004年，收入差距分别达到8.25 ∶ 1、7.64 ∶ 1和8.21 ∶ 1。

1986—2005年安徽城镇居民家庭高低收入户比较

表3-6　　单位：元

年　份	平均数	可支配收入（高）	可支配收入（低）	高低户比
1986	821.78	1315.48	517.27	2.54
1987	981.12	1635.96	589.44	2.77

续表 3-6

年　份	平均数	可支配收入（高）	可支配收入（低）	高低户比
1988	1085.64	1931.04	604.56	3.19
1989	1260.47	2207.07	730.56	3.02
1990	1367.85	2389.08	755.70	3.16
1991	1498.57	2468.68	899.85	2.74
1992	1809.35	3287.57	1031.62	3.19
1993	2249.34	4279.75	1190.30	3.60
1994	3048.87	5824.07	1531.56	3.80
1995	3796.93	6858.93	2052.00	3.34
1996	4493.92	8082.84	2486.29	3.25
1997	4599.27	8516.87	2360.30	3.61
1998	4770.47	8828.01	2410.07	3.66
1999	5064.60	9823.97	2378.09	4.13
2000	5293.55	11273.54	2212.68	5.09
2001	5668.80	11582.55	2328.65	4.97
2002	6032.40	16032.84	1942.65	8.25
2003	6778.03	17728.41	2319.41	7.64
2004	7511.43	20470.38	2492.91	8.21
2005	8470.68	19604.12	3544.33	5.53

说明：1.1986-1995年的10年收入，是城镇居民家庭的实际收入；1996-2005年的10年收入，是城镇居民家庭的可支配收入

2.1986年最高和最低收入为推算数

2000年以后，安徽城镇居民高、低收入户的收入差距进一步扩大。低收入户的收入增加缓慢，2000年到2005年的5年间，城镇10%低收入户的人均可支配收入仅增加了2212.6元，年均增加442.5元，10%高收入户的人均可支配收入5年增加了7210元，年均增加1442元，两者相差较大。高收入户的收入增长速度快于低收入户。2000年至2005年，10%高收入户的人均可支配收入年均增长13.6%，而10%低收入户的人均可支配收入年均增长只有11.8%，比前者低了1.8个百分点。收入比在扩大。2000年10%高收入户与10%低收入户的人均可支配收入之比为2.7 ： 1，到2005年两者之比扩大到2.9 ： 1。差距扩大过快。2000年10%低收入户与10%高收入户的人均可支配收入相差5090余元，2005年两者差距扩大到10090余元，5年间差距扩大了将近1倍。

行业间的职工收入差距扩大。从国民经济行业分类看，2000年，安徽省电力、煤气及水的生产和供应业的在岗职工平均工资最高，达到9976元，批发和零售贸易、餐饮业的在岗职工平均工资最低，为4660元，两者相差5316元。2005年，电力、煤气

及水的生产和供应业，批发和零售贸易、餐饮业，虽然在当年并不是排在最高和最低位置上，但两者的在岗职工平均工资的差距已扩大到 8270 元。而从 2005 年最高与最低的在岗职工平均工资差距情况看，信息传输、计算机服务和软件业的在岗职工平均工资最高，达到 23751 元，农、林、牧、渔业的在岗职工平均工资最低，为 7827 元，两者相差 15924 元。

地区间的居民收入差距扩大。2000 年，安徽最低收入城市的人均可支配收入为 4494.8 元，与最高收入城市的人均可支配收入 6904.3 元相差 2409.5 元。2005 年，最高收入城市的人均可支配收入已超过万元，达到 11934.9 元，最低收入城市的人均可支配收入为 7749.9 元，两者差距扩大到 4185 元。

与全国差距不断扩大。2000 年，安徽城镇居民人均可支配收入与全国城镇居民收入相差 986.4 元，2005 年，其差距扩大到 2022.4 元。

造成收入差距的原因是多方面的。既有发展过程中收入分配政策机制方面的问题，也有对公共资源和基础设施占有不均等的因素，还存在着市场化本身不规范导致的收入差距等等。但是负担系数的多少，是形成高低收入差距的主要原因之一。高收入户家庭人口偏少，就业人口较多，平均每一就业者负担人口也少。反之，低收入户家庭人口偏多，就业人口较少，而平均每一就业者负担人口也多。据安徽省城镇住户调查资料显示：2005 年，高收入户家庭平均户人口 2.43 人，比低收入户家庭人少 0.89 人；高收入户每户就业人口 1.43 人；高收入户每一就业者负担人口 1.7 人，低收入户每一就业者负担人口 2.27 人，高收入户比低收入户每一就业者少负担 0.57 人。

1986—2005 年安徽城镇居民家庭高、低收入户人口就业状况比较表

表 3–7　　　　　　　　　　　　　　　　　　　　　　　　单位：人

年份	（高）家庭人口	（低）家庭人口	（高）就业人口	（低）就业人口	（高）负担人口	（低）负担人口
1986	3.21	4.42	2.48	1.96	1.34	2.38
1987	3.19	4.38	2.46	1.87	1.30	2.34
1988	2.94	4.50	2.21	1.97	1.33	2.28
1989	2.98	4.36	2.25	2.05	1.32	2.13
1990	2.75	4.27	2.08	2.05	1.32	2.08
1991	2.76	4.10	1.89	1.87	1.46	2.19
1992	2.75	3.79	1.90	1.93	1.45	1.96
1993	2.74	3.70	1.91	1.93	1.43	1.92
1994	2.82	3.84	1.88	1.83	1.50	2.10

续表 3-7

年　份	（高）家庭人口	（低）家庭人口	（高）就业人口	（低）就业人口	（高）负担人口	（低）负担人口
1995	2.68	3.63	1.73	1.78	1.55	2.04
1996	2.65	3.55	1.70	1.89	1.56	1.88
1997	2.61	3.60	1.64	1.81	1.59	1.99
1998	2.63	3.48	1.70	1.78	1.55	1.96
1999	2.52	3.29	1.67	1.95	1.51	1.69
2000	2.52	3.64	1.36	1.80	1.85	2.02
2001	2.43	3.42	1.31	1.66	1.85	2.06
2002	2.56	3.37	1.42	1.46	1.80	2.31
2003	2.51	3.35	1.40	1.49	1.79	2.25
2004	2.50	3.32	1.42	1.43	1.76	2.32
2005	2.43	3.32	1.43	1.46	1.70	2.27

说明：1986年的数据，是依据1986年第三季度城镇住户调查季度报表推算。平均每一就业者负担人口=家庭人口/就业人口

每一就业者的收入高低，是造成高低收入户差距的另一主要原因。高收入户家庭的就业人员中，高级技术人员及高级管理人员较多，他们的收入高于一般职工。此外，高收入户中的就业人员，大部分都具有工资外的其他收入，有的还有兼职收入、财产性收入等等。低收入家庭职工多为体力劳动者，并且技术含量较低，下岗失业人员较多，所就职的单位也多是经营不景气，经济效益低下，职工收入偏少。这也是城镇居民收入差距形成的原因之一。

第三节　农村居民收入差距

农村居民收入差距是农村居民在一定时期内所获得的收入量的差别，它有绝对收入差距和相对收入差距。绝对收入差距用货币单位或其他实物指标来表示，而相对收入差距则以收入比重或相对份额来表示。相对收入差距和绝对收入差距既有联系，又有区别。在总的收入水平一定时，相对收入差距和绝对收入差距的变动方向是一致的。但在总收入水平不一定时，相对收入差距和绝对收入差距的变动方向可能不一致，即相对收入差距扩大，绝对收入差距可能缩小；反之，相对收入差距缩小，绝对收入差距有可能扩大。农村改革开放以后，特别是1985年以后，安徽农村居民收入差距变动的总趋势是不断扩大。

1985年之后，安徽农村居民从家庭经营农林牧渔业中得到的收入，在企业就业和在非企业组织从业得到报酬收入、外出打工收入不断增加。农村居民家庭经营非农产业的收入从无到有并持续增加，通过政府的财政部门、社会组织和个人直接转移给农村居民的转移性收入显著增加，农村居民得到的利息、股息、租金、土地承包权转让金以及经营资产溢价等财产性收入增加了农村居民的收入，农村居民的收入来源不断拓宽。但是，安徽省各地农村居民的收入来源差异较大，同一地区不同的农村居民的收入来源也不一样，全省农民居民收入差距扩大的趋势比较明显。低收入农村居民得到的收入份额不断下降，高收入农村居民得到的收入份额不断提高。

安徽省农村住户抽样调查资料表明，从1986年到2005年，最低收入20%人口的人均纯收入增加了856.0元，每年平均增长8.8%；中等偏低、中等和中等偏高收入水平60%人口人均纯收入增加2014.1元，平均每年增长9.9%；最高收入20%人口的人均纯收入增加4455.7元，平均每年增长11.6%。与最高收入20%人相比，最低收入20%人口的人均纯收入平均每年增长幅度低2.7个百分点。20年来，在抽中调查户中，最高收入20%人口的收入比重越来越小，最高收入20%人口的收入比重越来越大。收入水平处于中等偏低、中等和中等偏高60%人口的纯收入比重始终低于60%，收入不断向收入水平最高的20%人口集中。2005年，最低收入20%人口的纯收入比重比1985年下降2.9个百分点，最高收入20%人口的纯收入比重提高6.4个百分点。主要年度农村住户抽样调查中按照人口数量五等分的纯收入分布，详见表3—8。

安徽内部农村居民之间的收入差距不断拉大，但与全国比较，安徽省农村居民收入差距一直都低于全国。从安徽省农村居民人均纯收入水平在全国各省市自治区中的位次看，在1986年到2005年期间，除了遭受自然灾害的1991年和恢复性增长的1992年，安徽农村居民收入水平在全国的位次，处于16位到22位之间。安徽省农村居民人均纯收入与全国平均水平的绝对差距一直处于不断拉大的趋势中，与全国平均水平的相对差距基本上处在6.4%到21.4%之间，20年中有13年处在10% ~ 20%。

1986—2005年主要年份安徽省按照人口数量五等分的人均纯收入分布统计表

表3-8 单位：元、%

年度	人均纯收入				纯收入比重			
	全部调查户人均纯收入	收入最低的20%的人口	中低、中等和中高收入60%的人口	收入最高的20%的人口	全部调查户	收入最低的20%的人口	中低、中等和中高收入60%的人口	收入最高的20%的人口
1986	396.5	212.1	379.6	631.8	100	10.7	57.4	31.9
1987	429.3	234.0	411.5	677.9	100	10.9	57.5	31.6
1990	539.2	297.7	512.7	860.0	100	11.0	57.1	31.9

续表 3-8

年　度	人均纯收入				纯收入比重			
	全部调查户人均纯收入	收入最低的20% 的人口	中低、中等和中高收入 60% 的人口	收入最高的20% 的人口	全部调查户	收入最低的20% 的人口	中低、中等和中高收入60% 的人口	收入最高的20% 的人口
1991	446.1	202.9	415.7	780.3	100	9.1	55.9	35.0
1992	573.6	321.4	540.1	926.2	100	11.2	56.5	32.3
1995	1302.8	681.4	1220.7	2170.5	100	10.5	56.2	33.3
1996	1607.7	875.3	1495.7	2676.1	100	10.9	55.8	33.3
2000	1934.6	984.2	1078.4	3296.6	100	10.2	55.7	34.1
2004	2499.3	1117.2	2320.4	4418.4	100	8.9	55.7	35.4
2005	2641.0	1054.6	2377.4	5017.9	100	8.0	54.0	38.0

数据来源：根据安徽省农村社会经济调查队（安徽省农村抽样调查队）各年度的《农村抽样调查资料》或者《农村住户抽样调查资料》中按人均纯收入分组资料估算

地区间收入差距大　1986年到1990年，安徽的淮北平原区、江淮丘陵区、沿江圩区、皖南和皖西南山区之间的农村居民收入水平也有较大差距。根据对 31 个抽中调查县 3100 户农村住户抽样调查，1990 年，淮北平原区（淮北平原区的抽中调查县包括蒙城县、涡阳县、利辛县、太和县、临泉县、阜南县、颍上县、凤台县、濉溪县、宿县（今埇桥区）、灵璧县、泗县、怀远县。）抽中调查户人均纯收入 480.9 元，江淮丘陵区（江淮丘陵区抽中调查县包括凤阳县、定远县、全椒县、寿县、舒城县、肥西县、庐江县。）抽中调查户人均纯收入 550.2 元，沿江圩区〔沿江圩区抽中调查县包括巢湖市（县级，今居巢区）、无为县、当涂县、宣州市（今宣州区）、枞阳县、宿松县。〕抽中调查户人均纯收入 615.5 元，皖西南山区〔皖西南山区抽中调查县包括金寨县、贵池县（今贵池区）、青阳县、歙县、祁门县。〕抽中调查户人均纯收入 593.7 元。以淮北平原地区人均纯收入为 100，淮北平原、江淮丘陵、沿江圩区和皖南皖西山区调查户农村居民人均纯收入比为 100 ∶ 114 ∶ 128 ∶ 123。与 1985 年四个区域的农村居民人均纯收入（1985 年，四个区域调查户人均纯收入分别为 345.1 元、376.9 元、360.0 元和 352.7 元，其比例为 100 ∶ 109 ∶ 104 ∶ 102）相比，淮北平原区农村居民人均纯收入与沿江圩区和皖南皖西山区的收入差距明显拉大。

从 1986 年到 1990 年，在安徽农村住户抽样调查户中，最低收入群体与最高收入群体之间的人均纯收入绝对差距拉大趋势比较明显，相对差距无明显变化，收入水平中等偏低、中等和中等偏上的农村居民得到的纯收入份额有所减少。根据安徽省农村社会经济调查队 3100 户农村住户抽样调查 12 个分组资料测算，1990 年，最低收入 20% 人口的人均纯收入 297.7 元，最高收入 20% 人口的人均纯收入 860.0 元，二者之间的差距 562.4 元，比 1985 年 367.6 元增加 194.8 元；最高收入 20% 人口的人均纯收入是最低收入组的 2.9 倍，与 1985 年相比没有变化。1990 年最低收入 20% 人口的纯收入占调查户纯收入总量的 11.0%，比 1985 年微升 0.1 个百分点；而最高收入 20% 人口的纯收入占 31.9%，比 1985 年微升 0.4 个百分点。这五年，最低收入组和最高收入组的纯收入比重均有上升，中等偏低、中等和中等偏高收入水平 60% 人口的纯收入比重下降。从不同收入组的人均纯收入增长看，最低收入组的人均纯收入与最高收入组保持了相同的增长幅度，平均每年的增长幅度都是 8.7%，而中等偏低、中等和中等偏高收入组 60% 的人口人均纯收入平均每年仅增长 7.1%。1986 年到 1990 年，安徽省农产品收购价格平均上涨了 63.3%，其中粮食上涨了 77.6%。特别是 1986 年到 1989 年，农产品收购价格平均上涨了 69.7%，粮食上涨了 98.4%（数据来源：根据《安徽五十年·农产品收购价格分类指数》P730 整理）。高收入组农村居民收入增长，主要得益于安徽农村个体私营经济的发展，高收入组农民收入增长主要来源于家庭经营二三产业增长。

1986—2005 年主要年份安徽省人口数量五等分的农民人均纯收入分布统计表

表 3-9　　　　　　　　　　　　　　　　　　　　　　　　　　　单位：元、%

年度	人均纯收入			绝对差距	倍数	人均纯收入增长			
	全部调查户人均纯收入	收入最低的 20% 的人口	收入最高的 20% 的人口	C=B-A	D=B/A	全部调查户人均纯收入	收入最低的 20% 的人口	中低、中等和中高收入 60% 的人口	收入最高的 20% 的人口
-	-	A	B	C	D	E	F	G	H
1986	396.5	212.1	631.8	419.6	3.0	7.3	9.0	4.5	12.4
1987	429.3	234.0	677.9	443.9	2.9	8.3	10.3	8.4	7.3
1990	539.2	297.7	860.0	562.4	2.9	-	-	-	-
1991	446.1	202.9	780.3	577.4	3.8	-17.3	-31.8	-18.9	-9.3
1992	573.6	321.4	926.2	604.8	2.9	28.6	58.4	29.9	18.7
1995	1302.8	681.4	2170.5	1489.1	3.2	-	-	-	-
1996	1607.7	875.3	2676.1	1800.8	3.1	23.4	28.5	22.5	23.3
2000	1934.6	984.2	3296.6	2312.4	3.3	-	-	-	-
2005	2641.0	1054.6	5017.9	3963.3	4.8	5.7	-5.6	2.5	13.6

数据来源：根据安徽省农村社会经济调查队（安徽省农村抽样调查队）各年度的《农村抽样调查资料》或者《农村住户抽样调查资料》中按人均纯收入分组资料估算

不同收入群差距明显 1991 年至 1995 年，安徽农村居民不同收入群体之间的差距趋于明显。五年间，在全省农村住户调查 3100 户抽中调查户中，最低收入 20% 人口的人均纯收入增加 383.7 元，平均每年增长 18.0%，最高收入 20% 人口的人均纯收入增加 1310.5 元，平均每年增长 20.3%。最低收入组纯收入比重累计下降 0.6 个百分点，而最高收入组纯收入份额却上升 1.4 个百分点。收入越来越向最高收入组人群集中。

1991 年，3100 户抽中调查户人均纯收入 446.1 元，比上年减少 93.1 元，下降 17.3%，扣除价格因素，安徽人均纯收入实际比上年下降 19.3%。这一年 5 月至 8 月全省连续遭受暴雨、大暴雨、特大暴雨的袭击，发生了罕见的洪涝灾害，全省绝大多数农作物因洪涝灾害减产甚至绝收，对于收入主要依靠种植业的农户影响巨大，绝大多数纯农业户收入骤减；对于收入主要来源于交通运输、建筑、商品零售服务等二三产业的农户的收入，洪涝灾害影响很小。农村居民中的非农业户和兼营户的收入一般高于纯农业户。洪涝灾害使低收入者收入下降幅度大，而使高收入者的收入下降幅度比较小。1991 年，调查户中最低收入 20% 人口的人均纯收入 202.9 元，比上年减少 94.7 元，下降 31.8%；最高收入 20% 人口的人均纯收入 780.2 元，比上年减少 79.7 元，下降 9.3%。最低收入人群的人均纯收入降幅比最高收入人群高 22.6 个百分点。低收入人群收入减少得更多，低收入人群收入与高收入人群的收入差距扩大。1991 年，最高收入 20% 人口的人均纯收入是最低收入组的 3.9 倍，比上年的 2.9 倍增加 1.0 倍。1991 年，最低收入 20% 的人口得到的纯收入占全部调查人口纯收入总量的 9.1%，比上年下降 1.9 个百分点；最高收入 20% 人口的纯收入比重为 35.0%，比上年升高 3.1 个百分点。

自 1991 年至 1995 年，调查户人均纯收入增加 763.7 元，平均每年增长 19.3%。其中，最低收入 20% 人口的人均纯收入增加 383.7 元，年平均增长 18.0%；最高收入 20% 人口人均纯收入增加 1310.5 元，年平均增长 20.3%。高收入人群收入增长快，增加的收入多，他们之间的收入差距拉大。1995 年，最高收入 20% 人口的人均纯收入是最低收入组的 3.2 倍，二者绝对差距达到 1489.1 元。

1991 年到 1995 年，安徽农村居民人均纯收入分别为 446.1、573.6 元、724.5 元、973.2 元和 1302.8 元，在全国的位次分别为 30 位、27 位、22 位、19 位和 18 位，与全国平均水平的绝对差距分别为 334.5 元、210.4 元、197.1 元、247.8 元和 274.9 元，相对差距分别为 42.9%、26.8%、21.4%、20.3% 和 17.4%。呈现出安徽省调查户人均纯收入的位次从全国末位不断前移，相对差距不断缩小的态势。

1995 年，淮北平原区（与 1990 年比，抽中调查县少了临泉和阜南）、江淮丘陵区（抽中调查县与 1990 年相同）、沿江圩区（与 1990 年比，抽中调查县增加了繁昌和桐城）、皖西南山区（抽中调查县与 1990 年相同）调查户的农村居民人均纯收入分别为 1242.8 元、1302.1 元 1413.1 元和 1270.9，四个区域的农村居民收入比为

100 ： 105 ： 114 ： 102。与1990年相比，淮北平原区调查户的人均纯收入与江淮丘陵区、皖西南山区的差距有所缩小，与沿江圩区的收入差距有所扩大。

收入向高收入群集中　从 1996 年到 2000 年，安徽农村居民收入进一步向高收入人群集中，低收入人群得到的收入份额越来越小，农村居民之间的收入差距趋于进一步扩大。根据对 3100 户农村住户抽样调查资料分析，2000 年，最低收入 20% 人口的人均纯收入 984.3 元，最高收入 20% 人口的人均纯收入 3296.6 元，两者绝对差距为 2312.4 元，比 1995 年扩大 823.3 元。2000 年，最高收入 20% 人口的人均纯收入是最低收入组的 3.4 倍，比 1995 年的 3.2 倍增加了 0.2 倍。最低收入 20% 人口的纯收入占调查人口纯收入总量的 10.2%，比 1995 年下降 0.3 个百分点；最高收入 20% 人口的纯收入占 34.1%，比 1995 年升高 0.8 个百分点。收入水平最低的调查户得到的纯收入份额有所下降，收入水平高调查户得到的收入份额明显上升。

1996 年到 2000 年，安徽农村居民人均纯收入分别为 1607.7 元、1808.8 元、1863.1 元、1900.3 元和 1934.6 元，在全国的位次分别为 18 位、18 位、20 位、20 位和 19 位，与全国平均水平的绝对差距分别为 318.4 元、281.4 元、298.9 元、310.0 元和 318.9 元，相对差距分别为 16.5%、13.5%、13.8%、14.0% 和 14.1%。呈现出位次和相对差距窄幅波动态势。

1996 年到 2000 年，四大区域的调查县没有发生变化。淮北平原区、江淮丘陵区、沿江圩区、皖西南山区调查户的调查户人均纯收入分别为 1894.1 元、1920.1 元、2013.2 元和 1921.8 元。以淮北平原区调查户农村居民人均纯收入为 100，四个区域的农村居民收入比为 100 ： 101 ： 106 ： 101。经过五年的发展，四大区域的调查户农村居民人均纯收入差距进一步缩小，与沿江圩区的收入差距有所扩大。

高低收入差距进一步拉大　从 2001 年到 2005 年，在调查户中，低收入人群与高收入人群之间的收入差距越来越明显。2005 年，在 3100 户农村住户调查户中，最低收入 20% 人口的人均纯收入 1054.6 元，最高收入 20% 人口的人均纯收入 5017.9 元，二者人均纯收入差距 3963.3 元。2004 年、2005 年二者收入差距倍数分别扩大到 4.0 倍和 4.9 倍，比 2000 年分别提高 0.6 倍和 1.4 倍。2005 年，调查户中，最低收入 20% 人口的纯收入占调查户纯收入的 8.0%，最高收入 20% 人口的纯收入比重提高到 38.0%。不仅最低收入组纯收入比重在减少，处于中等偏低、中等和中等偏高收入水平的 60% 人口的纯收入占调查人口纯收入总量的比重也在下降，2005 年为 54.0%，比 2000 年的 55.7% 下降 1.7 个百分点。

2001 年到 2005 年，安徽农村居民人均纯收入分别为 2020.0 元、2117.6 元、2127.5 元、2499.3 元和 2641.0 元，在全国的位次分别为 18 位、19 位、22 位、22 位和 22 位，与全国平均水平的绝对差距分别为 346.4 元、358.1 元、494.8 元、437.1 元和 614.0 元，相对差距分别为 14.6%、14.5%、18.9%、14.9% 和 18.9%。在全国的位次后移并保持在比较靠后的位置上，相对差距比较大。2005 年，安徽农村居民人纯收入与全国的差距主要来源于家庭经营纯收入、工资性纯收入、转移性纯收入和转移性纯收入，分别贡献了绝对差距的 56.2%、26.8%、9.9% 和 7.1%。

2001 年到 2005 年，四大区域的调查县与 2000 年相同。2005 年，淮北平原区、江淮丘陵区、沿江圩区、皖西南山区调查户的调查户人均纯收入分别为 1894.1 元、1920.1 元、2013.2 元和 1921.8 元，四大区域调查户农村居民人均纯收入的比值为：100 ∶ 115 ∶ 126 ∶ 123。淮北平原区调查户农村居民收入与其他区域的收入明显扩大。沿江圩区调查户农村居民的人均纯收入最高。

20 年来，低收入组农户纯收入增长幅度小，在调查户纯收入总额中所占比重持续下降，而高收入组农户纯收入增长幅度大，在调查户纯收入总额中所占比重不断上升，高、低收入组农户之间的收入差距持续扩大。1985 年，最高收入 20% 人口的纯收入占全部调查户的 31.6%，2005 年，提高到 38.0%，提高 6.4 个百分点。1985 年，最高收入 20% 人口人均纯收入是最低收入组农户的 2.9 倍，2005 年是 4.8 倍。最高、最低收入组的人均纯收入差距扩大 1.9 倍。从 1985 年到 2005 年，农村居民的收入差距拉大的速度越来越快。1985 年到 1995 年，最高、最低收入组的差距扩大了 0.3 倍；1995 年到 2005 年，差距扩大 1.6 倍。后十年农村居民收入差距快速拉大，从收入来源上分析，主要是高收入户农村居民的工资性收入、财产性收入和工资性收入增长显著地高于低收入户，而家庭经营纯收入的差距相对较小。根据 3100 户抽中调查户数据分析，1995 年，最低收入 20% 人口的人均工资性纯收入 98.1 元，2005 年增加到 298.5 元，10 年增加 200.4 元，平均每年增长 11.8%；1995 年，最高收入 20% 人口的人均工资性纯收入 467.7 元，2005 年增加到 2131.1 元，10 年增加 1663.4 元，平均每年增长 16.4%。最高收入组人均工资性纯收入年均增长比最低收入组高 4.6 个百分点。从 1995 年到 2005 年，最高收入组的人均财产性纯收入增加 43.3 元，平均每年增长 4.8%，最低收入组的人均财产性纯收入没有增加，反而减少 3.1 元，平均每年下降 2.4%，最高收入组的人均财产性纯收入比最低收入组的增长快 7.2 个百分点；最高收入组、最低收入组的人均转移性纯收入分别增加 83.3 元和 9.3 元，平均每年分别增长 6.1% 和 2.7%，高收入组比低收入组的增长快了 3.4 个百分点；最高、最低收入组的家庭经营纯收入增长幅度分别为 5.4% 和 2.7%，差距仅 2.7 个百分点。1995 年与 2005 年最高、最低收入组分项收入差距比较分析，详见表 3–10。

1995 年与 2005 年安徽省人口五等分的调查户纯收入来源比较表

表 3–10　　　　　　　　　　　　　　　　　　　　单位：万元、元、%

纯收入来源		1995 年				2005 年			
		最低收入20% 的人	中间60% 的人	最高收入20% 的人	全省合计	最低收入20% 的人	中间 60%的人	最高收入20% 的人	全省合计
纯收入	总量	187.6	1008.8	598.5	1794.9	266.5	1802.2	1268.5	3337.2
	比重	10.5	56.2	33.3	100.0	8.0	54.0	38.0	100.0
	人均	681.4	1220.7	2170.5	1302.8	1054.6	2377.4	5017.9	2641.0
	年均增长	–	–	–	–	4.5	6.9	8.7	7.3
工资性	总量	27.0	166.8	128.9	322.7	75.4	662.3	538.6	1276.4
	比重	8.4	51.7	39.9	100.0	5.9	51.9	42.2	100.0
	人均	98.1	201.8	467.7	234.2	298.5	873.5	2131.1	1010.0
	年均增长	–	–	–	–	11.8	15.8	16.4	15.7
家庭经营	总量	148.2	781.6	421.4	1351.2	178.1	1062.8	653.7	1894.6
	比重	11.0	57.8	31.2	100.0	9.4	56.1	34.5	100.0
	人均	537.9	945.5	1529.3	980.7	704.8	1401.7	2586.5	1499.3
	年均增长	–	–	–	–	2.7	4.0	5.4	4.3
财产性	总量	4.0	24.9	19.8	48.7	2.9	24.7	29.1	56.7
	比重	8.2	51.1	40.7	100.0	5.1	43.6	51.3	100.0
	人均	14.6	30.1	71.9	35.4	11.4	32.6	115.3	44.9
	年均增长	–	–	–	–	–2.4	0.8	4.8	2.4
转移性	总量	8.4	35.5	28.4	72.3	10.1	52.4	47.1	109.6
	比重	11.6	49.1	39.3	100.0	9.2	47.8	43.0	100.0
	人均	30.6	42.9	103.2	52.5	39.9	69.1	186.5	86.8
	年均增长	–	–	–	–	2.7	4.9	6.1	5.2

数据来源：根据安徽省农村社会经济调查队1995年和2005年《农村住户抽样调查资料》中按人均纯收入分组资料估算

从 1985 年到 2005 年，安徽农村居民的收入差距不断扩大。但是，与全国农村居民收入差距相比，安徽农村居民的收入差距一直都低于全国。根据国家统计局按照纯收入高低排序的农村住户抽样调查的调查户数五等分分组数据，1990 年，安徽最高收入 20% 的调查户人均纯收入为 883.7 元，最低收入 20% 调查户的人均纯收入是 300.9 元，最低收入 20% 的调查户与最高收入 20% 的调查户的纯收入差距是 1.9 倍。在全国农村住户调查中，最高收入 20% 的调查户人均纯收入为 1379.7 元，最低收入 20% 调查户的人均纯收入是 295.1 元，最低收入 20% 的调查户与最高收入 20% 调查户的纯收入差距是 3.7 倍。安徽农村居民最低、最高收入组人均纯收入差距的倍数比全国低 1.7。1995 年，安徽最低收入 20% 的调查户与最高收入 20% 调查户的收入差距是 2.2 倍，比全国的4.8倍小了2.6。2000年，安徽的高低收入差距是2.4倍，比全国的5.5倍小了3.1；2005年，安徽的高低收入差距是3.8倍，比全国的6.3倍小2.5，按照调查户数五等分分组纯收入与全国的对比，详见表3-11。

安徽农村居民按照人均纯收入对调查户数五等分分组收入对比表

表3-11　　单位：万元、元、%

年　份	安徽			全国		
	最低收入20%户	最高收入20%户	高、低收入户收入之比	最低收入20%户	最高收入20%户	高、低收入户收入之比
1990	300.9	883.7	2.9	295.1	1379.7	4.7
2000	1014.2	3436.2	3.4	802.2	5191.0	6.5
2001	1056.1	3557.5	3.4	818.1	5535.0	6.8
2002	1045.0	3943.0	3.8	857.1	5894.7	6.9
2003	953.4	4061.9	4.3	865.9	6346.9	7.3
2004	1074.5	4484.3	4.2	1006.9	6931.7	6.9
2005	1095.8	5229.6	4.8	1067.0	7747.1	7.3

从四大区域看，20年来收入增长最快的是沿江圩区调查户人均纯收入，平均每年增长11.1%，皖南皖西南山区和沿江圩区调查户人均纯收入年平均增长几乎持平。增长最慢的区域是淮北平原地区，年平均增长10.0%。

1985—2005年主要年度安徽不同地区农民收入水平统计表

表3-12　　单位：元、%

年份	全省	淮北平原	江淮丘陵	沿江圩区	皖南皖西南山区
1985年	365.2	345.1	376.9	360.0	352.7
1990年	539.2	480.9	550.1	615.5	593.7
1995年	1302.8	1242.8	1302.1	1413.1	1270.9
2000年	1934.6	1894.1	1920.1	2013.2	1921.8
2005年	2641.0	2342.9	2690.9	2948.6	2887.1
年均增长	10.4	10.0	10.3	11.1	11.1

基尼系数变化　1986年到2005年，安徽农村居民收入差距不断扩大，基尼系数不断增加。1986年，安徽农村居民纯收入的基尼系数为0.204；2005年，安徽农村居民

纯收入的基尼系数为 0.294，20 年安徽农村居民纯收入的基尼系数增加了 0.095。1984 年之后开始城市经济体制改革，为农村居民外出打工提供了机会，一些有一定文化、头脑活络的农村居民率先到大城市打工或在当地从事运输业、建筑业、农产品加工业等，成了当时社会老百姓普遍认为收入水平很高的“万元户”，拉开了收入差距，使基尼系数不断增加。

根据 3100 户调查户按照人均纯收入 12 个分组数据测算，1986 年，安徽农村居民纯收入的基尼系数为 0.204；1990 年，安徽农村居民纯收入的基尼系数为 0.206。五年间基尼系数有所增加，基本上比较稳定。这一时期，安徽农村居民收入的基尼系数低于全国农村居民的基尼系数。根据国家统计局的测算，1986 年，全国农村居民收入基尼系数为 0.304，安徽农村居民的基尼系数比全国低 0.100。1990 年，全国农村居民收入基尼系数为 0.310，安徽比全国低 0.104。从 1986 年到 1990 年，全国首次出现了“卖粮难”，农村居民收入增长缓慢，而东部沿海地区、东南部珠江三角洲地区乡镇企业发展很快，农村居民非农收入增加较多，非农收入拉开了全国各地区的农村居民收入差距。安徽各地乡镇企业发展相对落后于全国，农村居民的收入主要来源于种植业，农村居民的收入差异小于全国。安徽农村居民的纯收入基尼系数在五年之内变化不大，1987 年为 2.00，1988 年和 1989 年分别为 0.186 和 0.188，年与年之间有些波动。1988 年的基尼系数在五年当中最小，当时中国出现了严重的通货膨胀，国家采取严格项目审批等措施压缩投资规模，央行严控信贷规模，一度停止对乡镇企业贷款。部分乡镇企业停产甚至倒闭，迫使比较多的农村建筑工、在乡镇企业就业的农民以及一部分外出打工者回归种植业。农村居民的收入基本上只能来源于农业，差距缩小，基尼系数也就小。

1991 年与上年比，安徽农村居民的纯收入基尼系数增加较多，1992 年到 1995 年，基尼系数变化不大。根据对农村住户调查资料进行的 12 个分组中人口和纯收入数据测算，1991 年，安徽农村居民的纯收入基尼系数为 0.255，1992 年为 0.205。1995 年，安徽农村社会经济调查队开始提供更为详细的分组农村住户调查资料，按照人均纯收入高低把农村住户调查资料分为 20 个组，比原先的 12 个分组资料多了 8 个组，从而也为测算基尼系数提供了方便。根据 20 个分组中的人口和人均纯收入数据测算，1995 年，安徽农村居民的人均纯收入基尼系数为 0.224。1991 年，安徽农村基尼系数显著地变大了，不仅比上年增加了 0.049，而且 1995 年的基尼系数也没有超过 1991 年。1991 年，安徽遭遇了百年一遇的洪涝灾害，一些纯农业经营户的承包地地势较低，种植业绝收，而另外一些农村居民的损失可能要小得多，农村内部之间居民的收入差距扩大，基尼系数升高。1992 年，安徽农村经济呈恢复性发展，农村居民之间的收入差距缩小，基尼系数下降。

1996年到2000年，安徽农村居民的纯收入基尼系数的平均增长速度比前期有所下降。根据20个分组农村住户调查资料测算，2000年，安徽农村居民纯收入的基尼系数为0.235（实际上是18个分组数据，收入最低的两个分组没有调查户分布），与1995年的0.224相比，年平均增长1.0%，年平均增长速度比全国年均增长0.7%高0.3个百分点。安徽农村的基尼系数上升的速度快于全国，主要是安徽农村居民外出从业人数开始增加，特别是到珠三角、长三角外出从业的人员增加较多，来源于非农业的收入开始增加。但是2000年，安徽农村的基尼系数比全国农村的基尼系数0.354低0.118。安徽农村内部的收入差距还没有拉开。

2001年到2005年，安徽农村居民的基尼系数升高的速度显著加快。根据安徽农村住户调查20个分组的资料测算，2005年，安徽农村居民纯收入的基尼系数为0.295年，与2000年相比平均每年增长4.6%，比同期全国农村居民基尼系数年平均上升的速度1.4%高3.2个百分点。

总之，从1985年2005年，安徽农村居民收入差距扩大的趋势明显。20年间，基尼系数不断上升，平均每年上升0.005，平均每年上升的速度为2.0%。而且，基尼系数上升的速度有不断加快的趋势。从1985年到1990年，安徽农村居民纯收入的基尼系数从0.197增加到0.206，平均每年上升的速度为0.9%；从1990年到1995年，基尼系数从0.206增加到0.224，平均每年上升的速度为1.8%；从1995年到2000年，基尼系数从0.224增加到0.235，年平均增长1.0%；从2000年到2005年，基尼系数从0.235增加到0.295，上升的速度显著加快，年平均上升的速度为4.6%。

无论与联合国有关组织的规定比，还是与全国比，安徽的农村居民收入差距还处于比较平均的区间。与全国比，安徽的基尼系数始终小于全国。1985年，全国农村内部基尼系数为0.227，安徽为0.197比全国低了0.03；1995年，全国为0.342，安徽为0.224，比全国低了0.118；到2005年，全国的基尼系数为0.380，安徽为0.295，比全国低0.085。即使到2005年，安徽农村居民纯收入的基尼系数达到超历史的0.295，也没有超过联合国有关组织认为的基尼系数小于0.3，依然处于相对合理的区间；即使基尼系数处于0.3～0.4之间，也是比较合理的区间。

1985年以后，安徽农村居民纯收入基尼系数的上升是先慢后快。1995年之前，安徽农村居民纯收入基尼系数上升速度低于全国，1995年以后，高于全国。从1986年到1990年，安徽农村居民纯收入的基尼系数平均每年增长0.9%，同期全国年平均增长6.5%，比全国低5.6个百分点。1991年到1995年，安徽农村居民纯收入的基尼系数平均每年增长1.8%，同期全国年平均增长2.0%，安徽比全国低0.2个百分点。1996年到2000年，安徽农村居民纯收入基尼系数年平均增长1.0%，比同期全国的0.7%高0.3个百分点；2001年到2005年，安徽农村居民纯收入基尼系数年平均增长4.6%，比同期全国年均增长 1.4% 高 3.2 个百分点。

在农村经营管理体制改革初期及以前，安徽农村居民收入状况处于一种缺乏激励机制的高度平均状态，普遍处于差距很小的贫穷状态。改革后，安徽农村居民收入水平总体上普遍提高，一部分农户的收入提高得快，一部分农户的收入提高得慢，农户之间收入差距扩大。淮河、长江横跨安徽境内，各地资源禀赋差异很大，在市场机制逐步完善并在资源配置中发挥作用，一些农户相对具有素质、技术和资源优势，率先富裕起来，同其他农户拉开收入差距是必然的现象。收入差距扩大是市场经济本身无法解决的。但是，社会公共政策和宏观收入政策等，能够遏制收入扩大的趋势。

第四章　城镇居民家庭生活消费

1986 年以后，安徽城镇居民生活水平逐步提高，一方面基本生活明显改善，一方面消费内容不断丰富，消费形式更加多样，消费档次逐步提高，消费行为趋于理性。在居民消费构成中，吃、穿、用、行的比重在下降，住、旅游、教育、医疗等所占比重逐年上升，城镇居民消费实现了从追求量的满足到追求质的提高飞跃。

第一节　食品消费

居民生活的改善，首先体现在食品消费的提高。根据恩格尔系数划分标准，1986 年以来，安徽城镇居民生活已经实现由温饱向小康的转变。体现在食品消费上，即实现了从以“主食”消费为主向以“副食”消费为主的转化，居民开始追求饮食质量的提高，营养、新鲜、方便、快捷、绿色的食品受到普遍欢迎。

1986—1997 年安徽城镇居民家庭人均食品消费及构成表

表 4-1　　单位：元、%

年　份	食品支出	其中：粮食		副食、烟酒茶及其他食品	
		消费支出	占食品支出比重	消费支出	占食品支出比重
1986	392.18	60.73	15.5	331.5	84.5
1987	451.32	63	14.0	388.3	86.0
1988	552	69.96	12.7	482.0	87.3
1989	654.79	76.1	11.6	578.7	88.4
1990	683.12	77.57	11.4	605.5	88.6
1991	767.92	97.71	12.7	670.2	87.3
1992	873.81	106.52	12.2	767.3	87.8
1993	1003.53	140.85	14.0	862.7	86.0
1994	1375.13	221.18	16.1	1153.9	83.9

续表 4-1

年 份	食品支出	其中:粮食		副食、烟酒茶及其他食品	
		消费支出	占食品支出比重	消费支出	占食品支出比重
1995	1697.66	260.53	15.3	1437.1	84.7
1996	1938.62	286.97	14.8	1651.6	85.2
1997	1934.03	222.73	11.5	1711.3	88.5

1986—1997 年间，安徽城镇居民食品消费开始从“粗放型”向“营养型”转化，有意识地注意调整食品的营养结构。这一时期，安徽城镇居民家庭食品消费结构如表 4-1 所示，就粮食消费支出来看，从 1986 年的 60.73 元上升到 1997 年的 222.73 元，增加了 162 元，粮食支出的增加主要是粮价大幅度上升所致，但支出比重却下降了 4 个百分点，仅占全部食品支出的 11.5%；副食、烟酒茶及其他食品的支出成倍增长，比重也明显地上升。1997 年，副食支出占全部食品支出的比重达到 56.7%，表明安徽城镇居民家庭的食品消费正由原来以粮食为主向以副食为主转化。

在居民食品消费中，粮食消费仍然是根本。1986 年以后，安徽城镇居民对粮食的消费在量上逐步有了保证，消费结构上发生了变化，居民开始由以消费生粮为主向以消费粮食加工产品为主转化。粮食工业品的供应情况有了较明显的改善，如主食面包、方便面、配餐快餐等食品已经成为普通商品，进入千家万户日常生活中。居民消费粮食，可以分为直接和间接耗粮两种，直接耗粮指大米、面粉、杂粮等口粮，间接包括豆制品、糕点、酒和家禽、家畜、奶、蛋等。这一时期，安徽城镇居民家庭的直接耗粮迅速下降，由 1986 年的人均 140 公斤，降到 1997 年的人均 105 公斤，粮食直接消费量下降了四分之一，而同期间接耗粮持续上升。这种以直接耗粮为主向以间接耗粮为主的转化，意味着人们在基本解决温饱问题后，日益讲究饮食的营养化和多元化，购买肉、禽等中、高档食品明显增加。

1986 年到 2005 年的 20 年间，安徽城镇居民副食品消费中，鲜蛋消费量增幅最大。1978 年前，鲜蛋供应曾被视为“老大难”问题，1978 年改革开放政策实行不久，鲜蛋供应紧张状况得以较大改善。1985 年，国家取消了生猪、鲜蛋的派购任务，价格实行随行就市。1986 年，安徽城镇居民人均年购买鲜蛋 7.61 公斤，比全国平均水平高出 7.5%。此后，随着市场经济的持续发展，城镇居民收入水平的不断提高，鲜蛋消费量日益加大。1997 年，安徽城镇居民人均年购买鲜蛋 15.57 公斤，鲜蛋购买量二十年翻了一番。

吃肉多少往往被视为生活改善最明显的标志，居民在有了条件提高饮食水平时，首先集中到肉食消费上。1986 年，安徽城镇居民人均年购买猪、牛羊肉及家禽 26.89 公斤，其中，猪肉 9.32 公斤，牛羊肉 4.58 公斤，家禽 5.99 公斤，占肉禽购买量的比重分别为

71.8%、5.9% 及 22.3%。到了 1997 年，安徽城镇居民的肉禽购买，不仅数量增加了，而且购买结构发生了变化，人均年购买肉禽 31.08 公斤，较 1986 年增长 15.6%，其中，购买猪肉占肉禽的比重较 1986 年下降了 7 个百分点，而购买牛羊肉、家禽的比重分别较 1986 年增加了 5.1 及 1.9 个百分点。

1986 年至 1997 年，是安徽城镇居民食品消费急剧变化的时期，多数食品从比较缺乏到比较充足，甚至从无到有，居民明显感受到生活水平的提高。然而，这一时期居民食品消费追求的主要是量的扩充，对食品的选择性不大，数量多少成为居民衡量生活好坏的标准，体现了从勉强温饱到温饱状态下食品消费的特点。这一特点表现在食品消费结构上就是由以“主食”消费为主向以“副食”消费为主的转化。

1998 年至 2005 年，安徽城镇居民食品消费开始由吃饱向吃好转变，由讲究数量向讲究营养、保健和享受的方向发展。

2005 年，安徽城镇居民人均食品消费支出 2781.50 元，比 1998 年增长 48.7%，年均增长 5.8%(见表 4–2)。恩格尔系数由 1998 年的 49.5%，到 2005 年下降为 43.7%。

1998—2005 年安徽城镇居民人均粮食支出占食品支出比重统计表

表 4–2　　　　单位：元、%

年　份	食品支出	其中：粮食	
		消费支出	占食品支出比重
1998	1870.79	220.23	11.8
1999	1844.78	206.99	11.2
2000	1934.83	168.26	8.7
2001	1998.95	168.98	8.5
2002	2045.29	163.13	8.0
2003	2238.91	181.91	8.1
2004	2509.02	234.68	9.4
2005	2781.5	235.36	8.5

1998—2005 年安徽城镇居民家庭年人均主要食品购买量统计表

表 4–3　　　　单位：公斤

项目	1998	1999	2000	2001	2002	2003	2004	2005
粮食	105.28	99.5	93.3	91.9	83.71	88.39	84.88	85.13
鲜菜	115.89	121.3	116.4	128.1	113.63	114.82	118.77	122.07
食用植物油	9.9	10	10.2	10.3	9.31	9.84	9.83	9.9

续表 4–3

项目	1998	1999	2000	2001	2002	2003	2004	2005
猪肉	22.03	22.2	21.4	21.1	21.36	21.89	19.34	21.59
牛羊肉	2.79	2.9	2.9	2.6	2.75	3.66	3.44	3.63
家禽	7.02	7.3	8.5	8.3	11.27	9.57	10.02	11.23
鲜蛋	13.83	13.5	13.6	13.1	13.66	15.3	14.49	14.71
水产品	12.3	13	13	13.8	12.55	13.49	11.34	12.02
酒类	13.77	12.2	13.2	12.3	13.3	13.4	9.35	13.17

从食品消费支出看：1998 年以后，安徽城镇居民人均食品支出中，粮食消费所占比重持续下降（见表 4–3），由 1998 年的 11.8% 降至 2005 年的 8.5%，居民的食品消费已由“主食型”向“副食型”转变。

从粮食消费量看：随着生活水平的提高，居民对粮食的消费量逐渐减少，由 1998 年人均 105.28 公斤，降至 2005 年的 85.13 公斤。尽管居民消费的粮食数量越来越少，但却越来越讲究，比如城镇居民喜欢吃米，而米的种类却在不断地变化，由吃籼米为主向吃粳米为主转变。一些城镇居民受港、台及沿海地区的影响，也开始选择消费泰国香米等各种精细品种。城镇居民的主食消费结构也进入了一个新的层次，越来越多的居民家庭倾向于购买加工主食，一些适应快节奏生活需要的冷冻食品、成品、半成品和快餐食品成为居民食品消费中不可缺少的一部分。

在主食消费比重持续下降的同时，城镇居民副食品消费量逐年增加。到 2005 年，鲜菜、肉禽蛋和水产品、干鲜瓜果类等副食品占食品支出的比重已超过 70%。其中，鲜菜年人均购买量 122.07 公斤，比 1998 年增长 5.3%；肉、禽、蛋年人均购买 25.22 公斤、11.23 公斤和 14.71 公斤，比 1998 年分别增长 1.6 %、60.0 % 和 6.4 %。

随着副食品消费量的增加，城镇居民的副食消费结构也有了较大的提升。副食消费结构提升的一个重要标志是动物性食品大大增加，1998 年后，安徽城镇居民副食消费中，动物性食物及油脂消费比重由 1998 年的 28.1% 上升至 2005 年的 32.1%。城镇居民这种消费习惯的形成，与其收入的增加以及副食品的供应充足是密不可分的。从奶类消费看：1998 年，安徽城镇居民奶及奶制品消费占食品消费的比重仅为 1.9%，2005 年该比重便上升到 5.6%，奶及奶制品消费增长迅速，而且消费的样式也大大增加，鲜奶、酸奶、奶酪、奶昔等不一而足。2005 年，安徽城镇居民年人均奶制品消费量已超过 19 公斤。蒙牛、伊利、光明、味全、乐百氏等一批中外奶业集团竞相进入安徽市场，活性乳、高温奶等新技术产品活跃奶业市场，渠道的多样化、选择的多样性使得安徽城镇居民的奶及奶制品消费上了新台阶。

1998 年至 2005 年，安徽城镇居民蔬菜消费量稳定在 120 公斤左右，居民对蔬菜的需求能完全得到满足，吃多少、怎么吃取决于自己的选择，因为鲜菜一年四季不断档，就连西兰花、荷兰豆这样的“洋菜”也随时买得到。由于吃肉多了怕得“富贵病”，许多居民家庭偏重吃蔬菜，对蔬菜质量要求也高，一些精细菜、反季节菜纷纷进入居民的菜篮子，鲜、嫩、细、特的蔬菜受到居民的欢迎。1998-2005 年的七年中，尽管人均蔬菜消费量变化不大，但蔬菜消费支出却增加了近 1 倍，主要原因是蔬菜价格上涨较快，而蔬菜价格的上涨，并没有影响到居民吃菜的喜好。

此外，城镇居民对鲜瓜果的消费需求增势强劲。2005 年，安徽城镇居民人均鲜瓜果消费量增加到 64.43 公斤，较 1989 年增长 81.4%。城镇居民吃水果的口味也发生了新的变化，“洋水果”普遍受到欢迎。在普通的超市、水果店，洋水果占据显赫位置，就是在遍布大街小巷的个体水果摊上，“洋水果”也占据半壁江山。

第二节　在外餐饮消费

随着生活水平的提高，城镇居民在外餐饮消费从无至有，从少至多。1992 年，安徽城镇居民人均在外餐饮消费 39.64 元，不足 50 元；1995 年，人均餐饮消费超过百元，达 107.21 元；2000 年，超过 200 元，达 240.22 元；2002 年，超过 300 元，达 321.55 元； 2005 年，安徽城镇居民人均餐饮服务支出超过 400 元，达到 437.18 元，比 1992 年的人均 39.64 元，增长了 10 倍，平均每年递增 26.2%，而同期食品支出年平均增长 23.8%，在外餐饮服务支出的增长快于食品支出的增长。2005 年，安徽城镇居民在外饮食服务支出在食品消费支出中所占比重已由 1992 年的 4.5% 升至 15.7%。

到了周末、节假日，城市居民一家老小下馆子撮一顿，或是三五好友外出聚餐，已是司空见惯的事。想吃口味、吃排场、吃实惠，完全可以尽随人意各就各位。随着社会生活的整体变化，外出就餐已超出了其本身的意义，越来越多的城镇居民把它作为社交、谈生意或联络感情的一个场合。在外饮食已逐渐成为居民一种联络友情、拓宽社交的手段。

1986 年到 2005 年 20 年间，安徽城镇居民食品消费已从追求数量逐渐向追求质量转变。原来那种凭票限量供应的食品消费形式彻底退出了历史舞台，各种食品在数量上大都能满足居民需求，无论吃什么、怎样吃完全可以由自己选择和决定。居民食品消费的社会化程度大大提高。一些适应快节奏生活需要的冷冻食品、成品、半成品和快餐食品等销量骤增。保姆、钟点工走入寻常百姓家，使居民动手做饭越来越少，花费的时间越来越少，方便、快捷成为居民饮食的新时尚。在市场经济逐渐成熟的背景下，城镇居民食品消费的社会化程度越来越高，原来人们花费在“做饭”上的家务劳动越来越多地被社会服务所代替。

然而，在安徽城镇居民总体外出餐饮服务消费不断增长的同时，不同收入水平间城镇居民外出餐饮服务消费呈现出一定的差异，1992 年至 2005 年，安徽最高、中等、最低收入户城镇居民在外餐饮服务支出变动的趋势图如下：

单位：元、年

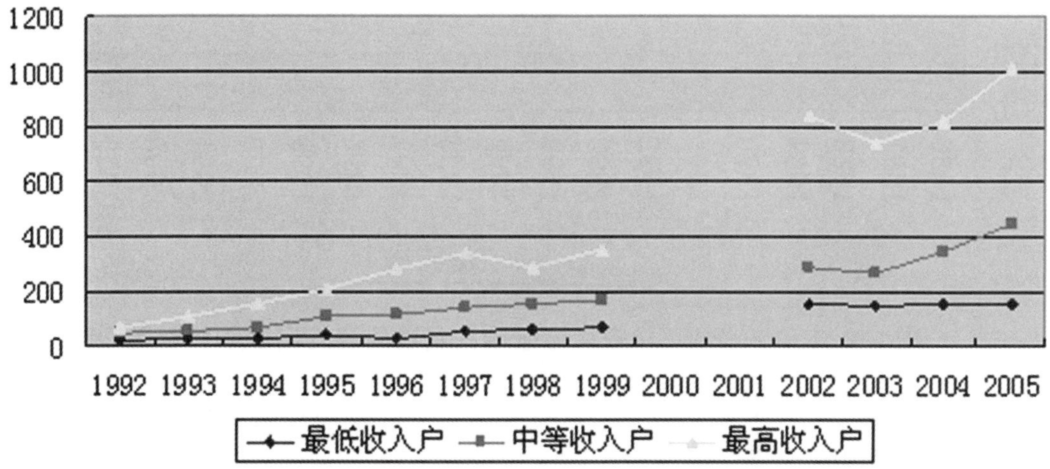

图4-1　安徽城镇居民不同收入群体在外餐饮服务支出变动趋势图

从图表中可见，1992 年之前，城镇高、中、低收入户居民在外餐饮服务支出差距很小，此后，差距逐渐扩大。2003 年后，在高、中收入户外出餐饮服务支出迅速增长的同时，低收入户外出餐饮服务支出呈现出停滞的趋势。

第三节　衣着消费

服装是一种记忆，也是一幅穿在身上的历史画卷。服装历来是时代变化最为灵敏的风向标，是一个社会、一个国家、一个时代最为鲜活生动的形象记录。1986 年以来，安徽城镇居民的衣着消费发生了很大的变化，这种变化不仅体现在衣着消费的款式、布料本身的变化，而且还体现在居民着装观念的巨大转变。

1986 年，安徽城镇居民人均衣着消费支出 102.25 元，2005 年增加到 763.54 元，20 年增长了 6.5 倍，年均增长 11.2%。20 年间，居民衣着消费阶段性特征明显。第一阶段（1986—1997 年），为低水平快速发展阶段。安徽城镇居民衣着消费的主要特征是由“单一型”向“多样型”转变，消费支出由人均 102.25 元，快速增加到 441.03 元，年均增长 14.2%；第二阶段（1998—2005 年），为稳步发展阶段。安徽城镇居民衣着消费的主要特征是“个性化、成衣化和高档化”，消费支出由人均 441.03 元，增加到 763.54 元，年均增长 7.1%。

单位：元、年

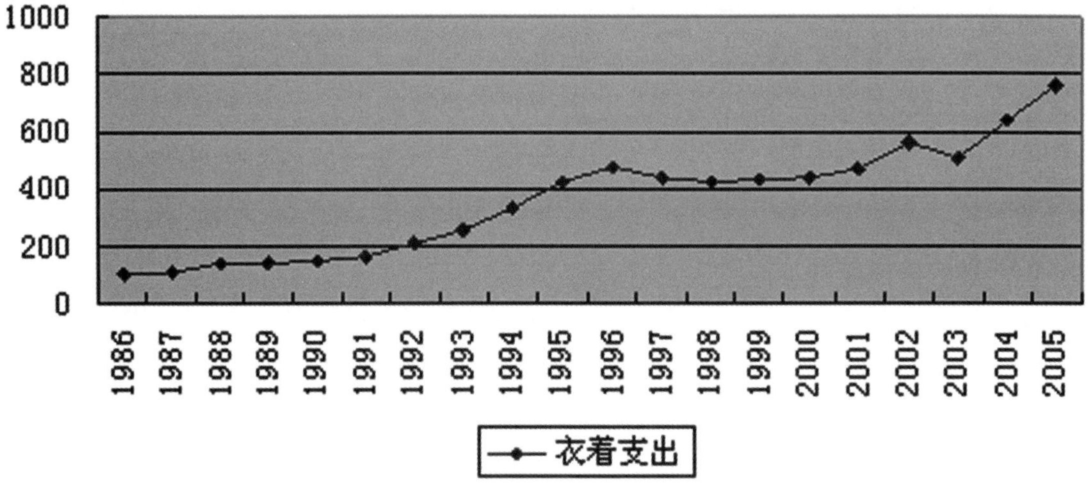

图4-2 1986—2005年安徽城镇居民衣着消费支出变动趋势图

1986 年至 1997 年，安徽城镇居民的消费思想和观念逐渐发生了变化，表现在衣着消费方面，居民开始不断地追求仪表美，越来越多的居民注重自己的仪表和风度，尤其是青年人，更渴望展示自己青春的美丽和蓬勃的朝气。随着居民收入的增加和穿衣观念的变化，安徽城镇居民衣着消费需求急剧释放出来。

进入 1986 年以后，蓝、灰、绿“干部装”一统天下的局面很快被打破，人们纷纷摒弃三十年一贯制的式样颜色单调的服装，开始穿着各种风格的、不断变化的服装。从衣着结构上来看，由过去一衣多季讲究经济耐穿的单一型，转向了追求新颖、高档、美观的多样型；由简单型、单层次、一衣多季，向复杂型、多层次、一季多衣的方向发展。从服装的式样和型号来看，也由单一化转向多样化；由封闭式、色彩单一、男女不分的状况向开放式、丰富多彩的时装发展。特别是在夏季，居民的穿衣更是趋向多样化、自由化。

城镇居民由做衣穿向购衣穿转变，购买布料的支出比重呈明显的下降趋势。安徽城镇居民人均购买衣着材料占衣着支出的比重，由 1992 年 18.3% 下降到 1997 年的 10.3%，而购买服装的支出比重则呈明显的上升趋势，由 1992 年的 54.2% 上升到 1997 年的 63.1%。大致说来，1986 年以前，安徽城镇居民的衣着消费仍以购买布料做衣为主，此后逐渐转向以购买成衣为主。这种转变的原因在于居民“省钱”的观念逐渐为“省时”的观念所代替。随着生活水平的提高，生活节奏的加快，很少人愿意花时间去自己做衣服了，买成衣穿的人越来越多。不少居民感到买布做衣既费时，又不便，逐步转向到市场选购服装。

城镇居民衣着追逐流行、新潮。进入 20 世纪 80 年代以后，城市街头年年都有服装新潮涌动。20 世纪 80 年代初，街上流行红裙子，那是挣脱出冷色调，对美的强烈追求；

20世纪80年代中期西装开始流行，西装的流行反映了在1978年改革开放的背景下，中国人对西方文化的普遍吸纳。以后，衣着消费的热点和流行更是此起彼伏。消费热点的不断变化充分反映了经济发展之速，社会面貌变化之快。

城镇居民穿衣逐渐向中高档发展，棉布受到冷落，化纤布受到青睐。1986年到1997年这一时期，安徽城镇居民的衣着消费不断向中高档发展，人们对服装的要求趋向于中、高档。此时所谓的中高档是指化纤、呢绒、绸缎等布料及其服装。由统计资料来看，城镇居民用于购买深加工的化纤、呢绒、绸缎等布料及其服装的支出越来越多，其中化纤布和化纤服装的支出增势最猛，而用来购买粗加工的棉布和布制服装的支出则变化不大。由此使加工服装的厂家大都集中于化纤制品，而生产的棉织品很少，以致于有人想买棉制的衣服都很难买到。穿衣讲究“高档”，充分体现了居民生活水平的提高，而重“化纤”轻“棉织”，则集中体现了由农业型社会向工业型社会转变时居民的喜好。

1986—1997年安徽城镇居民衣着消费构成统计表

表4-4 单位：元、%

年份	衣着消费支出	其中：服装		衣着材料		鞋袜帽及其他		衣着加工费	
		消费支出	比重	消费支出	比重	消费支出	比重	消费支出	比重
1986	102.25								
1987	111.12								
1988	142.08								
1989	136.66								
1990	145.41								
1991	157.82								
1992	205.6	111.4	54.2	37.7	18.3	51.5	25.0	4.99	2.4
1993	250.85	141.25	56.3	40.98	16.3	63.13	25.2	5.49	2.2
1994	327.5	194.81	59.5	45.07	13.8	80.69	24.6	6.94	2.1
1995	423.32	254.71	60.2	56.85	13.4	99.66	23.5	12.11	2.9
1996	478.2	297.49	62.2	52.85	11.1	113.52	23.7	14.35	3.0
1997	441.03	278.48	63.1	45.26	10.3	104.8	23.8	12.49	2.8

1998年至2005年，安徽城镇居民衣着消费个性化、成衣化、高档化。居民的衣着消费继续增加，消费支出顺序依次是服装、鞋袜帽、衣着材料及衣着加工费。其中，衣着材料支出比重进一步降低，由1998年的8.9%下降至2005年的1.3%；服装支出

比重持续上升，由 1998 年的 64.4% 增加到 2005 年的 71.9%，成衣消费已成为城镇居民衣着消费的最重要方式。

从城镇居民具体的成衣消费看，居民衣着消费个性化成为时尚。衣着能体现人的思想情趣、精神追求、艺术品味乃至道德修养。这一时期，安徽城镇居民选购衣物，已不再为流行款及流行色所左右，而是“突出个性，自己喜欢穿什么就穿什么，愿意怎么穿就怎么穿”；“穿衣讲究个性化，着装躲避随大流”已经愈来愈成为一种时尚；什么色彩、式样都不再一统天下。特别是对于思想活跃的年轻人而言，服装的个性化色彩越来越浓，不少人甚至“在穿着上标新立异”，成为显示城市人个性的一种特殊表达方式。对中老年而言，随着开放和观念更新，也正逐渐从过去是否穿得出去的躲闪演变为我喜欢就穿。

安徽城镇居民衣着讲究品牌、追求高档。1998 年到 2005 年，城镇居民服饰消费已走过了从单色调向新款式、多色彩方向发展的历程，逐渐演变到追档次、逐名牌、讲独特、求品位的缤纷多姿的格局，穿衣讲高档成了一种新时尚。只要花色、款式、做工完美，不少人已不把价格放在购衣的第一位。不仅女人爱高档，男人也爱高档，一些男士对服装的要求甚至比女人更苛刻。

棉布等天然材料制成的服装重新受到城镇居民的青睐。经过深加工或细加工的棉布又重新受到居民喜爱。用途各异的纯棉布不仅为服装业提供了丰富的面料，也使消费者在衣着方面崇尚自然、表现自我的追求逐渐得以实现。在成衣消费方面，纯棉服装也大受欢迎，居民在追求美观的同时，更加注重舒适和健康。纯棉、纯麻、真丝等面料制成的服装满足了居民的需求，即使价格偏高，也仍然受到欢迎。居民对棉布等天然纤维服饰的垂青，貌似回归天然，其实是在经历了现代化的洗礼之后，产生的更高层次的消费观念，也是从西方舶来的“后现代文化”影响居民日常生活的一种反映。

城镇居民衣着消费进入时代新潮与回归风潮并存时期。1998 年到 2005 年，安徽城镇居民的衣着消费一方面追求新、奇、特，另一方面又表现出浓厚的回归传统倾向。比如，旗袍花袄成时尚，中式服装开始走俏，这种回归传统实际上不只是过去的翻版，而是增添了许多新鲜的现代元素，多了一种时尚的味道。旗袍等传统服饰以新的面料和样式再次受到人们的喜爱，一方面反映了日益与国际接轨的中国人对传统的眷恋和对中国特色的追求，另一方面反映当现代化发展到一定阶段以后，也很容易重新回归传统。因此，衣着的回归风潮，恰恰体现的是现代化程度的提高。

城镇居民衣着消费档次拉开，层次化日益明显。1998 年到 2005 年，安徽城镇居民衣着消费的档次明显拉开，部分居民已注重款式新颖、时髦、大方，讲究时装化、突出个性化、追求高档化；部分居民则还处于低层次水平，看重价廉物美，不仅购衣支出少，而且档次低。1998 年，安徽城镇居民人均衣着支出 421.29 元，高收入户人均支出 672.14 元，比低收入户高出 59.5%，成衣消费量及中、高档衣料，高收入户更明显高于低收入户。这种层次化随着时间的推移越来越明显，到 2005 年，安徽城镇居民人均衣着支出 763.54 元，高收入户人均支出 1383.72 元，是低收入户的 5.02 倍，其中高收入户人均服装支出 1032.58 元，是低收入户的 5.6 倍。市场上存在的两种服装购买热潮，即"削价热、名牌热"，也可以看出衣着消费上的层次差别。

服装不仅是人们审美观念、文化素质和精神风貌的体现，也是人民生活水平的一个标志，同时又是社会经济发展的一面镜子，只有居民不再为生活忧虑，才能把部分情趣转向自身的修饰和美化上来。由此来看，这一时期安徽城镇居民在衣着消费上所呈现出来的特点，从一个侧面反映了安徽社会经济的快速发展和居民生活水平的大幅提高。

1998—2005 年安徽城镇居民衣着消费构成表

表 4-5　　　　单位：元、%

年份	衣着消费支出	其中：服装		衣着材料		鞋袜帽及其他		衣着加工费	
		消费支出	比重	消费支	比重	消费支出	比重 %	消费支出	比重
1998	421.49	271.52	64.4	37.42	8.9	99.88	23.7	12.67	3.0
1999	430.29	288.83	67.1	28.91	6.7	101.78	23.7	10.77	2.5
2000	437.55	294.4	67.3	22.2	5.1	112.9	25.8	8.06	1.8
2001	466.55	324.92	69.6	19.99	4.3	114.29	24.5	7.35	1.6
2002	557.86	402.22	72.1	14.5	2.6	135.73	24.3	5.41	1.0
2003	509.25	370.3	72.7	14.45	2.8	119.33	23.4	5.18	1.0
2004	637.88	459.74	72.1	9.12	1.4	166.01	26.0	3.01	0.5
2005	763.54	549.04	71.9	9.65	1.3	201.94	26.4	2.91	0.4

第四节　用品消费

1986 年以后，随着科学技术的发展和收入水平的提高，以家用电器产品为龙头的各种耐用品以前所未有的速度进入寻常百姓家，同时，居民的生活方式和消费习惯也随之悄然发生变化。伴随着居民家庭设备用品日渐丰富、不断更新，安徽城镇居民家庭设备用品及服务支出也随之增加，由 1986 年的人均 86.28 元，增加至 2005 年的人均 290.88 元，增长 2.4 倍，年均增长 6.6%。从设备用品及服务的具体分类看，耐用消费品及家庭日杂用品的支出增长最快，占家庭设备用品及服务的比重不断提高，分别由 1992 年的 49.0% 和 26.7%，增加到 2005 年的 52.9% 和 31%。家庭设备用品的不断升级换代，充分体现了城镇居民生活的显著变化。

单位：元、年

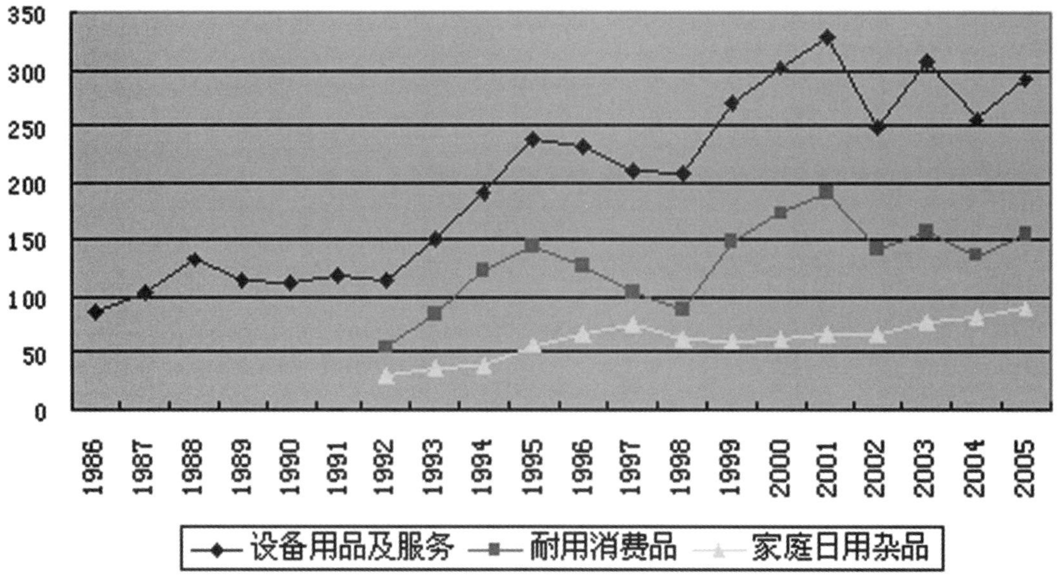

图4-3　1986—2005年安徽城镇居民家庭用品消费支出走势图

1986 年至 2005 年，安徽城镇居民家庭的用品消费存在着明显的阶段性特征。第一阶段（1986—1997 年），城镇居民家庭用品以彩电、冰箱、洗衣机为消费热点，消费支出由人均 86.28 元，快速增加到 209.11 元，年均增长 8.4%；第二阶段（1998—2005 年），城镇居民家庭用品消费的热点已升级到移动电话、空调、电脑和汽车等，消费支出由人均 209.11 元，增加到 290.88 元，年均增长 4.2%。

中华人民共和国成立初期，城镇居民家庭用品消费空间狭窄，用品支出只是限于购买火柴、肥皂、锅碗瓢勺之类的零星支出，日用机电消费品一无所有。直到 1956 年，手表才被视为贵重耐用消费品。20 世纪 60、70 年代，自行车、手表、缝纫机是居民追求的"三大件"，拥有这三大件成为居民生活中的一种期盼，也是男婚女嫁谈论的条件。20 世纪 80 年代中后期，随着经济发展水平的提高，社会商品日益丰富，城镇居民的消费水平走上一个新台阶，彩电、冰箱、洗衣机不再是城镇居民生活奢侈品，而作为生活必需品开始普及。"新三大件"——彩电、冰箱、洗衣机逐步取代了"旧三大件"——自行车、手表、缝纫机，成为城镇居民消费的"宠儿"，"新三大件"是生活质量提高的标志，因此被赋予了全新的内涵。老三大件处于更新淘汰之中，一些家庭或将之送给农村亲戚，或送往旧货市场。进口手表取代了国产老式手表，新式变速的合资品牌山地车换下了老式"永久""飞鸽"自行车，组合柜代替了大衣柜，电动缝纫机取代了脚踏缝纫机，组合音响代替了录音机。安徽城镇居民家庭财产在 20 世纪 80 年代末到 90 年代初经历了第二次"换档"，调查资料表明，1997 年，安徽城镇每百户家庭拥有彩电91台，冰箱75台，洗衣机86台，分别比1985年增长11.5倍、17.4倍和1.5倍。

与此同时，20世纪90年代初兴起的享受型家庭财产逐步开始进入城镇居民家庭。在组合家具、沙发床、摩托车、电炊具、录放像机、钢琴的基础上，空调、影碟机、家用电脑、摄像机、微波炉、热水器也走进家庭。1997年年底，安徽城镇每百户家庭拥有影碟机2.9台，家用电脑1.05台，摄像机0.58台，微波炉1.08台，空调器14.95台，淋浴热水器31.98台。而旧大件则面临淘汰，1997年年底，安徽城镇每百户家庭大衣柜拥有量比1995年下降2.6%，写字台下降3.9%，缝纫机下降5.3%，自行车下降3.2%。

1986—2005年安徽城镇居民设备用品及服务消费统计表

表4-6　　单位：元、%

年　份	设备用品及服务	其中：耐用消费品		家庭日用杂品	
		消费支出	比　重	消费支出	比　重
1986	86.28	—	—	—	—
1987	102.84	—	—	—	—
1988	131.76	—	—	—	—
1989	114.63	—	—	—	—
1990	112.71	—	—	—	—
1991	117.16	—	—	—	—
1992	113.09	55.43	49.0	30.25	26.7
1993	149.86	83.39	55.6	37.58	25.1
1994	190.33	121.1	63.6	38.85	20.4
1995	237.37	144.73	61.0	56.04	23.6
1996	232.77	125.44	53.9	67.39	29.0
1997	209.11	103.35	49.4	75.15	35.9
1998	207.68	87.53	42.1	62.53	30.1
1999	271.28	148.11	54.6	60.81	22.4
2000	301.43	173.05	57.4	63.24	21.0
2001	327.36	191.44	58.5	68.1	20.8
2002	247.75	142.08	57.3	66.42	26.8
2003	308.1	156.87	50.9	77.21	25.1
2004	257.01	137.21	53.4	81.04	31.5
2005	290.88	153.93	52.9	90.3	31.0

1998年后，城镇居民家庭耐用消费品有了新的变化，彩电、冰箱、洗衣机陆续进入更新换代，功能齐全的新产品逐渐取代老产品。如笨重的中小屏彩电已被时兴的大

屏幕、等离子、液晶彩电取代；洗衣机单缸、双缸，半自动、全自动，波轮式、滚筒式应有尽有；冰箱由注重功能向绿色环保型发展。截至2005年，安徽城镇每百户家庭拥有彩色电视机、电冰箱、洗衣机分别为132台、92台和97台，分别比1997年增长45.6%、21.7%和12.8%。一家有几台电视机、洗衣机已是寻常之事。

2000年后，城镇居民家庭消费层次继续升级。以彩电、冰箱、洗衣机为代表的“三大件”已被淡化，居民消费向学习型、享受型产品转移。移动电话、空调、电脑和家用汽车逐步成为新世纪城镇居民家庭耐用消费品的“新宠”。据统计，截至2005年末，安徽城镇每百户家庭拥有空调82台，是1997年的5.5倍；家用电脑26台，是1997年的24.7倍；移动电话，1997年城镇每百户家庭仅拥有0.44部，2005年急增到111部。仅用八年时间，移动电话便从无到有，以惊人的速度在城镇居民家庭中普及。

第五节　水、电、气消费

水、电、气，是除粮食之外，居民最基本的生活资料。一个家庭，平时可以节约甚至省略其他很多方面的消费，但这几类生活资料却少不了，对城镇居民家庭来说，尤其如此。资料显示，1992年以来，随着城镇居民消费水平的不断提高，安徽城镇居民水电燃料及其他消费呈刚性增长，占生活消费比重呈不断上升趋势。实际消费金额由1992年的人均55.17元，增加到2005年的人均415.22元；其占生活消费比重由1992年的3.63%上升到2005年的6.52%，详见下表。

1992—2005年安徽城镇居民水电燃料及其他消费统计表

表4-7　　单位：元、%

年　份	安徽城镇居民水电燃料及其他消费				
	当年实际消费	其中：水	电	燃料	当年消费占生活消费比重
1992	55.17	5.26	19.17	29.82	3.63
1993	82.69	7.14	24.86	49.22	4.48
1994	112.26	10.2	36.93	62.65	4.40
1995	143.42	14.54	46.84	75.48	4.54
1996	172.12	20.07	61.54	88.82	4.77
1997	209.57	21.27	80.56	106.09	5.67
1998	216.9	23.79	94.8	97.89	5.74
1999	223.31	26.26	98.97	96.05	5.72
2000	261.89	30.6	118.85	196.92	6.19
2001	289.21				6.40

续表 4-7

年　份	安徽城镇居民水电燃料及其他消费				
	当年实际消费	其中：水	电	燃料	当年消费占生活消费比重
2002	294.08	32.89	139.57	113.69	6.21
2003	332.85	33.81	158.93	133.98	6.57
2004	367.62	36.8	177.59	145.04	6.44
2005	415.22	41.38	205.36	155.8	6.52

生活水平的提高，家用电器的普及，使得城镇居民生活与“电”的关联度越来越大，对电的依赖性也越来越强，集中体现在用电消费上。1992 年以后，安徽城镇居民水电燃料消费中，电的消费增长最快，13 年中由人均 19.17 元，增至人均 205.36 元，增长 9.7 倍。而其间，水的消费由人均 5.26 元，增至 41.38 元，增长 6.9 倍；燃料消费由人均 29.82 元，增至人均 155.8 元，增长 4.2 倍。

单位：元、年

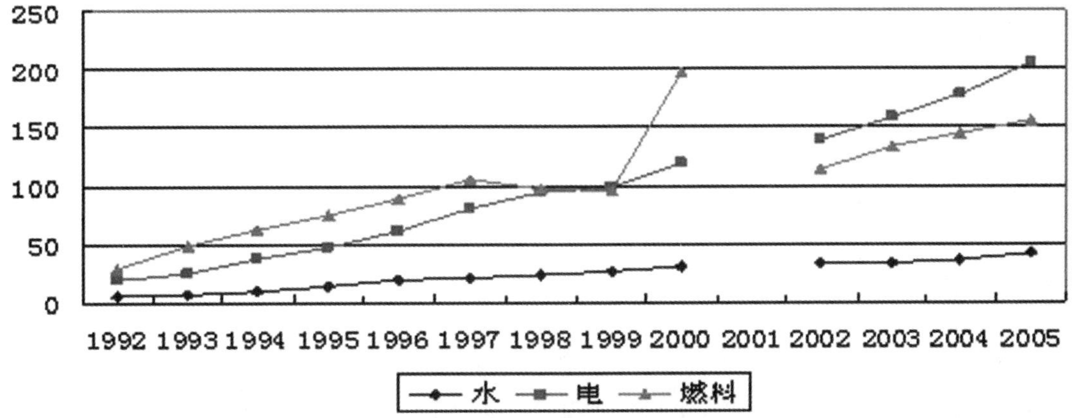

图4-4　1992—2005年安徽城镇居民水、电、燃料消费增长变动情况图

2000 年前，安徽城镇居民的水电燃料消费中，燃料消费最高，高于水的消费，也高于电的消费；2000 年后，城镇居民用电消费已超过燃料消费，更高于水的消费，而且超过的幅度呈逐年扩大趋势。

从城镇居民家庭自来水使用情况看：1996 年以后，家中有独立自来水的城镇居民家庭一直占全部城镇居民家庭的 91% 左右；使用公用自来水的城镇居民家庭，由 1996 年末的 8.27%，逐年降至 2005 年年末的 1.14%。

从城镇居民家庭取暖设备拥有情况看：无取暖设备的城镇居民家庭占全部城镇居民家庭的比重，由 1996 年年末的 92.05% 降至 2005 年年末的 40.27%。1996 年年末，只有 4.72% 的城镇居民家庭拥有空调，而到 2005 年年末，51.46% 的城镇居民家庭拥有了空调，空调已成为城镇居民家庭取暖的主要方式。

从城镇居民家庭炊用燃料使用情况看：1996 年年末，安徽城镇居民家庭中，28.19% 的家庭使用管道煤气，27.32% 的家庭使用液化石油气，还有 44.25% 的家庭使用煤；2005 年年末，安徽城镇居民家庭中，使用管道煤气的家庭占 22.69%，较 1996 年年末下降了 5.5 个百分点，使用液化石油气的家庭占 49.95%，较 1996 年年末上升了 22.6 个百分点，使用煤的家庭占 26.83%，较 1996 年年末下降了 17.4 个百分点。液化石油气已成为安徽城镇居民家庭最主要的燃料来源。

第六节　通信消费

1986 年至 2005 年已进入了信息时代，为此信息沟通变得非常重要。以前常说的“要想富，先修路”，变成了“电话一响，黄金万两”。随着通信事业的发展，安徽城镇居民的通信方式发生了巨大的变化，经历了从发电报、信函到家用电话、移动通信和互联网通信等不同时代的变迁。家庭拥有固定电话不再是身份的象征，购买手机不再是特殊阶层的特权，使用微机（电脑）也不再具有神秘感。

随着社会经济的不断发展进步，通信的手段越来越多样，功能越来越完善，运用越来越普及。从 20 世纪 80 年代用的手摇式电话到 90 年代的来电显示音乐电话，再到 21 世纪初人们必备用品的手机，居民在通信方面的支出不断增加。2005 年，安徽城镇居民家庭年人均通信支出 417.89 元，是 1986 年人均通信支出的 600 倍，1990 年的 380 倍，2000 年的 2.2 倍。以前，一个月花几百元钱打电话是根本不可想象的，电话正成为人们日常沟通最主要的工具。

从电话拥有情况看，2005 年年末，98.2% 的城镇居民家庭拥有了电话，95.9% 的家庭拥有了固定电话，111.33% 的家庭拥有了移动电话，可以说，固定电话和移动电话在安徽城镇居民家庭中已经普及。就老百姓使用的移动通信来说，从 20 世纪 80 年代初的单方面通信的“BP 机”到 90 年代大如砖头的“大哥大”，再到 21 世纪初期几乎无所不能的“手机”，手机已经彻底深入到人们的生活中。

随着互联网的普及，电脑也已成了普通百姓家不可或缺的日用品。至 2005 年年底，安徽城镇每百户家庭拥有电脑 25.97 台，接入互联网的电脑 16.01 台，互联网为城镇居民开拓了更广阔的生活空间。

第七节　交通消费

随着交通建设的快速发展，城市交通更新换代提速，极大地刺激了居民交通消费需求，使城镇居民交通消费保持较高的增长水平。

20 世纪 80 年代末到 90 年代初，居民出行主要以长途汽（火）车、市内公交车和自行车为交通工具，出门难、出行慢是当时居民出行的真实写照。20多年间，安徽省加大了交通建设力度，完善了高速公路网，构筑了内通外畅的快速交通网络。公路方面：建成蚌徐、芜宣、广祁、合铜黄、亳阜六、沿江、界阜蚌、蚌宁、合六、徽杭等高速公路，基本形成联结周边主要城市和全省各市相互联结的高速公路骨架，到2005年年底，全省高速公路达到1501公里。铁路方面：新建铁路600公里以上，建成宁西铁路六安—合肥—南京段、铜九铁路和合肥铁路枢纽，建设宣杭铁路和宁芜铁路复线，形成东西铁路通道和沿江铁路通道。高速公路、铁路东西贯通，南北交错，为居民方便快捷地出行提供了条件。

主要年份安徽城镇居民每百户家庭拥有交通工具情况表

表4-8　　　　单位：辆

年　份	1990	1995	2000	2005
摩托车	0	5.51	16.56	21.87
自行车	150.02	167.55	142.61	124.91
助力车	0	0	0	8.42
家用汽车	0	0	0.65	0.76

从居民拥有的交通工具看，人们的交通工具由过去的自行车为主到摩托车到电动自行车，再到过去居民想都不敢想的家用汽车。2005年年末，城镇每百户家庭拥有摩托车21.87辆，是1995年每百户拥有量的4.0倍。这一时期，兴起的电动自行车热是城镇居民交通工具升级换代的一大特征，2005年年末城镇每百户拥有助力车（包括电动自行车）8.42辆。过去小轿车仅仅是少数人权力和暴富的象征，而今已进入寻常百姓家中，2005年年底，城镇每百户家庭拥有家用汽车0.76辆。交通工具的变迁和交通消费的增长是居民生活显著提高的象征，2005年，安徽城镇居民人均交通费用支出258.97元，是1986年的40倍，1990年的24倍和2000年的2.3倍。

从居民的出行方式看，由单一传统的方式向多元化方式转变。在市内，居民出行从走路到骑自行车，到乘公交车，再到乘出租车或自驾车；出远门，居民也不再单一的依靠长途汽车或火车，豪华舒适的大巴，朝发夕至的列车，快速的飞机，居民可选的长途交通方式越来越多。 随着轿车进入家庭，百姓的周末旅行变成了现实。推动汽车产业发展的主要动力来源于家庭消费。21世纪初，各类新车型纷纷登场，家用轿车的价格则大幅下降，汽车个人消费力量已经形成。

第八节　住房消费

住房是人类生存最基本的需求之一。在计划经济时代，住房一直作为国家或单位提供给职工的福利之一，住房投资不能形成良性循环，居民住宅投资严重不足。1998年，国家住房制度改革取得重大突破，延续了几十年的实物性、福利性分房体制彻底结束。通过向私人出售公有住房和启动住房分配货币化改革，不断建立和完善城镇住房保障制度，城镇居民居住条件有了显著改善，生活环境不断得到优化。

20世纪80年代，城镇居民住房还处于计划经济时代，主要靠单位分配解决。单位建房重点考虑经济、适用，以解决更多人的居住问题。房屋的总体布局大多是行列式的，到处都是一排排的板式住房。房屋建筑大多数为4～6层之间的多层建筑，每套房面积在50平方米左右，保温、隔热性能低，住宅所在小区绿化也较少。房屋大量采用内廊式和外廊式结构，一条走廊连接同层所有的住户，最靠里面的住户要经过别人家的窗户才能到家，户型主要以一房一厅和二房一厅为主。有些厨房没有设计排气管道，炒菜的油烟直接从窗户排出。厨房面积不大，只能布置简单的案板、灶头等。墙体用材大量使用粘土砖，屋顶用的是普通的油毡和沥青，太阳一晒就发软，房屋渗漏的情况比较严重。

单位分房，常常按职务、职称或按家里人数的多少进行。居民关心的主要是面积，至于户型如何设计、功能是否齐全、住得是否舒适等问题，无暇顾及。城镇居民的住房条件可以用“居住拥挤、设施简单”来概括。1986年，安徽城镇居民人均居住面积仅8.6平方米，到1989年年末，人均居住面积也只达到10.12平方米，户均居住2.68间，尚有2.27%的城镇居民家庭人均居住面积不足4平方米。

20世纪90年代初，房屋建造开始注重品质，考虑适用、经济和美观。让居民“住得下、分得开、住得稳”，单元式住宅大量涌现，各户相对独立。许多户型是小开间、大进深，住起来并不好用，但是可以节约土地。到20世纪90年代中后期，小区住宅大量出现了组团式布局，即几栋楼围合成一个组团。户型上，采光、通风大大改善，面积也逐渐变大，三房一厅出现，有不少户型超过100平方米。同时，多样的开间、进深户型慢慢取代小开间、大进深的户型，住起来让人觉得宽敞、明亮；厨房里设计有专门的烟气道，厨房的装饰，用的是磁砖，住户开始安装抽油烟机。

1998年，中国住房供应与分配制度成功实现了从福利化机构分配型向货币化市场交易型的转变，大大激发了城镇居民购房置业改善居住条件的热情。1999年，安徽城镇居民人均居住面积13.32平方米，比1997年增长7.9%；住宅建筑式样中，单栋住宅占3.3%，三居室及以上的住宅占24.6%，二居室占36.2%；使用管道煤气和液化石油气的家庭达68.6%；1978年改革开放以前以木柴、煤炭为主的城镇家用燃料已经被液化石油气、管道煤气和天然气所取代；拥有浴室厕所的家庭占41%，比1997年提高11.9个百分点；拥有独用自来水的家庭达到了92.8%。此外，有8%的家庭装上了空调设备。

20世纪90年代后期，随着商品住宅的出现，物业公司开始走进新建小区。小区门口有了保安站岗，谁家的灯不亮了、下水道堵了，一个电话打到物业，便会有工作人员上门检修。一种新型的服务模式，开始向居民走近，而一个新颖的名称——业主，也开始出现。

进入21世纪，城里的楼房越建越高，小高层、高层已逐渐取代多层，为越来越多的城镇居民所接受。新建小区不仅绿地面积越来越多，绿化率从20%到30%，最多达40%，景观也越来越好，而且配套也越来越齐全，会所、学校、幼儿园、健身场所等在许多小区出现。房屋用材崇尚节能环保的新型墙材，房屋结构从多层砖混体系到高层剪力墙体系，室内的设计也日益人性化，如客厅的落地推拉门，将室外小区园林绿化尽收眼底；窗户由塑钢窗发展到彩铝窗；玻璃由钢化玻璃发展到中空钢化玻璃，不仅保温、隔热和密闭性能越来越好，而且漂亮、节能。现在建房时，除考虑适用、经济、美观外，还考虑环境和性能，居民居住的环境更加舒适、漂亮。房子已经不再只是一个遮风避雨的场所，更是一种生活方式，一种安居乐业的享受。

居民家庭拥有多套住宅，不少家庭将原来的住房出租，到环境较好、设施齐全、交通便利的新小区购买第二套房住。1997年，安徽城镇只有26.7%的家庭拥有自有住房，租赁公房和私房的家庭占到43.7%；到2005年，通过祖传私房、购买房改房和商品房而拥有现住房产权的家庭达到90.2%，而租赁公房和私房的家庭仅占到7.8%。城镇住房制度改革，不仅使城镇居民住房消费观念发生了转变，更使许多城镇居民实现了从租房住到购房住的跨跃。

安徽城镇居民大多已告别低矮、破旧、设施简陋的住房，迁入宽敞明亮、设施齐全的楼房，居住条件明显改善。人均住房建筑面积，2005年为26.1平方米，比1986年的10.8平方米增加15.3平方米。居住条件的改善，不仅表现在居住面积的扩大上，还表现在居住环境的改善和居住配套设施的完善上。2005年，城镇居民居住配套设施，从卫生设备看，居室内有浴室厕所的家庭所占比重为72.5%；从用水情况看，91.2%的居民家庭用上了独用自来水；从燃料使用情况看，有22.7%的居民家庭用上了管道煤气，有50%的居民家庭用上了液化石油气；从住宅建筑式样看，拥有二居室及多居室的家庭所占比重为72.7%。在住房条件改善的同时，城镇居民的居住环境也日趋美化。2005年年末，全省人均公共绿地面积为6.6平方米。

第九节　文化消费

20 世纪 80 年代初期，安徽经济还处于恢复发展阶段，文化消费产品相对单一。虽然高端调频收音机、彩色电视机等家用电器已经出现在城市的商场柜台，但受商品配给制限制和消费能力制约，普通百姓家庭尚未完全普及，一般只有机关企事业单位才有能力购买。当时广播、电视节目内容匮乏、播放时间也有限，城镇居民主要的文化娱乐形式还是到图书馆借阅书报杂志，除了偶尔去电影院观看电影以外，其他文化娱乐消费微乎其微。

1986 年，全省共拥有各大公众图书场馆 83 个，图书馆事业经费 932 万元，全年共计出版图书 13751 万册，出版杂志 1900 万册。这段时期，许多单位自己建有免费的职工图书馆，加上各地政府相继修缮和恢复了公共图书场馆，城镇居民的阅读需求基本得以满足，因此真正自费购买书籍杂志的费用几乎为零。

随着城镇居民收入的稳步增长，安徽普通家庭拥有收录机的数量开始快速增长，从 1980 年的每百户家庭 8 台上升到 1986 年的每百户家庭 49.7 台。到了 1989 年，每百户家庭拥有收录机数量达到 68.95 台，比 1986 年增长 38.7%。这一时期，全省广播电台开播数量不断增加，广播覆盖人口数迅速增长，广播节目日益丰富多彩，收听广播成为普通百姓喜闻乐见的主要娱乐方式之一。

1986 年以后，安徽省电视事业开始蓬勃发展。当年全省共建成电视台 12 座，而这一数据在 1980 年仅为 1 座；覆盖人口数 3764 万人，比 1980 年增加 1562 万人。更多家庭有能力购买彩色电视机，黑白电视机普及率在 1984 年达到高峰后开始下降，逐步退出普通城镇居民家庭。1989 年，安徽城镇居民家庭每百户拥有彩色电视机 42.12 台，比 1986 年增加 28.12 台；拥有黑白电视机 66.99 台，比 1986 年减少 8.4 台。这一时期的电视节目也逐渐从单纯的新闻、文艺类节目发展成为既有面向一般观众的大众节目，又有特定对象的专业节目；既有新闻性节目，又有教育和文化娱乐类节目。一个以安徽省电视台为中心的全省电视网络逐步形成。

1986—1990 年安徽城镇每百户家庭拥有“三机”情况统计表

表 4-9　　　　单位：台

城镇每百户家庭拥有量	1986 年	1987 年	1988 年	1989 年	1990 年
收录机	49.7	62.2	63.61	68.95	69.01
彩色电视机	14	19.7	30.13	42.12	47.63
黑白电视机	75.3	72.2	69.42	66.99	65.69

20 世纪 80 年代初期，电影院播放的电影节目主要为国产青春剧、传统爱国主义教育影片及历史剧，片源的更新周期较长，缺乏足够吸引力。但当时票价很低，只有几角钱，看电影的人数较多，好电影场场客满，电影成为城镇居民真正的大众文娱消费。

这种状况到了 20 世纪 80 年代中后期发生了改变。随着文化事业的发展和科学技术的进步，电影艺术有了很大提高，并进口许多外国大片，但票价很高，多数居民望而却步。虽然现代化的影院数量增加，但上座率并不高，许多教育片的放映，还得靠单位包场组织职工观看。

20 世纪 90 年代以后，安徽城镇居民随着收入增长，消费重点转向提高生活质量的高层次的消费，文化娱乐消费呈现两个明显特点：一是投入在文化娱乐方面支出与日俱增；二是文化娱乐方式发生巨变。

这段时期，公共图书场馆事业的发展相对较缓，城镇居民日益增长的阅读需要已经无法完全满足，加上居民重视智力投资，自费购买书报杂志等文化娱乐方面的支出逐年增大。但由于受文化娱乐方式多样化的冲击，读书看报作为广大群众文化娱乐重要方式的核心地位逐渐下降。1996 年，全省城镇居民人均书报杂志类支出为 21.31 元，占文化娱乐类支出比重 35.5%；到了 2000 年，人均书报杂志类支出增长为 29.17 元，占文化娱乐类支出比重下降到 32.9%。

1996—2000 年安徽 城镇居民文化娱乐支出及购置书报杂志支出情况统计表

表 4-10　　　　位：元、%

年　份	文化娱乐支出（元）		书报杂志占文娱支出比重
	总计支出	其中：书报杂志支出	
1996 年	60.05	21.31	35.5
1997 年	64.55	21.27	33
1998 年	76.48	24.19	30.4
1999 年	80.6	24.48	30.4
2000 年	88.69	29.17	32.9

20 世纪 90 年代是中国商品经济发展的繁荣时期，市场上各种商品琳琅满目，各种规格的半导体收音机、收录机以及组合音响开始进入千家万户。安徽城镇居民家庭拥有收音机、组合音响的数量迅速增加，高档机替代了低档机，组合音响替代了单一功能收音机。到了 20 世纪 90 年代中后期，小巧玲珑、功能全面的“随身听”开始出现并成为时尚年轻人的新宠。

随着居民收入的不断提高和电视机价格的不断下降，大部分城镇家庭在20世纪90年代初已经至少拥有一台黑白电视机，彩色电视机也开始普及。1990年，安徽城镇居民每百户家庭平均拥有黑白电视机65.69台，拥有彩色电视机47.63台。到1995年，黑白电视机数量降低到37.12台，彩色电视机上升到79.77台。部分家庭已经拥有超过一台电视机，电视机屏幕也越来越大，由14英寸彩色电视发展到21英寸、25英寸、29英寸，电视机样式也由老式球面彩色电视过渡到平面直角彩电，背投电视等。

20世纪90年代中后期，各级电视台开始市场化运营。电视节目套数不断增加、电视节目质量明显提高、节目种类丰富多彩、节目覆盖面也不断扩大，大大巩固了电视作为普通家庭第一娱乐选择的地位。各种国产的、进口的动画片吸引着大批少年儿童，适合不同年龄、不同职业、不同文化层次居民欣赏的电视连续剧也成为人们文化生活的重要组成部分。有历史剧、现代剧、有名著改编的电视剧，有偏重于思想教育的，也有用于消遣的各类节目在晚间黄金时间播放时，居民不分老少纷纷围坐在电视机旁，边看边议，自娱自乐。

同一时期，家用录放像机开始逐渐走进百姓家庭。这种设备只要配合相应的录像带，即可实现在家里观看电影的梦想，还能实现在家进行卡拉OK等功能，因此大受欢迎，很多家庭开始组建家庭影院，逐渐减少去电影院观看电影的支出。

1996年前后，普通家庭录放像机的拥有量趋于饱和，新型的视频播放设备——影碟机开始出现并逐步走入普通百姓家庭。这种以光盘为媒介的设备一上市就受到欢迎，其主要特点就是采用数码技术记载影音资料，且片源成本很低，来源广泛。居民家庭的电影娱乐开始步入数码时代。

到了1998年，随着影碟机的成本逐步下降，影碟机逐步替代录放像机，传统物理介质录像带渐渐消失。1996年，安徽城镇居民每百户家庭拥有录放像机13.72台，拥有影碟机几乎为零；到了1998年，安徽城镇居民每百户家庭拥有录放像机13.52台，拥有影碟机达到10.08台。这段时期，虽然普通居民家庭观看电影类支出略有增加，但与购置家庭影院方面支出相比仍然较低。

1996—2000年安徽每百户家庭拥有录放像机、影碟机情况统计表

表4-11　　　　单位：台

每百户拥有量	1996年	1997年	1998年	1999年	2000年
录放像机	13.72	15.32	13.52	14.49	16.96
影碟机		2.9	10.08	19.27	33.57

20世纪90年代末，随着国家电影主管部门逐渐放宽对进口商业大片的限制，开

始出现设备先进、效果出色的高档宽银幕立体声电影院，城镇居民享受家庭影院无法企及的声光感受。电影产业进入了复苏期，普通居民家庭对电影娱乐方面的消费支出开始增加。

进入 21 世纪，随着文化事业的发展和科学技术的进步，城镇居民的文化娱乐生活进一步的得到完善，娱乐方式愈加丰富。此时正是中国高新技术产业高速发展的阶段，互联网的快速普及对传统纸介质平面媒体如书报杂志等冲击很大。这个时期的年轻人，互联网已经成为他们了解世界、获取信息的主要途径，对于传统平面媒体兴趣日渐下降，购买书报杂志类支出逐渐减少。与之相对，电脑作为联接互联网的唯一媒介开始成为普通居民家庭的新宠。2001 年，安徽城镇居民家庭购买家用电脑支出人均 26.88 元，购买书报杂志类支出 30.57 元，到了 2005 年，城镇居民购买家用电脑支出为 73.80 元，购买书报杂志类支出为 19.48 元。传统纸介质媒体的发展开始进入了一个瓶颈期。

2001—2005 年安徽人均购买家用电脑与书报杂志支出情况统计表

表 4–12　　　　单位：元

年份	人均购买家用电脑支出	人均购买书报杂志支出
2001 年	26.68	30.57
2002 年	28.1	20.66
2003 年	55.18	22.5
2004 年	46.77	23.29
2005 年	73.8	19.58

除了纸介质媒体受到较大影响，广播、电影、电视等传统媒体也在互联网络的冲击下有所萎缩。2005 年前后，大约 1/3 阅读在线电子新闻的用户对传统媒体失去了兴趣，电视收视率下降了 35%，广播收听率下降了 25%，网络媒体正成为继书报杂志、广播电视后的又一主流媒体。

2000 年以后，随着影碟机的更新换代，安徽城镇居民家庭拥有量不断增加的同时，用于购买影碟机的支出也在逐步攀升。到了 2003 年中期以后，随着数码产品价格的不断降低，购买成本也出现了小幅下降，但整体趋势保持稳定。而对于日落黄花的录放像机，除了个别家庭有特殊用途进行添置以外，大部分居民家庭已经停止此类设备的购买，支出金额也几乎为零。具体见表 4–13。

2001—2005年安徽城镇居民家庭影碟机、录放像机支出金额及每百户拥有量统计表

表4-13　　单位：台、元

年　份	种　类	影碟机	录放像机
2001年	人均支出	4.31	—
	百户拥有量	36.45	16.32
2002年	人均支出	4.97	0.28
	百户拥有量	46.38	14.86
2003年	人均支出	5.64	0.02
	百户拥有量	49.35	14.97
2004年	人均支出	5.3	0.06
	百户拥有量	54.93	15.91
2005年	人均支出	3.74	0.07
	百户拥有量	60.48	13.74

第十节　教育消费

1986—2005年这20年间，安徽省教育事业得到很大发展，义务教育资金投入力度不断加大，非义务教育也得到相应的扶持发展，整体教育水平在全国位于前列。

1986年《中华人民共和国义务教育法》颁布以后，安徽省抓紧制定和实施基础教育发展的实施办法和战略步骤，颁布了普及九年制义务教育的系列规定，全省普及九年制义务教育逐步落实。

初等教育的普及，初步改变了安徽基础教育在全国处于落后的状况，有效保证了适龄青少年接受教育的权利，进一步提升了城镇居民的整体素质。同时义务教育阶段费用相对较低，一定程度上减轻了普通城镇居民家庭的负担，缓解了教育相关费用的快速增长。1986年，安徽城镇居民家庭人均教育相关支出为10.26元，其中主要为学杂费支出，其他支出几乎为零。

1988年以后，随着经济的发展和社会进步，“知识就是力量”逐渐深入人心，城镇居民越来越重视教育投资。当时由于客观因素限制，高等教育资源相对匮乏，高中升学率普遍较低，更多的毕业生选择考取中专、技术类学校以便尽快就业。这些专业技术类学校虽然有国家教育经费支持，但相对于义务教育阶段，收取的教育费用相对较多，一定程度上增加了普通家庭的教育负担。与中等教育不同的是，当时的高等教育费用主要由国家负担，个人几乎不需要支付学费，因此城镇居民家庭用于学杂费以外的支出很少。

1986—1990 年安徽城镇居民人均教育类支出情况表

表 4–14　　单位：元

指　标	1986 年	1987 年	1988 年	1989 年	1990 年
教育类支出	10.26	12.6	24.48	34	35

1995 年，安徽省正式提出“科教兴皖”战略，要求继续深化科技教育体制改革，加大科技教育对经济的支持力度，使安徽经济发展从依靠劳动者数量的增加转变到依靠劳动者素质的提高上面来。同年 9 月，新中国第一部教育基本法——《中华人民共和国教育法》正式实施。在这一系列重大教育举措的引导下，大部分城镇居民家庭深刻认识到教育的重要意义，逐渐加大对教育投资的支出力度。1996 年，安徽城镇居民家庭人均教育费用支出 201.46 元，占消费性支出比重 5.6%，其中教材及参考书费用支出为人均 21.23 元；学杂费支出为 143.96 元；托幼费支出为 11.41 元；成人教育费用 23.52 元；其他方面支出为 1.33 元。由于尚未规范义务教育收费标准，学杂费成为当时普通家庭最主要的教育支出项目，占教育相关支出比重很大。教材及参考书费用和成人教育费用相比以前也有了较快速度的增长，培训班和成人教育开始逐渐被普通家庭所关注，很多成年人通过这种方式给自己充电，提高职业竞争力。

到了 2000 年，安徽城镇居民家庭人均教育费用支出为 316.58 元，比 1996 年增长 115.12 元，增幅达 57.1%，远远超过家庭消费性支出的增长速度。其中教材及参考书费用支出为人均 16.17 元；学杂费支出为 231.61 元，托幼费支出为 15.23 元；成人教育费用为 23.35 元；其他类支出为 29.91 元。这段时期，教育费用增长迅速，主要是由学杂费支出快速增长造成的。

1996—2000 年安徽城镇居民教育方面支出费用表

表 4–15　　单位：元

年份	教育费用支出					
	教育合计	教材参考书	学杂费	托幼费	成人教育费	其他
1996	201.46	21.23	143.96	11.41	23.52	1.33
1997	238.93	21.64	159.77	8.99	32.02	16.51
1998	327.81	21.57	241.07	8.56	25.19	31.43
1999	340.57	20.36	254.52	9	23.15	33.54
2000	316.58	16.17	231.62	15.53	23.35	29.91

上述各类支出中，学杂费支出较为特殊。学杂费包括学费与杂费，合称学杂费，主要包括学费、选课费、教材费、课本资料费、住宿费、水电费、服装费等各项代收费，以及证件工本费、重修费、补考费、学籍异动费、毕业电子注册费等。当时在安徽省的一些中小学，学费和杂费未作清楚的区分，导致安徽各级学校长期笼统收费，无法细分学费还是杂费，广大城镇居民只知道每年需要交纳学杂费，却不清楚到底哪些项目是自费，哪些项目是国家给予补助的。

2000年以后，随着收入水平的继续提高，安徽城镇居民家庭对于教育的重视程度与日俱增，常规教育的涵盖范围早已超越了校内教育，拓展到课外补习、培训辅导等。“没有良好的全面教育就没有体面舒适的生活”已经成为当时整个社会大部分家庭的一种共识。为了子女的未来、为了事业的进步，很多家庭不断加大对教育投资的力度，期待通过良好的教育改善生活环境的心态非常普遍。这段时期国家对义务教育阶段经费投入巨大，普通居民家庭义务教育负担有所减轻，教育相关消费呈现校内教育支出逐年递减，课外教育投入不断加大的新特征。

2002年，全省城镇居民家庭人均支付家教费9.72元，支付培训班费用为14.71元；到了2005年，两项费用分别增长到17.40元和28.04元。不断增长的家教费和培训班费反映了普通居民家庭对课外教育的重视程度，仅仅通过课堂学习已经无法满足个人对知识的渴求，这在一定程度上增加了家庭支出的负担。

这段时期国家教育收费政策也发生了一些变化，义务教育阶段学杂费开始规范化，大部分教育费用由国家负担，学杂费只包含在学校期间一些必要的杂项支出，部分地区甚至逐渐减免了义务教育学杂费。普通居民家庭学杂费支出因此有所下降。虽然义务教育阶段学校收取的书本费较低，但城镇居民家庭用于子女课外辅导材料方面的支出却不断加大。2005年，城镇居民家庭人均学杂费支出214.23元，比2001年下降了88.64元，而教材参考书费用支出达到27.97元，比2001年增加了8.68元。

2001—2005年安徽城镇居民教育方面支出费用表

表4-16　　　　单位：元、%

年　份	消费支出	教育费用支出						教育费用占消费支出比重
		合计	教材参考书	学杂费	托幼费	成人教育费	其他	
2001	4517.65	414.08	19.29	302.87	16.8	32.01	43.12	—
2002	4736.48	273.83	21.97	166.26	10.21	25.2	24.84	5.78
2003	5064.34	300.98	24.45	178.18	10.59	21.09	40.14	5.94
2004	5711.09	363.05	31.31	228.68	12.68	19.89	33.69	6.36

续表 4-16

年 份	消费支出	教育费用支出						教育费用占消费支出比重
		合计	教材参考书	学杂费	托幼费	成人教育费	其他	
2005	6367.67	352.79	27.97	214.23	10.34	16.48	35.72	5.54

进入20世纪80年代，安徽的教育历史翻开了新的一页。20世纪80年代中后期，安徽省普及九年义务教育的准备工作开始逐步实施。早在1985年6月，安徽省教育厅初步制订了九年制义务教育的方案。1986年《中华人民共和国义务教育法》颁布以后，安徽省抓紧制定和实施基础教育发展的实施办法和战略步骤，颁布了普及九年制义务教育的系列规定，全省普及九年制义务教育逐步落实。1987年4月29日，安徽省人大六届五次会议通过《安徽省实施〈中华人民共和国义务教育法〉办法》，成为全省实施九年制义务教育的重要法规和主要依据。与此同时，安徽省开展中小学的布局调整，继续加强各级各类学校的师资队伍建设，特别是基础教育的师资队伍建设。1993年年底，全省普及初等教育工作基本完成， 1997年年底，基本扫除青壮年文盲，成人文盲率控制在3%以下，摘掉了“文盲大省”的帽子；1998年年底，全省基本普及九年制义务教育，适龄儿童入学率达到99.7%，初中入学率超过95%。

“八五”期间，中等教育事业在巩固中发展提高，全省办学条件有了较大改善，校舍面积、教学设施特别是教育技术装备工作改善，为教育手段现代化和教育信息化提供了坚实基础；在全国教育体制改革的推动下，安徽职业教育、扫盲教育和成人教育等加快了发展步伐。

20世纪80年代是新时期安徽高等教育改革的起步阶段，是计划经济体制下高等教育改革的一次重要探索，也促进了全省高等教育事业的发展。1999年5月，安徽省教委印发《关于加强普通高等学校课程建设的若干意见》， 指出课程建设是学校教学基本建设的核心，是高质量人才培养的奠基工程，并提出全省计划用3年到5年的时间，甄选出200门省级优秀课程，并从中挑选出部分课程建成国家基础课程教学基地。2000年前后，安徽省高等教育体制改革工作得到了逐步深化。其间，全省高校先后经历了职称评定、春季招生、调整结构等重要的劳动和人事制度、招生制度和教育教学制度的改革和发展工作。

1985年5月，中共中央召开第一次全国教育工作会议并发布《中共中央关于教育体制改革的决定》。同年8月，中共安徽省委、省政府召开全省教育工作会议，作出《安徽农村中小学分级管理责任的暂行规定》，决定进一步简政放权，对全省农村中小学实行以县、乡为主，区和行政村为辅的分级管理体制。

1986年年底，全省基本实现了农村乡（镇）管初中和小学、县管完全中学和高中的基础教育管理体制。1986年3月，国务院发布《高等教育管理职责暂行规定》，安徽高等教育管理体制改革有了行动指南。同年7月，安徽省教委会同安徽省委宣传部在屯溪召开部分高等学校体制改革座谈会，确定1所省属院校为校长负责制试点，淮南矿业学院、中国科技大学作为安徽试行校长负责制的联系点，合肥工业大学建筑分校为综合改革试点，自此，全省高等教育体制改革拉开了帷幕。

1987年4月，安徽省人大六届五次会议通过并颁布《安徽省实施中华人民共和国义务教育法办法》，开始将普及初等义务教育纳入普及九年制义务教育的范畴。同年，安徽省教委颁布了《安徽省进一步提高普及初等教育水平的基本标准和复查办法（试行）》，对已经普及初等教育的地方入学率、巩固率、毕业率等方面提出了更高的要求。全省适龄儿童入学率、巩固率和毕业率稳步上升。

全省初等教育的普及，初步改变了安徽基础教育在全国处于落后的状况，使安徽初等教育的"四率"（入学率、巩固率、毕业率、普及率）从1983年全国第27位提升到1988年的第18位，表明安徽基础教育事业在20世纪80年代末已经达到了邓小平提出的"中见成效"的目标。

至1990年年底，全省初等教育指数达到国家规定的标准，并超过了全国的平均数。安徽年轻一代文化素质的普遍提高，为在90年代全省九年制义务教育的普及和"科教兴皖"战略的实施，提供了坚强有力的智力支持和人才保障。

1991年入夏后，安徽江淮之间的广大地区遭受了一次历史上罕见的特大洪涝灾害。其延续时间之长、降水面积之广、降水量之多，均为新中国成立以来所罕见。全省受灾人口达4400万，教育系统受灾和损失情况惨重。到7月底，全省共有2万多所中小学校818万平方米校舍受到损坏，其中倒塌校舍136万平方米，新增一级危房305万平方米，损失课桌凳80.5万套，校办产业和教学仪器设备、图书资料、实习基地等损失严重。在中共中央、国务院的关怀下，在全国各界的大力支持下，经过安徽各界的共同努力，从洪涝灾害发生到灾区教育恢复的整整一年时间内，安徽教育损失得到了恢复，并在恢复的基础上有所发展。

1991年下半年，全省共筹措资金3.19亿元（其中教育救灾专款9700万元），全省修复校舍408.6万多平方米，修复一级危房112万平方米，添置课桌凳46.95万套。

1992年11月，中共十四大提出至20世纪末，基本扫除青壮年文盲"的宏伟目标。

1993年5月，中共中央发布《中国教育改革和发展纲要》，为落实《纲要》精神，1993年11月，中共安徽省委再次召开全省教育工作会议，确定安徽大学作为省属高校唯一一所"211工程"大学加以重点建设，支持中国科技大学的"211工程"建设。

1994年又召开改革开放以来第二次全省教育工作会议，年底，通过全省上下教育工作者的共同努力，安徽小学毕业升学率达到 91.4%，比上年增长 14.1%，首次超过全国平均水平。初中在校生增加 17.7 万人，新增 3600 个班级，合计投资 3.6 亿元，增加 1.08 万名教师。

1995 年 5 月，中共安徽省六次代表大会正式提出“科教兴皖”战略，要求继续深化科技教育体制改革，加大科技教育对经济的支持力度，努力使安徽经济发展从依靠劳动者数量的增加转变到依靠劳动者素质的提高上面来。安徽省人大八届四次会议又专门制定了《安徽教育“九五”发展计划和 2010 年远景规划》。同年 9 月，新中国第一部教育基本法——《中华人民共和国教育法》正式实施。同年秋季，全省小学毕业升学率已经达到 98.6%。

1996 年，安徽省政府荣获全国“中华扫盲奖”，成为全国获此殊荣的四个省份之一。至 1997 年年底，安徽省青壮年文盲率下降到 3.95%，总体达到全国中等偏上的位次。

1999 年，安徽省着重抓好中小学布局调整工作。全省小学、初中校数分别由 1990 年的 35054 所、4572 所调减为 25476 所和 4089 所，分别减少 9587 所和 483 所，减幅达到 27.32% 和 10.56%。经过调整，全省中小学校均学生数明显增加，初中和小学的校均规模、全部中小学的师生比超过全国平均水平，居全国中等偏上，其中中学的师生比在全国名列前茅。1999 年年底，全省小学学龄儿童入学率达到 99.55%，初中适龄少年入学率达到 96.7%。7 ~ 15 周岁“三类”残疾儿童少年入学率均在 62% 以上；15 岁人口中初中教育完成率达 98.65%，17 周年人口中初级中学教育完成率达 93.22%。1999 年与 1992 年相比，全省人均教育事业费由 26.4% 增加到 66.3 元，校舍的面积和质量均有较大幅度增加和改善。

到了 2000 年，全省小学学龄儿童入学率上升到 99.67%。小学毕业生升学率达到 97.54%，初中适龄儿童入学率为 97.1%，残疾儿童少年入学率达到 65% 以上，小学辍学率下降到 0.36%，普通初中辍学率下降到 1.98%，文盲率控制在 3% 以下。

截至 2005 年，全省小学学龄儿童入学率为 99.54%；小学毕业生升学率为 99.56%；初中毕业生升学率为 60.51%，较 1990 年有了大幅度提高。

1990—2005 年部分年份安徽初中毕业生和小学毕业生升学率及小学学龄儿童入学率统计表

表 4-17　　　　单位：万人、%

年份	初中毕业生升学率			小学毕业生升学率			小学学龄儿童入学率		
	初中毕业生数	高级中等学校招生数	升学率	小学毕业生数	初级中等学校招生数	升学率	学龄儿童数	已入学学龄儿童数	入学率
1990	56	14.88	26.57	102.99	70.54	68.49	475.14	446.5	93.97
1995	67.36	21.26	31.56	103.24	101.95	98.76	554.98	553.28	99.7
2000	97.6	32.66	33.46	121.2	118.22	97.55	620.02	617.94	99.67
2001	99.14	36.42	36.74	122.93	123.03	100.08	656.8	647.28	98.55
2002	100.54	45.32	45.07	127.75	127.57	99.86	645.06	637.33	98.8
2003	104.82	52.24	49.83	127.1	127.91	100.64	618.91	613.31	99.09
2004	113.15	62.96	55.64	124.32	124.32	100	584.34	581.65	99.54
2005	117.5	71.1	60.51	116.25	115.73	99.56	549.35	546.83	99.54

20 世纪 90 年代中期以后，安徽施行高中教育结构的改革，全省普通高中学校数由 1986 年的 631 所减少为 1995 年的 617 所，在校学生人数由 25 万人增加到 28 万人，校均规模超过了 1986 年的水平；普通高中专任教师由 1.67 万人增加到 2.04 万人，教育创新能力和素质教育意识明显增强。

1988 年，中共安徽省委 、省政府主持召开第二次高等教育工作会议正式启动安徽省高等教育体制改革，逐步加强高等教育各项改革工作，明显规范了各项管理工作。全省对高校领导体制进行了改革，改高等学校的校（院）长负责制为党委领导下的校（院）长负责制；省委有关部门每年召开一次高等学校党的建设和思想政治工作会议，不断加强了高等学校党的建设和思想政治工作；各高等学校采取措施，切实加强对广大青少年学生的思想道德建设和科学文化教育，确保高校学生成为有理想、有道德、有文化、有纪律的一代新人。

1999 年 9 月，安徽省人事厅、教育厅联合颁发《安徽省高等学校教授任职资格考评标准》和《安徽省高等学校副教授任职资格考评标准》（以下简称《考评标准》），从思想政治、学历资历、教育教学、科研项目和课题以及破格评审等方面作出了明确的规定，进一步将高校职改工作纳入制度化、经常化轨道。《考评标准》的颁布，标志着安徽高校教师任职资格考评工作进入一个规范化、制度化的阶段。其中，教授任职资格考评标准采取全省统一化，副教授考评标准分为重点高校、一般本科院校和专科学校三个等级。从此，全省高校职称评审有了一个相对稳定的统一标准。

2000年，为了加快培养经济发展和社会进步所需要的各类人才，经教育部批准，安徽和北京、上海两市的29所高校在安徽省试行春季招生，计划招生5671人，其中本科2059人，专科3612人。考试时间安排在2000年1月，2月录取，新生3月初报到入学。经过首次全国统一的春季招生考试，当年实际录取新生6000多名，试点获得了成功。这是中国高校招生制度的一项重要改革，为部分历届考生又一次提供了参加高考的机会，有利于高等教育培养规模的扩大和毕业生就业分配时间上的安排。此后，春季招生考试制度一直坚持下来，而且招生人数不断增加，招生院校和专业也不断增多。

高等学校科学研究、教学研究广泛开展，各级各类学校的图书馆、实验室、电教馆等建设工作取得了显著成就。中国科技大学和安徽大学进入“211工程”建设阶段，并取得了阶段性成果；重点学校、重点专业建设取得显著成果，高等学校办学层次显著提升，拥有博士点的高校和博士学位点增加到5所，研究生招生规模不断扩大；高等教育的毛入学率迅速提高到2000年的8.5%；高等学校的教风、学风和校风得到了进一步净化。安徽省取得设置高等专科职业技术学校试点资格后，全省高等职业技术教育在“九五”后期得到迅速崛起和发展，高等职业技术学校从无到有、从少到多，成为世纪之交安徽高等教育大发展中一个引人注目的亮点。全省高等学校的科学研究和教育研究工作成果丰硕。“九五”期间，全省高校科研工作进入制度化、规范化轨道，取得了重要成果，成为50多年来科研成果最多的时期，有力地支持了安徽的经济建设和社会发展。

改革开放以后，中国的办学体制不断发生新变化。除了政府办学外，各党派、社会团体、集体所有制组织、公民个人开始举办各种类型的学校。“九五”后期，国家和安徽省加强了民办学校管理的法制化和规范化。1999年11月，安徽省人民政府转发省教委《安徽省教育振兴行动计划》提出，要积极支持、依法规范社会力量办学；要鼓励社会和公民个人投资办学和捐资助学。民办教育在安徽省愈来愈成为全省教育发展的热点，表现出旺盛的生命力。截至2001年，安徽社会力量举办的各级教育机构总数达2263所，其中幼儿园1314所，小学331所，初中161所，普通高中59所，成人高中16所，职业高中53所，普通中专24所，具有颁发国家学历文凭资格的民办高校9所；非学历高等教育机构6所，高等教育自学考试辅导学校18所，其他非学历培训机构271所。在校学生达40万人，毕（结）业生数1117692人，教职工27160人，其中专任教师14104人，兼职教师7480人。全省社会力量办学总资产173637万元，其中国有资产13082万元，创办者投入资产131201万元，办学累计的财产27251万元，接受捐赠2101万元。学校总占地面积7233075平方米。校舍总建筑面积3140244平方米，其中自有校舍2630394平方米，仪器设置总值约19410万元，图书资料494万册。

全省社会力量办学已具备一定的实力，初步形成多渠道、多形式、多层次的办学格式。

安徽民办教育产生时间不长，但发展较为全面。办学主体呈多元化，以个人办学为主。全省民办教育机构属企事业组织办学的有215所，民主党派举办的33所，社会团体举办的64所，其他社会组织举办的26所，公民个人举办的1926所，占总数的85%。办学形式多样，有学历教育、非学历教育、普通教育、成人教育、高等教育、中等教育、小学教育乃至幼儿教育，全部2263所教育机构中，幼儿园有1314所，占总数的58%。

1986—2005年这20年间，安徽教育进入了高速发展阶段，全国经济体制改革风起云涌，稳步推进，教育体制改革和教育事业发展方兴未艾，成效显著。全省教育对外交流与合作、教育外事工作也得到广泛开展，民办教育事业开始兴起，并日益取得显著成效。“九五”期间，初步形成以政府办学为主、社会力量参与的新型办学模式。各级各类学校的校办产业和勤工俭学活动蓬勃开展，全省高校涌现出一大批何家庆式的科技扶贫带头人和师德先进标兵。

第十一节　旅游消费

安徽地区的自然景观，丰富多彩、世界闻名，古语云“五岳归来不看山，黄山归来不看岳”，即是古代旅游家徐霞客对安徽黄山风景区的客观评价。除此之外，具有世界级知名度的还有佛教圣地“九华山”、徽州文化聚集地“西递宏村”、极具大自然鬼斧神工“天柱山”等无一不是闻名遐迩的著名旅游胜地。安徽的旅游资源非常丰富，安徽人对于旅游也有着特殊的嗜好。

20世纪80年代，安徽城镇居民生活水平处于温饱线上，物质生活相对匮乏，外出旅游难以实现。当时一些有条件的国家机关和大型企事业单位，每年还可以组织职工进行集体旅游，享受一下大自然气息。但这种旅游一般受条件限制，仅仅限于省内部分景点，而且能够参与的人群范围也比较小。更多的普通群众并不能享受这一福利，仅能通过节假日在周边自然景观进行所谓“郊游”，还谈不上“旅游”。

20世纪80年代中后期，城镇居民的收入水平不断增长，旅游休闲热也逐步兴起。为了满足居民对旅游景点及其设施的需要，安徽省内部分著名景点相继开通了交通专线，新修了大量“旅游通道”“山际索道”等方便游客游览的各项设施，接待能力大幅度提升；为了便于旅游者住宿，在旅游景点周围，建有“度假村”“招待所”“大酒店”等住宿场所，为城市居民兴起的旅游热潮提供了良好的条件，1986年以后，全省各地参加旅游的人数明显增加，普通居民家庭对于旅游娱乐方面的支出开始增长。

进入20世纪90年代，普通城镇居民家庭对于旅游娱乐方面的支出热情不减，城镇居民家庭用于旅游娱乐相关支出逐年增长。1995 年，国务院重新修改发布关于职工工作时间的规定，将每周工作时间改为 40 小时，即实行双休日工时制，利用周末进行旅游休闲的人数大幅增加，极大促进了安徽旅游产业的快速发展。1999 年，国务院又改革出台新的法定休假制度，每年国庆节、春节和“五一”法定节日加上倒休，全国放假 7 天。从此，3 个“黄金周”掀起的旅游消费热成为中国经济生活的新亮点，广大群众在不影响工作前提下进行中长线旅游休闲成为了可能。每当黄金周到来，很多城镇家庭举家带口外出旅游，极大地刺激了旅游经济的快速发展，假日经济成为人们津津乐道的新话题。1996 年，全省城镇居民人均旅游消费支出只有 16.6 元，到了 1999 年增长近一倍，人均达到 30.99 元。

2000 年后，随着旅游相关产业的繁荣发展，各大旅行社如雨后春笋般出现，外出旅游已经成为非常方便的一件事情，其间很多机关干部和企事业单位工作人员趁出差或开会的机会，自费到会议地点附近的风景区或名胜古迹进行参观，旅游休闲相关的消费支出逐年增长。2002 年前后，在相关部门大力推进旅游产业化发展的良好机遇下，全国各地继续加大对旅游景区的深度开发，吸引了一大批游客参观游览，城镇居民家庭旅游娱乐相关支出大幅增加。这段时期旅游休闲已经成为普通城镇居民主要娱乐形式之一，除了对省内旅游景点的游览，很多居民开始将旅游目的地扩展到出省、出国旅游。由于旅行社可以代办住宿、餐饮、护照、签证等，只要交钱，吃、住、行一切都由专人操办，到各地旅游景点的“五日游”“七日游”“十日游”都有，出国旅游也没有任何阻碍，很多离退休老人、寒暑假期间的大中小学生都加入了旅游行列。随着旅游队伍的逐渐扩大、旅游景点的不断拓展、旅游经济的不断繁荣，旅游休闲产业迎来了快速发展的繁荣期。2005 年，全省城镇居民家庭人均旅游娱乐相关支出 112.67 元，比 2000 年增长一倍有余。

1996—2005 年安徽城镇居民家庭人均旅游娱乐相关支出统计表

表 4–18　　　　单位：元

年　份	人均旅游娱乐相关支出
1996	16.6
1997	21.12
1998	25.24
1999	30.99
2000	51.43
2001	58.32
2002	80.18

续表 4-18

年　份	人均旅游娱乐相关支出
2003	71.08
2004	106.92
2005	112.67

第十二节　医疗消费

中华人民共和国成立以后，安徽省卫生医疗事业不断发展，特别是中共十一届三中全会后，安徽省卫生医疗事业取得了新的成就。进入20世纪80年代，各级政府加大了对全面医疗经费的投入力度，一座座现代化的医院和医学科研机构相继建成，一批批医护人员和医学科研人员迅速成长，医疗条件不断改善，医疗卫生水平较过去有了明显的提高。这一时期的医疗体制基本实行公费医疗制，大部分企业都建立有自己的职工医院，职工医疗费用基本报销，个人医疗保健类消费极其有限。

20世纪80年代，随着医疗体制改革的不断深化，大批直属医院实行市场化运作，医疗水平不断提高，医疗服务有所加强；同时私人行医、私立医院开始出现，解决了部分地区医疗机构偏少，百姓就医困难的实际不足，城镇居民“看病难”的问题得到初步缓解。这一时期的医疗保障体制实行“统筹包干”政策，“社会负担一部分、单位报销一部分、个人支付一部分”成为当时城镇居民看病治病的一个基本制度。自此城镇居民医疗保健类支出开始显著增长，占消费性支出比重不断上升。

随着生活品质的不断提升，城镇居民对个人健康问题更加重视。定期检查身体、有病立即就医、平日注重保健已经成为广大群众的自觉意识和行为。除了看病治疗消费外，健康保健方面消费逐渐增加，并开始占据城镇居民家庭医疗保健类支出的重要地位，这也说明了安徽城镇居民生活质量越来越高，健康保健意识越来越强。

改革开放以后，安徽省医疗卫生事业发展很快，多层次、多渠道、多种形式的办医方式逐渐形成，各地医疗卫生机构纷纷建立并完善，大批20世纪50年代、60年代建成的医院，经过改、扩建都达到了新的规模，卫生机构、病人床位增加很多。1988年，全省共有卫生事业单位7417个，医院床位总数达10.5万张，其中县及县级以上医院共计382个，床位5.44万张，与1978年相比增长63.7%。同时，全省医疗卫生技术人员队伍也在不断壮大，素质不断提高。到1988年年末，全省共有卫生事业技术人员13万人，其中医生5.4万人，护师（士）2.7万人，分别比1978年增长35.4%、28.9%和108.5%。高、中、初级卫生技术人员分别达到61372人、38880人和29778人。通过技术职称评定，高级卫生技术人员比1980年增长90.6%。

20世纪80年代前后，安徽省主要实施的是劳保医疗和公费医疗，城镇职工看病一般个人只负担挂号费，大部分医院因为缺乏大型设备，只能医治常规性疾病，疑难杂症还是需要去省外专科医院或者只能硬抗着。大部分城镇居民虽然在医疗保健方面的消费支出不多，但因客观条件限制，“看病难”的问题仍然存在。1989年，城镇居民人均用于药品和医疗器具的支出为7.53元，比1986年增加3.89元；用于医疗保健2.93元，比1986年增加0.97元。

1986—1990年安徽城镇居民人均医疗保健类支出情况表

表4-19　　单位：元

年　份	医疗保健费	药品及医疗用品
1986	1.96	3.65
1987	2.52	5.04
1988	3.6	6.72
1989	2.93	7.54
1990	4.04	11.48

20世纪90年代，安徽省各级医疗机构的医疗条件大大改善。1995年，全省共有医院3243所，比1978年增长9.8%；卫生机构床位数11.98万张，比1978年增长48.3%。平均每千人拥有医院床位1.84张，比1980年的1.56张增加17.9%。全省共有医生6.67万人，平均每千人拥有医生1.12名，比1980年分别增长58.1%和17.2%。

20世纪90年代初，全省大中型医院开始配备先进的大型医疗设备，CT机、ECT机、核磁共振仪、肾透析仪、心脏监护系统等设备的大规模普及，大大提高了现代医疗技术水平，对患者的检查手段越来越先进，诊治准确率有很大提高，医生对病人的治疗也更具针对性。

随着市场经济体制的进一步完善，20世纪90年代开始，传统劳保医疗和公费医疗制度开始被全民统筹医保所取代，医疗机构的发展开始步入一个新阶段。职工就医开始需要个人负担部分医药费和诊治费，再加上医院诊治手段的高起点，有的医生动辄使用彩超、CT、核磁共振检查，产生的高额费用个人需要部分负担，加上新特药品品种的增加和价格的不断提高，城镇居民医疗费用支出开始逐年加大。

1991—1995年安徽城镇居民人均医疗保健类支出情况表

表4-20　　　　单位：元

年　份	1991	1992	1993	1994	1995
医疗保健费	17.37	18.49	23.31	44.83	49.21

1996年，全省城镇居民人均医疗费支出75.23元，1997年上升到92.99元，1998年继续上升为120.16元，到了2000年上升到人均181.23元，是1996年的两倍还多。同时，医疗保健支出占消费性支出比例也在逐年增加。1996年，医疗费支出占消费性支出比重为2.1%，1997年为2.5%，1998年为3.2%，2000年上升到4.3%。医疗费用的过快增长，给低收入家庭的治病和生活带来了一定的影响。

过去医疗费用主要用在看病吃药，不生病就几乎没有医疗方面的支出。随着全民健康意识的普遍提高，20世纪90年代中后期，很多居民进药店不单单是购买药品，更多的是购买营养保健品或者医疗保健器材，“花小钱买健康”成为一种时尚的生活态度。1996年，全省城镇居民人均购买保健用品及滋补药品支出为7.86元，2000年增加到人均12.9元。

1996—2000年安徽城镇居民家庭医疗保健类支出情况表

表4-21　　　　单位：元

指　标	1996年	1997年	1998年	1999年	2000年
消费性支出	3607.43	3693.55	3777.41	3901.81	4232.98
医疗保健支出	75.23	92.99	120.16	126.33	181.23
医疗保健占消费性支出比重	2.10%	2.50%	3.20%	3.20%	4.30%

20世纪90年代发展起来的社区医院逐渐改变了固有的传统医疗模式。医生走进社区、步入家庭、开展预防门诊、入户访视、在家打针输液等，不少社区医院还设立热线电话，提供24小时上门服务，出示居民医保卡就能划卡消费，方便了城镇居民的医疗需求。社区居民可以得到及时、全面、有效、实惠的常规卫生服务，受到社区群众特别是行动不便的患者和老年朋友的欢迎，是国家医疗体制改革的一项重大利民举措。

2000年后，安徽城镇居民家庭生活质量快速提高，个人健康意识越来越强，医疗保健相关支出占消费性支出比重继续提升。除了看病吃药外，将大量的金钱投入到保健用品及服务类消费，通过注重个人保健减少疾病入侵已经成为城镇居民的普遍共识。2001年，人均医疗保健类支出为205.13元，占消费性支出比重为4.5%；到了2004年，人均医疗保健类支出达到395.74元，占消费性支出比重上升到6.9%，其中保健用品及服务类支出17.96元，比2000年人均增加5.06元。

2001—2005 年安徽城镇居民家庭医疗保健类支出情况表

表 4-22　　单位：元

指　标	2001 年	2002 年	2003 年	2004 年	2005 年
消费性支出	4517.65	4736.48	5064.34	5711.09	6367.67
医疗保健支出	205.13	297.98	318.2	395.74	400.34
医疗保健占消费性支出比重	4.50%	6.30%	6.30%	6.90%	6.30%

第十三节　体育消费

安徽省群众性的体育活动在中共十一届三中全会后开始逐渐恢复并发展，广大城镇居民在基本生活需求得到满足的同时，逐渐把部分精力投入到与自身健康密切相关的群众性体育运动中去。

20 世纪 80 年代中期，在普及与提高相结合方针的指导下，从城市到农村，普遍掀起了群众体育活动的热潮。体育竞赛突破了单一的“官办”框框，出现了集体、单位、个人多种形式办体育，各种力量促健身的良好局面。学校体育得到了加强，安徽省各高校都举办了各种军训活动，校园运动会也如火如荼地展开。各大体育场馆实现免费制，鼓励广大市民进行体育锻炼。这一时期开展的各项体育活动主要是公众性的锻炼项目，以锻炼身体、提高素质为主要目的，体育场馆费用、相关服务费用等方面的消费比重很小，城镇居民家庭体育类支出主要是用于购买球拍、运动服等体育用品。

20 世纪 80 年代，群众性体育活动开始进入快速发展期。生活水平不断提高的城镇居民，越来越重视锻炼身体保健康，各种体育场所和免费广场的兴建为爱好体育的居民提供了良好的场地条件，跳舞、健身操、瑜伽、健美等各种新兴的体育项目开始出现并受到欢迎。随着全国足球联赛、篮球联赛、排球联赛等传统体育项目开始市场化运作，精彩的比赛吸引了大量年轻人观赏，因为爱好从而投入其中进行锻炼的人们越来越多，进一步繁荣群众体育活动的内容。这一阶段的群众性体育活动已经改变了体育运动只有少数人能参与的局面。上到 80 多岁的老人，下到五六岁的孩子，甚至残疾人都能找到合适的运动项目参与其中，全民健身的理念正逐渐融入普通老百姓的日常生活中。体育与健身已经成为城镇居民日常生活的重要组成部分，“花钱买健康”这一时髦的消费理念正被安徽广大城镇居民所接受。

安徽省的群众体育活动丰富多彩，足球、篮球、乒乓球、羽毛球、游泳等均是城镇居民日常爱好的体育项目，民间传统体育活动中的踢毽子、放风筝、踩高跷、扭花鼓等也是深受广大群众喜欢，流传甚广的群众活动。

20 世纪 80 年代，随着全省各类基础体育运动设施的不断新建和发展，参与体育锻炼的人数不断增加。在普及和提高相结合的方针指导下，全省各地不断掀起群众体育运动的新高潮，各类体育竞赛内容丰富，类型多样，出现了国家、集体、个人多种形式办体育的局面。

1988年，全省经常参加体育锻炼的人数达1828.2万人，占全省人口总数的34%。20世纪80年代前后10年，全省共举办县级以上运动会万余次；达到国家体育锻炼标准达158.7万人。少儿业余体育训练得到进一步加强。1988年，全省举办的业余体校达575所，比1985年增加452所，在校学生数达万余人，增长9.7%。向优秀运动队输送运动员43名，成为安徽省培养专业体育后备力量的重要基地。各类普通学校普遍开展体育锻炼课程，鼓励在校学生“德育、智育、体育”全面发展，受到在校学生的积极响应。学生们的锻炼热情很高，体育课成为广大中小学生最喜爱和盼望的课程之一。

这一时期群众体育的重点是开放性的体育项目。受客观条件影响，功能性的体育场馆数量很少，现有的大部分体育场馆还是国家经营，要么是大众化场馆免费开放，要么是各体工队自己拥有的封闭式训练场馆，个人健身锻炼基本不需支付费用。当时市场经济刚刚建立，体育健身器材市场还未成型，个人用于购买健身器材方面的费用也微乎其微，更多的是单位或者集体采购，因此城镇居民用于体育相关支出主要为个人购置常见运动器材如羽毛球拍、乒乓球拍等费用，用于其他方面的体育健身消费几乎为零。

进入20世纪90年代，随着体育训练体制改革的深化，体育社会化取得了新进展。安徽省体育局要求各地公开招聘，实行层层聘任承包，各大体育场馆开始有偿对社会公众开放，城镇居民为了获得更好的体育锻炼场所，逐渐开始有偿支付场馆费用进行锻炼；部分业余体育爱好者为了提高训练水平，购买高档次的体育设备，甚至聘请专业的体育教练进行针对性指导。城镇居民对于体育锻炼方面的消费支出也逐年增加。

2000年后，随着经济社会的快速发展，政府及社会团体投资的一大批高质量、高服务、功能全面、条件优异的健身运动场馆雨后春笋般建立起来，有效满足了广大城镇居民日益增长的体育健身要求。这些健身场馆通过收取一定的服务费用维持自身的运营，采取市场化运作的方式提供高质量的体育健身相关服务，吸引越来越多人进入场馆进行各项体育锻炼。当时普通群众参与的健身方式也五花八门，足球、篮球、羽毛球、乒乓球、长跑、游泳等传统项目经久不衰，新兴的体育运动如网球、壁球、保龄球、健美操等也得到很多年轻人的喜爱。为了方便个人随时锻炼，更多的家庭购置体育器材在家进行锻炼，拥有跑步机、臂力器等健身器材的家庭比比皆是。部分思想比较开放的年轻人开始自费进入健身场所接受健美、瑜伽、动感单车等新近流行的锻炼项目，各种群众体育活动和丰富多彩的健身运动已经成为居民生活中重要的组成部分。

2002年，安徽城镇居民人均用于购买健身器材及体育用品类支出为3.11元，人均用于健身活动服务类支出为0.88元；到了2003年，人均购买健身器材及体育用品类支出增长到4.09元，人均健身活动服务类支出增长到1.41元。

2001—2005年安徽省城镇居民用于体育相关支出情况表

表4-23　　单位：元

指标（元）	2001年	2002年	2003年	2004年	2005年
健身器材及体育用品支出	—	3.11	4.09	1.09	2.60
健身活动服务类支出	—	0.88	1.41	0.82	1.00

第十四节　恩格尔系数变化

食品支出占全部生活消费支出的比重，称为恩格尔系数。

它是衡量一个国家或地区居民生活水平的重要指标。联合国粮农组织将恩格尔系数作为判别生活水平的标准。恩格尔系数达59%以上为贫困，50%～59%为温饱，40%～50%为小康，30%～40%为富裕，低于30%为最富裕。

结合1986—2005年安徽城镇居民生活消费资料，计算出历年安徽城镇居民家庭恩格尔系数。

1986—2005年安徽城镇居民家庭恩格尔系数统计表

表4-24　　单位：元、%

年　份	消费性支出	食品支出	恩格尔系数
1986	718.25	392.18	54.6
1987	823.8	451.32	54.8
1988	1019.96	552	54.1
1989	1138.5	654.79	57.5
1990	1182.12	683.12	57.8
1991	1296.93	767.92	59.2
1992	1520.81	873.81	57.5
1993	1846.14	1003.53	54.4
1994	2550.97	1375.13	53.9
1995	3161.41	1697.66	53.7
1996	3607.43	1938.62	53.7
1997	3693.55	1934.03	52.4
1998	3777.41	1870.79	49.5

续表 4-24

年　份	消费性支出	食品支出	恩格尔系数
1999	3901.81	1844.78	47.3
2000	4232.98	1934.83	45.7
2001	4517.65	1998.95	44.2
2002	4736.48	2045.29	43.2
2003	5064.34	2238.91	44.2
2004	5711.09	2509.02	43.9
2005	6367.67	2781.5	43.7

单位：年、%

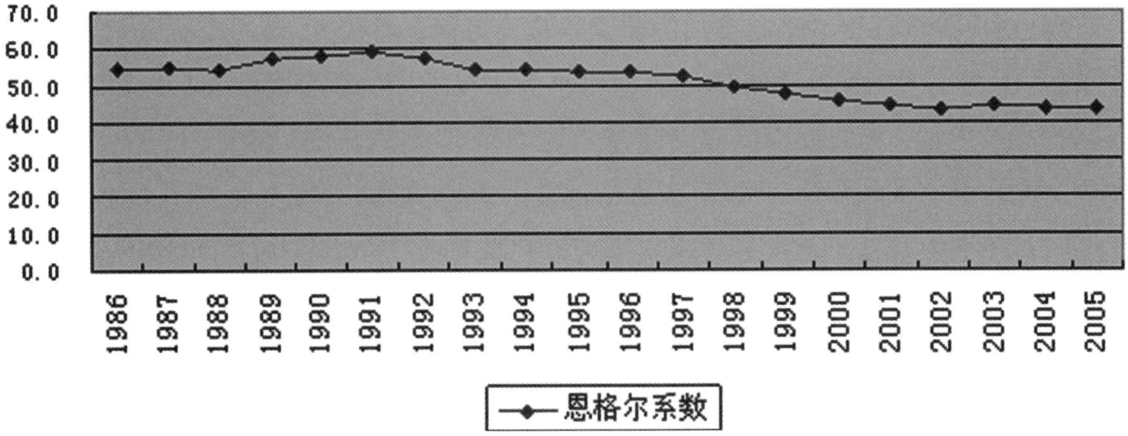

图4-5　1986—2005年安徽城镇居民恩格尔系数变动趋势图

安徽城镇居民家庭恩格尔系数整体呈下降趋势，由 1986 年的 54.6% 降至 2005 年的 43.7%，20 年下降了 10.9 个百分点。根据联合国粮农组织对恩格尔系数的划分标准，20 年间，伴随着中国社会的全面发展，安徽城镇居民的生活状况由 1998 年前的“温饱”过渡到 1998 年后的“小康水平”，经历了从温饱到小康状态的转变。当然这种转变是渐进的，有一个从量变到质变的过程。

第五章　农村居民家庭生活消费

1986—2005 年的 20 年间，随着农民收入的不断增长，农村居民的生活条件显著改善，生活质量明显提高。

突出表现为消费水平大幅提高，消费结构快速优化。农村居民生活消费支出逐年增加，恩格尔系数逐年下降；此外，农村居民用于居住、衣着、医疗保健、交通通信以及文教娱乐等方面的消费支出比重亦大幅提高。农村居民住房面积扩大，居住环境持续改善。农村住户主要耐用消费品拥有量快速增长。

第一节　食品消费

从 1986 年到 2005 年，安徽农村居民生活不断改善，从食品消费结构来看，逐渐从较为单一的食品结构过渡到食品种类丰富的类型，粮食消费量在食品消费的比重下降，其他食品的消费比重上升。农村居民家庭人均粮食消费量由 1986 年的 278.84 千克，下降到 2005 年的 214.68 千克，下降了 23%。粮食消费大幅度下降，副食品消费成倍增长。在较常食用的副食品种类中，2005 年，人均消费猪肉 10.12 千克，比 1986 年增长 20%； 消费家禽 4.64 千克，增长 2.17 倍；消费蛋类 4.69 千克，增长 2.74 倍；消费奶制品 0.62 千克，增长了 62 倍；消费水产品 5.18 千克，增长 4.35 倍。

食不厌精、脍不厌细，农村居民食品消费的改善，更主要的是反映在食品的品种和质量上，也就是从量的增加转向质的提高。20 世纪 80 年代中，农村居民粮食消费中粗粮的比例相对较高，进入 21 世纪，农村居民的主要粮食是精米细面，食用粗粮主要是为了调剂口味或补充营养。以前不能常常吃到的鸡鸭鱼肉，在当时已很容易吃到。在乡、镇集市上供应的猪肉几乎都是当日屠宰的鲜猪肉，购买者可以任意挑选部位和肥瘦 ；鸡、鸭、鱼、虾等品种繁多，应有尽有。不同季节只能吃到应季菜的时代已经成为过去，农村居民也可以和城市居民一样一年四季都可以吃到各种“反季节”鲜菜。市场上的水果，四季飘香，农村居民购买水果变得非常简单和方便。随着经济的发展，点心类食品的购买也变得非常方便。适合不同人群食用的不同品味、不同档次的糕点、糖果、奶制品、饮料以及各种小食品品种繁多，琳琅满目。

食品消费上另一大的变化是，在饭馆、餐厅、宾馆就餐的增加。农民的外出多了，也更加舍得花钱在外就餐了；不少居民遇有喜庆节日，或亲朋好友相聚，婚丧嫁娶，到饭馆摆上一桌酒席，费用不高，还非常方便。

粮食消费 安徽地处江淮平原，为中国粮食主产区之一，物产富饶，资源充沛。20世纪80年代末，粮食价格逐步放开，粮票的功能开始弱化，向城市居民供应粮食由凭票限量逐步向放开供应转变，由国营粮店独家经营向多种经济类型、多种渠道经营转变，但农村居民的食品消费还比较简单。1986年，安徽农民粮食平均每人主要实物消费量为278.64千克。其中，稻谷165.42千克，小麦101.12千克。那时候，江淮地区的普通农户最具代表性的一日三餐往往是早餐：玉米面或红薯面稀饭、手制面条。午餐：以米饭或者馒头为主食，食用的菜也比较简单。晚餐：玉米面、红薯面稀饭或面条。

进入20世纪90年代以后，经济体制改革步伐加快，随着人民生活水平的不断改善，食品结构也在悄然发生了变化。各种农副产品产量逐年增加，农副产品大量上市，蔬菜、肉类、油类、其他食品的消费量大幅增加，粮食消费量在1990年达到最高值之后开始缓慢下降。1990年，安徽农民平均每人主要实物消费量为292.78千克，其中，稻谷174.53千克，小麦104.44千克，比1985年分别增加了16.09千克、11.92千克、4.62千克。1995年，安徽农民平均每人主要食物消费量为256.5千克，其中，稻谷160.34千克，小麦86.3千克，比1990年分别减少了36.28千克、14.19千克、18.13千克。

到了2005年，安徽农民平均每人主要食物消费量为214.68千克，其中，稻谷137.86千克，小麦65.32千克，比1995年分别减少了41.82千克、22.48千克、20.98千克。

食用油消费 1986—2005年，安徽农村居民食用植物油从每人每年3.14千克上涨到每人每年5.25千克，食用动物油从每人每年1.43千克下降到1.06千克。

1986年，由于议价食用油供应量增加，政府规定，城乡居民分别凭“居民粮食供应证”“农村粮食统销证”，每户每月供应半议价菜籽油若干，按粮食划片定点的办法由粮店供应。农村居民人均食用植物油消费量为3.14千克、动物油消费1.43千克。

1995年，农村居民人均食用植物油消费量为4.38千克、动物油消费1.39千克。2005年，农村居民人均食用植物油消费量为5.25千克、动物油消费1.06千克。

从1986年至2005年，食用植物油消费量一直呈逐年增加；动物油的消费量在1991年达到了最高值人均年消费1.76千克，之后开始呈下降趋势。

1993年，使用了40多年的食用油油票被正式取消。在品种的选择上，农村居民也从量的多少转变为更加注重膳食的科学营养，饮食向方便化发展，农村食用油消费市场不再是散装花生油、豆油、菜籽油一统天下。质量上乘、包装美观的纯净油、色拉油等桶装油，其口感纯正，营养丰富，炒菜入锅不起沫、不冒烟、无色无味，受到消费者的欢迎。农村居民买油也不再是像20世纪80年代在集镇上买菜籽油一样只是“零打”，而主要是论“桶”(每桶2.5千克、5千克不等)购买色拉油。此外，市场还供应各种不同品牌不同包装的小磨香油、纯芝麻香油、辣椒油等多种食用油品种，满足了消费者的不同需求。

蔬菜消费　20世纪80年代中期，安徽农村居民的饮食结构为多菜多粮少肉少油。1986年，安徽农村居民每人每年消费蔬菜104.07千克。1990年，安徽农村居民每人每年消费蔬菜103.04千克。到1995年，这个数字下降为79.41千克。从1993年开始，安徽农村居民每人每年消费蔬菜基本维持在80千克左右。2000年，消费蔬菜为80.28千克。2005年为78.7千克。

在购买方式上，农村居民食用蔬菜从自产自用慢慢变化到自产自用和“赶集”购买并存，再到大部分食用蔬菜都来自于市场购买。20世纪80年代，农村里家家户户房前屋后都会有一二片小园地，餐桌上常见的蔬菜都是自家生产，品种比较单一，日常消费也只有少量肉类及其他制品需要通过市场购买。而当时农村居民家庭，除了家中待客、过节、有喜事，一般很少食用大量肉类。农村市场的日常消费方式是“赶集”，有逢单日赶集的，有逢双日赶集的，有逢特殊日子赶集的。农民居民购买、储存蔬菜、肉类、副食品都不是很方便。其后的20年，随着经济的慢慢发展，农村小城镇的建设，和农村物流市场的繁荣，每个乡镇都形成了定点定时的全天候集贸市场。农村居民每天都可以很方便地购买到新鲜的食品了。

在食用蔬菜消费的结构上，安徽农民居民消费蔬菜的品种也大大丰富了。20世纪80年代，农民食用蔬菜的品种单调，多为当地产品种，如北方地区常见的土豆、青椒、黄瓜、萝卜，南方地区种植的青椒、茄子等等，到了冬天就是腌菜、萝卜、雪菜、大白菜。随着经济的不断发展，信息的快速交换，物流的便捷，农民种植和食用的蔬菜品种也是越来越丰富。外地调运的蔬菜、大棚技术的普及使得反季节蔬菜也渐渐出现的农民的餐桌上面。农村居民主要食用的蔬菜品种、数量已经和城市居民没有多少差别了。

肉禽蛋及水产品消费　随着市场经济的发展，农民的生活水平也大大提高，肉禽蛋及水产品消费量大大增加，肉、蛋、鱼虾也都在集市上购买，在消费结构上也逐步向合理搭配转变。

改革开放初期的20世纪80年代，农村居民一般只是逢年过节、亲朋来访、或者婚丧嫁娶等特殊的日子才能吃上鸡鸭鱼肉。随着经济的不断发展，肉禽蛋及水产品市场供应量不断增加，农民收入的快速提高，以电冰箱为代表的家用电器的普及，农村居民肉禽蛋制品食用量快速增长。

肉禽蛋及水产品购买的方式也在慢慢发生着变化。家中提前养头猪，到过年时或者家中办大事时，杀猪吃肉，是20世纪80年代的生活方式。一般农村居民家中也会小规模地养些鸡鸭，主要就是为了吃鸡鸭肉、鸡鸭蛋。随着经济的不断发展，吃肉、蛋、鱼虾也都在集市上购买。

农村居民的食品消费，改变了过去单纯追求数量，不计较质量的情况，逐步向讲求营养成分、合理调配食品花样方面转变，肉、禽、水产品消费量逐年增加。

1986年，安徽农村居民家庭人均消费猪肉8.4千克，家禽2.14千克，牛羊肉0.4千克，鱼虾1.19千克，蛋类1.71千克。

20世纪80年代，主要副食品是实行凭票(证)定量供应的。同时，上述定量供应的副食品在市场上通过议价也可以买到。

1990年，安徽农村居民家庭人均消费猪肉7.42千克，家禽1.92千克，牛羊肉0.48千克，鱼虾1.50千克，蛋类1.96千克。

20世纪90年代，中国政府调整了粮食及其制品价格，放开了包括肉、蛋、菜在内的多种商品价格。农村居民各种食品消费有升有降。市场上各种副食品琳琅满目，农村居民越来越讲究吃，过去吃肉禽、吃水产品，能买到就不错，现在讲究吃"鲜"、吃"活"。1993年，国家正式取消了猪肉、牛羊肉、鸡蛋等凭票供应的办法，实行敞开供应。

90年代后期，商品明显改善，居民生活水平提高，购物方便。市场各种食品种类繁多，鸡、鸭、鱼、肉随便买，鲜活食品、速冻食品、鲜蛋、水鲜、熟食制品应有尽有。1995年，安徽农村居民家庭人均消费猪肉7.82千克，家禽2.42千克，牛羊肉0.23千克，鱼虾2.94千克，蛋类3.51千克。

进入21世纪，安徽农村居民消费水平和生活质量进一步提高，"菜篮子"越来越丰富，消费档次越来越高。2000年，安徽农村居民家庭人均消费猪肉9.09千克，家禽3.57千克，牛羊肉0.42千克，鱼虾3.67千克，蛋类5.56千克，都较之前明显增加，居民膳食结构进一步改善。

2005年，安徽农村居民家庭人均消费猪肉10.12千克，家禽4.64千克，牛羊肉0.58千克，鱼虾5.18千克，蛋类4.69千克。绝大多数农民家庭基本上都可以做到根据消费需要随时购买，食品支出占居民家庭支出的恩格尔系数也进一步降低。

烟酒消费 在农村，吸烟的人比较多，特别是男劳动力尤为普遍。在过去的年代里，每当在田间地头休息时，男劳动力就扎堆吸烟。遇到开会，更是满屋烟雾弥漫。20世纪50年代至70年代期间，大部分农村居民用叶子烟"卷大炮"，烟叶主要来源于自留地或房前、屋后的宅基地上种植的，少数条件好的农民遇赶集买几盒低档卷烟，算是一种改善。20世纪90年代开始，农村居民手里有了钱，随着生活水平的提高，吸卷烟的人多了。1986年，农村人均消费卷烟30.94盒；1990年人均消费卷烟33.57盒，人均支出金额18.31元；1995年，农村居民人均购买卷烟27.74盒，人均现金支出为37.5元；2000年，农村居民人均购买卷烟23.99盒，人均现金支出为49.55元；2005年，农村居民人均购买卷烟 27.77 盒，人均支出金额为 81.46 元。

安徽农村民风淳朴，好饮酒。20 世纪 80 年代的安徽农村，农民喝酒的主要品种是粮食白酒，主要方式是打散酒。所购白酒的来源主要是本地作坊生产的粮食酒，也有少数是来自于酒厂。由于物流不发达，酒厂也多是当地的企业。而从市场够买的瓶装酒，价钱也是非常的便宜。有条件的农村居民，劳动一天很辛苦，吃饭前先喝两盅。1986 年，安徽农村居民人均消费酒类 3.29 千克。

20 世纪 90 年代，安徽的酿酒行业大大发展，能够生产多种类型白酒、啤酒、葡萄酒、果酒、黄酒等。同时，随着农村居民生活水平的提高，在招待亲朋好友的餐桌上开始饮酒，酒的消费量直线上升。1990 年，安徽农村居民人均消费酒类 4.15 千克，比 1986 年增长 26.1%。1995 年，安徽农村居民人均消费酒类 6.16 千克，比 1990 年增长了 48.4%。

2000 年，安徽农村居民人均消费酒类 9.99 千克，比 1995 年增长了 62.2%，人均购买金额 42.61 元。2005 年，安徽农村居民人均消费酒类 12.72 千克，比 2000 年增长了 27.3%，当年购买烟酒金额合计 143.9 元。

茶叶消费　安徽产茶，农村居民也有喝茶的传统。如果家里来了客人，待客是一定要用茶的。由于地域的不同，安徽南北方农村喝茶的传统也不同。北方喝茶粗犷，南方喝茶精细。在北方农村，像亳州地区就有喝桑叶茶的传统。皖南地区由于本身就是茶叶出产地，农村居民不仅有喝茶的传统而且喝得精细。1986 年，安徽农村居民人均茶叶消费量为 0.17 千克；1995 年，人均茶叶消费量为 0.22 千克；2005 年，人均茶叶消费量为 0.14 千克。

食糖消费　食糖是农民生活中一项重要的食品。20 世纪 80 年代，农村生活条件较差，白砂糖是家中一项重要的食品。一些家庭能给小孩子吃到加了糖的粥也是一种改善。80 年代的农村还有一种叫“糖精”的甜味剂。这种化学产品因为用量少价格便宜又有糖的口感，一些家庭在煮稀饭时就会使用“糖精”代替白糖。其后随着生活的不断改善，这种甜味替代剂渐渐淡出了农村居民的厨房。生活的改善、其他副食品的丰富、越来越多的糖果糕点，从其他渠道取得甜点的途径越来越多，农村居民对于食糖的直接食用量略微下降。安徽农村居民的食糖食用量从 1986 年的 1.66 千克下降到了 2005 年的 1.16 千克。

糕点消费　20 世纪 80 年代，农村生活条件较差，除了给老人或病人购买点蛋糕、给孩子购买少量的饼干外，糕点消费极少。90 年代，农村居民生活有所提高，食品结构也开始发生变化。1986 年，人均糕点消费量 1.15 千克；1995 年，人均糕点消费量 1.42 千克。1986 年，农村居民人均糖果消费量 0.27 千克；2000 年，农村居民人均糖果消费量 0.95 千克。

鲜瓜果消费 在改革开放前，农村居民所吃的鲜瓜果购买的数量非常少，绝大多数都是来自自家在房前屋后的宅基地或自留树生产的，品种比较单一。各地气候不一，水果的品种也不同。省内著名的特产品种有：桃、杏、枣、梨、柿子、石榴、葡萄、西瓜等等。山区还有一些高山特产：像三潭琵琶、大别山猕猴桃。但是，农民食用水果非常单一，基本就只能吃到当地的一些水果。如果没有自留树，或者邻居、亲戚也不种果树的，就几乎常年吃不到新鲜水果。进入20世纪80年代中期以后，农村居民也加入了市场经济的行列，农民或者一些水果规模种植大户把自产的瓜果运到集市上出售，有的再用现金买回一些自己不产的鲜果。2000年之后，随着农村居民生活的不断改善，膳食结构的不断提升，农村居民也开始越来越注重生活的质量，到市场上购买食用水果，成为最主要的水果消费方式。1986年，农村居民家庭人均消费水果（不含瓜类）1.34千克。1995年，农村居民家庭人均消费鲜瓜果增加到9.68千克 。2005年，农村居民家庭人均消费鲜瓜果13.26千克。

第二节 在外餐饮消费

农村居民在20世纪50年代至70年代期间，由于市场经济还不发达，农村居民“下馆子”就餐非常少；同时由于外出少，因此在外用餐的支出也极少；由于农村居民收入少，消费比较节俭，经常外出的人中午回不了家，也只从家里带上咸菜凉馒头等简易食品作为午餐。20世纪80年代，生活得到改善，外出办事或购物中午回不了家的，在外用餐的支出开始增加。1986年，农村居民家庭人均在外用餐支出4.16元，仅占生活消费支出的1.22%，占全年食品类消费支出的2.11%。

随着生活水平的提高和消费环境的变化，部分农村居民开始在餐馆吃早点、买熟食、下馆子，以减轻家务劳动，在外饮食费用支出逐年增长，在外餐饮占食品支出的比重也呈增长趋势。2005年，农村居民家庭人均在外用餐费用支出达到64.21元，是1986年的15.5倍，在外餐饮占食品支出的比重也大幅度增加，占生活消费支出的2.92%，占全年食品类消费支出的6.42%。

第三节 衣着消费

改革开放初期，农村居民生活条件仍然很差，主要解决的是“吃饱”“穿暖”的问题。衣着多是买了布匹自己制作，购买成衣的比例很小。购买的衣料主要是棉布。农村居民人口多、孩子多的家庭都缺衣少穿。一件衣服老大穿完老二穿，拼拼补补老三接着穿，真所谓“新三年旧三年，缝缝补补又三年”。相对而言，城市居民生活条件比农村好一些，一些城里人常常把家中不穿的旧衣服送给农村的亲戚继续穿。

20世纪80年代后期，化纤布以其挺刮滑爽，耐穿易干，不用烫，颜色艳，不褪色，尤其是印染鲜亮的特点，风靡全国。农村居民服装消费构成中棉布大幅度下降，取而代之的是化纤布和化纤服装的大范围普及。

20世纪80年代，农村居民生活水平较低，穿戴非常简单。穿的鞋最多见的就是解放胶鞋。这种胶鞋因为方便实用，价格便宜，广受欢迎。一些年纪大的人则喜欢穿自家手工缝制的布鞋。男鞋的样式多为布面圆口或小圆口；女鞋的样式则多为灯芯绒面方口或小方口扣绊式为主。农村妇女在田间地头休息时，也是手不离纳鞋底。儿童的鞋样则多比较鲜亮，比如鞋的前包头多刺有虎鼻虎眼轮廓图案的“虎头鞋”。

1986年，安徽农村居民人均购买棉布（包括成衣折量）1.62米，金额为2.96元，其中，人均购买棉布服装0.09件，购买棉布服装的金额是0.38元。人均购买化纤布（包括成衣折量）2.67米，金额为13.06元，其中，人均购买化纤布服装0.41件，金额是4.70元。人均购买呢绒（包括成衣折量）0.08米，金额为1.39元，其中，呢绒服装0.03件，金额是1.08元。人均购买皮鞋0.05双，人均花费0.76元；人均购买胶鞋、球鞋0.50双，花费2.30元。

20世纪90年代初期，农村居民用在衣着方面的花销仍旧是比较低的。但是，爱美求美在乡村也开始日益流行。总的来说，农村居民穿着流行是慢于城市的。流行的服装基本沿着大中城市→中小城镇→广大乡村这一路径扩展，从而影响全国。城里流行的大喇叭裤、蝙蝠衫，还有健美裤和连衣裙，时尚之风慢慢也来到了乡村，农村居民的着装也从单一刻板的服装样式中解放出来，开始追求符合自身特点的、多样化、多色彩的服装。

农村居民的穿着从经济实惠向新颖美观转变，服装由“单一型”逐渐向“多样型”转变。居民对服装的需求，开始由过去的色调单一，款式陈旧和低档为主，慢慢转向讲求质地、色彩和风格的方面发展。

1990年，安徽农村居民人均用于服装鞋帽等衣着消费品的支出为39.90元。其中，人均购买棉布（包括成衣折量）0.79米，金额为2.80元；人均购买棉布服装0.07件，金额是0.49元。人均购买化纤布（包括成衣折量）1.72米，金额为15.58元，其中，人均购买化纤布服装0.38件，金额是6.25元。人均购买呢绒（包括成衣折量）0.05米，金额为1.54元，其中，呢绒服装0.02件，金额是1.21元。人均购买皮鞋0.04双，花费1.03元；人均购买胶鞋、球鞋0.48双，花费3.78元。

1995年，安徽农村居民人均用于服装鞋帽等衣着消费品的支出为70.56元。其中，人均购买棉布（包括成衣折量）0.36米，金额为2.55元；人均购买棉布服装0.07件，金额是0.94元。人均购买化纤布（包括成衣折量）24.43米，金额为28.29元，其中，人均购买化纤布服装0.84件，金额是20.54元。人均购买呢绒（包括成衣折量）0.04米，金额为 2.01 元，其中，呢绒服装 0.02 件，金额是 1.83 元。人均购买皮鞋 0.11 双，花费 5.86 元；人均购买胶鞋 0.09 双，花费 1.37 元；人均购买球鞋 0.42 双，花费 5.90 元；人均购买布鞋 0.06 双，花费 0.48 元；人均购买塑料鞋 0.23 双，花费 1.46 元。

进入 21 世纪，在服装上出现的变化是购买成衣的多了，购买高档面料的多了，在服装潮流大方向下追求服装个性的多了。衣着消费继续向“个性化、成衣化、高档化、潮流化”发展。款式新颖的中高档呢绒、绸缎服装的消费量增加。毛皮大衣、羽绒服、西服、呢大衣、毛料服装陆续涌入居民家庭，织布消费量下降。购买衣着鞋帽支出和购买量明显增长。这一时期，服装市场更加繁荣，各式服装令人目不暇接，消费者选择余地加大。时装受到农村青年人宠爱。

2000 年，安徽农村居民人均用于服装鞋帽等衣着消费品的支出为 71.16 元。其中，人均购买棉布 0.13 米，金额为 0.76 元；人均购买棉布服装 0.17 件，金额是 3.29 元。人均购买化纤布 0.25 米，金额为 2.81 元；人均购买化纤布服装 0.85 件，金额是 21.44 元。人均购买毛料 0.04 米，金额为 0.49 元；毛料服装 0.03 件，金额是 1.87 元。同年，安徽农村居民人均购买鞋帽类金额为 21.44 元。

2005 年，安徽农村居民人均用于服装鞋帽等衣着消费品的支出为 117.41 元。其中，人均购买服装 2.22 件，金额是 78.7 元；人均购买服装材料 3.42 元。在服装配饰方面，消费物品也极大丰富起来。人均购买各种鞋类 1.55 双，金额是 29.82 元。在以收入来划分的情况下，人均年纯收入在 1000 元以下、1000 ~ 2000 元、2000 ~ 3000 元、3000 ~ 4000 元、4000 ~ 5000 元、5000 元以上的农村居民在衣着消费上的支出分别为 74 元、84 元、227 元、122 元、173 元、197 元。

第四节　用品消费

通常所述的用品可以分为生活日用品和机电消费品两大类。20 世纪 50 至 70 年代，国内经历了一个日用品非常匮乏的年代，城市居民凭各种票证购买生活必需品，农村居民则处于自给自足的小农经济状况。改革开放以后，随着经济快速发展，日常用品的消费量和结构档次都发生了很大的变化，种类也由改革开放之前的单一到现在的极大地丰富。用品可以细分为洗漱用品、厨具、床上用品、化妆品、五金机电、电器、家具等等，从 1986 年至 2005 年的 20 年间，人民生活用品不仅从数量上发生了变化，而且从种类和档次上发生了翻天覆地的变化，从凭票供应到按需随意购买，从低价格低档次到高价格高档次，从注重物美价廉到追求品牌档次，商品极大地丰富，中国人经历了一个商品种类以几何级数增长的年代。

洗漱用品　20世纪80年代之前，农村居民无论是洗衣物、洗澡、清洁等几乎用的都是肥皂，当时市面上最常见的是“团结”牌肥皂，由于量少需求量大，不能保证敞开供应，要凭票购买，月人均供应量半块。80年代以后，随着经济的发展，农村市场上出现零售的洗发膏、香皂，比较热销的品牌有上海产的“海鸥”牌洗发膏、“蜂花”牌檀香皂。进入20世纪90年代，各种牌号和不同香型的进口、合资、国产洗涤用品纷纷摆上柜台，各种包装精美、适合不同人群的商品琳琅满目，受到不同年龄、不同消费习惯女士的喜爱，随后向更高档次发展，洗澡用香皂、浴液，洗脸用洗面奶已不鲜见。20世纪80、90年代，农村中几乎没有自来水，洗衣基本上用井水、塘水或河水，习惯用木盆、塑料盆、肥皂和搓板。90年代后期开始，随着农村家庭用水环境的改变，很多家庭都装上了自来水，逐步使用洗衣机，传统的洗衣盆和搓板逐渐减少，各种品牌的洗衣粉、皂粉渐渐替代了肥皂，商店里各种低泡、浓缩、增白等洗衣粉、专用丝毛洗涤剂，品种繁多，种类齐全，衣领净、柔顺剂也逐步进入农村居民家庭，清洁用的碱面、去污粉逐步被洗洁精、厨房清洁剂取代。过去如厕时随便拿一张小孩用过的草稿纸使用，进入21世纪大部分已使用集市上卖的卫生纸。晾晒衣服使用的竹制衣架也被塑料衣架所取代，装太阳能热水器的家庭多了起来，解决了部分农村居民洗澡和冬季用热水的问题。

厨具　20世纪80年代初期，由于煤炭供应紧张，所以农村居民家中大部分是烧柴草，用大铁锅做饭烧水。80年代末期，以煤球炉烧水做饭的农村居民逐渐增多，农村居民的炊事用具中增加了铝锅、铝制水壶等铝制用品。进入90年代，随着经济的发展，农村居民的收入水平逐年提高，农村居民中逐渐有人开始购买燃气，使用燃气灶、不锈钢锅、高压锅。21世纪初期，随着农村电力设施的改善，微波炉、电饭锅等电炊具也进入到普通农村居民家庭。

床上用品　在20世纪80年代以前，农村居民结婚时用的床上用品一般是全棉被里、缎子被面的棉被，全棉床单，外加一床毛毯、枕头枕巾，品种比较简单。进入90年代，为了便于清洗，居民在被子外面又加了棉布或涤棉布做的被套。90年代末期开始，农村居民结婚时开始购买整套的床上用品，有被套、枕套、床单、靠垫套等等，被子的材质也有所增加，秋、冬、春季用的羽绒被、七孔、九孔棉被、丝绵被、拉舍尔毛毯，夏季用的空调被、夏凉被、毛巾被等等，市场上床上用品的挑选余地也非常大，品牌众多、材质种类多样，不仅结婚时购置，日常需求也购买使用。

五金机电、电器　20世纪80年代，农村居民家庭购买和拥有的机电产品主要有钟表、自行车、缝纫机、收音机（俗称老四件），缝纫机拥有量多主要是由于成品服装样式普通，价钱高，不少居民在市场上购买布料自己缝制衣物。当时的农村年轻人结婚时一般都要求有三转一响（钟表、自行车、缝纫机、收音机）。80年代后期，黑白电视机、电风扇、双卡收录机等开始进入农村居民家庭。当时购买黑白电视机需要凭票，一户人家要是能买得起买得到电视机，都是很有面子的事，天黑以后，隔壁邻居都来到有电视机的人家，大人孩子纷纷自带小板凳围上一圈，直到看到屏幕上打出“再见”为止。虽然当时电视节目少，信号不好，大家还是看得津津有味。80 年代以前的闹钟都是机械式的，分有钟摆和没有钟摆的两种，使用中每天要上铉，过段时间还要定期上油，时间的误差比较大。80 年代后期，石英钟、电子表进入普通农村居民家庭，比较机械钟而言，石英钟、电子表的准确性要高出很多，且不用上发条，只要在钟里安装电池就可以保持长时间的运转，大部分农村居民家庭开始由半导体（晶体管）收音机替代电子管收音机、电子石英表开始替代传统的机械钟表。傻瓜照相机、彩电、单门电冰箱、单桶洗衣机、摩托车、VCD 在 90 年代开始进入农村居民家庭，但由于农村用电电压不稳，电量不够、经常断电等原因，部分电器处于闲置状态，利用率不高。进入 21 世纪，随着农村用电环境的改善，液晶电视、空调、双门冰箱、全自动洗衣机、电饭锅、微波炉开始进入普通农村居民家庭生活。到 2005 年年底，安徽每百户农村居民拥有彩电 85 台，冰箱 22 台，洗衣机 33 台，各家各户普遍安装了电话，手机也开始普遍使用。2005 年家庭设备用品人均支出 106.36 元，是 1986 年的 5 倍。一些富裕的家庭甚至开始购置家用轿车。

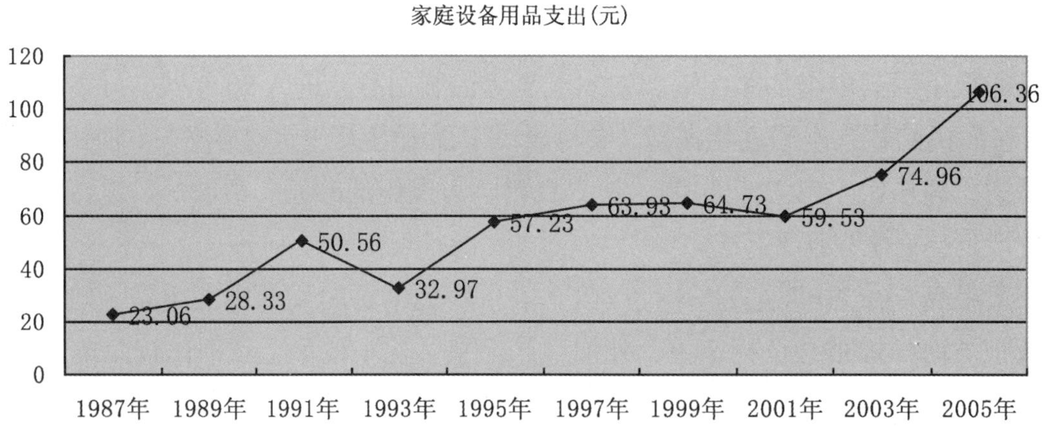

图5-1　1986—2005年安徽农村居民平均每人家庭设备用品支出走势图

1986—2005 年安徽农村居民家庭每百户年底耐用消费品拥有量统计表

表 5-1　　　　　　　　　　　　　　　　　　　　　　　　单位：台、辆

年度	彩电	自行车	电风扇	洗衣机	电冰箱	摩托车	黑白电视机	收录机	照相机	电话机
1985	—	56.7	6.3	0.1	—	0	4.1	1.7	—	—
1986	—	70	11.7	0.4	—	0.1	8.6	4.2	—	—

续表 5-1

年度	彩电	自行车	电风扇	洗衣机	电冰箱	摩托车	黑白电视机	收录机	照相机	电话机
1987	0.6	78.6	19.8	0.2	—	0.2	14.7	65.3	0.1	—
1988	0.7	87.8	34.4	0.3	0.2	0.5	21.7	9.2	0.4	—
1989	0.9	92.9	39.9	0.4	0.1	0.1	28.8	12.6	0.4	—
1990	1.4	98.1	48.1	0.5	0.2	0.2	36.4	13.8	0.4	—
1991	1.7	100.2	59.1	1.3	0.3	0.1	45.5	15.6	0.5	—
1992	4.7	101.1	65	0.9	0.2	0.2	50.5	18.3	0.4	—
1993	3.1	112.5	89.4	1.2	1.1	0.3	65.4	23.9	0.6	—
1994	5.5	116.7	138	1.8	1	0.5	72.5	25.9	0.7	—
1995	9	124.4	142	2.3	1.9	1.2	78.5	28.1	0.9	—
1996	13.6	128.6	140.9	5.3	3.7	1.7	81.2	29.9	1	—
1997	17.5	131.2	145.7	6	4	2.4	81.7	31	1	—
1998	22.1	130.6	153.5	7.2	5.5	3.6	80.7	28.3	0.9	—
1999	28.5	130.6	159.7	10	6.5	5.3	78.7	27.7	1.1	—
2000	39.3	127.4	162.2	14.7	8.2	8.7	68.7	19.7	2	20.9
2001	47.3	132.4	175.8	16.3	10.5	10.5	66.9	19.9	2.2	35.1
2002	52.2	137.1	184.9	17.5	11.6	12.7	64.8	21.1	2.2	44.2
2003	59	135.3	192.3	17.6	12.6	17.1	60.3	16.2	2.1	58.7
2004	67.6	133.5	197.8	22.5	15.5	23.7	53.5	14.3	2.5	66.2
2005	84.7	114.3	202.8	32.7	21.7	34.7	32.2	7.7	3.1	72.7

说明："—"表示当年调查项目中无此项

家具　农村居民长期以来就有自己制作家具的习惯，在孩子还小的时候就在房前屋后栽下生长迅速的林木，到结婚时砍伐后制作家具及盖房子。20 世纪 80 年代，农村居民家庭家具一般是木制家具，大多选用本地种植的常见树种木材，样式有二屜桌、三屜桌、床头柜、两门、三门大衣柜，辅料多用纤维板。20 世纪 90 年代，折叠椅折叠床、钢木家具、转角沙发、组合式家具、席梦思床垫、软沙发、皮沙发进入居民家庭，由于部分流行钢制家具不便于手工制作，购买的农民多了起来，而做家具的辅料多用质量比较好的三合板、五合板。21 世纪，由于房前屋后栽种的树木数量少，跟不上家居生活的需要，做家具的农村居民进一步减少，家具材料普遍使用木工板，一部分农村居民开始在集市上购买成套家具。

化妆品　20 世纪 80 年代，农村居民化妆品仅限于雪花膏、嘎喇油、凡士林、甘油、发油；随着生活水平的提高，农村居民不断注重生活质量的同时也开始注重仪表美，年轻人喜欢化妆打扮。80 年代后期，年轻人开始到美容美发厅剪发、烫发，市场上各种护肤品、化妆品琳琅满目，洗面奶、润肤霜、指甲油、唇膏、护发素、摩丝应有尽有。90年代以后，化妆品进一步细分，市场上各种进口的、合资的、国产的润肤水、露、晚霜、日霜、护手霜、面膜、发膜、睫毛膏、眉笔、眼线笔、染发剂等等，美容护肤品日新月异，居民选择护肤护发及化妆品余地更大，中草药或简单手术去雀斑、粉刺治疗，到美容店做护肤美容也受到爱美女士的青睐。20世纪80年代前的饰品很少，当时多用黑色发卡和线网网头发，结婚时也仅仅佩戴绢花。随着经济发展，收入水平的提高，金银首饰逐步进入人们的生活之中。90年代初，首饰的花样较少，几乎全是金银打造，可供选择的余地不多，农村居民也只是在结婚时才购买。进入21世纪，随着制作工艺的进步，各种材质的饰品逐渐多起来，有K金、铂金、黄金首饰、翡翠、玉器、珍珠首饰、宝石镶嵌首饰，日常配戴的时尚小饰品（发卡、头花、手链脚链、胸花、别针）等等，琳琅满目，品种繁多，不仅仅是结婚时配戴，在平时的日常生活中也配戴各种首饰。

第五节　水、电、燃料消费

安徽地处江淮之间，在水和燃料的消费方面由于居民所处地域不同，取得方式也存在不同。在20世纪80至90年代，农村居民取得燃料或生活用水几乎都是就地取材，北方打井，南方直接使用河、渠、塘水。进入90年代，由于经济的快速发展，部分地方的河、渠、塘水慢慢受到污染，不宜饮用。90年代末期，为了改善农村居民的生活条件，开展了新农村建设工作，自来水被引入农村居民家庭，并逐步扩大到北方和江淮之间的大部分农村家庭，而南方山区的农户由于所处地理位置和生态环境比较好，用水条件一直保持得较好，一般直接取用山泉水。从燃料的取得来说，近20年间，北方和江淮之间地区已从燃烧作物秸秆变为以煤作为主要燃料，江南丘陵山区则是由燃烧枯枝木柴转变为烧煤，其他如：液化气、沼气、柴草等也有消费，但由于价格因素和山区“退耕还林”政策的实施，不是主要燃料消费种类。

生活用水　安徽省内有长江和淮河两条干流，蓄水量非常丰富，但由于天气和地理原因，夏季经常暴发洪水，沿淮、沿江居民深受其害。农村居民历史上都是使用江河湖泊中的天然水，但随着经济的发展、用水量的增加，农村居民生产仍然使用江河湖泊中的天然水来浇灌庄稼，但生活用水的取得方式有所改变。可以按地域分三种情况：

淮河以北生活用水　淮河以北地区土地有的是盐碱化土地，水呈苦涩味，农村居民普遍打机井（俗称作手压井）。20世纪80年代，通常在地下几米左右就可以出水，抽水时，先在压水柄的水槽中注入一部分水，然后用力压几次利用物理上的虹吸原理就可以把水抽上来。由于水质硬度大，可以看到在经常烧水的水壶或铝锅的锅底有一层硬壳样的钙化物。为了使水的硬度降低、味道好一些，许多农民常常是在水壶或锅中放一个家里收获的去皮的干丝瓜瓤子，经过一段时间以后，再把沾满了矿物沉淀的

丝瓜瓤子甩掉换新的。用这样的土办法来吸附水中的杂质，对净化水质有很大帮助。90 年代，由于经济的发展用水量急剧加大，农村中打机井的深度大大增加，平常情况下都要打到地下十几米才可以抽到饮用水。进入 21 世纪，随着农民收入的提高和政府改善农民居住环境的措施实施，有的乡镇开始建自来水厂，把自来水管道铺到村子里，农村居民家庭用水的卫生条件得到改善。

江淮之间生活用水　由于地处江淮之间，地域内河流纵横交错，20 世纪 80 年代，农村居民一般在生活和生产中直接取用河水、塘水、湖水，一个村子或几个村子洗衣做饭、牲畜用水、甚至涮马桶都在一条小河里，只不过村民都有长期形成的惯例，把河流划分不同区域用水，把打来的水放置在水缸中沉淀一段时间再用，但饮用水卫生标准难以保证。90 年代中期，由于经济的快速发展，部分河水、塘水受到不同程度的污染，条件好的家庭接了自来水管，开始使用城市自来水，有的家庭打井取水，条件差的农户依然使用河水、塘水，家里水缸中的水也只是简单地用消毒药处理一下。进入 21 世纪，为了解决农民饮水问题，政府出资、农户自筹联合修建农村自来水管道，自来水基本上进入了农村居民家中，生活用水的质量得到保障。但由于污染，生产用水仍不时出现问题，灌溉用水方面的矛盾纠纷也是不断。

长江以南生活用水　长江以南多是山区、圩区，山区的水质在全省的农村居民生活用水中是最好的，接近于无污染的矿泉水。20 世纪 80 年代以来，山区居民基本上是取用山泉水，有的用整根的毛竹破开来一分为二，再一节一节连接起来，一直通到自家院子的蓄水池里，或再用自来水管道接到家里以备平时生活使用，用水质量很高。山坡上的经济作物用水由于地势原因，一直以来基本上依赖当年的天气，山坳中的粮食作物则依靠河水溪水灌溉，而现在水利设施的建设给当地的农村居民生活、生产很大帮助。进入 21 世纪，山区的水利设施建设力度加大，农业用水环境进一步改善。

家庭用电　农村居民家庭用电可以分为照明用电和生产用电，生产用电由村委会组织负责，大家共用，分摊电费。对于居民用电，20 世纪 80 年代，照明设备简单，家家户户是千篇一律的白炽灯泡，由于当时农村电网薄弱，电损耗大，收费乱，摊到每千瓦时电的费用相对比较高，再加上农村居民收入少，用电多以节省为原则，一到晚上大家都舍不得用电，整个村子里灯光昏暗，电表也是很多户人家共用一块总表，每到收取电费时是大家平摊。20 世纪 90 年代，家用电器开始进入农村家庭，用电量上升，但由于电网的负荷有限，农忙时节或用电高峰经常停电，电价也五花八门，每千瓦时电有的高达近 10 元。电费数额与用户自己测算出的差距不大时尚可，两者差距过大又找不到原因时，群众常有怨言，或邻里出现纠纷。因此，到了 90 年代末期，农村居民家庭开始单独装电表，每户的用电数量清楚，所交电费明了，大多不会因为电费多少发生摩擦，用电负荷标准也随着家用电器数量的增加也在增加。随着村村通工程的实施，到2005年年末，农村通电率达到99%，农村居民人均家庭用电支出是1986年的13倍，电网也大都进行了改造，用电质量显著提高，但在用电高峰由于供需矛盾常会拉闸限电。

1986—2005年安徽农村居民人均家庭电费、燃料费支出统计表

表5-2　　　　单位：元

年　份	电　费	购买燃料费
1986	1.91	1.94
1987	2.24	2.07
1988	3.01	2.46
1989	4.3	2.81
1990	5.3	2.74
1991	5.39	2.8
1992	6.52	2.88
1993	6.92	3.26
1994	9.89	4.78
1995	13.18	6.36
1996	17.35	9.69
1997	21.18	11.61
1998	24.08	11.58
1999	24.1	12.7
2000	24.97	15.32
2001	27.26	17.39
2002	28.84	16.73
2003	31.07	19.92
2004	31.03	21.23
2005	34.19	27.61

燃料消费　安徽省环境北方干燥、南方潮湿，淮河以北地区冬季由于最低气温在零下十几度，冬季最冷季节需要烤火，但由于燃料不足，常常不能烧柴取暖。20世纪80年代，地处平原丘陵地区的长江以北多种植小麦、大豆、水稻、油菜，麦秸、豆秧、稻草、油菜秆等就成为燃料。当时城市中煤炭是计划供给，农村不在供应范围内，农村居民如果要烧煤的话只有通过各种渠道购买，或凭关系到附近小煤矿上去拉一点，既花钱又费事，燃料的获取渠道少，烧煤的很少，柴草、煤炭在量上只能保证烧火

做饭，取暖的燃料基本上没有。冬季防寒的办法是：淮河以北多穿棉袄棉裤，戴棉帽；江淮之间多穿毛衣毛裤御寒，天不好时基本上不出门。1990 年，农村居民人均燃料支出仅有 2.74 元。90 年代，由于煤炭的生产量增加，煤炭开始敞开供应，由于煤球炉相比较柴草灶干净、卫生，以煤做燃料的农村居民家庭逐渐增多。冬季条件好的家庭也开始用煤球炉取暖，取暖炉的旁边有烟道，一般从市场上买来有取暖功能的炉子，安装好铝制（也称作白铁皮）烟管，取暖炉既可以烧饭又可以取暖烧水，一举多用。这种炉子要经常通烟道，保持畅通，否则极易产生一氧化碳造成人中毒。长江以南阴冷潮湿，山区燃料的取得相对于北方要好很多，山上的枯枝和树木都可以用来作燃料，所以在 20 世纪 80、90 年代，山区农户一般在冬季采用火盆、怀炉取暖，做饭用柴草灶或煤球炉，取暖用的木炭从秋天起就要开始准备，先把从山上砍来的木柴烧成木炭储备起来，再在冬季取暖时随时取用。火盆也就是在陶盆中放置木炭，上面放上铁架，人围坐在周围，脚可以放在铁架上，铁架上也可以烘烤物品。怀炉是把木炭烧红后放入陶罐材质的小炉子中，上有提手，外面用棉布包裹，放入怀中取暖。20 世纪 90 年代末，液化石油气发展迅速，由于液化气比煤更干净，热值更高，很多农村居民家庭中开始使用液化气为燃料，但由于燃气价格高，煤球炉和柴草灶仍然继续使用，液化气只是在需要快速烹饪的情况下使用。国家倡导有条件的农村居民家庭可以利用农村中的废弃物（动物粪便、废弃秸秆等）作原料建沼气池，产生的沼气做饭烧水，渣子用来上农田，形成绿色农业、循环农业。国家给新建沼气的农村居民每户补助部分资金，有部分农村居民在当地科协的帮助下逐步建起了沼气池，使用沼气作燃料，这样形成了液化气、沼气、煤炭、柴草等都是燃料消费的局面。2000 年，农村人均燃料支出 15.32 元，是 1990 年的 5.6 倍。进入 21 世纪，国家提倡植被保护、退耕还林，人们的环保意识逐渐增强，再加上无序砍伐林木将受到处罚，柴草燃料收集麻烦，绝大部分农村居民转而使用煤球、燃气，至 2005 年年底，安徽农村居民人均燃料支出 27.61 元，农村居民家里的柴草灶仅仅是为了满足生活习惯和食品口味保留下来的。由于国家对山林资源的保护，山区农村居民中用木炭取暖的习惯逐渐改变，条件好的家庭在冬季开始使用空调取暖。

第六节　通信消费

在 20 世纪 80 年代及初期，安徽农村居民个人家庭的通信设备基本上没有，居民之间的通信方式主要有信件、包裹、电报、口信、电话等，平时一般是以书信往来沟通消息，通信消费支出很少。如果家中有急事、要事要通知亲戚朋友，只能到县城的电信局打电话或发电报，当时邮政是人工分拣信件、包裹，速度很慢，平信如果发到农村至少要半个月的时间，发到城市大约要一周左右，包裹比平信还要慢一些，如果有重要事情怕信件丢失可以发挂号信，信件、包裹发送要求邮递员的个人素质高，有一定的责任心，长期以来邮递员大都是骑自行车送信件包裹。90 年代，随着农村居民生活水平的提高，对电话的需求量增大，少数富裕农村居民家庭开始安装电话，但当时由于线路少，需求大，出现安装电话难的问题，往往从预约到安装要很长时间，收取的安装费相比较农民收入来说是相当高的，1990 年农村居民电话安装费 1000 元 / 部（相当于当时农民人均年总收入的 1.2 倍），1992 年上涨到 1800 元 / 部（相当于当时农民人均年总收入的 2 倍），谁家有部电话，都会引来羡慕的目光。为了满足人们日益增长的对信息传递快捷的需要，电信部门开通了无线寻呼通信，俗称 BP 机，人人腰别 BP 机，一句“有事儿您呼我”曾是当年最火的流行语。寻呼机有数字显示和汉字显示两种形式，数显仅能显示电话号码等数字，功能单一，汉显服务内容比较广，有天气预报、重要新闻和股市信息等热门信息服务。寻呼机的数量在 1993—1997 年迅速增长，随着使用人数的增长，使用频率的提高，它的劣势也暴露出来，在收到讯息后，必须要找一个电话去回复呼叫方，如果当时没有电话，通信的畅通性就要大打折扣。1998 年，随着移动电话（俗称大哥大、手机）售价下降，手机开始进入农村居民家庭，寻呼机（BP 机）的拥有量开始逐步下降，价格和服务费也逐渐减少，出去务工的农民如果条件许可都购买一部移动电话以方便工作或与家人联系，到 2005 年 BP 机就已基本上没有人使用了。2005 年，安徽农民家庭人均通信支出（包括购买电话机）85 元，比 1986 年增长 800 倍左右，占生活消费支出的比重从几乎可以忽略不计上升到 3.9%。

80 年代，平信收费价格：本地域（本县、本市）4 分，省内外都是 8 分钱，超过重量按每重 20 克 /4（或 8）分收取。由于农村住户没有门牌号码，信件包裹一般邮寄到村部，再由村部转交收件人。当时由于中转站点杂，信件报刊丢失的现象时有发生，为了保证信报投递的准确率，90 年代农村信报投递采取村委会与邮局协商建立村邮站的妥投方式，解决直投点以下报刊邮件稳妥结转到农村居民手中，到 2005 年年底，已建立邮站的村达到全部自然村的 90%。

1986—2005 年安徽邮政信件（信函）价格变动表

表 5-3　　单位：元

年　份	本埠（县）资费	外埠资费	挂号费（另加收）
1986	0.04	0.08	0.12
1990	0.1	0.2	0.3
1995	0.1	0.2	0.3
1996	0.5	0.5	1
1999	0.6	0.8	2
2001	0.8	1.2	2

进入21世纪，邮政电信业务发展迅速，外出务工的劳动力几乎都有手机。邮政快递业务也开展迅速，一些需要快速送达的重要邮件，可以采取EMS快递的方式邮寄，每个行政村都设有邮站，邮站开始开办邮政储蓄，极大地方便了外出务工的农村居民汇钱回家，报刊杂志收订状况也有所改善。

1986—2005年安徽农村年末电话用户数量、邮电通信水平统计表

表5-4

年　份	农村电话用户（户）	住宅电话（部）	农村投递线路（公里）	设邮局所乡镇比例（%）
1986	23324		145254	56.5
1990	32607		141695	59.9
1995	210840		136414	88.7
2000	2108287	1899122	142442	87.25
2005	6695006	6421357	135688	90.31

随着固定电话的普及和移动电话的增多，居民日常生活用电话的频次逐年增加，电话已经成为人们日常生活中不可缺少的传递信息和相互交往的工具，人们之间的书信往来和遇有急事发送电报的情况日益减少。

第七节　交通消费

20世纪80年代前，农村中的交通工具基本上靠长途客运班车，线路少，车况和路况都不好，农村居民自己家里的代步工具只有自行车，出远门就要坐长途班车了。90年代农村的公路建设进度加快，逐步修成了柏油、水泥、石子路同时存在的交通网，农村居民为了生活、生产需要也购置了摩托车、拖拉机等交通工具，跑运输的农村居民则在农村中以小面包车作为运输的交通工具，出行比较方便起来了。进入21世纪，新农村建设的实施极大地改善了农村的基础设施，公路建设也上了一个台阶，农村居民中的富裕家庭开始有人购买小汽车，自己方便的同时也可以跑运输挣钱，农村居民出行只要提前给跑运输的人打个招呼，到时就会有车来接送，费用是提前商量好的，出门越来越方便，相应地交通消费也提高了很多。

20世纪80年代，安徽农村道路状况很差，几乎没有柏油马路或水泥路，农村村庄中绝大多数是泥巴路，晴天一路灰，雨天一身泥，农村居民短途外出基本上依靠步行或骑自行车。当时自行车产量少，需求量大，很紧俏，有自行车的家庭不多，一个原因是价钱高，买不起，另一个原因是要凭票，搞不到票。当时市场上比较流行的自

行车牌子是“上海”“永久”“凤凰”“飞鸽”等，其中“28 加重型”自行车由于比平常的自行车多了两根承重架子，能多带东西还能带人，尤其受到农村居民家庭的欢迎。长途出行要到县城的汽车站排队买票，而且需等上一段时间才有长途班车，如果这趟班车没有赶上，能等到下班车还好，没有的话就只好改天再来乘车。当时长途车的班次少，车况也差，乘客拥挤不堪。由于出一趟远门相当不容易，所以随身带的东西也是大包小包，虽然车顶上有一个钢质架子，可以供乘客放置随身所带大件物品，但由于相比乘客所带的东西来说，位置还是太小，每趟车里面和车顶上都挤得满满的。如有乘客带有鸡、鸭等鲜活动物，整个车厢中的气味十分难闻。

20 世纪 90 年代，农村中修砂石路的多起来，道路的泥泞状况好转，农民雨天出行有所改善。随着路况的改善和生产发展的需要，手扶拖拉机逐步进入农村居民家庭家庭。这种拖拉机在天气干旱时加一些配件就可以改装成为抽水机，地里收获的庄稼也可以比较方便地拉回家储藏。随着农用车的普及，很多人已经开始坐柴油车，不过往往是顺路的坐在一辆车上；年轻人骑摩托或骑自行车，乡村中也有三轮运货车改装后运客的车子（俗称蹦蹦蹦），人坐在上面很颠簸也不安全。90 年代末，农村中出现出租车，农村和城里的差别是，出行的时候往往会带很多东西，所以面包车成为农村出租车的首选。首先是空间大，一般情况下算上司机，也能坐下 8 个人；其次比较皮实，很多不平的路段都可以走。农村出租一般不是按照公里数算费用，基本都是按照出行的距离大致上给个合理的车费，而且是来去接送的。

进入 21 世纪，政府重视新农村建设，大力实施村村通、整村推进等多项惠民工程，整合集中使用各个部门的资金，有计划将公路修到村委会，标准一般以柏油路或水泥路为主，在条件不具备的情况下先修砂石路，打好路基，标准路宽要求 3.5 到 4 米。修路资金财政补贴一部分，不足部分召开村民大会表决每户要出的份子钱。

1986—2005 年安徽农村居民交通通信支出统计表

表 5-5　　单位：元

年　份	人均交通通信支出（元）
1986	2.15
1990	4.07
1995	21.29
2000	58.44
2005	196.72

对于修路这样造福村民的事，农村居民基本上都非常拥护，每户出钱修村里公路，

由于有村委会张榜公示，账目清楚，几乎没有阻力。路修好后，车子可以开进村子里，有条件的家庭开始购买小货车和既能运货又能载人的面包车，农忙时拉粮食，农闲时可以跑跑运输。公共交通也改善很多，农民外出办事比较方便，只要站在马路旁招手就可以坐到长途车。由于收入因素，乘飞机出行的农村居民还是极个别现象。随着农业耕作水平的提高和每年大量的新增富余劳动力，外出打工的农民越来越多。每到春节，外出民工都要回家过节，节后出行的农民工又要回城，再加上学生、回乡探亲人员，每个交通要点的旅客流量都很大。由于人多，一票难求，一个新型的职业出现，那就是"黄牛"。所谓"黄牛"，就是指在各个车站倒卖车票的人，每到春节期间，车站倒票的"黄牛"现象非常严重，一张车票少的加价二三十元，多的加价百多元，在节假日（特别是春节）的交通出行还是很不方便。

1986—2005 年安徽农村公路通达情况表

表 5-6　　　　单位：公里、%

年　份	县公路	乡公路	不通公路乡比例	不通公路村比例
1986				
1990	12632	7967	2.79	25.02
1995	12847	12176	0.43	16.38
2000	17494	16226	0.2	14.4
2005	24200	36606	0.06	0.73

第八节　住房消费

住房，历来是农村居民一项大的投入。按照农村的习惯，农村居民有了钱就要盖房子，房子是结婚成家、改善生活的必需品。对于经济收入较低的农村居民家庭，建房是个不小的负担。20 世纪 80 年代以前，农村住房从数量上和质量上基本变化不大，农村居民的住房从用途上可以划分为生活用房和生产用房。长期以来，农村居民家庭的生产用房基本上保证风刮不倒雨淋不到就可以了，对质量的要求很低。1978 年以来，农村居民生产性用房基本保持在大约是人均 3~4 平方米。

随着经济快速发展，农民收入水平逐年提高，80 年代农村出现建房高潮，农村住房结构和人均住房面积都有了很大提高。住房结构以平房四合院为主，砖瓦房居多，条件不好的农村居民依然住的是砖墙草顶房，厕所卫生状况改观不大，一般是简易搭建的旱厕，无门，用布帘或草帘遮挡，上有草顶或无顶，卫生条件极差。

由于农村改革，土地所有权虽仍归集体所有，但土地的使用权归户，集体对农村居民家庭土地管理实际上的约束力在弱化，乡村建设用地一度失控，加之人地矛盾日益突出，为了宅基地的问题邻里之间经常发生矛盾，有的还出了人命。国家为了加强对土地的管理，逐渐出台了一系列法规政策。1987 年，《中华人民共和国土地管理法》颁布实行。1991 年，国务院发布了《中华人民共和国土地管理法实施条例》。根据国家发布的政策文件，安徽省制定了关于农村居民宅基地标准，把全省分成三个区域定出标准：淮北平原地区，每户不得超过 220 平方米；江淮丘陵地区利用荒山荒地建房，每户不得超过 300 平方米；占用耕地每户不得超过 160 平方米；城郊、农村集镇和圩区，每户不得超过 160 平方米。此外还规定，对 1987 年历史上已形成的宅基地维持现状，准予登记发证。对已超过标准的面积可继续使用，即拥有使用权，但在房屋改造、家庭分户、乡村规划重建时，对多余部分要进行扣除。农村居民申请住宅地条件是：①统一规划建设的居民新村（居民点）需要重新安排的；②老宅基地面积低于规定标准的，子女中有的已达婚龄确需分居的；③经批准回乡定居的离退休的国家工作人员、军队干部、职工等，没有房屋需要新建住宅的。20 世纪 90 年代初，安徽省开始对农村建房宅基地收费，每平方米收费 0.10 元。1994 年在清理农民负担中，这项收费被取消，执行税费只有两种，申请使用土地时收取 25 元的管理费，登记发证时收取工本费 5 元，合计 30 元。国家和地方上出台的关于农村宅基地问题的系列文件，使农村中宅基地矛盾逐渐减少，农村建房逐步进入正轨，农村居民的住房条件普遍改善，农村居民建房速度比 80 年代虽有所下降，但建房费用增加，质量有明显提高。新建住房一般是砖混结构，房顶是平顶，以便于经济条件许可的情况下加盖更多楼层；地面是水泥地面，墙面一般用石灰粉刷，门窗以木制门窗为主，有少量农村居民开始使用铝合金窗户；厕所有门和顶，状况有所改善；院墙以砖或石块垒砌。单位房屋造价上升，1990 年是 1986 年的 1.9 倍，1995 年又是 1990 年的 2.4 倍。2005 年，农村居民生活用房中的砖木和钢筋混凝土结构房屋比重达到 26.4%，比 1986 年的 1.4% 增加 25 个百分点之多。同期，农村居民居住人均支出由 99 元增至 345 元，后者是前者的 4 倍多。农村建房开始从增加面积为主走向以提高质量为主阶段，有一部分富裕起来的农村居民住宅建筑已不仅是满足居住需要，而且是在追求生活舒适的需要，同时更是将住房作为炫耀财富最明显的标志，也是儿子招亲的重要吸引力，还可以作为借贷担保的抵押。

进入 21 世纪，农村居民建房的规格和档次进一步提高，新建房屋都是二层以上楼房为主。由于平顶房屋存在渗漏和夏天酷热的缺点，房顶由平顶开始向尖顶转变。窗户基本上使用不易变形的铝合金窗户，门是防盗门或铁门，墙面粉刷乳胶漆，外墙水泥泥平或粘贴瓷砖，厨房和卫生间粘贴瓷砖，卫生条件极大地改善。客厅、卧室、杂物间（储藏室）、厨房、厕所、家畜圈一应俱全。装修也从无到有，由外修饰到内修饰逐步向城市住宅标准看齐，其中：厕所的变化最大，由简易厕所、旱厕到水冲厕所。

房子本身的布局和基础设施更加合理，但由于农村本身污水处理系统的欠缺，下水道铺设还存在一些问题。

2005年年末，安徽农村居民人均住房面积达到27平方米，人均住房支出达到345元。但是公共设施方面总体水平还是很低，尤其是下水道设施几乎是一片空白，其他如道路、绿化、供水等设施建设也很落后，特别是直接关系到人们健康的洁净饮用水普及率低。收入高的农村居民住房条件已接近城市标准，而在一些贫困地区，少数农村居民还住在茅草屋中，更谈不上什么水、电、下水道等公共设施了。

1985—2005年安徽农村居民家庭人均居住情况统计表

表5-7 单位：元、平方米

年份	人均居住支出	人均住房面积	每平米造价	家庭设备用品支出	砖木结构人均	混凝土结构人均
1985	—	13.19	39.11	—	—	—
1986	44.49	13.87	42.19	21.61	6.89	0.19
1987	60.73	14.5	54.45	23.06	7.94	0.29
1988	76.37	15.22	63.03	29.49	8.77	0.46
1989	77.19	15.63	73.92	28.33	9.13	0.6
1990	98.8	15.83	81.4	27.7	9.47	0.8
1991	47.21	15.87	85.53	50.56	10.2	1.09
1992	48.42	16.38	98.61	49.03	10.89	1.33
1993	61.49	17.82	109.37	32.97	12.17	1.87
1994	138.31	16.83	155.54	43.95	11.16	2.01
1995	165.63	17.82	192.21	57.23	11.97	2.62
1996	188.87	19.46	190.79	72.82	12.9	3.9
1997	200.94	20.05	230.03	63.93	12.51	4.73
1998	205.63	22.78	216.84	65.28	14.61	5.71
1999	193.85	21.37	142.49	64.73	12.46	6.3
2000	196.85	22.16	227.86	57.58	12.8	7.72
2001	234.22	23.17	174.31	59.53	13.08	8.63
2002	272.19	24.25	181.59	65.27	13.41	9.46
2003	281.28	24.5	196.18	74.96	13.23	10.41
2004	299.82	24.9	339.25	75.97	12.91	11.1
2005	344.86	27.02	373.88	106.36	14.04	12.37

第九节 恩格尔系数变化

1985年开始，农村居民恩格尔系数为57.1%，比1984年下降2.5个百分点。自此，农村居民恩格尔系数稳定降到60%以下，农民开始由贫困进入温饱生活。随着农村改革的推进，安徽农民开始初步解决基本口粮问题，一些耕地面积较大、粮食生产水平较高的地区，将更多富裕的粮食卖给国家，农民的生活开始逐步有所改善，开始能够填饱肚子，初步解决了吃穿等最基本生活问题。

1985—1988年，是农民收入缓慢增长阶段。这一阶段由于发生了通货膨胀，虽然农村居民人均纯收入名义增长率不低，但扣除物价上涨因素影响后的农村居民人均纯收入实际增长只有1.9%。1984年农产品首次出现“卖难”，调整农村产业结构、发展多种经营、发展乡镇企业，成为农村居民收入增长的主要因素。由于农村居民收入结构的变化，导致农民消费也随之变化，人均食品支出由1985年的174.83元上升到1988年的245.49元，增加70.66元，年平均增加23.55元。同期，农村居民恩格尔系数由1985年的57.1%下降到1988年的54.1%，下降3个百分点。

单位：年、%

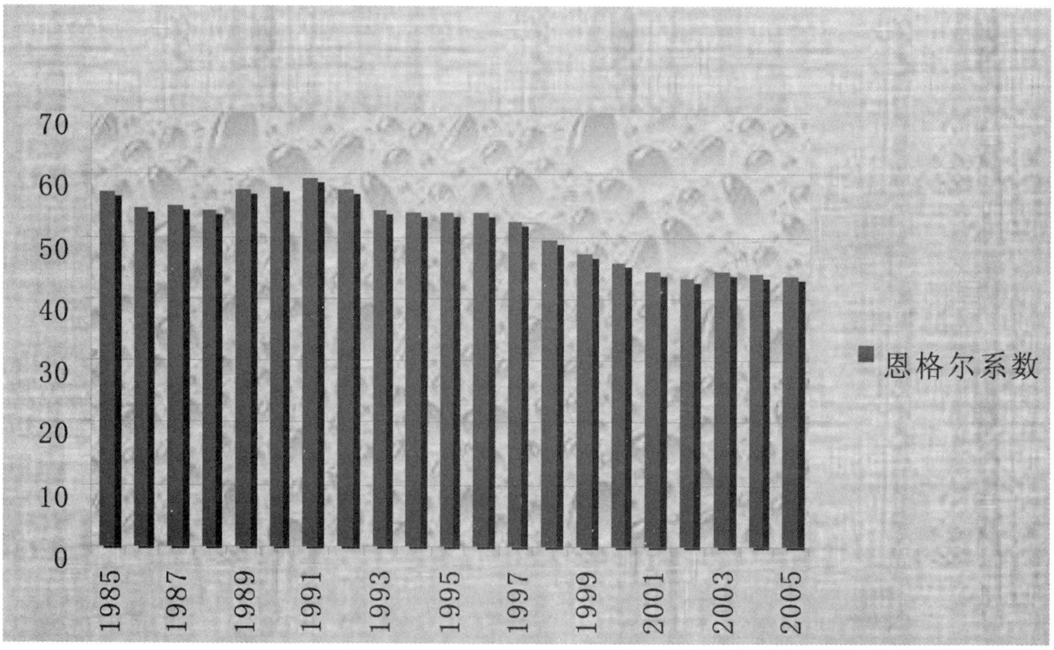

图5-2 1985—2005年安徽农村居民恩格尔系数柱状图

1989—1991年，是农村居民收入徘徊停滞阶段。其间，农村居民人均纯收入实际增长0.7%。这一时期农村居民人均纯收入增长速度下降，人均纯收入实际增长很少，加上1991年安徽，发生特大洪涝灾害，农民减收，农民收入出现大幅度下降，农村居民生活消费支出也有所下降，由1989年的人均生活消费支出514.93元，下降到1991年的474.59元，下降7.8个百分点。人均食品支出由1989年的274.04元上升到1991年的274.08元，这一时期农村居民人均食品支出基本没有增加。同期，农村居民恩格尔系数由1989年的57.5%上升到1991年的59.2%，上升1.7个百分点。这一时期，由于1991年的特大洪涝等自然灾害，农村又出现返贫现象，部分农村居民缺衣少吃。

1992—1996年，是农村居民收入恢复性增长阶段。其间，农村居民人均纯收入年均实际增长5.6%，现金纯收入年均增长24.4%。1994年和1996年国家又两次提高了农副产品收购价格，提价幅度达40%。据测算，1992—1996年间的农村居民收入增长，有40%来源于农产品价格的提高。其间，农业丰收也起了重要作用，仅粮食产量增长一项直接对农村居民收入增长的贡献率就达22%。这一阶段主要靠农产品特别是粮食两次提价，同时国家增加了对农业的投入，对农村居民收入增长作出了贡献。同期，农村居民生活消费支出由1992年的人均501.73元，增加到1996年的1309.35元，增长1.7倍，年平均增长27.1%；农村居民食品支出由1992年的人均292.98元，增加到1996年的746.24元，增长1.5倍，年平均增长26.3%，农村居民生活消费支出进入快速增长时期。但与此同时，农村居民的食品消费支出增长速度低于同期农村居民生活消费平均支出增长速度，人均食品支出由1992年的292.98元上升到1996年的746.24元，增加453.26元，年平均增加113.32元，年平均增长13.3%，是增长比较快的时期。农村居民恩格尔系数由1992年的57.5%下降到1996年的53.7%，下降3.8个百分点。

从1997年开始，农村居民收入出现增幅持续下跌。1997年，中国农业发展进入新阶段，尽管农产品总量是增加的，但由于价格因素影响，农民出售农产品的收入却减少了。同时，农民从乡镇企业获得的收入增长不多，进城和外出打工的劳务收入减少，非农产业收入下滑，农民人均收入1809.3元。同期，农村居民人均生活消费支出1336.57元，其中，人均食品支出755.23元，农村居民恩格尔系数52.4 %。

1998年，安徽农村居民收入1863.2元，同期，农村居民人均生活消费支出1333.05元，人均食品支出732.14元，农村居民恩格尔系数49.5%。

1999年，在外出劳动力报酬下降3%以上的情况下，由于外出务工农民增加15.8%，农民外出务工收入仍增长11.7%。在农业收入不能增加的情况下，受宏观政策的带动，非农就业机会增加，成为农民增收的最主要来源。安徽农村居民收入1900.28元，同期，农村居民人均生活消费支出1302.48元，人均食品支出708.27元，比1998年减少24元，农村居民恩格尔系数47.3%。

2000年是安徽税费改革关键时期。进入90年代以后，农村经济发展进入比较复杂的局面，出现“卖粮难”的情况，农民负担逐年攀升，农民增收缓慢，个别地方甚至出现负增长。2000年，安徽按照中央要求，在全省进行税费改革试点，确定农业税的计税税率为7%，附加税比例最高不超过改革后农业税的20%，农村正副税加起来不超过8.4%，此外，不得再向农民征收任何税费。当年全省农民总的税费减少16.9亿元，减幅达31%，农村收费走向规范，基本控制了“三乱”现象。农村税费改革是又一伟大实践，安徽的试点，受到了中央的肯定。之后，其他省也进行试点，安徽的经验向全国推广。2000年，安徽农民外出务工经商净增加的人均收入达到72元，为农民增收作出了重要贡献，安徽农村居民收入达到1935元，农村居民人均生活消费支出1321.5

元，人均食品支出 693.15 元，农村居民恩格尔系数 45.7%。

2001 年，安徽全省国民经济保持较快增长，农村税费改革取得阶段性重要成果。通过完善政策、配套改革，加强对农民负担的监督管理，增加对县级财政的转移支付，探索建立农村义务教育和计划生育等社会事业投入保障机制，基本保持了农民负担稳定不反弹，基本保证了农村义务教育、社会事业必需的经费和乡村两级正常运转。粮棉流通体制改革进一步深化。2001 年，农村居民人均纯收入达到 2020 元，分别增长 7.1% 和 4.4%，人民生活继续改善，人均食品支出 702.74 元，农村居民恩格尔系数为 44.2%，比 2000 年下降 1.5 个百分点。由于采取增加转移支付等措施，缓解县乡财政困难，部分地区拖欠机关事业单位职工特别是教师工资的问题有所好转。通过加强了农村因灾税费减免、社会减免和救济工作，受灾地区群众生活基本得到妥善安置。扶贫工作和江淮分水岭易旱地区综合治理继续推进。启动实施了农村饮水工程。这些有效投入，增加了农民收入，增强了农民消费信心。2001 年，农村居民人均生活消费支出 1412.41 元，比上年增加 90.91 元，增长 6.9%。

2002 年，安徽农村居民人均纯收入达到 2120 元，比 1997 年增长 17.2%，五年新增居民储蓄余额超过 1000 亿元。居民消费结构发生明显变化，农村居住条件和生活环境明显改善，人民生活不断改善，人均食品支出 700.45 元，农村居民人均生活消费支出 1475.8 元，农村居民恩格尔系数 43.2%，比 2001 年下降 1 个百分点。扶贫开发取得重大进展，五年累计投入各类扶贫资金近 50 亿元，全省绝对贫困人口由 188.5 万人减少到 70 万人左右。由于注重解决关系人民群众生活的突出问题，千方百计增加城乡居民收入，致力于建立健全与经济发展水平相适应的社会保障体系，促进了各项改革的深化，维护了社会稳定。全省广播电视周边覆盖、村村通和专用传输网工程以及安徽图书城、省图书馆、省体育竞技场馆等一批项目相继建成，群众性文化活动更加丰富。城乡医疗卫生条件进一步改善。低生育水平持续稳定，人口自然增长率五年平均 7.7‰。

2003 年是安徽省全面建设小康社会的起步年。由于对农民增加的补贴和减免税费达 33.97 亿元，人均政策性增收 66.7 元，有效调动了广大农民的积极性。农村居民人均纯收入 2140 元，增长 1%；居民消费结构进一步提升，住房、教育、通信、旅游休闲、健身保健等消费比重增加。农村改水改厕和沼气应用步伐加快。城乡电网建设与改造取得积极进展。教育“两基”成果得到巩固，高中阶段升学率和高等教育毛入学率继续上升，农村中小学危房改造三年目标任务基本完成，实际改造 D 级危房 458 万平方米。卫生事业得到高度重视，投入明显增加。人口、资源、环保工作继续加强，人口自然增长率控制在 0.65%以内。农村居民人均生活消费支出 1596.27 元，农村居民人均食品支出 734.75 元，农村居民恩格尔系数为 44.2%。

2004 年，安徽人民生活继续改善。全省社会消费品零售总额 1503.1 亿元，增长

12.9%。农村居民人均纯收入 2499.3 元，增长 17.5%，是近 8 年来最好水平。农村居民人均生活消费支出 1813.71 元，人均食品支出 861.34 元，农村居民恩格尔系数为 43.9%，同比下降 0.3 个百分点。这些成绩，标志着安徽省在全面建设小康社会的征程上又迈出了坚实的一步。与此同时，安徽切实加大支持农业力度，促进粮食增产农民增收。认真落实中共中央 1 号文件和有关政策，强化粮食市(县)长负责制，采取提高财政支农资金比重、增加粮食直补资金、降低农业税税率、取消农业税附加等措施，实行粮食生产"五保、五到户"，全面促进农业和粮食生产升温。全省粮食播种面积比上年扩大 30.9 万公顷，扭转了近年来不断下滑的趋势。同时，继续推动农业和农村经济结构调整，加快非农产业发展，新型农村合作医疗试点进展顺利，探索建立农村特困群众生活救助制度，五保对象的供养问题得到较好解决。启动实施扶贫开发"整村推进"工程，实现脱贫 50 万人。完成行蓄洪区 20 万群众移民保安工程建设。粮食大幅增产，农民大幅增收，农业和农村经济出现了多年少有的好形势，农民消费水平也同步提高，生活质量进一步改善，农村居民用于食品支出比重进一步下降。

2005 年，安徽进一步加大对"三农"（农业、农村、农民）支持力度，全部免除农业税，农村居民人均政策性受益 70 多元，粮食产量 2605 万吨，保持常年偏好水平。消费市场稳中趋旺，农村居民人均纯收入增长 5.7%，达到 2641 元。同期，农村居民人均生活消费支出 2196.2 元，人均食品支出 999.79 元，其中，人均主食消费 279.06 元，人均副食品消费 389.07 元，农村居民恩格尔系数为 43.7%。

第六章　城乡个人家庭生活变迁

第一节　城镇居民个人家庭生活变迁

合肥市居民　吴大厦　省直机关公务员

1986年，吴大厦还在安徽省庐江县农村生活，直到1995年中学毕业来到合肥参军。1999年结婚，2003年转业到安徽省人力资源和社会保障厅。妻子一直在安徽省军区八一宾馆从事行政工作，婚后夫妻感情一直很好。2000年儿子出生，2005年上幼儿园。

从收入情况看，1995年，吴大厦每月在部队的津贴不到100元，1999年涨到1000元，2000年增加至2000多元，2003年转业后月收入达3000元。妻子1992年工作之初每月工资是200多元，1994年月工资增加到500多元，到1999年月工资约800元，2000年开始超过1000元，到2005年月工资上升到1600元左右。2005年，两人的家庭收入是刚结婚时的2.6倍，除能保障家庭基本开支外还有较多盈余。随着收入的提高，投资理财意识不断增强，1995年吴大厦开始购买股票和彩票，截至2005年年底股息与红利净收益5000多元、彩票中奖收入600元。

从居住情况看，1995年之前，吴大厦和父母居住在一起，一家五口人住在不到100平方米的自建平房，喝的是井水，燃料用的是柴禾。1995年吴大厦住进部队提供的20平方米的双人间宿舍，独用自来水，没有空调设备。1999年结婚后搬入单位两室半一厅62平方米的福利房，花费4万元装修，安装了空调，用上了管道煤气，2005年以16万卖出。2004年夫妻二人贷款48.9万购置了一套147平方米三室两厅两卫的商品房，首付28万元，2005年花费7万元装修，小区通了方便快捷、安全洁净的管道天然气，每月的物业费支出是82元。

在食品消费方面，从1986年到2005年这20年间，吴大厦一家消费水平和观念发生了巨大变化。1995年之前，吴大厦和父母一家基本上过着自给自足的生活，平常一日三餐只能吃自家田里的粮食和蔬菜，一个月难闻肉腥味，饭桌上能出现大碗的炖肉，那只有在逢年过节或来了至亲的客人的时候，吴大厦他们才能打打牙祭。1995年吴大厦到合肥参军，部队食堂社会化以后伙食逐步改善，吃上肉不再是什么难事。结婚后随着生活条件的改善，不再单纯追求吃饱吃好，开始讲究合理的饮食结构、营养搭配。

奶制品和干鲜瓜果类的开支越来越多，从2000年的每月100多元增长到2005年的400元左右，2005年开始每月花费60多元订酸奶。吃的品种也日趋多样化，可选择的健康食品越来越多，出于对食品安全的考虑，蔬菜偏爱“绿色”的，鱼虾选择活蹦乱跳的，肉禽要吃冷鲜的，很少吃零食。20世纪90年代到饭店吃饭称作下馆子，家里没什么特殊事情是难得下馆子的，即使家中来了贵客，也是买了食材在家里招待客人。2000年后，吴大厦一家每月会有三四次外出饮食，每次花费约300多元。据吴大厦自己估算，他们一家1999年每月食品支出700多元，2001年增加到约1000元，2005年达到1600元左右。

在服装消费方面，1986—1995年，吴大厦的衣服都是找裁缝做的，每逢换季花费几十元添置些新衣。1995—1999年，吴大厦的衣服开始从市场上买，但由于收入不高，如要买一件名牌衣服或一双名牌鞋就要花去一个月的工资，所以基本上只看看名牌衣服，衣着只能将就买，所以平均每月衣着支出不到200元。1999年吴大厦结婚时买了一套1000多元的利郎西服，那是他第一次穿上西装。2000年以后由于家庭收入提高，吴大厦一家对服装的追求，也开始转向时尚、舒适，甚至也能拥有几件自己喜欢并且适合自己的名牌衣服，衣装也不再单一，春夏秋冬各有其穿，各种装饰搭配巧妙。

家庭设备用品方面，1995年前，吴大厦父母家里只有黑白电视机、电风扇、缝纫机等几样，1999年吴大厦结婚时购置了6000多元的索尼29英寸彩电、2500元的LG洗衣机、3200元的海信空调、1000多元的海尔消毒碗柜、1000多元的热水器，家里装上了固定电话，电视机接入了有线电视网络。2000年以后，各种家电成本不断下降，家电产品性价比也越来越高，再加上国家有鼓励居民购买家电的政策出台，工薪家庭都可以轻松购置想要的家用电器，这和过去攒钱很久、并费很大力气才能购置一件家电的情况已不可同日而语。2001年，吴大厦家根据需要，又添置了300多元的格兰仕微波炉、各3000元的宾得牌照相机和JVC组合音响、2500元的TCL挂式空调。2004年又买了1000多元的荣事达电冰箱和4500元的组装电脑并接入了互联网。

交通工具方面，1995年之前，吴大厦出行基本靠步行，入伍之后骑的是400元左右的永久牌自行车，2000年换成了2000多元的嘉陵牌摩托车，主要是为接送孩子方便。结婚之前吴大厦很少坐出租车，2000年后，由于收入提高，再加上工作需要，每年都会支出一定的交通费，2000年到2004年每月打车费基本维持在100元左右，2005年增加到200多元。通信方面，1999年吴大厦用的是BP机，2000年购置了第一部TCL蓝屏手机，2004年换成了1400元的三星彩屏手机。

医疗保健方面，1986—1995年，吴大厦父母一家看病主要到乡卫生院，碰上头疼脑热就去找“赤脚医生”开几片药对付，只有得了大病乡里实在治不了才去县医院。1995—2003年，吴大厦在部队履职，看病在部队医院，所需费用基本公费报销。2003年，吴大厦转业后有职工医疗保险，单位也能报销一部分医疗开支。妻子的医疗全部自费，2000年后妻子就开始买商业医疗保险，一买就是双份，每年要缴纳3100元保费。1999年，吴大厦家庭年医疗费支出300元左右，平均每人150元。2000年，吴大厦儿子出生后，每年医疗费支出增加到1000多元。随着生活水平提高，吴大厦一家保健意识日益增强，在这方面开始舍得花费，2005年购买安利蛋白粉、维生素等滋补保健品就花费了600元左右。

在文化教育方面，吴大厦过去没有多余的钱投入学习，属于有心无力。随着家庭收入水平逐渐提高，他渐渐认识到知识的重要性，舍得在教育上高投入。2004年，妻子考职称，自学了一些相关课程，花费教材费200元，网校培训费500元，吴大厦参加自考购买辅导书、缴纳报名费共花费2000多元。2003—2005年，孩子在幼儿园期间托幼费较高，约5000元/年，此外还为孩子报了绘画、象棋等兴趣班，学费均为400元/年，每年妻子还要支出120元订阅育儿教育杂志。收入的提高也将精神文化享受推上了更高的层次，吴大厦一家休闲娱乐生活也走向丰富多彩，其中旅游和集邮成为家庭消费的新时尚，1991、1993、2002年，全家分别到上海、北京、黄山各地旅游，花费不赀，1998—2005年，家庭年均集邮支出200元左右。

合肥市居民　马壮　私营企业主

1986年，马壮和父母姐弟五人住在一起。2005年，他才组成了自己的家庭。从收入情况看，1986年，马壮还在安徽省六安市的一个农村读小学，家庭生活困顿，父母亲务农的月收入只有几十元，仅能保障基本的生活，没有多余积蓄。1991年以后，家中有人开始到附近的集贸市场做些干货生意，每月收入三四百元，家里生活才稍有改善，每年还能有2000元左右的存款。1996年，马壮考入合肥的一所中专，1998年到合肥市东怡酒店实习，之后在那儿开始了他的第一份工作，每月收入700元左右。由于刚踏入职场不久，收入不高，但需要花销的地方却不少，对吃喝用度等各项开销没个准，基本是“月光族”（每月都花光），难有余钱。2000年，他跳槽到另一家酒店，收入涨到1000多元，每年能存下3000元左右。2002年，马壮和妻子张在凤相识，三年后两人结婚，随后马壮辞职开了家自己的商贸公司，经营烟酒批发和零售。妻子张在凤在一家国营大酒店担任大堂经理，家庭月收入5000多元，盈余颇丰，年均固定存款有两万多元。

随着收入的快速增长，马壮的消费水平实现了质的飞跃。从食品消费方面来说，1995年以前，马壮和父母一家人的食物消费主要来源是自产，品种很少，基本是粮食蔬菜，只能勉强做到糊口，每月肉类消费零星半点，很少吃水果，更别提吃鲜虾喝牛奶了。1996年马壮到合肥市上学以后，基本在学校的食堂就餐，月均80元。就业之后单位包食宿，时常工作之余约上三五个朋友外出就餐，小聚一下，每月花费300元左右。以前稀罕的肉禽蛋水产之类食品，现在消费起来就不算什么了，每月还能花二三十元买水果。到 2005 年，马壮有了自己的家庭，食品全从菜场、超市、大卖场购买，食品消费也多种多样，想吃什么都能买得到。与此同时，对于吃的要求也越来越高了，不仅要求吃好，还要吃得健康，讲究营养调配与均衡，每天牛奶鸡蛋是常吃品，过去很少消费的干鲜瓜果类开支也增加到每月 200 元左右。有了收入作保障，马壮一家人轻轻松松地到酒店、餐馆享受美味佳肴。虽然每月外出就餐的次数比以前少，但档次提高了，月均花费 700 元左右。2005 年，马壮全家每月总的食品支出 2000 元左右。

从“穿”的方面来说，1986—1990 年，马壮的衣服主要是在缝纫店做，式样单一、质量也不高，马壮父母收入有限，也只能在逢年过节为其置办新衣裳，自然也不会讲究衣料质量和款式，只要结实耐穿就行。1990—1995 年，家庭生活稍有改善，马壮的服装开始以买为主，每逢换季时就会花几十元添置两三件新衣。1995—2000 年，马壮自己有了一定的收入，衣着开始追逐时尚潮流和个性，款式多样，色彩多变，面料、质地也更加舒适、高档。这一时期，只要是马壮自己喜欢并且适合自己的就会买，不再等到换季，通常一件衣服几十元。2000—2005 年，马壮的着装意识从关注价格和款式转为更注重品牌，习惯到专卖店选购衣服鞋子，拥有几件名牌服饰也不再是奢望，服装从一两百到两千多不等，几十元一件的衣服很少再买。

从“用”的方面来说，1995 年以前，马壮父母家拥有的电器品种很少，只有收录机、电风扇、电视机。马壮父母家第一台电视机是 1987 年买的黄山牌黑白电视，价格 400 多元，对全家来说绝对是稀罕物件。1998 年，马壮父母家里安装了第一台固定电话，包括人工费花了 2700 元左右。随着收入水平的提高，马壮家庭生活设施越来越齐全，设备用品愈加现代化，微波炉、空调、热水器等都成为寻常消费品，而且在选择家电时，也由当初的考虑价格为先转变为特别注意它们的性能。2002 年，马壮在合肥市买了新房，陆续添置了 2000 多元的美菱牌电冰箱、1000 元的万和牌燃气热水器、2200 元的格力空调、1000 多元的海信彩电并接入了有线电视网络。2004 年，又买了价格 1600 元的荣事达洗衣机和 3000 多元的索尼照相机。2005 年，添置了 360 元的格兰仕微波炉、6000 多元的长虹彩电、2000 元左右的格力挂式空调和 5000 多元的柜式空调。手机的使用也不断更新换代，马壮从 2001 年买了 1000 元左右的阿尔卡特手机，到 2002 年便换成了 1800 元的诺基亚，2005 年又换成了飞利浦牌的手机，价格 2000 多元。日常生活用品方面，马壮在参加工作以前从不买护肤品，1998 年后开始用洗面奶、护肤霜，妻子张在凤平日里还用睫毛膏、口红等化妆品，每年相关花费约 400 元。珠宝饰品方面，2001 年妻子张在凤在结婚前只买了一条 1000 多元的金项链，2005 年夫妻二人一次就购置了一对价值 8000 多元的戒指。

从“住”的方面来说，1995 年以前，马壮父母一家五口挤住在自建的简易平房内，居住条件非常差，用的是井水，烧的是柴禾，有厕所无浴室，没有取暖设备。1996—2000年，马壮在合肥市工作，住在六人一间15平方米的集体宿舍，一层楼公用一个卫生间，公用自来水。2001年，马壮在外与一人合租一套两室一厅的房子，50平方米左右，有厕所浴室，没有空调，用的燃料是罐装液化石油气，每月房租400元。2002年，马壮在合肥市贷款12万元买了一套两室两厅90平方米的商品房，房屋质量好，小区环境优美，购物交通方便，享受到物业服务，还用上了清洁高效管道天然气。为了居住环境的舒适，马壮购房后不久即进行了装修，2002年花费1万元简装，2005年又支出10万元精装。随着房价不断升高，到2005年这套房屋估值达42万元。居住费用方面，2005年，马壮家每月水电费100多元，天然气费用95元左右，物业管理费42元。

从“行”的方面来说，马壮父母家基本上没有交通支出。马壮到合肥市上学及工作后，选择交通出行除了公交车外，大多骑自行车或步行，偶尔坐出租车要么是蹭坐，要么是有急事才舍得，至于乘飞机那是想都不敢想。2002年以后，马壮出门坐出租车已成家常便饭，加上公交车费，每月交通支出100元左右。每年探亲马壮也要花费一定的交通费，合肥市到六安市的长途汽车每次每人10元。2005年，开始乘坐动车，每人每次28元。2005年，马壮去北京旅游还坐了飞机，机票折后300多元，实现了乘飞机的梦想。

从医疗卫生方面来说，1996年以前，马壮在六安市农村看病主要是在当地医院，医疗设施落后，医生技术水平也不行，设备只有血压计、体温表、听诊器等，药也没几种，就医条件差。马壮现在看病都到合肥市正规医院，享受一流的医疗设备、专业的诊疗水平。2002年以后，随着健康意识不断增强，马壮每年还要买200元左右的滋补保健品。

从文化教育方面看，1995年以前，马壮父母家主要的文娱活动是看看黑白电视、听听收录机，很少有其他娱乐活动，也难有时间去考虑，文化精神享受只是他们生活中偶尔点缀。2002年以后，马壮的精神文化生活越来越丰富，彩电、数码相机等开始成为学习知识、娱乐休闲的主要用品。2003年起，每年订100多元的书报杂志，一年出去参观游览一次。2003—2005年间，马壮携全家去了井冈山、北京、港澳旅游，每次每个人的花费在1000～2000元不等。教育方面，1986—1995年，马壮在老家读小学，当时的学费是30元一学期，虽然学费便宜，但办学条件差，教学设施简陋；1996–1998年，马壮到合肥读中专，学杂费加住宿费一学期1000多元。

芜湖市居民　刘进　国营企业职工

2005年，刘进42岁，在中电国际芜湖发电厂汽机分场水泵班任班长，妻子39岁，在芜湖山江化学有限公司工会工作，两人的单位都在鸠江区四褐山街道，女儿12岁，是一名在芜湖市大官山小学上六年级的学生。

2005年，刘进每月工资扣除“五险一金”（“五险一金”分别是：养老保险、医疗保险、失业保险、生育保险、工伤保险和公积金），实际到手工资 1817.5 元，奖金和检修补贴每月平均 1400 元，妻子每月工资 800 元，夫妻二人每月收入合计 4000 元左右。一家三口居住在单位分配的位于市区申元街小区，是一处三室二厅一厨一卫的单元房，住房面积 99.55 平方米。

1986 年，23 岁的刘进还是一名学徒工，一个单身汉，工资只有 30.5 元，和父母、弟弟妹妹生活在一起。全家居住在郊区，住房面积仅有 54.5 平方米，房子在顶楼，二室一厅一厨一卫单元房。由于只有二居室，妹妹只好住在 4 平方米的阁楼上，夏天炎热时在客厅里搭个行军床。全家除衣食外，还略有节余，也在这一年刘进父母置办了一些高档电器。当时，买家用电器不象现在这么容易，不是凭票就是要凭关系。刘家父母托刘进大姨妈帮忙，在安徽省宣城地区驻芜湖物资公司花 550 元购买一台高宝牌洗衣机、230 元购买一辆 26 寸凤凰牌自行车。1988 年，家中又花 1400 元添置了华日牌电冰箱。

1993 年，30 岁的刘进结束单身生活，和妻子步入二人世界。这一年在向单位申请住房时，恰逢单位首次有单元房分配给新婚职工，而且只有一套。通过综合打分，二人有幸分到那套面积 38.5 平方米、一室一厅一厨一卫的单元房。家具是找木匠打制的组合家具，木料每立方米约 400 元，三合板约 15 元一张。当时流行“四大件”（彩电、冰箱、洗衣机、组合音响）。彩电讲究进口，而且必须日本货，但在当时日本进口原装机非常紧俏。有一天下午，刘进小俩口在芜湖第二百货公司长城电器店看好机型后但已无货。第二天再去时，店家告知每台涨价 200 元，没办法，只好以 4180 元购买了 21 英寸 SONY(索尼牌)彩电。冰箱、洗衣机也是提前找师娘帮忙购买的，每台便宜了 20 元，花 1700 元购买 161 升美菱双门冰箱，花 720 元购买了荣事达双筒洗衣机，花 3300 元在芜湖市亚光电器商店购买了蓝海牌组合音响。结婚服装是提前到上海去购买的，刘进在上海为自己买了一套巴黎牌全毛西服，价格 398 元，这也是刘进第一次穿西服，购买了一双皮鞋花费 60 元，为妻子买了两套礼服花费 480 元，买了 50 元一双的皮鞋，还买了其他一些衣物等，共花费 2200 元左右。因为居住在郊区，没有什么像样的酒店，并且双方的亲戚朋友都居住在附近，婚宴就在刘进自己工作的发电厂电力宾馆小餐厅办了 12 桌，除去酒水每桌 298 元，白酒是 20 元左右的口子酒，烟是 3 ~ 7 元左右的红塔山和红双喜。婚假期间，刘进和妻子去了北京和青岛游玩。那时芜湖还没有到北京的直达车，需要到合肥转车，合肥到北京一张卧铺票约 90 元左右，二人游玩共花费 1800 元。这次结婚共花费 3 万元左右，婚礼共收礼金 3000 元，父母给了 1 万元，剩下的钱主要是来自夫妻两人自工作以来的存款 2.4 万元。结婚后，刘进花 3600 元买了一辆幸福 250 摩托车，作为代步工具接妻子上下班。结婚后，小家庭自己开伙食，当时在芜湖刚刚兴起液化气灶，刘进在电厂液化气站开户领取了液化气灶，每家开户费 350 元，电厂供应的每瓶液化气 25.6 元左右，比市场上便宜 5 元左右。由于刘进是班长，可以享受电厂给家里安装的电话，但这个电话有限制，只能接外线电话和打内线电话。由于电厂食堂早餐供应品种多，刘进俩口子早餐基本上在食堂解决。电厂食堂的馒头和包子很便宜，馒头 0.10 元一个，肉包子 0.2 元一个，早餐花费不多。小俩口的晚饭基本是自己动手做，那时食品价格相对较低，猪肉每斤 5 元左右，鸡蛋每斤 1.7 元左右，所以花费也不多。

1993 年，刘进单位开始实行岗位星级工资，60 元为基数，每多一星加 5 元，刘进每月是 12 星，单此一项就可以拿到 120 元，加上基本工资，刘进每月可拿到 300 元左右，刘进妻子工资加奖金每月 130 元左右。

1994 年，刘进家中添人，喜得千金，女儿的出生给家庭带来无尽的欢乐，但同时各项开支也在增加。女儿要吃的奶粉是荷兰产的奶粉，每袋 25.8 元，亨氏婴幼儿营养米糊每盒 6.5~10 元。由于有了小孩，在家中开伙的次数增多，食品支出费用开始增加，当时蔬菜普遍每斤在 0.1~0.4 元之间，喜欢吃的鳜鱼每斤 8~10 元。

1995 年，芜湖市夏天特别热，市场上空调供不应求，导致空调价格暴涨。考虑夜晚女儿吵闹影响休息，于当年 7 月 16 日在本市亚光电器店以 4550 元购买一台科龙牌空调。

1996 年，刘进单位住房分配调整，因家庭人口增加，刘进向单位申请并分配到一套 54.5 平方米，二室一厅一厨一卫的单元房。当时电厂福利较好，可以为职工家里安装暖气，这在当时芜湖市是不多见的。在装修新房时考虑到暖气对地板的影响，地面装潢用的是地缸砖，30 平方的每块 4.6 元，20 平方的每块 2.5 元。这次新房装修包括材料人工费共花费 5500 元。由于家具仍然能用，家中摆设没有更换。

1997 年 9 月，女儿在电厂幼儿园免费入托，只交 25 元的糕点费和中餐费，其他都免费。1998—2000 年，每年花 300 元给女儿学习美术和舞蹈。2000 年 9 月，女儿上小学，在芜湖市郊的合山小学，当时每学期学杂费 65 元。2002 年 9 月，转入市区大官山小学，学杂费 98 元。由于是跨学区，后托人免去了 1480 元的跨区费。当年小孩报名参加课外兴趣班，花费 400 元左右。

随着通信事业迅猛发展，1997 年，刘进买了第一部手机，也安装了住宅电话，大大方便与外界和亲朋之间的联系。手机是三星牌的，花费了 1980 元，住宅电话是“五一”节电信优惠活动，1580 元安装的，还花 368 元购买了步步高牌母子机以方便使用。随着收入水平的提高，2001 年刘进又花了 2280 元购买一部摩托罗拉 V303 手机，更换了旧手机，同年花 1160 元给妻子买了她的第一部手机，牌子是诺基亚 3100。

社会在发展，技术在进步，刘进深感专业技术和文化知识对于企业技术工人的重要性。通过不断努力学习，他在 2000 年通过了劳动和社会保障部职业技能鉴定（指导）

中心的严格考核，获得了水泵检修专业二级技师，2004 年又花费了 3500 元参加了“经营管理”专业大专学习，使他能够服务企业有了更多知识储备。

2000 年年底，刘进又赶上单位最后一次房改分房，分得现在居住的面积为 99.55 平方米单元房，房款只掏了 6.5 万元。这一年，家里花了 3580 元添置了夏普牌 29 英寸彩电，2001 年，又花了 4200 元购置电脑一台。2002 年 9 月底交房后开始装潢，刘进市郊两头跑，为了方便装潢，更换了摩托车，花 6400 元购买了钱江牌 150 摩托车。由于生活品质和收入水平不断提高，房间、客厅、餐厅地面全部铺木地板，橱柜请木匠打制，木地板每平方米 90 元，木工板每张 75 元，三合板每张 47 元。家里安装了第一台帕斯特燃气热水器和万里达太阳能热水器，价格分别是 500 元和 1280 元。除移机科龙空调外，又花 7400 元购买了两台格力牌空调；冰箱由美菱换为 230 升西门子牌，价格 2600 元；洗衣机由半自动换为荣事达全自动，价格 1020 元。装潢材料费、人工费、家用电器合计花费 8 万元。

2003 年元月，刘进一家人搬进了新家，由远郊来到繁华的市区。商品琳琅满目的大商场，鳞次栉比的楼房，美食街夜晚闪烁的霓虹灯，开始还有些不适应，但他们很快便融入其中，享受着城市生活的便捷。

芜湖市居民　都金友　中学教师

2005 年，都金友 52 岁，是一名安徽师范大学附属中学在职教师；他的妻子 48 岁，在芜湖发电厂担任综合统计工作；儿子 22 岁，在上海对外贸易学院读书。这一年，他家的经济生活有了重大变化：7 月份儿子大学毕业走上社会参加工作，开始独立生活，家里所有成员都开始工作挣钱了。

2005 年，都金友评上高级教师已经十年，每月工资扣除公积金和医疗保险基金，到手有 1800 余元，加上课时奖金约 1000 元，月实际收入 2800 元左右。他的妻子每月工资 2613 元，扣除“五险一金”实发工资 1700 余元，每月平均奖金也在 1000 元左右。夫妻二人合计每月收入 5500 元左右。一家三口居住在学校分配的住房，二室一厅一厨一卫，面积 68.7 平方米，装修高档，有三台海尔空调、一台 29 英寸长虹牌电视机，电脑互联网上网，有着符合潮流的现代化家具。他们家的孩子这年 7 月份大学毕业后很顺利地进入上海一家外资企业就职，月薪 5500 元以上。

1986 年，都金友在芜湖市第七中学任教师已经六年了，那是一所位于芜湖市鸠江区四褐山街道的普通中学，距离市区较远。由于当时还没有评职称，都金友工资收入 108 元，妻子在发电厂做计划统计工作，当时发电、供电是一家，都属于电力系统，因此工资标准高，每月收入 110 元左右。这年他们结婚才四个年头，孩子还不满三岁，住的房子是学校的公租房，是一室一厅一厨，没有卫生间的小套，每月租金只要 1.22 元，在工资单上扣。主要家具也只有大衣柜、五屉橱、大床、缝纫机、四方桌、办公桌等。

家用电器只有12英寸的凯歌牌黑白电视机、莺歌牌带录音卡的收音机。因为没有卫生间，夜里大小便只能用马桶式痰盂，所以都金友妻子每天早上的主要任务是要到公厕去“倒马桶”和洗涮便器。都金友的任务就是一大早去菜市场买菜，这年猪肉价格1.2元一斤，鸡蛋是8分或1角一只，大鲫鱼7到8角一斤；青菜8分到1角一斤，冬天的大白菜5分一斤，刚上市的西红柿、豇豆、四季豆也只不过2角一斤。因为是住在市郊，交通不很方便，早晨也没有订送牛奶的，做早点的人也不多，也没有超市，所以他们一家很少在外买零食和就餐。孩子的营养品主要是鸡蛋、奶粉、饼干之类。当时芜湖牌奶粉500克装5.8元一袋，饼干是芜湖市永康食品厂生产的，1.8元一斤，白糖8角一斤。早餐偶尔也在外面吃，由于都金友的妻子一直反对吃油炸食品，所以油条、糍巴都金友一家很少买来吃，烧饼、面饼、包子则买得比较多，烧饼也很便宜，只要6分钱一个。孩子在电厂幼儿园入托是免费的，但每月要交13元中餐和糕点费。为接送孩子方便，都金友花209元买了一辆“金狮”牌26英寸的自行车，骑着它上菜市场买菜、接送小孩、带孩子去电厂浴室洗澡、到市区开会、听课，自行车给他的生活和工作都带来很大方便。这一年，自行车虽然不要凭票购买了，但在市场上还很紧俏，特别是名牌车更是一车难买，都金友还是托人打招呼等了一段时间才在商场买到的。烧火做饭是生活中最令人心烦的事情，因为每个月要到煤建公司买煤基，凭卡凭票，排队要一上午，烧对于他们一家来说是每月的一件大事。买米到粮站，已经不需要凭粮卡购买了，集市上也有出售，一般的籼米2角3分钱一斤，盐是1角4分一斤，酱油1角7分一斤，馆子里阳春面是1角2分钱一碗。都金友穿的牛皮鞋37元一双，西服是紫阳牌，一套55元。当年从市区到四褐山的公交车票是2角5分一张。都金友妻子的娘家住在芜湖市区新市口附近，每到节假日都金友夫妻俩带着孩子去看望岳父母，因公交车很挤，便常乘坐刚刚出现的“招手停”面包车（黑头车），从四褐山到市区要2元，是高价票。虽然当时刚出现了出租车“黄面的”，但是价格相对要贵，起步价要每2.5公里3元。夏天里芜湖市民消暑饮品大概只有西瓜和冰棒了，西瓜是3到4分钱一斤，冰棒是5分钱一根。都金友家很少上街买冰棒、汽水，他妻子厂里会发防暑降温票，凭票领回几根冰棒用毛巾包裹着拿回家给孩子吃，因为没有冰箱，吃不完的就放在大瓷盆里用瓷碗盖上放凉水里冰着。为了夏天吃上冰的西瓜和冷饮，1987年都金友花了800元买了一台160升的单门雪花牌冰箱，从那以后他们家吃冷饮就方便多了。都金友是一位不抽烟也不喝酒的“好好先生”，但逢年过节总要购买一些送长辈或招待亲友的，一般会买“大江”牌香烟，3角6分一包，最好的“芜湖”牌香烟5角钱一包。都金友的老岳父爱喝酒，都金友一般都买2.4元一瓶的“濉溪大曲”或2.6元一瓶的“洋河大曲”送给他。平时用的日用品，肥皂大多是芜湖生产的“铁锚”牌，2角5分一块，“白猫”牌洗衣粉5角6分一袋，“白玉”牌牙膏3角多钱一支。都金友和他儿子冬天搽脸用的护肤品是“雀灵”牌香脂，5 角钱一盒，而他妻子的化妆品高级一点，用的是上海产的“霞飞”牌润肤霜或润肤蜜，3.8 元一瓶。

1986 年，都金友的妻子参加全国高等教育统计专业自学考试大专班的学习，学制二年半，学费也只有 580 元，因顺利毕业，单位全额报销。

1989 年，都金友的孩子上小学，选择了当地教学质量比较好的“芜湖东方纸板厂子弟学校”，属于择校生，比普通学校学费要贵一倍，一般学杂费也就 20 元左右，但都金友孩子的学杂费每学期 40 元，到小学三、四年级时就是 80 元，五、六年级 120 元。都金友一家包括孩子基本上都享受公费医疗的待遇。

1989 年，因为老黑白电视机经常出故障，都金友家买了一台 20 英寸长虹牌立式彩色电视机，价格 1960 元。

1993 年，社会上掀起装空调热，都金友家便买了第一台海尔牌窗式空调，价格 2500 元。

1995 年，都金友更换了工作单位，调入安徽师范大学附属中学，这是一所位于市中心的重点中学。由于重点中学比普通中学每月要多拿各种补贴奖金 1000 元左右，都金友的收入明显提高。因此，他们家在衣、食、住、行方面有了较大的变化，衣服看牌子买，食物选择健康绿色食品，出门公交、的士选择自如，生活质量明显提高。

1998 年 3 月，安师大附中分配给他一套二室一厅一厨一卫的福利住房，面积 68.7 平方米。由于收入水平的提高，都金友家花了 2.5 万元进行装修，客厅是花岗岩地面，70 元 / 平方米，两个房间地面铺的是水曲柳地板，80 元 / 平方米，吊顶，墙裙，包门，橱柜是请木匠现做，三合板是 25 元 / 张。另花 5500 元买了一套实木餐桌椅和橡木沙发。安装上了一台万和牌热水器，价格 1080 元。除移装原来的窗式空调外，又花 8400 元买了一台一拖二的海尔牌变频空调。洗衣机由原高宝牌更换为大波轮半自动荣事达洗衣机，价格 860 元。1999 年国庆节前，又买了一台 29 英平面直角长虹牌彩色电视机，价格 3380 元。当年安装了住宅电话，装机费 1400 元左右。

都金友的孩子是 2001 年考上上海对外贸易学院的，学费每年 1 万元，住宿费 1200 元，教材费 1000 元左右，每月生活费控制在 600 元左右，这样大学四年都金友家每年花在孩子身上的钱就有 2 万余元。2001 年暑假，为奖励孩子考上大学，再加上都金友单位为鼓励教师使用电脑，第一次实行购机补贴 3000 元政策，他家买了第一台实达牌电脑，价格 6180 元。都金友孩子上大学后一直吵着要买手机，他怕影响孩子学习，一直拖着，终于拗不过，直到 2002 年春节前才给他买了一部手机，法国产的，1800 元。而都金友夫妻直到 2005 年以后买的手机。

马鞍山市居民　高金莲　马钢公司职工

高金莲是马鞍山市的一位普通居民，在马钢公司的下属企业从事会计工作。她是一位生活的有心人，从结婚开始就进行家庭收支记账，至今已经 20 多年了。从她的家庭账本可以清晰地看到生活的历史变迁。

1985 年，高金莲的月工资是 56 元，还有奖金和实物福利，因为马钢公司效益不错，她的收入水平比一般单位要高。她与父母、弟弟四个人生活，父母都有工作，弟弟上学，全家一年的总收入可以达到 8000 元左右。在马鞍山市，高金莲家的生活水平是属于中上等的。1990 年，高金莲结婚了，跟公婆共同生活，一家四口人，夫妻二人和公婆的工作单位都不错，全家一年的总收入已经达到 1.5 万元。1990 年，高金莲的月工资 200 元，跟她工龄相近的机关事业单位职工月工资才 110 元左右，因为全额拨款的机关事业单位职工工资较低，也没有别的福利。马钢下属企业效益好，不仅职工工资高，而且奖金和福利也相当可观，逢年过节发放的实物折算也有几百元。1991 年，高金莲儿子出生，五口人生活。从 1992 年开始，由于马钢公司效益好，职工工资上升比较快，1995 年，高金莲的月工资已经达到 900 元，家庭年收入 2.5 万元。到 2000 年，高金莲的月工资 960 元，她家庭全年收入已经达到 3.2 万元。2005 年，高金莲月工资达到 1300 元，她丈夫是公务员，工资也在逐年提高，加上奖金等福利收入，她全家的年总收入已经达到 4.8 万元。

从居住情况的变化看，1985 年，高金莲还是单身的时候住在父母家盖的平房，1990 年结婚后跟公婆住一起，是一套两室一厅 45 平方米的单元房，各方面都比较简陋。1991 年儿子出生，一家五口人在这套房子里面住了近 10 年，平均居住面积每人不到 10 平方米。2000 年，高金莲在单位分到一套 60 平方米两室一厅的房改房，从此三口之家独立生活。当年高金莲家购买这套房改房仅付款 2.5 万元，装潢新房共花费了 3 万元。2005 年，由于收入有保障，高金莲家又购置了一套三室两厅 118 平方米的商品房，购房款 33 万元，装潢花了 10 万元，房子宽敞明亮，平均每人居住面积将近 40 平方米，原来的居住房现在用于出租。

随着收入水平的不断提高，高金莲家庭金融资产也在逐年增加。1985 年，高金莲自己每月定期存款 30 元，加上父母存款，全年家庭储蓄存款 1500 元左右。1990 年，跟公婆共同生活，家庭储蓄存款 3000 元。1995 年，储蓄存款 1 万元。2000 年，小家庭独立生活，夫妻二人储蓄存款达到 1 万元。2005 年，家庭储蓄存款 3 万元，当年尚有股票 2 万元，购买了商业保险 2 万元。

随着收入水平提高了，高金莲家庭的消费水平也在逐步提高。

食品支出：1985 年，高金莲全家一年食品支出 4000 元，平均每人 1000 元左右。1990 年，家庭全年食品支出 5000 元，仍维持在人均 1000 元左右。1995 年，家庭全年食品支出 6000 元，人均达到 1200 元，比 1995 年增长 20%。2000 年，家庭全年食品支出 9000 元，人均达到 1800 元，比 1995 年增长 50%。2005 年，家庭全年食品支出 1.1

万元，人均达到 2200 元，比 2000 年增长 22%。

衣着支出：1985 年，家庭全年衣着支出 400 元。1990 年，家庭全年衣着支出 1800 元。1995 年，家庭全年衣着支出 2000 元。2000 年，家庭全年衣着支出 2500 元。2005 年，家庭全年衣着支出 4000 元。

用的支出：1985 年，家庭一年用的支出 1000 元。1990 年，家庭全年用的支出 2000 元。1995 年，家庭年均用的支出 3000 元。2000 年，家庭全年用的支出 4000 元。2005 年，由于购置家用电器，用的支出明显增加，家庭年均用的支出 1.5 万元。

行的支出：这些年来，高金莲家庭成员出行主要是骑自行车和乘坐单位通勤车，所以交通费支出较少。1985 年，家庭全年行的支出 200 元。1990 年，家庭全年行的支出 400 元。1995 年，家庭全年行的支出 600 元。2000 年，家庭全年行的支出 800 元。2005 年，家庭全年行的支出 1500 元。

医疗卫生情况：实行医疗改革以前，由于高金莲家成年人都有工作，享受公费医疗，连孩子生病的费用单位也可以报销大部分，加之家庭成员健康状况良好，所以医疗费支出很少。当时还很少有家庭购买保健品，主要是医疗费支出。1985，高金莲家庭全年医疗保健支出 100 元。1990 年，家庭全年医疗保健支出 200 元。随着收入水平的提高，医疗保健意识增强，保健品支出有所增加。1995 年，家庭全年医疗保健支出 500 元。2000 年，家庭全年医疗保健支出 800 元。2005 年，家庭全年医疗保健支出 1500 元。

文化教育情况：1985 年，主要是高金莲要参加一些文化培训班，娱乐支出很少，家庭全年文化教育支出 400 元。1990 年，家庭全年文化教育支出 600 元。1995 年，由于孩子上学，教育费用增多，家庭文化教育支出达 1000 元。2000 年，家庭文化教育支出达 3000 元。2005 年，家庭全年文化教育支出达 7800 元。

马鞍山市居民　庄秋涛　安徽工业大学职工

1985 年，庄秋涛还在部队当兵，1987 年复员回到马鞍山，被分配到安徽工业大学，从事后勤工作。当时他跟父母、哥哥四个人共同生活，那时候他的月工资只有 67 元，这个工资标准此后几年未变。加上父母和哥哥的收入，一家人全年收入 8500 元。1991 年，庄秋涛结婚了，从父母家搬出来，夫妻二人独立生活，他的月工资也增加到 240 元，夫妻二人全年收入 6500 元。1992 年，儿子出生，三口之家生活。这年庄秋涛的月工资 260 元，家庭年收入 8200 元。1995 年，他的月工资 350 元，家庭年收入 1.1 万元。2000 年，他的月工资 950 元，家庭年收入 2.5 万元。2005 年，他的月工资 1550 元，家庭年收入 4.2 万元。

居住情况：1987 年，庄秋涛复员回来与父母、哥哥同住 50 平方米的单元房，1991 年结婚，住单位 18 平方米的单身楼。1993 年分到一套一室一厅的简易平房，一住就是 5 年。1997 年换住一套两室一厅的单元房，50 平方米，厨卫齐全，属于房改私房。

因为在校园里面，地理位置佳，周围环境好，所以至今仍住在这套房子里。

金融资产情况：1987 年，庄秋涛刚参加工作，工资很低，几乎没有结余。每年父母帮助他存款 1000 元用作结婚费用。1991 年，结婚后小家庭储蓄存款 800 元。1995 年，家庭储蓄存款 2000 元。2000 年，家庭储蓄存款 7000 元。2005 年，家庭储蓄存款 1.3 万元。

消费情况：

食品支出。1987 年，家庭食品支出 4300 元。1990 年，食品支出 5100 元。1995 年，家庭食品支出 6000 元。2000 年，家庭食品支出 7600 元。2005 年，家庭食品支出 1.2 万元。

衣着支出。1987 年，家庭衣着支出 400 元。1990 年，家庭衣着支出 600 元。1995 年，家庭衣着支出 1000 元。2000 年，家庭衣着支出 2500 元。 2005 年，家庭衣着支出 3500 元。

用的支出 。1987 年，家庭用的支出 2000 元。1990 年，家庭用的支出 3000 元。1995 年，家庭用的支出 3600 元。2000 年，家庭用的支出 5900 元。2005 年，家庭用的支出 7000 元。

行的支出。由于家住校区，庄秋涛自己上班基本步行，家人骑自行车，所以交通费支出很少 。1987 年，家庭行的支出 100 元。1990 年，家庭行的支出 200 元。1995 年，家庭行的支出 300 元。2000 年，家庭行的支出 500 元。2005 年，家庭行的支出 1200 元。

医疗卫生情况：由于实行公费医疗，家庭所付医疗费很少，1987 年，家庭医疗保健支出 150 元。1990 年，家庭医疗保健支出 200 元。1995 年，由于孩子小，经常生病，医疗费增加，家庭医疗保健支出 1800 元。2000 年，家庭医疗保健支出 800 元。2005 年，家庭医疗保健支出 1200 元。

文化教育情况：1987 年，家庭文化教育支出 100 元。1990 年，家庭文化教育支出 200 元。1995 年，家庭文化教育支出 400 元。2000 年，家庭文化教育支出 2900 元。2005 年，家庭文化教育支出 3200 元。

安庆市居民　潘琼　安庆市卫生局职工

户主：潘琼，女，1962 年 8 月出生，工作单位安庆市卫生局卫生监督局，职业为工程师，户籍地为安徽省安庆市大观区。

1986 年至 2005 年 20 年来的生活状况，对潘琼个人而言的确发生了沧海桑田般的变化，她从一个待业青年，走上了工作岗位；从一个普通员工，逐渐成长为一名工程师；从一个少女，变成了新娘又成为孩子的母亲；从一个依赖父母的女孩子，变成了一位三口之家的“家长”。潘琼整个家庭这二十年来的生活变化，印证了“知识改变命运”这句至理名言。

1986 年，潘琼和当时许许多多同龄的孩子一样，高考失利后，一边在父母单位“待业”，一边通过复读、参加“五大”（电大、函大、夜大、自大、职大）学习、参加招干招工考试等以便主动寻求出路。1984 年，潘琼报名在安庆地区电大学习工业电气自动化专业，全日制三年大专，由于个人没有收入来源，生活上由父母负担。1986 年，潘琼在电大读大学二年级，那时全家五口人，父亲在机关工作，母亲在事业单位上班，大弟弟大学毕业回到本市工作，小弟弟正在安庆一中读高中二年级。全家居住在母亲单位分配的职工宿舍里，50 多平方米的房子，分割成四间贯通的格子房，父母一间，两个弟弟一间，潘琼一间，还有一间作为客厅兼厨房。当时，每家每户的煤炉和碗橱都放在公用走道里，十几家共用一个自来水房，自来水房的里间还有一个公共卫生间，每天早上大家都挤到自来水房忙着洗漱和方便，常常不得不为上厕所而排队甚至争吵。尽管如此，邻里的关系还是很融洽，特别是有哪家烧了好菜和炸圆子的时候，整个走道里都飘散着诱人的香气，热情的主人也会邀请孩子们去品尝分享美味。这种欢乐祥和的场景也成为潘琼对那个时代最美好的回忆之一。

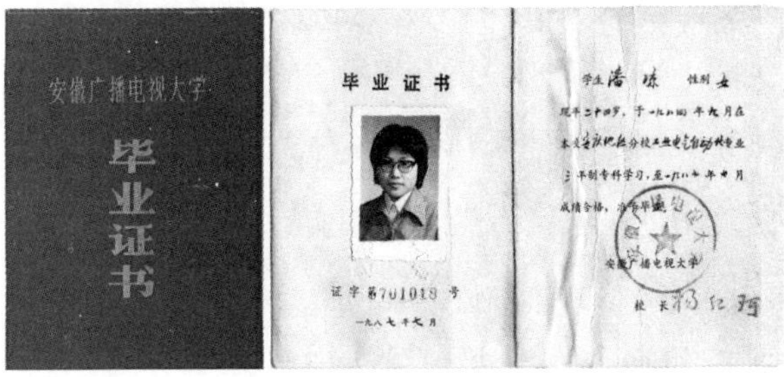

1987 年，潘琼家里发生很大变故。4 月，潘琼母亲得了重病住院，同时也分到了一套 68 平方米三室一厅一厨一卫带院子的一楼住宅。7 月，潘琼小弟弟顺利考取了华西医科大学，潘琼也顺利取得了安徽广播电视大学工业电气自动化专业的大专毕业文凭。毕业后，1988 年 1 月，潘琼分配到母亲所在的单位——安庆地区卫生防疫站办公室工作，这让潘琼第一次切身体会到学历的价值和知识的含金量。上班后，潘琼每月工资收入 90 余元，全部交给父母。1989 年 1 月，定级后，潘琼的月收入 120 余元，交给父母生活费 50 元，存入银行 40 元，剩余的钱零花和贴补家用，家庭生活有了初步改善。

20 世纪 80 年代大学生被称为“时代骄子”，潘琼自己一直对没能够考取大学感到遗憾，为此，潘琼就明确提出了“谈对象”的两个条件：第一必须本科毕业，这样的男生文化素质肯定比较高；第二不能有烟、酒嗜好，因为潘琼全家对烟酒瘾君子都没有好感。对照这两个条件，1989 年 8 月，潘琼伯母给潘琼介绍了一个小伙子，名叫李××，1963 年 6 月出生，老家是安庆市枞阳县汤沟镇，其父亲在李××15 岁时因船祸伤亡，母亲在家务农，妹妹中专毕业在枞阳县当小学老师，两个弟弟一个在大学读书，一个在中学读书，李××1983 年 6 月大学毕业分配到安庆市自动化仪表厂从事技术工作。由于潘琼伯母与李×× 是同事关系，通过潘琼伯母的介绍，他们很快建立了恋爱关系，李×× 大学期间的专业是机械工程，在他们第一次见面时，李×× 就自豪地对潘琼说“我是安庆市最年轻的工程师，并获得五小发明证书。”这让潘琼感到充分信赖和有所依靠。

1990年元月，潘琼和李××登记结婚。新房是潘琼丈夫单位提供的原来用做传达室的一间半平房，建筑面积仅18平方米，屋子内没有自来水，也没有卫生间。那年，丈夫李××的月收入只有90多元，每月还要拿40元支持其弟弟读书。因此，新婚时潘琼家庭经济十分拮据，新房里除了一套组合家具外，大件只有潘琼父母给她一千元钱买的一台熊猫牌双卡收录机和一辆金狮牌自行车。1990年10月儿子降生，潘琼坐“月子”时，一家三口只好借住在娘家一间8平方米房间里。这种居住状况一直持续到1994年年底。

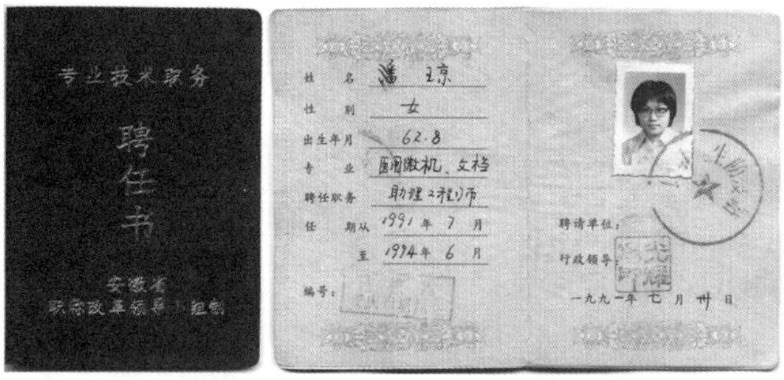

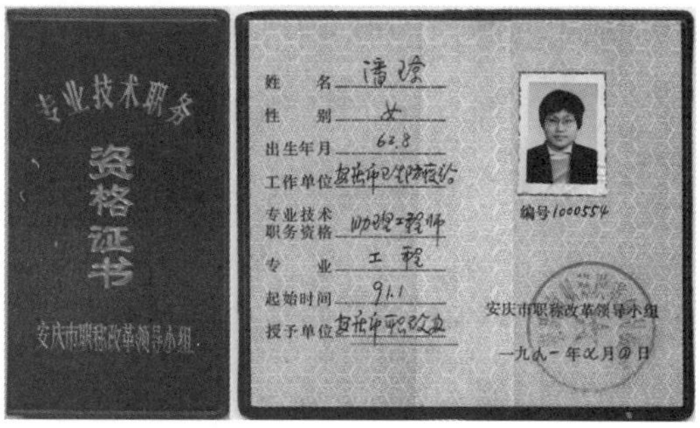

1990年11月，潘琼丈夫兑现了工程师工资，月收入达到120元；1991年元月，潘琼取得了助理工程师资质，并于1991年7月被单位聘为助理工程师。1992年5月，凭借正规的学历、年轻的优势和令人称羡的工程师职称，潘琼丈夫参加外资企业人才招聘，从百余名竞争者中脱颖而出，考入中外合资企业安徽鸿庆精机有限公司，从事数控机床配件采购工作。1992年6月，潘琼丈夫月工资为180元，潘琼的月收入也有150元。1993年6月，潘琼丈夫月工资380元，还有奖金，潘琼月收入也随着全国机关和事业单位工作人员工资制度改革升至340元，家庭生活开始蒸蒸日上。1993年4月，花了1360元买了一台荣事达牌全自动洗衣机；1994年6月，又花了2360元买了一台上菱牌无霜冰箱；1993年7月，以3000元价格，潘琼从别人手中转租18平方米的一室一厅带卫生间的小户住房给农村老家的婆婆来安庆居住，还每月给其提供基本生活费。

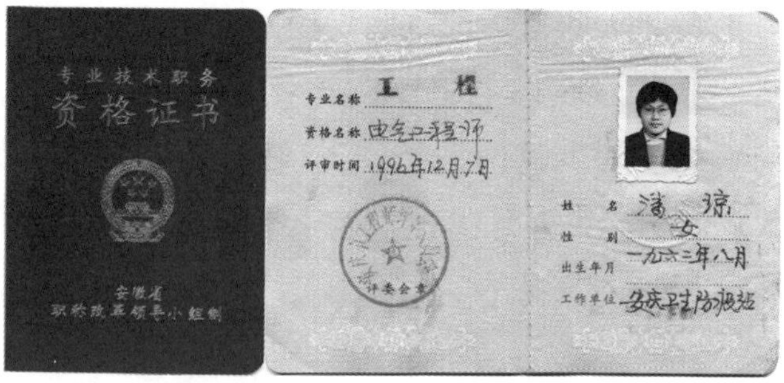

1993年2月，潘琼送孩子上了安庆市菱湖新村幼儿园。1994年9月，为了更好地掌握计算机技术，潘琼报名参加了安庆电大学习计算机应用专业，业余四年大专。尽管每年自己要承担一千多元的学杂费，但潘琼认为，学业必定会给其带来更大的收益。1995年元旦，潘琼一家三口搬入了潘琼父母给他们借住的一套70平方米三室一厅的单元房，花了7000元安装了电话、管道煤气和进行了简易装修，还花了3000元买了一台长虹牌彩电。至此，潘琼家终于配齐了当时号称“四

大件”的彩电、冰箱、洗衣机和组合音响。这时潘琼家庭财产价值两万余元，生活水准在当时已属于中等偏上层次。1996年年初，潘琼家花了11100元买下了潘琼母亲单位的一套68平方米的房改房。1996年6月，潘琼丈夫月工资调到了每月600元，奖金也有所增加。1996年9月，潘琼的孩子开始上小学。10月，潘琼也取得了电气工程师任职资格。1997年10月，被单位聘为工程师并兑现了工程师工资，月收入420元。

1997年6月，潘琼家里花了2630元买了一台美的空调，进一步改善了居住条件。为了适应卫生系统的业务发展要求，1998年9月，潘琼到安徽医科大学参加了预防医学专业的函授学习，三年间累计支付的学杂费及住宿费约7000元。1999年元月，潘琼取得了安徽广播电视大学的计算机应用专业毕业证书。

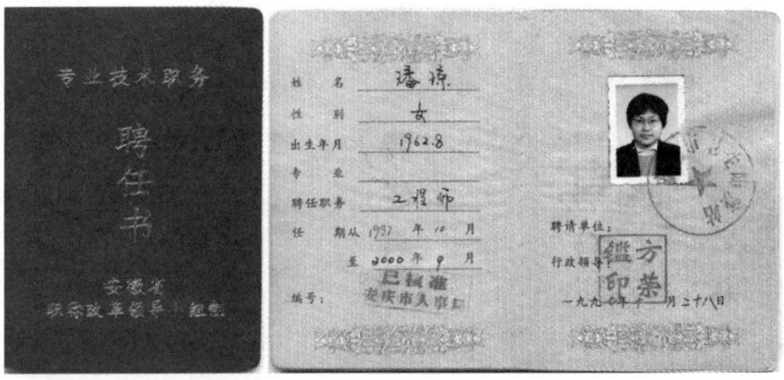

1999年10月，潘琼又拿到了安徽省教育委员会颁发的高等教育工业自动化和计算机双专科毕业证明书。2001年7月，顺利获得了安徽医科大学的毕业文凭，并再次拿到了安徽省教育委员会颁发的高等教育工业自动化和预防医学双专科毕业证明书。1999年，潘琼丈夫的月工资近3000元，还有奖金进账，潘琼的工资和福利也在不断改善。

进入2000年以后，由于全国各地对数控机床的需求持续旺盛，潘琼丈夫所在的外资企业产品供不应求，潘琼丈夫的月收入高的时候可以达到5000多元、年收入有6万多元，潘琼自己的年收入也突破了万元大关。2002年9月，潘琼的孩子开始上初中。

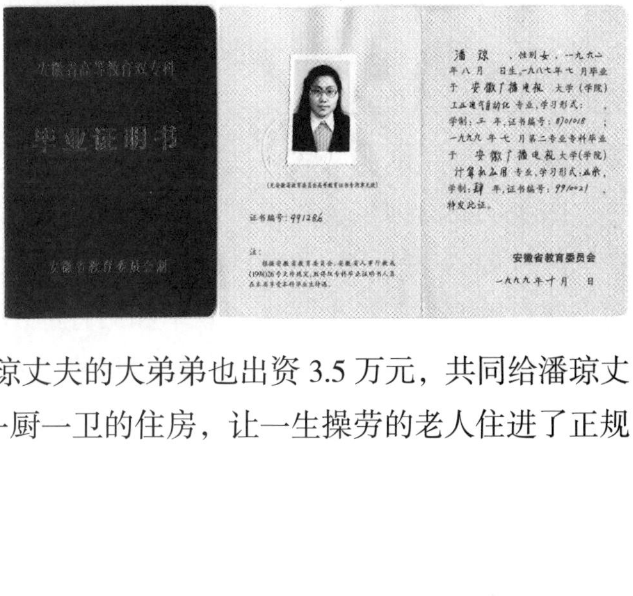

2003年3月，潘琼家出资3.5万元、潘琼丈夫的大弟弟也出资3.5万元，共同给潘琼丈夫的母亲买了一套50平方米两室一厅一厨一卫的住房，让一生操劳的老人住进了正规

小区更加宽敞舒适的房子。2005 年 3 月，潘琼婆婆生病住院，用去 7780 元，由丈夫兄弟三人共同负担。以后，潘琼婆婆生活不能自理必须请保姆照顾，潘琼家每月负担生活费和保姆费 300 元，潘琼丈夫的两个弟弟每人每月也各负担 300 元。尽管经济上有些付出，但潘琼丈夫兄弟三人由于收入较高，大家都没有怨言，一直认为赡养老人是应尽的义务和快乐的责任。

2005 年 9 月，潘琼的儿子以安庆二中第一名 704.7 分的成绩，考入重点中学安庆一中就读高中。由于孩子也认识到了学业的重要意义，让潘琼感到无比自豪和欣慰，潘琼家专门花费 3000 余元带孩子游了黄山作为奖励。

安庆市居民　胡建新　私营企业法人

户主：胡建新，1963 年 8 月出生 , 1983 年 7 月合肥粮食学校毕业分配至安庆市植物油厂。1986 年在安庆市植物油厂生技科工作 ,1996 年停薪留职，开始自主创业。经过十年发展，2005 年进驻安庆市大桥经济技术开发区，创建了属于自己的生产园区，技术服务全国、产品远销欧盟。

1986 年，胡建新在安庆市植物油厂生技科工作 , 这在当时企业里，象他这样正规学校的毕业生凤毛麟角。尽管只有中专文凭，工厂领导对胡建新却十分器重，厂里技术改造等很多重要的任务都交给他去完成。同时，希望他加大知识储备，以便更好地为工厂服务。这一年，他参加了安庆师范学院化学专业夜大学习。当时胡建新与父母居住生活在一起，全家八口人，四世同堂，挤在面积仅为 70 平方米的一套老式平房。胡建新每月工资奖金累计四十余元，在那个时候已经就算很不错的待遇了，当时属于他个人的大件财产只有一辆永久自行车和一块上海牌手表。

1988 年胡建新夜大毕业后，开始谈恋爱，1989 年元月结婚。妻子 1964 年元月出生，1983 年在安庆市光华棉织厂做检验员工作，和胡建新同在一个老街上长大，双方家庭彼此都知根知底。他们婚房是胡建新家里调剂出来的一间 14 平方米的小屋，房子非常简陋，天花板都是几个弟兄与同学们帮助用纸张糊起来的。这时胡建新工资不高，储蓄很少，父母家也不宽裕，为了置办组合家具、办婚宴、买喜糖等，负债 2000 余元。

由于胡建新的勤奋努力，工厂将全厂生产线技术改造升级的设计任务由其主持，在工厂领导的支持下还邀请了国内科研院所专家进行指导，全厂生产线改造任务提前两个多月顺利竣工，生产线的效率和菜籽的出油率大幅提高，得到了安徽省、安庆市主管部门的肯定与表彰。工厂不仅给胡建新发了加班费和夜班津贴等，还奖励了大红包，并提拔胡建新担任了技术改造办公室副主任。胡建新拿着这额外的奖金，和妻子商量道：今年我们家里可以改善生活水平，你每天不要起那么早做饭，我们每天早上都可以在外面吃早点。通过这次技改活动，胡建新对自己的一技之长更加充满信心，不少企业也慕名而来，希望胡建新进行技术方面的指导。1988 年元月，国务院专门发文，“允许科技干部兼职”。因为有技术在身，胡建新也成为当时众多“星期天工程师”中的一员，赚取了少部分兼职收入。

1989 年 10 月女儿出生后，居住环境更加拥挤，屋子小得连家用电器也没法安置。为了尽早改善家庭生活环境，胡建新不仅认认真真地做好本职工作，“星期天工程师”的业务也越做越大，还通过和安徽省粮食学校、河南省郑州粮食学院的几个专家合作，大家共同承接一些大项目，挣得了一大笔收入。1993 年年底，胡建新购买了自己第一套 80 平方米三室一厅的单元住房，花一万多元进行了装潢，还花两万多元购置了平面直角彩电、双门冰箱、双缸洗衣机、冷暖两用空调等大件和组合家居、组合沙发等，花 2500 元安装了住宅电话，家庭居住环境从此焕然一新。这些购房、装潢和购置大件的资金，主要来源于胡建新利用周日帮助安徽省内油厂做技术设计与设备改造的劳动所得。

1995 年 9 月，胡建新女儿上小学后，胡建新一直琢磨着如何才能摆脱一些不必要的事务干扰，更好地发挥自身特长，更专心的开展技术服务工作。由于胡建新所在的国有企业老员工较多，很多人都曾经做过胡建新的师傅，管理起来难度很大，加上胡建新又不善于言辞，尤其看不惯推诿扯皮的作风，在推行全面质量管理时往往感到难以下手，因此萌生跳槽自已创业的想法， 1996 年 6 月，在工厂领导的一再挽留声中，胡建新还是毅然决然地作出了停薪留职的决定，联合几位志同道合的技术人员，注册成立了中创工程技术有限责任公司，继续从事个人擅长的专业技术工作。

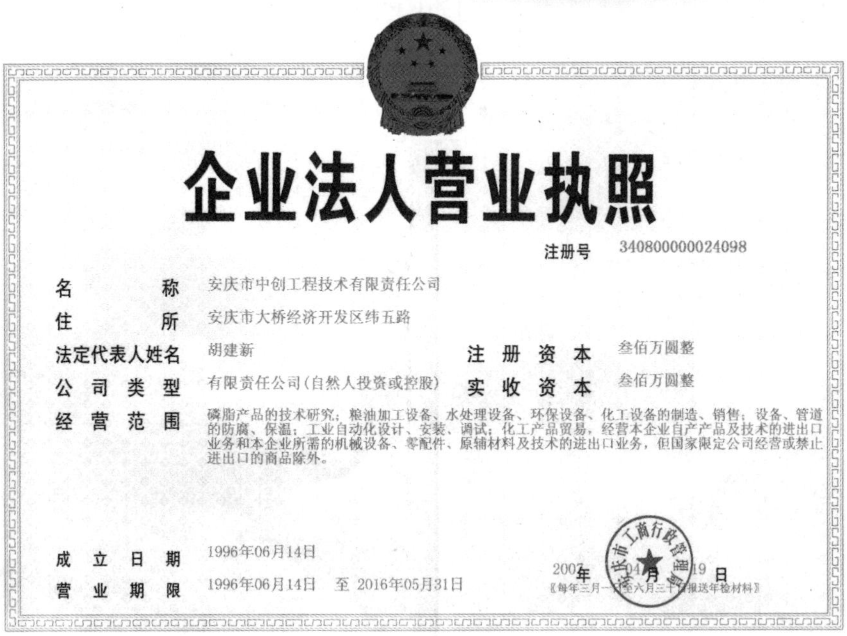
企业法人营业执照

注册号 340800000024098

名称 安庆市中创工程技术有限责任公司

住所 安庆市大桥经济开发区纬五路

法定代表人姓名 胡建新　注册资本 叁佰万圆整

公司类型 有限责任公司（自然人投资或控股）　实收资本 叁佰万圆整

经营范围 磷脂产品的技术研究；粮油加工设备、水处理设备、环保设备、化工设备的制造、销售；设备、管道的防腐、保温；工业自动化设计、安装、调试；化工产品贸易，经营本企业自产产品及技术的进出口业务和本企业所需的机械设备、零配件、原辅材料及技术的进出口业务，但国家限定公司经营或禁止进出口的商品除外。

成立日期 1996年06月14日

营业期限 1996年06月14日 至 2016年05月31日

2007年04月19日

《每年三月一日至六月三十日报送年检材料》

公司刚刚成立时，就胡建新一个人是专职的，其他几个股东都还仍然留在各自单位上班，只有晚上和星期天大家才能凑在一起。胡建新他们租用了几间办公室，买了几套桌椅和文件柜，安装了一部传真电话，挂上公司的招牌就算正式开业了。由于赶上了国家“九五”期间加速工业化进程的有利时机，当时全国很多粮油加工企业按照“壮大实力、形成支柱、提高效益”的行业发展目标，主动开展技术更新与设备改造。胡建新通过在全国性专业刊物上刊登系列广告和报道文字、朋友推荐和合作伙伴介绍等多种方式，逐步将业务触角做到了全国各地。

创业初期，胡建新家庭生活十分简朴，全部家用都由妻子每月400余元的工资和奖金来支付，全部家务和照看孩子和老人的任务也由妻子全部承担，使胡建新能够将所有精力都放在公司业务上。唯一弥补的办法，只能出差从外地回家，胡建新给妻子和孩子买点礼物，作为亏欠的补偿。“九五”期间，胡建新先后承接了十几个植物油厂的生产线改造和建设任务，业务范围北到黑龙江、南到广东，自己的公司在行业内也有了较好的口碑，公司人员也由当初的“光杆司令”，变成了一个拥有十几个正式员工，设有工程部、技术部、销售部、办公室等内设机构规范化的小公司，不仅买下了当初租用的几间办公室，还租用了一个工厂的闲置车间作为自己的生产测试基地。当时，安庆全市积极推行企业改制改组，很多熟人都面临着下岗失业的危险，一些人不得不重新择业，胡建新都以自己的亲身经历，热情地鼓励他们勇敢地自主创业，在市场经济的大潮中实现自身的人生价值。

进入2000年，通过与河南省郑州粮食学院专家的多次交流和行业资料分析，胡建新意识到粮油产品将会出现重大的格局变化，油料的深加工势在必行。于是，胡建新将公司的重点瞄准油脂化学发展的最前沿，与国内知名高等院校及科研院所合作，依托国家“七五”至“十五”科技攻关项目中的一系列重大科技成果，在国内率先将固定板薄膜蒸发器应用于油脂行业、把“大豆浓缩磷脂”“大豆粉末磷脂”技术投入工业化生产。“十五”期间，在国内多家大型油厂承建了几十条浓缩磷脂生产线，在业内获得广泛赞誉。2001年，胡建新女儿小学毕业后，为了进一步改善孩子的居住和学习条件，同时考虑到将来家庭购买汽车的需要，2002年胡建新采用分期付款方式，在安庆市大湖风景区购买了文采花园227平方米三层别墅，并对住房进行了全面装潢装饰。2004年，胡建新女儿初中毕业后，全家迁入新居。

2005年年底，胡建新将公司的重点从大豆透明浓缩磷脂的专项研发，转向投资兴建国内第一条“大豆透明浓缩磷脂”生产线，实现技工贸一体化全面发展，决心率先填补国内空白，打破国外磷脂厂商在中国市场的垄断地位。胡建新公司的发展设想得到了各级主管部门和安庆市相关领导的大力支持，新设立的安庆市大桥经济技术开发区主动邀请进驻建厂。胡建新分析到进入“十一五”中国的经济还会持续保持稳健、快速的发展态势，油脂深度加工的市场前景会更加广阔。因此，胡建新与全体股东一致决定，集中公司财力在安庆市大桥经济技术开发区购买了15亩土地，投资建设了8000平方米的工业标准化厂房和年产磷脂3000吨生产线，为公司做大做强奠定了坚实的基础。

由于有了坚实收入保障，胡建新的家庭生活变化很大，吃讲究精细、营养健康，穿向往时尚、品位，住要富丽堂皇。与此同时，更注重文化精神享受，胡建新每年还要订阅购买《读者》《南方周末》《三联生活周刊》《瞭望新闻周刊》《21世纪经济报道》《经济观察报》等大量生活、时政和专业类的书刊报纸，扩大自己与家人的视野，提升个人知识面和管理水平。胡建新每年都要抽空陪家人外出旅游度假，一方面欣赏祖国壮美河山、陶冶家人情操、为家庭生活增添新的乐趣，另一方面释放个人工作压力、全面调节身心、为事业发展寻求新的动力。

淮北市居民　乔德平　退休职工

乔德平是淮北市城镇住户调查的老记账户， 亲身体会了1986年至2005年自己家庭生活的变迁，感觉到当地老百姓的收入水平在不断提高，生活质量逐年改善。

1986年，乔德平在淮北矿务局岱河煤矿企业管理科节能办公室任副主任、高级经济师，月工资81元。妻子在岱河矿小学任数学教师，月工资68元，当年11月，因身体状况原因提前退休。大儿子在淮北市第二机械厂因工作出色经推荐在职大医疗系学习。二儿子军校毕业后分配在南京空师。小女儿于年底按政策顶替母亲在岱河矿小学上班，月工资40元。

由于家庭收入低，乔德平一家生活质量并不高，收入大部分都用在维持日常生活上，跟淮北市大部分居民家庭相比，生活水平属于中等。作为一个月收入200元左右的普通城镇居民家庭，虽然生活并不富裕，但因家庭和睦、子女孝顺，一家五口人生活得也和和美美。

1986 年前后的乔德平家庭居住条件并不算好，虽然二儿子军校毕业后在外地生活，家里少了一个人居住，但一家 4 口人挤在单位分配的 58 平方米的小房子里，仍然很不方便。烧饭主要是使用煤球和液化气，煤球都是乔德平骑着自行车到矿上煤球厂去买。家里没什么高档的家用电器，只有一台 16 英寸黑白电视机、一台单缸洗衣机、一部老式收音机、一台吊扇和一台落地扇。

因为家庭收入不高，只能压缩各项开支。一块钱一斤的猪肉一星期也只能吃一次，平时都是以大白菜、芹菜、豆腐等素菜为主，鸡、鸭、鱼很长时间能吃一次。衣服也很少买成品的，大多是买布料自己做，一件衣服做好 10 元左右，鞋子穿的是布鞋，也不追求时尚，只要耐穿就行。就这样省吃俭用，每月 20 号前，工资基本上就花完了，一年到头也没有多少结余。淮北市是个新建煤炭城市，城市规模小，乔德平出行全是依靠花 200 元买的一辆永久牌自行车，这辆自行车使用多年后才淘汰。

乔德平所在的煤矿企业实行职工医疗包干制度，大病公家全额承担，小病岱河煤矿医院负责，看病基本上不需要花什么钱。乔德平妻子 1986 年首次因胆结石手术失误腔内掉入棉球，然后又连续两次手术后，身体状况很差，因此提前退休。乔德平当时也有高血压、心脏供血不足，平时也要经常用药维持，如果不是煤矿企业实行看病包干政策，就这块支出会成为乔德平家中最大负担。

乔德平家中平时文化娱乐活动很少。乔德平除了参加单位为丰富职工的文化娱乐生活开展的一些唱京剧文娱活动外，就是和家人一起看电视享受家庭的温馨生活。

1988 年开始，乔德平家庭经济状况开始好转。大儿子职大医疗系毕业后，分配到岱河煤矿医院参加工作，工资虽然不多但也可贴补家用。同年，大儿子喜结良缘，当时还属于计划经济时代，结婚需要添置的家用电器很多都需要凭票购买，购置一台美菱冰箱花了两千多元，一台 18 英寸三洋彩电 1000 多元。因为大儿子才参加工作，单位没有分配住房，结婚后依然和父母住在一起。第二年，随着孙子乔乔呱呱落地，住房更加拥挤。这种状况直到 1993 年，大儿媳单位分配了一套福利房，他们搬出去后，家中居住状况才稍有改观。在女儿 1992 年出嫁和 1993 年大儿子一家搬出单独生活后，已退休的乔德平和妻子的家庭生活变得既平淡又安逸。每天除了带带孙子乔乔享受天伦之乐外，还参加了老年大学，积极参与老年大学举办的各项文娱活动，唱京剧、吹笛子是乔德平平时最喜爱的文娱活动。

随着淮北市社会经济的快速发展，离退休人员离退休金不断增加。乔德平退休时退休金 210 元，老伴 180 元，到 2005 年，退休金都增加到 800 元左右，家庭生活水平也有了很大的提高。

乔德平和妻子除了日常生活花费外，主要精力放在孙子的生活上，为了免去儿子、媳妇工作后顾之忧，他们俩人主动承担起照顾孙子生活起居。为了孙子以后的生活稳定，2002年，在市区花了20多万元给孙子购买了一套90平方米两室一厅的住房，进行了简单装修，添置了熊猫彩电2750元，海尔冰箱2000多元，三洋全自动洗衣机1000多元。

随着家庭收入的提高，乔德平消费理念发生很大变化。家庭饮食追求安全、卫生、营养、保健，鸡鸭鱼肉天天更换，一个月在吃的方面就要消费500元左右；衣着追求档次、时尚，1986年时候只要衣服、鞋子价格便宜有穿就行，2005年时，购买衣服和鞋子价格基本上都在200元以上。由于淮北市政府出台了各项方便老人出行优惠政策，2000年的时候，乔德平办了老年证、老年乘车卡，市内公交车免费乘坐。

国家实行医疗保障政策，使乔德平和妻子病有所医，退休老人疗养政策更好，连续几年，乔德平和妻子由单位组织去南京、泰安等地疗养。

退休后，乔德平享受到国家惠民政策给老人们老有所学创造的许多条件和实惠，单位为退休老同志免费订了《安徽老年报》《矿工报》，并且组织上老人大学，开展学保健、学国画等活动，丰富了退休老同志的文化生活。出去旅游也可以享受到优惠政策，坐火车可以优先买票进站，参观景点都可享受减免待遇。

淮北市居民　陈兴侠　私营企业主

陈兴侠，在淮北市兆基家具城开了一家家具店，生意做得红红火火。丈夫陈××，在合肥真心瓜子公司做销售。儿子在淮北市上小学。

1986年，陈兴侠在安徽省宿州市农村老家上寄宿初中，家中父母兄弟姐妹8口人。当时家里生活比较困难，陈兴侠在学校上学时，每天一日三餐稀饭、馒头，中午只有白菜汤。1996年，陈兴侠由于刚到淮北市没有固定工作，就在偏僻的西城区租了一间平房居住，月租45元。后来，认识了在啤酒厂工作的陈××，经过两年的恋爱生活，1997年，两人步入了婚礼的殿堂。结婚的时候，陈兴侠仍然没有找到正式的工作，因为手头没钱买不起房子，只有在西城区租住了一套80平方米租金90元的套房。当时西城区属于偏僻的郊区，居住条件和环境很差，烧的是液化气，公用卫生间，水是压井水。因为经济不宽裕，结婚时只购置了简单的家电和家具，一台21英寸的彩色电视机1000多元，一台立式电风扇，一套木头沙发1200元。陈兴侠最大的愿望就是拥有一套属于自己的房子。

1997年，丈夫陈××在淮北市啤酒厂做销售工作，月工资有1000多元，而当时淮北市城镇居民家庭人均收入在500元左右。相比而言，陈兴侠家中经济上并不算拮据，吃并不是问题，衣着上，虽然家庭收入有一定保障，但购买的衣服和鞋子价格大都在几十元左右。1998年，陈兴侠在淮北市印染厂找了一份挡车工的正式工作，月工资300元，因上班离居住地较远，每天都是骑着自行车去上班，在路上就要花费半个小时。印染厂挡车工的工作很累很辛苦，一个月只有3天的休息时间，所以陈兴侠平时基本上没有什么文化娱乐活动，只是在闲暇时间偶然和朋友出去唱唱歌、吃顿饭。

1998年，儿子出生，无形中加重了家庭的经济负担。为了让孩子有个好的居住环境，1999年，陈兴侠贷款4万元加上手头2万元，在淮北市梨园一期买了一套75平方米的安居房，月还贷款368元，又借款1.5万元做了装修。1999年时，陈兴侠月工资虽然增加到700多元，但偿还住房贷款和孩子的花费，这两项月支出700元，几乎花光了陈兴侠一个月的工资。由于丈夫陈××在啤酒厂收入一直很稳定，家庭生活并没有受到影响，每月仍有结余。2001年，家里添置了一台挂式美的空调2000多元，一台海信32英寸液晶彩电3000多元，一台美菱冰箱2000多元。2002年，看着单位同事家庭都购买了电脑，又添置了3000多元的一台电脑。

2003年，丈夫陈××辞职，专做一品天柱白酒销售生意，当年白酒生意不景气，一年亏了几千元。为了维持家庭生活，2004年陈××来到合肥求职，凭借出色的工作能力就职于真心瓜子公司，月收入5000元。2005年，陈兴侠工资增加到1000元，丈夫陈××月收入增加到7000元，两人月收入达到8000元。细细算下来，陈兴侠家人均收入达到3万多元，而2005年淮北市城镇居民家庭人均收入才8603元，在淮北市，陈兴侠家已经属于高收入家庭。

随着家庭收入的增加，消费观念发生非常大的转变，生活质量有了很大的改善。陈兴侠家每月基本生活花费就要2000多元。饮食消费注重安全、卫生、营养、保健、天然；衣着上更加注重高档、品牌、时尚。为了有更加舒适的居住环境和出行方便，陈兴侠家也有了购买一套高档住房及小汽车的预期打算。“望子成龙”是每位父母对孩子最大的期望，陈兴侠也不例外，每月为孩子购买玩具、图书花费不低于300元。工作之余，旅游是陈兴侠最大的休闲方式，每次出游都少不了2000多元支出。

第二节　农村居民个人家庭生活变迁

临泉县黄岭镇大庄村庄洪发家庭

临泉县黄岭镇大庄村庄洪发，是临泉调查队的资深调查员和记账户。1986年，24岁的庄洪发就被临泉县农村抽样调查队聘用为辅助调查员，也是记账户之一。当时他有一个不满周岁的儿子，全家3口人，住房面积60平方米，住房价值1500元。1986年，他家主要以种植业为主，耕地面积2.4亩，主要种植农产品有：午季小麦，秋季玉米和大葱，以大葱为主。1986年，他家小麦单产300公斤/亩，小麦价格0.56元/公斤，亩收入180元左右；亩成本：当时种植习惯每亩施磷肥1袋，14元/袋；碳铵1袋,16~18元/袋；午收主要是人工收割，机械脱粒，机械脱粒亩费用15元左右，种植小麦每亩实际总成本40元左右，每亩小麦实际收益140元左右；秋季玉米产量300

公斤 / 亩，玉米价格 0.6~0.64 元 / 公斤，亩收入 200 元左右，亩成本 30 元左右；大葱种植产量 3000 公斤 / 亩，价格 0.16~0.24 元 / 公斤，亩成本 100 元左右，亩纯收入 400 元左右，1986 年，他家种植业纯收入 700 元左右，当年劳务收入 660 元（包括调查员和记账户报酬收入），上缴农业税费 270 元（当年人均 90 元左右），全年纯收入 1090 元，人均 363.3 元，高于全县平均水平 268.5 元。

1996 年，庄洪发成为农调队的乡镇招聘干部，第一次机构改革时办理了病退。2005 年，庄洪发仍然是临泉县农调队的辅助调查员，也是记账户，当年他家种了 4.7 亩小麦，6 亩玉米，当年卖粮收入 7600 元，除去成本 1800 元，净收入 5800 元；2005 年，庄洪发的退休工资收入 1.2 万元左右；庄洪发还会木工手艺，当年手工收入 4000 元左右；其他收入（记账户、调查员补助）1200 元；爱人在当地窑厂打工，当年收入 6000 元左右。2005 年，庄洪发的儿子在合肥上技校，女儿在县城读中学，每年学费 6000 元，生活费 12000 元；2005 年，庄洪发家净结余 1 万元左右，人均 2500 元，比全县农民人均纯收入 1753.01 元高 746 元。收入的大幅增长，给庄洪发家的生活带来了巨大变化，2001 年后，他家先后添置了电视机一台（1300 元），摩托一辆（5000 元），冰箱一台（2160 元），农用三轮一辆（9000 元），手机 2 部（4000 元），基本达到了小康生活水平。

临泉县韦寨镇西李寨（原韦庄）村穆庄穆怀山家庭

临泉县韦寨镇西李寨（原来叫韦庄）村穆庄穆怀山，1986 年时 32 岁，全家 6 口人，有三个女儿和一个 7 岁的儿子。1986 年，他家下粉条收入 1800 元，这是他家的主要收入来源；另外午季 4 亩小麦净收入 600 元左右，上缴农业税费 440 元，全年纯收入 1960 元，人均纯收入 326 元，比全县农民人均纯收入高 57.5 元。

1986—1997 年的十多年间，三粉加工和销售是穆怀山家的主要收入来源，但 1996 年，他和朋友一起到新疆做生意，在回来的路上遭遇“路匪”的拦路抢劫，差一点丧命，对穆怀山是一次沉痛的打击，从此他再不敢做生意了。1998 年，在朋友的引导下开始从事养牛，成为当地的养牛专业户，当年养殖 5 头牛获利 1 万元；以后养殖规模逐年增加，到 2005 年养牛规模扩大到 30 头，当年卖了 30 头，获利 2 万元；2005 年他家还种植小麦、玉米各 4 亩，获利 4600 元，当年穆怀山家总收入达 24600 元，人均纯收入高达 12300 元，远高于全县农民人均纯收入 1753.01 元。三个女儿大专毕业后分别在天津、阜阳、太和找到了自己的职业，也都已分别成了家，都有了自己的幸福生活；儿子大专毕业两年后成了家，并在北京开了个小诊所，年收入 5 万元左右。7 年的养牛经营，使穆怀山成为西李寨村有名的养殖专业户，家里也有了一定的积蓄，2005 年年底，穆怀山花了 13 万元在临泉县城为儿子买了一套 106 平方米的楼房，这是西李寨村在县城买楼房的第一户。

蒙城县乐土镇乔圩村席心仁家庭

席心仁是一位普通农民，早在 1985 年，由于他有一定文化基础，被抽中为全国农民收支情况调查农村记账户。二十年来，席心仁家作为农村记账户被国家三次抽中，通过他家庭的收支账页和访问调查，整理了席家二十年的家庭生产和生活变迁情况。1985—2005 年，这一普通农村家庭在农业生产、衣食住行、家庭设备、交通通信和文化生活等等方面的变化，反映农村经济取得的巨大发展，农民收入的不断提高，农民的日子越过越殷实，是皖北农村中农民家庭的缩影。

席心仁，1941 年出生，男，初中文化程度，1962 年结婚，老伴和自己同岁，育有两个儿子，三个女儿。1985 年，家庭 7 口人，耕地面积 22.5 亩，人均纯收入 615 元，种植业收入人均 678 元，养殖业收入 163 元，种植业支出 132 元，养殖业支出 94 元，生活消费支出 260 元。

1985 年，中国农村已打破集体经济中的“大锅饭”，全面落实“联产承包责任制”，农村经济中的工作重点是，进一步改革农业管理体制，改革农产品统购派购制度，在国家计划指导下，扩大市场调节，使农业生产适应市场需要，促进农村产业结构的合理化，进一步把农村经济搞活。当时农村流传着这样一个顺口溜，“公社吃了大锅饭，多年粮食难过关。各种办法都试遍，最好还是大包干。”当时，席心仁家在当地是出名的农业生产“好把手”。由于大女儿和长子已经初中毕业，席家劳动力相对较多，经营种植业生产在当地非常有名气。那时席家种植业经营相对单一，以大众化为主，春季主要种小麦 10 亩和大麦 5 亩，预留部分春地，种植春山芋和春棉花，秋季以种植棉花、大豆和山芋为主。由于席家重视种植业生产经营，家中农机具也比较齐全，拥有耕牛 1 头，大车 1 辆，犁耙耖齐全。当时农村中养殖业刚刚开始，席家只喂养了一头猪和几只小鸡，家庭养殖业比较落后。“养猪不赚钱，只为过肥年”是当时农村家庭养猪的普遍心态。1985 年，席家拥有住房 6 间，其中正房 2 间、厢房 2 间和前屋 2 间，在当地居住条件是比较好的。这一年年底，大女儿出嫁，农村当时还不富裕，家中没有陪嫁什么东西，也没有收取男方的彩礼。

1986 年，刚满 19 岁的大儿子，通过亲友介绍，到当时的双涧区职工食堂做炊事员。3 月底，花费 2 万元左右，席家盖了两间砖木结构平房和两间厢房。那时候农村盖房子，人员工资比较少，大都是本村劳动力互相帮忙，中午管顿饭就行。部分建筑材料是自己准备，另一部分是筹款购置。也就是这一年大儿子举办婚礼，购置了自行车、缝纫机、手表和家具等，席家花费 3000 多元。1988 年，席家二女儿出嫁，大孙子出生，家庭人口仍是 7 口人，耕地没有变化，畜牧养殖业得到发展，这一年席家拥有耕牛 3 头，饲养猪 2 头，家庭经济收入有所提高。

1991 年，进入 90 年代农村发生了巨大的变化，农村经济社会事业加速发展，农民收入和支出保持了较快的增长。随着农民收入水平的提高，农民家庭支出也水涨船高，保持了相应的增长水平。这一年，席心仁家花1400元购买了20英寸金星牌彩色电视机1台，另花160元购买了舒乐牌电风扇1台。当时全村只有席家拥有彩电，每到晚上村里好多大人小孩到家里看电视，席心仁夫妻心中是非常自豪的。同年长子与席心仁夫妻商量准备在双涧镇购买门面房，首先得到了席心仁的赞同，并说服家人一致同意这一庄稼人不可想象的前瞻决策。席心仁前往上海等地亲朋好友处筹钱2.3万元，加上多年积蓄1.7万元，总计花费4万元，购置临街门面房2间。1993年，在后面扩建2间，计2万元。

1995年，是当时农村农民提留较高的年份，人均提留款接近200元，许多农户存在抛荒和弃耕行为，而席心仁咬住土地不放松，全家7口人，耕地面积20亩，家庭人均纯收入975元，种植业收入人均1117元，比一般农户家庭种植业高10%左右。养殖业收入449元。种植业支出345元，养殖业支出246元，食品消费支出169元，衣着支出53元，居住支出2100元，家庭设备支出人均65元，交通通信支出113元，文化教育娱乐支出45元。当年小儿子结婚，盖房、购物和婚礼合计花费4万元左右。长子退出双涧区食堂承包，利用双涧镇2间门面房开了饭店，席心仁利用农闲时间在饭店旁边开了个烟酒店，并花600元初装费安装了村里第一部电话。长子饭店每年纯利润在3万元左右，席心仁烟酒店纯利润在3000元左右。

2002年，又是席心仁在全家第一个同意，小儿子与亲戚合伙购运输车投资1.9万元；2004年，自己投资8万元购买新的运输货车。因为刚开始跑车，经验少业务不熟，赚钱不多，但是为以后的运输服务业发展迈出了坚实的一步。

2005年，相伴多年的老伴去世，家庭人口8口人，耕地面积18亩，人均纯收入7275元，当年种植业收入人均3125元，养殖业收入350元，三产业收入人均5000元。种植业支出1082元，养殖业支出118元，食品消费支出417元，衣着支出85元，居住支出116元，家庭设备支出人均95元，交通通信支出139元，文化教育娱乐支出87元。人均纯收入比1985年增长1082.92%，增长10倍；种植业人均收入360.91%，增长3.6倍。食品消费人均支出增长487.32%，衣着消费人均支出增长466.66%，家庭设备支出人均86.27%，交通通信支出3761.11%，文化教育娱乐支出1877.27%。

蒙城县乐土镇陈营村陈怀平家庭

提起陈怀平，蒙城县南部乡村的老少爷们都翘起大拇指，那可是远近闻名的“养殖能人”。但说起陈怀平的发家史，从一个普通的农民家庭发展成长为规模化养殖场——蒙城县怀平养殖场的不凡经历，值得重墨一笔。

陈怀平，男，1940年5月14日生，小学文化，籍贯安徽省蒙城县乐土镇陈营村后陈东组，其妻子赵××，本村人，1947年6月16日生。说起两人的婚缘，那是“文化大革命”初期，也是非常注重家庭出身成份的年代，由于两家都不是贫下中农阶层，个人婚姻问题一直被家庭成份所羁绊着。年轻时陈怀平到了成家的年龄，个人婚姻问题一直没有着落，而当时的赵××家庭成份也较高，年仅12岁时父母双亡，寄托其大伯家，在当地媒婆的撮合下，17岁时便嫁到了陈家，与24岁的陈怀平结为连理。在那个物质和精神生活极其匮乏的年代，对于背负着特殊身份的年轻夫妻而言，八年时间里连续生产一女三男四个孩子，其生活艰难可想而知。陈怀平这样描述到，“我生活在一特殊历史背景下，具有特殊出身的农村人，整天跟随着劳动大众参加生产，艰难过日子，日出而作，日落而息，应付一天是一天，在我极度消沉的日子里，一脑子茫然情绪，一切都在怀疑，时刻在想还是淡定点比较好，免得引火烧身”。

1978年中共十一届三中全会后，改革开放的总设计师邓小平提出，在农村“实行土地联产承包责任制”，把集中的集体耕地分到各家各户，农业的生产力水平和农民的生活方式有了极大提高和改善，但对于陈怀平一家的情景仍旧是喂一头牛为了耕田，一年到头养一头猪，长大了卖掉，换点钱补贴家用。

1985年，陈怀平一家7口，承包耕地20亩，年人均纯收入不足350元，7口之家拥挤地居住在两间33平方米的土坯房子里，只有一些简单的犁耙耖等小农具，无任何交通工具。1986年大女儿出嫁时除了一只十几元的衣箱做嫁妆外，别无其他作陪嫁。在维持改善日常生产生活开支的前提下，随着孩子们逐渐长大成人，需要不菲的钱物给三个男孩子盖房成家，钱的来源问题时刻萦绕在陈怀平夫妻的心头。随着自由的商品经济在农村中的允许自主经营，陈怀平夫妻琢磨只靠土里刨食，只能解决温饱问题，在当时的条件下，要想致富是十分困难的。于是他们萌生做点小生意的念头，但苦于家庭无本钱。经反复协商，于1987年下半年开始，与孩子们一起在管理着农田的同时，在自家做起“炸馓子”卖的小买卖，一家人忙活一天可以挣十余元钱。其间花四五十元买一辆旧自行车，孩子骑着旧自行车，陈怀平挑着担子，走村入户叫卖，每月下来能盈利三四百元。这种生产经营形式，一直延续到1990年春季。这一年，陈家饲养了2头役用黄牛，喂2头猪，当年出售1头膘猪，15头仔猪。就在这一年陈怀平夫妻带着孩子们自制土坯和水泥瓦，拉着板车到河边捡拾砂礓、石块，加上前三年做小生意的积蓄，一气呵成盖了六间土坯墙瓦房，一时轰动了全村的老少爷们，他们送去了羡慕的目光。1991年春天，陈家花1800元购置一套二手打面机，为乡亲们提供有偿服务。在获得有偿服务收入的同时，利用机面过程中的地脚面，每年可喂养并出售4头膘猪。这期间，三个男孩也都相继结婚成家，让陈怀平夫妻倍感欣慰。

1998年，是陈家生产生活过程中的转折之年，正如陈怀平所言：“是党的农村经济优惠政策温暖了我的心，它如一波电流融入了我的大脑，打开我深藏已久的心结。当时我像一个孩子从此活跃起来，是党的改革开放政策，给我增添了生命活力，萌生了发展养殖业生产的想法，开始对养殖业市场行情进行分析，决定自筹资金发展家庭养殖业。”当年4月，陈家从当地农村信用社贷款1.5万元，民间借贷2万元，加上自有的1.5万元，共计5万元，建起了13间养猪房，周围建起院墙，做好发展家庭型养猪场的前期硬件。5月中旬，年近60岁的陈怀平，带着儿子前往苏北，以每市斤1.3元的价格，购买仔猪130头，入圈饲养。经过四个多月的精心喂养，当年中秋节期间，以每市斤3.4元的好价，一次性出售膘猪100多头。仅仅四个月的经营期，纯盈利35802元，全家人兴奋不已。紧接着又及时补栏，向规模化养殖的方向发展。

1998年，陈家花4500元购置一台农用四轮车，花700元购买了家用电视机，花248元购买一台单筒洗衣机，当时全村也只有三四户人家，拥有这种农业生产机械和这些时尚的家庭耐用品。

进入1999年，陈怀平又开始对蒙城县及周边地区养牛进行了分析和研究，认为“由于机械化的普及，种植业生产过程中的役用黄牛逐渐被机械所代替，加上当时的打工潮，青壮年劳动力纷纷外出打工，自动放弃养牛，发展养牛业应该具有潜在市场。”2000年春季，陈家投资4万余元，再建500多平方米的养牛场，并一次性花了3.2万元购进仔牛46头。一年后，饲养黄牛的产值翻一番，打下了发展黄牛养殖的基础，从此走上了猪、牛联合经营的蒙城县怀平养殖场快速发展轨道。这一年，陈怀平，被蒙城县乐土镇人民政府授予“先进个人”荣誉称号。

自2001年起，陈怀平带领家人，在耕种管理好农田的同时，精心饲养着每一茬猪和牛，无论猪、牛市场风云如何变化，一直在坚持着。通过不断学习规模化养殖管理经验和猪、牛的饲养先进技术，独创一套青贮饲草养牛技术，积累了自繁自育养猪经验。这样做不仅成本较低，而且养殖风险小，抵御市场波动风险能力大大增强，走出一条以家庭为主轴，发展中型规模化养殖场的先进生产经验管理模式。

2001—2005年，陈家经营的蒙城县怀平养殖场，每年出栏毛猪在50～100头之间，存栏75头左右，出售收入4.5～9万元；每年出售黄牛15头左右，收入3.5万元左右，两者全年纯收入由2001年的4.6万元，2005年提高到8万元左右，加上种植纯收入，陈家年人均收纯收入由1985年的不足350元，发展到2005年家庭年人均纯收入已过万元，是20年前的28.6倍。为此，2000—2005年6年时间里，陈怀平光荣加入了中国共产党，并选举为蒙城县十四届人大代表，连续八次被乐土镇党委政府、蒙城县人民政府、亳州市人民政府分别授予“先进个人”“十佳示范带头人”和“十佳养殖大户”等光荣称号。赵××也三次被乐土镇人民政府、蒙城县妇女联合会授予“致富能手”“勤劳持家致富能手”等光荣称号。

庐江县罗河镇鲍店村鲍胜清家庭

鲍胜清为农村个体运输经营户，家住庐江县罗河镇鲍店村黄洼村民组，地处丘陵岗区，人多地少。1986—2005 年，其家庭生产及生活变迁情况：

家庭人口状况　1986 年，鲍胜清与爱人结婚，家庭人口 6 人，劳动力 4 人，家庭共同生活的有父亲、母亲、妻子、弟、妹等。1987 年 8 月，大孩子鲍僧成出生，1989 年 11 月，次子出生。1992 年，分家，与妻子及两个孩子，共 4 人。1995 年，母亲去世，同年父亲与其一起生活，家庭人口 5 人。2000 年，被当时庐江县农村社会经济调查队抽中为国家农村住户调查记账户，记账时间：2000—2004 年共计 5 年。2005 年，家庭人口 5 人，有父亲、妻、2 个小孩，劳动力 3 人。

婚姻状况　1985 年说亲，1986 年结婚，从说亲、走亲到结婚，共花去资金 1036 元，其中：订结婚礼金为 188 元，购买长江牌缝纫机 130 元，上海钻石手表 90 元，永久牌自行车 120 元，摆酒席 10 桌 300 元，请媒婆 20 元，平时看节花费 30 元，付给女方的三牲（2 只鸡 10 元、24.5 斤猪肉 26.5 元、鱼 2 条 2 元）、茶饭、烟酒糖及其他用品 158 元。是年结婚收受人情均为实物，折算成钱一份人情大都为 1.1 元左右，主要为布匹，人情比较重的 8.5 尺，少则 3.5 尺。

身份及就业变化　鲍胜清，1983 年初中毕业于鲍店附中，由于家庭耕地少，农业生产难以发展，哪里能赚到钱就奔往哪里去。同年，外出到铜陵打工拉板车，做搬运，一直做到 1987 年。1988 年至 1991 年在江苏省常州市码头下船。1992 年，开始跑运输，购买了东方红牌江淮 -12 型 12 匹马力四轮拖拉机，从事运输业，也是家庭收入的主要途径。1999 年，更换了“四不像”农用车。2005 年 8 月，又一次更换了骠马牌农用车。

生产性固定资产拥有情况　农业生产性固定资产，1986 年，主要使用木、铁制农具。耕地用木犁、木耙、木耖；翻地用钉耙（四齿耙）；施肥用粪桶、瓢、畚箕；清沟理水用铁锹；除草用锄头、耘耙、铲子；收割用镰刀；打场脱粒有石磙、连枷、稻箩、竹扫帚；加工粮油用石磨、机械等。动力靠人力或畜力，笨重艰苦，效率低。主要生产性固定资产数量，6 户共养耕牛 1 头，价值 2000 元，折算户均 333 元；脚踏脱粒机 80 元；木犁、木耙、木耖等共 200 元。共计农业生产性固定资产原值 613 元。1992 年，购买东方红牌江淮 -12 型 12 匹马力四轮拖拉机，价值 9000 元。1995 年，购置机动脱粒机 400 元；1999 年，花了 2.2 万元购买了“四不像”农用车，动力为 24 匹马力。2005 年 8 月，用了 4.3 万元购买骠马牌农用车。2005 年，农业生产固定资产：有木犁、木耙、木耖等，机动脱粒机 1 台。运输业固定资产：骠马牌农用车 1 辆。折算生产性固定资产原值 43600 元。这年田地耕种 1 亩，生产的粮食作为口粮，耕作请人代耕，其他田地免费让亲友耕种。

家庭经营状况　1986 年，是实行家庭联产承包责任制的第七个年头，当时生产队分得承包耕地 2.9 亩，其中：水田 2.7 亩，旱地 0.2 亩。实行粮食征购、超购改为合同定购，由粮食部门采取协商定购到户确定定购任务，合同定购每交售 100 公斤原粮，供应平价化肥10公斤。化肥分配到各区供销社，化肥碳铵50公斤10.65元。主要粮食品种定购价：早稻15.70元／50千克，晚粳稻18.90元／50千克。

农作物以水稻为主，1986年，粮食播种面积4.6亩，其中：种小麦0.2亩，早稻2亩，山芋0.2亩，双季晚稻2.2亩。共收粮食1020公斤，其中，小麦50公斤，山芋（折算为原粮稻谷）80公斤，稻谷840公斤，全部作为口粮；经济作物播种面积0.2亩，蔬菜0.2亩。饲养生猪1头，猪肉产量75公斤；饲养鸡10只，鸡的肉产量15公斤，鸡蛋10公斤。2005年，耕地2.7亩，其中：水田2.5亩，旱地0.2亩；粮食直接补贴每亩23.0元，早稻每亩良种补贴10元、双季晚稻每亩良种补贴7元；自家只耕种1亩口粮田，其他耕地均无偿给亲友耕种。

1983年至1987年，外出到铜陵打工拉板车，做搬运，年收入1000元。1988年至1991年在江苏省常州市码头下船，外出一年收入由3000元至5000元。1992年，购买了东方红牌江淮–12型12匹马力四轮拖拉机，扣除成本用油、维修等所有费用，运输业纯收入由当年的8000元，增加到1995年的1.2万元。1999年，花费2.2万元购买了“四不像”农用车，动力为24匹马力。2000年以后，每年运输业纯收入1.5万元。2005年8月，用了4.3万元购买骠马牌农用车，年纯收入2万元。

金融资产变化情况　1986年，家庭手存现金很少，只有几十块钱，银行没有存款。到1999年开始有银行存款，当时存款5000元。从记账资料中得知，2004年，手存现金3000元，存款余额1万元。另外，在农村跑运输，一些户主先付少量钱，到年终结算付款。

收入情况　农村实行联产承包责任制后，劳动生产率提高，劳动务工收入增加，家庭收入大幅度增长，税费负担减轻。（详见表）

鲍胜清家庭部分年度人均收入及负担情况表

表6–1　　　　单位：元

年份 收入构成	1986	1990	1995	2000	2003	2004	2005
全年人均纯收入	314	724	2248	2701	2525	3851	5350
一、家庭经营收入	44	95	2240	2677	2525	3829	4100
1. 第一产业收入	44	95	240	277	420	565	300
其中：①种植业收入	23	44	115	156	293	518	45
②牧业收入	21	51	125	122	110	46	255
2. 第二三产业经营收入			2000	2400	2104	3264	3800
二、工资性收入	267	625					1200

续表 6-1

年份 收入构成	1986	1990	1995	2000	2003	2004	2005
其中：外出务工收入	167	625					1200
本乡地域劳务收入	100						
三、财产性收入							20
四、转移性收入	3	4	8	24	0	22	30
税费负担	5	19	92	40	49.5	30	0

1986 年，家庭劳力主要有本人、父亲、母亲、妻子等，主要务农和外出打工，收入来源是外出务工和农业收入（主要有粮食、生猪等畜禽收入），家庭全年纯收入 1882 元。其中：工资性收入 1600 元（在本乡地域内劳动得到收入 600 元，外出从业得到收入 1000 元）、家庭经营收入 262 元（主要是第一产业收入 262 元）、转移性收入 20 元。人均年纯收入只有 314 元，税费负担全年 30 元。1992 年开始跑运输，家庭收入主要来源是运输，当年运输业纯收入达 8000 元，到 1995 年时，运输业纯收入已经达到 1.2 万元。2000 年以后，每年运输业纯收入都在 1.5 万元左右。2004 年，整理记账资料汇总表明，全年家庭纯收入 19253 元，在全年收入中，家庭经营收入 19143 元（其中：第一产业收入 2825 元，二三产业收入 16318 元），转移性收入 110 元（包括良种补贴、粮食直补 110 元）。税费负担全年 120 元。2005 年，全年家庭纯收入 26749 元，在全年收入中，家庭经营收入 20499 元（其中：第一产业收入 1499 元，二三产业收入 1.9 万元），工资性收入 6000 元（外出从业得到收入 6000 元），财产性收入 100 元，转移性收入 150 元（包括良种补贴、粮食直补 110 元）。农业税全面取消，税费负担实现零赋税。

生活消费变化　1986 年，家庭生活消费支出 1409 元，其中：家庭食品消费支出 675 元，人均 112 元；衣着消费支出 170 元，人均 29 元；居住消费支出 200 元，人均 33 元；家庭设备和日用品消费支出 340 元，人均 57 元；交通和通信消费支出 20 元，人均 3.3 元；文化教育娱乐消费支出、医疗保健消费支出没有；其他商品消费支出 4 元，人均 0.7 元。到 2005 年，家庭生活消费支出 12787 元，其中：家庭食品消费支出 5737，人均 1147 元；衣着消费支出 1250 元，人均 250 元；居住消费支出 200 元，人均 40 元；家庭设备和日用品消费支出 200 元，人均 40 元；交通和通信消费支出 500 元，人均 100 元；文化教育娱乐消费支出 4800 元，人均 960 元；医疗保健消费支出 50 元，人均 10 元；其他商品和服务消费支出 50 元，人均 10 元。

1986 年家庭主要食品消费量，靠自家生产自己消费，市场购买少。全年谷物消费 1020 公斤，人均 170 公斤，（其中稻谷 840 公斤，人均 160 公斤）；食用油 20 公斤，人均3.3公斤；蔬菜360公斤，人均60公斤；猪肉15公斤，人均2.5公斤；禽肉15公斤，人均2.5公斤；蛋10公斤，人均1.6公斤；水产品及制品2公斤，人均0.3公斤；酒15公斤，人均2.5公斤；烟20包16元。消费量按当时价格计算，家庭食品消费支出675元，人均112元。1990年，家庭食品消费支出2352元，人均294元。1995年，家庭食品消费支出4217元，人均843元。2004年，家庭食品消费支出6533元，人均1307元。2005年家庭主要食品消费量，与1986年相比，除谷物消费量减少外，其他消费都有不同程度增加。由于鲍胜清常年跑运输，饮食在外消费多，在家庭消费少。全年家庭谷物消费700公斤，人均140公斤，（稻谷700公斤，人均140公斤。其中购买350公斤），人均比1986年减少20公斤；食用油60公斤，人均12公斤，增加8.7公斤；蔬菜400公斤，人均80公斤，增加20公斤；猪肉40公斤，人均8公斤，增加5.5公斤；禽肉30公斤，人均6公斤，增加3.5公斤；蛋15公斤，人均3公斤，增加1.4公斤；水产品及制品20公斤，人均4公斤，增加3.7公斤；白酒30公斤，人均7.5公斤，增加5公斤；啤酒20箱450元；烟100包680元。消费量按当时价格计算，家庭食品消费支出5737元，比1986年增加5062元，增长850%，年均递增11.9%；全年购买肉、禽、蛋类以及制品支出1189元，人均238元，人均比1986年增长11.3倍。

衣着消费　1986年，家庭衣着消费支出170元，人均29元，主要是服装材料消费支出，布料品种少，以蓝、白、红、黑为主调。晴天穿的鞋大部分都是自己做的，雨雪天穿的是解放球鞋或胶鞋。1993年12月，给妻子买了价值120元“凯尔达”牌红色带内胆的有品牌上衣，鲍胜清自己也购买时价150元“海力”牌咖啡色带内胆的有品牌上衣。1995年，家庭衣着消费支出400元，人均80元。2000年，家庭衣着消费支出550元，人均110元。记账资料表明，2004年衣着消费支出1108元，比1986年增加938元，增长5.5倍，且衣着消费主要是购买服装支出，人均为72元，占衣着消费支出比重32%，鞋类消费支出人均133元。2005年衣着消费支出1250元，比1986年增加1080元，增长6.4倍。衣着消费主要是购买服装支出，人均为100元，占衣着消费支出比重40%；穿鞋全部是市场购买的，种类繁多，有凉鞋、布鞋、皮鞋、保暖鞋。

居住情况　1986年，住房消费支出200元，人均33元，所住房屋比较简陋，是土坯墙瓦顶房，房屋4间，建筑面积65平方米，人均10.8平方米，价值400元，住宅外道路路面都是土路。1993年，户外道路就是合铜公路（合肥—铜陵）。1990年，新建房屋6间，砖墙瓦顶，屋内是双排山五列木柱落地，面积120平方米，价值6000元。1999年，新建楼房三层，共7间，钢筋混凝土结构，面积248平方米，造价45000元。1995年，家庭住房消费支出150元。2000年，家庭住房消费支出140元。记账资料表明，2004年家庭住房消费支出141元。2005年，钢筋混凝土结构房屋7间，建筑面积248平方米，人均49.6平方米。

家庭设备用品　家庭主要耐用消费品，改革开放前，代表着当时农村生活水平的“四大件”缝纫机、自行车、手表和收音机家庭都未配齐，温饱问题刚刚解决，根本谈不上追求高档耐用消费品。到1986年，家庭用品年支出340元。家里主要耐用消费品拥有情况：自行车、缝纫机、手表等。床上用品冬天用棉被，白大布被套和丝绸被面，做饭主要烧柴草，饮用浅井水。

家庭设备用品年支出，1995年1100元，2000年160元，2004年199元，2005年200元。早在1985年家里就通了电，同年购买一台黄山牌12英寸黑白电视机，价值280元；1986年，购买长江牌缝纫机130元，上海钻石手表90元，永久牌自行车120元；1987年购买一台收音机90元；1988年购买孔雀牌17英寸黑白电视机420元；1994年购置电风扇一台220元；1995年置办了三门橱、挂衣橱、大桌等大型家具共计1100元；2000年购买三角牌电饭煲160元；2002年用480元安装了固定电话，1700元购买摩托罗拉手机一部；2003年购买25英寸“caiming”牌彩色电视机一台1800元，VCD一台300元，康佳-183电冰箱一台1780元。1999年开始做饭烧菜主要用液化气、电。到2000年，饮用深井水。2005年，家庭主要耐用消费品有：电风扇4台（吊扇2台、台扇1台、落地扇1台）、VCD1台、固定电话1部、移动电话1部、彩色电视机1台、电冰箱1台、三门橱、挂衣橱、大桌等木制家具。

交通和通信消费　1986年，由于家庭经济条件和基础设施差，出行主要靠步行和骑自行车，运输靠肩挑，交通费支出少，通信费只有很少邮寄费，几乎不存在有支出。随着基础设施的改善和家庭经济好转，农村网络信息技术的广泛使用，2002年以后，电话、手机等通信工具进入家庭，极大地方便了日常交往和对各种信息的需求，“信息消费”已成为生活交流中不可缺少的部分。1995年交通和通信消费支出80元，2000年交通和通信消费支出120元，2004年交通和通信消费支出365元，其中交通费人均6元，通信消费支出67元。到2005年交通和通信消费支出500元。

文化教育娱乐情况　1986年，没有文化教育支出；到1994年，大孩开始上小学，每学年学费220元；1995年，二孩开始上小学，每学年学费220元。1999年大孩上初中，每学年学费420元；2000年二孩上初中，每学年学费420元。2002年大孩初中毕业，于2003年开始外出务工。2003年二孩初中毕业，上高中分数不够，花了7000元，作为议价生就读于乐桥中学，每年学费800元，吃住月费用400元。2005年，二孩在读高三，文化教育支出4800元。

医疗保健　1986年，医疗保健费支出为零，伤风感冒从来不用药，谈不上用保健用品。1990年家庭医疗保健消费支出20元，2000年家庭医疗保健消费支出30元，记账资料显示，2004年家庭医疗保健消费支出没有。

2005年，在政府组织、引导、支持下，开始实行新型农村合作医疗，采取农民自愿参加，个人、集体和政府多方筹资为原则，中央及地方各级财政每人每年35元，农民自筹10元，合计45元，5口人都参加了新农合，每年每人只要支付50元钱，统筹使用，资金建立专用财政账户，专款专用，保障资金安全。2005年家庭医疗保健消费支出50元。

其他商品和服务消费支出　1986年，由于家庭经济不富裕，手头没有多余钱，其他商品支出没有，其他服务消费支出，除几个月理发一次外，没有支出。到1990年，才有其他商品支出15元，主要用于日用护肤化妆品、美容美发、祭祀迷信用品等。记账资料显示，2004年家庭其他商品和服务消费支出34.5元，其中其他商品消费支出34.5元。

现金支出情况　1986年，主要是食物消费，现金支出不多，全年家庭现金支出1063元，其中：家庭经营费用363元，税费支出30元，生活消费支出640元，转移性支出30元。记账资料显示，2004年，全年家庭现金支出11331元，其中：家庭经营费用4193元，税费支出120元，生活消费支出6811元，财产性支出208元。

图片记忆：

1990年建设的老房子

1999年建设的三层楼房

1993年购买的海力牌咖啡色男外衣

1993年购买的凯尔达牌红色女外衣

庐江县郭河镇潘墩村莫祚松家庭

莫祚松，为外出务工户，家住庐江县郭河镇潘墩村棋杆村民组。1986—2005 年，家庭生产及生活变迁情况：

家庭人口状况　1986 年，莫祚松才 17 岁，是年 7 月，在三塘中学初中毕业，与父亲、母亲、姐、弟等人共同生活，家庭人口 5 人，劳动力 4 人。1991 年，姐姐出嫁，家庭人口为 4 人。1992 年 2 月，莫祚松与妻子结婚，同年 12 月 12 日，孩子出生，家庭人口为 6 人。1994 年 7 月，弟考上大学——江西赣州冶金技术学院。1994 年 11 月与父母分家，家庭人口为 3 人。1997 年 6 月，父亲因突发脑溢血去世。同年，母亲又一起与莫祚松共同生活。2000 年，被当时庐江县农村社会经济调查队抽中为国家农村住户调查记账户，记账时间：2000—2004 年共计 5 年。2005 年，家庭人口 4 人，有母亲、妻、小孩，劳动力 2 人。

婚姻状况　1988 年说亲，1992 年结婚，受当时农村“余钱买马、借钱娶妻”这一传统观念的影响，收彩礼自古就含有不许悔婚之说，表明双方合法结合，是让村里的人们认可承认的关键性步骤。不管经济条件，也要把婚礼办得体面些，宁肯借钱，也不让人说自己“寒酸”。从说亲、走亲到结婚，花去资金 6556 元，其中：订婚礼金 888 元，订婚酒席 120 元，结婚礼金 1288 元，购置永久牌自行车一辆 360 元，置办组合柜一套 1200 元，摆酒席 12 桌 1100 元，请媒婆 100 元，室内装修装潢 100 元，平时看节花费 800 元，付给女方茶饭钱、三牲（压轿公鸡一只，猪肉 18.8 斤、鱼 10 斤）、烟酒糖及其他用品共计 600 元。同时，收人情 1200 元，加上以往家里积蓄和当年收入，仍欠债 1000 元。

身份及就业变化情况　1986 年 7 月前，在三塘中学读初三，是年 7 月初中毕业，至 1994 年 9 月前，在家务农。1994 年 9 月，第一次外出打工，跟建筑瓦工后面打小工。因孩子小，妻子一人在家照顾不过来，在外打工 40 天回家，挣钱 800 元。1995 年至 2000 年，在本地务农，农闲从事制作水泥砖的非农务工，其间每年非农务工时间在 3.5 ~ 4.5 月之间，工值 20 元，年收入 2000 元，虽收入不高，但能照顾家庭。随着农村农民收入生活水平的提高，水泥空心砖的市场需求越来越小，加之孩子逐渐长大，农活没有以前繁重，交通也方便，于是开始了第二次外出打工生活。2000 年至 2005 年，第二次外出到上海打工，从事建筑业木工。2000 年工值为 40 元 / 天，在外从业时间 150 天，收入 6000 元。2001 年，工值为 45 元 / 天，在外从业时间 160 天，收入 7200 元。其间 2002—2003 年，因户主本人患腰间盘突出，外出时间较短，仅有 2 个月时间，收入在 2400 元。2004 年、2005 年，工值为 55 元 / 天，在外从业时间 180 天，收入在 1 万元。

生产性固定资产拥有情况　农业生产性固定资产，1986 年，主要使用木、铁制农具。耕地用木犁、木耙、木耖；翻地用钉耙（四齿耙）；施肥用粪桶、瓢、畚箕；清沟理水用铁锹；除草用锄头、耘耙、铲子；收割用镰刀；打场脱粒有石磙、连枷、稻箩、竹扫帚；加工粮油用石磨、机械等。动力靠人力或畜力，笨重艰苦，效率低。4户共用耕牛一头、木犁、木耙、木耖等大中型农业固定资产，农业生产性固定资产原值4户分摊后1150元。1988年，花费了100元购买一台脚踏稻谷脱粒机；1992年，开始使用化学除草，除草工具耘耙退出农业生产；1995年，添置机电脱粒机一台220元；2003年，和堂兄合伙购买了一台农用水泵360元；2005年，购置了小型手扶拖拉机一台价值2700元，及其配套的铁犁、铁耙、轧辊各一个计240元，木犁、木耙、木耖退出该户的农业生产。2005年，农业生产性固定资产有：铁犁一张，铁耙、轧辊各一个、小型手扶拖拉机一台、机动脱粒机一台。另外，4户共用耕牛一头价值3600元，2户共用水泵一台价值360元。折算农业生产性固定资产原值分摊后4330元。

家庭经营状况　1986年，是实行家庭联产承包责任制的第七个年头，当时生产队分得承包耕地8.0亩，其中：水田7.5亩，旱地0.5亩，全年税费、水费合计140元。农作物以水稻为主，以早稻、双季晚稻两季水稻连作。1986年，粮食播种面积14.3亩，其中：早稻6.9亩，双季晚稻7.4亩。共收粮食4290公斤，口粮1625公斤，饲料及种子665公斤，出售稻谷2000公斤，每百斤19元，出售稻谷所得现款760元，粮食生产商品率达46.6%；经济作物播种面积0.5亩，油菜0.3亩，蔬菜0.2亩。饲养生猪1头，猪肉产量75公斤；饲养鸡10只，鸡的肉产量15公斤，鸡蛋30公斤；鸭10只，鸭的肉产量15公斤；鹅10只，鹅的肉产量25公斤。1995年，实行土地二轮承包，耕地与一轮承包没有变化，只与村委会签订土地二轮承包合同。1999年，上交集体承包任务、集体提留和摊派等616元。2000年，农村实行税费改革，村级兴办公益事业通过“一事一议”来解决，由农民协议酬资，用于农田水利、道路建设、植树造林等，改善生产和生活条件。“一事一议”规定每人每年最多酬劳10个工日，以资代劳，由农户提出申请，村委会审批。2003年6月1日，实行粮食补贴和最低价收购，依据国家出台的粮食补贴政策，户均补贴92.9元，亩均补贴21.6元。2004年，全面取消农业税附加，并降低农业税税率2.2个百分点。2005年，耕地8.0亩，其中：水田7.5亩，旱地0.5亩。机耕面积6.5亩，机收面积7.5亩，机电灌溉面积2.5亩。这年全面取消农业税，少交农业税294元。粮食直接补贴每亩21.5元，早稻每亩良种补贴10元、双季晚稻每亩良种补贴7元；“一事一议”筹资60元（标准15元/人）。粮食播种面积14.46亩，其中：种小麦0.2亩，早稻6.91亩，双季晚稻7.35亩。共收粮食7257.5公斤，其中，小麦37.5公斤，稻谷7220公斤。口粮980公斤，饲料及种子440公斤，出售5800公斤，每百斤79元，出售稻谷所得现款9164元，粮食生产商品率达79.9%；经济作物播种面积0.46亩，油菜0.3亩，蔬菜0.16亩。饲养生猪2头，猪肉产量136.6公斤；饲养鸡19只，鸡的肉产量25公斤，鸡蛋40公斤；鸭20只，鸭的肉产量30公斤；鹅10只，鹅的肉产量20公斤。

种植结构和养殖变化　以种植双季稻为主要种植模式，养殖业以生猪、三大家禽（鸡、鸭、鹅）为主。1999年，早稻开始采用直播技术，6.9亩早稻2天完成播种，比移栽节约10天，产量每亩增加50公斤。2001年，双季晚稻采用抛秧技术，当年抛秧3.5亩，节约2天。2005年，购买农用拖拉机采用机耕，全面机收和抛秧，双抢（抢收早稻、抢种晚稻）时间15天，与1986年相比，缩短时间10天。

金融资产变化情况　1986年，家庭手存现金很少，只有几十块钱，银行没有存款。到1998年，家庭才开始有银行存款，当时在汤池农村信用合作社存款3000元；1999年，手存现金2400元，存款余额3000元；从记账资料中得知，2004年，手存现金5135元，存款余额3000元。2005年，手存现金8500元，存款余额5000元。

收入情况　农村实行联产承包责任制后，劳动生产率提高，劳动务工收入增加，家庭收入大幅度增长，税费负担减轻。（详见表）

莫祚松户部分年度人均收入及负担情况表

表6-2　　单位：元

收入构成＼年份	1986	1990	1995	2000	2003	2004	2005
全年人均纯收入	324	568	2402	2759	2017	4216	6027
家庭经营收入	268	552	1668	1059	1244	2033	2977
一、第一产业收入	268	552	1668	1059	1244	2033	2977
其中：①种植业收入	231	450	1423	868	1084	1937	2390
②牧业收入	37	102	245	191	160	96	587
二、工资性收入	36		667	1500	717	1164	2500
其中：外出务工收入				1500	717	1164	2500
本乡地域劳务收入	36		667				
三、财产性收入						459	50
四、转移性收入	20	16	67	200	56	560	550
税费负担	18	31	153	120	134	104	44

1986年，家庭劳力主要有父亲、母亲、姐姐和莫祚松本人，主要从事务农，收入来源是农业收入，主要有粮食、生猪等畜禽收入，家庭全年纯收入1619元，人均324元，其中：工资性收入180元（在本乡地域内劳动得到收入180元，姐姐在三塘玻纤厂做工，30元一个月，做了6个月），家庭经营收入1339元（其中：第一产业收入1339元），

转移性收入 100 元。税费负担全年 90 元。1994 年，莫祚松家庭人口 3 人，与父母、弟弟分开，自立门户。经营耕地 6.5 亩，其中：水田 6 亩、旱地 0.5 亩。每年赡养父母给 500 斤口粮，承担弟弟上大学费用 600 元。2004 年，整理记账资料汇总表明，全年纯收入 16865 元，人均 4216 元。在全年收入中，家庭经营收入 8130 元（其中：第一产业收入 8130 元），工资性收入 4659 元（其中：外出务工收入 4659 元），财产性收入 1838 元，转移性收入 2238 元（包括良种补贴、粮食直补 220 元）。税费负担全年 414 元。2005 年，家庭全年纯收入 24109 元，人均 6027 元。在全年收入中，家庭经营收入 11909 元（其中：种植业收入 9562 元，牧业收入 2347 元），工资性收入 1 万元（主要是外出务工收入），转移性收入 2200 元（包括良种补贴、粮食直补 288 元）。税费负担全年 175 元。

生活消费变化　1986 年，家庭生活消费支出 1591 元，其中：家庭食品消费支出 1112 元，人均 222 元。衣着消费支出 145 元，人均 29 元；居房消费支出 150 元，人均 30 元；家庭设备和日用品消费支出 140 元，人均 28 元；交通和通信消费支出 12 元，人均 2.4 元；文化教育娱乐消费支出 15 元，人均 3 元；医疗保健消费支出 9 元，人均 1.8 元；其他商品消费支出 8 元，人均 1.6 元。到 2005 年，家庭生活消费支出 19248 元，其中：家庭食品消费支出 5148 元，人均 1287 元；衣着消费支出 650 元，人均 162.5 元；居房消费支出 9500 元，人均 2375 元；家庭设备和日用品消费支出 1900 元，人均 475 元；交通和通信消费支出 850 元，人均 212.5 元；文化教育娱乐消费支出 320 元，人均 80 元；医疗保健消费支出 800 元，人均 200 元；其他商品和服务消费支出 80 元，人均 20 元。1986 年家庭主要食品消费量，靠自家生产自己消费，市场购买少。全年谷物消费 1625 公斤，人均 325 公斤（其中稻谷 1625 公斤，人均 325 公斤）；食用油 20 公斤，人均 4 公斤；蔬菜 360 公斤，人均 72 公斤；猪肉 7.5 公斤，人均 1.5 公斤；禽肉 9 公斤，人均 1.6 公斤；蛋 10 公斤，人均 2 公斤；水产品及制品 4 公斤，人均 0.8 公斤；酒 10 公斤，人均 2 公斤，主要以散装酒为主。父亲吸烟，烟 30 条，佛子岭牌香烟，9 角钱一包。1990 年，家庭食品消费支出 1947 元，人均 389 元。1995 年，家庭食品消费支出 2392 元，人均 797 元。2004 年，家庭食品消费支出 4119 元，人均 1030 元，在外饮食消费支出 1196 元，主要是由于外出务工消费。2005 年，家庭主要实物消费量，与 1986 年相比，除谷物消费量减少外，其他消费都有不同程度增加。全年谷物消费 980 公斤，人均 245 公斤（其中稻谷 980 公斤，人均 245 公斤），人均比 1986 年减少 80 公斤；食用油 60 公斤，人均 15 公斤，增加 11 公斤；蔬菜 400 公斤（购买 10 公斤），人均 100 公斤，增加 28 公斤；猪肉 30 公斤，人均 7.5 公斤，增加 6 公斤；禽肉 25 公斤，人均 6.25 公斤，增加 4.65 公斤；蛋 35 公斤，人均 8.75 公斤，增加 6.75 公斤；水产品及制品 10 公斤，人均 2.5 公斤，增加 1.7 公斤；白酒 15 公斤，人均 3.75 公斤，增加 1.75

公斤，均为瓶装酒，平时主要喝的是古井玉液 3.3 元 / 瓶，来客人及逢年过节喝的是口子酒、沙河王酒（价格在每瓶 6~10 元之间）。啤酒 9 箱，70 公斤。家里无人抽烟，香烟消费主要为应酬，一年消费香烟 20 包，过年 1 条烟，档次高点，为红盒子黄山烟，一条 95 元，平时用烟一条，为褐色黄山烟，一条 45 元。消费量按当时价格计算，家庭食品消费支出 5148 元，人均 1287 元，比 1986 年增加 4036 元，增长 363%，年均递增 8.4%；全年购买肉、禽、蛋类以及制品人均 250 元，比 1986 年增长 15.7 倍。

衣着消费　1986 年，穿机织平纹细布，好一些的是化纤布，布料以蓝、白、红、黑为主调。一年每人仅能穿上一套新衣服。家庭衣着消费支出 145 元，人均 29 元。晴天穿的鞋大部分都是自己做的，雨雪天穿的是解放球鞋或胶鞋。

莫祚松本人，1986 年做了一件价值 15 元蓝色涤卡中山装，整整穿了 5 年。1992 年，莫祚松结婚，姐姐为其购买一套黑色西服，价值 90 元。1994 年，外出打工，在浙江慈溪市购买了一套为“chaotian”牌西服，价值 200 元。1995 年，家庭衣着消费支出 210 元，人均 70 元。2000 年，家庭衣着消费支出 400 元，人均 100 元。记账资料表明，2004 年衣着消费支出 604 元，比 1986 年增加 151 元，增长 4.2 倍，且衣着消费主要是购买服装支出，人均为 90 元，占衣着消费支出比重 59.8%；鞋类消费支出人均 48.5 元；其他人均 12.5 元。2005 年，家庭衣着消费支出 650 元，比 1986 年增加 505 元，增长 3.5 倍。家庭人均衣着消费 163 元，每人每年至少添置一套或二套新衣服，小孩子的衣服是随着季节变换而更换新衣服。衣着消费主要是购买服装支出，为 410 元，占衣着消费支出比重 63%；穿鞋全部是市场购买，种类繁多，有凉鞋、布鞋、皮鞋、保暖鞋。

居住情况　1986 年，住房消费支出 150 元，人均 30 元，所住房屋在当时的青龙村是算得上比较好的，砖墙瓦顶。墙体为水泥空心砖，屋内是双排山五列木柱（落地），9 架的横木桁条，屋顶是烧制瓦。1984 年建造，房屋 4 间，建筑面积 100 平方米，人均 20 平方米，价值 3000 元。住宅外道路面都是土路。1995 年， 新建房子 4 间，60 平方米，砖木结构。建房材料有：水泥 1 吨 200 元、木材 20 根 400 元、竹子 120 元，木板椽 40 元、水泥砖 500 块 325 元，沙石 2.5 方 60 元，瓦 1200 块 780 元，油毡 5 卷 150 元等。装修房材料有：白石灰 10 袋 500 斤 60 元等，木工、瓦工工钱 300 元，门窗 325 元，伙食费等 240 元，共造价 3000 元。后分家为莫祚松住房。2000 年，家庭住房消费支出 350 元。记账资料表明，2004 年，家庭住房消费支出 379 元；2005 年，房屋 8 间，建筑面积 160 平方米，其中：砖木结构面积 160 平方米，人均 40 平方米，价值 6000 元，户外道路为宽 3.5 的水泥路。同年，居住支出 9500 元，其中订购砖 5 万块 7000 元，筹划建新房。

家庭设备用品　家庭主要耐用消费品，改革开放前，代表着当时农村生活水平的“四大件”缝纫机、自行车、手表和收音机家庭都未配齐，温饱问题刚刚解决，根本谈不上追求高档耐用消费品。到1986年，家庭设备用品年支出140元，家里主要耐用消费品拥有情况：美奇牌自行车一辆120元，是为姐姐在玻纤厂上班购买；飞马牌机械钟、百花牌收音机是1984年做房子亲友赠送；一张“四腰”大桌，2只存放衣服和被子的箱子。床上用品冬天用棉被，垫被三床，盖被三床。做饭主要烧柴草，饮水是1986年花费65元打的手工压水井。

家庭设备用品年支出，1995年200元，2000年440元，2004年500元，2005年1900元；1989年春节家里通了电，全家三个灯头，15瓦的灯泡。1984年的百花广播到1992年已经不用了，这年莫祚松因结婚，购置永久牌自行车360元，14英寸熊猫牌黑白电视机560元；1994年购置一台“骆驼”牌落地电风扇290元；2004年安装了固定电话，初装费278元。从1995年开始烧煤，到2000年，烧水煮粥用煤，炒菜用煤气，做饭烧草。2005年，购置21英寸“海信”彩色电视机1400元，影碟机一台330元，电饭锅160元。家庭主要耐用消费品有：黑白电视机一台、电风扇4台（落地扇1台、台扇2台、吊扇1台）、自行车一辆、固定电话一部，影碟机一台、组合沙发一组、组合衣柜。1986年当时家中的耐用消费品，因档次太低，到2005年退出了耐用消费品的行列。同年基本上是煮饭用电、炒菜用煤气、烧水煮粥用煤，柴草退出了居住燃料舞台。是年10月，花费2000元打一口深水井，其中：砖、水泥费用500元，潜水泵300元，人工及其他费用1200元。

交通和通信消费情况　1986年，由于家庭经济条件和基础设施差，出行主要靠步行，运输靠肩挑。到1992年，家里才有自行车，交通费支出很少，通信费只有很少邮寄费，几乎不存在有支出。随着基础设施的改善和家庭经济好转，农村网络信息技术的广泛使用，于2004年，电话进入家庭，通信极大地方便了日常交往和对各种信息的需求，“信息消费”已成为生活交流中不可缺少的部分。1995年交通和通信消费支出90元，2000年交通和通信消费支出420元，2004年交通和通信消费支出629元，其中交通费人均146元，通信消费支出人均11元。到2005年交通和通信消费支出850元。

文化教育娱乐情况　1986年，家庭文化教育支出15元。一年只能看几场电影，娱乐用品消费支出很少，温饱问题刚刚解决，还谈不上追求文化生活，过去那种自然经济状态下封闭、单调、自成一体，“日出而作，日落而息”的传统依然存在。一直到1992年有了电视机，开始有娱乐用品消费支出，文化生活才逐年丰富、节奏加快，不再由单一的职业选择，而是转向了多样化选择，不仅可以继续耕作农业还可做“两栖”农民，农忙时到田中耕作、收割，农闲时打工。小孩莫佳佳，1998年上幼儿班，上了2年幼儿班，每年学杂费320元。2000—2005年在青龙小学上学，每学年学费分别为220元、240元、280元、300元、320元、340元。

医疗保健情况　1986年，医疗保健费支出9元，小病抗着，大病拖着，很少花钱看病，伤风感冒从来不用药，谈不上用保健用品。

1990 年家庭医疗保健消费支出 50 元，2000 年家庭医疗保健消费支出 500 元，1997 年父亲因患急性肠胃炎，住进汤池中心医院，住院期间突发脑溢血去世，住院医疗费 200 元。2002 年，莫祚松因患腰椎盘突出，在庐江县医院住院治疗，住院 20 天，花费 4000 元。记账资料显示，2004 年家庭医疗保健消费支出 1775 元。

2005 年，在政府组织、引导、支持下，开始实行新型农村合作医疗，采取农民自愿参加，个人、集体和政府多方筹资为原则，中央及地方各级财政每人每年 35 元，农民自筹 10 元，合计 45 元，4 口人都参加了新农合，每年每人需要交 10 元钱，同年家庭医疗保健消费支出 800 元。

其他商品和服务消费支出情况　1986 年，由于家庭经济不富裕，手头没有多余钱，其他商品支出没有，其他服务消费支出，除几个月理发一次外，没有支出；到 1992 年，才有其他商品支出 8 元，用于化妆品等；到 1995 年，其他服务消费支出 30 元，用于旅馆住宿费、美容美发等；记账资料显示，2003 年家庭其他商品和服务消费支出 47 元，2004 年家庭其他商品和服务消费支出 45 元，其中其他商品消费支出 21 元，其他服务消费支出 24 元。

现金支出情况　1986 年，主要是食物消费，现金支出不多，全年家庭现金支出 1525 元，其中：家庭经营费用 605 元，税费支出 90 元，生活消费支出 800 元，转移性支出 30 元。记账资料显示，2004 年，全年家庭现金支出 10351 元，其中：家庭经营费用 2668 元，税费支出 414 元，生活消费支出 6950 元，转移性支出 319 元。

图片记忆：

1986年中山装

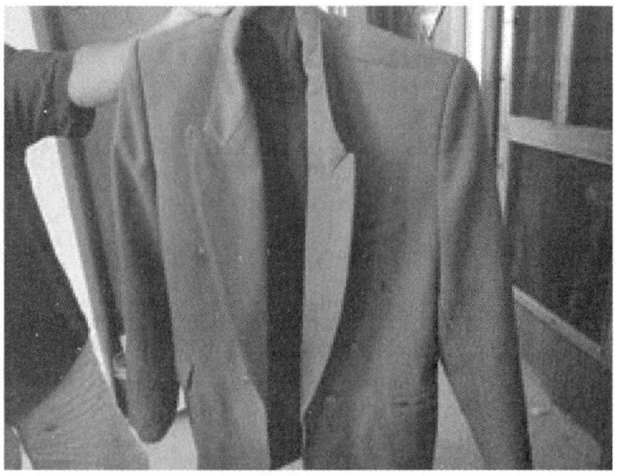

1994年在浙江购买的西服

1992年结婚时的组合家具

脱粒稻谷石磙

农具"连枷"

池州市贵池区里山街道办事处白沙村韩永培家庭

池州市贵池区里山街道办事处白沙村高垅组行政村干道旁"诚信商店"的招牌十分醒目，那是本组居民韩永培家的综合商店。一排四开间，三层楼房，一楼商店，二楼住家。商店内百货、日杂、糖烟酒、五金、农资、蔬菜、冷冻食品等商品分门别类、井井有条，俨然一家超市。

韩永培，池州市贵池区里山街道办事处白沙村村民，1962 年 11 月 18 日出生，18 岁高中毕业。2005 年，家中 5 口人，夫妻二人、大女儿、一对双胞胎儿子，家庭生产经营主要从事商业零售和农副产品加工，兼营农业生产，全年家庭人均纯收入 1.4 万元，比上年增长 3.2 倍，其中，商店经营纯收入 6 万多元，比上年增长 5 倍。

1986 年，农村已实行家庭联产承包责任制，韩永培家 6 口人，父母、新婚妻子、两个弟弟。一个姐姐已出嫁，自己在家排行老二。当时，家有三开间瓦房两幢，建筑面积 140 平方米，他们夫妻住一间正房、客厅一半，面积约 40 平方米。除妻子，5 个人口的承包耕地面积 5.4 亩，自留地不到 0.3 亩。1986—1988 年，每年粮食产量 2500 公斤左右，自给有余。除农业收入外，本人高中毕业后跟师傅学徒，1984 年出师，从事竹器加工，乡下俗称篾匠，做上门活，日工资 5 元，包供伙食，年收入 1000 多元。1986 年，家庭全年人均纯收入 400 多元，生活水平在当地属中上等，家有 14 英寸的黑白凯歌电视机一台，永久加重自行车一辆，太湖牌缝纫机一台，沙发一对，大衣橱、手表等。

1988 年，韩永培大女儿出世，他们一家三口同父母分家，开始独立生活。因集体土地未调整，分开后只有一个人的土地，妻子带小孩做家务，本人除继续上门做手工业外，还外出到城里打零工，年收入 4000 元左右。

1990 年，因承包土地少，韩永培租用生产队用于圈牛的公房两间，70 平方米，年租金 120 元，一间做生活用房，一间办起了小卖部。当时条件简陋，商品货物只有 1000 多元，主要经营烟酒和日杂，几十种商品，日营业额几十元。盐是散称的粗盐、酒是散打的粮食酒、酱油也是坛装散打的，出售的商品一般都是在供销社或国营商店的二级批发部批发的，价格由上级统一制定，经营方式主要是利用早、晚时间，白天关门。一年上缴国家税收 400 多元，工商税费 600 多元。年底，他们家双胞胎儿子出世，创业的艰辛和喜添贵子的幸福感交织在一起，小店的开业和双胞胎儿子的到来使他们家看到了希望。1994 年，第二次承包土地调整，他们一家 5 口人重新分得了 5 亩耕地。

随着农村社会经济的发展，小卖部的规模也像滚雪球一样越做越大。1996 年前后，经营的商品品种越来越多，货物越来越丰富，日营业额增加到 500 元至 600 元。为扩大商店经营规模，1998 年，用 4500 元购买了私人三开间瓦房一幢，作家人的生活用房。当年，又在家里办起了农副产品加工厂。2001 年，本生产队拟将韩永培经营小卖部的两间房屋和另 8 间（闲置和圈牛用）集体公房出售，由于不止一户想购买，最终由乡政府公证拍卖，底价 1.1 万元，韩永培以 1.41 万元竞得。2001 年，他们家的商店日营业额已有 1000 多元，月营业额已超过 3 万元。2002 年，韩永培利用现有的房屋和场地，投入 1.3 万元，在原有的基础上，增加了机械设备，办起了稻谷、饲料、磨粉、农副产品综合加工厂，年加工费收入 4000 多元。

2005 年，由于购买的房屋过于简陋和破旧，一方面影响商店的正常经营，另一方面自己的住房条件也需要改善，韩永培投入 15 万元，将现有的平房拆除，新建三层楼房。不仅扩大了营业面积，经营的商品种类大大增加，门面也气派了，更主要的是营业收入有了大幅度的提高。当初的小卖部已成为名副其实的综合商店，陈列商品价值达到了 10 万元，销售收入日均 3000 元左右，月营业额近 10 万元，年销售额 100 多万元，成为全村规模最大的综合商店。同时，家人的居住条件有了显著的提高和改善，从破旧的平房搬进了楼房，人均住房面积由原来的 15 平方米增加到 60 平方米 .

从小卖部到综合商店的变迁，既是党和国家改革开放政策给他们带来的机遇，也是他们艰苦创业、勤劳致富的结果。

韩永培从 1986 年结婚到 2005 年，大女儿已初中毕业，两个双胞胎儿子正在读初中；本人从走村串户做手工业，到现在的农村综合商店的小老板；家庭从年人均纯收入 400 多元到 1.4 万多元，增长了 34 倍。生活条件由过去同父母兄弟挤在一屋到宽敞的三层楼房及 200 多平方米的生产用房，家有彩电、冰箱、空调、手机、VCD 机、太阳能热水器等城市居民所拥有的生活用品，人均生活消费水平也由当初的 300 元增加到 1000 元。

池州市贵池区墩上镇河口村史本泽家庭

池州市贵池区墩上镇河口村小坂组史本泽家，近 20 年中，家庭变化最大的莫过于房屋。1986 年，家中 6 口人，三代同堂，住房是 20 世纪 70 年代建的，碎石、卵石垒砌的墙体，木桁条钉椽子、屋顶是常见的大瓦，三合土的地平，内墙面粉刷的是黄泥和草筋，外墙面是石灰砂浆，住房面积三开间 70 平方米，人均 11.7 平方米。1989 年，向亲戚朋友借款 1000 元，加自有资金 500 元，新建砖木结构四开间 90 平方米的新住房，人均居住面积 18 平方米，水泥地平，有木板阁楼。2005 年，总投入 6 万元，其中自有资金 4 万元，借款 2 万元，新建二层楼房，200 多平方米，人均居住面积 50 多平方米。且当年一次性完成房屋内外装潢，外墙和地面全部贴上了瓷砖，内部家具有衣橱、沙发、席梦思床、彩电（配地面卫星接收器，俗称大锅），用上了自来水和燃气热水器、固定电话等。虽然史本泽家的住房由过去设备简陋的平房，到如今楼上楼下、设施齐全、宽敞明亮的“小洋楼”，但在当地条件并不算好的，只能是中等，他家的左右前后“小洋楼”比比皆是。

史本泽，1956 年 3 月 17 日出生，在家排行老三，兄弟四人，14 岁读小学四年级时辍学回家。1981 年结婚，妻子本村人，未上过学。1986 年，儿子四岁，女儿三岁。承包集体耕地 6 亩多，家庭经营以种植业为主，粮食生产种双季稻，平均单产 300 公斤左右，年收获粮食 3000 公斤；每年养一头猪出售，家庭年人均纯收入 500 元。1995 年，第二次土地到户调整，他们家耕地面积 6.3 亩，儿子、女儿相继上了本地墩上中学读书。十年间，生产仍以农业为主，粮食单产 350 公斤左右。农民出售粮食的综合平均价格由每公斤 0.4 元增加到 1.28 元，增长 2.2 倍；猪肉价格由每公斤 2.45 元增加到 10.32 元，增长 3.2 倍。家庭经济收入来源主要依靠种植业和牧业收入，除农副产品价格有了较大的提高，经济收入也水涨船高以外，其余的变化不是很大。

1995—1996 年，史本泽开始在生产队里一个老支书家办的米厂务工，日工资 12~15 元，年收入 3000 元。1997 年，他二哥办起了水泥预制厂，他辞去米厂的工作，来到水泥预制厂上班，工作是生产水泥预制板，日工资 20 元左右，年收入 5000 元，这样的工作和收入水平维持有四年的时间。2001—2003 年，工资标准每天增加到 25 元，年收入 6000 元。2004—2005 年，虽然工作没有变化，但劳务报酬有了大幅度的提高，日工资标准已提高到 50 元左右，年收入 1.1 万元。

2000 年，儿子贵池职高毕业后去浙江宁波一电脑配件厂务工，月工资 1200 元，工作几年后，因工资水平低，2005 年辞去原来的工作，到浙江嘉兴模具厂当学徒。女儿 16 岁初中毕业后，在家学了三年的缝纫技术，2002 年去常熟一服装厂务工，月工资收入 1200 元左右。儿子、女儿在外务工后，家庭每年都会增加现金收入 1 万多元。

从抽样调查资料看，2005 年，史本泽家全年人均纯收入达到了 5856.61 元，人均生活消费 2491.74 元，同 1986 年相比，人均纯收入增长 10 倍多，生活消费水平增长了 6.6 倍，特别是外出劳务收入从无到有，多年来已成为家庭收入的主要来源。2005 年，家庭纯收入中，外出劳务所得占 73.3%，彻底改变了过去家庭单一的农业经济生产模式。从住房的变化不难看出，家庭生活消费水平的提高和改善是显而易见的。80 年代，史本泽家只有来了客人或节日期间才饮酒，而且是散装粮食酒。近年来，喝酒已成为家常便饭，不仅有瓶装白酒，而且有啤酒喝；肉从一年见不到几回，到如今想吃就吃。睡的也不再是木板架子床，而是席梦思床垫。现在家里早已安装了电话，儿子、女儿外出务工，虽不在身边，但联系起来非常方便。

歙县苏村村方建明家庭

方建明，安徽省歙县苏村村人，1960 年 8 月出生，1979 年高中毕业后，当过筑路工，樵夫，林场工人。1983 年始，尝试做小本生意。他骑着自行车，代他人收鲜茶叶、收中药材、收废纸板，或者进鱼卖鱼，进西瓜卖西瓜。

1986 年 10 月，26 岁的方建明与歙县霞坑村 22 岁的吴 ×× 办理结婚登记，二人意欲移风易俗，去庐山旅游度蜜月，因双方家长持有不同意见，最后，女方家没有要彩礼，男方家没有摆喜酒，一对新人也没有外出旅游，结婚证成了建明夫妻唯一的纪念。是年春，方建明在村里摆放球桌，由玩台球的人交娱乐费。台球桌是花费 120 元自建的，台球和球杆专程去江西南昌购买来。当时，300 元可买一张台球桌，15 元可买一副台球，但歙县本地没有出售。上年，方建明与吴 ×× 的哥哥合伙承包原歙县霞坑综合商店下属旅店，获得 1500 元净收入。但考虑姻亲关系，避免利益冲突伤害感情，方建明主动退出，1986 年方建明仍以小商小贩为主。1987 年，方建明开始雇用拖拉机到徽城镇进鲜菜运到当地摆摊出售，或走村叫卖。随着人们生活水平的提高，农村居民逐渐有了买新鲜蔬菜的需求，但需求量小又不稳定。因此，获利不多，遂停止。

1988 年 1 月，方建明儿子诞生。随后分家立户，方建明夫妻和儿子新起炉灶开始独立生活。水田 0.4 亩，旱地 0.4 亩，茶园 0.3 亩，桑园 0.3 亩，林地 8 亩，这些构成方建明家庭的主要资产。新家庭的收入和生活消费在当地属上游水平。方建明做小本生意，妻子带小孩，务农。全家一年纯收入可达 3500 元，除日常开支外，有 2000 元左右的现金结余。

1991 年，方建明做蚕茧生意，由于对行情把握不准，亏损 4500 元。这是非常大的损失，当时，砖匠工一天的工钱也就 4 元钱。这年，方建明开始盖建新房子，1993 年完工。

建筑面积100平方米的二层砖混房屋除自己直接劳力投入及与他人换工的劳力外，总计花费6900元。其中：请吃支出1091元，买材料支出4351元，砖木匠、粗工工资支出1000元，运输费支出155元，批地基等其他支出303元。

1992年至1996年，方建明以捕鱼卖鱼为主要职业，妻子以农业生产为主。家庭年纯收入在五六千元左右，小日子过得有滋有味。但是，鱼越来越难捕，靠捕鱼卖鱼很难提高收入水平。1997年5月，方建明去福建省福州市打工。8月，方建明回乡被本村的吉恒灯泡厂聘为车间主任，妻子也在吉恒打工。不久，他们又借2000元钱给老板。然而，由于管理、技术等原因，吉恒的效益每况愈下。1998年8月，方建明不得不离开，借款和拖欠的工资换来二辆摩托车。一辆以4200元出售，另一辆自己骑。

1999年，方建明花1600元买了一台美菱牌电冰箱，以每年1800元的租金租用了一个约90平方米的房子，"建明饭店"在苏村开张。开始，生意较清淡，妻子农闲时去湖州织里一家服装厂打工。方建明则吸取当年贩菜的经验，坚守着，没有放弃。开饮食店他是经过慎重考虑的。

2000年春，方建明进城，投注100元摸奖，得到一台价值约3000元的25英寸熊猫牌彩色电视机。

2001年，方建明饮食店的生意有了很大的起色，并逐渐兴旺起来。方建明家不再从事农业生产，夫妻二人以饭店经营为主，家庭年纯收入超过一万元。

2005年，方建明家的纯收入有1.5万元。12月，方建明却果断地以三年9800元的租金在霞坑村租了一处70平方米的房子，把饮食店由苏村村搬到霞坑村。方建明说，干任何事情都必须因势而为，市场会变化，不发展就会倒退。随着苏村政治、经济环境的变化，在霞坑村经营饮食业比在苏村有发展前途。

歙县北岸镇大阜村吴继华家庭

吴继华，歙县北岸镇大阜村人，1946年4月出生，1964年高中毕业回乡务农。1979年到歙县大阜茶茧站当票务员，开始了他的打工生涯。改革开放后，他家生活变化之大，变化之快，是历史的一个缩影。

1986年，吴继华在茶茧站打工，年收入1200元。家庭承包土地主要靠妻子经营。大儿子（1972年出生）读初中，小儿子（1979年出生）刚到上小学的年龄，家庭负担不重，一家四口人日常生活开支除外，一年可结存一千多元钱，这是很大的数目。当年，歙县农民人均纯收入为475元，生活消费支出为451元。

1987年，吴继华家盖新楼房。他拆除建筑面积150平方米的老楼房（这是他自己在1978年花费700元建造的），把原地基扩大，花费7800元建起建筑面积300平方米的新楼房。适应社会潮流，楼板是用水泥现浇的。

1988年，吴继华家水稻种植由双季稻（早稻和晚稻）改成单季中稻，由于生产资料和人工投入减少，实际收益变化不大。当时，季节性、临时性劳力不足主要以换工方式解决，但吴继华家缺少农业劳动力。

1990 年 10 月，吴继华参加筹建歙县北岸缫丝厂，走上新的打工路。缫丝厂离他家仅百米远，上下班很方便。1991 年至 1995 年，吴继华家被抽中为国家农村住户调查点记账户。其间，吴继华的年工资性收入由 3000 元增加到 5800 元。大儿子初中毕业后，曾在屯溪、黄山风景区等地打工，1993 年北岸缫丝厂正式投产后到缫丝厂打工。

1993 年，吴继华家安装电话。根据缫丝厂规定，电信部门收取的初装费和电话使用费都可以在缫丝厂报销。申请交到电信部门后安装电话的事却迟迟不能落实。吴继华不得不购买上档次的茶花牌香烟一条去找关系。安装时，又购买烟酒肉菜设宴款待有关人员，怕得罪了人家不能正常通话。同年，吴继华家购买价格 1560 元的 21 英寸王牌彩色电视机 1 台，这是他第二次购买电视机。第一次是在 1984 年，通过朋友走后门在屯溪购买的，为 14 英寸凯歌牌黑白电视机，购买价格 450 元。

1994 年，大儿子结婚，儿媳也是“打工族”。吴继华为大儿子主持婚事，花费 1.5 万元。具体开支明细账如下：打组合家具及房间装潢 1500 元；送女方家庭彩礼 1600 元；购买 17 英寸熊猫牌彩色电视机 1 台 1700 元；购买大洋牌摩托车 1 辆 6300 元；摆喜酒、宴请支出 2500 元；其他支出 1400 元。同年，与大儿子分家，吴继华夫妻与小儿子一起生活。

1995 年，吴继华第三次建新房，砖匠工报酬采用包工不包料的方式结算。工钱依据建筑面积按每平方米 30 元标准计算。当时，这种结算方式农村人很少采用，费用也比点工结算要贵些。新房建筑面积 320 平方米，花费 5.3 万元，楼板和顶层均采用水泥现浇。自己打水井、建水塔，买水泵，用上了自来水。楼上楼下设有卫生间。还花费 900 元购买了 1 台燃气热水器。

歙县北岸镇周边建房用工工资标准一览表

表 6-3

年　份	日工资标准	
	手艺工（砖工）	粗工
1978 年	1.52 元	1.00 元
1987 年	3.00 元	2.00 元
1995 年	11.00 元	8.00 元

说明：上述标准，一日三餐要在东家吃

1997 年，北岸缫丝厂为吴继华一次性交纳了商业养老保险金。这意味着吴继华 60

周岁后每月可以从保险公司领取300元的养老金。次年，小儿子职高毕业去厦门打工。因水源问题，水田改旱，种植玉米。

吴继华家水田种植结构变化表

表6–4　　单位：亩、公斤

年份	早稻		中稻		晚稻		油菜籽		玉米	
	面积	产量	面积	产量	面积	产量	面积	产量	面积	产量
1987年	1.2	350	0.8	220	1.2	170	2.0	250		
1988年			2.0	680			2.0	250		
1995年			0.9	350			0.9	100		
1998年							0.9	110	0.9	200

说明：1995年，建房占用水田0.3亩，改菜园0.3亩。另外，0.5亩山坞田送给他人经营

2001年5月，缫丝厂被浙江人承包。吴继华辞去缫丝厂工作去安徽寿县打工，每月基本工资600元。因离家太远，不能适应，8月返乡。2002年，吴继华在家闲居一年。2003年6月，被黄山市华美精细化工有限公司聘用，月基本工资600元。华美公司离家3公里，为上下班方便，花费1400元购买电瓶车1辆。2004年，将上年购买的电瓶车送人，重新购买一辆质量好些的电瓶车，价格2400元。

吴继华长期在本地打工，又因妻子在家务家，他家的消费支出为典型的农民消费模式：蔬菜是自家种的，猪肉是自家养的，烧的柴草是不花钱的。但是，从吴继华家几种日常生活消费品的购买量变化（表6–5）可以看出，随着社会进步和家庭收入水平的提高，他家的消费水平在不知不觉间已经发生了很大变化。

吴继华家生活消费变化情况表

表6–5

品种、项目	年份		
	1986	1996	2005
年人均鲜菜购买量（公斤）	5	50	75
年人均肉类购买量（公斤）	7	25	30
年人均鱼类购买量（公斤）	2	10	15
年人均消费电（千瓦时）	90	200	250
年人均液化气消费量（瓶）		1	2

说明：1986年在家人口4人，1996年和2005年为2人

2005年，吴继华的基本工资为800元，加奖金、补贴等，年收入1.1万元。由于企业没有给他交纳过社会养老金，他没有“退休资格”。将到法定退休年龄的吴继华还要继续打工。小儿子一直在外打工，从酒店服务员做起，逐步升迁为领班、主管、部门经理、酒店职业经理，2005年年薪报酬达6万元。无论从收入上看，还是从劳动力就业状况看，吴继华家都是名副其实的打工家族。

第七章　物价变动

1986—2005年，安徽省价格变动所经历的20年轨迹，很大程度上是伴随中国经济体制逐渐从计划经济向市场经济迈进，价格改革不断深化的历程。20年来，国家有计划、有步骤地对价格体系和物价管理体制进行改革，通过调放结合，不失时机地逐步加大价格改革力度，价格体系和价格管理体制在很大程度上得到了调整和改善。2005年，国务院价格主管部门及有关部门管理的价格（包括政府定价和政府指导价），已由1978年的1336种（类）减少为17种（类），基本形成了主要商品由市场形成价格的新机制，对国民经济的持续、快速发展发挥了重要作用。20年间，由于价格高低起伏的波动，安徽经济发展和城乡人民生活也随之出现了一些变化。

第一节　居民消费价格变动

2005年，安徽居民消费价格总水平比1985年上涨280.2%，年均上涨6.9%，20年累计安徽上涨幅度高于全国47个百分点，在全国各省市自治区中居第14位，在华东六省一市和中部六省中均居第4位。

分城乡看，安徽城市居民消费价格总水平20年累计上涨289.6%，年均上涨7.0%。农村居民消费价格总水平上涨268.8%，年均上涨6.7%。芜湖市居民消费价格涨幅最高，20年累计上涨326.9%。其次，安庆市上涨319.3%。第三，合肥市上涨312%。其余各市县的价格涨幅分别为：宣城市上涨311.3%，滁州市上涨293.7%，淮南市上涨287.6%，蚌埠市上涨282.9%，亳州市上涨262.4%，淮北市上涨261.6%，阜阳市上涨258.6%，歙县上涨287.6%，桐城市上涨248.3%。

分品种看，吃的方面20年累计价格上涨332.6%。其中，粮食价格涨幅最大，上涨702.4%；其次，鲜菜价格上涨617.9%；第三，肉禽及其制品价格上涨466.2%；其余各类食品价格涨幅为：油脂价格上涨377.3%，奶及奶制品价格上涨247.1%，水产品价格上涨240.7%，鲜果价格上涨81.4%。

穿的方面，20年累计价格上涨118.9%。其中，服装价格上涨109.3%，鞋帽价格上涨123.8%。

用的方面，20年家庭设备用品价格累计上涨74.4%，其中，耐用消费品价格上涨 16.4%；娱乐教育文化用品价格上涨 70.1%，其中，文娱用耐用消费品价格下跌了 40.4%。

居住方面，房租价格涨幅最大，20 年累计上涨 11.76 倍，水、电、燃料价格上涨 300.1%，建筑装潢材料价格比 1987 年上涨 93.1%。

在服务收费方面，20 年服务项目价格累计上涨 804.7%，其中教育学杂保育费价格涨幅最大，20 年累计上涨 20.77 倍；其次是文娱费上涨 13.02 倍；第三是医疗保健服务费上涨 425.6%；其他各项服务费涨幅分别为：交通费上涨 419.8%，通信服务费上涨 284.6%。

通货膨胀　1985 年后，经济改革向纵深发展，价格体系改革是经济体制改革的重要环节，在社会主义市场经济建设过程中起着至关重要的作用。随着开放程度的加大和安徽经济的快速增长，安徽出现过数次通货膨胀，其中，20 世纪 80 年代中后期和 90 年代中期的通货膨胀幅度较大，引发的经济问题比较严重。自 2003 年至 2005 年，安徽又出现新的一轮物价上涨苗头。

1985 年安徽居民生活费用价格上涨 7.1%，1986 年安徽省加强了价格管理，严格控制物价上涨，居民生活费用价格上涨幅度有所回落，涨幅为 6.2%。食品价格上涨 7.1%，其中涨幅较大的主要是：鲜菜价格上涨 17.2%，粮食价格上涨 9.3%，肉禽蛋价格上涨 8.3%；工业消费品中书报杂志价格涨幅较大，上涨 14.3%；服务项目价格上涨 10.5%，其中，文娱费上涨 128.9%，房租上涨 13.5%，修理及其他服务费上涨 12.8%，学杂保育费上涨 11.1%。

1987 年，随着价格改革的深入，物价上涨幅度加大，全年安徽居民生活费用价格上涨幅度为 9.1%，食品价格上涨加剧，比上年上涨 11.9%，其中，肉禽蛋价格上涨 23.3%，水产品价格 20.8%，鲜菜、鲜果价格上涨 14.2%，食用植物油价格上涨 8.7%，粮食价格上涨 5.3%；穿、用、烧等工业消费品价格涨幅扩大，其中，药及医疗用品价格上涨 8.1%，燃料价格上涨 6.8%，日用品价格上涨 6.3%，衣着价格上涨 4.9%；服务项目价格上涨 8.4%，其中涨幅超过两位数的是：医疗保健费上涨 19.4%，文娱费上涨 11.7%，学杂保育费上涨 11.5%，修理及其他服务费上涨 11.3%。

1988 年，经济呈现严重过热的局面，经济秩序混乱，市场物价全面上涨，全年安徽居民生活费用价格上涨 20.9%，除燃料价格涨幅较小外，其他各类价格上涨幅度均超过两位数，食品价格上涨 27.8%，其中，鲜菜价格上涨 48.4%，肉禽蛋价格上涨 42.6%，鲜果价格上涨 32.6%，水产品价格上涨 31.5%，食用植物油价格上涨 17.8%，粮食价格上涨 11%；工业消费品中，药及医疗用品价格上涨 21.5%，建筑装潢材料价格上涨 16.6%，书报杂志价格上涨 16%，衣着价格上涨 14.3%，文化娱乐用品价格上涨 14%，日用品价格上涨 12.2%；服务项目价格上涨 10.3%，涨幅较大的收费项目是：学杂保育费上涨22.8%，文娱费上涨17.4%，医疗保健费上涨9.8%。

价格过快上涨加剧居民的恐惧心理，安徽在1988年发生3次波及全省城乡市场的商品抢购风潮。第一次是3月中旬，由于沪、苏、浙等地调整日用工业消费品价格，抢购之风随即波及安徽全省，群众主要抢购肥皂、洗衣粉、火柴、香皂、牙膏、针棉织品等日用消费品。合肥市百货大楼3月12日至15日的营业额与上年同期相比，棉毛衫裤增长近5倍，花布增长8.4倍，床单增长10.9倍；第二次是6月中、下旬，社会上传言7月1日起，洗衣粉、肥皂、食盐、粮油等很多商品要涨价，导致人们再次抢购。合肥淮河路粮店6月23日一天就销售食油1725公斤，比正常销量增加10倍以上；合肥陈老岗粮店日销籼、粳米1万多公斤，增长5倍以上。一些粮店、商店一度出现粮油、食盐、洗衣粉等脱销；第三次是8月下旬，群众抢购的商品主要是呢绒、毛线、毛毯、被单、被面、毛巾等针棉织品，搪瓷制品、铝制品、席梦思、钢木家具、自行车、缝纫机等工业品，以及彩电、黑白电视机、冰箱、洗衣机、电饭煲等家用电器。

三次商品抢购风扰乱了市场的正常秩序，商品库存陡降，加剧市场供需矛盾。1988年8月，安徽省商业厅系统商品零售额比上年同期增长47.5%，主要商品销售量：自行车增长82%，电视机增长59.9%，收录机增长58.9%，电冰箱增长150.8%，洗衣机增长131.3%，棉布、呢绒、绸缎、棉毛衫裤、床单分别增长47%、67.6%、50.2%、220.6%和179.1%。商品销售的非正常增长造成一些商品库存不足以至断档脱销。8月末，安徽省商业厅系统商品库存总额仅16.8亿元，剔除进价上涨因素，比1987年同期减少2亿多元。44种主要商品库存量有33种减少，其中16种下降幅度达20% ~ 96%。

商品抢购使商品供应不足，引起部分商品价格上涨，政府不得不恢复某些商品的凭票限量供应，部分群众因此而削弱了对改革的信心。抢购风反过来刺激了乱涨价风，涨价的范围之广和频率之快前所未有，一些生产经营企业和个体商业户也不顾国家规定趁机抬高价格，如第二次抢购风时，肥皂、食盐等乱涨价现象十分普遍。巢湖市物价检查所检查的8个食盐门市部，就有6个乱涨价，食盐每500克卖到0.40 ~ 0.50元。

受抢购风影响，储户纷纷挤兑存款。由于群众大量提款，安徽省工商银行8月份储蓄存款比7月下降1.12亿元。特别是8月下旬，该行储蓄存款由上中旬增加2000万元转而陡降1.3亿元，日均减少1000万元以上。银行存款的大幅度下降，直接影响了生产建设资金和农副产品收购资金的供应。

在安徽省城市社会经济调查队调查的383个品种规格中，涨价的达357种，占93.2%；吃的、穿的、用的、烧的商品及工农业生产资料竞相涨价，火柴、食盐、彩电、钢材、铝材、煤炭等市价一年数涨，年底比年初价格高出1倍以上。如进口18英寸彩色电视机零售价格每台达3000元左右，比国家定价1400元/台，高出1倍多。由此导致安徽省1988年的人均年生活费收入、人均年存入银行现金和人均月工资收入扣除价格上涨影响后出现改革以后第一个负增长。

市场物价过快上涨，加剧广大群众的恐慌心理，影响到经济的稳定和社会的安定；基础产业和加工工业产品的轮番涨价，不合理的比价关系出现“复归”现象，影响到改革成果的巩固和人民群众对改革的信心。为了抑制通货膨胀，控制物价上涨，为全面深化改革创造良好的宏观经济环境，中共中央、国务院于1988年9月作出决定用3年左右的时间进行治理整顿。根据中共中央的部署，安徽省坚持“控字当头，治乱为主”的方针，采取的主要措施是：压缩基本建设规模，控制固定资产投资、社会集团购买力和个人消费基金的过快增长；控制信贷规模和货币投放；清理整顿公司，规范流通秩序；提高银行存贷款利率，开展保值储蓄，吸引存款，回笼货币，减轻市场压力；发展农业生产，增加有效供给；实行物价控制目标负责制；加强市场物价管理，坚决制止乱涨价、乱收费、乱摊派、乱集资、乱罚款。与此同时，全省对几十种主要的工农业产品、交通运输、邮电价格和中小学收费等进行了调整，适当疏导了突出的价格矛盾。

1989年，尽管国家把控制通货膨胀作为“治理整顿”的首要任务，并采取了一系列强有力的政策，但由于政策的时滞问题，当年的安徽居民生活费用价格上涨幅度仍然较大，全年的安徽居民生活费用价格比上年上涨17.2%，食品价格涨幅明显回落，但工业消费品和服务项目价格涨幅继续扩大。

全省食品类价格指数上涨12.8%，比上年涨幅回落15个百分点。其中，与人民生活关系密切的水产品价格上涨17.4%，比上年回落14.1个百分点；肉禽蛋价格上涨15.9%，比上年回落26.7个百分点；鲜果价格上涨3.4%，比上年回落29.2个百分点；鲜菜价格上涨1.6%，比上年回落46.8个百分点。而工业消费品价格上涨幅度加大，对价格总水平的影响程度扩大，其中，书报杂志价格上涨103.4%，建筑装潢材料价格上涨24.5%，文化娱乐用品价格上涨22%，衣着价格上涨18.6%、日用品价格上涨15.2%，均高于上年涨幅。随着“治理整顿”工作的深入，下半年的工业消费品市场出现滞销与畅销并存，降价与涨价并存的局面。如36厘米加厚搪瓷面盆出厂价提高42.7%，5磅彩花铁壳保温瓶价格上涨51%；而高档耐用消费品价格大幅度下跌，47厘米彩电由上年市场价2800元、国家定价2600元，自行降到2300多元，双门冰箱每台降价400～500元。古井贡酒由上年每瓶50元降到33元。

全省服务收费价格指数上涨20.5%。服务收费上涨过多，有国家提高铁路、公路客运票价等因素的影响，但乱收费是主要因素。突出表现在教育、医疗、公安、交通收费等方面，学杂保育费上涨39.4%，文娱费上涨28.2%，交通费上涨22.3%，修理及其他服务费上涨15.5%，医疗保健费上涨11.4%。

价格放开 1985—1989年，中国由封闭的计划经济向开放的市场经济转轨过渡，价格改革是经济体制改革的主要内容之一，包括调整价格与价值严重背离的商品和服务项目价格，放开能由市场供求关系形成的商品价格。这个阶段价格改革的重点是：第一，放开了多数农产品价格。1985 年，按照中共中央、国务院中发（1985）1 号文件规定，安徽对粮食、棉花实行定购比例价，定购以外的允许农民自销，价格随行就市。1985 年 4 月 1 日起取销生猪的派购，改为合同定购，允许议购议销。南方集体林区取消木材统购，放开木材市场，允许林农和集体的木材自由上市，实行议购议销价格。中药材除因保护自然资源必须严格控制的少数品种外，其余全部放开，自由购销。除粮、油、棉、烤烟实行国家定价，黄麻、苎麻、蚕茧、松脂、毛竹、木材、生猪实行国家指导价外，其他农产品全部放开经营，实行市场调节价。第二，实行了工业生产资料价格“双轨制”。第三，进一步下放了价格管理权限。放开了蔬菜、生猪、鲜鱼、鲜蛋等城镇主要副食品销售价格，同时对职工和城镇居民给予价格补贴；放开了自行车、黑白电视机、电冰箱、洗衣机、收录机、80 支以上纯棉纱及其织物、中长纤维布等 7 种工业消费品价格；放开了 13 种名烟和名酒的价格；下放冷饮、饮食价格管理权给企业主管部门，除烧饼、油条、馒头、阳春面条统一定价外，其余早点饮食实行“死毛利、死规格、活价格”；放开了部分小药品价格；放开了全部小商品价格。第四，调整了部分重要商品价格和收费标准。重点调整了水泥、砖瓦、机制纸等出厂价格；调整了铁路短途货物运价、汽车客运票价、搬运装卸收费以及教育、医疗、理发、洗澡、茶水等多项收费标准和电影、戏票价格。

放开部分商品价格后，中国计划经济时期长期压制的隐性通货膨胀显性化。中国经济体制改革使当时的国有企业开始具有相对独立的经济利益和经营自主权，地方财政也有一定的“分成”自主权，结果地方政府和企业出现了强烈的“投资饥渴症”。由于改革力度加大，货币发行过多，经济呈现严重过热的局面，在消费需求和投资扩张的拉动下，引发了物价水平的迅速上涨，物价上涨又导致市场对通货膨胀预期的增强，经济秩序混乱。尤其是实行“双轨制”的工业生产资料供求矛盾突出，计划内外价格相差悬殊，企业将计划内产品转计划外高价销售，导致加工工业成本大增。在需求过旺条件下，企业转嫁成本上升因素，推动与人民生活密切相关的商品价格全面上涨。

从价格变化看，这一阶段的价格传导似乎非常通畅，企业间相互转嫁负担，上、下游产品轮番涨价；地区之间易地涨价；计划内价格转为计划外价格。这段时期正处于新旧体制转换时期，价格传导的作用基础——市场机制还未建立，间接的调控手段也不健全，经济秩序极为混乱。从价格上涨的先后顺序和最初动力分析，这段时期的物价上涨呈无序状态，往往是下游价格先涨，带动上游价格跟风涨价，一些商品价格传导没有按照商品流动的自然顺序体现作用，甚至是逆向传导。居民消费价格的变化先行于工业品出厂价格和原材料燃料动力购进价格，这一现象的出现与当时所实行的价格改革实施举措有关，当时的价格改革是首先上调和放开消费领域的商品价格，上游重要的生产资料价格改革要滞后于消费价格改革，实施以计划价格为主，超计划的部分实行市场指导价格为辅的双轨制价格。但若从具体的上游产品价格上涨对下游商品价格的影响过程看，如钢材价格上涨对自行车价格影响，这种按照产业链顺序的价格传导还是存在的，而且比较通畅。只是在当时混乱的经济秩序和强劲的需求拉动下，下游价格上涨出现了超传导现象。这一时期的物价上涨带有很浓厚的计划经济时期人为调整的色彩，政策性因素起着主导作用。

1986—1989 年的 4 年间，安徽居民生活费用价格累计上涨 64.2%，年均上涨 13.2%。食品价格上涨 73.4%；工业消费品中，书报杂志价格上涨 184.7%，药及医疗用品价格上涨 66.8%，衣着价格上涨 57.0%，日用品价格上涨 48.2%，文化娱乐用品价格上涨 37.2%，燃料价格上涨 37.0%；服务项目价格上涨 82.0%。

安徽 4 年累计的价格上涨幅度高于全国 13.4 个百分点，在全国各省市自治区中居第 7 位，在华东六省一市中居第 4 位，在中部六省中居第 2 位。

在各市县中，宣城市价格涨幅最高，4 年累计上涨 71.4%，其余各市县价格涨幅依次为：亳州市上涨 70.7%，六安市上涨 70.7%，淮北市上涨 67.8%，歙县上涨 67.4%，宿县上涨 66.9%，阜阳市上涨 66.4%，合肥市上涨 65.2%，滁州市上涨 63.5%，芜湖市上涨 63.3%，蚌埠市上涨 62.9%，安庆市上涨 61.3%，淮南市上涨 60.4%，贵池市上涨 58.2%，巢湖市上涨 58%，桐城县上涨 56.4%。

1986—1993 年安徽省生活费用价格指数和零售物价指数统计表

（以上年价格为 100）

表 7-1

项　目	1986 年	1987 年	1988 年	1989 年	1990 年	1991 年	1992 年	1993 年
生活费用价格指数	106.2	109.1	120.9	117.2	102.7	106.1	108.2	114.7
城　镇	105.8	109.9	121.4	115.7	102.6	107.4	108.8	114.4
农　村	106.5	108.3	119.1	118.8	102.8	104.1	108	115.4
零售物价总指数	105.2	109.7	121.8	117.1	101.9	105.7	106.6	112.9
食　品	107.1	111.9	127.8	112.8	100.4	109.4	108.9	113.7
粮　食	109.3	105.3	111	105.3	98.1	131.2	136.7	133.8
食用植物油	102.5	108.7	117.8	110.7	109.3	126.8	122.4	121.3
肉禽蛋	108.3	123.3	142.6	115.9	99.2	98.9	104.5	107.8
鲜　菜	117.2	114.2	148.4	101.6	91.9	127.9	89.1	118.1

续表 7-1

水产品	102.4	120.8	131.5	117.4	97.1	99.5	109.5	115.8
项　目	1986 年	1987 年	1988 年	1989 年	1990 年	1991 年	1992 年	1993 年
鲜　果	101.6	114.2	132.6	103.4	102.3	118.1	90.2	99.9
衣　着	102.4	104.9	114.3	118.6	107.8	103.3	104.4	107.4
日用品	104.9	106.3	112.2	115.2	102.8	101.5	101.9	106.9
文化娱乐用品	100.7	101.3	114	122	96.7	94.8	96.7	102.2
书报杂志	114.3	102.4	116	203.4	103.1	100.7	104.4	105.3
药及医疗用品	103.7	108.1	121.5	116.8	104.5	99.3	109.3	108.1
燃　料	103.7	106.8	102.9	107.9	111.4	136.9	131.1	162.6
建筑装潢材料	—	—	116.6	124.5	98.1	98.0	106.2	124.9
服务项目	110.5	108.4	110.4	120.5	114.2	105.7	116.8	127.5

1986—1993 年安徽省部分市县生活费用价格指数统计表

（以上年价格为 100）

表 7-2

市　县	1986 年	1987 年	1988 年	1989 年	1990 年	1991 年	1992 年	1993 年
合肥市	107.4	110.8	120.5	115.2	103.6	109.3	109.7	116.5
芜湖市	106.5	109	120.1	117.1	105.5	107.8	110.1	120.5
蚌埠市	106.8	111.5	119.4	114.6	101.9	107.8	106.8	114.7
淮南市	106.4	108.4	120.9	115	102.5	109.1	109.1	111
马鞍山市	—	—	—	—	—	109	110.6	121.3
淮北市	104.9	109.7	124.1	117.5	103.5	107.1	108.5	112.7
铜陵市	—	—	—	—	—	108.5	108.5	115.6
安庆市	107.1	109.1	117.6	117.4	105.2	107.6	111	120.5
黄山市	—	—	—	—	—	—	—	—
滁州市	107.2	109.8	116.4	119.3	102.8	106.5	110.5	118.5
阜阳市	104.5	110.2	123.8	116.7	103.1	107.6	110	111.9
亳州市	108.1	111	122.1	116.5	98.6	109.5	110.2	113.8
桐城市	104.4	110.5	117.9	115	98.1	106.6	111.3	112.1

续表 7-2

市　县	1986 年	1987 年	1988 年	1989 年	1990 年	1991 年	1992 年	1993 年
歙　县	107.2	112.4	121.3	114.5	102.8	101.5	109.6	124.4
宿州市	108.8	107.3	119.8	119.3	104.4	105.5	108.7	113.1
宣城地区	106.6	111.8	122.7	117.2	102.6	102.2	107.8	114.8
贵池市	104.2	109.4	121.2	114.5	105.3	109.4	108.5	115.6
巢湖市	103.0	109.5	119.5	117.2	102.8	102.7	105.0	112.3
六安市	107.7	110.2	123.0	116.5	104.0	104.6	109.3	114.1
泾　县	—	—	—	—	—	103.3	107.3	116.2

治理整顿　1990 年至 1991 年，经过“治理经济环境，整顿经济秩序”工作，安徽省有效控制固定资产投资规模和货币发行总量，抑制了社会集团购买力和职工工资总额增长过快的势头，社会总供求趋于平衡；“全民经商热”降温，市场秩序好转；农业连续两年丰收，工业生产适度增长，市场上与人民生活密切相关的消费品供应充足，不少商品出现销售疲软，遏制住市场价格过快上涨势头。

1990 年至 1991 年，安徽省 2 年累计的价格上涨幅度高于全国 2.36 个百分点，在全国各省市自治区中居第 12 位，在华东六省一市中居第 2 位，在中部六省中居第 1 位。

在各市县中，池州市居民生活费用价格涨幅最高，2 年累计上涨 15.2%，其余各市县价格涨幅依次为：芜湖市上涨 13.7%，合肥市上涨 13.2%，安庆市上涨 13.2%，淮南市上涨 11.8%，阜阳市上涨 10.9%，淮北市上涨 10.9%，宿州市上涨 10.1%，蚌埠市上涨 9.9%，滁州市上涨 9.5%，六安市上涨 8.8%，亳州市上涨 8.0%，巢湖市上涨 5.6%，宣城地区上涨 4.9%，桐城市上涨 4.6%，歙县上涨 4.3%。

1990 年，安徽城乡居民生活费用价格总指数分别为 102.7，比 1989 年回落 14.5 个百分点，城乡市场物价涨幅差异缩小。1990 年，城镇居民生活费用价格总水平上涨 2.6%，农村居民生活费用价格总水平上涨 2.8%，两者差异为 0.2 个百分点，比 1989 年 3.1 个百分点显著缩小。

1990 年，市场价格变化出现一些新特点，粮食的集市贸易价格大幅度下降。全省粮食丰收，仓储设施不足，粮食部门储粮难，农民卖粮难，市场粮价大幅度下跌，全省集市贸易粮价水平比上年下降 19.2%；肉禽蛋、水产品、鲜菜等副食品价格比上年下降，改变了 10 余年来放开商品价格持续上升的局面；部分商品价格计划调整不到位，有的甚至比提价前还低。据合肥市场调查，肥皂每条由 0.74 元提为 1.06 元，实际只卖 0.86 元；食糖每 500 克由 1.19 元提为 1.74 元，实际只卖到 1.55 元左右。纺织品实际零售价格与核定价格平均偏低20%，有的品种低30%左右，浅花布每米由3.44元提为4.12元，实际为2.09元。全省日用机电消费品、文娱用机电消费品和建筑装潢材料价格比上年下降。

1990年，国家提高民用燃料价格，导致全年燃料类价格比上年上涨11.4%。此外，国家还提高铁路、水运的货运价格和邮政资费价格，其中，邮资平信每封本埠由0.04元调到0.10元；外埠由0.08元调到0.20元，调幅为150%。受此国家调价和部分乱收费的影响，全年服务项目价格上涨幅度依然较大，为14.2%。其中邮电费上涨43.9%、交通费上涨35%、学杂保育费上涨20%、文娱费上涨12.7%。

在治理整顿取得成效的同时，出现了市场销售疲软和"三角债"日趋严重的问题，导致企业亏损面和亏损额大幅增加，影响到国民经济的发展和人民生活的改善。与此同时，乱收费、乱罚款和各种摊派（简称"三乱"）问题日趋严重，群众反映强烈，成为一个突出的社会问题。为此，中共中央、国务院决定提前结束治理整顿，增加投资，松动银根，集中清理"三角债"，缓解企业困难，刺激经济发展，坚决制止"三乱"。在价格政策上，国家将前一阶段以控价为中心改变为重点疏导价格矛盾，理顺价格关系；强调进一步放开价格，扩大企业定价自主权，加快价格形成机制的转换。

根据国家部署，安徽省于1991年提高粮油统销价格，并给国家机关、事业、企业单位职工每人每月补贴6元。三种粮食(大米、面粉、玉米，中等质量标准，下同)综合均价每500克提高0.10元，提幅为68%，其中：标二籼米每500克合肥等省辖八市(不含黄山)由0.142元，其他县(市)由0.139元均提到0.25元，平均提高77.9%；标二粳米省辖八市由0.158元，其他县(市)由0.155元均提到0.29元，平均提高85.3%；标准面粉由0.17元提到0.27元，提高58.8%；菜籽油每500克由0.74元至0.79元提到2.08元，平均提高170%。调整后，粮油统销全省同价。国家提高了钢材、成品油、煤炭、电力、水泥以及铁路货运等商品价格和收费标准。其中：钢材均价每吨提高361元。工业用电每千瓦时由0.0724元提到0.0764元，提高5.5%。计划内灯用煤油每吨由610元提到724元，提高19%；0#柴油每吨由525元提到672元，提高28%；70#汽油由每吨728元提到838元，提高15%。安徽省还调整了公共汽车票价、电影票价、门诊挂号费、住院费、检查费等，电影票价平均每场每票由0.28元提到0.52元，提高89%；门诊挂号费由0.20元提到0.40元，提高100%；住院费每床每天由2.20元提到3.40元，提高54.5%；CT头颅检验每人次由200元降为160元，下调20%；提高钢材、石油、农膜、奶及奶制品、糕点、酿造品及豆制品、铁路货运、电力等商品服务价格。1991年，在安徽省社会商品零售总额中，国家定价占24.4%，国家指导价占6.9%，市场调节价占68.7%，初步形成了市场调节为主的价格形成机制。

1991年，安徽居民生活费用价格总水平比上年上涨6.1%，比1990年涨幅扩大

3.4个百分点。物价上涨主要是受到国内政策调价和洪涝灾害的影响。受政策调价影响，1991年安徽省粮食价格上涨31.2%，食用植物油价格上涨26.8%，食糖价格上涨19.1%，燃料价格上涨36.9%。据测算，在1991年物价总水平的升幅中，由提高粮油统销价格导致价格总水平上升占2.9个百分点；由提高钢材、奶及奶制品、糕点、酿造品及豆制品等商品价格导致价格总水平上升占1个百分点；由上年国家提高纸张、民用煤、食糖、棉纺织品等价格的滞后影响占0.7个百分点。受洪涝灾害影响，1991年安徽省鲜菜价格上涨27.9%，鲜果价格上涨18.1%。

投资过度 1992—1996年，正处于由计划经济向社会主义市场经济过渡的阶段，社会主义市场经济体制已经初步建立，市场规则约束逐渐完善，物价上涨过程更多地表现为市场行为，上下游商品价格传导比较充分。投资过度扩张，如房地产热、开发区热等形成巨大的需求拉力，1992—1996年全社会固定资产投资年均增长34.9%，其中，1992年达到56.5%，1993年又增长49.4%。

在经济高速增长、固定资产投资扩张过猛、消费基金增长过快、信贷资金和货币投放过多的背景下，由于一些重要商品供求严重不平衡，价格放开的步伐过快过急，而又缺乏调控市场物价的有力手段，致使通货膨胀压力逐渐加大。从1992年年底开始，钢材、水泥、砖瓦、有色金属、化工原料等生产资料价格率先出现了较大幅度的上涨，推动投资品价格总水平大幅度上涨，1993年、1994年、1995年工业品出厂价格分别上涨25.3%、20.9%和17.2%。投资品价格的上涨带来消费品价格上涨。而在1991年，国家对多年价格改革的“禁区”——粮食价格进行调整，1992年后又多次大幅度提高粮食的购销价格，最终放开粮食价格。粮食完全市场化，导致粮食零售价格连年大幅上涨，引发与粮食密切相关的肉、禽、蛋、糕点、酒等食品价格整体大幅上涨。特别是从1993年起，连续3年的居民消费价格总水平上涨幅度超过14%，在1994年达到26.9%，刷新新中国成立以来通胀的记录。此轮通货膨胀是在供给状况有所好转，由投资过度，对基础产品价格改革，以及货币超额供给引起的，持续时间长达5年。1994年后，国家采用财政、货币双紧缩的经济政策，降低货币供给，5次提高利率，减少公共投资等宏观调控手段，此轮通货膨胀终于在1996年得到控制。1996年的各项经济指标，表明安徽省正走出“过热”的经济状态。

1992—1996年的5年间，安徽居民消费价格累计上涨98.7%，其中，城市上涨102.3%，农村上涨96.3%。

安徽省5年累计的价格上涨幅度高于全国6.6个百分点，在全国各省市自治区中居第15位，在华东六省一市和中部六省中均居第3位。

在各市县中，马鞍山市价格涨幅最高，5年累计上涨118.6%，其余各市县价格涨幅依次为：安庆市上涨117.7%，芜湖市上涨115.3%，合肥市上涨112.9%，滁州市上涨111.7%，铜陵市上涨109.2%，歙县上涨108.4%，六安市上涨105.6%，泾县上涨103.1%，宣城市上涨101.2%，池州市上涨100.6%，桐城市上涨96.7%，蚌埠市上涨96.3%，淮南市上涨92.1%，亳州市上涨90.1%，宿州市上涨89.5%，淮北市上涨88.1%，阜阳市上涨85.1%，巢湖市上涨85%。

价格改革　1992年，安徽省价格改革取得进展。全年放开各类商品价格和服务收费14类计223种。21个市、县放开了粮食价格。到年底，农产品价格除中央管理的部分粮食、棉花、烤烟、桑蚕茧、中药材、松脂和松香外，已全部放开；轻工业品除中央管理的22种商品价格外，亦已全部放开；根据国家统一部署，放开饮食、浴池、照相、修理、洗染、水炉业、二级以下旅店、原省管旅游、各种文艺演出、体育比赛、镭射电影票价以及录像放映小厅、舞厅、城市豪华放映小厅的门票及服务收费价格。还先后调整了粮食、原油、煤炭、铁路、电力、化肥等基础产品价格，以及民用燃料、自来水、公共汽车等部分公共事业价格和收费标准。

1992年，安徽居民生活费用价格总水平比上年上涨8.2%，比1991年涨幅扩大2.1个百分点。价格调整是物价上涨的主要动因，据测算，价格调整影响占全年物价涨幅的60%左右。在各类商品和服务中，除鲜菜、鲜果等少数品类的价格下跌外，消费品和服务项目价格全面上涨，主要是粮食价格上涨36.7%、食用植物油价格上涨22.4%、中药价格上涨18.5%、燃料价格上涨31.1%。服务收费项目价格涨幅较大，全年上涨16.8%，其中，医疗保健费上涨23%，文娱费上涨30.9%，学杂保育费上涨26.3%，交通费上涨12.3%。

1993年，安徽省继续推进价格改革。全省先后放开了统配煤炭、钢铁产品、粮食等11种商品价格，陆续提高了铁路货运、石油、电力、工业用盐、棉花等价格。1993年的价格改革项目不多，但由于主要是涉及国计民生的重要商品价格，以及三年来持续的价格改革积累效应的释放和宏观经济环境过热，市场物价总水平迅速上扬，全省居民生活费用价格总水平比上年上涨14.7%，比1992年涨幅扩大6.5个百分点。

1993年，安徽省市场价格全面上涨，调查的所有商品和服务大类均出现上涨，尤其是与群众生活密切相关的商品价格涨幅较大。粮食价格上涨33.8%，食用植物油、鲜菜、猪肉等副食品价格上涨12.5%，燃料类价格上涨62.6%，服务项目上涨27.5%，建筑装潢材料价格上涨24.9%。尤其是11月和12月，粮食价格分别上涨33.6%、52.5%，食用植物油价格分别上涨38.3%、62%，鲜菜价格上涨36.7%、130.6%，肉禽蛋价格分别上涨9.3%、18.7%。价格过快上涨已对居民生活和国民经济的稳定发展产生严重影响。

1994年，面对日趋严峻的通货膨胀形势，为安定人民生活，保持社会稳定，给改革和发展创造良好的宏观环境，中共中央、国务院决定把抑制通货膨胀，控制物价上涨作为正确处理改革、发展、稳定三者关系的关键和宏观调控的首要任务来抓。国务院于1994年9月6日提出抑制通货膨胀的十项措施，要求各级政府、各个部门采取有效措施稳定粮油市场价格。

安徽省人民政府按照中央部署，相应采取控制固定资产投资规模；继续实行物价总水平调控目标责任制；切实抓好农业生产，增加有效供给；国有商业充分发挥主渠道作用，做好各类商品特别是人民生活必需品的收购、调运、储备、供应工作，努力保持人民生活必需品价格的相对稳定；建立粮食风险基金制度和粮食、化肥、农药、猪肉（地、市除猪肉外，还有鸡蛋、食糖、大路菜）等重要商品储备制度，以及价格调节基金制度，加强对市场的管理和价格的调控。

为保护农民的生产积极性，切实抓好农业生产，尤其是粮食生产，按照国家统一部署，安徽省人民政府从1994年6月10日起调整了粮食销售价格，还提高棉花和桑蚕茧的购销价格以及油菜籽等农产品的收购价格。此外，全省还统一调整电力、原油、天然气等基础产品价格，对成品油实行计划内外价格并轨。

由于前几年影响价格上涨的因素不可能在短时间内消除，其滞后效应继续反映出来；各项宏观调控措施发挥作用存在一个滞后期，市场流通秩序混乱状态没有得到根本转变，特别是1993年第四季度食品价格暴涨。1994年，安徽居民消费价格总水平比上年上涨26.9%，比1993年高出12.2个百分点，零售物价总水平上涨23.3%，比1993年高出10.4个百分点。

1994年物价大幅度上涨，主要是食品价格大幅度上涨而引起。全年食品类价格比上年上涨35.9%，其中粮食价格上涨61.8%，油脂价格上涨67.2%，肉禽蛋价格上涨49.4%，菜价上涨44.4%。食品价格上涨对物价总水平的影响程度超过六成。虽然工业消费品价格涨幅相对较小，但比1993年明显扩大，除交通和通信工具价格上涨7.3%外，其他各类商品和服务价格涨幅都超过两位数，其中，衣着价格上涨15.9%，家用设备及用品价格上涨11.0%，医疗保健价格上涨14.7%，娱乐教育文化用品价格上涨16%。受政府调价和乱收费的影响，部分非商品收费项目价格大幅上涨，居住价格上涨29.3%，服务项目价格上涨19.6%。其中，房租价格上涨61.8%，文娱费上涨39.5%，洗发美容费上涨28.2%，水、电、燃料费上涨25.7%，学杂保育费上涨21.5%，电信费上涨18.3%，修理及其他服务费上涨16.1%。

1995年和1996年，安徽省各级人民政府及有关部门继续把抑制通货膨胀、控制物价上涨作为宏观调控的首要任务来抓，继续实行物价控制目标责任制，认真落实各项宏观调控措施，大力发展生产，增加有效供给，重点加强对粮油销价的管理及居民生活必需品和服务价格的监审，对副食品零售市场实行明码标价和适度灵活的差率控制，基本保证了市场价格的相对稳定。推广价格调节基金制度，增强政府调控价格的经济能力。

1995年，安徽省市场物价涨幅虽然较大，但比上年明显回落，全省居民消费价格涨幅为14.8%，比上年回落12.1百分点，抑制通货膨胀取得初步成效。食品价格涨幅大幅回落，但依然是推动价格总水平上升的主要因素，全年食品价格上涨18.5%，比上年回落17.4个百分点，其中，粮食价格上涨29.9%，比上年回落31.9个百分点；肉禽及制品价格上涨23.2%，比上年回落26.2个百分点；鲜菜价格上涨18.3%，比上年回落33.4个百分点；油脂价格上涨8.5%，比上年回落58.7个百分点；其他食品价格涨幅依然较大，奶及奶制品价格上涨35.1%，干鲜瓜果价格上涨19.6%，酒和饮料价格上涨19.6%。工业消费品中除衣着、医疗保健和个人用品价格涨幅分别为12.9%、11.2%外，其他各类涨幅均在一位数以内，娱乐教育文化用品及服务价格上涨6.7%，家庭设备及用品价格上涨5.8%，交通和通信工具价格上涨1.5%。

居住价格上涨11.1%，比上年回落18.2个百分点，其中，房租价格上涨30.8%，水、电、燃料费上涨10.7%。服务项目价格上涨20%，其中，学杂保育费上涨24.5%，洗发美容费上涨23.1%，文娱费上涨19.9%，电信费上涨18.1%，修理及其他服务费上涨16.6%。

1996年，全省居民消费价格涨幅为9.9%, 比上年回落4.9个百分点。在所调查的各大类商品和服务中，服务项目、居住和娱乐教育文化用品价格同比涨幅在两位数以上，分别为19.7%、17.4%和10%，其他各类商品价格涨幅均回落到1位数以内，其中，食品价格涨幅为9%，特别是粮食价格在连续五年涨幅超过两位数后，1996年的涨幅为7.8%，油脂价格则比1995年下降7.9%；衣着价格上涨7.3%，家用设备及用品价格上涨4.0%，医疗保健价格上涨7.5%，交通和通信工具价格下降0.6%。受政策性调价的影响，受政府调价和乱收费的影响，非商品收费项目价格涨幅较大，居住价格上涨17.3%，服务项目价格上涨19.7%。其中，房租价格上涨40.1%，文娱费上涨26%，医疗保健服务费上涨25.9%，学杂保育费上涨22.3%，电信费上涨18.3%，交通费上涨17.9%，水、电、燃料费上涨17.4%，洗发美容费上涨16.2%，修理及其他服务费上涨13.5%。

通过本轮价格改革，安徽省的价格管理机制已经走出高度集中的传统框架，形成了灵活的多种价格形式并存，以市场调节为主的格局，初步建立政府调控市场、市场形成价格、价格引导资源配置的社会主义市场经济运行机制。农产品、原材料、采掘工业品价格和服务行业、城市公用事业收费过低的现象得到明显改善，基础产业的利益得到保证，拓展了基础产业的发展空间，生产得到迅速发展，从根本上保证国民经济的快速增长。买方市场的形成标志着短缺经济时代的结束。

1994—2000 年安徽居民消费价格指数和商品零售价格指数统计表

（以上年价格为 100）

表 7-3

项目	1994 年	1995 年	1996 年	1997 年	1998 年	1999 年	2000 年
居民消费价格指数	126.9	114.8	109.9	101.3	100.0	97.8	100.7
城　市	127.4	115.9	110.1	101.9	100.3	97.6	100.9
农　村	126.3	113.7	109.7	100.7	99.9	98.0	100.5
食　品	135.9	118.5	109.0	97.3	97.8	94.4	97.2
粮　食	161.8	129.9	107.8	86.6	101.7	98	85.0
油　脂	167.2	108.5	92.1	101.8	101.2	94.5	83.8
肉禽及其制品	149.4	123.2	106.6	106.4	89.5	92.0	101.9
蛋	113.7	113.3	114.0	78.3	101.0	90.8	84.7
水产品	121.1	110.9	102.8	102.0	96.2	90.0	102.6
菜	144.0	120.3	125.7	89.4	108.2	95.8	108.0
干鲜瓜果	118.7	119.6	102.6	90.7	94.7	97.4	94.5
衣　着	115.9	112.9	107.3	101.5	98.6	98.2	98.0
家庭设备及用品	111.0	105.8	104.0	100.3	98.4	98.5	98.6
医疗保健用品	114.7	111.2	107.5	103.9	103.6	101.4	101.8
交通和通信工具	107.3	101.5	99.4	97.5	96.3	93.7	93.8
娱乐教育文化用品	116.0	106.7	110.0	100.7	96.8	97.4	96.6
居　住	129.3	111.1	117.4	110.2	102.6	101.9	104.4
住　房	135.0	111.6	117.3	107.5	102.7	103.1	101.6
水、电、燃料	125.7	110.7	117.4	112.3	102.5	101.0	106.8
服务项目	119.6	120.0	119.7	116.0	114.4	107.9	117.5
商品零售价格指数	123.2	112.7	107.1	99.4	98.1	96.6	98.0

1994—2000 年安徽省部分市县居民消费价格指数统计表

（以上年价格为 100）

表 7-4

市　县	1994 年	1995 年	1996 年	1997 年	1998 年	1999 年	2000 年
合肥市	127.6	117.1	111.5	102.6	99.1	97.7	101.3
芜湖市	131.4	112.7	109.6	101	101.5	97.8	100.8
蚌埠市	124.8	117.7	109.1	102	101.2	97.8	102.0
淮南市	126.8	115.1	108.7	103	101.7	97.2	101.6
马鞍山市	125.7	116.8	111.0	101.2	100.3	98.0	102.5
淮北市	124.1	113.5	109.2	100.3	99.4	97.1	99.6
铜陵市	132.3	116.2	108.5	103.7	99.4	99.1	99.8
安庆市	131.4	112.7	109.9	101.1	100.1	97.3	101.1
黄山市			108.6	101.2	100.8	99.1	102.5
滁州市	125.4	116.9	110.3	99.8	99.8	97.3	100.9
阜阳市	121.3	112.4	110.3	100.7	98.9	95.8	100.8
亳州市	125.8	111.8	107.8	102.0	100.3	96.8	97.6
桐城市	123.9	114.5	111.1	99.9	99.0	98.2	99.3
歙　县	125.2	112.7	108.3	99.9	99.5	98.0	100.8
宿州市	124.2	112.1	110.7	99.3	99.8	96.6	104.8
宣城地区（宣城市）	126.1	116.8	110.4	102.7	100.2	99.4	100.2
贵池市	127.0	115.0	109.5	101.4	99.9	96.8	99.1
巢湖市	126.6	114.4	108.3	101.6	99.3	96.7	98.7
六安市	133.5	112.9	109.4	100.9	99.4	99.2	—
泾　县	124.0	118.8	110.6	101.3	100.4	—	—

通货紧缩　1997 年，亚洲金融危机爆发，在此前后中国实施的住房、医疗、养老等福利制度的改革，以及国有企业改制和国家实施的宏观紧缩政策的影响，国民经济的发展速度回落，下岗失业职工大幅增加，居民预期未来消费开支增加，即期消费意愿下降，市场由供不应求转为内需不足，物价水平步入低谷。1997—2002 年的 6 年间，安徽居民消费价格总水平在 1999 年和 2002 年低于上年，6 年累计下降 0.7%，其中，城

市下降0.3%，农村下降0.9%。全省居民消费价格总水平从1998年9月—1999年12月连续16个月低于上年同期水平；6年的全省商品零售价格总水平均比上年下降，全省商品零售价格总水平累计下降8.8%，商品零售价格总水平从1997年5月至2001年2月连续46个月低于上年同期水平。

安徽省6年累计的居民消费价格指数低于全国1.6个百分点，在全国各省市自治区中居第23位，在华东六省一市中居最低位，在中部六省中居第4位。

在各市县中，有6个市县6年累计的居民消费价格上涨，分别为：铜陵市上涨5.6%，淮南市上涨2.9%，宣城市上涨2.7%，蚌埠市上涨1.6%，马鞍山市上涨1.6%，芜湖市上涨0.5%；有九个市县6年累计的居民消费价格下跌，分别是黄山市下跌0.1%，合肥市下跌0.9%，桐城市下跌0.9%，安庆市下跌1.1%，歙县下跌2.3%，阜阳市下跌2.5%，滁州市下跌2.5%，亳州市下跌4%，淮北市下跌4.9%。

1997年，居民消费价格上涨1.3%，涨幅比上年回落8.6个百分点，商品零售价格总水平下降0.6%。食品类价格特别是粮食价格持续大幅度下跌，当年中籼稻市场收购价格为52元/公斤左右，低于政府规定的72元/公斤的定购价格和66元/公斤的收购保护价格。全年食品类价格同比下降2.7%，其中粮食价格下降13.4%，鲜菜价格下降11.6%，蛋类价格下降21.7%，鲜果价格下降13．6%。报纸杂志、中药材及中成药价格呈上升之势，涨幅分别为6.1%和7.6%。居住和服务项目价格上涨较多。主要受价格政策性调整的影响，居住价格上升10.2%，其中房租，水、电、燃料分别上涨19.7%和12.3%;受市场自发性涨价和政府价格调整的影响,服务类价格上涨16%,其中，电信费上涨18.9%、邮电费上涨93.8%、文娱费上涨13.2%、学杂保育费上涨19.3%、医疗保健服务上涨16.6%。

1998年，安徽省物价总水平继续呈平稳下跌走势，全省居民消费价格总水平与上年持平，商品零售价格总水平比上年下降1.9%。商品和服务涨价范围加大，在所调查的八大类居民消费价格中，1997年是“六涨两降”，1998年成为“三涨五降”，食品、交通和通信工具价格继续下跌，衣着、家庭设备及用品、娱乐教育文化用品价格由涨转降，医疗保健、居住和服务项目涨幅缩小。受调价和需求结构变化影响，服务类价格持续上涨，其中，学杂保育费上涨25.8%，房租上涨10.0%，洗理美容费上涨7.1%，文娱费上涨6.8%，医疗保健服务上涨6.7%，交通费上涨5.6%，教材及参考书上涨4.7%。

1998年7月1日起，安徽省对粮食价格形成机制进行改革。在正常情况下，粮食价格主要由市场供求决定，粮食企业按市场价格经营粮食。当粮价过度波动时，政府主要依靠储备粮的吞吐等经济手段，调节粮食市场供求，促使粮食价格合理形成，保持粮食价格相对稳定。粮食流通体制改革措施实施后，市场粮食价格扭转了前期连续下跌的局面，价格回升，粮食价格由1月同比下降10.5%转变为12月同比上涨8.8%。

1999年，社会需求持续低迷，通货紧缩进一步加剧，价格总水平继续回落。为刺激需求，促进经济发展，避免价格总水平过度下跌，价格改革的力度进一步加大。安徽省先后统一调整了铁路、道路交通、邮政、电信等基础产业价格和收费标准；提高公房租金和旅游等价格；提高非义务教育阶段收费标准。进一步深化粮食价格体制改革，实行粮食定购价、保护价二价合一，在全国率先实施了陈化粮价格政策，加快了陈化粮销售步伐。各地还根据当地经济发展的需要，提高公交票价、自来水、煤气等价格。

1999年，安徽居民消费价格总水平下降2.2%，商品零售价格总水平比上年下降3.4%，是改革开放以来的最低水平。食品价格下跌幅度加大，比上年下跌5.6%，其中，食糖价格下跌13.5%，水产品价格下跌10%，蛋类价格下跌9.2%，烟草价格下跌9%，肉禽及其制品价格下跌8%。服务项目价格上涨7.9%，幅度比上年回落6.5个百分点。在服务项目中，邮费上涨30.6%，学杂保育费上涨15.4%，房租上涨11.7%，水、电、燃料费上涨7.9%。

2000年，安徽省价格总水平运行平稳，呈现出稳中有升的态势，初步改变了持续下滑的局面。在全省价格平稳时期，适当调整自来水、管道煤气、公交等价格，在部分市、县开征了污水处理费、垃圾处理费。同时加快部分城市公有住房提租步伐。全年居民消费价格总水平上涨0.7%，除1月份持平，9、10月份分别下降0.5%、0.6%外，其他各月价格均为上涨，其中，6月、7月、8月、11月、12月份上涨1%以上。分地区看，在18个物价指数编制市县中，宿州、马鞍山、合肥等12个市县上涨，亳州、淮北等6个市下降。在八大类指数中，食品、衣着、家庭设备及用品、交通及通信工具、娱乐教育文化用品价格继续下降；居住和服务项目价格上涨幅度加大，其中学杂保育费上涨35.8%，水、电、燃料费上涨17.5%。

2001年，安徽省抓住市场物价平稳运行的有利时机，疏导价格矛盾，为扩大内需和调整经济结构服务。继续加快推进公有住房租金改革，全省公有住房月租金标准平均达到每平方米建筑面积2.06元。扩大农村执行省定到户电价范围，减少执行最高限价区域数量，进一步降低农村电价。当年全省农村综合平均电价比上年下降0.04元/千瓦时，减轻农民用电负担2.1亿元。重新核定铁路运输企业以外的铁路客票服务费标准和部分铁路专用线收费标准。调整固定电话网资费标准，取消电信附加费，降低农村电话资费，实行城乡电话通话费同价，每年可减少农话用户支出1.7亿多元。规范医疗服务项目，对全省56项医疗服务价格进行了结构性调整。两次降低中小学教材价格，降价金额近4000万元。

2001年，安徽居民消费价格总水平上涨0.5%，八大类消费价格变动依然保持“五降三涨”的局面，其中，食品、衣着、家庭设备用品及维修服务、交通及通信工具价格继续下降，医疗保健和个人用品价格由升转降，娱乐教育文化用品及服务价格由降转升；居住、烟酒及用品价格上涨。各类商品和服务的涨跌幅度缩小，除租房、学杂托幼费和水、电、燃料费分别上涨27.6%、8.1%和5.8%外，其他各类价格涨跌幅度均在5%以内。

在2000年、2001年小幅上涨后，2002年的安徽省价格总水平出现新的下降。全省居民消费价格总水平比上年下降1%。价格变动格局出现新的特点，八大类居民消费价格全面下降，食品价格下降0.1%、衣着价格下降2.7%、烟酒及用品价格下降1.1%、家庭设备用品及维修服务价格下降2.3%、娱乐教育文化用品及服务价格下降0.1%、交通和通信价格下降1.8%、医疗保健和个人用品价格下降1.4%、居住价格下降1.7%。

中国加入WTO后，5000多种商品关税下调，影响全省市场价格水平的下跌。多数商品尤其是工业消费品处于供过于求的状态，市场竞争激烈，家电和日用品降价促销成商家竞争的主要手段。全年电视机、影碟机、空调、微波炉、电脑等耐用消费品价格分别下降14.7%、13.1%、9%、8.9%、6.2%，移动电话降幅达到22.8%。

结构性通胀 2003年后，安徽省进入新一轮经济景气周期。在加入WTO后，中国经济深深融入经济全球化之中。全球经济加速复苏，国际需求的拉动成为中国这一时期经济发展主要动力，进出口对国内经济增长的贡献要明显大于前两轮经济周期。同时国际大宗商品价格大幅上涨，通胀效应的国际间传递加速使国际传导成为本轮通货膨胀的主要表现特征。国内城市化和工业化进程加快推进，国内的重要农产品如粮食、油料的生产先后出现周期性减产，居民消费品结构性短缺，基础产品价格扭转多年的低迷状态，消费市场上粮食、肉禽蛋等食品价格，工业企业的燃料、动力、黑色金属材料、有色金属材料和电线、农副产品类购进价格涨势明显。

2003—2005年，安徽省商品供求基本面发生了根本性的改变，进一步加大了对外开放的力度，市场化程度大大提高，商品供应日益丰富，除部分农产品受到农业生产周期的影响，多数商品尤其是工业消费品处于供过于求的状态。2003—2005年，中国居民消费完成了由温饱向小康的过渡，居民消费升级，消费领域拓宽。新增的消费由满足基本生活需要的普通商品向同时满足精神消费需要的高档消费品过渡，由几千元级消费向数万元甚至数十万元级发展，如住房、汽车、高档家电、高档服装、通信设备、旅游、文化等消费。这些消费抑或兼具投资属性，抑或是科技含量高、更新换代快、产业链较长的产品，企业具有较强的消化上游产品涨价的能力，再加这些商品多数处于供过于求的状态，所以新增消费对此类消费品价格的影响有限；但长期以来的收入分配体制不合理，劳动者收入在要素分配中的比重偏低，要素分配偏向于资本、偏向于企业、偏向于政府。政府和企业在获取超额收入后，主要是形成投资需求，加剧上游稀缺产品的供求矛盾。消费需求在新增需求中比重偏小，无法形成有效消费；在国内实施各项福利制度改革以后，相应的各项社会保障制度还未健全，居民预期未来消费开支增加，即期消费意愿不强，国内消费需求相对不足，消费增长滞后于投资需求的增长，滞后于上游需求的增长，消费环境没有想象的那样宽松。

2003—2005年，国际商品价格对国内的传导，国内的上游产品之间的价格传导比较充分。对下游的传导过程中，农产品产业链较短（或没有产业链），初级农产品价格上涨直接传导到消费环节，食品消费价格上涨明显，农产品价格传导比较通畅。工业品价格传导则出现明显的阻滞现象。

由资源瓶颈制约造成的资源性产品价格上涨，逐步形成对下游商品价格的“成本推动”和“国际输入”的客观条件，通货膨胀的苗头已经出现。2003—2005年的三年间，安徽省居民消费价格总水平累计上涨7.8%，其中，城市上涨7.2%，农村上涨8.6%。

2003—2005年，物价上涨是在总供给大于总需求的背景下出现的，价格涨幅相对较为平缓，对宏观经济的不利影响也较小。价格的上涨具有明显的结构性特征，即在食品、水电燃料和一些服务项目价格明显上涨的同时，多数工业消费品价格仍在下降。三年间，安徽省的食品价格上涨20.5%，其中，粮食价格上涨43.3%，肉禽及其制品价格上涨34.6%，油脂价格上涨27.9%，蛋、水产品和菜的价格分别上涨27.0%、23.7%和16.0%；居住价格上涨12.0%，其中，水、电、燃料价格上涨26.6%；娱乐教育文化用品、烟酒及用品价格微涨，分别上涨2.0%和0.9%；衣着、家庭设备及用品、医疗保健用品、交通和通信工具价格分别下降6.4%、4.9%、0.8%和2.7%。

安徽3年累计的价格上涨幅度高于全国0.8个百分点，在全国各省市自治区中居第9位，在华东六省一市中居第一位，在中部六省中居第五位。

在各市县中，宣城市价格涨幅最高，3年累计上涨10.8%，其余各市县价格涨幅依次为：淮南市上涨9.4%，桐城市上涨9.3%，歙县上涨9.1%，淮北市上涨8.7%，亳州市上涨7.7%，阜阳市上涨7.6%，黄山市上涨7.5%，宿州市上涨7.4%，蚌埠市上涨7.2%，铜陵市上涨6.8%，安庆市上涨6.8%，滁州市上涨6.6%，芜湖市上涨6.2%，马鞍山市上涨5.8%，合肥市上涨4.4%。

2003年，安徽省价格总水平出现持续、小幅上升，逐步走出了通货紧缩的阴影，出现正向的变动。各地加快经济发展的愿望十分强烈，前两年扩张性宏观调控政策的滞后效应，导致投资过快增长，刺激了对原材料和能源的需求，钢材、原油、成品油等在2002年4季度形成上升态势，2003年继续以较高的涨幅出现。消费品中粮油价格受产量持续下降的影响，从4季度起大幅回升，涨幅达17.2%和32%，直接导致全年居民消费价格水平上涨1.7%。2003年全省价格变动的突出特点是，粮食和蔬菜价格涨势较猛，推动农产品价格较快上涨；一般日用品和耐用消费品价格继续在下降通道中运行；服务项目价格小幅上涨。食品类价格上涨6%。由于粮食减产和沿淮地区洪涝灾害的影响，全年粮食价格比上年上升4.5%；鲜菜价格受灾害性天气和“非典”疫情的影响，全年上涨28.7%。粮食价格上涨带动饲料价格上扬，养猪成本加大，造成猪肉价格全年上涨13.5%，同时拉动禽类价格上涨2．4%，鲜蛋价格上涨0.5%。油脂受国际大豆市场价格猛涨和国内减产影响，价格一直高位运行，全年累计上升16.8%。

2004年，受粮食供求关系变化、煤电油运紧张、重化工业发展加快和国际价格传导等因素影响，以及公共事业调价项目相继出台，在几方面因素合力下，安徽居民消费价格总水平上涨4.5%，为1997年以来的最高涨幅。价格走势呈“倒V”型。全省居民消费价格上半年基本逐月走高，下半年逐月走低。月度间最大落差达5.2个百分点，其中4—8月连续5个月涨幅超过5%，全年有6个月，8大类指数6涨2跌。受1993年10月和1994年2月开始的两轮粮油价格上涨的影响，全年食品类价格同比上涨10.8%。其中，粮食价格上涨39.6%，油脂价格上涨20.6%，肉禽及制品价格上涨20.1%，蛋类价格上涨17.5%，水产品价格上涨19.5%。居住类、烟酒及用品、医疗保健和个人用品、娱乐教育文化用品及服务、交通和通信价格分别上涨5.6%、1%、0.6%、0.2%、0.1%，衣着、家庭设备用品及维修服务价格分别下跌2.3%、2%。

2005年，市场价格总水平稳步回落。2005年是中国宏观经济热度升高的第三年，尽管投资需求强劲，拉动原材料价格继续上升，但消费需求不旺。国家根据形势发展变化进行适时适度微调，宏观经济的结构性过热等问题得到较明显的抑制，各种产品价格涨幅回落，特别是粮食价格在高位趋稳，相关食品价格涨幅回落，从3月份开始，全省居民消费价格涨幅逐月回落，全年涨幅再次回落到1.4%。

部分公用事业价格继续上涨。受2004年居民消费价格高位运行和价格调控的影响，部分地区公用事业积累的价格矛盾较多。2005年下半年后，部分地区陆续疏导了水、液化气、出租车、城市公交、门票等价格。1—12月，全省服务项目价格累计上涨2.4%，其中，水价上涨20.4%，液化气价格上涨14.7%。

2001—2005年安徽居民消费价格指数和商品零售价格指数统计表

（以上年价格为100）

表7-5

居民消费价格总指数	100.5	99.0	101.7	104.5	101.4
城　市	100.0	99.1	101.8	104.3	101.0
农　村	101.3	98.7	101.7	104.8	101.9
食　品	99.7	99.9	106.0	110.8	102.6
粮　食	107.1	99.4	104.5	139.6	98.2
油　脂	91.7	99.9	116.8	120.6	90.8

续表 7–5

肉禽及其制品	101.1	97.4	108.1	120.1	103.7
蛋	103.6	104.5	100.6	117.5	107.4
水产品	98.1	96.0	99.5	119.5	104.0
菜	95.6	109.1	126.3	78.9	116.4
干鲜瓜果	97.4	106.3	98.4	101.6	97.8
烟酒及用品	101.2	98.9	99.9	101.0	100.0
衣　着	97.7	97.3	97.3	97.7	98.5
家庭设备用品及维修服务	98.0	97.7	97.7	98.0	99.3
医疗保健和个人用品	99.3	98.6	99.9	100.6	98.7
交通和通信	97.3	98.2	97.9	100.1	99.3
娱乐教育文化用品及服务	104.1	99.9	100.9	100.2	100.9
居　住	102.7	98.3	100.7	105.6	105.3
建房及装修材料	97.8	98.3	99.8	102.7	101.2
自有住房	100.1	93.0	98.6	100.6	107.0
水、电、燃料	105.8	102.0	102.7	113.3	108.8
商品零售价格总指数	99.6	99.2	101.3	102.7	100.6

2001—2005 年安徽省部分市县居民消费价格指数统计表

（以上年价格为 100）

表 7–6

市　县	2001 年	2002 年	2003 年	2004 年	2005 年
合肥市	99.4	99.1	101.2	102.2	100.9
芜湖市	99.6	99.9	101.2	104.5	100.4
蚌埠市	100.6	98.1	101.5	105.2	100.4
淮南市	99.9	99.5	103.1	105.1	100.9
马鞍山市	99.5	100.2	101.3	103.8	100.6
淮北市	99.8	98.8	103.1	104.5	100.9
铜陵市	103.7	99.9	100.4	105.1	101.2

续表 7-6

市　县	2001 年	2002 年	2003 年	2004 年	2005 年
安庆市	100.0	99.3	101.4	103.6	101.6
黄山市	99.1	97.4	101.6	104.3	101.5
滁州市	100.0	99.7	101.1	103.3	102.0
阜阳市	100.7	100.7	101.3	104.2	102.0
亳州市	99.8	99.6	103.2	103.4	100.9
桐城市	102.9	99.9	101.1	104.9	102.9
歙　县	100.9	98.6	101.3	105.9	101.8
宿州市	—	100.9	102.4	104.3	100.6
宣城市	100.8	99.4	103.1	105	102.3

第二节　农产品价格变动

1986 年，随着计划经济体制向市场经济体制转轨，粮食、棉花、油料等主要农产品购销政策的改革不断深化，农产品价格形成的市场化程度逐步提高，影响农产品价格的因素日益增多并复杂化，其波动越来越明显。

2005 年与 1985 年相比，安徽农产品价格上涨 1.8 倍，平均每年递升 5.2%。其中，粮食价格上涨 2.7 倍，平均每年递升 6.7%；棉花价格上涨 1.4 倍，平均每年递升 4.4%；油料价格上涨 2.0 倍，平均每年递升 5.7%；畜产品价格上涨 1.5 倍，平均每年递升 4.8%；水产品价格上涨 2.3 倍，平均每年递升 6.1%。与全国相比，安徽农产品价格涨幅低于全国 24.9 个百分点，主要农产品中，粮食、油料、水产品价格涨幅分别高于全国 23.4、26.3 和 21.5 个百分点，棉花、畜产品价格涨幅分别低于全国 183.4 和 68.2 个百分点。

农产品价格持续上涨　1986—1989 年，这一阶段农产品价格的提高不仅受国家调价的推动，而且越来越受市场价格上涨的顶托。

1985 年，政府推出了具有明显市场化取向的粮食购销体制改革，粮食等主要农产品实行合同定购与市场收购相结合的“双轨制”，将实行了 30 多年的粮食统购制改为合同定购制，定购以外的粮食允许农民自由出售，价格随行就市。随着粮食等主要农产品市场出售份额的扩大，农产品价格受市场调节的成分增多。另一方面，为调动农民生产积极性，有计划地提高了粮食等主要农产品合同定购价格。在国家调价与市价上涨两种力量的共同推动下，农产品价格持续上涨。1986 年以后，国家合同定购数量逐年减少，农民按市场价出售农产品的数量扩大。1987 年，在农民出售的粮食中，合同定购数量只占 45.1%，非统购统销市场上流通的粮食数量已超过统购统销市场。随着农产品市场出售份额的扩大，农产品价格受市场调节的成分增多。由于 1985 年后农用生产资料价格上涨过猛，同时，其他农产品价格放开，使得种粮比较效益偏低，影响了农民种粮积极性，加大了合同定购任务完成的难度。为此，1986—1989 年，国家采取每年调 1 个点的办法有计划地提高了合同定购价格。1989 年与 1985 年相比，籼稻、小麦和玉米的合同定购价格分别提高 43.4%、14.2% 和 21.8%。与此同时，市场粮价也快速上涨，籼稻、小麦和玉米的市场价格分别上涨 1.56 倍、1.44 倍和 1.2 倍。1988 年、1989 年，国家又连续两年提高了棉花和油料收购价格，棉花两年提价幅度达到 28.4%，油料两年提价幅度达到 56.2%。畜产品、水产品价格在购销市场放开后，受市场供求因素影响从 1987 年开始连续三年上涨，其中，水产品价格上涨幅度较大，3 年涨幅达到 1.2 倍。在国家调价与市价上涨两种力量的共同推动下，农产品价格大幅度上升。1986 至 1989 年 4 年间，安徽农产品价格指数持续上升，其中上升幅度最大的是 1988 年，农产品价格指数上升了 25.6%，主要农产品中粮食价格上涨 26.1%，其中小麦价格上涨 43.4%，籼稻价格上涨 33.4%；棉花价格上涨 12.7%；油料价格上涨 21.4%；畜产品价格上涨 24.2%，其中肉畜价格上涨 85.6%，禽蛋价格上涨 1.2 倍；水产品价格上涨 31.3%。

1989 年与 1985 年相比，安徽农产品价格上涨 69.7%，平均每年递升 14.1%。其中，粮食价格上涨 98.4%，平均每年递升 18.7%；棉花价格上涨 29.6%，平均每年递升 6.7%；油料价格上涨 69.5%，平均每年递升 14.1%；畜产品价格上涨 56.6%，平均每年递升 11.9%；水产品价格上涨 94.0%，平均每年递升 18.0%。

农产品价格普遍下跌　1990—1992 年，这一阶段的农产品价格下跌是改革开放后农产品价格的首度下降。从 1989 年开始，国民经济进入三年整顿时期，粮棉生产摆脱了徘徊不前的局面，实现增长，农业综合生产能力跃上一个新的台阶。这期间，农产品的供给增长超过了农产品的需求增长，农产品价格全面下降。1990 年全国粮食产量接近 4.5 亿吨，1991 年全国棉花产量达到 568 万吨，油料全国产量达到 1638 万吨，肉类全国总产量达到 3144 万吨，水产品全国产量达到 1351 万吨，农业综合生产能力跃上一个新的台阶。另一方面，宏观经济紧缩制约着工业和城市居民对农产品需求的增长，农产品的供给增长超过了农产品的需求增长，导致农产品价格全面下降。1990 年，安徽农产品价格指数下降 3.8%，是改革开放后农产品价格的首次下降。主要农产品中，除棉花价格受国家提价影响上涨外，其余均呈下降趋势。其中，粮食价格下跌幅度较大，达 10.5%，主要粮食品种中小麦价格下降 20.8%，籼稻价格下降 6.6%，油料价格下降 4.4%；畜产品价格下降 8.5%，其中肉畜价格下降 5.0%，禽蛋价格下降 1.1%；水产品价格下降 8.8%。1992 年受粮食、油料、畜产品等主要农产品价格下跌影响，农产品价格指数再次下降了 1.8%。

1992 年与 1989 年相比，安徽农产品价格总水平下降 3.5%，平均每年下降 1.2%。其中，粮食价格下降 13.6%，平均每年下降 4.8%；棉花价格上涨 59.9%，平均每年递升 16.9%；油料价格下降 12.2%，平均每年下降 4.2%；畜产品价格下降 4.7%，平均每年下降 1.6%；水产品价格下降 1.1%，平均每年下降 0.4%。

农产品价格快速上升 1993—1995 年，这一阶段的农产品价格上涨是改革开放以来农产品价格上涨时间最长、幅度最大的一次，粮食等主要农产品价格最终在 1995 年达到历史最高价位。1993 年，安徽省全面放开了粮食和油料购销价格。由于长期以来粮食、油料价格由政府制定，特别是粮食购销价格长期倒挂，比价关系不合理，实行市场化后，粮食、油料销售价格有一个合理回归的过程。在粮食、棉花、油料等主要农产品价格上涨的推动下，1993—1995 年，安徽农产品价格指数大幅度上升，其中上涨幅度最大的是 1994 年。

1992 年以后，在前两年粮食卖难问题作用下，粮食市场化进程加快，到 1993 年全国除少数市县外，大部分地区都放开了粮食市场和粮食价格，安徽也在 1993 年全面放开了粮食和油料购销价格。由于长期以来粮食、油料价格由政府制定，特别是粮食购销价格长期倒挂，比价关系不合理。实行市场化后，粮食、油料销售价格有一个合理回归的过程，加上其他原因，此期间粮食价格由下跌突然转为暴涨，并一直持续到 1995 年。

1993—1995 年间，安徽粮食价格持续上涨，3 年涨幅分别为 15.1%、51.6% 和 37.7%，三年累计上涨了 1.4 倍，最终在 1995 年达到历史最高价位。1992 年和 1993 年，棉花生产受严重自然灾害和棉铃虫病害的影响，产量连续大幅度下降，棉花供求矛盾突出。为调动农民生产积极性，国家大幅度提高了棉花收购价格，1993 年、1994 年和 1995 年棉花收购价格分别提高 10.9%、51.4% 和 38.8%，3 年累计提高 1.3 倍。1993 年国家取消油料定购后，油料市场议购价有较大幅度的上升，当年油料收购价格上涨 14.6%，1994 年油料收购价格大幅上涨，涨幅达到 62.4%，1995 年随着油菜籽大丰收，油料价格有所回落，当年油料价格下降 3.5%。在粮食价格上涨的带动下，畜产品价格从 1993 年开始连续三年上扬，1994 年涨幅最高达到 26.4%，其中肉畜价格上涨 53.4%，禽蛋价格上涨 24.5%。受畜产品价格上涨影响，水产品价格在 1993—1995 年间连年上涨，涨幅分别为 26.2%、12.5% 和 17.5%。在粮食、棉花、油料等主要农产品价格上涨的推动下，1993—1995 年，安徽农产品价格指数大幅度上升，其中上涨幅度最大的是 1994 年，当年农产品价格指数上升了 38.7%，成为改革开放以后农产品价格上涨幅度最大的一年。

1995年与1992年相比，安徽农产品价格上涨88.5%，平均每年递升23.5%。其中，粮食价格上涨1.4倍，平均每年递升33.9%；棉花价格上涨1.3倍，平均每年递升32.6%；油料价格上涨79.6%，平均每年递升21.6%；畜产品价格上涨64.3%，平均每年递升18.0%；水产品价格上涨66.8%，平均每年递升18.6%。

农产品价格由升转降　1996—2002年，这一阶段粮食等主要农产品价格从1995年的最高点快速下跌并呈低水平平稳发展态势。

1996年以后，国家粮食连续4年增产，年均产量保持在5亿吨以上，其他农产品亦全面增长，整个农业形成新一轮增长高峰。然而，需求的增长是平稳的，加上宏观经济成功实现软着陆，社会无法吸纳消化短期内大幅度增加的农产品供给，结果出现农产品全面卖难。尽管政府对粮食流通体制实行了“四分开一完善”改革，即实行政企分开、储备与经营分开、中央与地方责任分开、新老财务帐目分开，完善粮食价格机制；按保护价敞开收购农民余粮，粮食收储企业实行顺价销售、粮食收购资金封闭运行，但粮食价格仍在波动中走低，维持在相对较低水平运行。受粮食价格下跌影响，农产品价格指数呈下降趋势。1997年，安徽农产品价格指数比上年下降6.4%，是改革开放以来继1990、1992年后的第三次下降。1998年继续较大幅度下降，农产品价格指数比上年下降6.8%。1999年情况更加严峻，当年粮食价格下降10.3%，其中小麦价格下降11.8%，籼稻价格下降9.8%。棉花价格在1998年购销体制放开实行市场调节价后，受市场供求形势影响，1999年下降26.5%。由于油菜籽等主要油料作物大幅度增产，市场供大于求，1999年油料价格下降26.3%。畜产品、水产品价格在连续5年上涨后，从1998年开始呈现下降趋势，1999年下降幅度加大，其中，畜产品价格下降14.8%，水产品价格下降25.2%。在粮食、棉花、油料、畜产品、水产品等主要农产品价格下降的影响下，1999年农产品价格指数比上年下降15.0%，创改革开放以来的最大跌幅。尽管2000年第四季度粮食价格有所回升，但全年粮食价格比上年继续下降16.0%。受粮食价格大幅下降影响，当年农产品生产价格指数下降6.8%。2001年，随着粮食、畜产品、水产品价格的回升，农产品价格指数小幅上升。2002年，农产品价格基本稳定。

2002年与1995年相比，安徽农产品价格下降27.6%，平均每年下降4.5%。其中，粮食价格下降32.7%，平均每年下降5.5%；棉花价格下降57.9%，平均每年下降11.6%；油料价格下降4.5%，平均每年下降0.7%；畜产品价格下降17.8%，平均每年下降2.8%；水产品价格下降14.1%，平均每年下降2.1%。

农产品价格止跌回升　2003—2005年，这一阶段的农产品价格上涨是在供求关系发生变化的形势下，对1996—2002年农产品市场低迷、价格持续下跌的纠正，属于恢复性上涨。由于粮食连续3年的减产，使粮食供求关系发生变化，在2003年粮食因灾减产的情况下，从当年四季度开始粮食价格出现7年来首次明显上扬，2004年国家全面放开粮食收购市场，仅对短缺的重点粮食品种在主产区实行最低收购价。粮食收购市场放开后，市场竞争激烈，推动了粮食价格的上涨。当年在粮食、油料、畜产品、水产品价格上涨拉动下，农产品价格指数上升 17.8%。

2003 年，在粮食因灾减产的情况下，当年四季度开始，粮食价格出现 7 年来首次明显上扬，四季度安徽粮食价格与上年同期相比上涨 17.2%，全年粮食价格上涨 5.0%。2004 年国家全面放开粮食收购市场，仅对短缺的重点粮食品种在主产区实行最低收购价。粮食收购市场放开后，市场竞争激烈，推动了粮食价格的上涨。2004 年粮食价格与上年相比上涨 32.2%，主要粮食品种中，小麦价格上涨 37.6%，稻谷价格上涨 36.4%。2005 年，中国粮食生产获得大丰收，供求关系的改善使粮食价格有所回落，当年粮食价格下降 4.6%。受 2002 年棉花、油菜籽减产，市场供应短缺，需求拉动影响，2003 年棉花、油料价格分别比上年上涨 35.8% 和 20.1%。

2004 年，国内棉花总产量创纪录，达到 632 万吨。随着棉花供给的大量增加，市场价格回落，当年棉花价格下降 21.9%。受自然灾害影响，2003 年中国油料总产量下降，在食用油加工业的发展，压榨需求增长的拉动下，2004 年油料价格上涨 11.3%。

2005 年，国内棉花减产，但油料生产获得丰收，受市场需求拉动，棉花价格呈现恢复性上涨，涨幅为 9.5%。油料价格受市场供大于求影响，下降 10.8%。畜产品、水产品价格在连续多年低位徘徊后，从 2003 年开始呈现上升趋势，2004 年畜产品价格上涨 20.2%，其中活猪上涨 34.0%，家禽上涨 12.5%。水产品价格上涨 10.1%。2005 年，畜产品价格基本稳定，水产品价格上涨 5.6%。在粮食、棉花、油料等主要农产品价格上涨的拉动下，2003 年、2004 年农产品价格指数分别上升 6.4% 和 17.8%。2005 年，随着粮食等主要农产品供求关系的改善，农产品价格指数有所回落，与上年相比，农产品价格指数下降了 1.3%。

2005 年与 2002 年相比，安徽农产品价格上涨 23.7%，平均每年递升 7.3%。其中，粮食价格上涨 32.4%，平均每年递升 9.8%；棉花价格上涨 16.2%，平均每年递升 5.1%；油料价格上涨 19.3%，平均每年递升 6.1%；畜产品价格上涨 26.0%，平均每年递升 8.0%；水产品价格上涨 19.8%，平均每年递升 6.2%。

1986—1989 年安徽农产品价格指数统计表

表 7-7

项目＼年份	以上年价格为 100				1989 年比 1985 年（%）
	1986	1987	1988	1989	
总指数	104.6	110.6	125.6	116.8	169.7
粮食	111.8	111.0	126.1	126.8	198.4
棉花	98.7	102.3	112.7	113.9	129.6
油料	100.0	108.5	121.4	128.7	169.5
畜产品	96.1	123.1	124.2	106.6	156.6
水产品	87.9	148.5	131.3	113.2	194.0

1990—1992 年安徽农产品价格指数统计表

表 7-8

项目＼年份	以上年价格为 100			1992 年比 1989 年（%）
	1990	1991	1992	
总指数	96.2	102.2	98.2	96.5
粮食	89.5	98.1	98.4	86.4
棉花	147.0	105.9	102.7	159.9
油料	95.6	93.1	98.7	87.8
畜产品	91.5	106.1	98.2	95.3
水产品	91.2	106.0	102.3	98.9

1993—1995 年安徽农产品价格指数统计表

表 7-9

项目＼年份	以上年价格为 100			1995 年比 1992 年（%）
	1993	1994	1995	
总指数	114.2	138.7	119	188.5
粮食	115.1	151.6	137.7	240.3
棉花	110.9	151.4	138.8	233.0
油料	114.6	162.4	96.5	179.6
畜产品	111.2	126.4	116.9	164.3
水产品	126.2	112.5	117.5	166.8

1996—2002 年安徽农产品价格指数统计表

表 7-10

项目＼年份	以上年价格为 100							2002 年比 1995 年（%）
	1996	1997	1998	1999	2000	2001	2002	
总指数	100.8	93.6	93.2	85.0	93.2	104.1	99.9	72.4
粮食	94.5	85.1	102.9	89.7	84.0	109.4	98.7	67.3
棉花	100.7	98.3	89.4	73.5	100.8	60.5	106.2	42.1
油料	100.9	114.0	102.8	73.7	104.5	99.4	105.5	95.5
畜产品	106.9	100.9	88.4	85.2	96.8	103.3	101.2	82.2
水产品	123.6	101.3	95.0	74.8	104.0	107.8	86.1	85.9

2003—2005 年安徽农产品价格指数统计表

表 7-11

项目＼年份	以上年价格为 100			2005 年比 2002 年（%）
	2003	2004	2005	
总指数	106.4	117.8	98.7	123.7
粮食	105.0	132.2	95.4	132.4
棉花	135.8	78.1	109.5	116.2
油料	120.1	111.3	89.2	119.3
畜产品	105.1	120.2	99.7	126.0
水产品	103.1	110.1	105.6	119.8

重点年份安徽农产品价格指数统计表

（以 1978 年价格为 100）

表 7-12

项目＼年份	1979	1989	1992	1995	2002	2005
总指数	133.6	301.2	290.8	548.1	397.1	491.2
粮食	122.3	255.8	221.0	531.0	357.5	473.5
棉花	115.2	161.3	257.8	600.8	253.1	294.0
油料	122.8	215.3	189.1	339.6	324.4	386.8
畜产品	124.0	259.1	247.0	405.9	333.6	420.2
水产品	149.1	630.3	623.4	1039.9	893.1	1070.5

重点年份安徽农产品价格指数统计表

（以 1985 年价格为 100）

表 7-13

年份 项目	1988		1994		2000		2005	
	安徽	全国	安徽	全国	安徽	全国	安徽	全国
总指数	145.3	146.6	259.5	263.9	215.2	245.2	276.8	301.7
粮食	156.5	136.0	299.2	271.8	256.8	254.2	367.3	343.9
棉花	113.8	113.1	347.9	310.9	316.6	316.3	236.3	419.7
油料	131.7	132.7	277.2	286.8	243.6	232.1	304.6	278.3
畜产品	146.9	170.3	209.9	296.1	193.0	274.5	254.0	322.2
水产品	171.4	182.1	272.4	302.7	296.1	281.6	329.5	308.0

第三节　农业生产资料价格变动

1986—2005 年的 20 年间，安徽的农业生产资料价格变动与国民经济周期变化基本同步，安徽农业生产资料价格总水平累计上涨 259.3%，年均上涨 6.6%，高于同期的农产品生产价格（或农产品收购价格）5.2% 年均涨幅，两者价格涨幅的差异使农民从事农业生产经营的获得利益被迫向城市、工业转移，一定程度抑制了农民从事农业生产的积极性。2005 年，安徽农村居民人均农、林、牧、渔家庭经营支出和购置生产性固定资产现金支出为 818.56 元，比 1985 年增加 716.12 元，其中，因农业生产资料价格上涨使农民多支出 590.74 元。2005 年，安徽农村居民人均出售农、林、牧、渔产品收入为 1519.07 元，比 1985 年增加 1246.62 元，其中，因农产品生产价格（或农产品收购价格）上涨使农民增加收入 968.42 元，扣除农业生产资料多支出的 716.12 元，20 年间安徽农村居民人均从事农、林、牧、渔经营现金收入仅增加 530.5 元。农业生产成本投入增长过快，抵消了农民收入的增加，弱化了各级政府多年来的各种财税惠农政策效应，影响了农业生产的发展。

在各类农业生产资料中，农机用油价格上涨幅度最大，2005 年比 1985 年上涨 5.94 倍，年均上涨 10.2%；小农具上涨 3.15 倍，年均上涨 7.4%；化学肥料上涨 2.4 倍，年均上涨 6.3%；半机械化农具上涨 2.15 倍，年均上涨 5.9%；农药及农药械上涨 2.66 倍，年均上涨 5.0%；机械化农具上涨 1.13 倍，年均上涨 3.8%。此外，2005 年的饲料价格比 1993 年上涨 1.08 倍，年均上涨 6.3%。

20 年间，安徽农业生产资料价格变动主要经历 1986—1989 年、1993—1996 年、2004—2005 年三个上涨高峰期。每一轮农业生产资料价格的变动与当时过热的经济环境紧密相关，除受农业生产自身需求拉动的影响外，上游基础产品如粮食、煤炭、石油和矿石价格的大幅上涨直接推动农业生产资料成本的上升。

1986—1989 年安徽农业生产资料价格指数统计表

（以上年价格为 100）

表 7-14

年份	农业生产资料价格指数	小农具	半机械化农具	机械化农具	化肥	农药及农药械	农机用油
1986	102.1	103.5	108.1	108.0	99.7	99.5	102.8
1987	112.8	107.3	109.2	102.9	114.1	109.0	114.9
1988	118.6	114.2	108.4	111.0	117.7	141.9	109.9
1989	121.7	124.6	120.3	117.3	121.4	149.8	102.2

农业生产资料价格涨幅过高 20 世纪 80 年代，安徽的农业生产资料仍以计划供应为主，国有供销社占有绝对主导地位。1986 年，安徽调整手推车胎、敌百虫、滴滴畏等农业生产资料价格。全年农业生产资料价格比上年上涨 2.1%，其中，半机械化农具、机械化农具和小农具分别上涨 8.1%、8.0% 和 3.5%，其他农业生产资料价格相对平稳。

随着经济体制改革的不断深入，供销社体制由“官办”改为“民办”，企业的经营机制逐渐灵活，农业生产资料经营主体和渠道逐步多样化。随着经济发展速度的加快，农业生产资料存在多种价格形式，市场价格快速上涨，计划内外价格差异不断扩大。1987 年，安徽农业生产资料价格上涨 12.8%，其中，农机用油、化学肥料、农药及农药械和半机械化农具价格上涨迅速，分别比上年上涨 14.9%、14.1%、9% 和 9.2%。面对较快的上涨局面，安徽省采取措施制止农业生产资料价格上涨，规定化肥除供销社、农资公司和生产厂外，其他单位和个人一律不准经营，擅自经营的，一经发现全部没收，并处以罚款。

1988 年，安徽化肥、农药、农膜等农业生产资料市场呈现经营渠道多、价格乱、涨幅大混乱局面。农业生产资料价格比上年上涨 18.6%，农药及农药械、化学肥料、小农具和机械化农具价格涨幅超过两位数，分别为 41.9%、17.7%、14.2% 和 11%。安徽省进一步加大对农业生产资料经营和价格的整顿力度。在国务院对化肥、农药、农膜实行专营后，安徽省对化肥、农膜、农药价格进行整顿。规定用于粮棉挂钩的尿素每吨 583 元，其他挂钩和专项用尿素每吨按 820 元的综合价销售。全省分四片制定了碳铵出厂价格，每吨 260 ~ 280 元；为鼓励增产，对超产部分实行加价 10%，综合销售价由市县按规定的差率制定。

1989 年，全年农业生产资料价格指数上涨 21．7%，其中，农药及农药械价格上涨 49.8%、化学肥料价格上涨 21.4%、小农具价格上涨 24.6%、半机械化农具价格上涨 20.3%，机械化农具上涨 17.3%。农业生产资料价格上涨过多，使农民从农副产品提价中得到的实惠大部分被抵消。

1990—1992 年安徽农业生产资料价格指数统计表

（以上年价格为 100）

表 7-15

年份	农业生产资料价格指数	小农具	半机械化农具	机械化农具	化肥	农药及农药械	农机用油
1990	103.9	111.2	116	103.2	99.8	114.5	106.3
1991	102.3	101.7	101.5	103.6	103.7	95.3	109.9
1992	102.5	102.8	104	101.9	102.1	95.1	118.6

农业生产资料价格涨势减缓　经过“治理整顿”工作后，经济明显降温，商品销售疲软。全省粮食丰收，粮食部门储粮难，农民卖粮难，农民减少农业生产资料的投入。1990 年后，安徽农业生产资料价格涨势减缓，1990 年上涨 3.9%、1991 年上涨 2.3%、1992 年上涨 2.5%。三年内，化肥价格累计上涨 5.7%，农药及农药械价格累计上涨 3.8%。

1991 年，为疏导价格矛盾，安徽省调整部分农业生产资料价格，其中，计划内灯用煤油每吨由 610 元提到 724 元，提高 19%；0# 柴油价格每吨由 525 元提到 672 元，提高 28%；70# 汽油价格每吨由 728 元提到 838 元，提高 15%。还调整了农膜、农药、化肥价格等。农膜价格每吨由 6125 元提到 7713 元，提高 26%(地膜提高 25%)。敌百虫价格每吨由 7800 元提到 8300 元，提高 6．4%；敌敌畏价格每吨由 1.6 万元降为 1.5 万元，下调 6.3%；甲 (乙) 基 1605 价格每吨由 15400 元降为 14400 元，下调 6.4%；杀虫双价格每吨由 5200 元降为 4400 元，下调 15.4%；硫酸钾价格每吨由 405 元提到 690 元，提高 70.4%；三元复合肥价格每吨由 440 元提到 870 元，提高 97.7%；尿素价格每吨由 820 元提到 870 元，提高 6.1%；淮南尿素价格每吨由 428 元提到 800 元，提高 86.9%；安庆超产尿素价格每吨由 728 元提到 790 元，提高 8.5%。

1991 年和 1992 年农业生产资料中的农机用油价格累计上涨 30.4%，化肥价格累计上涨 5.9%，农药及农药械价格累计下跌 9.4%。

1993—1996 年安徽农业生产资料价格指数统计表

（以上年价格为 100）

表 7-16

年份	农业生产资料价格指数	小农具	饲料	幼禽家畜	半机械化农具	机械化农具	化肥	农药及农药械	农机用油
1993	112.9	118.8	—	—	127.5	113.5	111.1	97.5	157.3
1994	122.8	124.8	134.1	140.2	116.5	117.1	126.3	106.1	129.8
1995	128.0	122.9	137.0	126.5	110.0	119.8	138.5	112.9	107.3
1996	107.2	112.3	116.1	110.2	107.2	99.4	108.5	107.9	104.2

农业生产资料价格涨势加剧 1993 年后，安徽再次兴起一轮经济建设热潮，上游原材料、燃料、动力等基础产品价格迅速上扬。1993 年，的全省煤炭和石油工业品出厂价格分别上涨 44.23% 和 31.84%，化工原材料价格连续三年涨幅超过 20%，导致化肥、农机用油、幼禽家畜、饲料和农具等农业生产资料价格大幅上涨。

1996 年，农业生产资料价格比 1992 年上涨 90.2%，在各类农药生产资料中，农机用油价格涨幅最大，1996 年比 1992 年上涨 128.3%；化肥价格上涨 110.9%；小农具价格上涨 104.6%；1996 年的饲料价格比 1993 年上涨 113.3%；幼禽家畜价格上涨 95.4%。

1993 年，安徽农业生产资料价格上涨 12.9%，其中，农机用油受石油提价的影响大幅上涨，全年上涨 57.3%；其次农具价格涨幅较大，其中，半机械化农具价格上涨 27.5%，小农具价格上涨 18.8%，机械化农具价格上涨 13.5%；化肥价格上涨 11.1%；农药及农药械价格下降 2.5%。

1994 年，农业生产资料价格上涨进一步加剧，全年上涨 22.8%，比上年扩大 9.9 个百分点。其中，幼禽家畜价格受同期猪肉价格变动的影响大幅上涨 40.2%；饲料价格上涨 34.1%；农机用油价格上涨 29.8%；化肥价格上涨 26.3%；农具价格涨幅依然较大，其中，小农具价格上涨 24.8%，机械化农具价格上涨 17.1%，半机械化农具价格上涨 16.5%。

1995 年，农业生产资料价格涨幅继续扩大，全年上涨 28%，为改革开放后最大涨幅。化肥价格涨幅最大，上涨 38.5%；其次是饲料价格上涨 37%；幼禽家畜价格上涨 26.5% 居第三；农具价格持续上涨，其中，小农具价格上涨 22.9%，机械化农具价格上涨 19.8%，半机械化农具价格上涨 10%；农药及农药械价格上涨 12.9%。

为遏制农业生产资料价格过快的上涨势头，安徽省加强对尿素、农膜、主要农药品种、农用柴油等重要农资市场价格的管理，对挂钩化肥实行全省统一到户价，挂钩外化肥实行销售限价等措施。

1996年，农业生产资料价格涨幅明显回落，上涨7.2%，比上年回落20.8个百分点。除饲料、幼禽家畜、小农具价格涨幅达到两位数外，其余各类涨幅均在1位数以内。

1997—2002年安徽农业生产资料价格指数统计表

（以上年价格为100）

表7-17

年份	农业生产资料价格指数	小农具	饲料	幼禽家畜	役畜	半机械化农具	机械化农具	化肥	农药及农药械	农机用油	其他
1997	98.9	102.9	89.3	136.1	—	101.0	95.8	93.5	99.4	106.8	—
1998	94.8	101.0	102.1	86.0	—	99.2	95.6	90.5	99.1	92.8	—
1999	95.3	97.4	83.3	97.6	—	97.6	96.2	92.6	93.5	106	—
2000	98.2	100.5	94.0	111.8	—	97.6	96.0	92.2	97.1	122.0	—
2001	97.9	98.9	103.7	99.1	100.7	98.2	94.9	97.8	98.6	97.1	94.9
2002	99.9	99.5	98.7	98.8	101.9	95.8	95.0	103.9	98.1	99.1	97.4

农业生产资料价格大幅回落　1997年后，全国经济由热转冷，需求不足，市场持续低靡不振。上游原材料价格大幅回落，农业生产资料价格有较大的下跌空间，特别是农产品收购价格大幅下跌。2002年，安徽农产品价格比1996年下跌28.2%，严重挫伤了农民的生产积极性，对农业生产资料需求减弱。1997—2002年，农业生产资料价格经历连续6年下跌的“冰冻期”，其中1997年下跌1.1%，1998年下跌5.2%，1999年下跌4.7%，2000年下跌1.8%，2001年下跌1.1%，2002年下跌0.5%。安徽农业生产资料价格6年累计下跌14.2%，其中，饲料价格下跌26.9%，化肥价格下跌26.6%，机械化农具价格下跌23.7%，农药及农药械价格下跌13.5%，半机械化农具价格下跌10.2%。幼禽家畜和农机用油价格依然上涨，涨幅分别为25.0%和23.3%。小农具价格基本持平。

2003—2005年安徽农业生产资料价格指数统计表

（以上年价格为100）

表7-18

年份	农业生产资料价格指数	小农具	饲料	幼禽家畜	役畜	半机械化农具	机械化农具	化肥	农药及农药械	农机用油	其他
2003	100.2	95.8	100.5	97.9	111.4	99.6	101.0	101.3	98.6	108.8	91.8
2004	112.0	103.7	123.4	114.9	127.7	101.6	104.2	115.9	99.6	114.3	110.0
2005	108.3	111.1	107.6	114.7	110.1	105.0	106.2	109.0	103.9	107.9	110.1

农业生产资料价格恢复性上涨 2003年，中国经济进入新一轮景气周期，煤、石油等上游产品价格持续上涨及部分原料短缺，通过产业链传导至农资产品生产企业，导致农资产品生产成本和预期成本增加。2003—2005年，安徽原材料、燃料、动力购进价格累计上涨31.5%，工业品出厂价格累计上涨15.6%，其中煤炭工业价格上涨36%，石油产品价格上涨60.7%，水、电价格在“十五”期间分别上涨76%和17%。同时，从2003年4季度开始，粮食价格开始大幅度上涨，带动了肉禽蛋等产品价格的上涨，2004年农业生产即出现了恢复性上涨，2005年随着国家政策对农业的进一步倾斜，农作物种植面积进一步增加，养殖业也出现回升的势头，各类农业生产资料使用量增加，购销旺盛，拉动农资价格的上涨。其中化肥农药、农机具等由于卖方市场的原因而上涨，而种子、饲料价格则是因为粮食价格上涨产生的比价效用而上涨。另一方面，中国的农资供应中还有一部分因技术和资源等原因存在着供应缺口，需要进口国外产品，国际价格上涨向国内输入的影响较大。

从2003年年底开始，化肥、农药、农膜、种子、饲料、农机具、农用油等农业生产资料价格出现了大范围、长时间的持续上涨态势。2003年11月开始到2005年年底，农业生产资料价格持续上涨了26个月。3年累计涨幅达21.5%，其中，2003年同比上涨0.2%，2004年上涨12%，2005年上涨8.3%。

3年间，十大类农业生产资料价格处于全面上涨的状态。从2003年到2005年，化肥几度供不应求，甚至出现抢购现象，价格累计上涨了28%，3年化肥价格同比涨幅分别为1.3%、15.9%、9%，是拉动农业生产资料价格总水平上涨的主要因素。在化肥品种中，钾肥价格上涨54.9%，复合肥价格上涨26.2%，磷肥价格上涨25.4%，氮肥价格上涨21.9%。

饲料、畜产品价格的涨势迅猛，成为带动农资价格上涨的第二大因素。饲料价格在2004年开始大幅上涨，当年的涨幅达到了23.4%， 2005年的同比涨幅依然达到了7.6%，以2002年为基期计算，价格累计上涨了33.4%。与饲料价格上涨十分相似的就是幼禽家畜的价格，2004同比涨幅达到了14.9%，2005年的同比涨幅14.7%，以2002年为基期计算，价格累计涨幅为29%。

农用机油、役畜及其他农业生产资料价格涨势强劲，农用机油在多年持续上涨的基础上，2003年至2005年价格上涨34.2%；役畜价格涨幅最大，3年分别上涨11.4%、27.7%、10.1，累计涨幅达56.6%；其他农业生产资料主要包括种子和农用薄膜，以2002年为基期计算，2005年种子和薄膜价格累计涨幅分别为7.6%和16.7%。

半机械化农具、农药及农药械价格的涨幅较低，分别为6.2%和2%。

第四节 房地产价格变动

1998 年，国家取消了福利分房政策，实行货币化、商品化的住房改革，从此，中国的住房分配，完全走上了商品化的道路。随着个人购房比例的迅速上升，房地产业步入蓬勃发展时期。

2002 年，根据安徽省政府办公厅《转发省统计局、省计委、省物价局关于开展全省房地产价格指数编制工作意见的通知》，安徽省首次在合肥、芜湖、蚌埠、淮南、马鞍山、淮北、安庆、亳州等省辖 8 个市开展房地产价格统计调查，编制安徽省房地产价格季度指数。2003 年，安徽省房地产价格调查城市增加了滁州市，2004 年又增加了黄山市。从 2004 年始，安徽省共有 10 个省辖市开展房地产价格统计调查，其中，合肥、蚌埠和安庆 3 个市被列入全国房地产价格调查城市。

在 2002—2005 年期间，安徽省房地产价格上涨幅度逐步加大。2002 年和 2003 年，安徽省房地产价格平稳上涨，进入 2004 年由于需求激增，加之投资、投机气氛较浓，部分地区房价急剧上涨。2005 年年初，针对市场秩序混乱，房屋价格上涨过快的局面，安徽省连续出台了一系列稳定房价的政策措施，受各项调控政策的影响，房地产价格涨幅开始回落。

房价小幅上扬 2002 年，随着国家福利分配住房政策的截止，住房分配货币化及商品化已被广大普通百姓接受。在市场需求的拉动下，安徽省住宅建设规模迅速扩大，房地产市场出现了前所未有的增长势头。特别是各级政府相继制定出台一系列政策，有力地吸引了房地产开发资金的投入。截至 2002 年 12 月末，安徽省完成房地产开发投资 146.49 亿元，同比增长 32.0%；正在开发的商品房屋面积 3644.15 万平方米，增长 34.8%；竣工商品房屋 1062.46 万平方米，增长 10.2%；销售各类商品房屋 794.83 万平方米，增长 16.5%，实现销售额 102.5 亿元，增长 22.8%。在房地产市场快速成长的同时，市场价格有了一定的涨幅。与上年同期相比，房屋销售价格上涨 4.0%；土地交易价格上涨 4.2%；房屋租赁价格上涨 1.2%。在房屋销售中，商品房价格涨幅最高，同比上涨 4.2%；私有住房（二手房）次之，为 3.3%；公房交易价格涨幅最小，为 2.8%。商品房销售价格走高是推动房屋价格水平上升的主要力量。从各类商品房构成和分类看，住宅类价格上涨最快，比 2001 年同期上涨 4.6%，非住宅类商品房价格涨幅较小，全年仅为 2.4%。从土地交易市场看，土地交易价格保持较快涨幅，其中居民住宅用地价格上涨 4.3%，工业用地交易价格上涨 3.9%，其他用地价格上涨 3.1%。从租赁市场看，房屋租赁价格小幅盘升，除办公用房的租赁价格略有下降外，其他各类房屋的租赁价格均在上涨，其中住宅类租赁价格上涨 0.8%，商业用房和厂房仓库租赁价格分别上涨 1.0% 和 2.2%。

房价持续走高　2003年是全面建设小康社会的开局之年，俗话说“小康不小康，关键看住房。”在温饱问题基本解决以后，人们的需求重点必然转向住、行、教育、娱乐等方面。随着全省经济总量的持续增长，全省GDP年增长9.2%，全年城镇居民人均可支配收入达到6778元，首次突破800美元大关，比上年增长12.4%，恩格尔系数（食品支出占居民消费总出的比重）下降为43.0%，住房消费逐渐成为城镇居民消费的重要选择之一。在支出的构成中，城镇居民购房及建房支出人均达555.45元。收入的增长和消费结构的升级，增强了城镇居民购买住房的支付能力，住房需求持续增长，促使房地产市场价格走高，安徽省房地产市场也因此呈现出开发、销售两旺的态势。据统计，全年完成房地产开发投资240.65亿元，与上年相比增长64.3%；商品房屋施工面积3644.15万平方米，增长34.8%；房屋销售建筑面积1093.27万平方米，增长37.5%，实现商品房屋销售额165.41亿元，增长61.4%。在供给和需求都大幅增长的形势下，安徽省房地产市场价格持续上扬，与上年相比，房屋销售价格上涨4.4%；土地交易价格上涨5.2%；房屋租赁价格上涨2.0%。在房屋销售中，私有住房（二手房）涨幅最高，达8.2%；商品房次之，为3.6%；公房交易价格涨幅最小，仅为0.8%。从各类商品房构成和分类看，住宅类价格涨幅较大，达4.6%；非住宅类商品房价格略有上涨，全年仅为2.2%。从土地交易市场看，土地交易价格持续上涨，其中居民住宅用地价格上涨4.8%，工业用地交易价格上涨4.1%，商业、旅游、娱乐用地价格上涨6.0%，其他用地价格涨幅最高，达7.3%。从租赁市场看，各类房屋的租赁价格均在上涨，其中住宅类租赁价格上涨3.8%，办公用房租赁价格上涨0.2%，商业用房和厂房仓库租赁价格分别上涨1.5%和2.2%。

房价大幅攀升　2004年，房地产市场呈现出需求旺盛，销售量持续增长，房价大幅攀升的态势，尽管关于房地产泡沫和房价过高的声音不绝于耳，但居民的购房热情不减。支撑住房需求增长的动力，主要是居民收入持续增加；城镇化加速，城镇人口数量增长带动商品房需求；投资和投机性购房需求。为防止房地产市场过热，国家出台了一系列宏观调控政策，如提高房地产业准入门槛，严格审批建设用地、提高存贷款的利率等。在调控政策的作用下，房地产投资过快增长的势头得到初步抑制，但宏观调控措施总体上抑制了商品房供应量的增加，起到推动价格增长的作用。在市场高速增长的背景下，安徽省房地产市场价格大幅上涨，与上年相比，房屋销售价格上涨6.3%，为三年来最大涨幅；土地交易价格上涨4.7%；房屋租赁价格上涨1.4%。在房屋销售中，私有住房（二手房）涨幅最高，达7.8%；商品房次之，为6.0%；公房交易价格基本持平。从各类商品房构成和分类看，住宅类价格涨幅较大，达6.4%；非住宅类商品房价格上涨4.3%。从土地交易市场看，各类土地交易价格均在上涨，其中居民住宅用地价格上涨4.8%，工业用地交易价格上涨了2.1%，商业、旅游、娱乐用地价格上涨5.6%，其他用地价格涨幅最快，达6.5%。从租赁市场看，各类房屋的租赁价格均有不同程度的上涨，其中住宅类租赁价格与上年相比上涨1.6%，办公用房租赁价格上涨0.2%，商业用房和厂房仓库租赁价格分别上涨4.0%和0.2%。

房价快速上涨　2005年年初，房地产价格如脱缰之马，在上年上涨的基础上继续快速上涨。面对这种形势，国务院出台了稳定住房价格的8条意见，安徽省也先后出台相关意见，如优先建设经济适用房，建立多渠道、多层次的住房供应体系，重点解决中低收入家庭的住房困难，禁止期房转让，全面推进实名制购房和商品房预售合同备案制度，加强房屋销售监管等。受各项调控政策的影响，各种投机行为得到了一定程度的抑制，全年房地产价格涨幅虽然较高，但分季度看涨幅从高位逐步回落。与上年相比，房屋销售价格上涨7.6%；土地交易价格上涨8.1%；房屋租赁价格上涨1.7%；物业管理价格上涨1.2%。在房屋销售中，商品房价格上涨8.0%，在商品房价格上涨的带动下，二手房价格上涨5.0%。从商品房销售分类看，与上年同期相比，住宅类价格涨幅较高，达8.4%；非住宅类商品房价格上涨6.2%。从土地交易市场看，各类土地交易价格继续保持上涨态势，其中居民住宅用地价格上涨7.7%，工业仓储用地价格上涨0.1%，商业、旅游、娱乐用地价格上涨11.4%，其他用地价格上涨6.5%。从租赁市场看，房屋租赁价格没有随房屋销售市场出现大幅度的上涨，在调查的五个大类价格中，除住宅租赁价格下降0.1%外，其余四大类价格均有不同程度的小幅上升，其中，办公楼价格上涨3.7%，商业用房价格上涨3.2%，工业仓储用房价格上涨1.4%。在物业管理市场中，各类物业管理价格均有不同程度的上涨，其中，住宅、办公楼与商业娱乐用房价格分别上涨1.2%、0.1%和2.7%。

2005年与2001年相比，安徽省房屋销售价格上涨24.2%，平均每年上涨5.6%。在房屋销售中，商品房价格上涨23.6%，其中，住宅上涨25.8%，非住宅上涨15.9%。土地交易价格上涨24.1%，平均每年上涨5.5%。在土地交易中，居住用地、工业用地、商业、旅游娱乐用地价格分别上涨23.4%、10.5%、32.4%、25.3%。房屋租赁价格上涨6.4%，平均每年上涨1.6%。在房屋租赁价格中，商业用房价格上涨10.0%，住宅、办公用房、厂房仓库价格分别上涨6.2%、3.9%、6.1%。与全国相比，安徽省房地产价格涨幅呈现两低一高的特点。其中，房屋销售价格涨幅低于全国4.1个百分点，土地交易价格涨幅低于全国15.1个百分点，房屋租赁价格涨幅高于全国0.2个百分点。安徽省会合肥市房屋销售价格上涨21.4%，与华东六省省会城市及上海市比较，位居第六位，涨幅比上海、南京、杭州、南昌、济南分别低42.4、19.6、17.6、14.5、4.0个百分点，比福州高10.8个百分点。安徽省房地产价格变动情况见表7–19，安徽省房地产价格变动与全国比较见表7–20，合肥市房屋销售价格与华东六省省会城市及上海市比较见表7–23。

安徽省10个省辖市房屋销售价格指数统计表

表7-19

项目＼年份	以上年价格为100				累计
	2002	2003	2004	2005	
房屋销售价格总指数	104.0	104.4	106.3	107.6	124.2
一、商品房	104.2	103.6	106.0	108.0	123.6
（一）住宅	104.6	104.3	106.4	108.4	125.8
（二）非住宅	102.4	102.2	104.3	106.2	115.9
二、公房交易	102.8	100.8	100.0	—	—
三、私有住房	103.3	108.2	107.8	—	—
四、二手房	—	—	—	105.0	—
土地交易价格总指数	104.2	105.2	104.7	108.1	124.1
一、居民住宅用地	104.3	104.8	104.8	107.7	123.4
二、工业用地	103.9	104.1	102.1	100.1	110.5
三、商业、旅游、娱乐用地	106.2	106.0	105.6	111.4	132.4
四、其他用地	103.1	107.2	106.5	106.5	125.4
房屋租赁价格总指数	101.2	102.0	101.4	101.7	106.4
一、住宅	100.8	103.8	101.6	99.9	106.2
二、办公用房	99.8	100.2	100.2	103.7	103.9
三、商业用房	101.0	101.5	104.0	103.2	110.0
四、厂房仓库	102.2	102.2	100.2	101.4	106.1

安徽省与全国房地产价格水平变动比较表

表7-20

项目＼年份	以上年价格为100								累计	
	2002		2003		2004		2005			
	安徽	全国	安徽	全国	安徽	全国	安徽	全国	安徽	全国
房屋销售价格指数	104.0	103.7	104.4	104.8	106.3	109.7	107.6	107.6	124.2	128.3
土地交易价格指数	104.2	106.9	105.2	108.3	104.7	110.2	108.1	109.1	124.1	139.2
房屋租赁价格指数	101.2	100.8	102.0	101.9	101.4	101.5	101.7	101.9	106.4	106.2

合肥市房屋销售价格与华东六省省会城市及上海市比较表

表 7-21

年份 / 城市	以上年价格为 100				累计
	2002	2003	2004	2005	
合肥	104.0	104.1	105.6	106.2	121.4
上海	107.3	120.1	115.9	109.7	163.8
南京	103.0	109.8	115.3	108.1	141.0
杭州	106.9	106.1	111.7	109.7	139.0
济南	102.5	103.1	110.3	107.6	125.4
福州	101.1	101.1	103.6	104.4	110.6
南昌	111.6	104.8	107.3	108.3	135.9

说明：表7-19、表7-20、表7-21各年价格指数均以上年价格为100，累计为2005年价格与2001年价格相比

第五节　工业品生产价格指数的变化

居民生活消费价格是反映上游产品的价格变化，是商品进入流通渠道末端消费的价格变化情况。为准确反映出下游产品，也就是生产领域的价格变动情况，即源头和中间商品的价格变动情况，安徽省从 1992 年开始进行工业品价格的调查工作，参加价格调查的企业覆盖了全省 100% 的行业大类，90% 以上的行业中类和小类，为安徽省的工业发展速度计算提供了科学的依据，能够反映出全省的工业品价格的变化。

安徽省自改革开放以来，经济生活发生了巨大变化，各行各业均得到了长足的发展，特别是在工业领域，工业总产值从 1980 年的 129.65 亿元，到 1985 年 277.27 亿元，到 1990 年的 670.33 亿元，到 20 世纪末更是达到了 3371.22 亿元，20 年间增长了 26 倍。在各类工业品空前繁荣的同时，各类工业品的价格也随着供需的变化呈现出彼起此伏的现象。在工业产值迅猛增长，价格不断变化的情况下，为了反映出工业产值的真实增长情况，国家统计局从 1992 年开始开展工业品价格指数的调查，用于对工业增长速度的计算的缩减。

1992—2005年安徽工业品价格指数统计表

（以上年价格为100）

表7-22

年 份	工业品出厂价格指数	原材料、燃料和动力购进价格指数
1992	108.72	113.85
1993	125.33	128.75
1994	120.91	122.28
1995	117.15	117.90
1996	101.53	110.01
1997	99.53	101.65
1998	99.36	95.99
1999	95.87	94.47
2000	98.86	102.58
2001	98.62	100.19
2002	99.82	98.20
2003	103.48	106.74
2004	108.16	114.99
2005	103.34	107.23

从1992—2005年的14年期间，在省委、省政府的正确领导和全省人民的共同努力下，安徽省国民经济和社会发展取得了明显成效，工业经济保持了平稳较快的增长速度，较好地完成了预期的主要任务，并为长远的经济社会发展奠定了良好基础。与此同时，作为工业经济运行状况“晴雨表”的工业品价格指数，较好地契合了此期间中国工业发展的态势，并出现了价格上涨、徘徊和回暖的过程；原材料及燃料、动力购进价格涨幅长期高于工业品出厂价格涨幅的局面。

工业品价格大幅上涨 1992—1995年，中国经济由计划经济向市场经济过渡，也是中国价格改革的深化阶段，其主要任务是逐步建立以市场形成价格为主的价格机制。这一阶段价格改革步伐进一步加快，各项改革措施全面推进。在向市场经济过渡过程中，国家调整价格政策，陆续将90%以上的商品价格放开。由于市场机制不健全，百姓消费心理不成熟，在各地区经济发展不平衡和收入差距存在的情况下，盲目抢购风气盛行，导致出现了特定时期的通货膨胀现象。

由于价格的普遍上涨，工业品出厂及购进价格剧烈攀升，与1991年相比，到1995年，工业品出厂价格累计上涨了1.93倍，原材料及燃料、动力购进价格累计上涨2.11倍。特别是1993年和1994年，两类价格每年均以超过20%以上的速度上涨。此期间，不论轻工业还是重工业；不论生产资料还是生活资料都普遍上涨。

这一时期，价格改革的主要措施是“提”与“放”相结合。1992年，提高粮食、民用燃料、铁路货运、煤炭、钢材、化肥等价格，受此影响，当年，钢材、食品加工、建材等行业的产品价格上涨较快，三者的涨幅与上年同期相比分别达到了25.6%、15.3%和11.5%。

1993年，放开粮食、部分煤炭、钢材价格，调整电力、石油、工业用盐等价格，并对部分原油价格实行“平转议”。价格的放开，对于以资源类为主的行业价格上涨居前，钢材、石油、煤炭、电力等价格上涨幅度明显，冶金、石油、煤炭上涨幅度分别为84.68%、72.79%和44.23%。

1994年，国家在金融、外贸、财税、价格等方面相继出台了重大的改革措施，尤其是价格改革力度继续加大，先是放开了部分国有重点煤矿统配煤炭出厂价格，提高了电力价格和粮食收购价格，以后又陆续放开了化肥价格，提高了棉花、原油和天然气价格，大幅度提高了粮食的销价。与政策出台密切相关，当年，食品工业价格上涨25.2%，电力工业与煤炭工业价格在1993年大幅上涨的态势下分别继续上涨了34.8%和19.3%；纺织工业价格上涨了39.2%。其间，国家对价格政策也进行了大规模的调整，当年为改善基础产业和部门的瓶颈约束，使基础产品价格与国际市场接轨，国家相继对一些重要基础产品粮、棉、油、糖、能源等实行价格上调。由于基础产品调价，波及市场物价全面提升。反映在原材料及燃料、动力的购进方面，从1992年到1995年，农副产品价格累计上涨了121.8%，纺织原料类价格累计上涨了98.5%，燃料动力类价格上涨了106.3%，均位处前列。

国家税制改革，促使生产成本提高。从全国大环境看，由于价格刚性，税负降低的企业不会轻易降低产品价格，而税负提高的企业当然要提高价格，后续企业的生产和销售成本必然上升，从而成为涨价的内在动因。此外，汇率并轨和劳动力价格上升对商品价格提高，起到推动作用。

价格改革配套措施不完善。部分地区由于当时没有建立起与之相适应的价格监管体系，重要商品的储备制度还没建立起来，当价格出现剧烈波动时，宏观上缺乏有效的调控手段，因此市场部分商品出现价格混乱，不规范的现象。可以说1994年前后的物价上涨是受国家出台涨价项目牵动，为完善市场经济体制不得不付出的代价。

1992—1995年安徽省分类别工业出厂价格指数统计表

（以上年价格为100）

表7-23

行业分组	1992年	1993年	1994年	1995年	累计
全部工业品	108.72	125.33	120.91	117.15	193.02
其中：轻工业	106.65	109.08	125.34	123.98	180.80
以农产品为原料	108.61	109.31	129.04	126.45	193.70
以非农产品为原料	98.53	108.31	113.19	115.74	139.81
重工业	111.35	143.60	116.29	110.10	204.73
采掘	104.44	135.10	117.25	116.05	191.98
原料	114.52	161.71	112.64	104.42	217.80
加工	108.06	121.48	120.07	114.99	181.25
其中：生产资料	110.04	139.95	116.93	113.22	203.88
(01)采掘	104.44	135.10	117.25	116.05	191.98
(02)原料	112.50	155.28	113.63	108.17	214.69
(03)加工	107.36	120.42	120.59	118.31	184.44
生活资料	107.43	109.03	125.68	121.86	179.37
(01)食品	115.29	112.75	125.18	125.09	203.56
(02)衣着	97.45	102.94	140.33	121.76	171.40
(03)一般日用品	102.15	109.50	112.31	118.06	148.31
(04)耐用消费品	105.78	109.01	107.82	109.39	136.00
按工业部门分：					
01 冶金工业	125.61	184.68	96.62	94.47	211.72
02 电力工业	108.22	138.75	134.76	110.36	223.29
03 煤炭及炼焦工业	109.19	144.23	119.33	111.95	210.39
04 石油工业	105.41	175.79	108.49	102.88	206.82
05 化学工业	100.93	107.01	117.59	124.72	158.38
06 机械工业	107.94	122.58	113.59	107.66	161.81
07 建筑材料工业	111.53	129.23	123.81	114.81	204.88
08 森林工业	104.48	140.44	108.84	105.92	169.16
09 食品工业	115.29	112.75	125.18	124.55	202.68
10 纺织工业	98.72	103.29	139.24	124.43	176.66
11 缝纫工业	89.32	112.24	119.27	100.84	120.57

续表 7–23

行业分组	1992 年	1993 年	1994 年	1995 年	累计
12 皮革工业	105.34	110.99	143.84	138.18	232.40
13 造纸工业	100.73	103.87	114.13	151.01	180.31
14 文教艺术用品工业	103.77	104.19	102.55	111.84	123.99
15 其他工业	105.74	124.93	124.80	139.68	230.28

说明：各年价格指数均以上年价格为100，累计为1995年价格与1991年价格相比

在工业品出厂价格方面。此期间，工业品出厂价格随着国家各项政策的推行与落实出现较大幅度上涨。与 1991 年相比，到 1995 年，全部工业品出厂价格累计上涨 93.0%。其中，重工业上涨速度（累计上涨 104.7%）略快于轻工业（累计上涨 80.8%），在轻工业中，以农产品为原料的工业品出厂价格（累计上涨 93.7%）明显快于以非农产品为原料的工业品出厂价格（累计上涨 39.8%）；在重工业中，以生产原料为主的工业品出厂价格（累计上涨 117.8%）上涨速度快于采掘类工业品（累计上涨 92%）和加工类工业品出厂价格（累计上涨 81.3%）。以生产资料和生活资料划分的工业品出厂价格中，生产生产资料的工业品出厂价格（累计上涨 103.9%）快于生活资料工业品价格上涨速度（累计上涨 79.4%），在生产资料的工业品出厂价格中，原料类工业品出厂价格（累计上涨 114.7%）快于采掘类工业品出厂价格（累计上涨 92%）和加工类工业品出厂价格（累计上涨 84.4%）；在生活资料工业品出厂价格中，食品类工业品出厂价格涨幅居前（累计上涨 103.6%），其次为衣着类工业品出厂价格（累计上涨 71.4%）、一般日用品工业品出厂价格（累计上涨 48.3%）和耐用消费品工业品出厂价格（累计上涨 36%）。

1992—1995 年安徽省原材料及燃料、动力购进价格指数统计表

表 7–24

行业分组	1992 年	1993 年	1994 年	1995 年	累计
全部原材料	113.85	128.75	122.28	117.90	211.31
（一）燃料、动力类	123.62	129.57	119.95	107.40	206.34
（二）黑色金属材料类	120.33	169.41	101.94	94.40	196.16
其中：钢材	122.75	167.29	99.59	94.12	192.48
其他	108.57	181.79	111.37	95.59	210.09
（三）有色金属材料和电线类	107.32	127.29	109.61	129.34	193.66
（四）化工原料类	100.03	120.30	121.15	127.72	186.19
（五）木材及纸浆类	104.87	122.18	132.43	121.11	205.50

续表 7-24

行业分组	1992 年	1993 年	1994 年	1995 年	累计
（六）建筑材料及非金属矿类	117.84	145.62	106.28	115.21	210.10
（七）其他工业原材料及半成品类	115.54	112.66	113.55	107.05	158.21
（八）农副产品类	105.67	103.07	139.50	146.01	221.84
（九）纺织原料类	100.05	112.51	150.15	117.46	198.52

说明：各年价格指数均以上年价格为100，累计为1995年价格与1991年价格相比

原材料及燃料、动力购进价格方面。企业原材料及燃料、动力等购进价格方面，也是一路水涨船高，导致企业生产成本不断攀升，并且其价格上涨幅度快于工业品出厂价格上涨的幅度。此期间，九大类原材料及燃料、动力价格均出现一种暴涨的局面，特别是 1993 年，钢材价格与上年相比上涨 67.3%、建筑材料及非金属矿类上涨 45.6%；随后的 1994 年和 1995 年，农业产品受政策出台影响，农副产品价格上涨 39.5% 和 46.0%、纺织原料类价格上涨 50.2% 和 17.5%。

全国及华东、中部地区的工业品价格指数情况。1992—1995 年，全国的工业品出厂价格与原材料及燃料、动力购进价格也呈现出快速上涨的态势。在 1992—1995 年间，全国工业品出厂价格与原材料及燃料、动力购进价格分别累计上涨 81.8% 和 104.4%，均出现大幅度地上涨。在华东六省一市中，工业品出厂价格上涨较快的是山东、安徽和上海，与 1991 年相比，其涨幅均超过 80%；从原材料及燃料、动力购进价格看，涨幅超过一倍的有安徽、上海、江西和山东，其余几省的原材料及燃料、动力的购进价格也接近翻番。在中部省份中，工业品出厂价格方面，涨幅居前几位的分别是山西、湖南与湖北；在原材料及燃料、动力购进价格方面，湖南、安徽与湖北的价格涨幅居前。

1992—1995 年全国及部分省市工业品出厂价格指数统计表

表 7-25

省份	1992 年	1993 年	1994 年	1995 年	累计
全国	106.8	124.0	119.5	114.9	181.8
安徽	108.7	125.3	120.9	117.1	192.8
上海	111.4	128.1	118.1	111.5	187.9
江苏	103.6	118.5	121.4	114.1	170.1
浙江	104.8	117.3	117.5	112.3	162.2
福建	102.7	117.1	116.9	115.7	162.7
江西	106.8	115.3	124.7	114.8	176.3
山东	109.5	123.0	124.2	117.0	195.7

续表 7-25

省份	1992 年	1993 年	1994 年	1995 年	累计
山西	114.2	132.5	120.1	113.5	206.3
河南	106.2	118.1	124.1	115.0	179.0
湖北	111.0	126.3	126.2	113.1	200.1
湖南	111.1	128.9	117.6	121.4	204.5

1992—1995 年全国及部分省市原材料及燃料、动力购进价格指数统计表

表 7-26

省份	1992 年	1993 年	1994 年	1995 年	累计
全国	111.0	135.1	118.2	115.3	204.4
安徽	113.9	128.8	122.3	117.9	211.5
上海	113.1	129.2	121.4	114.8	203.7
江苏	110.3	125.8	120.1	117.6	196.0
浙江	106.3	126.4	124.8	119.2	199.9
福建	109.3	129.6	115.2	119.6	195.2
江西	111.0	129.4	123.4	114.7	203.3
山东	111.0	134.7	120.1	113.2	203.3
山西	111.9	135.9	115.1	113.1	198.0
河南	110.0	133.0	122.0	114.1	203.7
湖北	110.2	135.5	116.6	118.2	205.8
湖南	116.2	139.7	119.6	117.6	228.3

说明：表7-25与表7-26中，1992年江西省未开展此项调查，价格指数用全国指数替代。各年价格指数均以上年价格为100，累计为1995年价格与1991年价格相比

工业品价格持续低迷 1996—2001 年，实现了经济的软着陆，市场物价涨幅也呈回落态势。这一时期初的 1996 年的物价仍然在高位运行，呈小幅上涨，与上年年末相比，工业品出厂价格涨幅为 1.53%，但原材料及燃料、动力购进价格上涨依然较大，涨幅为 10.01%。1997 年后，工业品出厂价格持续回落，一直到 2002 年的下半年才开始走出下降的通道；原材料及燃料、动力购进价格方面由于电力、天然气、水等公用产品价格坚挺，相对的也使得原煤等燃料、动力类商品价格保持了较高价格水平。

“八五”时期国家政策相继出台后，宏观经济的调控使中国的经济环境发生了很大变化，通货膨胀明显。为应对价格剧烈波动对经济及人民生活造成的不良影响，从 1993 年开始，国家根据当时超高速发展的国民经济和过高的价格水平，适时出台了紧

缩银根、压缩固定资产投资规模等一系列宏观调控措施，使经济过热时期出现的供不应求、价格暴涨的局面得到有效遏制，工业品出厂价格涨幅呈现逐年回落的走势。随后的几年，中国经济又陷入了市场疲软、通货紧缩的局面。1998年，国家又根据市场疲软、通货紧缩等现状，采取了扩大内需为主的一系列积极的货币财政政策。从1998年到2000年上半年，中国累计发放特别国债3100亿元，1999年第四季度又出台了包括提高“三条保障线”标准，增加城镇中低收入，提高出口退税率一系列重大的政策措施。与此同时，连续7次降低银行存贷款利率水平。一系列宏观调控政策的实施为启动消费提供了动力源，给企业的发展带来生机，为今后工业的健康发展提供契机。

价格的低迷是供求关系的真实反映。从供给角度看：在1996—2001年间，安徽省生产资料呈买方市场，物资供应充足，削价竞销成为企业的普遍行为。一些企业在激烈的市场竞争中因产品结构老化缺乏竞争能力而纷纷落马，只能靠不断降低产品价格来维系企业的生产经营活动。从需求的角度看：① 居民收入增长慢于经济增长，使生产、流通、分配、交换的循环过程发生阻涩，消费对拉动经济增长的反作用力未能充分发挥。② 城市居民收入差距不断加大，广大中、低收入阶层的居民虽消费倾向较高，购买欲望较强，但有效货币购买力不足。③ 大多数居民对住房、医疗、教育等各项改革的预期支出心理较强，有钱不敢花。由于居民有效需求不足，商品零售价格偏低，从而严重制约了工业品出厂价格的上涨。

在市场经济的初期，随着经营机制的转换，企业几乎全部被推向市场，无序竞争明显。特别是“九五”时期，生产资料价格和生活资料价格基本上受市场调节。为此，各厂家、商家为占领市场，扩大市场占有份额展开全方位的价格大战。一些企业采取“让利不让市场”的策略，使企业产品出厂价格一降再降。有些产品出厂价格已低于成本。另外，一些企业为既得利益盲目地重复上项目，其结果是企业间自相倾轧，竞相压价，无序的市场竞争是导致工业品出厂价格下降的又一重要因素。

工业品出厂价格方面。安徽工业品出厂价格指数的变化，很好地反映了国家政策变动对经济的影响。1996—2001年，全部工业品价格下跌9%，价格持续低迷。从分类看，轻工业品出厂价格下跌幅度（下跌17%）明显大于重工业（下跌0.5%）；生活资料出厂价格（下跌17.3%）下跌幅度大于生产资料（下跌3.1%）。从分工业部门的工业品出厂价格看，食品工业、冶金工业和建筑材料工业的工业品出厂价格跌幅居前，而能源类工业生产部门的工业品出厂价格保持坚挺，石油工业、电力工业和其他工业（主是有自来水的生产行业）仍保持上涨态势，价格分别上涨了72.2%、43.7%和20.7%。

1996—2001年安徽工业品分部门出厂价格指数统计表

（以上年价格为100）

表7-27

行业分组	1996年	1997年	1998年	1999年	2000年	2001年
全部工业品	101.53	99.33	96.36	96.10	98.86	98.62
其中：轻工业	99.91	99.10	96.45	93.75	95.68	96.87
以农产品为原料	100.30	99.40	96.66	93.36	95.36	96.85
以非农产品为原料	98.98	98.74	96.09	96.21	97.64	97.05
重工业	103.49	99.43	96.15	98.31	102.06	100.25
采掘	113.82	99.33	92.11	95.25	101.01	105.21
原料	103.06	100.17	96.04	99.26	106.09	98.98
加工	101.92	98.54	97.04	97.97	97.67	100.19
其中：生产资料	102.68	98.91	95.73	97.85	102.05	99.76
(01) 采掘	113.82	99.14	92.11	95.25	100.11	103.97
(02) 原料	101.29	98.87	95.21	99.11	106.16	99.22
(03) 加工	102.75	98.84	97.18	96.92	98.78	99.05
生活资料	100.51	100.06	97.14	93.78	93.73	96.27
(01) 食品	102.34	98.30	97.06	93.39	91.14	96.43
(02) 衣着	95.09	102.90	97.71	94.12	98.48	96.46
(03) 一般日用品	105.58	100.37	96.53	94.93	96.12	98.08
(04) 耐用消费品	100.81	97.71	95.24	91.46	98.22	92.29
按工业部门分:						
01 冶金工业	97.79	94.92	93.28	96.49	103.34	95.05
02 电力工业	113.01	112.92	110.45	98.85	99.70	103.45
03 煤炭及炼焦工业	114.05	104.69	92.74	94.11	95.65	105.30
04 石油工业	103.85	109.94	93.54	111.29	142.17	101.92
05 化学工业	102.64	94.47	93.38	95.13	96.09	101.14
06 机械工业	101.81	101.84	98.94	96.37	100.09	98.75
07 建筑材料工业	95.04	96.74	93.86	101.44	96.13	98.32
08 森林工业	105.67	101.59	97.61	90.82	98.21	101.26
09 食品工业	101.96	97.55	96.54	92.88	91.74	96.84
10 纺织工业	92.61	99.17	96.36	97.19	104.07	94.74
11 缝纫工业	126.07	117.10	103.11	83.49	90.77	96.75

续表 7-27

行业分组	1996 年	1997 年	1998 年	1999 年	2000 年	2001 年
12 皮革工业	105.92	101.20	103.67		99.46	90.00
13 造纸工业	107.80	93.45	89.55	96.73	103.38	108.04
14 文教艺术用品工业	100.54	101.64	94.21	96.26	98.55	95.00
15 其他工业	115.92	105.27	99.83	93.63	97.37	108.71

原材料及燃料、动力购进价格方面。由于工业企业原材料及燃料、动力购进的产品中以初级产品为主，如农产品、煤炭、电力、自来水等，且燃料、动力与农副产品占企业购进原材料及燃料、动力购进中具有相当大的比例，而这些产品其价格较为坚挺，特别是燃料、动力的价格。从 1996 年到 2001 年，燃料、动力类商品购进价格除 1999 年与上年相比出现下跌外，其他各类价格仍然保持一种上涨的态势，与 1995 年相比，6 年间燃料、动力类价格累计上涨了 24.3%。

1996—2001 年安徽省原材料及燃料、动力购进价格指数统计表

（以上年价格为 100）

表 7-28

行业分组	1996 年	1997 年	1998 年	1999 年	2000 年	2001 年
全部原材料	110.01	101.65	95.99	94.47	102.58	100.19
燃料、动力类	114.22	106.51	100.52	96.89	103.22	101.63
黑色金属材料类	99.66	95.42	95.38	94.84	102.94	98.71
其中：钢材	100.35	94.55	94.43	94.55	102.33	97.25
其他	95.91	97.82	98.13	95.85	104.06	101.39
有色金属材料和电线类	93.77	100.66	85.95	89.01	110.5	95.83
化工原料类	95.61	97.69	91.34	94.83	108.98	98.52
木材及纸浆类	106.95	104.92	95.33	93.35	100.24	99.12
建筑材料及非金属矿类	99.87	99.72	99.9	98.7	95.25	95.84
其他工业原材料及半成品类	104.34	95.34	88.85	92.5	100.76	99.51
农副产品类	128.13	100.67	92.86	91.88	94.32	100.06
纺织原料类	93.37	96.08	93.66	93.76	103.95	100.34

由于工业品出厂价格的低迷，工业企业的原材料购进方面除燃料、动力类价格较为坚挺外，其他各类原材料购进也表现低迷，累计跌幅居前的分别是有色金属材料和电线类、其他工业原材料及半成品类与纺织原料类，与 1995 年相比，从 1996 年

到 2001 年，累计分别下跌 23.5%、19% 和 17.8%。

全国及华东、中部地区的工业品价格指数情况。1996—2001 年，全国的工业品出厂价格及原材料购进价格趋势与安徽的价格走势基本相似，从 1996—2001 年，与 1995 年相比，全国工业品价格总指数累计下跌 2.6%，跌幅小于安徽。与华东地区的其他省市相比，安徽省工业品出厂价格跌幅居前，下跌幅度较大的省份分别是安徽、上海、江苏，跌幅超过 10%；原材料购进方面，由于安徽是以初级产品加工生产为主的省份，价格走势虽然与其他各省基本一致，但从整体上看，涨幅高于其他各省市。与中部地区的省份相比，安徽的工业品出厂价格下跌幅度明显偏大，而原材料及燃料、动力的购进价格基本相当。

1996—2001 年全国及部分省市工业品出厂价格指数统计表

表 7-29

省份	1996 年	1997 年	1998 年	1999 年	2000 年	2001 年	累计
全国	102.9	99.7	95.9	97.6	102.8	98.7	97.4
安徽	101.6	99.4	96.4	92.9	98.9	98.6	88.2
上海	98.6	98.9	93.9	97.6	102.5	96.7	88.6
江苏	100.7	97.9	94.5	96.1	101.1	99.1	89.7
浙江	99.5	99.2	96	96.8	101.1	98.3	91.2
福建	101.8	100.3	95.7	96.6	100.5	98.1	93.1
江西	104.1	101.7	98.4	96.1	101	98.1	99.2
山东	104.2	101.1	96	97.2	105.9	99.1	103.2
山西	106.4	102.2	97.5	95.3	100.9	100.3	102.3
河南	104.1	100.6	95.3	95.4	104	100.5	99.5
湖北	102.7	98.6	96.2	97.8	101.7	99	95.9
湖南	105.7	99.2	95.9	98.5	102.9	99.8	101.7

1996—2001 年全国及部分省市燃料、动力购进价格指数统计表

表 7-30

省份	1996 年	1997 年	1998 年	1999 年	2000 年	2001 年	累计
全国	103.9	101.3	95.8	96.7	105.1	99.8	102.3
安徽	109.9	101.7	96	94.5	102.6	101.2	105.3
上海	101.6	97.8	94.1	97.1	107.1	98.7	96
江苏	104.3	98	91.5	94.4	107.1	99.5	94.1

续表 7-30

省份	1996 年	1997 年	1998 年	1999 年	2000 年	2001 年	累计
浙江	101.5	96.5	92.6	96.2	107.2	99.6	93.2
福建	104.3	98.6	92.5	97.9	112.4	96.7	101.2
江西	105.8	100.4	95.4	96.9	101.2	99.3	98.7
山东	105.7	100.6	93.4	93.4	104.7	100	97.1
山西	104.8	102	97.3	97	102	101.8	104.8
河南	105.3	100.7	94.8	94.3	105.1	101.9	101.5
湖北	108.4	101.5	95.2	95.6	105.6	100.2	106
湖南	105.9	100.1	94.8	96.2	106.7	101.1	104.3

说明：表7-29与表7-30各年价格指数均以上年价格为100，累计为2000年价格与1995年价格相比

工业品价格逐步回稳 2002—2005 年，经历了计划经济向市场经济过渡初期的阵痛和盲目的扩张后，中国的经济逐步走向有序发展。随着新一轮经济发展的上升，工业品价格走出低谷，但是这一时期的工业品价格上涨与“八五”期间存在明显的差距。“八五”期间的工业品价格上涨处于卖方市场向买方市场的过渡时期，不论是重工产品还是轻工产品，不论是生产资料还是生活资料，价格均呈现大幅度上涨态势。而此期间的工业品价格上涨是在生活资料供给十分充足的情况下，在市场经济渐趋走向成熟的过程中，由生产资料，主要是能源的供给不足和资源的稀缺而带来的。2003 年工业品出厂价格止跌回升，上升 3.5%，2004 年持续上升到 8.2%，达到较高水平，2005 年上升 3.3%。原材料及燃料、动力购进价格水平上涨较快，3 年累计上涨 31.1%，2004 年上涨达到了 15%。由于流通领域价格反映市场变化的灵敏度高于生产领域，随着市场经济的逐步健全和完善，市场的需求决定和引导了生产价格，成为生产企业产品结构调整的导向。工业经济运行转向的信号主要看工业品价格总水平的变化，特别是生产资料价格水平的变化。2002 年 6 月，安徽工业品出厂价格总水平在连续多年下降之后，出现止跌回升，标志着安徽省经济进入了新一轮的增长期。工业品价格的上涨，也相应地促进了安徽工业产品结构的调整和升级，工业产品的供给能力稳步提高，促进了工业经济的发展，提高了工业经济效益，充分体现了市场配置。

经过 20 世纪 90 年代前价格的放开，后期的低迷，为保证中国经济快速健康地发展，国家各项改革措施也积极实施，政府职能转变，在经济上实施积极的财政政策、稳健的货币政策和鼓励出口政策。

在特定时期有着特定的经济环境：一是新一轮经济增长周期，经济的发展对能源、生产资料的需求日趋旺盛，生产作为国民经济运行的首要环节决定了生产领域价格上

涨的超前性，作为国民经济运行的先行指标，生产资料价格在2002年下半年就率先作出反映，止跌回升。随着价格涨势在生产领域循环传导以及价格传导效应递减规律影响，生产资料价格形成了采掘、原料、加工工业产生层次递进的特征。

在高投资的推动下，2002—2005年，安徽省固定资产投资平均每年的增长幅度在30.0%以上，高投入带来高增长；高增长带来旺盛的需求。高速的固定资产投资使能源、生产资料价格由恢复性上涨走向刚性上涨。

在国际市场的影响下，随着经济全球化和“入世”的冲击，国际价格对国内价格的影响越来越大，越来越多的国内产品价格正在与国际市场接轨，在石油制品、有色金属市场表现尤为突出。

工业品出厂价格方面，表现为生产资料价格迅速提高，生活资料价格变动平稳。2002—2005年，国家进一步扩大放开生产资料价格的范围，市场配置资源的效能得到加强，安徽生产资料出厂价格累计上涨22.7%，平均每年上升7.1%。而生活资料由于供需基本平衡，价格变动较为平稳，总体下降了1.1%。生活资料价格的稳定，一方面反映出随着改革开放的纵深发展，生活资料的供给达到了空前的高涨，生活资料匮乏的局面已不复存在；另一方面，在“八五”“九五”期间，生活资料需求的快速增长，为企业创造了发展的绝好良机，使生活资料的生产企业有了突飞猛进的发展，提升了供给能力，这种能力在“十五”期间已达到基本饱和。

燃料、动力的“瓶颈”制约较为突出。随着国民经济的增长，特别是安徽省邻近的沿海地区工业经济的迅猛增长，对电力、煤炭需求量稳步上升。“皖电东送”等工程实施及一批大型火电站的建设，带动了煤炭生产和消费的增长。安徽的燃料、动力的需求也快速扩张，价格大幅度上涨，这一时期煤炭开采和洗选业出厂价格上涨了34.4%。同时，2003年以来，电力供应紧张，部分地区出现拉闸限电现象，价格呈现上涨态势，3年累计上涨了9.6%。另外，随着国际市场对能源需求的加大，国际能源价格（石油）上涨也带动了国内石油价格的上涨，3年间，石油出厂价格累计上涨了62.9%。

资源配置市场化特征显现。“十五”期间，买方市场取代了卖方市场，市场竞争加剧，政府对价格的调控行为从过去维护行政性垄断行业向引入竞争机制转变，进而向资源配置的市场化方向发展。引导生产要素在不同部门、不同产品之间合理流动，有效地促进经济效率的提高。2002—2005年，安徽黑色金属矿采选业和有色金属矿采选业出厂价格累计均上涨了46.6%，而黑、有色金属冶炼及压延加工业出厂价格则分别上涨42.8%和84.0%，涨幅远远高于其他行业，可见市场配置资源的重心转向了基础原料生产的部门。同时，矿产资源价格的大幅度上涨反映了市场供求状况和资源的稀缺程度，有力地促进了资源节约和合理利用。

2002—2005年安徽工业品分部门出厂价格指数统计表

（以上年价格为100）

表7-31

行业分组	2002年	2003年	2004年	2005年
全部工业品	99.82	103.48	108.16	103.26
其中：轻工业	97.45	101.66	104.56	99.04
以农产品为原料	97.07	102.68	106.53	99.54
以非农产品为原料	98.68	100.64	102.69	98.61
重工业	101.65	104.92	110.94	106.31
采掘	115.36	102.45	116.73	112.45
原料	99.24	107.35	115.61	111.38
加工	99.99	103.69	106.52	101.32
其中：生产资料	100.07	105.35	110.93	104.91
(01) 采掘	114.87	102.54	116.89	112.93
(02) 原料	98.37	106.97	115.07	111.11
(03) 加工	97.45	104.96	107.98	100.46
生活资料	99.27	98.89	101.36	98.92
(01) 食品	99.4	101.35	105.65	99.62
(02) 衣着	100.03	100.54	101.5	100.31
(03) 一般日用品	98.95	99.12	101.99	101.9
(04) 耐用消费品	99.23	94.92	95.35	96.6
按工业部门分：				
01 冶金工业	96.71	115.34	123.89	106.9
02 电力工业	99.69	100.61	103.96	105.01
03 煤炭及炼焦工业	118.92	104.01	115.96	112.69
04 石油工业	96.49	114.89	115.5	121.12
05 化学工业	100.57	100.84	107.66	105.88
06 机械工业	98.67	97.53	100.1	100.05
07 建筑材料工业	101.85	106.57	110.35	89.5
08 森林工业	98.37	100.35	102.12	99.85
09 食品工业	99.36	101.77	107.04	99.45
10 纺织工业	90.27	106.49	106.81	98.25
11 缝纫工业	100.63	101.24	101.82	100.74
12 皮革工业	104.02	100.47	102.72	100.9
13 造纸工业	98.75	101.07	103.98	101.06
14 文教艺术用品工业	100.47	99.88	100.78	100.56
15 其他工业	112.05	99.19	99.84	103.55

原材料及燃料、动力购进价格方面。由于经济复苏，固定资产投资力度加大，高能耗行业高速增长等因素，导致资源类商品价格上涨幅度较快。2003—2005 年，全部原材料及燃料、动力类价格分别上涨了 6.7%、15% 和 7.2%，涨幅明显快于工业品出厂价格。其中，由于固定资产投资的加快，钢材、有色等出现快速上涨态势，如 2004 年，企业钢材购进价格上涨 18.7%，有色金属及电线类价格上涨了 28.5%；由于经济的快速发展，市场对能源的需求加大，2002—2005 年燃料、动力类购进价格年年上涨，2004 年和 2005 年，上涨幅度均超过 10%。

2002—2005 年安徽省原材料及燃料、动力购进价格指数统计表

（以上年价格为 100）

表 7-32

行业分组	2002 年	2003 年	2004 年	2005 年
全部原材料	98.2	106.7	115	107.2
（一）燃料、动力类	101.7	105.9	113.9	115
（二）黑色金属材料类	99.1	108.9	122.2	108.4
其中：钢材	98.8	111.7	118.7	106.7
其他	99.8	104.8	127	110.8
（三）有色金属材料和电线类	96.3	104.9	128.5	116.4
（四）化工原料类	97.1	105.2	112.8	107.3
（五）木材及纸浆类	97.8	100.5	103.9	103.2
（六）建筑材料及非金属矿类	99.5	100.6	107.1	106.2
（七）其他工业原材料及半成品类	97.5	103.3	112.6	104.5
（八）农副产品类	94.2	111	116.5	98.2
（九）纺织原料类	95.8	110.7	107.5	95.4

全国及华东、中部地区的工业品价格指数情况。2002—2005 年，全国的工业品出厂价格、原材料及燃料、动力购进价格的运行态势与安徽类似，2002 年下半年开始复苏，到 2003 年小幅上涨，2004 年与 2005 年上涨较快。从 2002 年到 2005 年，与 2001 年相比，安徽工业品出厂价格累计上涨 15.5%，原材料及燃料、动力购进价格累计上涨 29.1%，分别快于全国平均水平 4.1 和 5.6 个百分点。在华东六省一市中，安徽工业品出厂价格累计涨幅低于江西，位居第二位；原材料及燃料、动力购进价格累计涨幅低于江西与上海，位居第三位；在中部省份中，安徽工业品出厂价格累计涨幅低于山西、河南、湖南与江西，位居第五位；原材料及燃料、动力购进价格累计涨幅低于山西、湖南、江西与河南，位居第五位。

2002—2005年全国及部分省市工业品出厂价格指数统计表

（以上年价格为100）

表7-33

省份	2002年	2003年	2004年	2005年
全国	97.8	102.3	106.1	104.9
安徽	99.8	103.5	108.2	103.3
上海	96.4	101.4	103.6	101.7
江苏	97.6	102.3	106.5	102.6
浙江	96.9	100.6	105	102.3
福建	97.2	100.7	102.6	100.2
江西	98.5	104	109.7	108.8
山东	98.8	103.5	106.4	103.7
山西	103.6	112.2	116.1	110.2
河南	98.6	105	110.2	106.1
湖北	98.2	103.5	105.7	104.5
湖南	99.2	102.6	108	106

2002—2005年全国及部分省市燃料、动力购进价格指数统计表

（以上年价格为100）

表7-34

省份	2002年	2003年	2004年	2005年
全国	97.7	104.8	111.4	108.3
安徽	98.2	106.7	115	107.1
上海	97.7	106.4	116.4	106.8
江苏	98.6	106.5	116.3	107.6
浙江	97.5	105.8	113.4	105.4
福建	97.6	106.3	113.3	108.1
江西	98.6	106.5	114.5	110
山东	98.7	105.7	113.4	105.9
山西	102.6	107.8	114.5	108.2
河南	97.6	107.8	115.7	108.3
湖北	97.7	108.2	113.1	107
湖南	99.3	106.7	114.4	109.4

第八章 物价变动对居民生活影响

随着经济的发展和价格改革的不断推进，物价经历了几次大的起落，从计划经济向市场经济转轨的20年，安徽省的物价运行轨迹类似“坐过山车”。不断攀高的价格水平也引起城乡居民收入、支出的连锁反应，影响着居民实际生活水平的提高。同样，价格的连续下跌，也会给城乡居民生活产生不利影响，特别是农副产品销售价格的下跌，导致卖难现象的出现，并使城乡居民收入的稳定增长受到影响，进而影响城乡居民生活。

第一节 居民消费价格对城镇居民收入影响

1985年，是改革开放的初期，在经历1978年工作重心转移到经济建设上来之后，城市改革全面展开。当时居民收入水平很低，市场商品普遍匮乏，居民的购买能力有限，消费水平相应维持在低水平，安徽城镇居民人均可支配收入和人均消费性支出均在1000元以下。

随着经济改革向纵深发展，开放程度的加大，安徽经济快速增长，全省城市经济发展进入快车道，城市居民收入水平快速增加。2005年，全省城镇居民人均可支配收入为8470.7元，比1985年增长13.5倍，年均增长14.3%，扣除价格变动影响，实际年均增长6.9%。城镇居民人均消费性支出6367.7元，因价格上涨使城镇居民人均多支出4692.9元。

1986—1990年，是国家国民经济和社会发展第七个五年计划时期。这期间，安徽城镇居民人均可支配收入累计增长113.7%，平均每年增长16.4%，扣除物价变动影响，实际增长26.8%，年均实际增长4.9%。从人均可支配收入增幅看，1986年，城镇居民人均可支配收入为814.8元，比上年增长28.5%，扣除价格因素，实际增长21.0%。1988年，城镇居民人均可支配收入突破千元，为1074.7元，比上年增长16.2%，扣除价格因素，可支配收入实际下降3.9%，因价格影响，人均可支配收入增幅下降了20.1个百分点。1990年，城镇居民人均可支配收入为1354.6元，比上年增长8.6%，扣除物价因素，实际增长5.7%。

1986—1990 年安徽城镇居民人均可支配收入增长情况统计表

表 8-1　　　　单位：元、%

年份	人均可支配收入	实际人均可支配收入	比上年增减	扣除物价因素比上年增减
1986	814.8	767.2	28.5	21.0
1987	924.8	847.7	13.5	4.0
1988	1074.7	888.9	16.2	-3.9
1989	1247.6	1064.5	16.1	-0.9
1990	1354.6	1319.0	8.6	5.7

1991—1995 年，是国家国民经济和社会发展第八个五年计划时期。“八五”期间，经济高速增长，居民收入迅速增加，居民消费价格总水平累计上涨 91.8%，尽管物价大幅度上涨对城镇居民生活影响较大，但经济发展保证了居民收入的大幅增加，人们生活消费水平大幅提高。5 年中，安徽城镇居民人均可支配收入累计增长 179.0%，平均每年增长 22.8%，扣除价格变动影响，实际增长 45.4%，年均实际增长 7.8%。从人均可支配收入增幅看，1991 年，城镇居民人均可支配收入为 1485.1 元，比上年增长 9.6%，扣除价格因素，实际增长 3.3%。1992—1995 年，城镇居民人均可支配收入增幅均在 21% 以上，扣除价格因素，城镇居民人均可支配收入实际增幅均高达 7% 以上。

1991—1995 年安徽城镇居民人均可支配收入增长情况统计表

表 8-2　　　　单位：元、%

年份	人均可支配收入	实际人均可支配收入	比上年增减	扣除物价因素比上年增减
1991	1485.1	1399.8	9.6	3.3
1992	1795.5	1659.4	20.9	11.7
1993	2233.9	1947.6	24.4	8.5
1994	3036.2	2392.6	35.9	7.1
1995	3778.9	3291.7	24.5	8.4

1996—2000 年，是国家国民经济和社会发展第九个五年计划时期。5 年中，安徽城镇居民人均可支配收入累计增长 40.1%，平均每年增长 7.0%，扣除物价变动影响，实际增长 27.8%，年均实际增长 5.0%。从人均可支配收入增幅看，1996 年，城镇居民人均可支配收入突破 4000 元，为 4493.9 元，比上年增长 18.9%，扣除价格因素，实际增长 8.2%。1999 年，城镇居民人均可支配收入突破 5000 元，为 5064.6 元，比上年增

长6.2%，扣除价格因素，可支配收入实际增长8.6%，因价格下降，实际可支配收入增幅上升了2.4个百分点。2000年，城镇居民人均可支配收入为5293.6元，比上年增长4.5%，扣除物价因素，实际增长3.8%。

1996—2000年安徽城镇居民人均可支配收入增长情况统计表

表8-3　　单位：元、%

年份	人均可支配收入	实际人均可支配收入	比上年增减	扣除物价因素比上年增减
1996	4493.9	4089.1	18.9	8.2
1997	4599.3	4540.2	2.3	1.0
1998	4770.5	4770.5	3.7	3.7
1999	5064.6	5178.5	6.2	8.6
2000	5293.6	5256.8	4.5	3.8

2001—2005年，是国家国民经济和社会发展第十个五年计划时期。“十五”时期是居民生活水平大幅提升的5年，安徽城镇居民人均可支配收入累计增长73.1%，平均每年增长11.6%，扣除物价变动影响，实际增长61.4%，年均实际增长10.1%，年均实际增长幅度达到2位数。从人均可支配收入增幅看，有3年实际可支配收入增幅达到2位数。2001年，城镇居民人均可支配收入为5668.8元，比上年增长7.1%，扣除价格因素，实际增长6.6%。2002—2003年，城镇居民人均可支配收入达到6000元以上，分别为6032.4元、6778.0元，扣除价格因素，城镇居民人均可支配收入实际增长12.3%和10.5%。2005年，城镇居民人均可支配收入突破8000元，为8470.7元，比上年增长12.8%，扣除物价因素，实际增长11.2%。

2001—2005年安徽城镇居民人均可支配收入增长情况统计表

表8-4　　单位：元、%

年份	人均可支配收入（元）		实际人均可支配收入	比上年增减	扣除物价因素比上年增减
	老口径	新口径			
2001	5668.8	—	5640.6	7.1	6.6
2002	6300.7	6032.4	6093.3	11.1	12.3
2003	7117.3	6778.0	6664.7	12.4	10.5
2004	8063.6	7511.4	7188.0	10.8	6.0
2005	9161.8	8470.7	8353.7	12.8	11.2

第二节　居民消费价格对城镇居民支出影响

价格变动对居民生活的影响主要表现在由于价格上涨而增加居民的消费支出，降低消费水平，价格下降而减少消费支出，提高消费水平，也就是说，居民的实际消费水平往往要被价格上涨因素所削弱，它的增长速度不仅受生活质量改善的影响，同时还要取决于价格涨幅的高低。“七五”时期，安徽城镇居民人均消费性支出累计增长109%，平均每年增长15.9%，扣除物价变动影响，实际增长23.9%，年均实际增长4.4%，因价格上涨，城镇居民人均消费多支出481元。从价格对消费支出增减变化的影响看，1986年，城镇居民人均消费性支出为718.3元，因价格上涨，城镇居民人均消费多支出41.9元。1988年，居民消费价格指数最高，为120.9，对城镇居民生活消费支出的影响也最大，当年城镇居民人均消费支出为1020.0元，比上年增加了196.2元，由于价格上涨，城镇居民人均消费多支出176.3元，占消费支出增加额的89.9%，说明城镇居民增加的消费支出有九成被价格上涨所抵消，只有一成左右用来改善生活。1990年，城镇居民人均消费性支出为1182.1元，因价格上涨，城镇居民人均消费多支出31.1元。

1986—1990年安徽城镇居民人均消费性支出增长情况统计表

表8-5　　单位：元、%

年份	人均消费性支出	比上年增减	扣除物价因素比上年增减	因物价变动人均消费支出增减
1986	718.3	27.0	19.6	41.9
1987	823.8	14.7	5.1	68.7
1988	1020.0	23.8	2.4	176.3
1989	1138.5	11.6	-4.8	167.1
1990	1182.1	3.8	1.1	31.1

价格对低收入家庭支出影响大　物价的上涨对不同的收入群体产生不同的影响，尤其是食品价格的上涨对低收入居民的影响程度尤为明显。在通胀最明显的1988年，安徽居民消费价格上涨20.9%，其中食品价格上涨了27.8%，城镇低收入家庭人均消费性支出569.0元，比平均水平低451元，比高收入群体低1194.5元，只是高收入群体的32.3%。城镇低收入居民人均食品消费支出373.6元，因食品价格上涨低收入居民人均购买食品需多支出81.3元，占低收入居民总消费支出的比重为14.3 %；而城镇高收入居民人均食品消费支出805.2元，因食品价格上涨，高收入居民人均购买食品需多支出175.2元，占高收入居民总消费支出的比重为9.9 %，低收入居民比高收入居民高4.4

个百分点。从食品消费支出额占总消费支出额的比重（即恩格尔系数）看，低收入群体为 65.6%，高收入群体仅为 45.7%，恩格尔系数低收入群体比高收入群体高了 19.9 个百分点。高、低收入群体人均消费之比 1988 年为 3.1 ∶ 1,1986 年为 2.5 ∶ 1,1990 年高、低收入群体人均消费之比为 2.9 ∶ 1。

1986—1990 年价格对高低收入居民食品消费支出影响情况统计表

表 8-6　　单位：元

		1986 年	1987 年	1988 年	1989 年	1990 年
消费性支出	低收入组	452.1	503.8	569.0	681.2	693.5
	高收入组	1149.8	1300.0	1763.5	1923.5	1976.8
食品支出	低收入组	287.6	322.4	373.6	435.3	445.2
	高收入组	541.0	601.3	805.2	954.5	1013.9
食品占总消费支出比重	低收入组	63.6	64.0	65.6	63.9	64.2
	高收入组	47.1	46.3	45.7	49.6	51.3
因价格变化食品多（少）支出	低收入组	19.1	34.3	81.3	49.4	1.8
	高收入组	35.9	63.9	175.2	108.3	4.0

城镇居民实际消费性支出的变动，与实际可支配收入的变动是一致的。“八五”时期，安徽城镇居民人均消费性支出累计增长 167.4%，平均每年递增 21.7%，扣除价格变动因素后，实际增长 39.4%，年均实际增长 6.9%，因价格上涨，城镇居民人均消费多支出 1513.4 元。从价格对消费支出增减变化的影响看，1991 年，城镇居民人均消费性支出为 1296.9 元，因价格上涨，城镇居民人均消费多支出 74.6 元。1992 年起，由于“体制改革”和“过度投资”引发的新一轮通货膨胀开始，1994 年通胀最为明显，安徽城镇居民人均消费支出为 2551.0 元，比上年增加了 704.9 元。由于同期居民消费价格涨幅高达 26.9%，城镇居民人均消费需多支出 540.7 元，占消费支出增加额的 76.7%，说明城镇居民增加的消费支出近八成左右被价格上涨所抵消。1995 年，城镇居民人均消费性支出为 3161.4 元，因价格上涨，城镇居民消费人均多支出 407.6 元。

1991—1995 年安徽城镇居民人均消费性支出增长情况统计表

表 8-7　　单位：元、%

年份	人均消费性支出	比上年增减	扣除物价因素比上年增减	因物价变动人均消费支出增减
1991	1296.9	9.7	3.4	74.6

续表 8-7

年份	人均消费性支出	比上年增减	扣除物价因素比上年增减	因物价变动人均消费支出增减
1992	1520.8	17.3	8.4	115.3
1993	1846.1	21.4	5.8	236.6
1994	2551.0	38.2	8.9	540.7
1995	3161.4	23.9	8.0	407.6

物价上涨对低收入家庭生活影响最大的是食品消费。5年中，低收入群体的食品支出额占总消费支出额的比重均在63%以上，说明低收入家庭最大的消费项目是食品，因此食品价格的过度上涨，对低收入家庭生活影响最大。在通胀最明显的1994年，安徽居民消费价格上涨26.9%，其中食品价格涨幅高达36.9%，城镇低收入家庭人均消费性支出1454.1元，比平均水平低1096.9元，比高收入群体低3130.7元，只是高收入群体的32%。城镇低收入居民人均食品消费支出945.9元，因食品价格上涨低收入居民人均购买食品需多支出249.9元，占低收入居民总消费支出的比重为17.2 %；而城镇高收入居民人均食品消费支出1954.8元，因食品价格上涨高收入居民人均购买食品需多支出516.4元，占高收入居民总消费支出的比重为11.3 %，低收入居民比高收入居民高5.9个百分点。从食品消费支出额占总消费支出额的比重（即恩格尔系数）看，低收入群体为65.1%，高收入群体仅为42.6%，低收入群体比高收入群体高了22.5个百分点。高、低收入群体人均消费之比为3.2 ∶ 1，1991年为2.4 ∶ 1，1995年高、低收入群体人均消费之比为2.7 ∶ 1。

1991—1995年价格对高低收入居民食品消费支出影响情况统计表

表 8-8　　单位：元

		1991年	1992年	1993年	1994年	1995年
消费性支出	低收入组	835.5	952.5	1073.4	1454.1	1867.2
	高收入组	2017.6	2459.5	3316.9	4584.8	5012.8
食品支出	低收入组	530.4	613.7	707.9	945.9	1187.8
	高收入组	1071.4	1212.3	1447.1	1954.8	2294.3
食品占总消费支出比重	低收入组	63.5	64.4	65.9	65.1	63.6
	高收入组	53.1	49.3	43.6	42.6	45.8
因价格变化食品多（少）支出	低收入组	45.6	50.2	85.3	249.9	185.4
	高收入组	92.1	99.1	174.4	516.4	358.2

1991—1995 年期间，安徽城镇居民人均消费性支出累计增长 33.9%，平均每年递增 6.0%，扣除价格变动因素后，实际增长 22.1%，年均实际增长 4.1%，因价格上涨，城镇居民人均消费多支出 372.2 元。

价格对居民消费支出影响减弱 从价格对消费支出增减变化的影响看，1996 年，通货膨胀得到有效控制，安徽经济开始走出"过热"状态，城镇居民人均消费性支出 3607.4 元，因价格上涨，人均消费多支出 325.0 元；1998 年，居民消费价格同比持平，到 1999 年，居民消费价格下降 2.2%。这是自 1986 年以来第一次下降，当年安徽城镇居民人均消费支出为 3901.8 元，因价格下降，城镇居民人均消费实际少支出 87.8 元。2000 年，城镇居民人均消费性支出为 4233.0 元，因价格略有上涨，城镇居民人均消费多支出 29.4 元。

1996—2000 年安徽城镇居民人均消费性支出增长情况统计表

表 8-9　　单位：元、%

年份	人均消费性支出	比上年增减	扣除物价因素比上年增减	因物价变动人均消费支出增减
1996	3607.4	14.1	3.8	325.0
1997	3693.6	2.4	1.1	47.4
1998	3777.4	2.3	2.3	0.0
1999	3901.8	3.3	5.6	-87.8
2000	4233.0	8.5	7.7	29.4

从 1996 年到 2000 年，低收入居民的食品支出额占总消费支出额的比重（即恩格尔系数）由 60.7% 下降到 55.0%。从 1998 年开始，低收入居民家庭的恩格尔系数下降到 60% 以下，也就是说，安徽城镇低收入居民家庭生活水平从贫困状态进入温饱状态，而高收入居民家庭的食品支出额占总消费支出额的比重（即恩格尔系数）由 45.2% 下降到 38.7%。从 1999 年开始，高收入居民家庭的恩格尔系数下降到 40% 以下，即安徽城镇高收入居民家庭生活水平从温饱状态进入相对富裕状态，这说明城镇居民生活水平有较大提高，尤其城镇低收入居民生活水平明显改善。1997—2000 年的四年间，物价水平步入低谷，安徽居民消费价格累计下降 0.24%，其中食品价格四年均为负增长，累计下降 12.7%。2000 年，城镇低收入居民人均消费性支出 2075.4 元，是平均水平的 49.0%，是高收入群体的 27.3%。城镇低收入居民人均食品消费支出 1140.5 元，因食品价格下降低收入居民人均购买食品少支出 32.9 元，与 1996 年的 1331.9 相比，因食品价格下降，四年城镇低收入居民人均食品消费少支出 169.4 元。

1996—2000年价格对高低收入居民食品消费支出影响统计表

表8-10　　单位：元、%

		1996年	1997年	1998年	1999年	2000年
消费性支出	低收入组	2194.1	2233.3	2225.1	2188.7	2075.4
	高收入组	5858.6	6045.0	5901.0	6885.6	7591.5
食品支出	低收入组	1331.9	1381.3	1310.8	1229.0	1140.5
	高收入组	2648.2	2725.1	2464.0	2613.9	2934.2
食品占总消费支出比重	低收入组	60.7	61.9	58.9	56.2	55.0
	高收入组	45.2	45.1	41.8	38.0	38.7
因价格变化食品多（少）支出	低收入组	110.0	-38.3	-29.5	-72.9	-32.9
	高收入组	218.7	-75.6	-55.4	-155.1	-84.5

5年中，安徽城镇居民人均消费性支出累计增长50.4%，平均每年递增8.5%，扣除价格变动因素后，实际增长40.3%，年均实际增长7.0%，因价格上涨，城镇居民人均消费多支出428.8元。从价格对消费支出增减变化的影响看，2001年，城镇居民人均消费性支出为4517.7元，因价格上涨，城镇居民人均消费多支出22.5元。2002年，居民消费价格总水平下降1%，城镇居民人均消费性支出为4736.5元，因价格下降，城镇居民人均消费少支出47.8元。2003年，安徽居民消费价格总水平开始回升。2005年，居民消费价格上涨1.4%，城镇居民人均消费支出突破6000元，为6367.7元，比上年增加了656.6元，由于价格上涨，城镇居民人均消费多支出87.9元，占消费支出增加额的13.4%，说明城镇居民增加的消费支出只有一成多被价格上涨所抵消，而八成多被用来改善生活。

2001—2005年安徽城镇居民人均消费性支出增长情况统计表

表8-11　　单位：元、%

年份	人均消费性支出	比上年增减	扣除物价因素比上年增减	因物价变动人均消费支出增减
2001	4517.7	6.7	6.2	22.5
2002	4736.5	4.8	5.9	-47.8
2003	5064.3	6.9	5.1	84.7
2004	5711.1	12.8	7.9	245.9
2005	6367.7	11.5	10.0	87.9

2001—2005年期间，安徽城镇低收入居民生活质量有较大提高，低收入居民的食品支出额占总消费支出额的比重（即恩格尔系数）在51.3 ~ 55.7之间，低收入家庭平均消费水平进入温饱阶段。5年的物价涨幅除了2004年基本在1%上下，由于价格涨跌相对较为平缓，对居民消费支出的影响也相对较少。2001年，城镇低收入居民人均消费性支出2191.4元，是平均水平的48.5%，是高收入群体的27.0%。城镇低收入居民人均食品消费支出1220.3元，食品占总消费支出的比重为55.7%，比高收入居民高18.1个百分点。2005年，安徽居民消费价格上涨1.4%，其中食品价格上涨2.6%，城镇低收入家庭人均消费性支出3389.1，比高收入群体低8645.6元，是高收入群体的28.2%，城镇低收入居民人均食品消费支出1788.9元，因食品价格上涨，低收入居民人均购买食品多支出44.9元，占低收入居民总消费支出的比重为1.3%；而城镇高收入居民人均食品消费支出4423.5元，因食品价格上涨；高收入居民人均购买食品需多支出111.1元，占高收入居民总消费支出的比重为0.9 %，低收入居民比高收入居民高0.4个百分点。从食品消费支出额占总消费支出额的比重（即恩格尔系数）看，低收入群体为52.8%，高收入群体仅为36.8%，低收入群体比高收入群体高了16个百分点。高、低收入群体人均消费之比为3.6 ∶ 1, 而在2001年高、低收入群体人均消费之比为3.7 ∶ 1。

2000—2005年价格对高低收入居民食品消费支出的影响统计表

表8-12　　单位：元、%

		2001年	2002年	2003年	2004年	2005年
消费性支出	低收入组	2191.4	2303.3	2368.0	2809.8	3389.1
	高收入组	8128.3	9855.9	10263.9	11278.4	12034.7
食品支出	低收入组	1220.3	1182.6	1309.0	1553.5	1788.9
	高收入组	3057.1	3668.1	3603.0	4002.0	4423.5
食品占总消费支出比重	低收入组	55.7	51.3	55.3	55.3	52.8
	高收入组	37.6	37.2	35.1	35.5	36.8
因价格变化食品多（少）支出	低收入组	-3.5	-0.9	74.6	151.9	44.9
	高收入组	-8.7	-2.9	205.4	391.4	111.1

第三节　农产品价格对农村居民生活的影响

农产品价格变化是农业参与社会分配的重要尺度。这一尺度的伸缩，影响着农业的规模和产出，对农民而言，则是更为直接的收入变化。1986年以后，中国农产品价格经历了几次大波动，对农民收入都产生了重大影响。1986年到2005年间，农产品综合价格指数变化与农业收入是高度相关的，价格与收入同步变化，表现为农产品综合价格下降或上涨，农业收入也随之下降或上涨。

1998 年到 2003 年，是农产品价格与农业收入变化同步下降阶段，价格的下跌直接导致收入的减少。2003 年下半年起，大宗农产品价格大幅上扬，农业收入开始回升。价格市场化加大了农民收入增长波动的频繁性。随着农村经济的发展，农民收入中来自非农产业收入比重不断提高，农业收入的权数日益变小时，农产品价格对农民收入的影响程度逐渐减弱。因收入构成改变，农产品价格对农民收入产生不同的影响可分二个阶段。第一阶段是价格与收入相关性很强的时期。这一时期农民的农业纯收入比重一直保持在 60.0% 以上，价格波动对农民收入影响明显。第二阶段是价格对收入影响程度减缓时期。这一时期农业纯收入所占比重下降，农产品价格变化对农民增收的影响明显减弱。统计数据表明，农民收入增长较快的时期，也是农产品收购价格较大幅度上调的时期，同时又是城乡收入差距缩小的时期。1986 年以后，城乡收入差距出现过三次缩小，而在这三次变化过程中，农产品价格也有较大幅度的上涨。在 1986—2005 年期间，城镇居民收入增长速度快于农民收入增长速度，2005 年，农村居民的收入水平仅相当于城镇居民在 1993—1994 年的水平，比城镇落后 11 年。2005 年，城镇居民人均收入是农村居民人均收入的 3.2 倍。城乡居民收入差距呈加速度趋势扩大。尽管造成城乡收入差异有制度、体制等多方面的原因，但是农业处于弱势地位、农产品价格一直在低位徘徊是其中的一个重要原因。

1986—2005 年间，农村居民收入增长速度远远低于 GDP 的增长速度，城市农村剪刀差扩大是建设新农村的一大难题。1986 年，安徽 GDP 的规模为 382.76 亿元，到 2005 年，安徽 GDP 的总规模达到了 5375.84 亿元，比 1986 年增长了 13.0 倍，而农村居民人均收入及农村居民人均纯收入只比 1986 年分别增长了 5.4 和 5.7 倍，远低于 GDP 的增长速度。从 1986 年到 2005 年，安徽 GDP 保持着稳定的增长态势，平均每年以 14.9% 的速度增长，而农民收入的增长速度以每年 10.2% 的速度增长，农村居民纯收入的增长速度平均每年是 10.5%，都远远低于国内生产总值的增长速度，也低于城镇居民家庭可支配收入 13.1% 的增长速度（2005 年，安徽城镇人均可支配收入为 8470.68 元，1986 年为 814.76 元）。换句话说，在经济高速发展的情况下，工农产品的剪刀差在扩大，农民在高速增长下变得“更加贫困”。

1986—2005 年安徽 GDP 与农民收入及农民纯收入增长速度统计表

表 8-13

年份	GDP（亿元）	增长速度（%）	农民收入（元）	增长速度（%）	农民纯收入（元）	增长速度（%）
1986	382.76	—	575.67	—	396.53	—
1987	442.35	15.57	637.77	10.79	429.26	8.25
1988	546.94	23.64	749.19	17.47	485.53	13.11
1989	616.25	12.67	828.58	10.60	515.66	6.21
1990	658.00	6.77	837.26	1.05	539.16	4.56
1991	663.50	0.84	723.16	-13.63	446.05	-17.27
1992	801.20	20.75	897.6	24.12	573.58	28.59
1993	1037.14	29.45	1107.35	23.37	724.5	26.31
1994	1320.43	27.31	1522.04	37.45	973.2	34.33
1995	1810.66	37.13	2016.35	32.48	1302.82	33.87
1996	2093.30	15.61	2331.00	15.60	1607.72	23.40
1997	2347.32	12.13	2549.89	9.39	1808.75	12.50
1998	2542.96	8.33	2538.28	-0.46	1863.06	3.00
1999	2712.34	6.66	2524.74	-0.53	1900.29	2.00
2000	2902.09	7.00	2585.56	2.41	1934.57	1.80
2001	3246.71	11.87	2735.83	5.81	2020.04	4.42
2002	3519.72	8.41	2875.7	5.11	2117.57	4.83
2003	3923.10	11.46	2842.58	-1.15	2127.48	0.47
2004	4759.30	21.31	3373.65	18.68	2499.33	17.48
2005	5375.84	12.95	3669.00	8.75	2640.96	5.67
平均	—	14.92	—	10.24	—	10.49

农产品价格对农民农业收入的影响　在 1986 年到 2005 年间，农产品综合价格指数变化与农民农业收入是高度相关的，价格与收入同步变化，表现为农产品综合价格下降或上涨，农民农业收入也随之下降或上涨。

1986 年到 1997 年，是农产品价格与农民农业收入变化同步增长阶段，农产品综合价格水平均呈上涨态势（个别年份如 1991 年特大洪涝灾害影响除外），且农产品综合价格变化对农民农业收入的弹性系数基本上保持在 1.0 左右。

1998 年到 2003 年，是农产品价格与农民农业收入变化同步下降阶段，价格的下跌直接导致收入的减少。2003 年下半年起，大宗农产品价格大幅上扬，农民农业收入开始回升。

价格市场化加大了农民农业收入增长波动的频繁性。分析农产品价格对农业收入影响加大的原因，主要有两个：一是农产品价格下降；二是农产品总产量下降。由于农民预期价格下降而引发的作物播种面积(或养殖量)减少，价格与总产量共振的结果，使农民农业收入减少或增收较慢。如：1997年以后，粮食价格持续下降，引发播种面积和总产量的下降；又由于农民预期价格下跌加剧下一年种植面积和总产量的减少，2002年粮食总产量比1990年下降了1.3%。由此可见，粮食市场化改革以后，农产品价格变化对农民农业增收的影响程度则变得更为深远和明显。

农产品价格变化对农民总收入的影响 当农民农业收入在总收入中仍占有相当比重时，产品价格直接影响着农民收入，表现为收入波动震幅大和波动周期缩短。随着农村经济的发展，当农民收入中来自非农产业收入比重不断提高，农业收入的权数日益变小时，农产品价格对农民收入的影响程度将逐渐减弱。

因收入构成改变，1986—2005年间，农产品价格对农民收入产生不同的影响可分二个阶段。

第一阶段是价格与收入相关性很强的时期。这一时期，粮食等主要农产品实行价格双轨制，收购价格由政府定价，销售价格完全放开而由市场形成。这种政策在一定价格条件下对处于弱势的、分散的农户而言具有一定的保护作用，但从市场经济的角度看，由于政府确定的收购价格可能不是紧贴市场供求状况的价格，而可能是背离市场规律的行政性价格，极易造成价格信号的扭曲，使价格信号不能准确反映总供求的关系，更不能反映需求结构的变化。也即扭曲了市场价格形成机制，表面上可能是烫平了市场波动，但从市场的角度看，操作不当可能因无视供需运动变化，会产生更大的市场波动，加大产品的价格风险。

从1986年到1990年的五年时间，农民的农业纯收入比重一直保持在75.0%左右。1990年，农民仅出售粮、棉、油等农产品现金收入因价格上涨增加90.64元，占当年农户现金收入比重13.7%；从1991年到1999年的九年时间，农业纯收入比重下降到60.0%，农民收入构成发生重大转折，1999年因价格因素，出售粮、棉、油等农产品的现金收入增加209.23元，占当年农户现金收入比重10.4%，下降3.3个百分点。

第二阶段是价格对收入影响程度减缓时期。由于市场经济体制发育不完善，尤其是农村市场体制发育缓慢，缺乏系统化的农业信息收集、整理、发布体系，生产与消费之间、区域之间的信息衔接主要由批发市场来完成，而市场自身的松散性决定了信息的收集加工能力低下，生产、流通存在很大的信息局限性和盲目性。势单力薄的农户无法及时预判市场可能出现的变化，他们一般都是简单地跟随价格作出生产决定，价格高的时候增加生产，价格低的时候减少生产，这样就形成了“价格上涨—供应增加—

价格下跌”的周期性循环。市场信息不畅通成为制约农产品供求平衡的核心因素，也是导致农产品价格波动的重要原因。加之政府对粮食市场调控不当，加大了粮价的波动。如在1994年和1995年粮食价格暴涨后，1996年粮食价格开始回落，但当年政府的粮食定购价格再次提高，相当于在1994年的基础上再提价42%，政府的进出口调控也同样因为过于滞后而成为“逆向操作”。因此，这一时期农产品价格上涨对农民收入的拉动减小。

2000年，农民农业纯收入所占比重继续下降，当年为54.0%，到2003年仅为46.1%。2004年，实施了粮贴直补，主要农产品价格有所上升，农民农业纯收入比重恢复到51.0%。因价格上涨因素，农户出售粮、棉、油等农产品的现金收入增加额占当年农户现金收入比重下降到4.2%，农产品价格变化对农民增收的影响明显减弱。

中国经济的高速发展，吸纳了大量农民进城就业，工资性收入已经成为农民收入的主体。工资性收入具有明显的刚性，受制于外出就业和农村二、三产业发展的影响，与农产品价格变化没有直接的关系。这是价格变化对农民收入影响减弱的另一个原因。

中国农民生产、生活消费显著特点是自给性强，农产品中占有相当比例用于自己消费。因此，农产品涨价所增加的另一部分收入是实物收入，即为农民感觉不到明显实惠的隐性收入，而农民用于现金支付的生产和生活支出，受价格上涨影响感受明显。因此，从这个角度来看，农民从价格上涨中得到的好处比预想的要小得多。

农产品价格的变动影响城乡收入差别 统计数据表明，农民收入增长较快的时期，也是农产品收购价格较大幅度上调的时期，同时又是城乡收入差距缩小的时期。1986年以后，城乡收入差距出现过三次缩小，第一次是1992—1993年，城乡收入比率由1991年的3.33 ∶ 1下降至1993年的3.08 ∶ 1，1993年农产品价格比1991年提高了12.1%；第二次是1995—1997年，城乡收入比率由1994年的3.12 ∶ 1下降至1997年的2.54 ∶ 1，1997年农产品价格比1994年提高了12.3%；第三次是2004年，城乡收入比率由2003年的3.19 ∶ 1下降至3.01 ∶ 1，2004年农产品价格比2003年提高了17.8%。2005年，农产品收购价格回落，城乡收入差距再度扩大。

据世界银行的有关报告，世界上多数国家城乡收入的比率为1.5 ∶ 1，比率超过2的极为罕见。在1995年国际劳工组织发表的（36个国家）有关资料中，中国是城乡收入差距超过2 ∶ 1的仅有的三个国家之一。从城乡居民收入增长速度来看，在1986—2005年期间，城镇居民收入年均增长速度是农民收入年均增长速度的1.2倍，2005年，农民的收入水平仅相当于城镇居民在1993—1994年的水平，比城镇落后11年。2005年，城镇人均收入则是农民人均收入的3.2倍。从城乡居民收入差距的绝对值来看，从1986年相差418元到1991年相差突破1000元，再到1994年相差突破2000元、1999年相差突破3000元、2003年相差突破4000元，直到2004年相差突破5000元。

城乡居民收入差距呈加速度趋势扩大。尽管造成城乡收入差异有制度、体制等多方面的原因，但应当承认，农业处于弱势地位、农产品价格一直在低位徘徊是一个重要原因。

1986—2005年安徽农民纯收入与城镇居民可支配收入对比统计表

表8-14　　单位：元

年份	农民人均纯收入	城镇居民人均可支配收入	农民人均纯收入与城镇居民可支配收入的差距	城镇居民人均可支配收入相当于农民人均纯收入的倍数
1986	396.53	814.76	418.23	2.05
1987	429.26	924.84	495.58	2.15
1988	485.53	1074.7	589.17	2.21
1989	515.66	1247.56	731.9	2.42
1990	539.16	1354.6	815.44	2.51
1991	446.05	1485.14	1039.09	3.33
1992	573.58	1795.54	1221.96	3.13
1993	724.5	2233.89	1509.39	3.08
1994	973.2	3036.18	2062.98	3.12
1995	1302.82	3778.86	2476.04	2.90
1996	1607.72	4493.92	2886.2	2.80
1997	1808.75	4599.27	2790.52	2.54
1998	1863.06	4770.47	2907.41	2.56
1999	1900.29	5064.60	3164.31	2.67
2000	1934.57	5293.55	3358.98	2.74
2001	2020.04	5668.80	3648.76	2.81
2002	2117.57	6032.40	3914.83	2.85
2003	2127.48	6778.03	4650.55	3.19
2004	2499.33	7511.43	5012.1	3.01
2005	2640.96	8470.68	5829.72	3.21

第四节　房价对居民生活的影响

房价与居民收入比变化　衡量房价高低的最根本指标是国际通行的房价收入比，即房价与居民家庭年收入的比值，它反映居民家庭购买住房的支付能力，比值越高支付能力越低。根据国际标准，房价收入比在3:1至6:1的范围内才算合理，超出这一范围，说明房价偏高。

1999年以前，中国实行的住房制度是在计划经济体制下产生的，职工住房是由单位分给，且租金便宜，因此职工购买商品房的愿望不强。从2000年开始，国家实行货币分房制度，人们对住房需求开始转向市场，此时购房存在两种主要方式：一是单位集资建房；二是市场交易购房。2005年，安徽城镇居民家庭住房按照产权分类，拥有市场购得商品房的家庭占22.8%，高出2002年11.0个百分点，居民家庭通过市场交易方式获得商品房的比重逐年增多。住房分配制度货币化之后，政府在房价的具体管理方面逐渐弱化，而由市场进行调节。在这种情况下，房屋价格水平和居民的实际购房能力有些不相匹配。

一般情况下，如果房价收入比很高，意味着有能力购买住房的人在整个人口中所占的比例偏低，也意味住房供给系统受到限制，不能有效地满足市场需求。以三口之家购买一套90平方米中等面积住房测算，2002—2005年安徽城镇居民的房价收入比如下：

2002—2005年安徽城镇居民房价收入比情况统计表

表8-15　　单位：元

年份	人均可支配收入	三口之家年总收入	商品住宅销售均价	90平方米住宅总价	房价收入比
2002	6032	18096	1171	105390	5.8
2003	6778	20334	1346	121140	6.0
2004	7511	22533	1591	143190	6.4
2005	8471	25413	2065	185850	7.3

2002年，安徽城镇居民的房价收入比为5.8，也就是说安徽城镇居民在2002年要购买一套90平方米的住房，需花费5.8年的家庭年收入。2003年为6.0，比上年增加0.2，就是说安徽城镇居民在2003年要购买一套90平方米的住房，需花费6年的家庭年收入。这两年房价收入比均在合理的范围内，表明居民对住宅价格具有承受能力。2004年，安徽商品住宅价格开始快速上涨，到2005年，商品住宅销售均价达每平方米2065元，比2003年上涨了53.4%，年均涨幅为23.9%，而同期城镇居民人均可支配收入年均增长11.8%。由于房价上涨速度远远快于收入的增长，导致房价收入比一路攀升，2004年房价收入比为6.4，比上年增加0.4，2005年房价收入比达到7.3，比上年增加0.9，高于国际公认的合理区间3 ~ 6，意味着一家人用全部挣来的钱不吃不喝需用七年多的时间才能买一套90平方米的住房。如果用一半的钱（除去吃、穿、用、行）去买这

套房子将要用 15 年。房价涨幅过大、价格过高，无形中降低了居民的购房能力，影响居民生活。

再从安徽省会合肥市历年房价收入比指标来看，1998—2003 年，合肥地区的房价收入比在 6.0 ~ 6.8 之间，在中国合理的房价收入比范围内，因而合肥的广大居民仍有购买与其经济能力相适应住房的能力。但这个是针对所有居民的平均承受能力测算的，无法反映各层次收入和城镇居民对各种房价的承受能力。只有将高、中、低房价与城镇居民不同收入层次之间的排列组合，才能评估居民收入层次与供给档次的匹配性。

1998—2003 年合肥市房价收入比统计表

表 8-16

年份	户均年可支配收入（元）	户均建筑面积（平方米）	房价（元 / 平方米）	可比房总价（元）	房价收入比
1998	16850	65	1775	115375	6.8
1999	17496	67	1770	118590	6.8
2000	19870	65	1855	120575	6.1
2001	20723	66	1884	124344	6.0
2002	21149	68	2025	137700	6.5
2003	22801	71	2189	155419	6.7

从城镇居民家庭不同收入阶层来看，房价收入比差距很大，中低收入群体的房价收入比相对较高，购房承受能力较弱。

2003 年，安徽省平均高档房价格为每平方米 3000 元，中档房价格为每平方米 2500 元、低档房价格为每平方米 2000 元，全省家庭人口平均为 2.69 人，以 70 平方米为一套标准住房，来分析安徽城镇居民不同收入层次购房承受能力。

2003 年安徽城镇居民不同收入层次购房承受能力与房价对比统计表

（按住房 70 平方米计算）

表 8-17

家庭类型	一套房价（元）			户均年收入（元）	房价收入比（倍）		
	高	中	低	平均	高	中	低
最高收入户	210000	175000	140000	48731.7	4.3	3.6	2.9
高收入户	210000	175000	140000	32425.2	6.5	5.4	4.3
中等偏上收入户	210000	175000	140000	24865.7	8.4	7.0	5.6

续表 8-17

家庭类型	一套房价（元）			户均年收入（元）	房价收入比（倍）		
	高	中	低	平均	高	中	低
中等收入户	210000	175000	140000	18923.5	11.1	9.2	7.4
中等偏下收入户	210000	175000	140000	14606.6	14.4	12.0	9.6
低收入户	210000	175000	140000	11264.0	18.6	15.5	12.4
最低收入户	210000	175000	140000	7769.7	27.0	22.5	18.0
困难户	210000	175000	140000	6744.7	31.1	25.9	20.8

按照房价收入比 5 ~ 8 倍标准衡量，在 2003 年住宅市场中，对于低房价，安徽省只有中等收入以上的家庭能够承受，对于中等房价只有中等偏上收入户的家庭能够承受，对于高房价则只有高收入户以上的家庭可以承受。2003 年，安徽省住房价格已相对过高，中等收入以下的家庭一般都无力购房。对于当时房价为 2500 元 / 平方米，面积在 70 平方米的中低档房子，中等偏下收入户不吃不喝需花费 12 年的时间才买得起。特别是对于城镇低收入户群体，由于房价太高买不起房已成为这部分有住房需求但无法转化为有效需求的直接因素。买一套 70 平方米，价格在 2500 元 / 平方米的住宅，城镇低收入户家庭，不吃不喝需花费 15.5 年时间才买得起；最低收入户家庭，不吃不喝需花费 22.5 年时间才买得起。

2005 年，安徽省商品住宅价格提升较快，城镇最低收入户的住房收入比高达 17.5，是最高收入户的 5.5 倍，是平均水平的 2.4 倍。低收入家庭购房承受能力远低于社会平均水平。中等收入家庭的房价收入比也超出警戒线，这意味着占社会多数的中等收入户也面临高房价的压力，购房负担不轻。

由于房价的上涨，很多城镇居民家庭为积攒起买房的首付资金，不得不缩减其他生活消费支出；或者把大量资金投入到购房后，只有省吃俭用，握紧钱袋，大幅缩减日常开支。若依靠银行贷款购买住房则会因此背上沉重的债务包袱而沦为“房奴”，被高额房贷压得喘不过气来，只好缩减本来用于其他方面的消费支出。由于房价上涨，城镇居民购房的首付款和月供不断增加，不仅低收入城镇居民家庭买不起房，就是中等收入城镇居民家庭要买一套称心如意的住房也很不容易，即使购买了住房，每个月的月供也是一笔沉重负担。高房价使普通城镇居民家庭需要 10 ~ 20 年甚至更长时间才能付清一套住房的按揭贷款，这意味着在此期间的其他支出只能尽量压缩，由此抑制城镇居民家庭即期消费和潜在消费增长。

2002—2005 年安徽各收入层次房价收入比对照统计表

表 8-18

收入分组	2002 年	2003 年	2004 年	2005 年
最低收入户	18.1	15.4	15.9	17.5
低收入户	11.3	10.6	11.2	12.6
中低偏下户	8.4	8.2	8.5	9.6
中等收入户	6.3	6.3	6.6	7.4
中等偏上户	4.7	4.8	5	5.8
高收入户	3.5	3.7	3.8	4.4
最高收入户	2.2	2.5	2.7	3.2
平均	5.8	6.0	6.4	7.3

2000—2005 年不同年份安徽经济增长状况比较统计表

表 8-19　　单位：%

年份	固定资产投资增长率	房地产投资增长率	GDP 增长率	住宅销售增长率	人均年可支配收入增长率	城镇居民储蓄存款余额增长率
2000	12.0	15.5	8.3	25.8	4.5	11.4
2001	11.2	26.2	8.6	14.6	7.0	18.0
2002	17.6	31.9	8.9	30.5	6.4	21.7
2003	30.4	64.2	9.2	56.9	12.3	21.8
2004	29.5	51.0	12.5	67.4	10.8	20.1
2005	31.7	26.4	11.8	70.5	12.8	18.2

2005 年，安徽省年收入在 2.5 万元左右的中等收入户城镇居民家庭，要购买一套 70 平方米左右的商品住宅，不吃不喝需花费 7.4 年的时间来积累资金，才能购买得起。高房价使城镇居民要想买得起住房得靠几代人的储蓄积累及家庭的未来收入才行，许多城镇居民家庭因此会增加预防性储蓄，削减其他商品和服务消费。根据预防性储蓄理论，当未来存在较大不确定性时，消费者会更多地进行储蓄。由于房价上涨速度远远超出城镇居民收入增长速度，且短期内不存在较大幅度下跌的预期，城镇居民家庭不得不选择为了将来购房而抑制其他消费，增加储蓄。从 2001 年到 2005 年，安徽城镇居民储蓄存款余额增长幅度基本保持在 18% 以上居高不下。

房价与居民消费结构升级　房价不仅影响城镇居民消费增长，而且也影响其消费结构的优化升级。2000—2005 年，城镇居民消费结构中，衣食住行所占比重仍然很大，而教育文化娱乐服务所占比重不但没有提升，反而有所下降。需要指出的是，在统计上城镇居民居住消费支出并不包括购房支出，仅包括房租、水电费等支出。如果加上购房方面的支出，居住消费在城镇居民消费结构中所占比重会大幅提升。城镇居民购房支出比重可用商品住房销售额占城镇居民可支配收入总额比重来间接表示。2000—2005 年，安徽商品住房销售额占城镇居民可支配收入总额比重持续提升，表明城镇居民购房支出负担在不断加重，消费结构出现扭曲，导致整个社会消费力下降。

2000—2005 年城镇居民住房消费及其消费结构统计表

表 8-20

年份	居民住房消费支出			城镇居民消费结构							
	商品住房销售额（亿元）	城镇居民可支配收入总额（亿元）	商品住房销售额占城镇居民可支配收入总额比重（%）	食品	衣着	居住	家庭设备用品及服务	医疗保健	交通通信	教育文化娱乐服务	杂项商品与服务
2000	63.98	903.18	7.08	39.4	10.0	11.3	7.5	6.4	8.5	13.4	3.4
2001	83.48	1017.87	8.20	38.2	10.1	7.1	6.5	9.3	13.9	11.5	3.5
2002	97.55	1137.76	8.57	37.7	9.8	6.5	7.1	10.4	15.0	10.4	3.3
2003	153.09	1336.73	11.45	37.1	9.8	6.5	7.3	11.1	14.4	10.7	3.3
2004	234.69	1567.08	14.98	37.7	9.6	5.7	7.4	11.7	14.4	10.2	3.3
2005	264.40	1840.41	14.37	36.7	10.1	5.6	7.6	12.5	13.8	10.2	3.5

商品住房销售额占城镇居民可支配收入总额的比重能真实地反映居民家庭购房支出情况或住房消费负担。随着房价持续攀升，商品住房销售额占城镇居民可支配收入总额的比重迅速攀升。2000—2005 年，安徽商品住房销售额分别为 63.98 亿元、83.48 亿元、97.55 亿元、153.09 亿元、234.69 亿元、264.4 亿元；安徽城镇居民可支配收入总额分别为 903.18 亿元、1017.87 亿元、1137.76 亿元、1336.73 亿元、1567.08 亿元、1840.41 亿元；商品住房销售额占城镇居民可支配收入总额的比重分别为 7.08%、8.2%、8.57%、11.45%、14.98%、14.37%。

柴、米、油、盐、酱、醋、茶，或说衣、食、住、行、文、教、医，每个城镇居民家庭的消费都需有一个合理的结构，才能使其成员过上幸福生活、得到全面发展。2000 年到 2005 年，安徽城镇居民家庭用于衣着类及家庭设备用品与服务类消费占家庭总消费支出的比重六年基本持平，而教育文化娱乐服务消费占总消费的比重六年中呈逐年下降状态。当高房价使城镇居民消费被住房“绑架”时，其他衣食行……，或说文教医……只能少顾，甚至无法顾，一些已为人父母的“房奴”迫于生计，甚至不得不压缩子女在教育、娱乐、体育等方面的开销，致使消费结构严重失衡，不仅影响人们正常生活，而且影响人的全面发展；不仅会导致日常消费全面萎缩，而且还会影响到城镇居民人力资本提升，最终将导致其家庭收入水平固化和消费能力的削弱。这不仅会使城镇居民文化、教育、旅游、娱乐消费下降，还阻碍其消费结构向更高层次升级。

房价与住房消费模式与心理 住房消费分为即期消费和预期消费两类。在合理房价下，两类购房者时序非常清楚，预期消费的购房者一般不会提前购房，因而房地产市场能有序推进，供求能大致平衡；在高房价形势下，情况就完全不同了，许多人担心房价不断上涨，争先恐后地把预期购房变为现期购房，有的不仅提前为自己购房，甚至为儿子、孙子也购好房，形成城镇居民盲目攀比、买涨不买落的消费行为。可见，高房价不仅制约城镇居民消费增长，而且会扭曲其住房消费模式和消费心理。房价的不断走高使住房消费呈现租房不如买房、迟买不如早买、买小不如买大的特征。在这一消费模式下，城镇居民盲目追求自有住房，部分地区住房自有率超越应有的经济水平和经济发展阶段。安徽省2000—2005年城镇人均住房建筑面积分别为20.3平方米、20.8平方米、22.8平方米、23.7平方米、25.0平方米、26.1平方米。内地城镇居民人均住房建筑面积30平方米，已经超过香港地区人均7.1平方米和日本人均15.8平方米的水平。

第九章　农村小康与贫困

第一节　农村小康建设

农村总体小康建设水平　1979 年，当改革开放的序幕刚刚拉开之时，安徽就从农业大省的实际出发，加快农村经济发展。进入 20 世纪 90 年代，随着第二步战略步骤的如期推进，“到本世纪末能不能实现农村小康？”成为安徽省上下关注的热点。中共安徽省委、安徽省人民政府 1993 年联合发出《关于确定农村小康生活标准的意见》，提出安徽省农村小康生活的省、县、乡、村、户五级标准，为安徽农村小康明确了奋斗目标。1994 年，经中共安徽省委办公厅批准，成立了安徽省农村奔小康综合评价小组，专门就安徽省及各县（市）农村小康进程进行综合评价。

1996 年，原安徽省农村社会经济调查队依据国家统计局和国家计划委员会确定的全国小康生活水平标准，结合本省农村小康进程测算结果， 在对未来经济和社会前景进行科学预测的基础上，对安徽省农村小康进程作出评估，结果表明：以 1980 年为起点，对 1992 年到 2000 年安徽省农村小康生活水平综合测算，由 1992 年的 44.75 分，上升到 2000 年的 88.82 分。安徽省农村总体达小康进程，已经由 1992 年实现了 44.8% 的进程，到 2000 年实现了 88.8% 的进程。虽然从 2000 年小康进程的测算结果看，农民人均纯收入、基尼系数、恩格尔系数、劳动力平均受教育程度等六项指标离小康生活目标还有不小差距，但是安徽省农村实现总体达小康的速度还是比较快的，平均每年提高了 5.5 分。2000 年，安徽省农村小康生活水平综合评分达到 88.8 分，也就是说，安徽农民在解决温饱的基础上已经向农村总体达小康目标迈进了 88.8% 的路程，基本实现了农村总体达小康水平的预期目标。

农村居民收入　改革开放以后，安徽农村经济有了蓬勃的发展，经济增长水平与增长质量不断提高，取得了巨大成就。在省委、省政府强有力领导下，安徽人民经过多年的团结拼搏，艰苦创业，安徽农村经济取得了可喜的进展，农民生活水平明显有所改善，小康进程进一步加快，为农业大省建设成农业强省的战略目标迈出了坚实一步。2000 年，是安徽农村经济发展平稳的一年，农村居民人均纯收入达 1934.57 元，是 1980 年农村居民收入的 10.5 倍，是 1985 年农村居民收入的 5.2 倍，比 1999 年增加 34.28 元，增长 1.8%，扣除物价因素影响实际增长 3.4%。这一年，农村居民纯收入按可比口径计算为951.8元，实现小康标准值1100元的81.48%。从纯收入分组情况看出：农村居民人均纯收入在2000元以上的农户所占的比重由1999年的40.11%上升到46.61%，增加6.5个百分点。2000年，安徽农村居民收入的基尼系数为28.0%，这表明安徽农村居民收入分配的变化不是很大。随着经济收入增长，农村居民生活水平也在逐步提高，农民用于文化生活服务投入也有比较大增加，2000年农民文化生活服务消费支出占生活消费支出比重达到11%，已达到小康水平。2000年的恩格尔系数为54%，这一指标的小康实现程度为56.2%，离小康目标值的差距较大，说明农村居民生活消费总体水平不高，生活支出仍然以食品消费支出为重，还没有完全摆脱生理需求消费阶段。安徽省小康实现程度农村低于城市，各地区间发展不平衡，差距较大。城市郊区小康实现程度综合评分都超过小康水平。22个贫困县（其中国家级贫困县17个，省级贫困县5个）仍有部分过低收入的农民勉强度日，生活相当艰难，农村小康进程平均综合评分比安徽省农村小康进程平均综合评分低得多，这种奔小康过程中的发展不平衡现象，从一定程度上影响了安徽省向小康目标迈进的步伐。

农村居民消费 农村居民收入提高，消费水平不断增长。2000年，安徽农村居民人均生活消费支出达1321.5元，是1980年农村居民人均生活消费支出的8.4倍，是1985年农村居民人均生活消费支出的4.6倍。1985年，安徽农村居民生活水平相当低。由于当时整个社会生产力水平较低，农村居民比城市居民生活消费更困难，多数农村居民只是解决温饱问题，农村居民家庭中没有几件像样的家具，基本上是每家都有一口大铁锅，烧饭、炒菜、烧开水、煮猪食都用它。一些条件较好的农村居民家庭，只有娶亲时，才会置办几件像样的家具和一些当时时兴的自行车、缝纫机、电风扇、钟、手表等工业品。1985年，每百户农村居民家庭拥有自行车56.68辆，缝纫机31.26架，钟18.04只，手表100.06只，电风扇6.26台。2000年，随着农村居民收入不断提高，每百户农村居民家庭拥有自行车127.42辆，缝纫机65架，钟96.4只，表114.5只，电风扇162.16台。

随着农村居民收入不断地提高，农村居民消费水平也同步提升，一些高档的家用电器自1990年也开始进入农家。2000年，每百户农村居民家庭拥有洗衣机14.74台，家用电冰箱8.16台，摩托车8.65辆，黑白电视机68.65台、彩色电视机39.29台，收录机19.65台，照相机2.03架。过去农民连想都没有想过、看都没有看过的电器，也进入千家万户农村居民家庭。

农村居民居住 农村居民居住条件有了很大改善。1985年，农村居民人均住房面积13.19平方米，其中，砖木结构面积6.03平方米，占45.7%；钢筋混凝土结构面积0.14平方米，约占1.1%。2000年，农村居民人均住房面积达到22.16平方米，是1985年的1.5倍。其中，钢筋砖木结构住房面积达到7.72平方米，是1985年的50多倍。2000年，这两项指标均已超过15平方米的总体达小康的目标值。

1985年，农村居民人均新建房屋面积1.23平方米，其中，砖木结构面积0.99平方米，钢筋混凝土结构面积0.05平方米，房屋仍然以红砖灰瓦平房为主，平均每平方米新建房屋价值39.11元。2000年，农村居民人均新建房屋面积0.91平方米，其中，砖木结构面积0.26平方米，占28.6%；钢筋混凝土结构面积0.60平方米，占65.9%。新建房屋多以混凝土浇筑的预制板房的一层或两层结构，也有部分条件差的农村居民，新建房屋为砖瓦房。平均每平方米新建房屋价值227.86元，从住房价值来看，2000年是1985年价值的5.83倍。农村居民新建一间房屋从1985年的639元到2000年的近6000元，平均每间房投资增加了8.4倍。

随着农村总体达小康的推进，农村劳动力转移速度加快，农村居民外出就业务工收入不断提高，农村居民收入持续增长，农村居民的房屋建设的质量越来越高，外观越来越美，人均住房面积越来越大，房屋的造价也就越来越高，少数富裕的农村居民已经开始建造漂亮的“小洋楼”，居住条件和居住环境明显改善。

农村居民饮食营养　农村居民饮食营养程度有一定改观。1985年，农村居民人均消费粮食276.69公斤原粮，折合米面约194公斤。人均消费食用油4.32公斤，肉类8.14公斤，家禽1.81公斤，蔬菜100.62公斤，蛋类1.64公斤，鱼虾1.05公斤，水果0.73公斤。粮食是农村居民主要食物，食物营养结构以碳水化合物为主，日常以蔬菜和自家腌制的咸菜为主，品种较少，蛋白质和脂肪偏少，营养偏少，也不均衡。随着安徽居民消费水平的提高，日常生活消费的饮食观念，由吃饱的数量型开始向吃好的质量型转变，营养成份较过去有一定的改观。2000年，农村居民人均消费粮食270.24公斤原粮，折合米面约180公斤。人均消费食用油7.66公斤，肉类9.51公斤，家禽3.57公斤，蔬菜80.28公斤，蛋类5.56公斤，鱼虾3.5公斤，水果11.62公斤。从农村居民食品消费情况来看，食品质量明显提高，食物种类相对丰富，食品营养明显提高。2000年，根据农村居民食品消费情况测算，人均蛋白质日摄入量达76克，初步实现了小康目标值。从农村居民食物消费结构来看，主要以植物蛋白为主。这也说明，由于受收入偏低的影响，尤其农村居民的膳食结构仍是以谷物和豆类为主体，像动物肉类蛋白等高蛋白质含量的食物消费仍然偏少。

农村居民衣着　农村居民衣着继续改善。1985年，农村居民人均衣着消费支出29.15元。其中，人均用4.74元购买棉布2.64米，用11.54元购买2.78米化纤布。这两项支出占农村居民人均衣着消费支出的55.8%。而用于购买呢绒、绸缎、毛线、内衣、鞋类、床褥单等方面的消费支出也只有12.87元。那时候的农村居民日子还是比较艰苦的，能够拥有毛线衣的农民很少，许多现在很一般的衣着，当时农村居民还是买不起的。2000年，农村居民人均衣着消费支出为71.16元，达到小康目标值的98.7%，但农村居民衣着消费水平还是相当低的，主要是面料价格低廉的衣服和鞋帽，占农村居民人均衣着消费支出的64.9%。其中，购买化纤布服装支出21.44元，购买鞋帽类支出21.44元，棉布服装3.29元，化纤布2.81元。

农村人口文化素质 农村人口素质有所提高。1985年，农村劳动力中，文盲和半文盲占40.7%，小学文化程度占28.1%，初中文化程度占25.3%，高中文化程度占5.6%，中专及以上文化程度约0.3%。农村居民文化程度偏低，是由当时的社会和经济水平过低所决定的。随着农村改革和农村经济的发展，农村居民生活水平的提高，安徽农村居民文化素质也有一定的提高，农村文盲人口有较大幅度的减少，特别是农村劳动力中青壮年文盲下降较为显著。2000年，农村劳动力中，不识字或识字很少的占11.7%，小学文化程度的占30%，初中文化程度的占49.6%，高中及以上的占8.2%，农村居民文化程度明显提高，文盲率明显下降。安徽省农村适龄青年平均受教育程度达到7.46年，完成小康进程的73%，离实现小康目标还有27%的路程要走，主要是要进一步加强实施农村九年义务教育的全面普及、农村劳动力再教育、农村转移劳动力的文化素质和就业技能的培训。

农村居民精神文化 农村居民精神文化生活开始向较高层次发展。农村居民的传统消费观念在支付能力的增强和市场经济的促动下，随着农村人口的流动，劳动力的转移，农村产业化的发展，农民的价值取向、社会竞争、供求关系的变化而发生了较大的变化，服务等非商品支出不断增加，教育和文化娱乐消费支出占消费总支出的比重逐步增大。1985年，农村居民人均文化服务支出4.72元，其中，学杂费3.66元，技术培训费0.18元，文娱费0.56元，占生活消费支出比重为2.73%。2000年，农村居民人均教育和文化娱乐消费145.56元，是1985年农村居民人均文化服务支出的30.8倍；农村居民人均教育和文化娱乐消费支出占生活消费支出比重为11%，比1985年提高8.3个百分点，实现小康目标值。农村居民文教娱乐服务占生活消费支出比重大小，与当时农村的文化教育政策以及社会的导向有着密切关联。但总体来讲，随着农村居民收入水平的提高，农村居民的精神文化生活的水平将会进一步提高。

农村居民生活环境 农村居民的生活环境有所改善。农村经济的发展，带动了农村社会生活卫生环境的改善。安徽农村“五八”林业攻坚战，以及“林业二次创业”等措施的实施，居民的生活环境有了较大改观，许多荒山变成“绿洲”，生态环境开始得到有效的保护，绿色农业进一步地发展。随着小城镇建设步伐的加快，不少经济发展较快的小城镇建成了一批街头游园小景和街心公园，种植了绿篱草坪花木。以小康标准中的“森林覆盖率”指标衡量，1996年，安徽该项指标值已达到25.6%，超出小康值10.6个百分点。改革开放以后，制约社会经济发展的交通运输事业有了长足发展，居民乘车条件与便利程度明显改善。到2000年年底，全省农村已通公路行政村比重为

96%,交通便利程度有很大提高，改变了过去农民外出“晴天一身灰，雨天一身泥”状况。按照小康标准，全省农村通公路的行政村比重已超出小康值85%的水平，提前完成小康目标。已通电话行政村比重为100%，超出小康值；安全卫生水普及率达到66.58%，低于小康值90%的水平，由于环境受污染程度的日益加重，农村安全用水的问题将日益加剧；到2000年年末，全省农村非用电户所占比重不到百分之一，超出小康值，说明安徽农村电网改造是卓有成效的，也彻底改写了农民用煤油灯照明的历史。随着农电的普及，家用电器在农村得到广泛的普及，农村居民生活消费水平也将进一步提高。

农村居民社区环境　农村居民社区环境也有比较大的改观。到20世纪80年代末期，安徽人口平均预期寿命已达70岁，按农村小康指标值界定已达到小康值；在农村社会问题日趋复杂的情况下，农村社会安全保证的要求目标实现程度将越来越难，全省农村万人刑事案件立案件数为19.43件，没有突破小康的目标值。享受社会五保人口比重达到96%，农村五保户基本能够享受到应有的安置和照顾，充分体现了社会主义的优越性。

农村经济的发展及奔小康的进程决定着安徽的小康的进程。从全省农村社会经济发展情况来看，农村小康的建设有着自己的特点，也确实存在着不可忽视的缺陷。

农村居民的物质生活和文化生活难以同步。由于农村居民居住分散，很难形成有效的社区服务，从农村居民的生活指标来看，反映农村居民的居住、交通方面的指标，在1999年都已提前实现了小康。然而，从反映精神生活方面的指标来看，农村服务及文教娱乐支出的比重仅为13.23%，是低标准的小康水平；农村劳动力平均受教育年限为7.44年，只达到小康目标的72%，低于全国的平均水平，要实现小康目标，尚有28%的路程要走。这说明，安徽农村居民消费结构不合理的矛盾十分突出，农村居民大部分支出，仍要用于吃、穿、住等基本生活方面，物质生活和精神生活对比，很不相称。

农村社会经济发展相对落后于城市，加上集体经济薄弱，农村居民对社会保障认识不够，使得农村社会保障体系不完善，为农村和农村居民服务的机构和人员受到限制，服务难以完善。要达到小康水平，仍有一段的路程，特别是在养老保险、财产保险、人寿保险等方面与城市或发达地区的农村还有较大差距。

17个国家级贫困县小康综合评分距实现小康目标尚有较长的路程要走。客观上说，这些贫困地区都受到地缘、投入、产业、科技、人才等的约束，很难在短时间内迈大步奔小康。贫困人口所占比重较大，脱贫任务艰巨。据调查，2000年，全省农村贫困人口有126万人，加上返贫和新增贫困人口，贫困地区和非贫困地区的农村贫困问题仍不容忽视。同时，由于安徽省所处的地理环境，导致大灾三、五年一次，小灾年年有。逢大灾，则造成更多的贫困人口返贫。另一方面，现有的贫困家庭，尚未脱贫的农村居民，主要是家庭个人素质较低，经济条件较差，外在帮扶条件差，加上居住地的恶劣自然条件，脱贫难度大。从已脱贫的贫困户来看，由于经济积累总量规模仍然偏小，抗风险能力较弱，极易返贫，有时返贫率高达50%。这将直接影响农村小康的进程。当务之急是解决贫困人口的基本温饱问题，对他们而言，小康生活还显得遥远。

2000年安徽农村小康生活水平实现程度评价表

表9-1

指　标	单位	温饱值	小康值	权数	2000年评价			
					实际值	实现程度	得分	差距
1. 农民纯收入	元				1934.57			
（按90年可比口径）	元	300	1100	30	951.8	81.48	24.44	
2. 基尼系数	%	20	30-40	5	28.02	80.2	4.01	
3. 恩格尔系数	%	60	<=50	6	54	56.2	3.37	
4. 每日人均蛋白质摄入量	克	47	>=75	9	76	100	9	
5. 衣着消费支出	元	27	>=70	3	71.16	98.67	2.96	
6. 钢木结构住房支出比重	%	43	>=80	7	90	100	7	
7. 耐用机电消费品	%		>=200	6	499	100	6	
8. 服务消费支出比重	%	2	>=10	6	11	100	6	
9. 人口平均预期寿命	岁	68	>=70	4	70	100	4	
10. 适龄青年平均受教育程度	年	6	>=8	5	7.46	73	3.6	
11. 已通公路行政村比重	%	50	>=85	3	96	100	3	
12. 安全卫生水普及率	%	50	>=90	3	66.58	70.8	2.12	
13. 用电户比重	%	50	>=95	3	99.4	100	3	
14. 已通电话行政村比重	%	50	>=70	2	100	100	2	
15. 享受社会五保人口比重	%	50	>=90	4	96	100	4	
16. 万人刑事案件立案件数	件		<=20	4	19.43	100	4	
合　计	低标准人均纯收入 >=1100 元						88.82	11.18
	高标准人均纯收入 >=1200 元						86.11	13.89

说明：农民人均纯收入按90年可比口径计算为951.80元，以小康值上线1200元计算。实现程度为72.42%，得分24.44分，差距5.56分。这样安徽省2000年农村小康总的实现程度评价得分为88.82分，离小康标准相距11.18分，接近小康最低标准90分，基本实现农村总体达小康的目标

安徽农村全面小康建设　农村全面建设小康社会不同于2000年初步实现的低水平、不全面、发展不平衡的农村总体达小康社会，这是一个跨世纪、跨阶段的里程碑发展阶段。其标准更高，要求更高，范围更广，惠及面更大，是让广大农民收入更高，生活更好、环境更美、社会更加和谐、文明进步的更高水平的小康社会，为广大农民提供更多的社会保障，进一步提高农村贫困人口和低收入人口的生活质量和发展水平，彻底解决农村绝对贫困问题，让广大农民享受更多的现代文明、现代科技。

农村全面小康社会是一个涉及政治、经济、文化、科技、教育、文化、卫生、社会保障、生态环境、人民生活等各方面的大的复合系统。中共十六大提出了在21世纪头20年内全面建设小康社会的奋斗目标，为全国在新世纪、新阶段的现代化建设指明了前进方向，同时对全国今后的经济建设提出了明确的发展要求。

为了准确把握安徽农村全面小康社会的进程，原安徽省农村社会经济调查队根据国家统计局制定的《农村全面小康标准》及测评方法，利用3100户农村住户抽样调查资料及安徽省有关部门统计数据，辅以一些社会调查数据，从2000年开始，对安徽农村全面小康实现程度进行了跟踪监测。

根据国家统计局提供的监测结果显示，2005年中国农村全面建设小康实现程度达到28.2%，比上年提高6.6个百分点，是2000年以来提高最快的一年。而同期，安徽农村全面小康实现程度达19.2%，比2004年提高5.1个百分点，安徽与全国相比，仅相当同期全国平均水平的67.4%，比全国平均水平落后9.2个百分点。

安徽省是以农村人口为主的农业大省。由于城乡二元经济结构尚未根本改变，地区间差距较大，农村贫困人口仍为数不少，生态环境、自然资源与社会经济发展矛盾仍很突出，达到的小康程度低、不全面、不平衡，农村居民无论物质生活水平，还是精神文明状况，距离全面小康目标还有很大差距。

2005年安徽农村全面小康六个方面的实现程度，由高到低依次是：民主法制实现程度为75.3%，人口素质实现程度为27.3 %，生活质量实现程度为27.2%，社会发展实现程度为20.3%，资源环境实现程度为9.4 %，经济发展实现程度为-1.9%。农村经济发展水平偏低，尤其农村居民可支配收入偏低是制约农村全面小康建设关键因素。

农村经济指标　农村经济发展虽然有较大进展，但总体水平落后，未实现小康的目标值，比全国农村经济发展小康实现程度平均值落后21.3个百分点。2005年，安徽农民种粮积极性持续高涨，农业生产进一步升温，全年粮食生产取得较好收成，主要农产品价格仍维持在较高水平，农民工资性收入保持稳定增长，农村林业、渔业和第三产业生产呈现较强的增长态势。安徽农村居民人均纯收入在2004年实现突破性增长后，2005年仍保持平稳增长态势，农村居民人均纯收入2641元，比2000年增加706.4元，增长36.5%。

在反映农村经济发展的三项指标中，农村居民可支配收入是2518元，按2000年可比价格口径计算为2337元，相当于同期全国农村居民人均可支配收入的81.5%。安徽农村人均可支配收入全面小康实现程度为3.6%，比2000年提高5.2个百分点；但比同期全国农村小康实现程度低13.9个百分点，远远落后全国平均水平。

第一产业劳动力的比重是反映一个省就业结构合理程度的指标。2005年，安徽第一产业劳动力的比重为54.5%，比2000年下降4个百分点，仍未达到实现总体小康50%的目标值，也是导致安徽在农村经济发展方面全面小康实现程度为负值的主要因素。

农村小城镇人口是反映一个省城市化进程的主要指标。2005年，安徽农村小城镇人口比重为17.1%，首次达到总体小康水平，全面小康实现程度仅为5.8%，比同期全国农村小城镇20.1%的比重低3个百分点，其实现程度值却比全国少15.8个百分点。1985年，安徽只有307个镇，1995年为847个，2000年为966个，2005年为917个。安徽小城镇建设的速度有所加快，城市化水平进一步提高，各地加快小城镇建设，结合农村综合改革，减少乡镇数量，扩大集镇规模，通过减少镇区内的农业人口，增加小城镇人口，推进乡镇城市化进程。

2005年，安徽农村全面建设小康经济发展实现程度为 –1.9%，综合得分为 –0.5分，分别比2000年提高7.45个百分点和5.07分。

农村社会事业 农村社会事业发展加快，全面小康实现程度为20.3%，比全国平均水平低13.6个百分点。从社会发展四项指标看，2005年，农村全面建设小康实现程度为20.3%，综合得分4.1分，分别比2000年提高20.3个百分点和4.72分。其中，农村合作医疗覆盖率和农村养老保险覆盖率分别为17%和5%，比2000年分别增加17和3.18个百分点，全面小康实现程度为8.8%和5.5%，分别比2004年提高1.9和2.4个百分点；每万人拥有的农业科技人员数为0.5人，还远远低于总体小康水平标准；农村居民基尼系数为0.29，全面小康实现程度为95%，比2004年增加35个百分点。但这四项指标分别比全国平均水平低8.7、5.5、40和45个百分点。突出的是，安徽万人农业科技人员数为0.5人，每万人农业科技人员数比全国平均水平少0.8人，说明安徽农业科技还是相当薄弱，急需引进大量人才，更需要留住人才。

农村人口素质 农村人口素质缓慢提升，全面小康实现程度为27.3%。随着农村经济的发展，农村居民生活水平的提高，人口素质也有一定的提高。2005年，初高中以上文化程度的劳动力人数为5377人，比2000年增加569人，增长11.8%，劳动力文化程度有了明显提高。2005年农村人口素质在综合得分比2000年提高了2.31分，其中，2005年农村人口平均受教育年限达7.8年，比2000年平均提高0.35年，全面小康实现程度为25%。由于各级政府对农村计划生育工作的高度重视，加大对农村医疗保健的投入，农民更加注重身体的健康，农村人口平均预期寿命较为稳定。2005年，安徽农村人口平均预期寿命达71.5岁，高于全国人口平均预期寿命两年，超过总体小康目标值，全面小康实现程度达36.4%。

农村居民生活质量　农村居民生活质量方面的全面小康进程最快，实现程度为27.2%，但仍然低于全国平均水平11.3个百分点。从反映生活质量的四个方面看，农村居民居住质量指数为21.9%，全面小康实现程度为6.8%。2005年，安徽农村居民人均居住面积达27.02平方米，比2000年增加4.86平方米；住房结构明显改善，楼房面积增长161%，每平方住房价值增长15.8%；使用水冲式厕所的家庭比重由2004年的1.6%上升到3.3%；有13.7%的农户饮用了自来水，提高1.9个百分点。从反映农民对信息产品的消费能力和信息获取能力的情况看，2005年安徽农村电话普及率达72.1%，彩色电视机普及率达84.7%，计算机的普及率为0.8%。全年农民信息化程度达48.6%，全面小康实现程度为64.4%，比2004年提高21.9个百分点。

农村居民恩格尔系数由2004年的47.5%回落到2005年的45.5%，农村全面小康实现程度38.9%，比2004年提高22.2个百分点；农村居民文化娱乐消费支出比重为3.6%，全面小康实现程度24.4%，比2004年提高20个百分点。

农村民主法制　农村民主法制建设稳步发展，全面小康实现程度75.3%，高于全国平均水平2.6个百分点。由于安徽各级地方政府积极推进基层民主法制建设，进一步健全村务公开和村民自治制度，提高了农村居民对村务公开的满意度。从抽样调查结果看，2005年，安徽农村居民对村政务公开的满意度达81%，全面小康实现程度为87%；农村居民对社会安全的满意度达76%，全面小康实现程度为64%，分别比2000年提高29.17个百分点和21.6个百分点。这一时期，安徽农村社会总体比较稳定，少有发生重大恶性事故和恶性案件，社会治安状况较好。

农村资源环境　农村资源环境继续改善，全面小康实现程度9.4%，高于全国平均水平10.1个百分点。从反映资源环境的指标来看，安徽农村森林覆盖率为23%，是唯一达到全面小康实现目标的指标；万元农业GDP用水量为1690立方米，全面小康实现程度82.7%，比2004年提高0.9个百分点；常用耕地面积比2004年减少0.4%，全面小康实现程度达到负的极值，严重影响农村小康实现程度。常用耕地的变动影响了资源环境的改善，对农村全面建设小康社会产生较大的负面影响，必须依法加强对常用耕地的管理，确保安徽有效耕地面积不再大幅度减少，为子孙后代留下生存和发展空间。

安徽农村全面小康建设中的难点　农村居民收入水平低。一是与全国的平均水平相比，差距有所拉大。2005年，安徽农村居民人均纯收入2641元，位居全国第22位，与全国平均收入水平相差614元，是全国平均水平的81.1%，比2000年的89.7%，差距有所拉大。二是城乡之间差距大。安徽城乡居民收入差距呈波动扩大走势，1991年达到历史最高3.33 ∶ 1，此后差距逐年有所下降，到1997年下降到近十年的最低点2.54 ∶ 1，以后又重新呈扩大趋势。尽管2004年全年粮食取得大丰收，农产品价格上涨等因素的推动，农民收入高速增长，城乡收入差距比2004年缩小，但“九五”和“十五”时期，城乡收入差距属于年年扩大趋势，2005年达到3.21 ∶ 1最高值。三是地区之间差距大。安徽按不同的自然条件形成了四种经济类型区域，即淮北平原、江淮丘陵、沿江圩区、皖南皖西山区。2005年，沿江圩区农村居民人均纯收入2949元，比2000年增加973元，年均增长8.3%；皖南、皖西山区为2887元，增加965元，年均增长8.5%；江淮丘陵为2689元，增加725元，年均增长6.5%；淮北平原区域农村居民纯收入最低，人均2343元，增加449元，年均增长4.3%。如以淮北平原地区人均纯收入为1，则淮北平原、江淮丘陵、皖南皖西山区和沿江圩区的收入比是1 ∶ 1.15 ∶ 1.23 ∶ 1.26，比2000年1 ∶ 1.04 ∶ 1.01 ∶ 1.04的差距明显扩大。四是农村居民之间差距大。“十五”时期，安徽高收入的农村居民收入增长较快，低收入的农村居民收入增长较慢甚至减收，而且农村居民收入出现了向高收入农村居民集中的倾向，形成了“穷者越穷，富者越富”的趋势。2005年，低收入组农村居民人均纯收入1096元，比2000年增加165元，年均增长3.3%；高收入组农村居民人均纯收入5230元，增加1919元，年均增长9.6%。与高收入组相比，低收入组农村居民收入年均增长速度低6.3个百分点，年均增加额相差350元。2005年，样本户中最高收入户和最低收入户的最大离差是16366元，比2000年10121元扩大6245元，年均扩大10.1%；有55.9%的农村居民低于全省平均收入水平，比2000年增加1.4个百分点。2005年，安徽20%高收入农村居民占有33%的收入总额，而20%低收入农村居民仅占有11.1%的收入总额。

农业生产面临严峻挑战，农民增收压力大。在农村全面小康评价18项指标中，农村居民人均可支配收入全面小康标准为6000元，占有20%的权重，是全面实现小康的关键指标。安徽农村居民人均可支配收入为2337元，按此计算，到2020年如期实现全面小康目标，在今后15年里必须每年增收240元左右。“十五”时期安徽农村居民人均纯收入虽然保持了稳定增长，但主要是由于2004年政策、价格因素和有利的气候条件共同作用，拉动农民收入得以快速增长，其可持续性不强。如果扣除这一因素，安徽农民收入增长真正靠农业生产发展，保持稳定、可持续增加农村居民收入的因素不多。由于安徽农业人口比重大，购买商品性农产品的消费者群体相对较小，农产品市场很难扩大，必然制约了农产品的销售，这对农业是一个非常大的挑战，也是对农村居民收入增长的大挑战，若不能开辟农村居民收入持续有效的增长渠道，安徽农村居民增收的压力十分巨大。

贫困地区经济落后，贫困人口所占比重较大。据调查，2005年年末，安徽农村低收入人口253.39万人，农村贫困发生率4.8%。加上农村绝对贫困人口130.9万人，安徽农村贫困总人口合计384.29万人，占农村人口7.3%。这些贫困人口的存在，客观地影响着安徽农村奔小康进程。

农村教育落后，人口素质提升难。在农村全面小康评价指标中，农村人口受教育年限占有12%的权重，是位居农民收入之后的一项重要指标。2005年，安徽农村人口平均受教育年限为7.9年，仅相当于初中二年级的水平。由于教育投入的不足，农民收入水平低，教育支出费用大，严重制约了农村人口素质的提高。在农村流传一句话叫做"负担围着教育转"，就是说在农民负担中，教育支出占很大比重。从调查结果看，2005年，安徽农村居民文化教育、娱乐消费支出人均256.8元，其中学杂费等教育服务消费支出178.51元，占69.5%。

村级经济薄弱，城镇化水平不高。由于安徽农村集体经济薄弱，乡镇财政收入增长困难，对改变村容村貌及公益设施，提高农民生活环境质量、社会保障等方面产生不利影响。乡镇企业发展落后，工业化程度低，多数建制镇仍处于小、散、低、弱状态，二、三产业发展滞后，吸纳剩余劳动力的数量极为有限。2005年，在本地从事非农就业的劳动力仅占全部在外务工劳动力的16.3%。

2005年安徽农村全面建设小康综合统计表

表9-2

指　标	单　位	总体小康值	全面小康值	2005实际值	实现程度	综合分值
A、经济发展					-1.9	-0.5
农村居民人均可支配收入	元／人	2200	6000	2337	3.6	0.7
第一产业劳动力比重	%	50	35	54.5	-30	-1.5
小城镇人口比重	%	16	35	17.1	5.8	0.2
B、社会发展					20.3	4.1
农村合作医疗覆盖率	%	10	90	17	8.8	0.7
农村养老覆盖率	%	1.8	60	5	5.5	0.2
万人农业科技人员数	人	1	4	0.5	-16.7	-0.7
农村居民基尼系数	-	0.35	0.3-0.4	0.29	95	3.8
C、人口素质					27.3	4.1
平均受教育年限	年	7.4	9	7.8	25	3
平均预期寿命	年	69.5	75	71.5	36.4	1.1

续表 9-2

指　标	单　位	总体小康值	全面小康值	2005实际值	实现程度	综合分值
D、生活质量					27.2	6.3
恩格尔系数	%	49	40	45.5	38.9	1.6
居住质量指数	%	18	75	21.9	6.8	0.8
农民文化娱乐支出比重	%	2.5	7	3.6	24.4	0.7
农民信息化程度	%	28	60	48.6	64.4	3.2
E、民主法制					75.3	4.5
农民对村政务公开的满意度	%	55	85	81	87	2.6
农民社会安全满意度	%	60	85	76	64	1.9
F、资源环境					9.4	0.7
常用耕地面积变动幅度	%	-0.3	0	-0.4	-100	-3
森林覆盖率	%	16.5	23	24	100	2
万元农业 GDP 用水量	立方米 / 万元	2600	1500	1690	82.7	1.7
农村全面小康实现程度合计						19.2

第二节　农村贫困状况

安徽是中国内陆一个农业人口大省，经济发展处于中下游，一直低于全国平均水平。由于农业人口所占比重大，经济欠发达，农村贫困问题一直困扰和影响安徽省经济的快速发展。2005 年年末，安徽农村人口占全省总人口的 80% 左右； 残疾人口 300 万人，库区人口 62 万人，沿江退垸还湖和库区需移民 20 多万人。在中部地区，安徽是一个贫困人口相对较多的省份，也是自然灾害发生比较频繁的省份。受自然灾害和特殊的地理位置影响，安徽农村贫困人口分布面广，主要分布在大别山区、沿江沿淮低洼地区和皖南山区。安徽贫困地区同时还是革命老区和行蓄洪区，为新中国的成立和国家社会主义建设事业大局作出了巨大贡献和牺牲。

安徽省委、省政府把扶贫开发工作当作一件富民强省的大事，千方百计支持贫困地区发展经济，解决贫困地区农民温饱和发展问题。随着农村居民收入水平不断提高，农村贫困人口迅速减少。农村绝对贫困人口由 1985 年的 665 万人，减少到 2005 年的 131 万人，共减少 534 万人，年平均减少 26.7 万人。2005 年农村绝对贫困人口数量只是 1985 年农村绝对贫困人口的五分之一，年平均减少幅度为 8.4%。

随着农民收入持续增长，农村贫困人口的温饱问题基本得到解决，生活质量不断提高，农民生活消费水平不断提高，贫困地区的农民吃穿用住也发生了翻天覆地的变化，温饱问题基本解决，部分经济发展较快的贫困地区农村居民开始逐步过上小康生活，靠外出打工的不菲收入，盖起了小楼，改变了家乡贫穷的面貌，拥有和城镇居民相差无几的生活条件。

从安徽发展历程来看，1978 年中共十一届三中全会后，安徽农村率先推行了以家庭联产承包责任制和农副产品提价为主要内容的经济体制改革，体制的改革极大激发了农民的生产积极性，农村经济快速发展。从 1978 年至 1980 年，农村居民人均纯收入由 113 元增加到 184.83 元，年均增长 27.7%。农村居民收入迅速增长，贫困人口也大幅度减少，农村居民贫困人口由改革前的一半以上农村居民人口无法解决温饱问题，到约七成以上的农村居民可以解决基本温饱问题。但这一时期的农村居民，生活仍然相当困苦，家庭日常开支相当拮据。农村贫困家庭温饱问题没有从根本上解决，农民食物以山芋、玉米等杂粮类的稀饭为主，缺荤少油，许多贫困家庭存在极度营养不良的情况。

1980 年，安徽农村绝对贫困人口约占农村人口的 28%。但农村居民收入水平整体偏低，农民相当贫穷，全省农村居民人均纯收入只有 184.83 元，贫困地区的农村居民人均纯收入更低。贫困家庭存在子女多、耕地少、就业难、负担重状况，劳动力人均供养系数高达 2.8，接近全省农村平均水平的 2 倍，近三分之一的农民连温饱基本生活问题都没有彻底解决，许多农村贫困户家庭入不敷出，家徒四壁，甚至是家无隔夜粮，吃了上顿没有下顿，每个月吃不上一顿肉食，更谈不上卫生、安全、舒适的生活了。虽然农村开始出现新建住房情况，一些有条件的农村居民开始改变自己过去不能继续居住的环境，新建砖瓦结构的平房，但贫困地区的农村居民住房条件还没有根本改观，象岳西、金寨、霍山、潜山等大别山区贫困地区的农村贫困家庭仍然困苦窘迫，居住环境较为恶劣，草房、危房到处皆是。农村在生产条件较为落后的状况下，生产力水平还是比较低的，平原地区和丘陵地区的粮食生产也仅是解决温饱。而贫困地区的农村居民，由于资源缺乏，耕地较少，加上交通不便，信息不通，生活相当落后，温饱问题都没有解决，农村文盲普遍，人们观念落后，难于接受新的生产方式和新的生产技术，粮食生产仍然处于低水平状态，温饱问题还无法解决，缺粮缺衣仍是贫困地区农民生活中一个突出问题。

“六五”时期　1980 年到 1985 年，为“六五”时期。这一阶段，安徽对农村贫困人群实行扶持生活和扶持生产、输血与造血、救灾款无偿发放与有偿使用相结合的政策，加大力度对农村贫困户给以扶持，农村居民收入稳步增长，农村贫困人口快速减少。这一阶段农村居民的收入多来自于家庭经营收入中第一产业，因此收入没有大幅度的增加。农村居民人均纯收入由 184.38 增加到 1985 年的 369.4 元，年均增长 14.8%。当年，安徽省确定的农村贫困线为人均纯收入在 150 元以下，确定的革命老区人均纯收入在 200 元以下为扶贫开发重点县。1984 年，安徽省开展粮、棉、布以工代赈，全省安排粮食 1.46 亿公斤、棉花 281 万公斤、棉布 1476.5 万米，折合人民币 8311 万元。分三年实施，农村贫困人口由 1980 年的 1200 万人下降到 1985 年的 660 多万人，年均减少农村贫困人口 100 多万人。农村贫困人口的分布也相对集中，贫困地区农村贫困人口占全省农村贫困人口总数的 67.3%，而且主要集中分布在沿淮地区、山库区和江淮分水岭地区。

“七五”时期　1986 年到 1990 年，为“七五”时期。农村扶贫政策改变了单靠小规模的救济式扶贫，在安徽省重点地区开展大规模的扶贫开发活动。安徽农村居民收入进入高速增长期，贫困人口大幅度减少。农村居民收入年均增长 29.2%。区域经济发展，农村企业显露生机，从人才和资金两方面提供多项优惠政策，把发展企业作为振兴农村经济和富民富省的突破口来抓。同时，国家连续两次提高农副产品收购价格，农业增产不增收的矛盾缓解，农村居民收入增速较快回升。但不得不注意到的是，由于进入 90 年代之后农业生产力水平并无较大的实质性提高，因此，联产承包制对农业发展的推动作用已大体上全部得以释放，此段期间农村居民收入的快速提高源自于乡镇企业的发展以及农副产品价格的提高；这一时期，农村贫困人口减少 180 多万人，平均每年净减少 30 多万人，贫困地区农村贫困人口由 440 多万人减少到 230 万人。

水涝旱灾是安徽农村贫困产生的重要原因之一。安徽水土资源在全国属于中等偏上水平。单位耕地水资源量达 1.56 万立方米 / 公顷。这是安徽农业的自然优势。从安徽水量分布情况来看，安徽水资源是南多北少，南北相差悬殊，淮北水资源不足皖南山区的三分之一，水资源分布失衡。而耕地却是南少北多，所以在单位耕地面积水资源量方面，南北方相差就更加悬殊。南怕涝、北怕旱的不利格局由此形成。安徽解放后，经过五十年的水利建设，安徽农田水利已经有了一定的基础，但由于后期投入偏少，水利设施的更新和维护不足，存在很多隐患，水利问题依旧突出。全省约有千座小水库存在病险，而且多在深山区、库区，不仅是贫困人口分布比较集中的地区，也是农村新贫困产生的潜在因素。淮北平原仅有小型水库一百多座，只占全省的 3% 左右，有效灌溉面积和旱涝保收面积远远低于全省平均水平，加上皖北主要是砂礓黑土，盐碱地和部分沙壤土，保水蓄水功能较差，水资源利用效率较低。皖南山区耕地防洪除涝水平亦不足全省水平的一半，一遇天灾，农业就遭殃、返贫人口就大增。江淮分水岭地区是安徽缺水严重的地区。缺水不仅影响农村居民的生产生活，而且连生存都面临困境，更谈不上发展，导致有地理优势的滁州市管辖的定远、凤阳等县贫困人口发生率很高。

“八五”时期　1991 年，由于遭受特大洪涝灾害，农村居民家庭财产和经济损失严重，农业大幅度减产减收，农村居民收入大幅度下降，农村居民人均纯收入由 1990 年的 539 元下降到 446 元，降幅达 17.3%。农村居民收入水平倒退四年，相当 1987 年水平。贫困地区的农民人均纯收入由 334.7 元下降到 285.4 元，人均减少 49.3 元，仅仅相当于全国农村居民收入平均水平的三分之一。特别是沿淮地区贫困地区返贫人口成倍增加，贫困地区农村贫困人口猛增加 521 万人，达到 751 万人，致使当年全省农村返贫人口增加 800 多万人，农村贫困人口跃至 1241 万，成为中国唯一的农村贫困人口超过千万的贫困大省和重灾大省。这次灾害，使得安徽农村经济发展倒退数年，改革以来的农村扶贫工作成果荡然无存。

1992 年，随着洪涝灾害的消退，各地采取多种措施，抗洪救灾，重建家园，发展生产，减轻灾害的危害，农村贫困人口迅速下降，减少 823 万人，当年农村贫困人口为 418 万人。贫困地区的农村贫困人口减少了 526 万人，为 225 万人。

1994 年，国务院制定了《国家八七扶贫攻坚计划》，从 1994 年到 2000 年，集中人力、物力、财力，动员社会各界力量，力争在 7 年左右的时间，基本解决中国 8000 万贫困人口的温饱问题。安徽也加大扶贫力度，采取各种措施，确保在 2000 年基本解决农村贫困人口温饱问题。

1995 年，在安徽省 68 个县级行政区中，贫困县为 22 个，占 32.4%。其中，国定贫困县（国家级）有 17 个，占 25%；省定贫困县（省级）5 个，占 7.4%。随着各项扶贫政策的落实，农村贫困人口继续减少，农村贫困发生率为 5.6%。当年确定的农村贫困线（纯收入）为年人均纯收入 650 元。据此标准，安徽农村贫困人口为 275 万人，比 1990 年减少 131 万人，年均减少 26 万人。贫困地区的农村贫困人口为 130 万人，比 1990 年减少 100 万人，年均减少 20 万人。

“九五”时期　1996 年到 2000 年，为“九五”时期，是安徽省经济发展实施跨世纪战略目标的关键时期，也是消除贫困，实现小康目标的重要时期。但这一时期，由于灾害频发，加上粮食等主要农产品价格低迷，农民外出就业规模有限，安徽农村居民收入增长缓慢。尤其是农村企业的发展经历了短暂的辉煌之后，进入了比较冷静的调整和十分激烈的竞争时期。同时，农产品价格自 1997 年以来持续四年低迷，农村居民增产不增收，纯收入增速持续下降，低于同期安徽省 GDP 的增长速度，农村贫困人口进入变化波动时期。

1996 年，安徽开展农村贫困人口统计监测工作，经安徽省政府办公厅同意，成立安徽省贫困统计监测办公室，设在原安徽省农村社会经济调查队，负责组织实施调查工作。各县市统计局或农调队也相应成立市县贫困统计监测办公室，负责本地农村贫困人口统计监测工作。这是安徽省第一次由非扶贫系统开展农村贫困人口的调查，也是对农民贫困人口分布有了比较客观的描述。根据当年统计调查，全省农村贫困人口为240.4万人，农村贫困发生率为4.8%。其中，17个国定贫困县共有贫困人口154.2万人，贫困发生率为8.7%。全省农村贫困人口发生率由1996年的4.8%下降到2.68%，减少2.12个百分点。17个国定贫困县贫困发生率由8.71%下降5.33%，减少3.38个百分点。从贫困发生率来看，国定贫困县的农村贫困人口发生率下降的速率快于全省的平均水平，但由于国定贫困县的农村贫困人口基数较大，脱贫任务艰巨，贫困人口的绝对数和贫困发生率仍然较高，导致国定贫困县贫困人口占全省农村贫困人口总体比重呈上升趋势。1996年，17个国定贫困县农村贫困人口占全省农村贫困人口的比重为63.3%。国定贫困县农村贫困发生率由1996年的8.0%上升为9.5%。

1997年，全省农村绝对贫困人口为188.5万人，农村贫困发生率为3.87%。其中17个国定贫困县为124.9万人，贫困发生率为3.8%。据测算，全省农村居民人均纯收入在800元以下的农村人口约480万人。其中，国定贫困县为252万人，占52.5%；人均纯收入在600元以下的农村人口约175万人。其中，国定贫困县为105万人，占60.0%。国定贫困县农村低收入人口占全省农村低收入人口一半以上。

1998年，全省农村绝对贫困人口为134万人，农村贫困发生率为2.7%。其中17个国定贫困县为96万人，贫困发生率为5.3%。17个国定贫困县农村贫困人口占全省农村贫困人口的比重上升为71.6%，比1996年上升了8.3个百分点。

1999年，水旱灾害并不算重，但造成的直接经济损失高达133.36亿元；农作物受灾面积达334.7万公顷，成灾面积 为225.6万公顷，受灾成灾率高达67.4%；绝收面积56.6万公顷，占成灾面积的25.1%；成灾人口达2600万人，返贫人口达50.2万人。

由于国家扶贫政策强化对国定贫困县的支持力度，资金只能投向国定贫困县，国定贫困县发展明显加快，农村贫困出现新的分化，有的贫困县在多年扶持下，经济重要指标步入全省发展前列，而有的非贫困县却远远落在后面。如皖南的石台、祁门等县，其贫困程度甚至比部分国定贫困县还严重，出现新的不平衡。农村贫困人口分布继续向贫困地区集中。22个贫困县贫困户占全省农村贫困户的77%。其中，17个国定贫困县占74%，5个省定贫困县占3%。非贫困县只占23%。安徽省26个山库区县农村贫困人口占全省农村贫困人口的44.5%。其中，7个库区县农村贫困人口占全省农村贫困人口的18.3%。在这些山库区县中，有相当一部分人属于特困人群，缺乏基本生活条件，贫困程度深。特别是7个库区县的移民，人均纯收入只有980元。居住在深山区近10万人的贫困人口，人均耕地不足0.2亩，饮水困难。其中，7万人缺乏基本生存条件，需要迁移下山。

为了加快对贫困地区的帮扶和支持发展，安徽省确立“九五”后三年以工代赈建设规划主要目标是加强农田水利基本建设，提高水利设施防洪排涝能力，增加有效排灌面积，实现贫困地区“一人一亩田，户均一项养殖业”，重点缺粮地区粮食自给率达到80%以上，基本解决贫困地区人畜饮水困难。建设布局划分，分片投资。沿淮行蓄洪片。该片有阜南、利辛、颍上、临泉、寿县、霍邱县六个国家级贫困县。总人口871万人，其中贫困人口40多万人，总投资约3.9亿元。大别山区片。该片有金寨、舒城、六安、霍山、岳西、太湖、潜山、宿松。总人口645万人，其中贫困人口近60万人，总投资约5.3亿元。江淮丘岗片。该片有长丰、无为、枞阳三个县。总人口285万人，其中贫困人口近30万人，总投资约1.8亿元。

2000年，安徽农村税费改革开始实施，随之，农民负担明显减轻，农村干群关系明显缓解。由于当年农村自然灾害的发生，出现较大规模返贫，农村居民人均纯收入为1934.6元，比上年增长1.8%，为“九五”时期增长最慢的一年。2000年6月6日，安徽省发展计划委员会出台了《安徽省粮食以工代赈试点实施方案》，在以工代赈资金中专项安排1000万元在部分深山区和库区贫困县开展粮食以工代赈试点。全省农村贫困人口达到126.7万人，低收入人口达到374万人。其中，贫困地区绝对贫困人口78.43万人，低收入人口289万人。

虽然，2000年安徽仍有众多的农村贫困人口和低收入人口存在，但安徽“八七”扶贫攻坚仍然取得重要成就：一是贫困地区的综合经济实力显著增强。2000年，安徽省17个国定贫困县的国内生产总值比1993年增长1.8倍，工业总产值和农业总产值分别增长64%和188%，财政收入增长2.5倍，农村居民人均纯收入由587元增加到1545元，增长了1.6倍。二是贫困地区的基础设施条件得到了明显改善。实施“八七”扶贫攻坚计划期间，安徽省在贫困地区累计投入基础设施建设投资总额达45亿元，解决了多年来制约贫困地区发展的困难和问题，增强了贫困地区自我发展的能力。三是贫困地区各项社会事业快速发展。人口自然增长率由1992年的千分之十五点八以下降到2000年的千分之十以下；适龄儿童辍学率下降到1.3%；修建农村卫生院业务用房3.34万平方米；贫困地区农民科学种田的水平显著提高；群众文化生活也逐步得到改善。四是贫困地区人民的精神面貌显著改观。通过扶贫开发，增强了农村基层组织的凝聚力和号召力，密切了党群关系、干群关系；探索了多种扶贫开发的途径和方式，涌现了一批致富能手和带头人。贫困地区的干部群众通过扶贫开发，进一步增强了发展意识、市场意识、开放意识和科技意识。安徽农村贫困人口的温饱问题基本解决，实现了国家八七扶贫攻坚计划的预期目标，取得阶段性成果。

“十五”时期　2001年到2005年，为“十五”时期，是进入21世纪之初扶贫开发的第一个五年期，也是扶贫开发新阶段的第一个五年。在此期间，经国务院扶贫办的批准，安徽增加了石台县、泾县两个国家级扶贫开发重点工作县，全省国家级贫困县由17个增加到19个，原六安县变更为金安区（原六安县由于区划变动，重新划分为金安区和裕安区两个新区，继续享受原六安县的扶贫开发政策和待遇。因此，安徽省本省确定的国家级扶贫开发工作重点县为20个）。安徽省人民政府也将省里重点扶持的贫困县由原来的歙县、泾县、绩溪县、凤台县、郎溪县等5个县调整为埇桥区、灵璧县、泗县、潘集区、凤台县、郎溪县、绩溪县、歙县、休宁县和祁门县等10个县。

“十五”期间，安徽经济发展基本呈稳步上升态势，前五年平均增长10.6%，属于增长较快的时期。与改革开放以来历次经济增长周期比较，本轮经济增长稳定，波动幅度为4.4个百分点，波动系数为16.7%，明显低于前几个经济周期，为改革开放以来增长最稳定的时期。在政策有力推动下，安徽农村居民收入稳定增长，贫困人口规模相对稳定。进入新世纪，安徽实施了多项惠农政策。2001年即开始实施乡镇机构改革，2005年实施以三项改革为重点的农村综合改革试点。通过改革减轻农民负担，让广大农民休养生息，农民积极性得到保护，农业生产有所提高，农村经济有了进一步发展。国家采取减免农业税费，建立粮食直补制度，加大农业基础设施投入力度等具体措施，农民种粮的信心和热情回复高涨，农民收入增速有所回升。其间农村居民纯收入年均增长6.4%。安徽在国家大力支持下，“十五”期间，全省累计投入21.1亿元。其中，以工代赈资金13.48亿元，地方配套资金7.62亿元，集中投入在20个国家扶贫开发重点县和10个扶贫开发重点县的贫困地区，以乡村道路、小型农田水利、人畜饮水、小流域治理等基础设施建设为主，改造中低产田32万亩，修建沟渠1600公里，水库坝塘380座，治理河道74公里，修建排灌站280座，打井6100眼，新增和改善农田灌溉面积495万亩，改善防洪除涝面积684万亩；新建、改扩建乡村道路1.25万公里，修建独立桥梁550座1.52万米，解决和改善9400个行政村1600万人的交通困难；修建引水工程1800处，铺设水管1400公里，解决123万人、38万头大牲畜饮水困难。

“十五”时期，农村贫困人口和低收入人口由于农村经济发展不均衡，收入差距的不断扩大，贫困人口在分化，被边缘化，成为比较固定范畴的类型人群，农村绝对贫困人口和农村低收入人口约占全省农村人口的十分之一，成为农村弱势群体，需要得到各级政府的关怀和社会支持与帮助。不仅要解决温饱问题，而且要解决发展问题，加大扶贫开发资源优化配置，增加对深山区、库区、老区的投入。对于由于贫困户本身能力问题，扶贫开发必须转化工作方式，把发展贫困地区经济与救助帮扶关联起来，彻底解决无自救能力贫困户的生存和发展。省委、省政府决定，在19个国家扶贫开发工作重点县选择2000个左右的重点村，每年安排500个左右，集中县财政扶贫资金的70%，通过强力扶贫，实现“整村推进”，整体达到脱贫的目标。利用贫困地区的产业化龙头企业带动农户，把原来的资源优势变成产品优势，开拓市场，增加贫困地区农民收入，帮助贫困户脱贫。同时，加大贫困地区农村劳动力转移，加快劳务输出，增加贫困户家庭剩余劳动力就业，彻底解决贫困户脱贫。

2004年，安徽省19个国家扶贫开发工作重点县农民收入达1918元，比2003年增加307元，增幅达19.1%，超过全省农村居民收入平均水平1.6个百分点，比全国扶贫开发工作重点县平均增幅高7.3个百分点，达到历史最好水平。与此同时，脱贫数量有了新突破。2004年，全省农村绝对贫困人口比2003年减少36.6万人，减少低收入人口119.21万人，减幅分别达20.5%和32%，并分别超过全国平均减幅10.5和20.6个百分点。这一年，安徽扶贫开发工作取得突出成绩。自此之后，贫困地区的交通条件、生产条件和培训条件，开始有了明显改善。许多贫困地区的农民，走出大山，通过劳务致富。一部分农民扎根在城市就业，成为今天赫赫有名的农民工，并从此走向富裕的康庄大道。"村村通"，让农村交通更为便利，让更多的农民走出自己的家园，走出自己的世界，开拓自己未来创业之路，走向富裕道路。在青山绿水之中，一座座漂亮的小楼房耸立着，富裕的农民再也不会走向贫困了。

"十五"期间，由于贫困标准的逐年提高，加上部分年份的自然灾害等因素的影响，安徽农村绝对贫困人口由2001年的96万人增加到2005年的131万人，年平均增加7万人左右。但农村低收入人口由2001年的376万人减少到253万人，年平均减少24.6万人。"十五"期间，全省农村贫困发生率已经降到3%以下。2001年到2005年，全省农村贫困发生率分别为1.9%、2.1%、3.5%、2.8%和2.5%，低收入人口占农村人口的比重分别为7.5%、6.4%、7.3%、4.9%和4.3%，低于10%。总的来看，安徽农村贫困问题进一步缓解，农村扶贫开发工作卓有成效。

附　录

安徽省农村小康进程分析与预测

安徽省农调队“小康进程分析与预测”课题组

1996 年

农村实现小康的进程是决定全省小康的关键因素，党的十五大确立了农村小康的奋斗目标，为我们指明了奋斗的方向。安徽省委、省政府对全省农村奔小康工作十分重视，采取一系列政策和措施，加快农村奔小康的进程，为在本世纪末实现农村小康而加倍努力。1979 年，当改革开放的序幕刚刚拉开之时，安徽省就从农业大省的实际出发，加快全省的农村经济发展。进入九十年代，随着第二步战略步骤的如期推进，“到本世纪末能不能实现农村小康？”成为全省上下关注的热点。依据国家统计局和国家计委确定的全国小康生活水平标准，结合我省农村小康进程测算结果，在对未来经济和社会前景进行科学预测的基础上，我们对全省农村小康进程作出评估，结果表明：以 1980 年为起点， 1996 年全省小康生活水平综合评分为 77.05 分，也就是说我省农村向小康迈进已经走过了 77.05%的路程。预计，到 2000 年全省农村小康生活水平综合评分将达到 90.4–91.9 分 (>90)，基本上达到农村小康水平。但是，在未来的 3 年里，由于我省农村客观社会经济基础较差，农村产业化发育程度低，农民收入基数低，农民增收渠道窄的客观的实际情况，实现小康目标仍不容乐观。

一、当前我省农村小康实现程度现状及评估

（一）经济水平有较大的发展。改革开放 18 年来，我农村省经济有了蓬勃的发展，经济增长水平与增长质量不断提高，取得了巨大成就 . 对全省 1996 年农村小康实现程度进行了综合评价（见附表）。结果表明，在省委、省政府强有力领导下，全省人民经过一年的团结拼搏，艰苦创业，安徽农村经济取得了可喜的进展，农民生活水平明显有所改善，小康进程进一步加快，为农业大省建设成农业强省的战略目标迈出了坚实一步。

据抽样调查：1996 年是我省农村经济增长较快的一年，农村居民人均纯收入达 1607.7 元，比 1995 年增加 304.9 元，增长 23.4%，扣除物价因素影响实际增长 10.7%。从纯收入分组情况看出：农民人均纯收入在 2000 元以上的农户所占的比重由 1995 年的 11.8%，上升到 1996 年的 25.7%，增加 13.9 个百分点。农民人均纯收入在 800 元以下农户所占的比重由 1995 年的 14.1%，下降到 1996 年的 5.6%，降低 8.5 个百分点。1996 年我省基尼系数为 27.1%，比 1995 年 26.2%上升 0.9 个百分点，这表明我省农村居民收入逐步趋向合理分配。我省农村居民每百户拥有电视机由 1995 年 87.4 台，增加到 1996 年 94.7 台。随着经济收入增长，农村居民生活水平也在逐步提高，农民用于文化生活服务投入也有比较大增加，1996 年，农民文化生活服务消费支出比重由 1995 年的 10.8%提高到 12.1%，增加了 2.3 个百分点。

（二）农民物质生活水平有了较大幅度提高。农村经济的快速增长，使我省农村居民的物质生活水平有了较大幅度提高，人民生活水平从温饱逐渐走向小康。1996 年我省农民人均生活消费支出达 1309.4 元，比 1995 年增加 238.7 元，增长 22.3%。随着农村居民纯收入不断增加，农村居民在吃、穿、住、用及文化生活服务支出等方面都表现出很大改善。其中，蛋白质摄入量，1996 年比 1995 年小康实现程度增长了 1.8 个百分点；人均衣着消费支出为 92.6 元，比 1995 年增长 31.3%；反映住房质量提高的钢混、砖未结构的面积比重比 1995 年增加 4.46 个百分点；具体体现在：1、农村居民收入有了一定程度的提高，消费水平不断增长。1996 年，农村居民纯收入人均达到 1608 元，按可比价格计算为 770 元，实现小康值 1200 元的 51.41%。 2 、农村居民居住水平有了很大改善，两项考核指标均已超过小康目标。农村居民人均钢筋砖木结构住房面积 1996 年达到 19.5 平方米，是 1980 年的 2.1 倍，超过小康值 (15 平方米) 水平，提前达到小康值。 3 、居民饮食营养程度有一定改观。随着我省居民消费水平的提高，消费观念由吃饱的数量型向吃好的质量型转变，营养成份较过去有一定的改观。1996 年，我省居民人均蛋白质日摄入量达 68.6 克，实现小康值的 74.4%。

（三）农村人口素质有所提高。随着农村经济的发展，农村居民生活水平的提高，我省人口素质也有一定的提高，文盲人口有较大幅度的减少，特别是青壮年文盲下降较为显著。1996 年全省成人识字率达到 79.9%，完成小康进程的 70%；加上全省各级政府对农村计划生育工作的和对农村妇幼保健工作的高度重视，农村婴儿死亡率大幅度下降 , 使得全省婴儿死亡率已降至 25.19‰，比小康值低 5.81 个千分点，提前达到小要求。

（四）农民精神文化生活开始向较高层次发展。改革开放以来，全省农村居民的传统消费观念在支付能力的增强和市场经济的促动下，随着农村人口的流动 , 劳动力的合理转移，农村产业化的发展，农民的价值取向、社会竞争、供求关系的变化而发生了较大的变化变化，服务等非商品支出不断增加，教育和文化娱乐消费支出占消费总支出的比重逐步增大。1996 年，据抽样调查资料反映，我省农村居民教文娱乐支出的比重为 8.38%，实现小康水平的 67.25%。

（五）农村居民的生活环境有所改善。农村经济的发展，带动了农村社会生活卫生环境的改善。近几年我省农村大打“五八”林业攻坚战，以及“林业二次创业”等措施的实施，居民的生活环境有了较大改观，许多荒山变成"绿州"，生态环境开始得到有效的保护，绿色农业的发展。随着我省，小城镇建设步伐的加快，农村居民的生活环境有了明显的改善，不少经济发展较快的小城镇建成了一批街头游园小景和街心公园，种植了绿篱草坪花木。以小康标准中的"森林覆盖率"指标衡量，1996 年我省该项指标值已达到 25.6%，超出小康值 10.6 个百分点。

（六）农村居民社区环境也有比较大的改观。据抽样调查资料表明：到 1996 年底，全省农村已通公路行政村比重为 94.5%，比 1995 年增加 2.9 个百分点，交通便利程度有很大提高。改革开放以来，制约社会经济发展的交通运输事业有了长足发展，居民乘车条件与便利程度明显改善。按照小康标准，我省农村通公路的行政村比重 1996 年达到 94.51%，已超出小康值 90%的水平，提前完成小康目标。已通电话行政村比重为 53.2%，比上年提高 12.2 个百分点；安全卫生水普及率由 1995 年 88.1%上升到 1996 年的 94%，增加 2.9 个百分点；到 1996 年末，全省农村非用电户所占比重仅有百分之一左右。

我省农村社会生活环境也有较大变化。到八十年代末期，我省人口平均预期寿已达 70 岁，按农村小康指标值界定已达到小康值；享受社会五保人口比重由 1995 年的 83%上升到 1996 年的 85.7%，增加 2.7 个百分点；

全省农村万人刑事案件立案件数由 1995 年 2.66 件下降到 1996 年的 2.39 件，降低了 0.27 件。

通过对省级农村小康综合评价的十六项指标的测算，我省 1996 年综合评价得分是 77.05 分，比 1992--1995 年分别高出 32.3 分、23.87 分、13. 1 分和 6.54 分。1992 年到 1996 年四年间平均每年增加 8.08 分。

二、当前我省农村小康建设的特点及缺陷

我省是一个农业人口占 70%以上的农业大省。农村经济的发展及奔小康的进程决定着全省的小康的进程。从我省农村社会经济发展情况来看，我省农村小康的建设有着自己的特点，也确实存在着不可忽视的缺陷。

1、农村居民收入水平偏低，对全省小康进度影响很大。从小康考核评价的 16 项指标来看，1996 年底，我省农村达到或基本达到的有 9 项，差距较大的主要有"农民人均纯收入"、"人均蛋白质日摄入量"、"劳动力平均收教育程度"和"已通电话的行政村比重"等指标。由于农村居民收入水平是决定居民生活水平和生活质量高低的基本条件，通过分析这些指标间的联系，我们不难看出，农民人均纯收入这项指标不仅直接影响全省小康综合评分，还影响到全省小康综合评价中有关生活水平和生活质量指标实现程度。1996 年全省农民人均纯收入指标，距实现小康目标分别还有 41.24%的路程要走，并直接影响全省小康综合评分 4.86 分。1996 年，全省农村的恩格尔系数分别为55.41%，与小康标准值分别相差5.41个百分点，实现小康程度分别为45.9%，这说明，由于受收入偏低的影响， 目前我省农村居民有限的收入还只能用于满足日常温饱消费，表现居民消费的恩格尔系数均明显偏高。1996年我省农村居民每天人均摄入蛋白质量为68.27克，与小康标准值分别相差6.73克。从农民食物消费结构来看，植物蛋白为主。这也说明，由于受收入偏低的影响，目前我省居民的膳食结构仍是以谷物为主体，象动物蛋白等高蛋白质含量的食物消费偏少。此外，由于居民收入偏低，还影响到居民对教育、文化娱乐等方面的消费支出，降低居民精神生活质量。

2、*农村居民物质与精神生活发展不同步*。由于农村居民居住分散，很难形成有效的社区服务，农民的物质生活和文化生活难以同步。从农村居民的生活指标来看，反映农村居民的居住、交通方面的指标，在1996年都已提前实现了小康；人均蛋白质日摄入量也达到了68.27克，实现小康值的74.4%。然而，从反映精神生活方面的指标来看，1996年全省农村服务及教文娱乐支出的比重仅为13.81%，距实现小康水平还有较大的路程；1996年我省农村成人识字率虽然达到79.9%，农村劳动力平均受教育年限为7.36年，只达到小康目标的68%，但这也只相当于全国1990年的平均水平，要实现小康目标，尚有30%的路程要走。这说明，全省农村居民消费结构不合理的矛盾十分突出，农村居民大部分支出仍主要用于吃、穿、住等基本方面，物质生活和精神生活对比，很不相称。

3、*农村社会保障体系不完善，相对滞后，难以为提供有效的社会保障*。我省农村社会经济发展相对落后于城市，加上集体经济薄弱，农民对社会保障认识不够，以及农村社会保障体系不完善，使农村社会保障体系不能形成良性循环，为农村和农民服务的机构和人员受到限制，服务难以完善。1996年，我省农村初级卫生保健基本合格以上的县所占百分比为83%，实现小康程度为80.4%，要达到小康水平，仍有五分之一的路程，这与快速发展的经济水平和居民物质生活水平不相适应，是滞后的，特别是在养老保险、财产保险、人寿保险等方面与城市或发达地区的农村还有较大差距。

4、*省内各地区间发展不平衡。全省小康实现程度农村低于城市，各地区间差距很大*。到1996年底，我省城市小康综合评价得分达到81.26分，比农村小康综合评价得分高出6.17分。其次，从全省县级农村小康进程差异程度来看，1996年，10强县(1996年10强县市分别是宁国市、亳州市、巢湖市、宿州市、宣州市、六安市、贵池市、界首市、濉溪县、天长市)平均综合评分达到79.41分，高出全省县级平均综合评分4.26分，其中，宁国市和宣州市小康综合评分分别达到94.87分和90.51分，已达到小康基本实现程度分值(>90)。代表全省县级单位小康实现程度最高水平的8个城郊型县级农村（合肥市郊区、芜湖市郊区、蚌埠市郊区、淮南市郊区、马鞍山市郊区、淮北市郊区、铜陵市郊区、 安庆市郊区），其小康实现程度平均综合评分高达89.18分，高出全省县级平均综合评分 14.03 分；其中，合肥市郊区、芜湖市郊区、铜陵市郊区和马鞍山市郊区小康实现程度综合评分都超过 90 分。22 个贫困县（其中国家级贫困县 17 个，省级贫困县 5 个）的农村小康进程平均综合评分只为 65.98 分，比全省农村小康进程平均综合评分少 9.01 分，比 10 强县少 13.43 分，比城郊型县级农村少 23.2 分。这种奔小康过程中的发展不平衡现象，从一定程度上影响了全省向小康目标迈进的步伐。

三、2000 年农村小康预测

（一）农村经济发展水平。根据“八五”我省经济发展具有的较高增长水平来分析，估计今后几年我省国内生产总值的增长速度将维持在 10–12%左右。到 2000 年，按 1990 年价格水平，农民人均纯收入（90 年不变价）将达到 1050 元左右。农村经济也较快的发展，但不会出现高涨期所表现的过热现象，农村经济将保持稳中求进的基本格局，具体将体现为经济发展速度的回落上。2、考虑到农村经济运行受自然的客观影响，农村经济仍然会受灾害的影响而产生较大波动。要努力实现“九五”和 2010 年远景目标，客观上又不允许经济以太低的速度增长，因此，我省今后农村经济的增长，将在增长潜力范围内，保持适度的快速增长。

（二）农民物质生活的发展水平。预计，到 2000 年，我省农民人均纯收入指标要达到小康目标，难度很大。预计到 2000 年该项指标将达到 1148 至 1192 元。主要依据是：1、农民人均纯收入从 1996 年的 770 元要增加到 1200 元，要求今后实现年递增速度保持 11.7%，这一速度明显高于“八五”时期年递增 5.3%的水平。即使扣除 1991 年安徽水灾这一非正常因素影响，11.7 %的年递增速度仍显偏高。2、从农民人均纯收入增长与国内生产总值增长的关系上来看，经济的增长要求农民收入不断增加。据测算，我省人均国内生产总值与农民人均纯收入有着一定的相关关系，一般后者为前者的 30% –35%(不变价对比)。按 2000 年人均国内生产总值 3405–3531 元(1990 年价格)，根据人均国内生产总值与农民人均纯收入之间的比例关系，用 30 %的比例测算，农民人均纯收入相应将达到 1022–1059 元(1990 年价格)，年均增长 7.3–8.3%。

随着居民收入的增长，居民人均蛋白质日摄入量也将有一定的增加，但还应考虑到居民消费习惯因素的影响。预计，到 2000 年全省居民人均蛋白质日摄入量指标值将达到 72–73 克的水平。其它物质生活指标将在已达到小康水平的基础上，继续发展。

（三）人口素质和精神生活将有所改观。到 2000 年，人口素质和精神生活基本能达到小康标准，但有一定的难度。预计，成人识字率将达到 83%— 84%，教育、文化娱乐支出比重将达到 9% –10%。主要依据是：经济的发展，为居民收入继续提高创造了条件，有支付能力的消费需求也将相应增加。据测算，“八五”时期我国居民用于教育、文化娱乐方面的支出变化，相对于收入变化的弹性系数高达 1.43，这说明，居民用于教育、文化娱乐方面的支出与收入高低关联度大。所以，当居民收入增长达到一定水平时，教育、文化娱乐支出的比重会有一定程度的提高。

（四）农民的生活环境将得到改善。到2000年，生活环境指标中“农村初级卫生保健基本合格的县百分比”指标将达到100%，达到小康标准，农村保健和卫生状况将明显的改善。同时，由于农民收入的提高，全社会科技进步和发展，农民的居住条件和环境也将有很大的改善，明亮、整洁的居室，绿色的生态环境，将使农村居民享受康乐之居。

四、我省到2000年实现农村小康的差距

从测算过程中可以看出：我省农村居民在衣着消费支出、钢木结构住房比重、电视机普及率、文化生活服务消费支出比重、人口平均预期寿命、已通公路行政村比重、安全卫生水普及率、用电户比重和万人刑事案件立案件数等九项指标均已达到或超过小康标准；享受社会五保人口比重基本接近农村小康标准；农民人均纯收入、基尼系数、恩格尔系数、蛋白质摄入量、已通电话行政村比重、劳动力平均受教育程度等六项指标离小康生活目标还有较大差距。通过测算：到1996年底，我省农民在解决温饱问题的基础上已经向农村小康目标迈进了77%的路程。到本世纪末，还有四年时间，还有约23%的路程需要走。九五期间，我省经济的增长、社会的发展都必须在较高的基数上进行，因为剩下的各项指标的增长难度都比较大，若如期实现农村小康目标，任务还相当艰巨，必须付出十分努力。

从对全省农村居民收入和消费分析来看，我省在本世纪末实现农村小康的差距主要有：

一是农民人均纯收入实际增长较慢，距离农村小康目标差距较大。1996年我省农民人均纯收入为1607.7元，实现程度为58.76%，距离小康目标差距为41.24%，虽然分值比上年同期增加2.84分，但是缺口分值仍12.39，这意味着今后四年间平均要增加3.1分左右。为此，人均纯收入要实现小康目标，在今后四年中，若物价涨幅年递增率在10%左右，农民人均纯收入年实际增长率必须保持在9.6以上，才能实现农村小康预期目标。

二是农村居民蛋白质摄入量较低。1996年，我省农村居民蛋白摄入量为68.27克/人日，虽比前几年有较大幅度提高，但是与小康标准比较实现程度还相差24%，缺口分值2.16分。据抽样调查资料显示：我省目前农民的膳食结构仍是以高谷物为主体，高蛋白含量的食物偏少。这主要是由于收入偏低而引发的。

三是恩格尔系数仍居高不下。恩格尔系数是国际上通用的用来衡量贫富状况的主要依据。进入90年代以来，我省的恩格尔系数一直在55—60%区间中徘徊。据测算：1996年我省恩格尔系数为55.41%，比上年同期下降1.39个百分点，下降幅度非常缓慢。实现程度只有45.9%，离小康目标值差距还有54.1%，缺口分值为3.25分。造成恩格尔系数较高主要原因仍然是农村居民收入水平比较低，有限的收入主要用于满足日常的温饱消费。

四是劳动力文化素质有待进一步提高。科学技术是第一生产力，只有具备一定文化素质，才能更好掌握科学技术，才能更快地把科学技术转 变成为经济产品。所以说文化程度的高低。直接影响到农民收入水平高低，通过测算：1996 年，我省农村劳动力平均受教育程度为 7.36 年，而农村小康标准为 8 年，实现程度为 86%，缺口分值为 1.6 分。到本世纪末还有四年，随着“治穷治愚”战略目标逐步实施，乐观估计该指标可以如期完成。

从以上所述，可以看出：实现小康难点是农民人均纯收入、蛋白质摄入量、恩格尔系数和劳动力文化程度等，其中最关键是农民人均纯收入，在剩下最后四年里，必须保持农村居民收入持续稳定的增长，这不仅是关系农村小康目标是否能实现，而且还关系到整个社会进步、稳定和发展。因此，我们在今后工作中一切都要围绕提高农民收入这个核心进行，千方百计拓宽农民收入来源，争取如期实现农村小康这一宏伟目标。

五、到 2000 年全省农村实现小康的难点

从分析我省农村小康建设的现状和趋势看，象我们这样一个农业大省，推进小康进程的速度，很大程度上取决于农业和农村经济的发展状况。因此，今后我们建设小康的难点在农村、在农业、在农民。难点主要有：

（一）贫困县距小康目标的差距太大。从 1996 年全省县级小康评价结果看，17 个国家级贫困县小康综合评分，除寿县和无为县达到 70 分外，其他 15 个县都在 70 分以下，其中，长丰县、枞阳县、太湖县、宿松县、岳西县、利辛县、金寨县等 7 个县的小康综合评分在 60 分以下，也就是说，这些贫困县距实现小康目标尚有 30%— 40% 的路程要走。客观上说，这些贫困地区都受到地缘、投入、产业、科技、人才等的约束，很难在短时间内迈大步奔小康。由于受地缘约束，一方面自然条件差，生存和发展的空间小，另一方面对外开放程度低，一些外商和外资企业由于交通、通讯、投资环境等的制约， 都不愿把资金投向这些地区，再加上一些科技人员，甚至是领导干部不愿在此长期工作和生活， 造成经济开发速度慢，社会经济发育迟缓。由于受投入约束，一方面由于这些地区自身财力有限，不可能拿出更多的资金投入农业，另一方面，由于市场经济体制下的趋利行为，出现部分社会资金从这些地区流向发达地区的现象。由于受产业约束，特别是农业的落后，无法为地方工业发展提供大量的原始积累，造成二、三产业发展落后。由于受科技约束，农业科技含量低，导致农产品品质结构不理想，缺乏市场竞争力，即便是优质产品，也会因批量小、运距长等原因，无法打入全国乃至国际市场。由于受人才约束，一方面基础教育因缺少师资得不到保障，结果人们受教育的程度受到限制，劳动力素质普遍低下，另一方面，因缺少人才，这些地区人们接受新事物慢，即便有先进实用的技术来推广、示范，效果也很不明显。如此等等，都是制约这些地区奔小康的客观障碍。

（二）贫困人口所占比重较大，脱贫任务艰巨。据调查，1996 年全省贫困人口有二百多万人。这些贫困人口的存在，客观地影响着全省农村奔小康进程。目前尚未脱贫的农户，主要是家庭个人素质较低，经济条件较差，无外在帮扶条件，加上居住地的恶劣自然条件，脱贫超常难行。从已脱贫的贫困户来看，由于经济积累总量规模仍然偏小，抗风险能力较弱，极易返贫，有时返贫率高达 50%。这将直接影响农村小康的进程。

（三）农村村级经济薄弱，村级小康建设乏力。农村村级组织是农村社会最基本的单位，承上连下，与农村千家万户有着密切的联系。农村奔小康，村是直接的组织者和实施者，没有村级的小康，就没有农民的共同富裕，也就没有整个农村的小康。最近几年，我省农村村级集体经济相对于有较大发展的乡镇集体经济而言，明显滞后簿弱。主要原因是村级集体发展水平低，公共积累少，少资金、缺技术。由于村级集体经济薄弱，许多地方出现“有人管事”、“无钱办事”的局面。这种局面对改变村容村貌及公益设施，提高农民生活环境质量、社会保障等将产生消极影响，影响奔小康的进程。此外，由于受客观条件的制约，村级领导班子整体素质仍然偏低，市场经济意识淡簿， 科技知识缺乏，远远不适应发展现代经济的需要等，将在较长的时间里影响小康建设。

（四）乡镇企业不发达，农民就地转移难。‘无工不富’是我省农村普遍适用的一条真理。只有发展乡镇企业，农民才能尽快的走小康之路。由于近几年的宏观紧缩政策，加之市场不旺，农村市场疲软，导致不少乡镇企业不景气，甚至关、停、并、转，这从表面上看，适应了宏观调控， 但大批离土农民重返乡务农，使得狭小的田地更小，农民收入的增长受到极大的影响。一些条件差乡镇，由于家底子簿，加上农民手中无钱，更是难以上项目，结果是穷则更穷，苦则愈苦，这种现象在贫困地区表现尤为突出。从头子情况来看，大多数的投资者投资的目的都是为了赚钱，整正用于帮助脱贫的项目并不多。这样，对贫困地区就要采取一些特别的措施，增加财政的扶贫投资，增加银行的信贷投资，更为重要的是帮助贫困地区建设 1 — 2 个中、大型项目工程，彻底解决贫困地区等、靠、要的困难局面。

（五）农村产业化发育程度不高，地区内部竞争激烈，效益不高。我省农村产业化发展较迟，产业化进程相对于发达地区滞后，规模偏小，抗风险能力弱，产业链短，农副产品加工多所低层次初级产品，外部市场竞争力小，产品副价值低，这样，农民从农产品加工增值所带来的收入也是极有限的。由于，同地区产业相似，往往造成局部过度竞争，价格难以提高，同样数量的产品，其带来的效益差距很大，好产品不能卖出好价钱，影响农民收入的大幅度提高。

（六）对农村小康的正确认识不足，未走出误区，积极性还不高。从目前情况来看，农村奔小康已进入关键阶段。但是，就农村小康这一问题来讲，还难以令人乐观。一方面，目前在我省也还有少数部门和地方只是把小康挂在嘴上，写在文件上，与实际工作结合的少，致使少数人认为奔小康只不过是说说而已。目前从对县、乡、村有关领导岗位目标责任制的考核，可以发现，有的部门和地方并没有把小康建设列入考核范围，由此不难推测，这些部门和地方，并没有把小康建设放在重要位置上，更谈不上“以小康统揽农村工作全局”了。另一方面，部分干群在创建小康中，片面追求经济指标，只强调农民人均纯收入 1200 元，忽视精神文明建设，把小康指标简单化、片面化。

（七）农村小康达标水平不高，基础不牢。从目前全省县、乡、村各级部分小康已达标的地区情况来看，一是小康建设的质量不高，虽然综合评分达标了，但仍有部分小康指标实现程度达不到要求，即使达到也不过硬。二是产业结构不合理。相当一部分地区处在“ 丰年达小康、欠年求温饱”阶段，二、三产业收入占农民总收入的份额较少，农业抗御自然灾害能力不强，小康型经济结构并未真正建立。

六、加快农村奔小康进程对策

总体上看，到 2000 年，我省农村实现或基本实现小康是大有希望的。但由于农村经济条件的限制，加上城乡物质生活和精神生活之间发展的不平衡性，差距大，特别是农村经济发展相对滞后，实现小康仍有很多薄弱环节，困难重重，必须采取相应的对策措施。

（一）要继续加强农业基础地位，加大对农业的有效投入。今后三年要把我省小康建设的重点放在农村，以农为先，把发展农村经济，有效地增加农民收入和村级集体经济发展放在奔小康的首位。各级政府、部门要始终把奔小康作为做好农村工作的总目标、总任务和农村各项工作的出发点、立足点，尤其是贫困地区更要把脱贫致富工作放在首位，充分利用当前的时机，抓住机遇搞好资源的开发利用。针对我省农业基础脆弱、比较效益低的现状，各级政府应对农业实施倾斜政策，加强对农业的投资和保护。首先，要继续加大财政支农力度，政府每年要确保拨出一定比例的财政资金用于大型农田水利工程、农业综合开发项目、重大农业科研项目的建设。与此同时，还要发挥财政支农的导向作用，引导促成多元化的农业投资格局，切实增加有效投入，夯实全面发展农村经济的基础。其次，采取区别对待，重点扶持，多轮驱动，多业并举，梯次推动，全力壮大农村经济实力。再次，要优化农村生产结构，大力发展非农产业，积极推进农业产业化。大力发展农业科技，推动农业技术进步。 此外，还要加快农村剩余劳动力的转移步伐，继续把减轻农民负担工作落到实处。

(二)要继续搞好计划生育工作，加速农村人口素质的提高。从农村发展情况来看，由于党的富民政策深入人心，农村经济已有较快的发展，农民的生活水平已有较大的提高。就小康本身就是人类社会经济生活的一个发展阶段，小康指标体系和量化标准无不与人有着密切联系，经济发展水平、生产成果的指标是人们劳动的成果，因此，小康建设要以人为本，继续搞好计划生育工作，加速农村人口素质的提高。强调以人为本，主要还在于人口数量在社会分配和社会占有方面起了除数的作用。所以，要在大力发展经济的同时，严格控制人口增长，提高人口质量，提高劳动力的文化素质，达到增加农民的收入，来提高生活质量，同时也减少实现小康的压力。

(三)要以富带穷，加快缩小地区间的贫富差距。由于客观条件的差异，一部分地区先富起来，促动其它地区的发展，最终实现共同富裕、贫困地区脱贫致富的战略构想。针对我省奔小康出现的发展不平衡状况，我省各级政府部门要切实制定好有利于脱贫、扶贫、帮贫的有关政策和重大措施，从宏观上制定“强县带弱县发展规划”，并要求各县、乡制定相应的“强乡镇(村)带弱乡镇(村)发展规划”，促成强弱结对子，要求强地区从人、财、物、项目等方面给于弱地区帮助，建立严格的帮、扶目标责任制和考核奖惩制度，鼓励、促进欠发达地区尽快脱贫致富。

(四)要加强基层组织建设，抓好致富模范的示范作用。小康建设是全民的事，更是全党的事。农村基层党组织是农村的领导核心。首先，各级领导对小康建设要有使命感、责任感和紧迫感，要从政治的高度来认识小康建设，把广大群众的积极性和创造性调动起来，引导广大群众在国家产业政策上寻找增长点，在资源条件上确定立足点，在生产经营上选择制高点，一心一意奔小康。因此，在小康建设中，要始终把建设一流的农村基层党组织作为加快发展农村经济的根本措施来抓，着力建设一支敢打硬仗，能打胜仗的干部队伍。要选好一个带头人，带好一个组织；要培养好一个组织中的每只“领头雁”，带动一片群众。为此，有关组织部门，要针对目前我省农村基层组织年龄偏大、文化偏低、结构不合理、不适应市场经济发展的现状，一方面进行整改，另一方面要开展培训，提高每个带头人和每只“领头雁”带领群众奔小康的真实本领。另外，从农村中寻找能人，对先富裕起来的农户，要敢于扶植，让他们以户带户的形式，形成各式各样的致富的联合体，走向共同富裕。

(五)要进一步加强农村精神文明建设，加快农村奔小康的进程。从我省农村实际情况来看，农村精神文明建设是小康建设的重要组成部分，物质文明发展的最终目的是精神文明的发展，同时精神文明又为物质文明的发展提供了精神动力和智力支持，关系到小康建设的成败。加快实现小康步伐，需下功夫推动精神文明向更高层次迈进，要通过教育塑造人，努力提高农村居民的思想道德和科学文化素质和法制观念，使广大农民能够用法律手段来保护自己的切身利益，不要违法行事。要通过改善环境，引导居民确立与现代文明相适应的生活方式。通过加强管理，培养居民的文明意识，规范居民的生产、生活行为，使广大农村居民逐步走上自我教育、自我管理、自我规范的轨道，成为具备现代文明意识的新型农民。

1996年安徽省农村小康生活水平实现程度评价

附表1

指　标	单位	温饱度	小康值	权数	1996年评价			
					实际值	实现程度	得分	差距
1. 农民纯收入 (90年不变价)	元	300	>=1150	30	1607.72 (770)	58.76	17.63	7.27
2. 基尼系数	%	20	30-40	5	27.07	70.7	3.54	1.04
3. 恩格尔系数	%	60	<=50	6	55.41	45.9	2.75	1.49
4. 每日人均蛋白质摄入量	克	47	>=75	9	68.27	76	6.84	1.64
5. 衣着消费支出比重	%	27	>=70	3	92.62	100	3	
6. 钢木结构住房支出比重	%	43	>=80	7	86.33	100	7	
7. 电视普及率	%	1	>=70	6	94.71	100	6	
8. 服务消费支出比重	%	2	>=10	6	13.11	100	6	
9. 人口平均预期寿命	岁	68	>=70	4	70	100	4	
10. 劳动力平均受教育程度	年	6	>=8	5	7.36	68	3.4	1.09
11. 已通公路行政村比重	%	50	>=85	3	94.51	100	3	
12. 安全卫生水普及率	%	50	>=90	3	90.97	100	3	
13. 用电户比重	%	50	>=95	3	98.98	100	3	
14. 已通电话行政村比重	%	50	>=70	2	53.22	16.1	0.32	0.27
15. 享受社会五保人口比重	%	50	>=90	4	85.7	89.3	3.57	0.38
16. 万人刑事案件立案件数	件	5	<=20	4	2.39	100	4	
合　计							77.05	

2000年安徽省小康生活水平实现程度预测

附表2

指　标	单位	温饱度	小康值	权数	指标数量值
					2000年预测
1. 农民纯收入（90年不变价）	元	300	>=1150	30	1022-1059
2. 基尼系数	%	20	30-40	5	30-40
3. 恩格尔系数	%	60	<=50	6	<50
4. 每日人均蛋白质摄入量	克	47	>=75	9	72-73
5. 衣着消费支出比重	%	27	>=70	3	
6. 钢木结构住房支出比重	%	43	>=80	7	>19.5
7. 电视普及率	%	1	>=70	6	>70
8. 服务消费支出比重	%	2	>=10	6	>15
9. 人口平均预期寿命	岁	68	>=70	4	>70
10. 劳动力平均受教育程度	年	6	>=8	5	>8
11. 已通公路行政村比重	%	50	>=85	3	>90
12. 安全卫生水普及率	%	50	>=90	3	>90
13. 用电户比重	%	50	>=95	3	>95
14. 已通电话行政村比重	%	50	>=70	2	>70
15. 享受社会五保人口比重	%	50	>=90	4	>90
16. 万人刑事案件立案件数	件	5	<=20	4	<4
合　计	90.4-91.9				

主要影响：1998年6月本课题获得国家统计优秀小康论文二等奖，1998年12月荣获首届全国统计论文评选二等奖

关于开展全省农村贫困人口调查的通知

皖政办明电〔1997〕9号

各行署，各市、县人民政府：

根据《中共中央、国务院关于尽快解决农村贫困人口温饱问题的决定》和全省扶贫开发工作会议精神，为清楚掌握我省贫困人口的分布、生产生活情况、致贫原因等，为扶贫开发提供决策依据，省政府决定在全省范围内开展一次农村贫困人口调查。现就有关事项通知如下：

一、调查对象、范围。为保证贫困人口无遗漏，按照省农调队制定的1995年农村贫困线为人均纯收入595元以下的标准，适当放宽调查范围，凡人均纯收入1995年不足670元或1996年不足780元的农户都要调查填表。凡可能存在贫困人口的乡村都要组织力量进行调查。对于确实没有贫困人口的行政村或村民小组，可以不开展此项调查。

二、组织实施。贫困人口的调查监测工作由各级政府负责组织实施。为切实做好这项工作，省政府决定成立“安徽省农村贫困统计监测办公室”，由省统计局、省农调队、省脱贫办选派干部组成（一下简称省监测办），具体负责本次调查技术工作和今后全省农村贫困监测工作，办公地点设在省农调队。各地（市）和22个贫困县都要成立相应组织。

三、调查内容。在调查中，除反映调查户的基本情况和致贫原因外，主要要求调查农户的实物收入和现金收入，以便利用我省农村贫困人口收支的有关系数，折算调查户的人均纯收入。对于投入较大却经营亏损致贫的农户，在调查时须加以重视，并认真填表，不应遗漏。

四、汇总上报。为便于调查资料的汇总、分析等，省监测办编制的“安徽省农村贫困人口调查程序”，将在3月20日之前寄发到各地（市）贫困监测办，由其转发至各县(市、区)。 县级没有成立监测办的，由农调队或统计局负责调查工作。调查资料要求以县为单位进行计算机录入，报地(市)监测办。地(市)监测办初审汇总后于4月15日前报省监测办。

五、贫困监测。调查资料送省监测办审查无误后，由省监测办统一制发农村贫困人口卡片，以反映贫困人口脱贫的动态变化。农村贫困人口卡片一式四份，分别由乡(镇)、县(市、区)、地(市)和省各保管一份。今后有关部门每年至少要对贫困人口进行一次动态监测调查，专题报告省监测办。

六、调查经费。此次调查及以后的贫困监测所需经费，按分级负担的原则由各级财政安排，其中贫困县可从扶贫专项资金中安排。各级政府应在既确保调查任务完成，又节约经费的原则下合理安排调查经费。

各级政府必须高度重视此次调查，确定一名领导同志具体抓。负责这次调查的人员要认真学习调查方案和理解各调查指标的意义，在摸底排队的基础上，深入农户开展现场调查，确保完成全省农村贫困人口调查任务。

附：安徽省农村贫困人口调查表（略）

安徽省人民政府办公厅

一九九七年二月五日

编纂始末

根据省地方志办公室统一部署，2007年8月，安徽调查总队成立了《安徽省志·人民生活志（1986—2005）》（以下简称《人民生活志》）编纂委员会和编辑室，负责组织、协调、督查、落实志稿编纂工作。

2008年3月，总队编纂委员会召开了第一次全体编纂人员会议，讨论通过了《人民生活志》编纂方案及编纂工作安排。2008年8月，召开第二次编纂委员会全体会议，按照“做什么、管什么、写什么”的原则，向有关处室落实撰写任务。为了列好基本篇目，我们通过查阅材料、征求系统内外专家意见等，经多次研究讨论，先后对《人民生活志》篇目进行了4次修改，确保了内容不缺、不漏。2009年3月底，完成了《人民生活志》初稿。2009年4月15日，向省地方志办公室提交了24万字的《人民生活志》初稿。

2009年5月，总队编纂委员会召开第三次全体会议，会议结合安徽时代特征与专业资料特点对《人民生活志》篇目进行了创新完善和补充。在内容上，增加了全省各地市比较及全国横向比较资料，以凸现地方特点；增加了价格变化对居民生活影响的测算内容，以增强事物变化的立体感。由于志书撰写任务都分配在总队有关专业处室，所有编纂人员全部是兼职，为提高执行力，编辑室同志采取“分篇包干，按章盯人”的方法来保障志稿撰写质量与进度。

2010年10月15日，召开《人民生活志》点评会。会上，省地方志办公室副主任吴静和省志处处长王晖、副处长吴良琴对志稿进行点评。点评会后，总队召开第四次编纂委员会，经过认真讨论，消化领导和专家意见，进一步调整了篇目，优化了结构，充实了内容，增加了近百张反映城乡人民生活变迁的图片和反映城乡居民个人家庭生活变化的近6万字、20个家庭典型案例资料，使志稿内容更加翔实，时代特征更加突出，可读性和史料性更强。

2011年7月22日，召开《人民生活志》城乡居民家庭生活变迁篇内审会，对新增家庭典型案例篇提出了进一步修改完善意见。同时，征求调查总队老领导、老专家对志稿的意见建议。在此基础上，对志稿又进行了此阶段的第二轮修改，形成了近30万字的评议稿。我们的辛勤劳动得到了省地方志办公室的充分肯定，总队编辑室被评为全省修志先进集体。

2011年12月29日，召开《人民生活志》稿评议会，省地方志办公室主任朱文根、副主任吴静、省志处处长王晖、责任编辑周小平，安徽调查总队原巡视员郭兴榜、原副总队长毛孟毓，省统计局、省人大法工委、省档案局、省物价局等单位的专家参与了评议。根据评议会的意见，《人民生活志》确定为章节体，章下设节、目；调整了一些章节次序。调整后的《人民生活志》由原来的6篇13章23节，修改为9章47节。2012年9月完成送审稿，并报送省地方志办公室和出版社审定。省地方志办公室责任编辑、省志处主要负责人以及省地方志办公室分管领导对志稿进行了认真审读并反馈了审读意见，出版社也同时反馈了三审意见。针对他们的意见，再一次进行修改完善。人民生活涵盖内容十分广泛，本志主要从城乡居民收入与支出、物质生活、精神生活、生活保障和生活环境等方面，反映安徽城乡居民生活的变化。

2018年5月21日，召开《人民生活志》稿会审会，省地方志办公室主任郭德成、副主任吴静、省志处处长吴良琴、省志处副处长余祖本、责任编辑周小平，安徽调查总队总队长夏荣坡、副总队长章勤、办公室主任杨新龙、综合处长何凝、办公室副主任王宁参与了会审。根据会审意见，对《人民生活志》图片、凡例、目录、编纂始末和附录以及部分图表进行了修改。此后，省地方志研究院组织业务骨干再次对志稿进行审读。副院长郭德成、吴静对志稿进行了复核，提出了很多宝贵的修改意见。省地方志研究院院长程中才对志稿进行了最终审核。期间，安徽大学外语学院傅悦对目录进行了英文翻译。

《人民生活志》的成功编纂，与总队领导的高度重视、全力支持和多方关心是分不开的，与省地方办公室领导和专家的热心指导与帮助是分不开的，与安徽调查系统全体同仁的大力支持和密切配合是分不开的。在此，谨向他们致以诚挚的感谢和崇高的敬意。

由于《人民生活志》是第一次编纂，没有经验可循，并因编写时间跨度较长、资料收集难度较大，加之编写水平有限，疏漏错讹之处难免。诚望各位领导、专家提出宝贵意见和建议。

《人民生活志》编辑室

2019年6月